國家社科基金
GUOJIA SHEKE JIJIN HOUQI ZIZHU XIANGMU
後期資助項目

路史校注

The Collation and Annotation of *Lu Shi*

一

王彦坤　撰

中華書局
ZHONGHUA BOOK COMPANY

圖書在版編目(CIP)數據

路史校注/王彦坤撰. —北京:中華書局,2023.1（2024.7重印）
（國家社科基金後期資助項目）
ISBN 978-7-101-15961-5

Ⅰ.路…　Ⅱ.王…　Ⅲ.①中國歷史-古代史②《路史》-注釋
Ⅳ.K22

中國版本圖書館 CIP 數據核字(2022)第 200653 號

書　　　名	路史校注(全六册)	
撰　　　者	王彦坤	
叢　書　名	國家社科基金後期資助項目	
責任編輯	劉　學	
責任印製	管　斌	
出版發行	中華書局	
	（北京市豐臺區太平橋西里 38 號　100073）	
	http://www.zhbc.com.cn	
	E-mail:zhbc@zhbc.com.cn	
印　　　刷	三河市宏盛印務有限公司	
版　　　次	2023 年 1 月第 1 版	
	2024 年 7 月第 2 次印刷	
規　　　格	開本/710×1000 毫米　1/16	
	印張 202　插頁 12　字數 2931 千字	
國際書號	ISBN 978-7-101-15961-5	
定　　　價	880.00 元	

國家社科基金後期資助項目出版説明

　　後期資助項目是國家社科基金設立的一類重要項目，旨在鼓勵廣大社科研究者潛心治學，支持基礎研究多出優秀成果。它是經過嚴格評審，從接近完成的科研成果中遴選立項的。爲擴大後期資助項目的影響，更好地推動學術發展，促進成果轉化，全國哲學社會科學工作辦公室按照"統一設計、統一標識、統一版式、形成系列"的總體要求，組織出版國家社科基金後期資助項目成果。

全國哲學社會科學工作辦公室

目　録

前　言 ……………………………………………………… 1

凡　例 ……………………………………………………… 1

喬可傳校本與四庫全書本路史目録對照表 ………………… 1

路史卷一

　前紀一 …………………………………………………… 1

　　初三皇紀 ……………………………………………… 1

　　　初天皇 ……………………………………………… 1

　　　初地皇 ……………………………………………… 1

　　　初人皇 ……………………………………………… 1

路史卷二

　前紀二 …………………………………………………… 9

　　中三皇紀 ……………………………………………… 9

　　　天皇氏 ……………………………………………… 9

　　　地皇氏 ……………………………………………… 16

　　　九頭紀　泰皇氏 …………………………………… 20

路史卷三

　前紀三 …………………………………………………… 35

　　循蜚紀 ………………………………………………… 35

　　　鉅靈氏 ……………………………………………… 35

　　　句彊氏 ……………………………………………… 39

譙明氏 ……………………………………………… 39

涿光氏 ……………………………………………… 39

鉤陣氏 ……………………………………………… 40

黄神氏 ……………………………………………… 40

狂神氏 ……………………………………………… 42

犂靈氏 ……………………………………………… 43

大騩氏 ……………………………………………… 44

鬼騩氏 ……………………………………………… 46

弇兹氏 ……………………………………………… 46

泰逢氏 ……………………………………………… 46

冉相氏 ……………………………………………… 51

蓋盈氏 ……………………………………………… 55

大敦氏 ……………………………………………… 56

雲陽氏 ……………………………………………… 56

巫常氏 ……………………………………………… 59

泰壹氏 ……………………………………………… 59

空桑氏 ……………………………………………… 73

神民氏 ……………………………………………… 77

倚帝氏 ……………………………………………… 77

次民氏 ……………………………………………… 78

路史卷四

前紀四 ……………………………………………… 81

　因提紀上 ………………………………………… 81

　辰放氏 …………………………………………… 81

　蜀山氏 …………………………………………… 88

　豗傀氏 …………………………………………… 107

　渾沌氏 …………………………………………… 107

東户氏 ……………………………………… 110

皇覃氏 ……………………………………… 112

啓统氏 ……………………………………… 119

路史卷五

前纪五 ……………………………………… 121

因提纪下 ………………………………… 121

吉夷氏 ………………………………… 121

几蘧氏 ………………………………… 121

豨韦氏 ………………………………… 123

有巢氏 ………………………………… 124

遂人氏 ………………………………… 137

庸成氏 ………………………………… 156

路史卷六

前纪六 ……………………………………… 167

禅通纪第一 ……………………………… 167

史皇氏 ………………………………… 167

柏皇氏 ………………………………… 176

中皇氏 ………………………………… 188

大庭氏 ………………………………… 193

栗陆氏 ………………………………… 201

路史卷七

前纪七 ……………………………………… 211

禅通纪第二 ……………………………… 211

昆连氏 ………………………………… 211

轩辕氏 ………………………………… 214

赫苏氏 ………………………………… 217

葛天氏 ………………………………… 223

路史卷八

前紀八 ………………………………………………… 237

禪通紀第三 …………………………………………… 237

尊盧氏 ……………………………………………… 237

祝誦氏 ……………………………………………… 243

路史卷九

前紀九 ………………………………………………… 295

禪通紀第四 …………………………………………… 295

昊英氏 ……………………………………………… 295

有巢氏 ……………………………………………… 305

朱襄氏 ……………………………………………… 318

陰康氏 ……………………………………………… 321

無懷氏 ……………………………………………… 324

路史卷十

路史後紀序 …………………………………………… 341

後紀一 ………………………………………………… 342

禪通紀第五 …………………………………………… 342

太昊紀上 …………………………………………… 342

太昊伏戲氏 ……………………………………… 342

路史卷十一

後紀二 ………………………………………………… 395

禪通紀第六 …………………………………………… 395

太昊紀下 …………………………………………… 395

女皇氏 ……………………………………………… 395

女皇氏題 ……………………………………… 410

共工氏傳 ……………………………………… 417

路史卷十二

後紀三 ……………………………………… 427

　禪通紀第七 …………………………………… 427

　　炎帝紀上 ……………………………………… 427

　　　炎帝神農氏 ………………………………… 427

路史卷十三

後紀四 ……………………………………… 483

　禪通紀第八 …………………………………… 483

　　炎帝紀下 ……………………………………… 483

　　　炎帝柱 ……………………………………… 483

　　　炎帝慶甲 …………………………………… 485

　　　炎帝臨 ……………………………………… 487

　　　炎帝承 ……………………………………… 488

　　　炎帝魁 ……………………………………… 489

　　　炎帝明 ……………………………………… 490

　　　炎帝直 ……………………………………… 490

　　　炎帝釐 ……………………………………… 490

　　　炎帝居 ……………………………………… 490

　　　炎帝節莖 …………………………………… 493

　　　炎帝克 ……………………………………… 493

　　　炎帝戲 ……………………………………… 498

　　　炎帝器 ……………………………………… 498

　　　小帝 ………………………………………… 518

　　　炎帝參盧 …………………………………… 526

　　　附:蚩尤傳 ………………………………… 542

　　　諸帝贊語 …………………………………… 558

　　　　帝柱 ……………………………………… 558

帝承 ··· 560

帝魁 ··· 564

帝直　帝氂 ··· 566

路史卷十四

後紀五 ·· 569

疏仡紀第一 ·· 569

黃帝紀上 ·· 569

黃帝有熊氏 ·· 569

黃帝有熊氏紀跋文 ··································· 692

路史卷十五

後紀六 ·· 699

疏仡紀第二 ·· 699

黃帝紀下 ·· 699

帝鴻氏 ·· 699

帝魁 ·· 708

路史卷十六

後紀七 ·· 713

疏仡紀第三 ·· 713

小昊青陽氏 ·· 713

路史卷十七

後紀八 ·· 777

疏仡紀第四 ·· 777

帝顓頊高陽氏 ·· 777

附:渾天儀圖説 ··· 852

路史卷十八

後紀九 ·· 855

疏仡紀第五 ·· 855

　　　高辛紀上 ·· 855

　　　　帝嚳高辛氏 ······································ 855

路史卷十九

　　後紀十 ·· 897

　　　疏仡紀第六 ·· 897

　　　高辛紀下 ·· 897

路史卷二十

　　後紀十一 ·· 997

　　　疏仡紀第七 ·· 997

　　　帝堯陶唐氏 ·· 997

路史卷二十一

　　後紀十二 ·· 1109

　　　疏仡紀第八 ·· 1109

　　　　帝舜有虞氏 ······································ 1109

　　　　附:明堂圖説 ····································· 1247

路史卷二十二

　　後紀十三 ·· 1249

　　　疏仡紀第九 ·· 1249

　　　夏后紀上 ·· 1249

　　　　帝禹夏后氏 ······································ 1249

路史卷二十三

　　後紀十四 ·· 1395

　　　疏仡紀第十 ·· 1395

　　　夏后紀下 ·· 1395

　　　　帝啓 ·· 1395

　　　　帝太康 ·· 1409

　　　　帝仲康 ·· 1412

帝相 ……………………………………………… 1420

夷羿傳 …………………………………………… 1426

寒浞傳 …………………………………………… 1435

帝少康 …………………………………………… 1449

帝杼 ……………………………………………… 1452

帝槐 ……………………………………………… 1464

帝芒如 …………………………………………… 1466

帝洩 ……………………………………………… 1466

帝不降 …………………………………………… 1467

帝扃 ……………………………………………… 1468

帝厪 ……………………………………………… 1468

帝胤甲 …………………………………………… 1469

帝皋 ……………………………………………… 1473

帝敬發 …………………………………………… 1473

帝履癸 …………………………………………… 1474

附:禹疏九河圖説 ……………………………… 1522

諸帝贊語 ………………………………………… 1524

　帝太康 ………………………………………… 1524

　帝少康 ………………………………………… 1527

　帝杼 …………………………………………… 1530

　帝厪 …………………………………………… 1532

　帝甲 …………………………………………… 1534

路史卷二十四

　路史國名紀小序 ……………………………… 1537

　國名紀一 ……………………………………… 1539

　　太昊後風姓國 ……………………………… 1539

　　炎帝後姜姓國 ……………………………… 1547

黄帝後姬姓國 ································· 1574

黄帝之宗 ····································· 1584

路史卷二十五

國名紀二 ····································· 1603

帝鴻後釐姓國 ································· 1603

少昊青陽氏後 ································· 1608

少昊後國 ····································· 1615

少昊後偃姓國 ································· 1619

少昊後嬴姓國 ································· 1631

少昊後己姓國 ································· 1644

路史卷二十六

國名紀三 ····································· 1659

高陽氏後 ····································· 1659

高辛氏後 ····································· 1733

路史卷二十七

國名紀四 ····································· 1767

陶唐氏後 ····································· 1767

有虞氏後 ····································· 1780

夏后氏後 ····································· 1798

商氏後 ······································· 1828

路史卷二十八

國名紀五 ····································· 1885

周氏 ··· 1885

路史卷二十九

國名紀六 ····································· 2003

古國 ··· 2003

三皇之世 ····································· 2009

五帝之世 …………………………………………………… 2027

夏世侯伯 …………………………………………………… 2041

商世侯伯 …………………………………………………… 2058

周世侯伯 …………………………………………………… 2083

上世妃后之國 ……………………………………………… 2118

古之亡國 …………………………………………………… 2127

路史卷三十

國名紀七 …………………………………………………… 2139

雜國上 ……………………………………………………… 2139

雜國下 ……………………………………………………… 2155

漢國 ………………………………………………………… 2185

漢王子國 …………………………………………………… 2220

東漢 ………………………………………………………… 2242

跋 …………………………………………………………… 2249

路史卷三十一

國名紀八 …………………………………………………… 2253

封建後論 …………………………………………………… 2253

究言 ………………………………………………………… 2271

附:必正剳子 ……………………………………………… 2285

國姓衍慶紀原 ……………………………………………… 2287

路史卷三十二

發揮一 ……………………………………………………… 2293

大衍説 ……………………………………………………… 2293

四象説 ……………………………………………………… 2300

論太極 ……………………………………………………… 2304

明易象象 …………………………………………………… 2309

易之名 ……………………………………………………… 2327

同名氏辨 ·························· 2336

論遂人改火 ························ 2346

辨史皇氏 ·························· 2353

辨葛天氏 ·························· 2358

論幣所起 ·························· 2362

論三易 ···························· 2368

跋三墳書 ·························· 2379

女媧補天説 ························ 2386

共工氏無霸名 ······················ 2389

路史卷三十三

　發揮二 ···························· 2395

共和辯 ···························· 2395

共工水害 ·························· 2402

雨粟説 ···························· 2408

神農琴説 ·························· 2425

論太公 ···························· 2428

太公舟人説 ························ 2432

夷齊子南 ·························· 2435

論伊尹 ···························· 2440

伊尹無廢立事 ······················ 2444

黄帝輕重之法 ······················ 2448

黄帝乘龍上昇説 ···················· 2452

論槃瓠之妄 ························ 2456

路史卷三十四

　發揮三 ···························· 2461

辨玄囂青陽少昊 ···················· 2461

論史不紀少昊 ······················ 2464

明三正 ………………………………………… 2469

青陽遺妹 ……………………………………… 2480

辨伯翳非伯益 ………………………………… 2485

原焚 …………………………………………… 2488

原理李二氏 …………………………………… 2494

老子化胡説 …………………………………… 2497

論恒星不見 …………………………………… 2500

佛之名 ………………………………………… 2509

佛之俗 ………………………………………… 2511

道以異端而明 ………………………………… 2515

路史卷三十五

發揮四 ………………………………………… 2521

九合諸侯 …………………………………… 2521

佛事太盛速天譴 …………………………… 2526

益爲朕虞 …………………………………… 2531

辨四皓 ……………………………………… 2540

稷契攷 ……………………………………… 2545

周世攷 ……………………………………… 2552

夢齡妄 ……………………………………… 2556

魯用王者禮樂 ……………………………… 2562

獲麟解上 …………………………………… 2575

獲麟解下 …………………………………… 2580

明微子 ……………………………………… 2588

氏姓之諜 …………………………………… 2593

路史卷三十六

發揮五 ………………………………………… 2601

堯舜禹非諡辨 ……………………………… 2601

論謚法 ················· 2612

九錫備物霸者之盛禮 ············· 2619

巽禪非求爲異 ············· 2627

辨帝堯冡 ················· 2632

論舜不出黄帝 ·············· 2642

舜不幸以孝名 ·············· 2647

大麓説 ················· 2654

韶説 ················· 2665

夔論 ················· 2678

申都 ················· 2683

辨帝舜冡 ················· 2684

路史卷三十七

發揮六 ················· 2695

堯舜用人 ················· 2695

論治水先後 ················· 2700

煬帝水戲 ················· 2705

貢法非不善 ················· 2707

辨塗山伯益 ················· 2714

小弁序 ················· 2717

夏氏户口 ················· 2719

關龍逢 ················· 2731

伐桀升陌辨 ··············· 2746

湯遜解 ················· 2752

小人勿用 ················· 2757

路史絶筆 ················· 2764

路史卷三十八

餘論一 ················· 2767

路大之訓 …………………………………………… 2767

海國 ………………………………………………… 2769

八會文之初 ………………………………………… 2771

太素之年 …………………………………………… 2778

杜宇鷩令 …………………………………………… 2779

五勝相感 …………………………………………… 2783

五龍紀 ……………………………………………… 2788

野叉落魆 …………………………………………… 2789

路史卷三十九

餘論二 ……………………………………………… 2793

重卦伏羲 …………………………………………… 2793

書契説 ……………………………………………… 2795

九井列山 …………………………………………… 2797

事始 ………………………………………………… 2798

神農求雨書 ………………………………………… 2802

赤松石室 …………………………………………… 2806

皋禖古祀女媧 ……………………………………… 2808

蜡臘異 ……………………………………………… 2811

祭先飯 ……………………………………………… 2816

題炎陵 ……………………………………………… 2822

路史卷四十

餘論三 ……………………………………………… 2823

許繇 ………………………………………………… 2823

夷齊首山 …………………………………………… 2828

五旗五麾 …………………………………………… 2832

納音五行説 ………………………………………… 2833

鼓吹 ………………………………………………… 2836

神荼鬱壘 …………………………… 2837

鸑鷟 ………………………………… 2839

拓跋氏 ……………………………… 2844

鍾鼎 ………………………………… 2847

井田之法 …………………………… 2852

路史卷四十一

餘論四 ……………………………… 2857

　渚爲陵 …………………………… 2857

　五祀 ……………………………… 2860

　解廌 ……………………………… 2864

　好學而後釋者不能惑 …………… 2866

　俗士不可爲史 …………………… 2870

　謚鍾説 …………………………… 2874

　孿生圻鼅 ………………………… 2878

　天地合祭 ………………………… 2881

　燔瘞無玉 ………………………… 2888

　天地各兩牲 ……………………… 2890

路史卷四十二

餘論五 ……………………………… 2895

　上帝 ……………………………… 2895

　六宗論 …………………………… 2901

　魯郊禖 …………………………… 2913

　麟木説 …………………………… 2917

　麟難 ……………………………… 2922

　鄒虞續 …………………………… 2931

　商周之際 ………………………… 2933

　春秋用周正 ……………………… 2937

路史卷四十三

餘論六 ……………………………………………………………… 2945

孔子生日 …………………………………………………………… 2945

鮮卑烏丸 …………………………………………………………… 2950

唐國望都 …………………………………………………………… 2952

克明俊德至時雖 …………………………………………………… 2956

九族 ………………………………………………………………… 2958

七廟 ………………………………………………………………… 2966

堯水不禱 …………………………………………………………… 2967

星次説 ……………………………………………………………… 2969

書唐月令 …………………………………………………………… 2977

沈璧 ………………………………………………………………… 2980

路史卷四十四

餘論七 ……………………………………………………………… 2985

蕒莢 ………………………………………………………………… 2985

五老人 ……………………………………………………………… 2986

陵臺説 ……………………………………………………………… 2989

繇余氏墓 …………………………………………………………… 2990

去凶年 ……………………………………………………………… 2992

吕梁碑 ……………………………………………………………… 2994

歷山 ………………………………………………………………… 2995

太尉 ………………………………………………………………… 3002

小人之過必文 ……………………………………………………… 3005

瞽叟殺人 …………………………………………………………… 3010

路史卷四十五

餘論八 ……………………………………………………………… 3017

即位書元,非春秋立法 …………………………………………… 3017

原尸 …………………………………………………… 3018

鸞車,有虞氏之路 ………………………………………… 3039

舜帝無爲 …………………………………………………… 3041

禹皋戒舜 …………………………………………………… 3044

賡歌 ………………………………………………………… 3047

胡益之"堂上下樂"説非是 ……………………………… 3049

南風之詩 …………………………………………………… 3050

舜爲法於天下 ……………………………………………… 3052

舜禹有天下而不與 ………………………………………… 3054

路史卷四十六

　餘論九 …………………………………………………… 3057

　　西王母 ………………………………………………… 3057

　　黄陵湘妃 ……………………………………………… 3059

　　女英冢 ………………………………………………… 3062

　　鄧至　爰劍 …………………………………………… 3064

　　黄熊化 ………………………………………………… 3067

　　啓母石 ………………………………………………… 3069

　　無支祁 ………………………………………………… 3072

　　四載 …………………………………………………… 3075

　　九藪 …………………………………………………… 3079

　　奠高山大川 …………………………………………… 3081

路史卷四十七

　餘論十 …………………………………………………… 3085

　　雲、夢二澤 …………………………………………… 3085

　　汴 ……………………………………………………… 3088

　　敷淺原 ………………………………………………… 3095

　　三江詳證 ……………………………………………… 3097

　　九江詳證 ……………………………………………… 3104

　　辨兖濟 …………………………………………………… 3109

　　息壤 ……………………………………………………… 3115

　　龍負舟 …………………………………………………… 3118

　　十日 ……………………………………………………… 3120

　　天門 ……………………………………………………… 3123

附　録

　　路史序(宋羅泌) ……………………………………… 3125

　　路史別序(宋費煇) …………………………………… 3126

　　重刻宋羅長源先生路史序(明朱之蕃) …………… 3127

　　豫章刻路史前紀後紀序(明張鼎思) ……………… 3128

　　敍(明金堡) …………………………………………… 3130

　　新序(清趙承恩) ……………………………………… 3131

　　路史發揮跋(宋曾大鼎) ……………………………… 3132

　　校訂路史識語(明喬可傳) …………………………… 3133

　　重梓路史凡例(明寄寄齋) …………………………… 3133

　　賦秋山覽史隨筆·路史刻政四條(明吳弘基) ……… 3134

　　路史提要(清紀昀等) ………………………………… 3135

後　記…………………………………………………………… 3137

前　言

一

　　路史作者羅泌,字長源,號歸愚子,南宋吉州盧陵田南(今江西吉安市青原區富田鎮)人。先人原籍長沙,五代時以避馬氏之亂,徙居盧陵,遂爲盧陵儒學世家。

　　泌祖無競,字謙中,號遯翁,門人私諡孝逸先生。熙寧間曾授迪功郎,爲建寧主簿。不久去官,不復仕。胡銓撰孝逸先生傳,稱泌:“蓄書萬卷,大蒐其間,故人清風,觴咏竟日。”“喜作詩,高處切風雅,平處往往鮑謝難之。天資静易,未嘗丐汲引,而薦者章交。待人以和,若汎然應,而終不易其介。父事兄,友其弟。……子姓皆興於學。”“有集數卷,經解數卷,著清襟集(一作“注青衿集”)三卷,藏於家。”又評其爲人曰:“爲親而仕近毛義,詼達以詭近東方朔,遯以求志近淵明云。”〔一〕

　　泌父良弼,字長卿,號蘭堂。紹興初,取士復詩賦,爲鄉舉首〔二〕。後官會昌縣(今屬江西省)東尉。與鄉賢、南宋名臣胡銓、周必大皆相交厚。銓嘗言曰:“予兄弟樂與良弼游。予登第後,讀書山間十年,良弼未嘗不來,來未嘗不論文終日。後被召,大臣舉予應直言極諫等科,朋友有功焉,良弼爲多。予其敢忘之?”〔三〕良弼“博學强記,凡百家雜志,下至稗官虞初之説,無不貫穿;諸史上下數千載間,成敗利鈍,灼見如縷。家藏萬卷,又增益之幾倍莚,皆手朱墨標表,無虛帙"〔四〕。"其親抄書僅千卷,字畫如刻,人以擬隱俠云"。少與胡銓肄舉業,銓賦詩云:"笑春燭底影,湔淚風前杯。"吟未畢,良弼應聲云:"此法帖第五卷,隋僧智果書也。"又嘗讀崇文總目,良弼曰:"某書若干卷,某集若干卷。"已而檢眂,無一不讎〔五〕。周必大亦歎服其博學卓識,曾記一事:"郭公諱知章,字明叔,吉州龍泉人。事哲宗爲臺諫從官;徽宗朝歷刑部尚書、翰林學士,帥太原,尹開封。國史有傳。予少時見友人羅良弼云:'郭明叔乃薄陶淵明。'心頗疑之。後得公文集,見元豐間宰分寧贈黃太史長歌,其末云:'功名時來亦自然,跨風絶海非爲難。肯學陶潛歸去來,虛名浪得傳人寰?'然後知其壯年志在功名,屈臨一邑,不忍學淵明棄印綬而去,庶幾善學柳下惠者耶!"〔六〕"有文集三十卷,歐陽三蘇年譜一卷。著欣會録十卷,詩話二十卷,聞書七卷,皆未卒業"〔七〕。又曾編纂盧陵鄉賢劉弇所撰龍雲先生文集,徧求別本,由舊刻之二十五卷增至三十二卷,凡六百三十餘篇〔八〕。

泌爲良弼次子〔九〕。據田南重修清適堂記文獻録,生于宋高宗紹興元年(1131),卒于宋孝宗淳熙十六年(1189)〔一〇〕。然周必大龍雲先生文集序稱:"嘉泰三年,賢守豫章胡元衡平一表鄭公之鄉里,訪襄陽之耆舊,欲廣其書,激勵後學。予嘔屬羅尉之子泌繕寫定本,授侯刻之。"〔一一〕則泌卒當在嘉泰三年(1203)後,以爲淳熙十六年者誤。良弼居官廉勤,而仕逗蹇蹇與時相左,臨終,"呼泌立牀下,曰:'吾少時意功名可指取,落落晚節,汗顔復來,其將溘然。汝兄弟友敬,勉自植立,無墮先緒! 吾志倘伸,幸矣。'遂瞑"〔一二〕。泌遵父志,發憤著路史,而終生不仕。然雖白身,而盧陵鄉賢、一時知名學者、大臣如胡銓、楊萬里、周必大、周必正輩皆親重之,私交甚篤。胡銓爲泌父執,而稱泌爲"博學君子"〔一三〕。泌路史國名紀八有究言一篇,篇題之下注曰:"庚申歸自誠齋作。"誠齋者,楊萬里書齋名也。後附必正劄子一篇,則是周必正讀完羅泌國名紀究言後之感言,以爲覆函。又路史國名紀三高陽氏後有"己酉冬,周益公退舍歸首,以炎陵事來訪,謂三皇五帝並居中原,炎帝之墓無因南方,即疑爲偏據者。予曰:不然"云云一段文字,乃知泌與諸賢往還頻密,切磋學問,習以爲常。而泌之學識、爲人,亦可知矣。朝散大夫曾丰曾爲作傳〔一四〕,可惜今已不復可見,未免遺憾。清濮應台修、陸在新續修廬陵縣志卷二二人物志六文苑略記泌之行事,稱泌:"生而穎邁,弱冠好讀書,絶意仕宦。有勸之者,輒拍案而起,曰:'人各有千古,獨進賢冠哉?'爲詩文,精深刻苦,不肯隻字同人,咳唾一時。高才不偶者輒藉長源解免,曰:'才如夫人,豈屑屑以科名重耶?'舉宋承務郎,不起。杜門著述,家蓄書數千卷,無不研究,儲高積深。……生平不信浮屠,嘗引种明逸自況,以爲种放與我皆不喜佛,但种善飲,我善隱,所不同者此耳。蓋种放初有志肥遯,後竟應朝廷之(僻)〔辟〕,故泌言及之。"而清郭景昌、賴良鳴吉州人文紀略卷四文學名臣有羅泌紀略,云:"公學博才弘,識高文偉,遐覽載籍,侈遊墳典。玉版金匱之章,海上名山之旨,赤文緑字,河篆龜圖,罔不載之清衷,遞爲心極。惜懷奇毓秀,不得見諸行事,廼搜集百家,輯成路史,始自邃古,有夏之後勿傳。"今考路史前紀八禪通紀三尊盧氏有跋文曰:"自余季,甫志學。遰通三經,且侍且業,未嘗終日三商不屬意於是史也。訪博士,适異書,訊旅人,求金石之遺,豫是有益,雖奴客必師,不知祈寒溽暑之爲毒。於衡湘得雲陽之從,於廣都得盤古之祀,於馮翊得史皇之墓,於藍田得尊盧之垛,於衡山得祝融之窅,於長安得陰康之冢,於肺山得華胥之封,於黃龍得女媧之碣,於茶水得炎帝之陵,於蛾眉得黃帝之款,於雝得帝鴻之坆,於雲陽得少昊之瑜,於成陽得慶都之籥,於大山得有虞之文,於陳倉得娥育之踈,於商於得女英之壐,於杼山得夏后之銘,一何多邪!"又據國名紀八國姓衍慶紀原云"自開基至今日,甲子逾四周",知路史成書在公元 1199 年後[一五],則泌之路史,乃構築于"讀萬卷書,行萬里路"基礎之上,歷數十年之功,真積力久,方成此皇皇巨著。泌之著作,今可知者,尚有圖學二編、樵隱山癯景陵緯閣字書同異解[一六]、六一詞跋[一七]。又,據朱仙林稱,羅泌"尚著有易説、六宗論一篇、三江詳證一篇、九江詳證一篇"[一八]。然今考之,其中六宗論一篇實見路史卷四二餘論五,三江詳證、九江詳證二篇則見路史卷四七餘論十。至于所謂易説,朱氏注:"見經義考卷二六易二十五,注云:'佚,按丁氏大衍索隱引用其説。'"丁氏指宋丁易東,今查丁氏大衍索隱原文,其引羅泌説易之文共有兩處,其一曰:"廬陵羅長源曰:'以奇數自倍倍之,爲五十;而一無倍,爲四十九。'"(見卷一大衍之數五十其用四十九圖)其一曰:"廬陵羅長源曰:'以生數自乘乘之,爲五十有六;而一無乘,爲五十五。以奇數自倍倍之,爲五十;而一無倍,爲四十九,此七七之合也。四十有九,而一之本未嘗亡。一者,衆之主也。總之則一,而散[之]則四十九,非一之外爲四十九,而四十九之外有一也。'"(見卷三稽衍)所引之文,實出路史發揮一大衍説。然則,朱氏此稱泌"尚著有"之作品四種,但今本路史中内容耳。

　　泌子苹,字華叔,號復齋。"承父命,作路史註。"[一九]不曾出仕,史書無傳。鄉賢、教育家歐陽守道爲記其齋,作復齋記[二〇]。卒,族弟羅椅爲作祭族兄復齋文[二一]。

二

　　羅泌之撰路史,有其因由,其卷首自序曰:"太史公作史記,蘇子述古史，自黄戲而上不道，曰仲尼不道也。予違太史公藐千三百載矣，又上諏之萬載之前，非取蓋於聖人也，以學者猶欲言也。神輪、雌雄之書，輶軒、黄車之籙，充棟連牀，曜聯而縠繫矣。然心術或蔽，違離道本；苟以譁衆取寵，故觸途而輒憲。皇甫謐之世紀、譙周之史攷、張（惜）［愔］之系譜、馬總之通歷、諸葛耽之帝録、姚恭（年之）［之年］歷帝紀、小司馬之補史、劉恕之通鑒外紀亦粗詳矣，而其學俠淺，不足取信。太史公丁孤嬴（威）［威］學之後，首掇隧緒，既足通遺；而蘇子所述，第發明索隱之舊，兹固未足爲全書：而予之路史所爲起也。”又後紀二禪通紀六太昊紀下有跋文曰：“故曰：‘孔子作春秋，而亂臣賊子懼’，又曰：‘仲尼之徒，無道桓文之事’。予之路史，宜有合於此者，不可以弗察也。”即是説，一方面，黄帝、伏羲而上之事，舊史或不載，或載而不足取信；另一方面，學者又有了解之需求。羅泌在責任心與自信心雙重驅使之下，欲效孔子作春秋以誠世，于是以極大之熱情與幹勁，投入耗時費力之有夏以上史前史——路史之纂著之中。

書名路史，也有深意。路史餘論一路大之訓曰：“太常主簿劉君清之逮泌之史何以謂‘路’。謖按爾雅，‘路’之訓‘大’，路寢、路朝、路門、路鼓、路車、路服皆以大爲之稱。……故路史者，亦大史之云爾。公曰：‘善。是皇王大紀之義也，無以易。’”誠如明張鼎思所言：“路者，大也。上古之道爲大道，故上古之史爲大史也。”〔二二〕

今本路史凡四十七卷，其中，“前紀九卷，述初三皇至陰康、無懷之事；後紀十四卷，述太昊至夏履癸之事；國名紀八卷，述上古至三代諸國姓氏、地理，下逮兩漢之末；發揮六卷，餘論十卷，皆辨難考證之文”〔二三〕。然羅泌本人，但以前紀、後紀目路史，原不以國名紀、發揮、餘論屬路史也。今本路史國名紀卷首有小序稱：“泌也生今之世，學古之道，曷因祖述而著路史，視帝王之後，世祚衍天下至數千百年,澤未艾也。……先王盛時,諸父諸舅星分棋布於神州之内,源源而來,接之以禮,是故秉斿奉幣,夾輔尊獎,不啻子弟之衛父兄,手足之捍頭目者。惟是周旋揖巽,豈不休哉!因著其有傳者爲國名紀,庶幾來者尚或知其彷彿焉。"又于國名紀一黄帝之宗紀後跋曰:"余述路史,又起國名記,而後天下之氏姓始大定矣。……嗟乎! 萬姓同本而岐其枝,百川派别而宗于海,君子之欲求其祖之所自出,舍路史、國名記,何以哉?"又國名紀八國姓衍慶紀原曰:"僊源積慶,臣嘗於所述路史辨之詳矣。"是國名紀未入于路史也。發揮四氏姓之謀曰:"予述路史,又綴國名記,而後天下之氏姓始大定。"又今本路史于發揮後多附有宋淳熙九年(1182)曾大鼎所書跋文一篇,内稱:"今觀羅氏路史與夫發揮之書,稽疑發奧,默然有契於予心者,又何多也!"是發揮作于國名紀後,初亦不屬之路史也。餘論一五勝相感曰:"方以類聚,物以羣分。至精交感,應不待召。予求五運,譯之路史,詳矣。"又餘論二題炎陵:"神農有天下,傳七十世,在古最爲長世者,葬於荼陵。見於郡國志、帝王世紀。予作路史,紀之詳矣。後十有五年,始獲拜陵下,摩挲古杉,俯歎石麟,追懷曩初,悵爾隔世。"則餘論亦不在路史中矣。喬可傳校本路史于卷首附有明萬曆癸卯歲(即萬曆三十一年,時當公元 1603 年)張鼎思撰豫章刻路史前紀後紀序一篇,蓋張氏之時尚有不包含國名紀、發揮、餘論之路史版本,宜即保留路史之初貌者。據上可以推知:今本路史,乃後人匯集羅泌所撰路史及國名紀、路史發揮、路史餘論而編定者。其時當在南宋(北京圖書館出版社 2003 年據國家圖書館藏宋刻本影印之中華再造善本路史,僅殘二卷,其中一卷爲國名紀二之内容,可證),或即泌子苹之所爲,未可知也。

　　傳世路史皆有注文,題曰"男苹承命註"或"男苹註",現存唯一宋本即已如此。唯四庫全書本路史删去"男苹註"字,其卷首

提要曰:"句下註文,題其子苹所撰。核其詞義,與泌書詳略相
輔,似出一手,殆自著而嫁名於子歟?"所言籠統而欠具體,李裕
民四庫提要訂誤舉例以佐證之,曰:"按:提要此語以無佐證,僅
作猜測之詞。考路史餘論'炎陵'條正文泌自稱'淳熙十四年',
'予始獲拜陵下'。後紀三注:'炎陵……丁未春,予至焉。'後紀
七:'予游炎陵。'全屬一人語氣。"〔二四〕今謂路史舊注,確有泌自
作者。除李氏所舉者外,以下二例,從口吻看,似亦當是泌自注
語。其一爲,國名紀六古之亡國:"右古亡國,見周書史記解及六
韜周志,凡國三十,皆敍其所以致亡之道,以詔徠世者。"注曰:
"二書俱云二十八國,然文止二十有二,今以張華等記參綜得此。
其有夏后居殷、商、有虞、質沙、有巢、共工、南氏、阪泉、玄都、西夏
十國,已別見。"其二爲,國名紀八究言,注曰:"庚申歸自誠齋
作。"然而,僅據個別例證似不足以推翻自宋以來視路史注爲"苹
承命註"之總體認定。況亦有非"屬一人語氣"者在,如後紀十二
帝舜有虞氏述陳敬仲奔齊,其後子孫或以複姓爲氏,中有"子
夏",注云:"惟書無子夏,即宣庶子子西。"宣,指春秋陳宣公。古
今姓氏書辯證卷二二止韻下子夏云:"元和姓纂曰:'陳宣公生子
夏,後爲氏。'誤矣。謹按左傳,此即夏氏。春秋以來,未嘗有子
夏氏。姓纂承襲久誤,以夏爲姒姓之後,故指子夏爲複姓,今駁正
之。"又卷二六馬韻夏云:"謹按春秋,出自嬀姓。陳宣公庶子西,
字子夏,別其族爲少西氏。"按:此條路史列出子夏氏,而注文則
據古今姓氏書辯證以爲書無子夏氏,婉轉指出其誤,正文與注文
之作者不可能是同一人。清馬國翰玉函山房藏書簿録稱:"路史
四十七卷,宋承務郎廬陵羅泌長源撰,子苹注。……注爲其子苹
所作,而與正文相輔,疑亦長源所筆削也。"朱仙林以爲:"此'筆
削'二字正道出了問題的實質。"〔二五〕又宋鳳林云:"其實羅泌自
己在路史序中對此有所説明:'其有所明,則諉之私屬疏之下

方。'‘私屬’當指其子羅苹,可以理解爲由他指導羅苹所作。"〔二六〕皆言之成理,可以信從。

三

　　路史之版本多而複雜,見諸朱仙林羅泌路史版本考辨文末所附路史版本一覽表者即有 28 種〔二七〕,包括宋本 1 種、明本 10 種、清本 17 種。就卷數論,則有不分卷、47 卷、46 卷、45 卷、28 卷、22 卷、12 卷、10 卷、1 卷種種不同;而以 47 卷者占絶大多數,當爲全本、正宗,此點歷代書目著録可以證明。朱仙林曰:"今考歷代對路史的著録,均作四十七卷,僅有清黃虞稷千頃堂書目作五十卷,……黃氏前雖言‘五十卷’,然其後所列之‘(前編)九卷’、‘(後紀)十四卷’、‘(國名紀)八卷’、‘(發揮)六卷’、‘(餘論)十卷’相加却正作四十七卷。"〔二八〕

　　路史現存最早之版本爲今藏國家圖書館之南宋本,可惜已爲殘本,所存不足 2 卷,北京圖書館出版社已于 2003 年將之收入中華再造善本之中出版。足本中相對較早,且較有版本價值者主要有明嘉靖間錢塘洪楩刊本、明萬曆三十九年(1611)喬可傳校寄寄齋刻本及明崇禎間吳弘基等訂重訂路史全本三個版本〔二九〕。此外,流傳較廣,同樣比較有版本價值者尚有清代之文淵閣四庫全書本及中華書局 1936 年出版之四部備要本。然總言之,全皆錯誤百出,乏善可陳,所謂"較有版本價值",亦矮子隊裏選將軍而已。其中相對佳者,則當數喬可傳校刻本。喬氏于刻本卷首識曰:"長源公之史,予家藏舊矣。每欲爲之翻刻,奈其間勾棘難通。後……更得豫章所刻前後紀,較之此本差勝,亦未盡善也,遂于視事之餘,深心讐對,探字疏句,志頗不倦。綜一篇之旨,稽二刻之訛,越以年歲,乃始告成。即授剞劂,以廣其傳。非欲餌名于一時，實欲爲長源公之忠臣也。”可知喬氏曾爲路史之校勘，耗費不少精力。中華書局1936年出版之四部備要，其中路史選取喬可傳校本爲底本，並非無因。筆者校勘本書，經過一一比對上述五個足本異文，印象中亦是喬本最佳，而洪本與吳本則最差（例詳見下）。讀者檢讀本書校記當可得出同樣結論。清代藏書家、目録學家耿文光曰：“是書未見佳本，諸家宋元板書目亦未見著録。明刻較今通行微勝。……是書錢塘洪楩刊本最佳，不著刻書年月。”〔三〇〕所稱“是書未見佳本”，真正如此；至謂“是書錢塘洪楩刊本最佳”，則未得其實。明萬曆歲辛亥季秋寄寄齋識重梓路史凡例云：“此史歲久傳湮，原本無稽；而錢塘舊刻，魯魚亥豕滋甚。”又明朱之蕃重刻宋羅長源先生路史序云：“近歲洪都僅梓其半，未覯全書；錢塘舊板，讐校未詳，錯誤迭出。”朱仙林以爲錢塘舊板，指洪楩刊本，甚是；然不知爲何不從朱氏“錢塘舊板，讐校未詳，錯誤迭出”之説，而輕信耿氏“是書錢塘洪楩刊本最佳”之言，乃云“據筆者考察，……路史版本所可珍貴者以明本爲主，而在明刻本中，綜觀各家所言，以明嘉靖間洪楩摹宋刻本較它本爲善”〔三一〕。

需要强調的是，以上特別提到的幾個版本，所謂優劣，祇是相對而言。即便是宋殘本，其殘存部分之文字亦未必皆優於他本異文。今僅以路史後紀四炎帝紀下爲例〔三二〕：炎帝柱“及寒垺土”，宋本、洪本、吳本、四庫本“垺”譌“垈”，而喬本不誤；又“稷，五穀之主”，宋本、洪本、吳本“主”譌“王”，喬本不誤；炎帝克“邑胥魁成新室”，宋本、洪本、吳本、四庫本“成”譌“或”，喬本不誤；炎帝器“書中候”，宋本、洪本、吳本譌“書東侯”，喬本不誤；又“大夫艾孔”，宋本、洪本、吳本“艾孔”譌“文孔”，喬本不誤；又“説者以爲復立之也，非矣”，宋本、洪本作“説者以爲復立之，非也矣”，“也非”二字誤倒，喬本不誤；小帝“以王大子居守”，宋本、洪本、吳本、四庫本"大子"倒作"子大",喬本不誤;炎帝參盧"疑在陳倉",宋本、洪本、吳本、四庫本"倉"作"蒼"非,喬本不誤;又"拒"(春秋戎邑名),宋本、洪本、吳本、備要本作"柜"非,喬本不誤;又"而遂間夏",間謂離間,宋本譌"聞",喬本不誤。上舉諸例均屬於宋本已誤,而喬本予訂正者。從中也可看出,喬本確是相對較佳之版本。當然,殘宋本不誤而後來版本誤者也許更多一些,例見書中,此從略。

　　就通常情況言,早期之版本多優于後出之版本;不過也有早期之版本十分糟糕,後來之版本因爲有所訂正而反勝于前者。作爲現存足本路史最早版本之洪梗本,即是屬于比較糟糕的版本,僅以路史前紀篇幅偏小之前三卷爲例,他本皆不譌,唯洪本獨譌者,即有:伏羲之"羲"每譌"義",王璵(唐太常博士)則譌"玉璵","太古天皇"譌"太古夫皇","角龍木偓"譌"角龍木龍","蓋攝提首紀厼"則"厼"譌"余","其亐民也"則"亐"譌"亏","取據"之"取"則用俗譌字"耴",開明(蜀王)譌"閉明","老君亦令寇謙"則"令"譌"今"。當然也有相反的情況,即洪本正確而他本錯誤者,衹是相對少一些而已。要之,上面提到的五個路史足本,以喬可傳校本相對較佳,洪本相對錯誤較多,但因是較早之版本,于校勘上仍有特別之意義,如路史國名紀四有虞氏後云:"頃襄後都之。"喬本、吳本、四庫本、備要本"頃"均作"項"。然楚無項襄王,衹有頃襄王,"項"當爲"頃"字之誤。而洪本該字作"塤",據之可以釐清其中譌變脈絡:蓋洪本先譌"頃"爲"塤",餘本乃誤"塤"爲"項"。其餘諸本,同樣有很多譌誤,却也或多或少對于其前版本有所訂正。其中,備要本路史明言"據(喬可傳)原刻本校刊",文字自不完全同于喬本,主要是將喬本中之俗體字改爲正體字,同時也有所訂正或誤改。四庫本之文字與吳本最爲相近,蓋以後者爲底本;唯吳本中俗體、譌體之字極多,四庫本大抵皆改爲正體字,當然也時有訂正或誤改。又,四庫館臣喜歡竄改原典之壞毛病同樣存在于此本,如後紀五黃帝有熊氏"登空同而問廣成",羅苹注:"北虜遵化南三十亦有空同、襄城,世謂帝謁廣成在此,非也。"北虜,指金王朝,而四庫本作"北方"。國名紀八封建後論:"二虜威之。"二虜指契丹與西夏。威,義同"畏"。吴本、備要本作"二虜威之","威"乃"威"字形譌。四庫本又作"敵人滅之","滅"乃由"威"而來,至于變"二虜"爲"敵人",則與上例變"北虜"爲"北方"同,純屬館臣之蓄意竄改,乃避清廷之諱。有鑒於此,本書選取喬可傳校本爲文字校勘之底本,而以殘宋本、洪本、吴本、四庫本、備要本爲參校本,以祈獲取盡可能多的版本異文信息,作爲校勘之參考。

以上各個版本,不但文字多所不同,内容編排先後、卷次目録標識也有差異。就内容編排先後言,如四庫本路史于前紀、後紀之後依次爲國名紀、發揮、餘論,而備要本則是先餘論,次發揮,最後國名紀。就目録卷次標識言,各個版本亦頗不同。或全書四十七卷,自卷一至卷四十七依順序統一標示卷次(如四庫本);或書中前紀、後紀、國名紀、發揮、餘論各個部分分別編排卷次,乃至時用"卷一、卷二、卷三",時用"卷甲、卷乙、卷丙"(如喬本)。四庫本、喬本二者編次之不同,詳見正文前所附目録對照表。相對而言,四庫本卷目標識層次最爲清晰,而條理井然。本書即以四庫本路史爲基礎,略作訂補完善,安排全書之卷目。

四

路史傳世之後,頗爲引人注目。宋人著作中已有引用路史者[三三]。其後,路史在元梁益詩傳旁通、明陳士元論語類考及名疑、明胡應麟少室山房筆叢、明顧起元説略、明孫瑴古微書、明董斯張廣博物志、清儲大文纂山西通志等書中，更是被大量引用、摘録，或作爲輯佚對象，或爲佐證己説。今人著作、論文之中引用路史尤夥，今從“中國知網”上檢索得知，僅期刊中屬“哲學與人文科學”之論文，同時出現“羅泌”與“路史”兩詞者，即有 422 條，除去重複之目，也當在 400 篇以上。

學者對于路史，也有許多評價。或極褒之，如宋費煇甚至將之與孔子之論語相提並論，以爲“習而讀之，固足使亂臣賊子之知懼，而可以國家長久、禍亂不作矣”，感歎“立蕭曹勳業易，作羅氏路史難。路史之功，固不在於禹下”〔三四〕。或極貶之，如元代時有人稱：“路史不足觀，僅可糊壁。”〔三五〕此皆帶有極大個人感情色彩，未爲公允。而大多數人的評斷，還是比較客觀，即有偏頗，非全無理。如，明張鼎思云：“（羅長源路史）旁引曲證，聯而屬之；因疑成信，合異爲同；上下數千百載，如指諸掌。其志良偉，而用心亦良勤矣。然其採典籍則五緯百家、山經道書，一言一事靡不撮拾，幾于駁雜而無倫；敍世系則叔季纂竊，與海外氏羌鮮卑夷戎別種靡不遡厥源派，本諸皇王，幾於傅會而無識。”〔三六〕四庫全書提要云：“皇古之事，本爲茫昧，泌多採緯書，頗不足據；至於太平經、洞神經、丹壺記之類，皆道家依托之言，乃一一奉爲典要，殊不免龐雜之譏。……然引據浩博，文采瑰麗。劉勰文心雕龍正緯篇曰：‘羲農軒皞之源，山瀆鍾律之要，白魚赤（鳥）〔烏〕之符，黃金紫玉之瑞，事豐奇偉，詞富膏腴，無益於經典，而有助於文章。是以後來詞人，採摭英華。’泌之是書，殆於此類。至其國名紀、發揮、餘論，考證辨難，語皆精核，亦多袪惑持正之論，固未可盡以好異斥矣。”清李慈銘云：“四庫書目謂其無益經術，有裨文章，誠爲篤論。其引證浩博，議論爽勁，雖多用緯書道書奇詭之説，而要歸于正理，蓋病在喜出新意，而佳處亦即在此。精鋭之識，時足以匡正前賢，惟好用僻辭古語，頗近於虬户筱驂；又枝説雜出,時失著書之體,謬悠不根之談,亦往往而有,此學無師法之故也。”〔三七〕又云:“閱路史餘論十卷畢,略閲其國名紀一過。餘論文章雋快,間附考證,俱不足爲據。國名所繫始末輿地,亦難盡憑,惟取其博奧耳。”〔三八〕近人傅斯年云:“路史賣弄文詞而不知別擇,好以己意補苴舊文,誠不可據。然宋時所見古書尚多,世本等尚未佚,路史亦是一部輯佚書,只是書輯得不合法度而已,終不當盡屏而不取。”〔三九〕袁珂云:“(路史)多採緯書、道書及小説筆記諸書,企圖將古代神話傳説,通通化爲歷史;論歷史自非信史,但從神話研究的觀點看,因其徵引豐富(尤其是羅泌的兒子羅苹所作的注),也有足供參考的。”〔四〇〕諸如此類,不一而足。其中對于路史的批評,如謂採典籍則“駁雜而無倫”,敍世系則“傅會而無識”;“喜出新意”,“好用僻辭古語”,“又枝説雜出,時失著書之體,謬悠不根之談,亦往往而有”;“賣弄文詞而不知別擇,好以己意補苴舊文”,“論歷史自非信史”云云,可謂切中肯綮。唯李慈銘“(餘論)間附考證,俱不足爲據。(國名紀)國名所繫始末輿地,亦難盡憑”之語,其中“俱”字嫌過頭耳。當然,批評歸批評,路史依然有其自身之價值在,衹是當我們利用路史這一文獻進行文史研究的時候,一定要對其存在的問題保持清醒之認識。

五

前人或以經歷之史視路史,其實,路史衹是一部“以神話傳説資料編寫中國史前歷史的著作”〔四一〕,既非信史而欲據以證史,那是找錯了對象。從今天的觀點看,路史之意義首先體現在其文獻價值。路史一書爲了構擬史前歷史,引用了大量的古籍資料,據朱仙林統計,總共涉及文獻859種,其中經部179種,史部331

種,子部 310 種,集部 39 種,包括存世文獻 257 種、佚書 602 種[四二]。大量引用佚書,使路史具有了輯佚學之價值;存世文獻之引用,又使路史具有校勘學之價值。這兩個方面,前人已經做了不少工作,並取得一些成就[四三],但應該仍有潛力可挖。下面僅就後者舉幾個例子:

山海經海內南經:"夏后啓之臣曰孟涂,是司神于巴。人請訟于孟涂之所,其衣有血者乃執之,是請生。""是請生"極費解,郭璞注"言好生也",既缺乏詞義依據,亦與文意不合。路史後紀十三帝禹夏后氏"命孟涂爲理,刑正訟從,以爲神主"注引此文,"是請生"作"是謂主"。按:經之原文當是"是謂主",以與上文"司神于巴"相呼應。郭注釋"司神于巴"曰:"聽其獄訟,爲之神主。"可從。則經文意爲:人請訟于孟涂之所,其衣有血者乃執之,此即所謂"爲之神主"也。"謂"與"請","主"與"生"形俱相近,故譌。

呂氏春秋求人:"(禹)北至人正之國,……積水、積石之山。"高誘注:"積水,謂海也。積石,山名也。"陳奇猷新校釋曰:"'積水、積石之山'連讀,積水顯係山名,然積水不能成山,'水'當係'冰'之壞字。淮南時則訓云'北方之極,有凍寒、積冰之野',可以爲證。"[四四]按:陳氏説甚辯。路史後紀十三帝禹夏后氏載禹之事,作"積氷、積石之山",正可爲佐證。"氷"同"冰",蓋字原作"氷",偶脱左上點而成"水"字耳。

列子天瑞篇:"思士不妻而感,思女不夫而孕。"楊伯峻注:"大荒經曰,'有思幽之國,思士不妻,思女不夫。精氣潛感,不假交接而生子也。'"[四五]按:列子"思士"二句之前亦當有"思幽之國"四字,無此限制,則成泛指,顯然不合事理。路史國名紀三高辛氏後司幽引列子曰,正作:"思幽之國,思

士不妻而感,思女不夫而孕。"蓋今本列子存在脱文,可據之
訂補。

隋書天文志上:"蓋天之説,即周髀是也。其本庖犧氏
立周天曆度,其所傳則周公受於殷商,周人志之,故曰周
髀。"路史後紀一太昊伏戲氏"于作旋蓋"羅苹注引隨
志[四六],作:"其傳則周公受之於商,周人志之,謂之周髀。"
又云:"商者,周大夫商高也。"按:路史注引隨志作"商",
疑其原文如此;今本隋書作"殷商"者,當衍"殷"字。周髀
算經卷上曰:"昔者,周公問於商高曰。"漢趙爽注:"商高,
周時賢大夫,善筭者也。"是此商爲姓氏,非朝代名,不得作
"殷商"。

太平寰宇記卷五三懷州:"衛遷河南,晉文公霸,始啓南
陽,又爲晉地。"路史國名紀五周氏懷引寰宇記懷州云,作:
"後遷河内,晉於是啓南陽。"按:路史作"河内"是,今本寰宇
記作"河南"誤。河内,黄河以北地區。左傳僖公二十五年:
"晉於是始啓南陽。"杜預注:"在晉山南、河北,故曰南陽。"
路史中所保存之古文獻,四部均有涉及,覆蓋之面極廣,其中某些
内容之文獻更是集中而豐富,成爲相關學術研究獲取資料之淵
藪,這同樣體現了其文獻價值。比如書中有很多上古史資料,研
究上古史者無論如何看待路史,都不可能回避這些史料,衆所周
知,無庸贅述。又比如,書中記載著很多上古神話傳説,也成爲古
神話研究之重要資料來源,著名神話學家袁珂在其所著中國神話
傳説中就引用了不少路史中的資料。又比如,書中尚有不少涉及
音樂的内容,張利鴒之碩士學位論文路史音樂思想的初步研究即
據此而作。

其次,路史發揮74篇、餘論96篇,皆議論之文,前紀、後紀及
國名紀卷内各篇之末亦時有跋語抒發己見,内容所涉,有路史撰

作之初衷及準則,對宇宙、人生之看法,對鬼神、佛道之態度,對古帝王、古禮樂之認識,對國名姓氏、陰陽五行、緯説易理之詮釋,乃至對歷史之議論,對政治之見解,對哲學之思考等等,雖有偏頗,但也不無高見。今僅以前紀四爲例,如云:

> 昔者漢之武帝好大而喜功,使者張騫乃反誇以西域之富,於是嚛兵以争之,四十年間,中都之財賦、夏國之生靈略盡於西域矣。非不得其地也,得朔方之郡而自不能以耕也。非惟不能耕也,得朔方之生而弃上谷造陽之熟以予胡矣。其所以危士臣以締怨者,得大宛良馬數十而已。(見蜀山氏。此爲對歷史之議論。)

> 今夫五月旱熯,人知爲暑也,而陰實生之;十月冰霜,人知爲寒也,而陽實始之。治亂之變,亦陰陽與寒暑也。寒暑之期,三月而移。治亂之勢,百年而復。善歲之家,知寒暑之必至,故在暑而裘成,在寒而絺成,是以終身無寒暑之憂。善世之君,知治亂之不常,故在安而圖危,在治而圖亂,是以畢世無阽危之患。居今之世,不變今之道,雖與之以天下,不能一朝居矣。(見皇覃氏。此爲對政治之見解。)

> 嗚呼! 治古盛德之君,未有聞焉者多矣,豈非地寧、天澄、物無害生、萬庶涵泳春風之中而不知所以爲稱邪! 草木以土爲生而不知土,魚鼈以水爲命而忘其水,是故聖人父母萬物、澤及天下而不知其誰氏。上清玄格曰:"大道似不肖,盛德若不足,韜光晦迹自翳其身而人不知。"其啓統氏之謂乎! (見啓統氏。此中蘊涵哲學思考。)

諸如此類,俯拾皆是,亦爲考察羅泌其人、路史其書,進而窺探時代思想、文化、學術風貌之重要資料,自有其研究價值在。

其次,路史羅苹之注,不但以大量史料補充、佐證正文,即其訓釋字詞、疏通文義,亦時有佳例,足以給人啓發、供人參考者,是

則於訓詁學,亦有其價值存焉。姑舉數例以證明之:

前紀一初三皇紀:"易有太極,是生兩儀。"羅苹注:"不曰'二儀'者,'二'有先後、'兩'無彼此、有相匹之意矣。天一、地二者,此先後之言尒。地亦惟一,而云二者,言下已落第二也。"按:此辨"兩""二"詞義之區別,得其深意。

山海經海内經:"韓流擢首、謹耳、人面、豕喙、麟身、渠股、豚止。"郭璞注曰:"擢首,長咽。謹耳,未聞。渠,車輞,言骿脚也。大傳曰:'大如車渠。'"郝懿行箋疏云:"説文云:'顥,頭顥顥謹皃;頊,頭頊頊謹皃。'即謹耳之義。然則顥頊命名,豈以頭似其父故與?"又云:"尚書大傳云:'取大貝大如大車之渠。'鄭康成注云:'渠,車罔也。'是郭注所本。"羅苹以爲郭注"非也",曰:"渠,鉅也。謹,小也。相書:耳門不容麥,壽過百。"(見後紀八帝顥頊高陽氏"擢首而謹耳,豖喙而渠股"注)按:郭以渠爲車輞,則"渠股"費解。郝氏釋謹,尤其牽强。羅氏説至確。謹之有小義,蓋由"謹小"一詞感染而來。至渠之訓鉅,則實由假借,説文水部渠朱駿聲通訓定聲即有"渠,假借爲鉅"之説。

左傳文公五年:"臧文仲聞六與蓼滅,曰:'皋陶、庭堅不祀忽諸!'"杜預注:"蓼與六,皆皋陶後也。傷二國之君不能建德結援大國,忽然而亡。"楊伯峻注:"此猶言皋陶、庭堅忽焉不祀,惟忽焉作忽諸,倒置句末,故前人多不得其解。"路史後紀八帝顥頊高陽氏"霆堅封安,安既復分蓼,後俱威于楚,猶以國氏"羅苹注引左傳此文,作:"皋陶、庭堅不祀夫!"按:羅苹路史注以句末語氣詞"夫"易左傳之"忽諸",乃同義代替之法。"夫"猶"乎","忽諸"即"乎"字緩讀分音詞。杜、楊二氏以"忽然""忽焉"釋"忽諸",于詞爲可通,于句則牽强,恐非。

　　左傳宣公八年:"楚爲衆舒叛故,伐舒蓼,滅之。"杜預注:"舒、蓼,二國名。"孔穎達正義:"'舒、蓼二國名者',蓋轉寫誤,當云'一國名'。案釋例土地名有'舒、羣舒、舒蓼、舒庸、舒鳩',以爲五名,則與文五年滅蓼同。蓋蓼滅後更復,故楚今更滅之。"路史後紀八帝顓頊高陽氏"霆堅封安,安既復分蓼,後俱咸于楚,猶以國氏"羅苹注云:"舒蓼與蓼,既自二國;而舒又自一國,乃黃帝之後,任姓。見潛夫論。預不知别有舒與蓼,而分皋陶後舒蓼爲二國,謂皆偃姓;正義以爲文五年蓼咸復封,而楚復咸之:俱繆。按舒,僖公三年已咸矣。"按:羅氏説是。明陸粲云:"羅泌(彦按:泌當作苹)曰:蓼與舒蓼别;舒蓼,皋陶之後,偃姓。若舒,又自一國,僖之三年滅矣。預既妄分舒蓼爲二國名,孔氏遂以爲即文五年楚所滅之蓼,皆臆説也。今案:孔知杜失不正言規之,而云轉寫之誤。即如所言,第云'國名'足矣,何用加'一'字乎?尋杜前後訓釋並無此例,足知非也。其引釋例以羣舒爲一種,亦謬。羣舒者,猶云羣蠻,通衆舒而言也。"〔四七〕清阮元以爲"陸粲云是"〔四八〕。

　　論衡亂龍篇:"古者畜龍,乘車駕龍。"路史後紀九帝嚳高辛氏"春乘馬而秋登龍"羅苹注:"大戴禮云:'春夏乘馬,秋冬乘龍。'龍,馬八尺者。充亂龍云:'古者畜龍,乘車駕龍,故今畫之。'非也。"按:大戴禮文見五帝德篇,今本"馬""龍"二字互易,論衡亦無"故今畫之"四字。未知羅氏誤記抑或所見本異。然以"馬八尺者"釋此"龍",則極恰當。黃暉論衡校釋亦以爲:"仲任誤爲'雲龍'之'龍'。"

　　再其次,路史及注,行筆簡率,引文靈變,擇詞奥澀,用字古僻,風格獨特,亦頗具修辭研究、辭書建設之價值。下僅就後者舉兩個例子:

　　前紀七葛天氏:"洿巇以爲行,瞳愿以爲賢。"各本"愿"原譌“怨”，今訂正。按：疃怨(tǔn lǔn)，行爲不端。漢語大詞典未收此詞。疃，同“暉”。漢語大字典於“暉”字下曰：〔暉怨〕行无廉隅。玉篇心部：‘怨，暉怨，行無廉隅。’”又於“怨”字下曰：“〔暉怨〕也作‘疃怨’。行无廉隅。玉篇心部：‘怨，暉怨，行無廉隅。’集韻緩韻：‘怨，魯管切。行無廉隅謂之疃怨。’”但有釋義而缺用例書證，路史此文正可補其缺憾。

　　後紀十四帝太康：“太康之萌倀，於是甚矣。”按：萌倀，字書作“萠倀”，“萌”通“萠”。漢語大詞典未收該詞。漢語大字典於“萠”字下曰：“〔萠倀〕失道貌。廣韻映韻：‘萠，萠倀，失道皃。’”類篇訓釋與廣韻同。均缺用例書證，若補路史此一用例，則該詞釋義趨于完善。

　　要之，抛開“非信史”之糾纏，路史作爲一部連注文大約56萬字（包括標點符號在内）、蘊藏著大量文獻信息、具有鮮明特色的皇皇巨著，其於文史研究之價值是多方面的，而且已經有越來越多的學者開始重視、利用其中之資料。

六

　　由於作者的原因，内容的原因，版本的原因，今日所見之路史，不但難讀難解，而且還有很多錯誤，稍一不慎，就會上當。如傳世路史，包括喬本、洪本、吴本、備要本諸本，卷首有一羅泌自撰之路史序，談及前人所撰史籍，中有“姚恭年之歷帝紀”。四庫提要引泌之序，但沿其舊。此中其實有誤，書之作者應爲姚恭而非姚恭年，而書名則當是年曆帝紀而不是歷帝紀，路史“之年”二字誤倒成“年之”了。該書隋書經籍志二、舊唐書經籍志上、新唐書藝文志二均有著録，隋書作“年曆帝紀三十卷姚恭撰”，舊唐書作“年曆帝紀二十六卷姚恭撰”，可以爲證。而新唐書作“姚恭年曆帝紀二十六卷”,疑羅泌即據新唐書而誤斷其文。今人不知分辨,遂以譌傳譌,朱仙林博士學位論文羅泌路史文獻學及神話學研究、宋鳳林碩士學位論文路史的文獻價值、張利鴒碩士學位論文路史音樂思想的初步研究就都犯有此一錯誤〔四九〕。

路史難讀難解,而且存在很多錯誤的原因或表現,綜合起來大抵有如下數端:

(一)羅氏父子好掉書袋,詞喜奧澀,字求古僻,標新立異,故作高深。

此一特點十分突出。如前紀六史皇氏云:“降至後世,句連苦窳,牢茹苦畢,而後淫辭詖説始蔓羨霄塊間矣。”以“句連苦窳”表示“粗劣之語句接連不斷”;以“牢茹苦畢”比喻閲讀典籍如牛羊之喫草(多未經充分咀嚼即吞咽而入瘤胃),生吞活剥;蔓延不用“延”或“衍”字而用“羨”;天地不稱“天地”而稱“霄塊”:即是典型之例子。又如,後紀十四帝相羅萍注云:“班固以爲劉安之説既升,而子長紀全逸其事。”其中“升”謂不足、有缺失,乃取廣雅釋詁二“升,短也”義;詞義生僻,就連漢語大字典、漢語大詞典都未收録。又如,書中隋唐之“隋”每書作“隨”,而云:“隨之文帝惡‘隨’之從‘辵’,乃去其‘辵’以爲‘隋’。不知隋自音妥,隋者尸祭鬼神之物也,守祧‘既祭,則藏其隋’。亦云‘隋釁’,殺裂落肉之名也。卒之,國以隋裂而終。則書名之讖,其禍如是,然則君子可不知所戒哉?”〔五〇〕不無故作高深、標新立異之嫌。又如,後紀一太昊伏戲氏“以益輕重”,“益”通“權”;後紀二女皇氏“亡景亡韻”,“韻”同“響”;後紀三炎帝神農氏“氓人猶勃”,“氓”同“泯”,“勃”同“逸”:亦此類。再如,書中于莊周或不稱莊子而稱子休(前紀七昆連氏:“子休曰:‘人之所知,不若其所不知。’”莊周字子休),于孟軻或不稱孟子而稱子車(後紀十三帝禹夏后氏:“故子車曰:禹崩,益避啓于箕陰,而益佐帝之日淺,澤未洽於天下，天下之人不歸益而歸啓矣。"孟軻字子輿，又稱子車），于孔安國或不用常稱而稱孔子國（國名紀三高陽氏後："而孔子國猶以爲夏與春交，果何義歟？"安國字子國），則明擺著掉書袋，簡直是要跟讀者過不去了。

（二）行文簡率有餘，謹嚴不足；誤解誤記，家常便飯；張冠李戴，時亦可見。

路史書中行文粗疏草率的情況極爲常見，如引吕氏春秋卷十八文，則但稱"吕十八"（見國名紀三高辛氏後羅苹注）；引山海經大荒西經，則稱西荒經（見後紀六帝鴻氏羅苹注）；于史記索隱，乃稱史索（見發揮四周世攷）；稱距離若干里，每省"里"字，如曰"彭城北三十垤城"（見國名紀六商世侯伯）；年號間或如此，如武德三年但稱爲"武德三"（見國名紀二少昊後李姓國）。此下更舉數例，以見其凡：

前紀七昆連氏："有或雜出傳記，如焱氏、泰氏著於莊子，成惟氏、素皇氏、内㠱氏之著於鶡冠子，雖間存一二，而政迹無滅，沕穆難稽。"按：鶡冠子王鈇云："此素皇内帝之法，成鳩之所枋以超等，世世不可奪者也。""帝"字或作"㠱"。黄懷信彙校集注以爲"作'㠱'者'帝'字之誤"，曰："素皇内帝之法，即聖明君王之法。"甚是。羅氏乃據鶡冠子異文而曲解之，敷衍出子虚烏有之素皇氏、内㠱氏來，謬亦甚矣！

後紀一太昊伏戲氏"風姓"羅苹注："孔演明道經云：'燧皇在伏羲前，風姓，始王天下。'"按：此所謂孔演明道經，羅氏誤讀易緯通卦驗及鄭玄注而無中生有者也。易緯通卦驗云："遂皇始出，握機矩，表計寘。其刻（白）[曰]：'蒼牙通靈；昌之成；孔演命，明道經。'"鄭玄注："遂皇謂燧人，在慮羲前。始王天下……"蒼牙，指伏羲。"孔演命，明道經"者，謂孔子推演天命，闡明易經也。孔穎達周易正義卷首論卦辭爻辭誰作引此通卦驗文而疏曰:"準此諸文,伏犧制卦,文王繫辭,孔子作十翼。易歷三聖,只謂此也。"是其明證。羅氏乃誤以"孔演"爲人名,"明道經"爲書名,又誤將鄭注視爲所謂之明道經文,謬之甚矣。

後紀七小昊青陽氏,其後有"徵氏、崇氏",羅苹注:"崇、徵本皆姓李,遭亂改。"按:此説有誤。"崇、徵本皆姓李"當作"徵崇本姓李"。三國志吴志程秉傳"秉爲傅時,率更令河南徵崇亦篤學立行云"裴松之注引吴録曰:"崇字子和,……本姓李,遭亂更姓,遂隱於會稽,躬耕以求其志。"徵崇本人名,姓徵而名崇,今誤倒而爲"崇徵",路史乃衍爲二姓,故苹注又生出"皆"字。

國名紀五周氏王季之穆云:"馭,康公邑,在綖氏。"按:康公,周頃王子,周定王弟,又稱王季子(見春秋宣公十年)。路史列康公於王季之穆中,甚是不妥。蓋誤解春秋宣公十年"王季子"之義。魯宣公時距王季四百多年,王季之子豈得見於魯宣公世!

後紀十二帝舜有虞氏"舜于是往于田,泣旻天,號父母"羅苹注云:"韓非以往田號泣爲未盡命,誣矣。"按:"往田號泣,未盡命也",爲韓嬰韓詩外傳卷四中語,韓非子中未見此言。羅氏誤記,張冠李戴矣。

國名紀四商氏後施:"紂伐有施,有施以嬉進。"按:嬉即妹喜,而紂當作桀。國語晉語一:"昔夏桀伐有施,有施人以妹喜女焉。"韋昭注:"有施,喜姓之國。妹喜,其女也。"是也。路史以伐有施爲紂所爲,蓋由誤記。然既誤桀爲紂,遂置施於商氏後中,錯上加錯矣。乃又於國名紀六夏世侯伯中另立有施之條(其下闕釋文),足見其亂。

國名紀四商氏後跂語云:"昔蘇軾論夏,以爲:人之愛

子,天下之通義;有得(爲)[焉]而欲與其子孫,人情之所皆
然。聖人以是爲不可易也,故從而聽之,使之父子相繼而無
相陵。是封建之理也,事情深盡,今古無二。然至海外之説,
乃大不然,豈非以蚌異於蛤,而二五之非十者乎?"海外之
説,指蘇軾于宋紹聖四年(1097)貶昌化軍(今海南儋州市)
後在彼地所作之文。按:自"人之愛子"而下至"使之父子相
繼而無相陵",見蘇轍夏論,文字不盡相同。路史以屬蘇軾,
誤。朱熹對蘇氏海外歸來所作之文,頗有微辭,曾云:"人老
氣衰文亦衰。……東坡晚年,文雖健不衰,然亦疏魯,如南安
軍學記,海外歸作,而有'弟子揚觶序點者三'之語!'序點'
是人姓名,其疏如此!"〔五一〕又云:"東坡南安學記,説古人井
田、封建不可行,今只有箇學校而已。……又説古人於射時,
因觀者羣聚,遂行選士之法,此似今之聚場相撲相戲一般,可
謂無稽之論。自海外歸來,大率立論皆如此。"〔五二〕後説所云
"東坡南安學記,説古人井田、封建不可行",蓋即路史所本。
然考軾南安軍學記文,但曰:"古之爲國者四:井田也,肉刑
也,封建也,學校也。今亡矣,獨學校僅存耳。"本言封建不
行于今,非謂"封建不可行"也。姑不論封建可否行于後世,
僅據實言,則朱子已曲解原意矣。而路史前既轍冠而軾戴,
後又耳食而不覈,復變"海外歸作"(軾文落款爲"建中靖國
元年三月四日",朱氏稱"海外歸作"不誤)爲"海外之説",
粗疏如此,令人唏嘘!

(三)内容多涉讖緯玄籍、道學易理、陰陽五行、天文律曆、三
禮古制,當世生疏。

據朱仙林統計,路史全書引用"讖緯類"佚書達 73 種 369
條〔五三〕,引用"道家類"書至 64 種 304 條(包括存世之書 13 種、

207 條〔五四〕，已佚之書 51 種、97 條〔五五〕）。又羅泌喜論易，路史發揮一中，以易爲主題之篇目即有大衍説、四象説、論太極、明易象象、易之名、論三易等 6 篇，書中侈談易理之處尤時可見。路史中還有很多内容，諸如陰陽五行而及五德終始之説，天文曆法而及中星、葭灰之察，五音六律而及旋宫、納音之法，三禮古制而及喪服、用尸之儀，等等，亦皆今人所陌生，讀之頭疼。

（四）國名地望，古今演變，同地異名，同名異地，錯綜複雜，釐清不易。

路史全書徧布國名、地名，所在何處，不能不辨。然而由於古今演變，同地異名，同名異地，真假糾纏，釐清不易。如若張冠李戴、指鹿爲馬，至引以爲學術研究之佐證，則欺己誤人，極其不妥。而此中又有路史所記即已有誤者，亦須識别，以免受騙。今僅就後者舉數例以見之：

國名紀五周氏瑕：“酈氏云：山桑縣有瑕城，晉使詹（瑕）[嘉]處瑕，燭之武所言焦、瑕。”按：酈氏説見水經注卷六涑水，原文爲：“涑水又西南逕解縣故城南。……涑水又西南逕瑕城，晉大夫詹嘉之故邑也。春秋僖公三十年，秦、晉圍鄭，鄭伯使燭之武謂秦穆公曰‘晉許君焦、瑕，朝濟而夕設版’者也。京相璠曰：今河東解縣西南五里有故瑕城。”然則酈氏以爲瑕城在解縣（今山西臨猗縣）西南，路史乃偷樑換柱作山桑縣（今安徽蒙城縣），非其地矣。解縣西南之瑕，于春秋爲晉邑，山桑縣之瑕則爲楚邑，名雖同而實相遠，路史張冠李戴，誤。

國名紀五周氏滕：“故兗之龔丘有古滕城。”按：滕城之“滕”，他書皆作“滕”，而羅氏作“滕”（其下有文云：“字一從水”，知此從糸，非因轉寫翻刻之誤），不知何故。據元和郡縣圖志（卷九）、太平寰宇記（卷一五）、元豐九域志（卷一）

等書所載，滕城於唐宋不屬兗州而屬徐州。杜預春秋釋例卷七土地名第四十四之三小國地隱公七年滕曰：“沛國公丘縣東南有滕城。”其説是。公丘爲漢縣，其地在今山東滕州市。龔丘爲隋縣，其地在今山東寧陽縣。路史以龔丘當公丘，大謬。

國名紀五周氏鄫：“滕叔初采，今沛之公丘。”按：沛，漢郡國名。公丘，漢晉縣名。公丘縣晉後已廢，宋時既無所謂沛郡、沛國，亦無公丘之縣。路史中記敍地名，每每生搬前代史書，而徑稱爲“今”，未必合乎時名，此但其中一例，不可不知。

國名紀六周世侯伯沈猶：“漢劉歲爲沈猶侯，地在千乘。”羅苹注：“師古音審，云‘沈亭是’。”按：“沈亭是”並非顏氏用于注沈猶侯封地之文，乃别見于漢書地理志上汝南郡平輿縣下之注，文云：“應劭曰：‘故沈子國。今沈亭是也。’”是彼沈子國在漢之汝南郡平輿縣，此沈猶侯之封國在漢之千乘郡高宛縣，羅注亂點鴛鴦，甚謬。

國名紀四夏后氏後綸羅苹注：“十道志：臨武縣，夏之綸邑。”按：唐代臨武屬郴州桂陽郡〔五六〕，與綸邑之地不合，其誤無疑。今謂“臨武”乃“武林”之音譌倒文，元和郡縣圖志卷五河南府潁陽縣曰：“古綸氏縣，本夏之綸國也。少康之邑在焉。漢屬潁川。晉省。後魏太和中，於綸氏縣城置潁陽縣，屬河南尹；又分潁陽置堙陽縣。隋開皇六年，改堙陽爲武林；十八年，又改爲綸氏。大業元年，改爲嵩陽。載初元年，又改爲武林。開元十五年，復爲潁陽。”可以爲證。

（五）版本窳劣，魯魚豕亥，觸處皆是，辨識爲難。

現存路史版本，率皆窳劣。筆者校勘所據六個版本，雖公認爲較早、較佳之本，亦往往是同一處地方諸本皆誤，無一幸免，對校之法難施其功。至其錯譌表現，更是五花八門，令人跌破眼鏡。下舉數例，以見一斑：

後紀十一帝堯陶唐氏："修劇厲。"按：此語不可解，當有誤。今考新唐書曆志三上云："梁武帝據虞劇曆，百八十六年差一度，則唐、虞之際，日在斗、牛間，而冬至昴尚未中。"虞劇爲南梁太史令，曾造新曆，稱大同曆。頗疑羅氏誤讀其文爲"梁武帝據虞劇曆"，以劇曆爲虞舜所創制曆法名，因有"修劇曆"之説。而今本路史"劇"字又形譌而成"劇"，"曆"以形音俱近而變"厲"矣。

後紀十四帝仲康"乃季秋月朔，辰不集於房，……而羲和戞聞知"，羅苹注："虞劇云元年，非也。"虞劇，南朝梁曆學家。喬本、四庫本、備要本作"虞翻"，洪本作"虞劇"，吳本作"虞劇"。元年，喬本、四庫本作"無年"，洪本作"旡年"，吳本、備要本作"九年"。按："虞翻"、"虞劇"、"虞劇"乃"虞劇"之誤。"劇""劇"與"劇"形近，而虞翻名著，故易誤也。"無年"、"旡年"、"九年"當作"元年"。"旡""九"與"元"形近，"無"則蓋因先誤認"旡"爲"无"而後譌也。羅氏此説當本新唐書曆志三上，其文曰："虞劇以爲仲康元年，非也。"今據以訂正。

國名紀三高陽氏後蘇："己姓子忟。"所見路史各本，文皆如此，頗費解。查字書，則"忟"同"忞"，集韻吻韻："忞，博雅：'忞忞，亂也。'或書作忟。"然其義並不適用于此。苦思冥想三日，方悟："忟"乃注文"文十"（雙行夾注乃左邊爲"十"字，右邊爲"文"字）二字誤合，而闌入正文者。本謂蘇國見於春秋文公十年。春秋文公十年云："及蘇子盟于女栗。"是也。羅苹路史注稱文公十年爲"文十"，未免簡率；而今本"十"又譌"忄"，並與"文"字組合成"忟"而混入正文，豈不要命！

　　國名紀三高陽氏後跋語:"嗟乎! 隨室攻嘗,夭枉相繼而後姓。"文義不通,當有錯譌。今謂"室"疑"草"字之誤。"而後姓"疑當作"而後盡其性"。此蓋以伏羲、神農之嚐百草爲喻。本書後紀一太昊伏戲氏云:"於是嘗草治砭,以制民疾,而人滋信。"羅苹注曰:"世謂神農嘗百草。而孔叢子、世紀皆以爲伏羲。蓋不有其始,曷善其終? 伯禹治水,猶資鯀九載之功;黃帝制宮,亦藉古茅簷之制。羲炎二聖既盡其性,而後世猶有攻嘗之患,——咀蟲蛆,齧草木,而宮嬪多致死者,——況不爲之度邪? 世紀云:'太昊制九針以拯夭枉。'"可以參較。

　　國名紀六古國容城羅苹注:"垂拱二以武氏諱,與雄之容成皆,改增'土';天寶復舊。"按:所言武氏諱者,武則天祖父名華也。舊唐書地理志三岳州曰:"華容,漢孱陵縣地,……隋改爲華容。垂拱二年,去'華'字,曰容城。神龍元年,復爲華容。"此注脱、倒、譌文,蓋兼有之。疑原文作"垂拱二以武氏諱改。增'城',與雄之容城皆。神龍復舊"。"垂拱二以武氏諱改"者,謂垂拱二年以武則天祖諱改華容縣爲容城縣也。"增'城',與雄之容城皆"者,謂華容諱避"華"字但剩"容"字,乃下增"城"字而成容城,因而與雄州之容城縣(今縣屬河北保定市)同名。容成,當作"容城"。皆,宜讀"偕"。"神龍復舊"者,謂神龍元年復稱華容也。今"改增城"誤爲"改增土",又錯置於"與雄之容成皆"下,遂不可解讀。至於"神龍復舊"之"神龍"所以誤爲"天寶",則蓋由混淆史文所致。太平寰宇記卷六七雄州容城縣曰:"聖曆二年,契丹入寇,固守得全,改名全忠縣。天寶元年,改爲容城,復漢舊名也。"此云天寶元年復舊名者,乃雄州之容城,非岳州之容城也。

七

路史錯誤百出，難讀難解，完全超出一般人之想像，爲之校注，自是喫力不討好之苦差事，這大概也是一直以來未見有整理本面世的一個重要原因吧。然而，路史既頗有研究之價值在，學人也熱切希望能看到一個能信得過的路史整理本，筆者乃不知深淺，不揣愚鈍，請纓承乏，並于二〇〇四年獲得高校古委會資助立項之後著手路史校注之事。不想一晃一十四載，今雖大功告成，而心惴惴焉：學力所限，錯誤難免，幸方家匡教之。至于所歷艱辛，心自知之，洵難爲外人道也。

本書校注之具體做法，已見凡例，此不贅。需要在此補充説明的是：本書校勘，除較爲常見之狹義異體字、刻本易混字、常見通用字、慣用避諱字外，將詳盡列出底本與各參校本之異文以相比照，同時辨譌正誤，儘量就異文關係、取捨理由、譌誤原因等作出説明。雖然這是個喫力不討好的極笨做法，但也有它的好處：一來此書各個版本異文情況之複雜、錯譌情況之嚴重，均異乎尋常，有可能認爲它本誤而無須出校，却未必一定正確；全面出校的好處是，即使書中對異文的處理失當，讀者也容易從中發現問題。二來路史各個版本保存的異文資源極其豐富，有意識地予以全面、完整的保留，可爲研究古籍異文、古籍版本、古籍校勘者提供絶好的研究素材，也使本書具有時下出版的古籍所不具有的一些作用。此外還要説明的是，路史並非信史，其所徵引文獻既多且雜，而羅氏往往有自己的理解，牽强附會者有之，甚至强姦文意者亦有之，今注路史，自不可不以羅氏本意爲依歸。至於羅氏識見如何，讀者當自辨之。

王彦坤

二〇一八年三月三十一日

【注釋】

〔一〕見胡澹庵先生文集卷三一。

〔二〕〔三〕見胡銓孝逸先生傳。

〔四〕見清濮應台修、陸在新續修廬陵縣志卷二二人物志六文苑。

〔五〕〔七〕〔一二〕見胡銓會昌縣東尉羅迪功墓誌銘,胡澹庵先生文集卷二六。

〔六〕〔八〕〔一一〕見周必大文忠集卷四六題山谷和郭內翰長篇;卷五五龍雲先生文集序。

〔九〕〔一三〕據宋劉才邵檥溪居士集卷一二羅無競妻朱氏夫人墓誌銘稱:"孫男二人:泳,泌。"又胡銓蕭先生春秋經辨序云:"羅氏兄弟泳、泌,博學君子也,欲鋟板以傳,且乞予序所以,固辭不可,於是乎書。"可知,羅泌爲良弼次子。劉宗彬羅泌家世述略(載吉安師專學報 1999 年第 4 期)謂羅泌爲良弼長子,有"胡銓爲其作羅泌字序,云:'予友羅長卿長子曰泌'"云云,誤。今考曾棗莊、劉琳主編全宋文(上海辭書出版社、安徽教育出版社 2006 年出版)卷四三一九羅泌字序,原文實作"予友羅長卿名子曰泌"。

〔一○〕見劉宗彬羅泌家世述略,吉安師專學報 1999 年第 4 期。

〔一四〕〔三五〕見元盛如梓庶齋老學叢談上。

〔一五〕參見彼文注〔九〕。

〔一六〕見民國王補、曾燦材等纂修廬陵縣志卷二六藝文志子部小學類。

〔一七〕見明吳訥編百家詞。

〔一八〕〔二五〕〔二八〕〔二九〕〔三三〕〔五三〕〔五四〕〔五五〕見朱仙林博士學位論文羅泌路史文獻學及神話學研究第 20 頁;第 27 頁;第 30—31 頁;第 30 頁;第 29 頁宋元人引用路史一覽表;第 52 頁;第 283 頁;第 292 頁。

〔一九〕見元梁益詩傳旁通卷九小雅鼓鐘"以雅以南"條。

〔二○〕見歐陽守道巽齋文集卷一六。

〔二一〕見羅椅澗谷遺集卷四。

〔二二〕〔三六〕見豫章刻路史前紀後紀序。

〔二三〕見四庫全書總目路史提要。

〔二四〕見李裕民四庫提要訂誤,中華書局 2005 年版,第 67 頁。

〔二六〕見宋鳳林碩士學位論文路史的文獻價值第 6 頁。

〔二七〕〔三一〕朱仙林羅泌路史版本考辨,古籍整理研究學刊 2012 年第 3 期。

〔三〇〕見萬卷精華樓藏書記卷三一史部四別史類一"路史四十七卷,宋羅泌撰"條,上海書店出版社 1994 年版叢書集成續編第 70 册。

〔三二〕該卷屬於殘宋本殘存兩卷中之一卷(不完整)。

〔三四〕見路史別序。

〔三七〕〔三八〕見越縵堂讀書記同治甲子(1864)三月初一日、三月初二日,遼寧教育出版社 2001 年版第 2 册第 381 頁、第 381—382 頁。

〔三九〕見夷夏東西説,河北教育出版社 1996 年版中國現代學術經典傅斯年卷第 229 頁。

〔四〇〕見古神話選釋女媧篇中注文,人民文學出版社 1979 年版第 21 頁。

〔四一〕見姜彬 中國民間文學大辭典,上海文藝出版社 1992 年版第 1056 頁。

〔四二〕此據朱氏博士學位論文羅泌路史文獻學及神話學研究文末附録 1 路史引書目録(一)存書及附録 2 路史引書目録(二)佚書兩個明細表統計得出,其中附録 2 路史所引子部佚書根據所列書目統計應是 197 類,原表誤爲 202 類,今訂正。又朱氏學位論文第 44 頁稱:"羅泌路史引文……據統計,去除重複出現的文獻,總共涉及文獻 918 種,其中經部 179 種,史部 337 種,子部 320 種,集部 82 種。"而第 50—51 頁有一路史引文數據統計總表,則所列路史引用存書爲經部 43 種、史部 63 種、子部 113 種、集部 38 種,共 257 種;引用佚書爲經部 149 種、史部 295 種、子部 245 種、集部 44 種,共 733 種。三處地方數字各不相同。

〔四三〕參見朱仙林博士學位論文羅泌路史文獻學及神話學研究及宋鳳林碩士學位論文路史的文獻價值。

〔四四〕吕氏春秋新校釋,上海古籍出版社 2002 年出版。

〔四五〕見列子集釋,中華書局 1979 年出版。

〔四六〕隨志,即隋志。"隨"通"隋"。

〔四七〕見左傳附注卷二。

〔四八〕見春秋左傳正義校勘記。

〔四九〕朱氏見其學位論文第 44 頁、第 142 頁、第 205 頁。宋氏見其學位論文第 1 頁、第 55 頁。張氏見其學位論文第 4 頁。

〔五〇〕見路史發揮四氏姓之諜。

〔五一〕〔五二〕見朱子語類卷一三九論文上；卷一三〇本朝四自熙寧至靖康用人。

〔五六〕見新唐書地理志五江南道西道採訪使郴州桂陽郡。

凡　例

一　總則

（一）本書校注兼及羅泌路史正文及羅苹路史注。

（二）本書校注采取混合方式，該校即校，該注即注，校文、注文不分别排列。

（三）本書校注之編號，完全根據校注對象在書中的位置决定先後，不對路史正文、羅苹注文分别排序編號。

二　標點

（一）爲方便讀者閱讀理解，本書於人名、地名、年號及朝代名等均加標專名號。

（二）引文中之省略，其屬校注所引者，概加省略號；其屬路史本文及原注所引者，不加省略號。

（三）引文中其確知爲譌字者，則括之以圓括號（　），並用較原文小一號之字體，另於其後注出正確之字，括之以方括號［　］。

（四）引文中其確知有脱文者，補出之字詞亦括之以方括號［　］。

三　校勘

（一）本書校勘，以明萬曆三十九年（1611）喬可傳校寄寄齋刻本爲底本。參校本主要有明嘉靖間錢塘洪楩刊本路史、明吴弘基等訂重訂路史全本（西山堂藏版）、文淵閣四庫全書本路史、中華書局 1936 年鉛印四部備要本路史、北京圖書館出版社 2003 年據國家圖書館藏宋刻本影印的中華再造善本路史（僅存二殘卷）。爲方便起見，書中於以上各個版本分別簡稱爲喬本、洪本、吴本、四庫本、備要本、宋本。

（二）本書校勘，凡較爲常見之狹義異體字（如“災”與“灾”，“侯”與“矦”，“凶”與“㐫”），皆統一采用規範繁體，不煩更出校記。此外，對於刻本易混字（如“士”與“土”，“日”與“曰”，“戌”與“戍”，“券”與“券”，“穀”與“榖”，“刺”與“刾”，“己”、“已”、“巳”及其偏旁字，“未”與“末”及其偏旁字，“尃”與“專”及其偏旁字，“易”與“昜”及其偏旁字，“商”與“商”及其偏旁字，“礻”旁字與“衤”旁字，“阝”旁字與“卩”旁字）而可明顯分清正誤者，亦徑自改正，不出校記；唯模糊不明者，方出校記以辨之。

（三）本書校勘，除常見狹義異體字、刻本易混字、常見通用字（如“于”與“於”，“鍾”與“鐘”，“母”與“毋”）、慣用避諱字（如四庫本避清高宗諱，“曆”、“歷”字多作“歷”）不勝枚列外，其餘版本異文，將視情況或逐一列出或於首見時指出，辨譌正誤，並儘量就異文關係、取舍理由、譌誤原因等作出説明。

（四）本書校勘，凡能確定原書非作者原因造成的文字譌誤者，均直接予以訂正，並在其後附注，説明改動之理由。如若因原書作者造成之錯誤，則但附注指出其誤，而不改動原文。

（五）本書校勘，於真僞難辨、是非難定之異文，概存其舊，不作改動。

四　注釋

（一）本書注釋，用典必溯其源，引文必注出處，難懂字、詞意義皆予訓釋，根據需要偶爾也對個别晦澀語句略作今譯。

（二）本書注釋，以疏通原文爲主，隨文釋義，求其切合作者本意，不拘泥於詞之概括義。

（三）本書注釋，凡引古書即能解釋清楚者，但引古書，不另説明。

（四）本書注釋，凡路史正文、羅苹注文有錯誤處，或與其他文獻有抵牾處，可商處，可疑處，例出按語，闡明注者看法，以供讀者參考。

五　卷目

（一）路史卷次目録，不同版本有所不同，而以四庫全書本相對最佳。今即以四庫全書本路史爲基礎，安排全書之卷目。

（二）四庫全書本路史卷目，於序次標注方面尚略有缺失，今補足而完善之。

（三）爲讓讀者了解路史卷目原貌，另於卷首附一喬可傳校本與四庫全書本路史目録對照表。

六　圖序

（一）吴本、四庫本、備要本在若干地方附有插圖，而喬本闕如。爲給讀者提供一個完整的路史讀本，本書將各個版本之插圖盡數收入。

（二）喬本卷首原有序文、凡例等六篇，四部備要本多出明金堡敍及清趙承恩新序二篇，吳弘基等重訂路史全本卷首則有賦秋山覽史隨筆一篇，而中有路史刻政四條，四庫全書本則有路史提要一篇，又除四庫本外，餘本於路史發揮後均有宋曾大鼎跋文一篇，這些資料對於路史研究都有一定的參考價值，本書並作附錄置於卷末。

喬可傳校本與四庫全書本
路史目録對照表

四庫全書本路史目録　　　　喬可傳校本路史目録

路史提要　　　　　　　　　重刻宋羅長源先生路史序（朱之蕃撰）

　　　　　　　　　　　　　路史序（羅泌撰）

　　　　　　　　　　　　　路史別序（費煇撰）

　　　　　　　　　　　　　豫章刻路史前紀後紀序（張鼎思撰）

　　　　　　　　　　　　　重梓路史凡例（寄寄齋識）

　　　　　　　　　　　　　校訂路史識語（喬可傳識）[一]

路史卷一　　　　　　　　　路史第一卷
　前紀一
　　初三皇紀　　　　　　　　初三皇紀
　　　初天皇　　　　　　　　　初天皇
　　　初地皇　　　　　　　　　初地皇
　　　初人皇　　　　　　　　　初人皇

路史卷二　　　　　　　　　路史第二卷
　前紀二
　　中三皇紀　　　　　　　　中三皇紀
　　　天皇氏　　　　　　　　　天皇氏
　　　地皇氏　　　　　　　　　地皇氏

| 九頭紀 | 九頭紀第一 |
| 泰皇氏 | 泰皇氏 |

路史卷三	路史第三卷
前紀三	
循蜚紀	循蜚紀第七
鉅靈氏	鉅靈氏
句彊氏	句彊氏
譙明氏	譙明氏
涿光氏	涿光氏
鉤陣氏	鉤陣氏
黄神氏	黄神氏
狟神氏	狟神氏
犁靈氏	犁靈氏
大騩氏	大騩氏
鬼騩氏	鬼騩氏
弇兹氏	弇兹氏
泰逢氏	泰逢氏
冉相氏	冉相氏
蓋盈氏	蓋盈氏
大敦氏	大敦氏
雲陽氏	雲陽氏
巫常氏	巫常氏
泰壹氏	泰壹氏
空桑氏	空桑氏
神民氏	神民氏
倚帝氏	倚帝氏
次民氏	次民氏

路史卷四	路史第四卷
前紀四	
因提紀	因提紀
辰放氏	辰放氏
蜀山氏	蜀山氏
豗傀氏	豗傀氏
渾沌氏	渾沌氏
東户氏	東户氏
皇覃氏	皇覃氏
啓統氏	啓統氏

路史卷五	路史前紀第五卷
前紀五	
因提紀	因提紀下
吉夷氏	吉夷氏
几蘧氏	几蘧氏
狶韋氏	狶韋氏
有巢氏	有巢氏
遂人氏	遂人氏
庸成氏	庸成氏

路史卷六	路史第六卷
前紀六	
禪通紀	禪通紀第九
史皇氏	史皇氏
柏皇氏	柏皇氏
中皇氏	中皇氏
大庭氏	大庭氏
栗陸氏	栗陸氏

路史卷七　　　　　　　　路史第七卷

　前紀七

　　禪通紀　　　　　　　　　禪通紀第二

　　　昆連氏　　　　　　　　　昆連氏

　　　軒轅氏　　　　　　　　　軒轅氏

　　　赫蘇氏　　　　　　　　　赫蘇氏

　　　葛天氏　　　　　　　　　葛天氏

路史卷八　　　　　　　　路史第八卷

　前紀八

　　禪通紀　　　　　　　　　禪通紀三

　　　尊盧氏　　　　　　　　　尊盧氏

　　　祝誦氏　　　　　　　　　祝誦氏

路史卷九　　　　　　　　路史第九卷

　前紀九

　　禪通紀

　　　昊英氏　　　　　　　　　昊英氏

　　　有巢氏　　　　　　　　　有巢氏

　　　朱襄氏　　　　　　　　　朱襄氏

　　　陰康氏　　　　　　　　　陰康氏

　　　無懷氏　　　　　　　　　無懷氏

　　　　　　　　　　　　路史後紀序

路史卷十

　後紀一　　　　　　　　路史後紀卷第一

　　禪通紀

　　　太昊紀上　　　　　　　太昊

　　　　太昊伏羲氏　　　　　　太昊伏戲氏

路史卷十一
　後紀二　　　　　　　　　　路史後紀卷第二
　　禪通紀
　　太昊紀下　　　　　　　　　　太昊紀下
　　女皇氏　　　　　　　　　　　女皇氏
　　　女皇氏題　　　　　　　　　　女皇氏題
　　共工氏傳　　　　　　　　　　共工氏傳

路史卷十二
　後紀三　　　　　　　　　　路史後紀卷第三
　　禪通紀　　　　　　　　　　禪通紀
　　炎帝　　　　　　　　　　　炎帝
　　　炎帝神農氏　　　　　　　　炎帝神農氏

路史卷十三
　後紀四　　　　　　　　　　路史後紀卷第四
　　禪通紀　　　　　　　　　　禪通紀
　　炎帝紀下　　　　　　　　　炎帝紀下
　　　炎帝柱　　　　　　　　　　炎帝柱
　　　炎帝慶甲　　　　　　　　　炎帝慶甲
　　　炎帝臨　　　　　　　　　　炎帝臨
　　　炎帝承　　　　　　　　　　炎帝承
　　　炎帝魁　　　　　　　　　　炎帝魁
　　　炎帝明　　　　　　　　　　炎帝明
　　　炎帝直　　　　　　　　　　炎帝直
　　　炎帝釐　　　　　　　　　　炎帝釐
　　　炎帝居　　　　　　　　　　炎帝居
　　　炎帝節莖　　　　　　　　　炎帝節莖
　　　炎帝克　　　　　　　　　　炎帝克

炎帝戲 炎帝戲

炎帝器 炎帝器

小帝 小帝

炎帝參盧 炎帝參盧

蚩尤傳附 蚩尤傳附

帝柱 帝柱

帝承 帝承

帝魁 帝魁

帝直　帝䶅 帝直　帝氂

路史卷十四

後紀五 路史後紀卷第五

疏仡紀 疏仡紀第十

黃帝紀上 黃帝

黃帝有熊氏 黃帝有熊氏

黃帝 黃帝

路史卷十五

後紀六 路史後紀卷第六

疏仡紀

黃帝紀下 黃帝紀下

帝鴻氏 帝鴻氏

帝魁 帝魁

路史卷十六

後紀七 路史後紀卷第七

疏仡紀 疏仡紀

小昊 小昊

路史卷十七
　後紀八　　　　　　　　　路史後紀卷第八
　　疏仡紀　　　　　　　　　疏仡紀
　　　高陽　　　　　　　　　　高陽

路史卷十八
　後紀九　　　　　　　　　路史後紀卷第九
　　疏仡紀　　　　　　　　　疏仡紀
　　　高辛氏　　　　　　　　　高辛

路史卷十九
　後紀十　　　　　　　　　後紀九卷下
　　疏仡紀
　　　高辛紀下　　　　　　　　高辛紀下

路史卷二十
　後紀十一　　　　　　　　路史後紀卷第十
　　疏仡紀　　　　　　　　　疏仡紀
　　　陶唐氏　　　　　　　　　陶唐氏

路史卷二十一
　後紀十二　　　　　　　　路史後紀卷十一
　　疏仡紀
　　　有虞氏　　　　　　　　　有虞氏

路史卷二十二
　後紀十三　　　　　　　　路史後紀卷第十二
　　疏仡紀　　　　　　　　　疏仡紀
　　　夏后氏　　　　　　　　　夏后氏

路史卷二十三

　後紀十四　　　　　　　　　路史後紀第十三卷上

　　疏仡紀　　　　　　　　　　疏仡紀

　　　夏后紀下　　　　　　　　　夏后紀下

　　　　帝啓　　　　　　　　　　　帝啓

　　　　帝太康　　　　　　　　　　帝太康

　　　　帝仲康　　　　　　　　　　帝仲康

　　　　帝相　　　　　　　　　　　帝相

　　　　夷羿傳　　　　　　　　　　夷羿傳

　　　　寒浞傳　　　　　　　　　　寒浞傳

　　　　　　　　　　　　　　　路史後紀第十三卷下

　　　　帝少康　　　　　　　　　　帝少康

　　　　帝杼　　　　　　　　　　　帝杼

　　　　帝槐　　　　　　　　　　　帝槐

　　　　帝芒如　　　　　　　　　　帝芒如

　　　　帝洩　　　　　　　　　　　帝洩

　　　　帝不降　　　　　　　　　　帝不降

　　　　帝扃　　　　　　　　　　　帝扃

　　　　帝厪　　　　　　　　　　　帝厪

　　　　帝胤甲　　　　　　　　　　帝胤甲

　　　　帝皋　　　　　　　　　　　帝皋

　　　　帝敬發　　　　　　　　　　帝敬發

　　　　帝履癸　　　　　　　　　　帝履癸

　　　　　帝太康　　　　　　　　　　帝太康

　　　　　帝少康　　　　　　　　　　帝少康

　　　　　帝杼　　　　　　　　　　　帝杼

　　　　　帝厪　　　　　　　　　　　帝厪

　　　　　帝甲　　　　　　　　　　　帝甲

路史卷二十四	路史國名記
國名紀	卷甲
太昊後風姓國	太昊後風姓國
炎帝後姜姓國	炎帝後姜姓國
黃帝後姬姓國	黃帝後姬姓國
黃帝之宗	黃帝之宗
路史卷二十五	路史國名記
國名紀	卷乙
帝鴻後釐姓國	帝鴻後釐姓國
少昊青陽氏後	少昊青陽氏後
少昊後國	少昊後國
少昊後偃姓國	少昊後偃姓國
少昊後嬴姓國	少昊後嬴姓國
少昊後李姓國	少昊後李姓國
路史卷二十六	路史國名紀
國名紀三	卷丙
高陽氏後	高陽氏後
高辛氏後	高辛氏後
路史卷二十七	路史國名紀
國名紀四	卷丁
陶唐氏後	陶唐氏後
有虞氏後	有虞氏後
夏后氏後	夏后氏後
商氏後	商氏後
路史卷二十八	國名紀

國名紀五　　　　　　　　　　卷戊
　周氏　　　　　　　　　　　　周氏
　　　　　　　　　　　　　　卷戊下

路史卷二十九　　　　　　　路史國名紀
　國名紀六　　　　　　　　　卷己
　　古國　　　　　　　　　　　古國
　　三皇之世　　　　　　　　　三皇之世
　　五帝之世　　　　　　　　　五帝之世
　　　　　　　　　　　　　　己卷二
　　夏世侯伯　　　　　　　　　夏世侯伯
　　商世侯伯　　　　　　　　　商世侯伯
　　　　　　　　　　　　　　己卷三
　　周世侯伯　　　　　　　　　周世侯伯
　　上世妃后之國　　　　　　　上世妃后之國
　　古之亡國　　　　　　　　　古之亡國
路史卷三十
　國名紀　　　　　　　　　　己卷四
　　雜國上　　　　　　　　　　雜國上
　　雜國下　　　　　　　　　　雜國下
　　　　　　　　　　　　　路史國名紀信
　　漢國　　　　　　　　　　　漢國
　　漢王子國　　　　　　　　　漢王子國
　　東漢　　　　　　　　　　　東漢
　　跋　　　　　　　　　　　　跋
路史卷三十一
　國名紀八
　　封建後論　　　　　　　　　封建後論
　　究言　　　　　　　　　　　究言

必正劄子　　　　　　　　必正劄子〔二〕

　　　　　　　　　　　　大衍説

　　　　　　　　　　　　四象説

國姓衍慶紀原　　　　　　路史國姓衍慶紀原

路史卷三十二

　發揮一　　　　　　　　路史發揮卷第一

　　論太極　　　　　　　　論太極

　　明易象象　　　　　　　明易象象

　　易之名　　　　　　　　易之名

　　同名氏辨　　　　　　　同名氏辨

　　論遂人改火　　　　　　論遂人改火

　　辨史皇氏　　　　　　　辨史皇氏

　　辨葛天氏　　　　　　　辨葛天氏

　　論幣所起　　　　　　　論幣所起

　　論三易　　　　　　　　論三易

　　跋三墳書　　　　　　　跋三墳書

　　女媧補天説　　　　　　女媧補天説

　　共工氏無霸名　　　　　共工氏無霸名

路史卷三十三

　發揮二　　　　　　　　路史發揮卷第二

　　共和辯　　　　　　　　共和辯

　　共工水害　　　　　　　共工水害

　　雨粟説　　　　　　　　雨粟説

　　神農琴説　　　　　　　神農琴説

　　論太公　　　　　　　　論太公

　　太公舟人説　　　　　　太公舟人説

　　夷齊子南　　　　　　　夷齊子南

　　論伊尹　　　　　　　　論伊尹

　　伊尹無廢立事　　　　　伊尹無廢立事

黄帝輕重之法　　　　　　黄帝輕重之法

黄帝乘龍上昇説　　　　　黄帝乘龍上昇説

論槃瓠之妄　　　　　　　論槃瓠之妄

路史卷三十四

　發揮三　　　　　　　　路史發揮卷第三

　　辯玄囂青陽少昊　　　　辨玄囂青陽少昊

　　論史不紀少昊　　　　　論史不紀少昊

　　明三正　　　　　　　　明三正

　　青陽遺妹　　　　　　　青陽遺妹

　　辨伯翳非伯益　　　　　辨伯翳非伯益

　　原焚　　　　　　　　　原焚

　　原理李二氏　　　　　　原理李二氏

　　老子化胡説　　　　　　老子化胡説

　　論恒星不見　　　　　　論恒星不見

　　佛之名　　　　　　　　佛之名

　　佛之俗　　　　　　　　佛之俗

　　道以異端而明　　　　　道以異端而明

路史卷三十五

　發揮四　　　　　　　　路史發揮卷第四

　　九合諸侯　　　　　　　九合諸侯

　　佛事太盛速天譴　　　　佛事太盛速天譴

　　益爲朕虞　　　　　　　益爲朕虞

　　辨四皓　　　　　　　　辨四皓

　　稷契攷　　　　　　　　稷契攷

　　周世攷　　　　　　　　周世攷

　　夢齡妄　　　　　　　　夢齡妄

　　魯用王者禮樂　　　　　魯用王者禮樂

　　獲麟解　　　　　　　　獲麟解

　　　　　　　　　　　　　獲麟解

明微子	明微子
氏姓之牒	氏姓之諜
路史卷三十六	
發揮五	路史發揮卷第五
堯舜禹非謚辯	堯舜禹非謚辨
論謚法	論謚法
九錫備物霸者之盛禮	九錫備物霸者之盛禮
巽禪非求爲異	巽禪非求爲異
辯帝堯冢	辨帝堯冢
論舜不出黄帝	論舜不出黄帝
舜不幸以孝名	舜不幸以孝名
大麓説	大麓説
韶説	韶説
夔論	夔論
申都	申都
辯帝舜冢	辨帝舜冢
路史卷三十七	
發揮六	路史發揮卷第六
堯舜用人	堯舜用人
論治水先後	論治水先後
煬帝水戲	煬帝水戲
貢法非不善	貢法非不善
辯塗山伯益	辨塗山伯益
小弁序	小弁序
夏氏户口	夏氏户口
關龍逢	關龍逢
伐桀升陑辨	伐桀升陑辨
湯遜解	湯遜解
小人勿用	小人勿用

路史絶筆　　　　　　　　　　　路史絶筆
　　　　　　　　　　　　　　　　路史發揮跋（曾大鼎撰）〔三〕

路史卷三十八
　餘論一　　　　　　　　　　　路史餘論卷第一
　　路大之訓　　　　　　　　　　路大之訓
　　海國　　　　　　　　　　　　海國
　　八會文之初　　　　　　　　　八會文之初
　　大素之年　　　　　　　　　　太素之年
　　五龍紀　　　　　　　　　　　杜宇鼈令
　　杜宇鼈令　　　　　　　　　　五勝相感
　　野乂落魅　　　　　　　　　　五龍紀
　　五勝相感　　　　　　　　　　野乂落魅

路史卷三十九
　餘論二　　　　　　　　　　　路史餘論卷第二
　　重卦伏羲　　　　　　　　　　重卦伏羲
　　書契説　　　　　　　　　　　書契説
　　九井列山　　　　　　　　　　九井列山
　　事始　　　　　　　　　　　　事始
　　神農求雨書　　　　　　　　　神農求雨書
　　赤松石室　　　　　　　　　　赤松石室
　　皋禖古祀女媧　　　　　　　　皋禖古祀女媧
　　蜡臘異　　　　　　　　　　　蜡臘異
　　祭先飯　　　　　　　　　　　祭先飯
　　　　　　　　　　　　　　　　題炎陵

路史卷四十
　餘論三　　　　　　　　　　　路史餘論卷第三
　　許繇　　　　　　　　　　　　許繇
　　夷齊首山　　　　　　　　　　夷齊首山
　　五旗五麾

納音五行説	納音五行説
鼓吹	鼓吹
神荼欝壘	神荼鬱壘
鸑鷟	鸑鷟
拓跋氏	拓跋氏
鍾鼎	鍾鼎
井田之法	井田之法

路史卷四十一

餘論四	路史餘論卷第四
渚爲陵	渚爲陵
五祀	五祀
解廖	解廖
好學而後釋者不能惑	好學而後釋者不能惑
俗士不可爲史	俗士不可爲史
謳鍾説	謳鍾説
孿生坼䐃	孿生坼䐃
天地合祭	天地合祭
燔瘞無玉	燔瘞無玉
天地各兩牲	天地各兩牲

路史卷四十二

餘論五	路史餘論卷第五
上帝	上帝
六宗論	六宗論
魯郊禖	魯郊禖
麟木説	麟本説
麟難	麟難
鄒虞續	鄒虞續
商周之際	商周之際
春秋用周正	春秋用周正

路史卷四十三

　餘論六　　　　　　　　　路史餘論卷第六

　　孔子生日　　　　　　　　孔子生日

　　鮮卑烏丸　　　　　　　　鮮卑烏丸

　　唐國望都　　　　　　　　唐國望都

　　克明峻德至時雛　　　　　克明俊德至時雛

　　九族　　　　　　　　　　九族

　　七廟　　　　　　　　　　七廟

　　堯水不禱　　　　　　　　堯水不禱

　　星次説　　　　　　　　　星次説

　　唐書月令　　　　　　　　書唐月令

　　沈璧　　　　　　　　　　沈璧

路史卷四十四

　餘論七　　　　　　　　　路史餘論卷第七

　　蕢莢　　　　　　　　　　蕢莢

　　五老人　　　　　　　　　五老人

　　陵臺説　　　　　　　　　陵臺説

　　縣余氏墓　　　　　　　　縣余氏墓

　　去凶年　　　　　　　　　去凶年

　　吕梁碑　　　　　　　　　吕梁碑

　　歷山　　　　　　　　　　歷山

　　太尉　　　　　　　　　　太尉

　　小人之過必文　　　　　　小人之過必文

　　瞽叟殺人　　　　　　　　瞽叟殺人

路史卷四十五

　餘論八　　　　　　　　　路史餘論卷第八

　　即位書元,非春秋立法　　　即位書元,非春秋立法

　　原尸　　　　　　　　　　原尸

　　鸞車,有虞氏之路　　　　　鸞車,有虞氏之路

舜帝無爲	舜帝無爲
禹皋戒舜	禹皋戒舜
賡歌	賡歌
胡益之"堂上下樂"説是非	胡益之"堂上下樂"説非是
<u>南風之詩</u>	<u>南風之詩</u>
舜爲法于天下	舜爲法於天下
舜禹有天下而不與	舜禹有天下而不與

路史卷四十六

　餘論九　　　　　　　　　路史餘論卷第九

西王母	西王母
黄陵湘妃	黄陵湘妃
女英冢	女英冢
鄧至、爰劍	鄧至、爰劍
黄熊化	黄熊化
啓母石	啓母石
無支祁	無支祁
四載	四載
九藪	九藪
奠高山大川	奠高山大川

路史卷四十七

　餘論十　　　　　　　　　路史餘論卷第十

雲、夢二澤	雲、夢二澤
汧	汧
敷淺原	敷淺原
三江詳證	三江詳證
九江詳證	九江詳證
辨兗濟	辨兗濟
息壤	息壤
龍負舟	龍負舟

| 十日 | 十日 |
| 天門 | 天門 |

【校注】

〔一〕校訂路史識語:此篇題爲編者根據内容擬加,原書無。

〔二〕必正劄子:原書無此篇題,"必正劄子"四字位劄子末;今從四庫本,移前以爲篇題。

〔三〕路史發揮跋:此篇目爲編者根據内容擬加,原書無。

路史卷一

前紀一

初三皇紀

初天皇
初地皇
初人皇

事有不可盡究,物有不可臆言。衆人疑之,聖人之所稽也。

易有太極,是生兩儀;老氏謂"有物混成,先天地生",而盪者遂有天地權輿之説[一]。儀,匹也。不曰"二儀"者,"二"有先後,"兩"無彼此、有相匹之意矣。天一、地二者,此先後之言尒。地亦惟一,而云二者,言下已落第二也。李明之衡山記云:"朱符謂火筯如兩儀,成變化,不可缺一。"[二]當有識者辨之。有太極説,見發揮[三]。

夫太極者,太一也,是爲太易。太初之始。列圉寇曰:有形生於無形[四]。無形,天地之始;有形,萬物之母[五]。天地之初,有太易,有太初,有太始,有太素。太易者,未見氣;太初者,氣之始;太始者,形之始;太素者,質之始。氣與形、質具而未離,曰渾淪。渾沌也[六]。河圖括地象云:"易有太極,是生兩儀。兩儀未分,其氣渾沌。"[七]視之不見,聽之不聞,循之不得,故曰易。易内篇云:"日月相逐爲易。"[八]有易象象及易之名二説,見發揮[九]。

易無形埒〔一〇〕。大衍之數五十,其用四十有九,則無其一矣〔一一〕。以奇數倍之,爲五十,而一無倍,是之謂無形埒。易變而爲一,北方先有。一變而爲七,七變而爲九。七,衍數;九,玄數〔一二〕。此河洛自然之用,世莫能名〔一三〕。夫一至七,返矣;至九,還矣。還返,變通之謂也。是所謂易者,豈牽合哉?九者,究也〔一四〕;九變復而爲一。始則終,終則始。會九而復元,變九而復貫〔一五〕。易卦自一變至七爲歸魂,而本宫之氣革矣〔一六〕。復二變而返乎本體,是復變爲一也。九轉之道,亦數之足尒。一者,形變之始也。天以一而變四,地以一而變四;四有體而一無體〔一七〕。是故天之體,數四而用者三,不用者一;地之體,數四而用者三,不用者一〔一八〕。一者,數之始而非數也。二二而四,三三而九,以至九九八十一,皆可變以乘;而一不變。百則十也,十則一也,故亦不變。去其一而極于九,皆用其變者也。

清輕而騫者爲天,濁重而墜者爲地,沖粹而生者爲人〔一九〕。此上本易乾鑿度之文,引見列子〔二〇〕。知此説,則可以究天地之藴矣。天地壹緼,萬物化醇;男女會精,萬物化生〔二一〕。而庶彙繁矣〔二二〕。天地交而萬物生也。夫一氣之中,五行並育。而五行之生,各一其性。乾道成男,坤道成女〔二三〕。自是衍之,則爲十、爲百、爲千萬,如果核既坼,則根生榦、榦生枝、枝生葉,斯謂"三生萬物"〔二四〕。

雖然,治故荒忽,井魚聽近,非所詳言;而往昔載諜,又類不融正閏五德終始之傳〔二五〕。乃謂天地之初,有渾敦氏者出爲之治,即代所謂盤古氏者〔二六〕。神靈一日九變;蓋元混之初,陶融造化之主也〔二七〕。六韜大明云:"召公對,文王曰:'天道净清,地德生成,人事安寧。戒之,勿忘! 忘者不祥。盤古之宗,不可動也;動者必凶。'"〔二八〕今贛之會昌有盤古山,本盤固名〔二九〕。其湘鄉有盤古保,而零都有盤古祠,盤固之謂也〔三〇〕。按地理坤鑑云:"龍首,人身。"〔三一〕而今成都、淮安、京兆皆有廟祀〔三二〕。事具徐整三五歷紀及丹壺記〔三三〕。至唐,袁天綱推言之〔三四〕。真源賦謂:元始應世,萬八千年爲一甲子〔三五〕。荆湖南北,今以十月十六日爲盤古氏生日,以候月之陰晴〔三六〕。云其顯化之所,宜有以也〔三七〕。元豐九域志,廣陵有盤古冢、廟,殆亦神假者〔三八〕。錄異記〔三九〕,成都之廟有盤古三郎之目,庸俗之妄。餘詳發揮。繼之以天皇氏、地皇氏、人皇氏,下卷所紀三靈者。在洞神部又有所謂初三皇君〔四〇〕,詳見發揮。

而以此爲中三皇，蓋難得而稽据〔四一〕。然既揄之矣，此予之所以旁搜旅摭，紀<u>三靈</u>而復著夫三皇也〔四二〕。諸書説三皇不同。洞神既有初三皇君、中三皇君，而以<u>伏羲</u>、<u>女媧</u>、<u>神農</u>爲後三皇〔四三〕。<u>周官</u>、<u>大戴禮</u>、<u>六韜</u>、<u>三略</u>、<u>文</u>、<u>列</u>、<u>莊子</u>、<u>不韋春秋</u>有三皇之説，而<u>劉恕</u>以爲<u>孔門</u>未有明文〔四四〕。<u>孔安國</u>曰：“<u>伏羲</u>、<u>神農</u>、<u>黄帝</u>之書，謂之<u>三墳</u>。”〔四五〕世遂以<u>伏羲</u>、<u>神農</u>、<u>黄帝</u>爲之三皇。斯得正矣。至<u>鄭康成</u>注書中候勑省圖，乃依春秋運斗樞，紬<u>黄帝</u>而益以<u>女媧</u>，與洞神之説合〔四六〕。然<u>白虎通義</u>乃無<u>女媧</u>而有<u>祝融</u>，甄曜度與<u>梁武帝</u>祠象碑則又易以<u>遂人</u>，蓋出<u>宗均</u>援神契注與<u>譙周</u>之史矣〔四七〕。紛紜不一，故<u>王符</u>云：“聞古有<u>天皇</u>、<u>地皇</u>、<u>人皇</u>，以或及此，亦不敢明。”〔四八〕至<u>唐</u><u>天寶</u>七載，始詔以時致祭<u>天皇氏</u>、<u>地皇氏</u>、<u>人皇氏</u>于京城内〔四九〕。而<u>王璵</u>建言<u>唐</u>家仙系所宜崇表福區，請度<u>昭應</u>作<u>天華上宫</u>及露臺、<u>大地婆父</u>祠〔五〇〕。於是立三皇，<u>道君</u>，太古<u>天皇</u>，中古<u>伏羲</u>、<u>女媧</u>等堂皇〔五一〕。則太古<u>天皇</u>外，復別立三皇矣〔五二〕。

<u>渾敦氏</u>之世，但聞罕漫而不昭晰，有不得而云矣〔五三〕。<u>王充</u>曰：“古之水火，今之水火也；今之聲色，後之聲色也。鳥獸草木，人民好惡，以今而見古，繇此而知來。千世之前，萬歲之後，無以異也。”〔五四〕事可知者，聖賢所共知也；不可知者，雖聖人不能知也。非學者之急，今一切隔之。

【校注】

〔一〕易有太極，是生兩儀：見周易繫辭上。<u>孔穎達</u>疏：“太極謂天地未分之前，元氣混而爲一，即是太初、太一也。”兩儀，指天地。　老氏謂“有物混成，先天地生”：見老子第二十五章。　而盪者遂有天地權輿之説：盪者，持變化發展觀念的人。盪，移動，變化。權輿，起始，新生。

〔二〕李明之：其人不詳。　朱符謂火箝如兩儀，成變化，不可缺一：亦見<u>唐</u><u>馮贄</u><u>雲仙雜記</u>卷二。<u>朱符</u>，其人不詳。火箝，即夾爐中煤炭等燃料用的火筷子。

〔三〕見發揮一論太極。

〔四〕列圄寇：即列禦寇，戰國時期道家學派代表人物。　有形生於無形：自此而下至“沖粹而生者爲人”，撮引自列子天瑞。

〔五〕有形，萬物之母：<u>老子</u>道德經第一章：“無名，天地之始。有名，萬物之母。”河上公章句:“無名者謂道。道無形,故不可名也。……有名謂天地。天地有形位、陰陽,有柔剛,是其有名也。”

〔六〕渾沌也:洪本、吴本、四庫本“渾”作“混”。下“其氣渾沌”之“渾”同。

〔七〕河圖括地象:漢代緯書,河圖緯之一種。

〔八〕易内篇:漢代緯書,即易緯。

〔九〕有易象象及易之名二説,見發揮:見發揮一,易象象當作明易象象。

〔一〇〕形坅:猶形迹。坅,音 liè。

〔一一〕大衍之數五十,其用四十有九:見易繫辭上。高亨周易大傳今注:“釋文引鄭云:‘衍,演也。’先秦人稱算卦爲衍。漢人稱算卦爲演。衍與演古字通也。金景芳説:‘當作“大衍之數五十有五”,轉寫脱去“有五”二字。’(易通)是也。正義引姚信、董遇云:‘天地之數五十有五,者其六以象六爻之數(者當作省),故減之而用四十九。’足證姚董本作‘大衍之數五十有五’。此言用易經演算,備蓍草五十五策,但祇用四十九策。所以備五十五策者,下文曰:‘凡天地之數五十有五。’此以天地之數定大衍之數也。所以餘六策而不用者,以此六策標明六爻之數也。”彦按:高説甚辩。羅氏據誤本,故不免誤説。

〔一二〕衍數:謂周易大衍之數。　玄數:謂太玄之數(出揚雄太玄)。

〔一三〕河洛:河圖洛書之簡稱。

〔一四〕究:窮盡,終極。

〔一五〕會九而復元,變九而復貫:會,遇到。元,始。貫,貫通,連接。

〔一六〕易卦自一變至七爲歸魂,而本宫之氣革矣:歸魂,易變卦卦名。本宫,指變卦前之純卦。漢代京房據八卦而立八宫,將八經卦自身的重卦稱爲純卦。每一純卦根據一定的變易規律又分别統帥七個子宫卦,依其變易次序先後分别稱爲:一世卦、二世卦、三世卦、四世卦、五世卦、游魂卦、歸魂卦。

〔一七〕天以一而變四,地以一而變四;四有體而一無體:自此而下一段文字,撮引自宋邵雍皇極經世書。宋張行成解曰:“天生乎動,得太極之奇,一氣之動静始終,分而爲陽、陰、太、少,故曰‘天以一而變四’也。地生乎静,得太極之偶,一氣之静動始終,分而爲柔、剛、太、少,故曰‘地以一而變四’也。太陽爲日,太陰爲月,少陽爲星,少陰爲辰,以成天體,四時行焉。太極之奇退藏四者之間而不自見,所以日月星辰與天而五,除日月星辰則無天,故曰‘四者有體,一者無體'也。太柔爲水,太剛爲火,少柔爲土,少剛爲石,以成地體,四維具焉。太極之偶退藏四者之間而不自見,所以水火土石與地而五,除水火土石則無地,故曰'四者有體,一者無體'也。"(見皇極經世觀物外篇衍義卷一)

〔一八〕是故天之體,數四而用者三,不用者一;地之體,數四而用者三,不用者一:張行成解曰:"天之體數四,不用者一,故天辰不見。地之體數四,不用者一,故地火常潛。"(見皇極經世觀物外篇衍義卷一)

〔一九〕騫:通"騫",飛起。　沖粹:中和純正。

〔二〇〕易乾鑿度:漢代緯書名。

〔二一〕天地壹緼,萬物化醇;男女會精,萬物化生:壹緼,亦作"絪緼",陰陽二氣交會和合之狀。壹,音yīn。化醇,謂變化而精醇。會精,猶構精,指兩性交合。易繫辭下:"天地絪緼,萬物化醇;男女構精,萬物化生。"

〔二二〕庶彙:庶類,萬物。

〔二三〕乾道成男,坤道成女:見易繫辭上。乾道,天之性,謂陽剛。坤道,地之性,謂陰柔。

〔二四〕則根生榦、榦生枝:四庫本兩"榦"字皆作"幹"。　斯謂"三生萬物":老子第四十二章:"道生一,一生二,二生三,三生萬物。"

〔二五〕治故荒忽,井魚聽近,非所詳言:故,本來。荒忽,模糊不清貌。淮南子原道:"夫井魚不可與語大,拘於隘也。"藝文類聚卷七六引南朝梁張緟龍樓寺碑:"蓋聞井魚之不識巨海,夏蟲之不見冬冰,故知局於泥涫者未測滄溟之浩汗,篤於一時者寧信寒暑之推移?"　而往昔載諜,又類不融正閏五德終始之傳:載諜,載籍譜諜。類,大抵。融,融合,謂包含。正閏,泛稱正統與非正統政權。五德終始,指不同德運王朝的興廢更替。古代陰陽家稱木、火、土、金、水五行之德性爲五德,認爲歷代王朝各代表一德,并按照五行相克或相生的順序,交互更替,周而復始。

〔二六〕即代所謂盤古氏者:代,世。盤古氏,我國神話中開天辟地、首出創世之人。

〔二七〕蓋元混之初,陶融造化之主也:元混,猶混元,指世界開辟前元氣未分、模糊一團。陶融,陶鑄熔化,比喻教化培育。造化,創造化育。

〔二八〕六韜大明:六韜,又稱太公六韜,中國古兵書名,舊題周呂望(姜太公)撰。傳世本包括文韜、武韜、龍韜、虎韜、豹韜、犬韜六韜凡六十篇,大明不在其中。又路史(包括羅苹注)書中引六韜文,尚有兩疑、決大疑、計用、周志諸篇,亦不在今本六韜中。蓋爲佚篇,或即所謂“别本六韜”(見卷十二後紀三炎帝神農氏“然刑罰不施於人而俗善”羅苹注)也。　召公對:召公,周文王子,周武王弟,名奭,其初采邑在召(音 shào,今陝西岐山縣西南),故稱。對,謂面對。　盤古之宗:宗,祖廟。

〔二九〕今贛之會昌有盤古山,本盤固名:贛,州名。會昌,縣名,治所即今江西會昌縣。盤固,即磐固,謂如磐石般穩固。盤,通“磐”。

〔三〇〕其湘鄉有盤古保,而雩都有盤古祠:湘鄉,縣名,治所在今湖南湘鄉市。保,“堡”之古字。雩都,縣名,治所在今江西于都縣。

〔三一〕地理坤鑑:佚書,作者不詳。

〔三二〕京兆:府名,治所在今陝西西安市。

〔三三〕徐整:三國吳太常卿。

〔三四〕袁天綱:唐初天文學家、相師。

〔三五〕真源賦:佚書,作者不詳。　元始應世:元始,始祖,此謂盤古氏。應世,順應世運。

〔三六〕荆湖南北:謂荆湖南路、荆湖北路。南路治所在今湖南長沙市,北路治所在今湖北荆州市荆州區。　候:占驗,預測。

〔三七〕云其顯化之所,宜有以也:顯化,指神靈顯現化身。以,因由。

〔三八〕廣陵有盤古冢、廟,殆亦神假者:廣陵,縣名,治所在今江蘇揚州市廣陵區。神假,神化而假託。

〔三九〕録異記:唐杜光庭撰。

〔四〇〕洞神部:道教經書部類名。

〔四一〕蓋難得而稽据:得而,猶得以。稽据,猶依據。

〔四二〕然既揄之矣:揄,引出,提出。　旁搜旅摭:旅摭,廣取。旅,衆。摭,拾取。

〔四三〕伏羲:洪本“羲”譌“義”。下“伏羲”之“義”同。

〔四四〕周官:即周禮。　三略:又稱黄石公記,秦末黄石公撰。　文、列:指文子與列子。　而劉恕以爲孔門未有明文:劉恕,北宋史學家,著有資治通鑑外紀。是書卷一包犧以來紀跋語曰："六經惟春秋及易彖、象、繫辭、文言、説卦、序卦、雜卦仲尼所作，詩書仲尼刊定，皆不稱三皇、五帝、三王。易下繫曰：'古者包犧氏之王天下也'，'包犧氏没，神農氏作'，'神農氏没，黃帝、堯、舜氏作'，載繼世更王，而無三五之數。或以包犧至舜是爲五帝，然孔子未嘗道，學者不可附會臆説也。"

〔四五〕伏羲、神農、黃帝之書，謂之三墳：見孔氏尚書序。

〔四六〕鄭康成：即東漢經學家、訓詁學家鄭玄（字康成）。　書中候勅省圖：書中候，漢代緯書名。勅省圖爲尚書中候中之一篇。　春秋運斗樞：漢代緯書，春秋緯之一種。

〔四七〕甄曜度與梁武帝祠象碑則又易以遂人：甄曜度，漢代緯書，洛書緯之一種。彥按："梁武帝祠象碑"，"祠象碑"三字疑不當有。宋洪适隸釋卷一六所載有武梁祠堂畫像碑，作"武梁"，不作"梁武"，既非爲梁武帝，中亦未見有遂人。而宋劉恕資治通鑑外紀卷一下包犧以來紀帝舜則有"梁武帝以伏犧、神農、燧人爲三皇"語，燧人即遂人，蓋羅氏誤將"武梁祠像碑"與"梁武帝"二者混同矣。　蓋出宗均援神契注與譙周之史攷：宗均，東漢儒吏，明帝朝歷官尚書令、司隸校尉、河內太守等職。援神契，漢代緯書，孝經緯之一種。譙周，三國蜀漢光禄大夫、知名學者。史攷，即古史攷，原書已佚，傳世僅有輯本。

〔四八〕王符：東漢政論家，有著作潛夫論傳世。　聞古有天皇、地皇、人皇，以或及此，亦不敢明：見潛夫論五德志。原文作："我聞古有天皇、地皇、人皇，以爲或及此謂，亦不敢明。"

〔四九〕至唐天寶七載，始詔以時致祭天皇氏、地皇氏、人皇氏于京城内：致祭，喬本、備要本"致"作"至"，此從餘諸本。通典卷五三禮十三祀先代帝王載唐天寶七載五月詔曰："三皇以前帝王，宜於京城内共置一廟，仍與三皇五帝廟相近，以時致祭。天皇氏、地皇氏、人皇氏、有巢氏、燧人氏其祭料及樂，請準三皇五帝廟，以春秋二時饗祭。"

〔五〇〕而王璵建言唐家仙系所宜崇表福區：王璵，唐玄宗時太常博士。洪本譌作"玉璵"。彥按：據新、舊唐書王璵傳，建言者爲道士李國禎，此作王璵，當屬誤記。崇表，謂彰顯、突出。　請度昭應作天華上宫及露臺、大地婆父祠：度，規劃。昭應，縣名，治所在今陝西西安市臨潼區。各本均譌"昭福"。露

臺,各本均譌"靈臺"。大地婆父祠,各本"婆"均譌"娑"。今並據新、舊唐書王
璵傳訂正。新唐書王璵傳云:"始,璵託鬼神致位將相,當時以左道進者紛紛出
焉。李國禎者,以術士顯,廣德初,建言'唐家仙系,宜崇表福區,招致神靈,請
度昭應南山作天華上宮、露臺、大地婆父祠,并三皇、道君、太古天皇、中古伏
羲、女媧等各爲堂皇,給百户掃除'。"

〔五一〕於是立三皇,道君,太古天皇,中古伏羲,女媧等堂皇:道君,道教天
神,傳説中的道教教主。堂皇,殿堂。四庫本"皇"譌"是"。

〔五二〕太古天皇:洪本"天"譌"夫"。

〔五三〕渾敦氏之世,但聞罕漫而不昭晰,有不得而云矣:彦按:文選揚雄
劇秦美新:"爰初生民,帝王始存,在乎混混茫茫之時,矕聞罕漫而不昭察,世莫
得而云也。"李善注:"矕聞罕漫,不明之貌也。"當即路史所本。然"矕"音 xìn,
而路史改"但",蓋誤作"亶"字矣(古書中"亶"或通"但")。

〔五四〕見論衡實知。 後之聲色也:今論衡"後"下有"世"字。 鳥獸草
木:草木,喬本、洪本、吳本、備要本均作"竹木"。彦按:作"竹木"誤。蓋"草"
字原作"艸",因譌而成"竹"。四庫本作"草木",與今本論衡同,今據以訂正。

繇此而知來:繇,四庫本作"由",今論衡作"以"。 千世之前,萬歲之後:今
論衡作"千歲之前,萬世之後"。

路史卷二

前紀二

中三皇紀

天皇氏

天地成位，君臣道生〔一〕。粤有天皇，易通卦驗文〔二〕。按洞神部以此爲中三皇君，是君臣道生之後。是曰天靈。外紀云：“十二頭，號曰天靈。”〔三〕

望獲強尊〔四〕，以獲爲名，以望爲姓，字子潤，號中天皇君。並詳洞神部。頋贏三舌〔五〕，十二文〔六〕。驤首鱗身〔七〕，傳記三皇皆虵身，此亦形相佽〔八〕。説在女媧紀〔九〕。碧盧禿楬〔一〇〕。丹壺記。首出庶物，君有五期〔一一〕。五行期運。一云“猶五條”，非。寔司元化〔一二〕，歲紀攝提。見徐整歷紀〔一三〕。斟元陳樞，以五易威〔一四〕。春秋保乾圖云：“天皇於是斟元陳樞，以五易威。”〔一五〕言斟酌元化，該皇極以建易道〔一六〕。宋均云：“威，則也。言斟酌元氣，陳列樞機之行，以改立先法。”〔一七〕妄矣。秉籙司契，無文不懷〔一八〕。乾曜迶元，像符合氣〔一九〕。太微黄書云：“天皇象符，以合元氣，長生之要。”〔二〇〕亭毒萬有，風行焱逝〔二一〕。亭蓄其形，毒散其氣〔二二〕。靈書八會〔二三〕，玉經隱注云：“三皇天文，謂之太上玉策。”〔二四〕按洞神第十四，一天皇内字，二地皇内記，三人皇内文，皆三元八會，自然成文，鳥迹之始也〔二五〕。真誥曰：“八會，文章之祖也。二皇演八會之文，爲龍鳳之章、雲篆之迹。”〔二六〕是矣。太微黄書云：“靈書八會，字無正形。”自然洞神〔二七〕。三皇經云：“三皇自然之文，皆以金玉爲用。天皇所授，玄玉爲簡，青玉爲文;地皇所授,黃玉爲簡,白玉爲文。"〔二八〕蓋道家者流,以三皇經爲三墳〔二九〕。太洞經云:"三皇經者,玉清,洞真;上清,洞玄;太清,洞神也。"〔三〇〕三洞蒼元經云:"洞真,上清也;洞玄,靈寶也;洞神,三皇也。"〔三一〕然近代三墳書,非此也。有跋,見發揮〔三二〕。玉券十華〔三三〕,洞神經有三皇印、三皇玉券(一曰金契)。三皇經云:"自然之文,皆綴以金鈎,置以玉案,覆以珠巾,芬以五香,侍以十華。"〔三四〕人風真淳〔三五〕。太真科云:"大化始立,人風真淳,故三寶度三品之人。洞神名僊寶之道,接三皇之世;洞玄名靈寶之道,明三才,度五帝之世;洞真名天寶之道,紀清正之方,濟三代之後。"〔三六〕體真得極〔三七〕,靈寶經云:"三一者,上一,真帝之極;中一,真皇之主;下一,真王之妙。天皇得極,故上成皇極。地皇得主,故上成正一。人皇得妙,故上成衆妙。三皇體真而守一,其真極也,得一而已。"〔三八〕提名旋復〔三九〕。提名,策名也〔四〇〕。旋復,言其變化。無門無旁,神運四奥〔四一〕。被迹無外、無熱之陵〔四二〕。遁甲開山圖云:"天皇出於柱州,即無外山也。"〔四三〕鄭康成云:"無外之山,在崑崙東南萬二千里。"水經注云:"或言即崑崙。"榮氏云:"五龍及天皇,皆出其中。"〔四四〕三輔九翼,爲世億齡〔四五〕。項竣始學篇:"天皇十三頭。"〔四六〕皇氏洞紀云:"一姓十三人也。"〔四七〕它書皆然,獨春秋緯言天皇、地皇、人皇皆九人,分爲九州,長天下〔四八〕。故河圖括地象云:"天皇九翼,提名旋復。"蓋輔翼者九人尒。易通卦驗云:"天皇氏之先,與乾曜合元,君有五期,輔有三名。"注云:"君之用事,五行更王者,亦有五期。三輔,公、卿、大夫也。"故禮記正義謂:"三才既判,尊卑自然而有。天地初分,即應有君臣治國,第年代綿遠而無文尒。"三輔,九翼,併皇是十三人。

【校注】

〔一〕天地成位,君臣道生:見易緯通卦驗卷上。鄭玄注:"成,猶定也。言天地尊卑已定,乃後有君臣也。"

〔二〕易通卦驗:漢代緯書,易緯之一種。

〔三〕外紀:指宋劉恕資治通鑑外紀。　十二頭,號曰天靈:資治通鑑外紀卷一云:"天皇氏:天地初立,元氣肇始,歲起攝提,有神人一身十二頭,號曰天靈。或云一姓十二人,頭即人也。古語質,如今人數魚、鳥,以頭計之。"

〔四〕强尊:謂勢力强大而地位尊貴。

〔五〕頎羸:謂身材瘦長。羸,通"臝",四庫本作"臝"。

〔六〕十二文:指自此"頎羸三舌"而下一十二字,即"頎羸三舌,驤首鱗身,碧盧禿楬”。此十二字並出自丹壺記。

〔七〕驤首鱗身：驤，後右足白的馬。爾雅釋馬：“後右足白，驤。”此泛指馬。鱗，此借代魚。

〔八〕此亦形相尒：形相，形像，相貌。

〔九〕女媧紀：即本書後紀二女皇氏。

〔一〇〕碧盧禿楬：碧盧，綠眼。盧，“矑”之古字，瞳仁。禿楬，禿頂。楬，音 jié。禮記明堂位“夏后氏以楬豆”鄭玄注：“楬，無異物之飾也。齊人謂無髮爲禿楬。”

〔一一〕首出庶物：謂出人頭地，超出衆人。易乾彖辭：“首出庶物，萬國咸寧。”孔穎達疏：“言聖人爲君，在衆物之上，最尊高於物，似頭首出於衆物之上，各置君長以領萬國，故萬國皆得寧也。”　君有五期：五期，指五行更迭之期。易緯通卦驗卷上：“君五期，輔三名，以建德，通萬靈。”鄭玄注：“君之用事，五行代王，亦有期，如太微之君。”賈公彦周禮正義序引易通卦驗，作“君有五期”。

〔一二〕寔司元化：寔，吳本、四庫本作“實”。元化，謂天地，造化。

〔一三〕歷紀：洪本、吳本“歷”作“曆”。

〔一四〕斟元陳樞：斟元，斟酌元化（依羅苹注）。陳樞，謂處理機務。陳，陳列，引申爲處置，處理。洪本作“陣”，即“陳”古字。周禮天官内宰“陳其貨賄”孫詒讓正義：“司市注云：‘陳猶列也。’陳列即處置之義。”樞，機樞，借代機務。　以五易威：五，通“伍”，相匹配，此謂使符合。各本均譌“立”，今據後漢書李固傳“斗斟酌元氣，運平四時”李賢注、北堂書鈔卷三三引春秋保乾圖訂正。下羅苹注“以五易威”之“五”同。易威，天地變化之規律。威，法則，規律。爾雅釋言：“威，則也。”

〔一五〕春秋保乾圖：漢代緯書，春秋緯之一種。

〔一六〕該皇極以建易道：該，綜括。皇極，帝王統治天下的準則。

〔一七〕宋均：東漢經學家，治經好雜緯説，著有緯學著作多種，今皆不傳。各本均作“宋君”。彦按：“君”當“均”字音譌。後漢書李固傳“斗斟酌元氣，運平四時”李賢注、北堂書鈔卷三三引春秋保乾圖及注，均作“宋均”，今據以訂正。　威，則也。言斟酌元氣，陳列樞機之行，以改立先法：後漢書李固傳“斗斟酌元氣,運平四時"李賢注、北堂書鈔卷三三引春秋保乾圖注,作:"威,則也,法也。天皇斟元氣,陳列樞機,受行次之當得也。"

〔一八〕秉籙司契,無文不懷:秉籙,謂手執符書。籙,古稱上天賜予帝王的符命文書。司契,謂掌管法規。老子第七十九章:"有德司契,無德司徹。"又文選左思魏都賦:"上垂拱而司契,下緣督而自勸。"李周翰注:"上則垂衣拱手,執法契以御天下。"文,指法令條文。國語周語上"有不享則修文"韋昭注:"文,典法也。"懷,念思。

〔一九〕乾曜迨元:蓋謂善德堪比日月星辰。乾曜,謂日月星辰。乾,指天。迨,比得上,如。元,善。明孫瑴古微書卷一五易通卦驗:"天皇氏之先,與乾曜合元。"清馬驌繹史卷一開闢原始引易通卦驗,作"天皇氏之先,與乾曜合德"。合,義"同",與"迨"意亦相近。 像符合氣:謂手執象符,合注元氣(指兩性陰陽之氣相交合)。像符,即象符,符籙名。梁陶弘景真誥卷五甄命授第一:"君曰:'仙道有天皇象符,以合元炁。'"日人吉川忠夫、麥谷邦夫校注引皇天上清金闕帝君靈書紫文上經曰:"其中有生宮,宮內有大君,名桃康,字合延。著朱衣,巾紫蓉冠,坐當命門,其三魂神侍側焉。大君常手執天皇象符,以合註元氣,補胎反胞。"又引同書曰:"太微天帝君天皇象符(符文註曰:"一名帝君九迴元五通八間符。若禮祝於別室,當先書此符,藏以錦囊佩之,然後乃得行之")。右天皇象符,以付生宮大君桃康合延,合元上氣,理胞運精,朱書青紙,月旦月望夜半,北向服之,以左手執符,閉氣,心祝曰:'天帝玄書,皇象靈符,以合元氣,運精反胞,萬年嬰孩,飛仙天樞。生宮大君,披丹建朱,首戴紫蓉,與我同謀。'"

〔二〇〕太微黃書:道家書名,爲魏晉道教上清派之符咒法術書。據太平御覽卷六七三,下所引文乃出自靈寶經。蓋以御覽此上所引有太微黃書經,羅氏草率,誤以其文一直貫串至此。 天皇象符,以合元氣,長生之要:御覽所引靈寶經文作:"天皇象符,以合元氣;黃書赤界,長生之要。"此脫"黃書赤界"四字。

〔二一〕亭毒萬有:亭毒,化育。萬有,猶萬物。老子第五十一章:"故道生之,德畜之。長之育之,亭之毒之,養之覆之。"高亨正詁:"'亭'當讀爲'成','毒'當讀爲'熟',皆音同通用。" 風行焱逝:言其勢甚迅疾。焱,同"猋",

疾風。

〔二二〕亭蓄其形，毒散其氣：亭蓄，即停蓄，謂留住。毒散，傷害逸散。彦按：羅苹此注似非路史原意。

〔二三〕靈書八會：靈書，仙書。八會，道家稱日、月、星“三元”加上木、火、土、金、水“五行”爲八會，以指倉頡造字之前，由三五妙氣凝空而成的所謂“雲篆”、“天書”，爲一切道經之相。雲笈七籤卷七三洞經教部玉字：“靈書八會，字無正形，其趣宛奧，難可尋詳。”

〔二四〕玉經隱注：道書名。

〔二五〕地皇内記：吳本、四庫本“記”作“紀”。　皆三元八會，自然成文，鳥迹之始也：三元八會，見上注〔二三〕。鳥迹，鳥篆，篆體古文字，以形如鳥的爪迹，故稱。此泛指文字。

〔二六〕真誥：梁陶弘景撰。　二皇演八會之文，爲龍鳳之章、雲篆之迹：二皇，各本“二”皆譌“一”，今據真誥原文訂正。淮南子原道：“泰古二皇，得道之柄，立於中央，神與化遊，以撫四方。”高誘注：“二皇，伏羲、神農也。”龍鳳之章，富有文彩之辭章。龍鳳五彩，故稱。雲篆，書體名，道家符籙所用。真誥卷一運象：“今請陳爲書之本始也。造文之既肇矣，乃是五色初萌、文章畫定之時。秀人民之交，別陰陽之分，則有三元、八會、羣方、飛天之書，又有八龍、雲篆、明光之章也。其後逮二皇之世，演八會之文，爲龍鳳之章，拘省雲篆之迹，以爲順形梵書。……校而論之，八會之書是書之至真，建文章之祖也。”

〔二七〕自然洞神：謂如神仙般瀟灑。自然，悠閒無拘束貌。洞神，道教神名。

〔二八〕三皇經：道教經典名。又稱三皇内文。　黃玉爲簡：洪本、吳本、四庫本“黃玉”作“皇玉”，“皇”當“黃”字音譌。

〔二九〕三墳：傳説中我國最早典籍之名。

〔三〇〕太洞經：道經名。　玉清，洞真：各本均譌作“玉真洞清”，今據太平御覽卷六七三引大洞經訂正。

〔三一〕三洞蒼元經：道經名。

〔三二〕有跋，見發揮：指本書發揮一跋三墳書。

〔三三〕玉券十華：玉券，指書寫在玉簡上的符籙。華，花。此謂天皇之玉券以十花供奉。

〔三四〕置以玉案:喬本、洪本、備要本"以"譌"一",今據吴本、四庫本訂正。太平御覽卷六七六引三皇經,作:"三皇自然之文,皆以金玉爲用。天皇所授,玄玉爲簡,青玉爲文;地皇所授,黄玉爲簡,白玉爲文。綴以金鉤,聯以金鑠,置以玉案,覆以珠巾,寶蓋珍床,安之青宫,閟之紫閣,芬以五香,侍以十華也。"

〔三五〕人風真淳:人風,民風。

〔三六〕太真科:道經名。即太上太真科經。　大化始立,人風真淳,故三寶度三品之人:大化,指天地。三寶,三種寶貴之物。此指下所言之洞神、洞玄、洞真三部道經。度,授與。　洞玄名靈寶之道,明三才,度五帝之世:三才,謂天、地、人。五帝,傳説中的上古五位帝王。説法不一:世本、大戴禮記、史記等以黄帝、顓頊、帝嚳、堯、舜爲五帝,而路史則以少昊、顓頊、帝嚳、堯、舜爲五帝。　洞真名天寶之道,紀清正之方,濟三代之後:紀,通"記"。方,道,義理。濟,救助。三代,指夏、商、周。

〔三七〕體真得極:體真,猶脩真,謂學道修行。體,踐行。極,至道。

〔三八〕靈寶經:此下所引之文,見太平御覽卷六六八引太上素靈經,文字不盡相同。此作靈寶經,蓋羅氏誤記。　三一者,上一,真帝之極;中一,真皇之主;下一,真王之妙:三一,道家指稱人身三宫,即上一泥丸(約當頭頂正中綫與兩耳尖連綫交點處之百會穴部位),中一絳宫(約當兩乳頭連綫中間之膻中穴部位),下一丹田(約當臍下三寸處之下丹田部位)。太上靈寶五符序卷下云:"泥丸、絳宫、丹田,是三一之真焉。"至于三宫何以稱爲"三一",則因道家認爲,宫雖有三,實際上衹是一個整體。雲笈七籤卷四九祕要訣法三一訣曰:"三一者,正一而已。三處授名,故名三一。所以一名三一者,一此而三彼也。雖三常一,故名三一。三一者,向道初門,未入真境,得見一分,未能捨三全一,是未離三。雖未離三,少能見一,故名三一。分言三,不離一,故名三一。"極,特指帝王之位。主,廣雅釋詁三:"守也。"此指所守之處。妙,此指造妙之地。　天皇得極,故上成皇極。地皇得主,故上成正一。人皇得妙,故上成衆妙:皇極,猶大道,指修養之最高境界。正一,猶真一,謂保持本性。彦按:此之天皇、地皇、人皇,爲人身三宫之神,即道家所謂之三元身神。羅氏引以爲天皇氏注,牽强附會,殊不類。　　三皇體真而守一,其真極也,得一而已:守一,道家修養之術,謂意念專注于一處(如人身三宫之某一宫)。真極,正道,準則。得一,猶守一。

〔三九〕提名旋復:彦按:此句費解。太平御覽卷七八引河圖括地象云:"天皇九翼,題名旋復。"似謂天皇有九個助手,隨叫而隨到。提名,謂稱其名。旋,隨即。復,返回。

〔四○〕策名:書名于簡策。

〔四一〕無門無旁,神運四奥:旁,疑當作"房"。莊子知北遊:"無門無房,四達之皇皇也。"運,行。四奥,四方邊遠之地。

〔四二〕被迹無外、無熱之陵:被迹,覆蓋足迹,謂徧歷。無外、無熱,皆山名。無熱爲崑崙山之別稱。水經注卷一河水云:"無外之山,在崑崙東南萬二千里。"又云:"而今以後,乃知崑崙山爲無熱丘,何云乃胡國外乎?"

〔四三〕遁甲開山圖:漢代緯書名。　　柱州:傳説中神農以前大九州之一。後漢書張衡傳"越卬州而愉敖"李賢注引河圖曰:"天有九部八紀,地有九州八柱。……西北柱州曰肥土。"

〔四四〕榮氏:注遁甲開山圖者,其名及時代不詳。水經注卷一河水:"遁甲開山圖曰:五龍見教,天皇被迹,望在無外柱州崑崙山上。榮氏注云:五龍治在五方,爲五行神。五龍降天皇兄弟十二人,分五方爲十二部,法五龍之迹,行無爲之化。天下仙聖治在柱州崑崙山上,無外之山在崑崙東南萬二千里,五龍、天皇皆出此中,爲十二時神也。"

〔四五〕三輔九翼:輔、翼,泛指輔弼之臣。洪本、吴本、四庫本"翼"字作"翌"。下"天皇九翼"、"蓋輔翼者"、"三輔九翼"諸"翼"字同。　　爲世億齡:齡,年。

〔四六〕項峻:三國吴人。

〔四七〕皇氏洞紀:彦按:皇氏疑韋氏之誤。韋氏指三國時之韋昭。昭撰有洞紀,見於三國志吴志本傳及隋書經籍志二、新唐書藝文志二。舊唐書經籍志上作洞記。

〔四八〕它書皆然:四庫本"它"作"他"。　　春秋緯:漢代緯書。以讖緯説春秋,包括子目凡十四種。

地皇氏

天皇氏逸,地皇氏作[一]。出於雄耳、龍門之岳[二]。見遁甲開山圖。鏗名岳姓,字子元,號中地皇君。馬蹄妝首[三]。十一龍君,迭辟繼道[四]。地皇十一君,皆女面、龍頟、馬蹄[五]。水經注榮氏云:"兄弟十人,面貌皆如女子而相類,虵身獸足,出龍門山。"主治荒極,雲章載持[六]。逮天愶德,與地侔貲[七]。洞神經云:"中地皇君主治八荒、四極、四海、山川、谿谷。"[八]太始之元,三皇、三一等經云:"中天皇,以平初元年出治。中地皇,以太始元年出治。"[九]平初、太始,云上竟號年[一〇]。按:道書有元景、延和、赤明、延康、康泰、龍漢、開皇、無極等號,而武帝内傳又有清虚,三統經序有中皇之類,悠悠無驗,特取太始、太初之意云[一一]。上成正一[一二]。不生不化,覆却萬物[一三]。覆於下,却於後。正一,見上紀。得道之秉,立乎中央;神與化游,唯庸有光[一四]。見文子等書[一五]。立中道也。鬼出電入,龍興鸞集;鈞旋轂轉,周而復匝[一六]。鴻烈解[一七]。爰定三辰[一八],是分宵晝。見通曆[一九]。或謂:三辰有度,晝夜有經[二〇],何定分之有?曰:不然。兹特後世作儀器以揆躔度,準盈虚以正昏明者,固非移日月而易晝夜也[二一]。是知躔度晷景之用,有自於此矣[二二]。魄死魂生,式殷月候[二三]。通曆云:"地皇以三十日爲月,十一月爲冬至。"亦見高氏小史[二四]。此亦本自然尒。凡事有出而無攷,姑取以證者,此之類也。諸治徑易,火紀周正[二五]。帝系譜云"天皇氏以木王,地皇氏以火紀",始學篇亦謂"天皇以木德王",故或有疑二皇爲羲炎者[二六]。非也。草榮木替,亦號萬齡。三皇經,天皇、地皇、人皇開治各二萬八千歲;而河圖、帝系譜等,天、地二皇俱萬八千歲;始學篇則云八千歲。按真源云:"盤古氏後,有天皇君一十三人,時遭劫火。乃有地皇君一十一人,各萬八千餘年。乃有人皇君兄弟九人,結繩、刻木,四萬五千六百年。"[二七]皆難取信。夫太素冀莖,固有定數,然方此時,歲曆未著,烏從而紀之哉[二八]?三墳書以一歲爲一易草木,蓋以草木周禪爲之紀辨尒[二九]。今都波之人莫知四時之候;女貞之俗不知正朔紀年,但云已見草青幾度;流求之國,以月生死辨時,以草木榮枯爲歲;儋崖觀禽獸産乳識時,占薺芋成熟紀歲;土番以麥熟爲歲首;宕昌、黨項皆候草木以記時序[三〇]。太古之世,中國之俗,有以與蠻夷同,斯不疑者[三一]。曰萬齡者,亦號數之萬尒[三二]。

伯陽父曰:"泰古二皇,得道之秉,立乎中央;神與化游,以撫四方。是故能天運地墆而輪轉無廢,水流不止而與萬物相終始。"〔三三〕然不曰三皇者,豈非泰皇之世,人道大備,非復二皇之代,故退首乎十紀而不遂與二靈參邪〔三四〕?予故從之,別紀二靈,而返泰皇氏於九頭紀。

【校注】

〔一〕天皇氏逸,地皇氏作:逸,謂成爲過去。玉篇兔部:"逸,過去也。"作,興起,出現。

〔二〕出於雄耳、龍門之岳:雄耳,即熊耳。熊耳山在今陝西商洛市商州區西。龍門山在今山西河津市西北。唐司馬貞三皇本紀:"地皇十一頭,火德王,姓十一人,興於熊耳、龍門等山。"

〔三〕馬踶妝首:踶,同"蹄",足。妝首,即下羅苹注所謂"女面"。

〔四〕十一龍君:龍君,猶龍王。　迭辟繼道:交替爲君,繼承治道。辟,君主。

〔五〕龍顙:額頭隆起,如龍之額。顙,額頭。

〔六〕雲章載持:即載持雲章,謂執行美好的法令制度。詩大雅棫樸:"倬彼雲漢,爲章于天。"鄭玄箋:"雲漢之在天,其爲文章,譬猶天子爲法度于天下。"

〔七〕逮天恊德,與地侔貲:逮,與。恊德,合德,同德,謂德性相符。"恊"同"協"。侔貲,謂具有同等的稟賦。貲,通"資",稟賦,才質。

〔八〕八荒:八方荒遠之地。　四極:四方極遠之地。

〔九〕三皇、三一等經:三一經,道經名,撰者不詳。洪本、吳本、四庫本"三一"譌作"一一"。　以太始元年出治:喬本、備要本"以太始"誤倒作"太以始",今據洪本、吳本、四庫本訂正。

〔一〇〕云上竟號年:上竟,猶上界。竟,"境"之古字。號年,年號。

〔一一〕而武帝内傳又有清虛:武帝内傳,即漢武帝内傳,作者不詳,蓋魏晉間文士所造作。清虛,洪本、吳本、四庫本作"青虛"。　三統經序:佚書,作者不詳。　悠悠無驗:悠悠,形容久遠。驗,證據。

〔一二〕上成正一:彥按:上天皇氏"體真得極"羅苹注引靈寶經云:"地皇

得主,故上成正一。"此"上成正一",蓋取"地皇得主"之義。"太始之元,上成正一",即三皇、三一等經所謂"中地皇,以太始元年出治"也。

〔一三〕不生不化:謂順其自然,無爲而治。 覆却萬物:謂以從容態度看待萬物之消長存亡。"覆却"典出列子黃帝:"乃若夫没人之未嘗見舟也而謖操之也,彼視淵若陵,視舟之覆猶其車却也。"

〔一四〕得道之秉,立乎中央;神與化游,唯庸有光:秉,通"柄",根本。神,精神。化,造化,指自然之變化或規律。游,交往,溝通。庸,常。文子道原:"古者三皇,得道之統,立於中央;神與化遊,以撫四方。"淮南子原道:"泰古二皇,得道之柄,立於中央;神與化遊,以撫四方。"又莊子庚桑楚:"行乎無名者,唯庸有光。"

〔一五〕見文子等書:文子,舊題周辛鈃撰。四庫本作"中子",誤。

〔一六〕鬼出電入,龍興鸞集;鈞旋轂轉,周而復匝:見淮南子原道。高誘注:"鬼出,言無蹤迹也。電入,言其疾也。"鈞,製陶器用的轉輪。轂,車輪中心穿軸承輻的部分,借代車輪。匝,周,環繞。淮南子作"帀",同。

〔一七〕鴻烈解:指高誘注本淮南子,全稱淮南鴻烈集解。

〔一八〕爰定三辰:三辰,指日、月、星。

〔一九〕通曆:唐馬總撰。

〔二○〕晝夜有經:經,常。

〔二一〕兹特後世作儀器以揆躔度,準盈虛以正昏明者:揆,測量。躔度,日月星辰運行所經空間方位的度數。盈虛,指月之圓缺。

〔二二〕晷景:指日晷儀(古代測日影定時刻的儀器)。景,"影"之古字。

〔二三〕魄死魂生:指不同月日之月光明暗變化。魄,指月球的光亮面。舊稱月相變化自月面開始虧缺到月光完全消失爲"死魄"或"魄死"。魂生,蓋取義與"魄死"相對,指新月初見以至滿月,即月球光亮面由小而大的月相變化,屬于詞語的臨時活用。 式殷月候:式,用。殷,調正,釐定。月候,一月之節候。

〔二四〕高氏小史:唐高峻原撰,峻子迥增補。內容蓋節抄歷代史。

〔二五〕諸治徑易,火紀周正:徑易,直接平易。火紀,秦漢方士以五行相生相勝附會王朝世運,所謂以五行紀德,其以火王者稱火紀。周正,謂其曆法以農曆十一月爲正月,與後世周曆同。

〔二六〕帝系譜:唐張愔等撰。　　義炎:伏羲與炎帝。

〔二七〕真源:即真源賦。　　劫火:古印度傳説世界每經歷若干萬年毀滅一次,再重新開始,其過程各包括成、住、壞、空四個時期,叫做"四劫"。到壞劫時,有水、火、風三災出現,然後世界歸于毀滅。其中出現之大火災,稱爲"劫火"。　　結繩:上古無文字,結繩以記事,事大大結其繩,事小小結其繩。　　刻木:指文字創製前在木板上刻劃圖形、符號以記事。

〔二八〕夫太素蓂莖,固有定數:太素,古代謂最原始的物質。列子天瑞:"夫有形者生於無形,……太素者,質之始也。"蓂莖,即蓂莢。古代傳説中的一種瑞草。竹書紀年卷上帝堯陶唐氏七十年沈約注:"又有草夾階而生,月朔始生一莢,月半而生十五莢;十六日以後,日落一莢,及晦而盡;月小,則一莢焦而不落。名曰蓂莢,一曰歷莢。"晉葛洪抱朴子對俗:"唐堯觀蓂莢以知月。"定數,一定的規律。

〔二九〕蓋以草木周禪爲之紀辨尒:周禪,循環更替。紀辨,標記識別。

〔三〇〕今都波之人莫知四時之候:都波,即都播,古代回鶻所屬部落之一。新唐書回鶻傳下:"都播,亦曰都波,其地北瀕小海,西堅昆,南回紇,分三部,皆自統制。其俗無歲時。"　　女貞:即女真。我國古代少數民族名。居住在烏蘇里江和黑龍江流域等地。　　流求之國,以月生死辨時,以草木榮枯爲歲:流求,即琉球。今琉球羣島地。月生死,謂月相變化。月球光亮面由小至大、至滿爲"月生";由滿至虧、至小爲"月死"。北史流求列傳:"俗無文字,望月虧盈以紀時節,草木榮枯以爲年歲。"　　儋崖觀禽獸産乳識時,占薯芋成熟紀歲:儋崖,儋州與崖州的合稱。儋州治所在今海南儋州市中和鎮。崖州治所在今海南三亞市崖城鎮。産乳,産崽。占(zhān),視。薯芋,即薯蕷,也稱山藥。多年生纏繞草質藤本植物。地下具圓柱形肉質塊莖,含澱粉,可供食用,並可入藥。土番以麥熟爲歲首:土番,即吐蕃。舊唐書吐蕃傳上:"不知節候,麥熟爲歲首。"　　宕昌、黨項皆候草木以記時序:宕昌,西羌別種。地在今甘肅南部西漢水與白龍江流域。黨項,古代羌族的一支。北宋時建立西夏政權,地區包括今甘肅、陝西、内蒙古各一部分和寧夏。魏書宕昌羌傳:"俗無文字,但候草木榮落,記其歲時。"又北史黨項傳:"無文字,但候草木以記歲時。"

〔三一〕中國:我國古稱華夏族建國的黃河流域一帶地區,以爲地居天下之中,故稱。

〔三二〕亦號數之萬尒:號,揚言,宣稱。

〔三三〕伯陽父:也稱伯陽甫,即春秋道家創始人老子。字伯陽。　泰古二皇:自此而下至"與萬物相終始",見文子道原及淮南子原道,文字略有異同。四庫本"泰"作"太"。淮南子原道高誘注曰:"二皇,伏羲、神農也。"彥按:路史借以指天皇氏、地皇氏。　是故能天運地墆而輪轉無廢,水流不止而與萬物相終始:墆,淮南子原道作"滯"。高誘注:"運,行也。滯,止也。廢,休也。"

〔三四〕故退首乎十紀而不遂與二靈參邪:退首乎十紀,謂退居十紀之首。十紀,指九頭紀、五龍紀、攝提紀、合雒紀、連通紀、敍命紀、循蜚紀、因提紀、禪通紀、疏仡紀。二靈,即二皇,指天皇氏、地皇氏。參,謂並列成三。

九頭紀　泰皇氏

地皇氏逸,于有人皇。

九男相像,其身九章〔一〕。見雒書〔二〕。胡洮龍軀,姓愷,名胡洮,字文生。人面,龍身,九頭。驤首達腋〔三〕,玉篇云:"腋,臂也。今作腋、掖。"〔四〕出刑馬山提地之國〔五〕。遁甲開山圖云:"人皇出於刑馬山提地之國。"山今在秦州〔六〕,伯陽谷水出之,老子之所至。相厥山川,形成勢集,才爲九州,謂之九囿〔七〕。見雒書。春秋命歷敍云:"人皇出暘谷,分九河。"〔八〕別居一方,因是區理〔九〕,是以後世謂居方氏。見三墳。又雒書云:"人皇出於提地之國,兄弟別長九州。己居中州,以制八輔。"〔一〇〕則九州肇此分矣。今石碌有九皇里〔一一〕,非一所也。

太平元正,肇出中區。太平元年正月出治。大中祥符五年,聖祖降,言上天祐德之意,以爲玉清分職,實曰九天司命〔一二〕。在昔乃爲人皇,蓋九人之一,亦嘗降治,國家之始祖云。駕六提羽,乘雲祇車〔一三〕。見雒書。寰宇記作"抵車"〔一四〕,誤。制其八土,爲人立命〔一五〕。守一得妙,人氣自正〔一六〕。太平經云:"三皇之時,人皆氣清,深知天地之至情,故悉得至道。"〔一七〕爰役風雨,以御六氣〔一八〕。昭明神靈,光際無梟〔一九〕。挺挏萬物,無門無毒[二〇]。以叶言教，爲天下谷[二一]。言教，如云言辭，猶文教也。迪出谷口[二二]，谷口，古塞門[二三]，或云上賜谷。蜀秦宓傳云三皇乘祇車出谷口，謂今之斜谷，樂史從之，妄矣[二四]。還乘青冥[二五]。覆露六幕[二六]，罔不承命。上下四方。道裹高厚，何德之僭[二七]！其所付界，與人天參[二八]。離艮是仇[二九]，雒書摘亡辟云：“人皇別長九州。離艮，地精，生女爲后。夫婦之道始此。”[三〇]又見春秋命歷敍[三一]。有佐無位。主不虛王，臣不虛貴。文子、鶡冠子云：“九皇之制，主不虛王，臣不虛貴；階級尊卑名號，自君吏民，於次者無國。歷寵歷録，副其所付授，與天人參相結連，鉤考之具不備也。”[三二]政教、君臣所自起也，飲食、男女所自始也。此言“政教、君臣所自起，飲食、男女所自始”，則前乎此者，無政教，無君臣，有不男女、不飲食者矣。它可類推[三三]。

當是之時，天下思服，日出而作，日内而息，無所用己，頹然汔終[三四]。爲世之日，兩皇並隆。右中天皇而下，河圖、年代歷等皆記之。三五歷云：“人皇百五十六代，合四萬五千六百年。”[三五]小司馬氏取之，不足稽也[三六]。寶櫝記云：“斯頻國石室中有三皇石像，皆龍形，長六丈。天皇十二頭，地皇十一頭，人皇九頭。”[三七]頭者，人也，若今數牛、魚然。古質，故尒。

有天地則有萬物，有萬物則有男女，有男女則有夫婦，有夫婦則有父子、有君臣，道也。昔者太極泮而渾敦氏職焉，渾敦氏逸而有初三皇君，三皇射而二靈作，二靈後乃有十紀[三八]。其六在鉅靈氏之前，百七十有八姓。其四在鉅靈氏之後，三紀五十二姓。而疏仡之紀自黃帝始，其歲之遠近，置而勿論可也。略條刺于左端[三九]。春秋命歷序云：“自開闢至獲麟，二百二十七萬六千歲，分爲十紀[四〇]。”易乾鑿度及春秋元命苞皆云二百七十六萬歲[四一]，每紀爲一十六萬七千年；廣雅因之。均爲誕妄。夫二十九萬一千八百四十歲而反太素冥莖，此道之根本也[四二]，惟賾於歷數之理者能知之[四三]。有太素之年説，見餘論。

其一曰九頭，是爲一姓紀，則泰皇氏紀也。秦丞相綰曰：“古有天皇，有地皇，有泰皇。泰皇最貴。”[四四]貴者，非貴於二皇也，以其阜民物、備君臣[四五]，政治之足貴也。按孔衍春秋後語[四六]，泰皇乃人皇。張晏云：人皇九首[四七]。韓敕孔廟碑云：“前開九頭，以叶言教。”[四八]是也。泰皇即九頭紀，舊記不之知尒。真源賦云：“人皇厭倦塵事，乃授籙於五姓[四九]。”知爲九頭紀也。韋昭亦云人皇九人[五〇]，所謂九皇。然鶡冠子所稱九皇，則又非此[五一]。至董仲舒繁露乃推神農爲九皇，異矣[五二]。

五龍二，是謂五姓紀。治在五方[五三]，司五類，五行之象類[五四]。布山岳[五五]。張陵二十四治圖云“伏羲造天地，五龍布山岳”也[五六]。方是時也，世𠚣巢穴，日月貞明[五七]。真源云：“五姓乘雲車而治天下，時人穴處巢居，日月貞明。”[五八]一曰五龍紀。蓋龍德而正中者也，漢世祠之膚施[五九]。春秋命曆序云：“皇伯、皇仲、皇叔、皇季、皇少，五姓同期，俱駕龍，號曰五龍。”遁甲開山圖云：五龍見教天皇[六〇]。榮氏云：“五龍，爰皇後君也。昆弟五人，人面而龍身。然以五音、五行分配爲五龍之名，如角龍木僊之類，而以宮龍土僊爲父[六一]。”又言：“五龍以降，天皇兄弟十二人，分五方爲十二部，法五龍之迹，行無爲之化，爲十二時神。”[六二]是天皇在五龍之後。妄矣。酈元水經云：父與諸子俱僊，治在五方[六三]。亦見李善遊僊詩注[六四]。今上郡奢延、膚施縣有五龍山[六五]，蓋其出治之所也，故漢宣帝立五龍僊人祠於膚施。亦著地理志[六六]。按：膚施今隸延安[六七]，五龍山在焉，有帝原水、黃帝祠。九域志云：“五龍池，有黃帝、五龍祠四在山上，亦曰僊泉祠[六八]。”寰宇記：五龍泉出山東一里平石縫，雄吼，甘美，上有五龍堂[六九]。而五龍谷水乃在耀之雲陽縣雲陽宮之西南，又非上黨之五龍山也[七〇]。

攝提三，是謂五十九姓紀。孟詵錦帶前書謂之括提紀[七一]。或作“提犍”、“提揵”，皆非，蓋攝提首紀尒[七二]。太史公言“九皇氏没，六十四氏興；六十四氏没，而三皇興”，是也[七三]。謂六十四氏，蓋併五姓而言。而所謂三皇者，乃合雒之三姓也[七四]。在漢皆龡[七五]。漢舊儀云：“凡聖王之法祭天地、日月、星辰、山川萬神，皆古之人能紀天地五行之氣，奉其功以成人者也。故其祭祀，皆以人事之禮食之所食也，非祭食天與土地、金、木、水、火、石也。”[七六]是矣。又祭三皇、五帝、九皇、六十四氏凡八十有一姓，皆古帝王也。故鄭釋周官，以三皇、五帝、九皇、六十四氏爲四類[七七]。“氏”或作“民”，誤。

合雒四，是謂三姓紀。龜圖出雒，從而合之，所謂“黃帝合而不死”者[七八]。或作“雄”，又轉爲“熊”，俱非。教人穴居，錦帶書云：“合雒、四姓，教人穴居；有巢，教人巢居[七九]。”四姓，謂敍命紀。乘蜚鹿以理[八〇]。見真源賦。

連通五，是謂六姓紀。或作“連逋”。乘蜚麟以理。見賦[八一]。蜚鹿、蜚麟、蜚羊之類，蓋皆馬名，如蜚菟、青龍、白鶴、野麋、娥鹿、走狐、驪吾等尒[八二]。

敍命六，是謂四姓紀。克以命敍而通之也[八三]。駕六龍而治。賦云：“五姓後，付七十二姓，駕六龍而治天下[八四]。”七十二姓者，攝提、合雒、連通、敍命之四紀也[八五]。然云次傳五龍氏，又以六姓紀爲後，五姓次傳敍命紀，合一百一十萬七百五十年至遂人，則安矣。

右古六紀，在鉅靈氏前。

循蜚七，是謂二十一姓紀，自鉅靈氏而下紀也。德厚信矼，天下之人循其化，以若飛也[八六]。陶弘景譜曆云：“上古有循飛紀[八七]。”

因提八，如辰放氏之衣皮，有巢氏之編葦，遂人氏之出穴，皆因其變而舉之也[八八]。即十有三姓也。諸紀不一[八九]。按雒書云：“三皇號九頭紀，次五帝號五龍紀，次攝提紀，次連逋紀，次敍命紀，次因提紀，次禪通紀，次爲合雒、循蜚。”傳之謬尒[九〇]。

禪通九，是謂十有八姓紀。史皇氏之通封禪者[九一]，十有八姓也。三墳書作“通姓氏”，又以九頭、五龍、提犍三紀在通姓後，妄也。大率此書雖有所取，然淺陋每難据云。

疏仡十，自黃帝氏而紀。疏以知遠，仡以審斷，仁義道德之所用也[九二]。

自泰氏没而嘗無君矣[九三]。其亏民也，聚生羣處，無君親之異，仁義禮智之所不用也，施報往來之所不行也[九四]。其有君者五紀，予不知幾氏矣。司馬貞曰“九紀之間”，豈惟數千百載、三二十皇而已哉[九五]！而莊周之説，易姓而王，封泰山、禪梁甫者蓋七十有二代，其有形兆埜埓者千八百餘所[九六]。然則宇宙之崇，握符登紀爲萬物之主者，可勝記邪[九七]？

予讀易大傳，而知天地之有初；翔于僻邑荒村，悅見太古之俗[九八]。顧豈俟身親而後信哉？

昔者成湯之問夏棘曰[九九]：“古初有物乎？”夏棘曰：“古初

無物,今烏得物? 使後之人而謂今之無物,可乎?"<u>冉求</u>亦問於<u>仲尼</u>曰〔一〇〇〕:"未有天地,可知乎?"<u>仲尼</u>曰:"古猶今也。"曰:"然則,昔吾昭然,而今吻然〔一〇一〕,何也?"曰:"昔之昭然,神者先受之;今之吻然,又且爲不神者求也〔一〇二〕。"

祇裯新襲,蟣蝨生之〔一〇三〕。州沼創出〔一〇四〕,蟲魚産之。一氣之易,萬物白見。故雖天地必有初也,而況於人乎! <u>譚藪</u>云:道言天地初闢,一日爲雞,二日爲狗,三日爲豬,四日爲羊,五日爲牛,六日爲馬,七日爲人〔一〇五〕。賤者易生,貴者難毓,故今人以建寅之月一日起,至七爲人日〔一〇六〕。其源於此,蓋不知也。兩間之物,彼亦一無窮,此亦一無窮,豈以不接而遽蔑斷之哉〔一〇七〕! 兹固存而不論。<u>泰皇</u>以下五紀,凡九萬載〔一〇八〕。十紀者,舊言六在<u>遂人</u>前。<u>鄭康成</u>六藝論云:"<u>遂人</u>後,歷六紀九十一代至<u>伏羲</u>,始作十二言之教〔一〇九〕。"<u>方叔機</u>注云:"九頭一,五龍五,攝提七十二,合洛三,連通六,敍命四,凡九十有一。"〔一一〇〕如<u>鄭</u>所言,則十紀皆在<u>遂人</u>之後,而四紀又在<u>伏羲</u>之後,非也。<u>馬總</u>之徒俱謂十紀通百八十有七代,又云<u>伏羲</u>前六後三,各立年歲,亦惟取據<u>張揖</u>、<u>慎到</u>、<u>徐整</u>等尒,皆不可質〔一一一〕。

【校注】

〔一〕九章:古代帝王冕服上的九種圖案。<u>周禮</u>春官司服"享先王則衮冕"<u>鄭玄</u>注:"冕服九章。……九章:初一曰龍,次二曰山,次三曰華蟲,次四曰火,次五曰宗彝,皆畫以爲繢;次六曰藻,次七曰粉米,次八曰黼,次九曰黻,皆希以爲繡。則衮之衣五章,裳四章,凡九也。"

〔二〕雒書:<u>漢</u>代緯書。

〔三〕達腋:謂兩腋貫通。

〔四〕今作腋、掖:<u>吴</u>本、<u>四庫</u>本作"今作掖、腋",<u>宋</u>本<u>玉篇</u>亦部作"今作掖"。

〔五〕刑馬山:山名。在今<u>甘肅天水市</u>西。

〔六〕秦州:治所在今<u>甘肅天水市</u>。<u>吴</u>本、<u>四庫</u>本作"泰州",誤。

〔七〕形成勢集,才爲九州:集,安定。才,通"裁",剪裁,分割。

〔八〕春秋命歷敍:<u>漢</u>代緯書,春秋緯之一種。"歷"亦作"曆","敍"亦作"序"。 暘谷:東方日出之處。

〔九〕區理:分別管理。

〔一〇〕資治通鑑外紀卷一包犧以來紀:"人皇氏……依山川土地之勢,財度爲九州,謂之九囿,各居其一,而爲之長,人皇居中州以制八輔。"

〔一一〕石硤:即石埭,縣名。硤,同"埭"。治所在今安徽黄山市黄山區西北。

〔一二〕大中祥符五年,聖祖降,言上天祐德之意,以爲玉清分職,實曰九天司命:大中祥符,喬本、備要本"大"作"太",誤,今據餘諸本訂正。聖祖,宋王朝附會之趙氏始祖玄朗尊號。四庫本作"神祖",非是。玉清,原爲道家三清境之一,因是元始天尊(道教供奉的最高天神)所居之處,故又借以代稱元始天尊。分職,猶職分,謂官職、職務。宋史真宗本紀三大中祥符五年:"冬十月戊午,延恩殿道場,帝瞻九天司命天尊降。……閏月己巳,上聖祖尊號。"

〔一三〕駕六提羽,乘雲祇車:六提羽,猶六翮,此指神鳥。雲祇車,能行駛于雲氣中之祇車(見下注〔二四〕)。

〔一四〕寰宇記:全稱太平寰宇記,宋樂史撰。

〔一五〕制其八土,爲人立命:八土,八方之土地。制土,謂按土地肥磽而列其等差。商君書徠民:"其山陵、藪澤、谿谷可以給其材,都邑、蹊道足以處其民,先王制土分民之律也。"人,民。立命,護持生命。

〔一六〕守一:謂思想、精神專注于一處。此道家修養之術,可使正氣充沛,邪氣不侵。

〔一七〕太平經:道教重要經典,相傳由東漢道士于吉(一作干吉)下傳。

〔一八〕爰役風雨,以御六氣:役,驅使。御,駕馭。六氣,自然氣候變化的六種現象,即陰、陽、風、雨、晦、明。

〔一九〕光際無垠:猶漢王粲游海賦"其深不測,其廣無垠"之"其廣無垠"。光,通"廣"。垠,終極。

〔二〇〕挺挏萬物:挺挏,謂上下推動。挏,音dòng,推、撞。淮南子俶真:"挺挏萬物,揣丸變化。"　無門無毒:莊子人間世:"無門無毒,一宅而寓於不得已。"郭象注:"使物自若,無門者也;付天下之自安,無毒者也。毒,治也。"彦按:郭注蓋即路史取義所據,然非莊子本意。奚侗云:"'毒'當作'竇',音同相假。"(見陳鼓應莊子今注今譯)孫雍長莊子注譯從之,云:"毒,通'竇',洞口,指窗。"至確。

〔二一〕叶:音 xié,協調。　爲天下谷:語出老子第二十八章"知其榮,守其辱,爲天下谷"。谷,谿谷,本爲水泉流注之所,此喻指天下歸心之處。

〔二二〕迪:行,出走。

〔二三〕塞門:邊關。塞,音 sài。

〔二四〕蜀秦宓傳云三皇乘祇車出谷口,謂今之斜谷:祇車,即安車,古代可以坐乘的小車。古車立乘,此爲坐乘,故稱安車。祇,音 zhī。通"提",安。斜谷,在今陝西眉縣西南。三國志蜀志秦宓傳:"三皇乘祇車出谷口,今之斜谷是也。"　樂史:北宋地理學家。地理總志名著太平寰宇記即其所撰。

〔二五〕還乘青冥:還,又。乘,登。青冥,青蒼幽遠貌,借代高山。

〔二六〕覆露六幕:覆露,蔭庇。六幕,猶六合,指天地及四方,謂普天之下。

〔二七〕道裹高厚,何德之僣:道裹,道心。裹,"懷"之古字。僣,差失。

〔二八〕其所付界,與人天參:付界,授予,此謂授予官職。人天,謂民心天意、人道天理。參,比照,比勘。

〔二九〕離艮是仇:離艮,地精,實指地精之女。仇,配偶。太平御覽卷一三五引春秋命曆序及洛書摘亡辟曰:"人皇兄弟九人,別長九州,離艮地精,女出爲之后。"

〔三〇〕雒書摘亡辟:漢代緯書,洛書緯之一種。摘,吳本、四庫本、備要本作"適"。亡,各本皆譌"三",今訂正。

〔三一〕又見春秋命曆敘:喬本"春秋"譌作"春生",今據餘諸本訂正。

〔三二〕九皇之制,主不虛王,臣不虛貴:宋陸佃鶡冠子注:"春秋緯云:'人皇兄弟九人,分治天下,九皇之號,豈緣是歟?'"黃懷信鶡冠子彙校集注:"主不虛王,言君主要做實事,不能虛占王位,即所謂'德稱位'。""(臣不虛貴,)言臣不能空占尊貴之名號地位,要有實迹。"　階級尊卑名號,自君吏民:謂尊卑等級名號,自君而吏而民共分三等。王闓運鶡冠子注:"唯有三等階也。"　於次者無國:今本鶡冠子天則無"於"字。次者,謂君之下,即吏民。無國,即無封地。王闓運鶡冠子注:"不封建也。"　歷寵歷録,副其所付授:黃懷信鶡冠子彙校集注:"按:歷,廣雅釋言:'逢也。'逢,猶遇,即受到、得到。"俞越鶡冠子平議:"録,讀爲'禄'。"副,相符合。付授,謂付出。　與天人參相結連:謂與從天道民心進行檢驗的做法相結合、相聯繫。黃懷信鶡冠子彙校集注云："按：天人，當作'天地'。……参，配合而爲三。"蓋誤。　鉤考之具不備也：黃懷信鶡冠子彙校集注："按：鉤，小爾雅廣詁：'取也。'莊子天運：'君無所鉤用。'考，考察、考核。尚書舜典：'三載考績。'具，工具。鉤考之具，謂取士考官之制度。"

〔三三〕它可類推：四庫本"它"作"他"。

〔三四〕天下思服：思服，順服，服從。　頹然汔終：頹然，和順貌。汔終，至死。

〔三五〕三五曆：即三五歷紀。

〔三六〕小司馬氏：指唐國子博士、弘文館學士司馬貞。司馬貞補史記三皇本紀云："人皇九頭，乘雲車，駕六羽，出谷口。兄弟九人，分長九州，各立城邑，凡一百五十世，合四萬五千六百年。"　不足稽也：稽，覈實，查證。

〔三七〕寶檀記：佚書。作者不詳。　斯頻國：古國名。

〔三八〕昔者太極泮而渾敦氏職焉：泮，通"判"，分離。太極泮，謂混沌初開，天地形成，即易繫辭上所謂"易有太極，是生兩儀"。職，主宰。　三皇射而二靈作：射，通"謝"，指謝世。

〔三九〕略條刺于左端：略，四庫本作"録"，誤。條刺，逐條書寫。左端，指下文。各本"左"均譌"右"，今訂正。

〔四〇〕自開闢至獲麟，二百二十七萬六千歲：開闢，謂開天闢地，宇宙創始之時。獲麟，春秋魯哀公十四年，西狩，叔孫氏之車子鉏商獵獲麒麟，時當公元前481年。相傳孔子作春秋至此而輟筆。

〔四一〕春秋元命苞：漢代緯書，春秋緯之一種。

〔四二〕宋高似孫緯略卷八太素云："禮斗威儀曰：'二十九萬一千八百(六)〔四〕十歲而反太素冥莖，乃道之根也。'張衡靈憲(注)曰：'太素之前，幽清玄静，寂寞冥默，不可爲象，厥中惟靈。如是永久焉，斯爲冥莖。'"

〔四三〕惟賾於曆數之理者能知之：惟，各本均作"推"。彦按：本書餘論一太素之年正文云"惟賾於曆數之理者能知之"，當此注文所本。且"惟……能……"，於義爲長，今據以訂作"惟"。賾，深入探求。曆數，即歷數，指帝王按照上天安排更迭以治民之順序。論語堯曰："咨，爾舜！天之歷數在爾躬，允執其中。”何晏集解：“歷數，謂列次也。”

〔四四〕秦丞相綰：綰，王綰。　古有天皇，有地皇，有泰皇。泰皇最貴：見史記秦始皇本紀。

〔四五〕阜：富有。

〔四六〕孔衍：晉魯國人，孔子二十二世孫，元帝時爲廣陵郡守。

〔四七〕張晏：漢、魏間人。曾注漢書。　人皇九首：史記孝武本紀“高世比意於九皇”裴駰集解引張晏曰：“三皇之前有人皇，九首。”

〔四八〕韓敕孔廟碑：韓敕，即韓勅，東漢魯相。孔廟碑，又稱禮器碑，碑立于曲阜孔子廟中，漢桓帝永壽二年立。

〔四九〕授錄：謂傳位。古代帝王自稱受命于天，有所謂天賜的符命之書，故得位稱受錄，傳位稱授錄。

〔五〇〕韋昭亦云人皇九人：史記孝武本紀“高世比意於九皇”裴駰集解引韋昭曰：“上古人皇者九人也。”

〔五一〕然鶡冠子所稱九皇，則又非此：彥按：鶡冠子天則：“九皇之制，主不虛王，臣不虛貴。”宋陸佃注：“春秋緯云：‘人皇兄弟九人，分治天下。’九皇之號，豈緣是歟？”則陸氏視鶡冠子九皇，與韋昭所稱九皇無異也。今羅氏乃謂“鶡冠子所稱九皇，則又非此”，不知何據。

〔五二〕至董仲舒繁露乃推神農爲九皇：春秋繁露三代改制質文云：“（文王）以軒轅爲黃帝，推神農以爲九皇。”

〔五三〕五方：謂東、南、西、北、中。

〔五四〕五行之象類：五行，四庫本作“五方”，非是。象類，謂所象徵的類別。

〔五五〕布山岳：布，擺布，安排。

〔五六〕張陵：又稱張道陵、張天師，東漢道教五斗米道創始人。　伏羲：洪本“羲”譌“義”。

〔五七〕世疕巢穴，日月貞明：疕，急需。巢穴，上古先民構木爲巢，穴居野處，巢穴即其棲息處也。貞明，謂正常（運行）而光明。彥按：二句謂世疕巢穴，疕日月貞明。

〔五八〕真源：喬本、洪本、備要本“真”作“貞”，今據吳本、四庫本改。　雲車:仙人所乘可于雲氣中往來之車。

〔五九〕膚施:縣名。漢代爲上郡治,治所在今陝西榆林市榆陽區魚河鎮附近。

〔六〇〕五龍見教天皇:彥按:據水經注卷一河水引遁甲開山圖,此句爲:“五龍見教,天皇被迹,望在無外柱州崑崙山上。”路史引文割裂原文,不妥。又,自上文“春秋命曆序云”至下文“又非上黨之五龍山也”,完全襲取自本書餘論一五龍紀文。

〔六一〕五龍,爰皇後君也:爰,猶乃。皇,指天皇。　如角龍木僊之類:洪本“僊”譌“龍”。太平御覽卷一七引遁甲開山圖榮氏解曰:“五龍,(受)爰皇後君也。兄弟四人,皆人面龍身。長曰角龍,木仙也。次曰羽龍,水仙也。父曰宮龍,土仙也。父子同得仙,治在五方,今五行之神也。”

〔六二〕見水經注卷一河水引遁甲開山圖榮氏注,文字略有異同。　五龍以降:以降,以後。

〔六三〕酈元:即北魏地理學家酈道元。　水經:宜作“水經注”。酈氏並非水經作者,但注水經而已。路史書中引水經注例多類此,下不一一指出。父與諸子俱僊,治在五方:此説蓋本水經注卷一河水引遁甲開山圖及榮氏注語(見本卷上文天皇氏注〔四四〕),此但撮取該文大意。

〔六四〕亦見李善遊僊詩注:文選郭璞遊仙詩七首之六:“奇齡邁五龍,千歲方嬰孩。”李善注:“遁甲開山圖榮氏解曰:‘五龍,皇后君也。昆弟四人,皆人面而龍身:長曰角龍,木仙也;次曰徵龍,火仙也;次曰商龍,金仙也;次曰羽龍,水仙也。父曰宮龍,土仙也。父與諸子同得仙,治在五方。’”

〔六五〕奢延:縣名,治所在今内蒙古烏審旗西南無定河南岸。

〔六六〕亦著地理志:指漢書地理志。漢書地理志下上郡“膚施”注:“有五龍山、帝、原水、黃帝祠四所。”彥按:漢書郊祀志下則云宣帝時“立五龍山僊人祠及黃帝、天神、帝原水凡四祠於膚施”。四祠之名,似當以郊祀志爲是。

〔六七〕延安:府名,治所在今陝西延安市。

〔六八〕五龍池,有黃帝、五龍祠四在山上,亦曰僊泉祠:見元豐九域志卷三永興軍路延州古迹。原文作:“五龍池,有黃帝、五龍祠四所在山上,亦謂之仙泉祠。”彥按:據漢書地理志及郊祀志,五龍池當作五龍山。五龍祠蓋即郊祀志之僞人祠。參見上注〔六六〕。

〔六九〕五龍泉出山東一里平石縫:"山"當作"縣",指延水縣(治所在今陝西延川縣延水關鎮)。此引自太平寰宇記卷三六延州延水縣,原文作:"五龍泉,在縣東一里,平石縫中湧出,有雄吼之聲。其水甘美,可濟一方。上有五龍堂,故曰五龍泉。"

〔七○〕而五龍谷水乃在耀之雲陽縣雲陽宮之西南:耀,州名。雲陽縣,治所在今陝西涇陽縣雲陽鎮。太平寰宇記卷三一耀州雲陽縣:"五龍谷泉。水經注:'五龍水出雲陽宮西南。'" 又非上黨之五龍山也:上黨,縣名,治所在今山西長治市。太平寰宇記卷四五潞州上黨縣:"五龍山,在縣東南二十里。"

〔七一〕孟詵:唐代醫學家。詵,音 shēn。

〔七二〕或作"提揵"、"提捷":喬本、洪本、備要本兩"提"字下皆作"揵"字,吳本、四庫本兩"提"字下皆作"捷"字,今訂爲一作"揵",一作"捷"。 蓋攝提首紀尒:洪本"尒"譌"余"。

〔七三〕太史公言"九皇氏没,六十四氏興;六十四氏没,而三皇興":太史公,指漢司馬遷。六十四氏,周禮賈疏引史記,"氏"作"民"。周禮春官小宗伯:"兆五帝於四郊,四望、四類亦如之。"鄭玄注引鄭司農云:"四類,三皇、五帝、九皇、六十四民,咸祀之。"賈公彥疏:"先鄭云'四類,三皇、五帝、九皇、六十四民,咸祀之'者,案史記云:'九皇氏没,六十四民興。六十四民没,三皇興。'彼雖無三皇五帝之文,先鄭意三皇已祀之,明并祭五帝三皇可知。"彥按:今本史記不見此文。

〔七四〕合雒:十紀之第四紀。見下文。

〔七五〕在漢皆餼:餼(xì),饋食,此謂祭祀。

〔七六〕漢舊儀:亦稱漢官舊儀,東漢衛宏撰。 皆古之人能紀天地五行之氣,奉其功以成人者也:紀,調理。奉,貢獻。成,成全,成就。人,民。 皆以人事之禮食之所食也,非祭食天與土地、金、木、水、火、石也:食之所食,謂祭祀所祭祀之神靈。喬本、洪本作"皆以人事之禮食之天與上地、金、木、水、火、土、石";吳本、四庫本、備要本"上地"作"土地",餘同二本。皆有脫文、衍文。今據太平御覽卷五二六禮儀部五引漢舊儀訂正。

〔七七〕鄭釋周官語,詳見上注〔七三〕。

〔七八〕黿圖出雒,從而合之,所謂"黃帝合而不死"者:黿圖,即<u>洛書</u>。相傳<u>夏禹</u>治水時,有神黿出于<u>洛水</u>,背上有裂紋如文字,即所謂<u>洛書</u>。<u>禹</u>取法而作尚書洪範之"九疇"。雒,通"洛",指<u>洛水</u>。<u>史記</u>曆書:"蓋聞昔者黃帝合而不死,名察度驗,定清濁,起五部,建氣物分數。"<u>裴駰</u>集解引<u>孟康</u>曰:"合,作也。黃帝作曆,曆終復始無窮已,故曰不死。"

〔七九〕有巢:<u>有巢氏</u>,傳說中巢居的發明人。

〔八〇〕乘蜚鹿以理:蜚,通"飛"。理,治。下"乘蜚麟以理"類此。

〔八一〕賦:指真源賦。

〔八二〕蜚菟:即飛兔。<u>呂氏春秋</u>離俗:"飛兔、要裹,古之駿馬也。"<u>高誘</u>注:"飛兔、要裹,皆馬名也。日行萬里,馳若兔之飛,因以為名也。"　青龍:<u>呂氏春秋</u>本味:"馬之美者,青龍之匹,遺風之乘。"　白鶴:<u>太平御覽</u>卷八九七引<u>王子年拾遺記</u>曰:"<u>曹洪</u>與<u>魏武帝</u>所乘之馬名曰白鶴,時人諺曰:'憑空虛躍,曹家白鶴。'"　野麋、娥鹿、走狐、驥吾:<u>唐邵昂</u>岐邠涇寧四州八馬坊碑頌并序:"其名則汗血山子,桃驂綠耳,金㖫騰黃,驥吾吉光,蒲稍啓服,野麋娥鹿,白蟻雞斯,蜚鴻母兒,遺風騕裹,玆白鐵離,<u>項王</u>之騅,<u>符主</u>之騧,<u>桓氏</u>之驄,<u>晉侯</u>之駁,<u>魏公</u>絕影,<u>唐國</u>騧驪,<u>劉</u>之的顱,<u>呂</u>之赤兔。"<u>太平御覽</u>卷八九三:"<u>廣雅</u>曰:飛兔、飛鴻、野麋、娥鹿、驥吾、走狐、桃驟、金㖫,馬屬也。"

〔八三〕克以命敍而通之也:克,能。命,天命,自然規律。敍,敍次,安排。通,行。<u>易繫辭</u>上:"推而行之謂之通。"此謂能按照天命(自然規律)作出安排並實行之。

〔八四〕付七十二姓:付,通"附",附屬。

〔八五〕合雒:<u>洪</u>本、<u>吳</u>本"合"譌"六"。

〔八六〕德厚信矼:道德純厚,誠心愨實。<u>莊子</u>人間世:"且德厚信矼,未達人氣;名聞不爭,未達人心。而强以仁義繩墨之言(術)〔術〕暴人之前者,是以人惡有其美也,命之曰菑人。"<u>陸德明</u>音義:"矼,音控,愨實貌。"　天下之人循其化,以若飛也:此釋"循蜚"之義,是知"蜚"通"飛"。

〔八七〕陶弘景:<u>南朝齊</u>、<u>梁</u>間道士,著名醫藥家、道教思想家。

〔八八〕有巢氏之編蓳:蓳,通"槿"。木名,即木槿,古人用以編籬笆。本書前紀九有巢氏"於是有聖人焉,教之編槿而廬",則用本字"槿"。　皆因其變而舉之也：此釋“因提”之義。

〔八九〕諸紀不一：洪本、吳本、四庫本“紀”作“記”。

〔九○〕傳之謬尒：洪本“謬”作“繆”，通。

〔九一〕史皇氏之通封禪者：史皇氏，指蒼頡，傳說中最早發明文字的人。封禪，古代帝王祭天地的大典。在泰山上築土爲壇，報天之功，稱封；在泰山下的梁父山上辟場祭地，報地之德，稱禪。

〔九二〕疏以知遠，仡以審斷：疏，開通。説文厸部：“疏，通也。”仡，通“劼”，勤奮、努力。此謂因爲開通而見識廣遠，因爲勤奮而處事詳明。

〔九三〕泰氏：指泰皇氏。疑脱“皇”字。喬本、洪本、吳本“泰”譌“秦”，此從四庫本及備要本。

〔九四〕其亐民也：亐，同“于”。四庫本作“于”。洪本譌“亏”。　施報往來之所不行也：施報，謂施惠及報恩。

〔九五〕司馬貞曰“九紀之間”：司馬貞，唐代史學家，世稱小司馬，著作有史記索隱及補史記三皇本紀。三皇本紀曰：“故春秋緯稱：自開闢至於獲麟，凡三百二十七萬六千歲，分爲十紀，凡世七萬六百年。一曰九頭紀，二曰五龍紀，三曰攝提紀，四曰合雒紀，五曰連通紀，六曰序命紀，七曰（脩）〔循〕飛紀，八曰（回）〔因〕提紀，九曰禪通紀，十曰（流）〔疏〕訖紀。蓋（流）〔疏〕訖當黃帝時，制九紀之間。是以録於此補紀之也。”

〔九六〕而莊周之説，易姓而王，封泰山、禪梁甫者蓋七十有二代，其有形兆墊墲者千八百餘所：梁甫，山名，即梁父，在今山東新泰市西。參見上注〔九一〕。形兆墊墲，謂形迹界域。墊，同“垠”；洪本、四庫本譌“墊”。彦按：此所引莊周説，今本莊子未見，蓋佚文。

〔九七〕然則宇宙之耑，握符登紀爲萬物之主者，可勝記邪：宇宙之耑，謂自開始有宇宙以來。耑，通“端”，始。符，指帝王受命于天之符命。紀，指紀傳體史書之本紀。握符登紀，皆帝王之所爲。

〔九八〕易大傳：周易中對易經（卦辭、爻辭）進行闡釋的那部分内容稱易傳，亦稱易大傳，包括彖（上、下）、象（上、下）、文言、繫辭（上、下）、説卦、序卦、雜卦七種十篇。　翔于僻邑荒村，怳見太古之俗：翔，敖遊，閑步。怳，仿佛。四庫本作“恍”，通。太古，洪本、吳本、四庫本“太”作“大”，亦當讀“太”。

〔九九〕昔者成湯之問夏棘曰：自此而下至“使後之人而謂今之無物，可乎”，見列子湯問，文字略有異同。成湯，又稱湯、殷湯，商代開國之君。夏棘，湯大夫，列子作“夏革”。

〔一〇〇〕冉求亦問於仲尼曰：自此而下至“又且爲不神者求也”，見莊子知北遊，文字略有異同。冉求，孔子學生，字子有，故又稱冉有。

〔一〇一〕昔吾昭然，而今吻然：昭然，明白、清醒貌。吻然，糊塗、昏昧貌。吻，音 hū。莊子知北遊作“昧然”，詞異而義同。

〔一〇二〕神者先受之：神者，謂心靈。 又且爲不神者求也：不神者，非精神者，謂形迹。這句是説不從精神上領會，而追究于形迹。

〔一〇三〕祇裯新襲，蟣蝨生之：祇裯（dī dāo），貼身之短衣。喬本、洪本、吳本、備要本作“祇裯”，四庫本作“祇裯”，並誤，今訂正。“祇裯”見後漢書羊續傳。襲，穿上或加上（衣服）。蟣蝨，虱子及其卵。蝨，同“虱”。

〔一〇四〕州沼：洲渚池沼。州，“洲”之古字。

〔一〇五〕譚藪：即談藪，北齊陽松玠撰。太平御覽卷三〇引談藪曰：“北齊高祖七日升高宴羣臣，問曰：‘何故名人日？’魏收對以董勛‘正月一日爲雞，七日爲人’。”又魏收魏書自序云：“武定二年，……帝宴百僚，問何故名人日，皆莫能知。收對曰：‘晉議郎董勛答問，稱俗云正月一日爲鷄，二日爲狗，三日爲猪，四日爲羊，五日爲牛，六日爲馬，七日爲人。’時邢卲亦在側，甚惡焉。”

〔一〇六〕貴者難毓：毓，同“育”，養育。 故今人以建寅之月一日起，至七爲人日：建寅之月，即夏曆正月，其時北斗星的斗柄指向十二辰中寅之方位。人日，舊俗節日名，在農曆正月初七。傳説女媧初創世，在造出了雞狗豬羊牛馬等動物後，于第七日造出了人，因以是日爲人類生日，稱人日。

〔一〇七〕兩間之物，彼亦一無窮，此亦一無窮，豈以不接而遽蔑斷之哉：兩間，指人世間。人居上天、下地兩者之間，故稱。不接，未曾接觸。遽，匆忙。蔑斷，輕下判斷。

〔一〇八〕凡九萬載：吳本、四庫本“載”作“歲”。

〔一〇九〕伏義：洪本“義”譌“義”。下伏義之“義”同。禮記正義卷首“禮記”孔穎達疏云：“（鄭康成）六藝論又云：‘遂皇之後，歷六紀九十一代至伏犧，始作十二言之教。’”阮元校曰：“案左氏定四年傳正義引處義作十言之教，

‘曰：乾、坤、震、巽、坎、離、艮、兑、消、息。’此疏‘二’字誤衍。段玉裁校本云‘二字衍’，是也。”

〔一一〇〕方叔機：蓋南北朝時人，曾注鄭玄六藝論。此下路史所引方氏注語，禮記正義卷首“禮記”孔穎達疏亦引之，文字稍有不同。　合洛三：四庫本“洛”作“雒”。　連遍六：孔穎達禮記正義引，“連遍”作“連通”。　敍命四：孔穎達禮記正義引，“敍”作“序”。　凡九十有一：孔穎達禮記正義引，作“凡九十一代也”。

〔一一一〕馬總：唐代官員兼學者，歷官至户部尚書，著作有意林、通曆等。前六後三：四庫本倒作“前三後六”。　亦惟取據張揖、慎到、徐整等尒：取，洪本作“耴”，俗譌字。張揖，三國魏博士，著作有廣雅、埤倉、古今字詁等。洪本、備要本“揖”譌“楫”。慎到，戰國趙人，齊稷下學士，先秦法家代表人物。著作稱慎子。各本“慎到”皆作“貞到”。彦按：史籍不但未見其名，甚至不見其姓。“貞”當“慎”字之譌。明顧起元説略卷七史别上云：“世本云：‘蒼頡作書。’司馬遷、班固、韋誕、宋忠、傅玄皆言：蒼頡，黄帝史官。崔瑗、曹植、蔡邕、索靖言：古之王也。徐整言：在神農、黄帝間。譙周言：在炎帝時。衛氏言：當在包犧、蒼帝之世。慎到言：在庖犧前。張揖言：其爲帝王，生於禪通之紀。路史亦云然。”其説大體襲取自宋魏了翁尚書要義序，徐整、慎到、張揖並稱，是“貞到”當作“慎到”之確證。今據以訂正。　皆不可質：質，對質，驗證。

路史卷三

前紀三

循蜚紀

鉅靈氏

鉅靈氏之在天下也,握大象,持化權,乘太極而蹠灝淑;立乎無間,行乎無窮,揣丸變化而與物相弊鐁[一]。遁甲開山圖云:"巨靈與元氣齊生,爲九元真母[二]。"出於汾脽[三],汾水之脽上也。其地隆起若尻脽然,今慶成軍是[四]。廣韻云:鉅靈坐於汾脽[五]。今華陰縣北一百二里有鉅靈廟[六]。九域志云鉅靈祠,河中府也[七]。揮五丁之士,驅陰易,反山川,正流並生,神化大凝[八]。李淳風小卷云:"元始判氣,天皇、上帝鎮立名山,各有所屬分野。"[九]蓋當是時,六合之間有未融者,故鉅靈、女媧之徒以神通智力出而贊化也[一〇]。五丁蓋非一。按世本及蜀紀、華陽志、益州記、十三州志、成都記等皆言五丁事蜀王開明[一一],負力能徙山通石,則目以五丁矣。又言,五丁其時未有號諡,但以五行方色爲主,故廟有赤黑黃白之帝云。惟無恒處。

或云治蜀,蓋以其迹躔焉[一二]。傳載鉅靈之迹多在蜀,豈別一鉅靈邪?薛綜以鉅靈爲河神,蓋本水經所引謂國語"華岳當河,河神巨靈手盪脚踏,開而爲兩"言之[一三]。今國語亦無此文。又漢武帝内傳:"時東都送一小人,長七寸,東方朔謂爲鉅靈[一四]。"異矣。

予既得丹壺名山之記,又得呂梁碑,獲逆帝王之世,乃知天未喪斯文也〔一五〕。丹壺書云："皇次四世,蜀山倰傀六世,渾敦七世,東户十七世,皇覃七世,啓統三世,吉夷四世,九渠一世,徐韋四世,大巢二世,遂皇四世,庸成八世,凡六十有八世,是爲因提之紀。倉頡一世,柏皇二十世,中央四世,大庭五世,栗陸五世,麗連十一世,軒轅三世,赫胥一世,葛天四世,宗盧五世,祝融二世,昊英九世,有巢七世,朱襄三世,陰康二世,無懷六世,凡八十有八世,是爲禪通之紀〔一六〕。"可謂備矣。而又有鉅靈氏,句彊氏。

自句彊而下,次譙明氏,次涿光氏,以次至次民氏,如下所敍,總曰循蜚紀,有號而無世。自是而上,亦惟有九皇氏、地皇氏、天皇氏。又上,而乃有盤古氏,基之渾沌之説。其言渾沌之初,所謂上無復色,下無復淵,爲説甚繁,非足貽訓,故絀焉〔一七〕。

自無懷降,所敍與名山記大同,此予之史篇所取灂者也〔一八〕。鉅靈之號,此世所聞焉者也。遁甲開山圖云："鉅靈與元氣齊生,惟始氣之先者。"又曰："鉅靈胡者,偏得元氣之道,造山川,出江河〔一九〕。"神化之宜,豈非鶡冠子之所謂"尸氣皇"者邪〔二○〕?予得是書,乃更爲之不疑也。然上之五紀,卒寂寥而無詔系,不得而綴矣〔二一〕。兹亦可謂富也〔二二〕,謹闕之以俟。

以下辨論,本史成而立説〔二三〕,元不在正紀中。子姓、揖客準例諸史〔二四〕,將便觀覽,取之以附於逐篇之末。故其中所用字俱在己,所用有異,覽者知之。

【校注】

〔一〕握大象,持化權,乘太極而蹠灝淑:大象,大道,常理。老子第三十五章:"執大象,天下往。"河上公注:"象,道也。聖人守大道,則天下萬民移心歸往之。"化權,造化之權。乘,升,登。太極,指最高處,太空,天界。蹠,踐踏。

灝淑,灝瀚清湛,借指大江、大河、湖泊、海洋等大面積的水。説文水部:"淑,清湛也。"蹜灝淑者,以鉅靈氏即傳説中的河神巨靈也。　立乎無間,行乎無窮:無間,没有空隙,指至微之地。無窮,没有盡頭,指至遠之地。　揣丸變化而與物相弊鱉:揣丸,和調。揣,通"摶"。丸,四庫本譌"九"。淮南子俶真:"其襲微重妙,挺挏萬物,揣丸變化,天地之間,何足以論之?"楊樹達證聞:"下文云:'提挈陰陽,嫥挽剛柔。'注云:'嫥挽,和調也。'揣丸與嫥挽同。"弊鱉,同"弊挱",音 bá shā,雜揉,混雜。四庫本"鱉"作"鱉",同。淮南子俶真:"獨浮游無方之外,不與物相弊挱。"高誘注:"弊挱,猶雜揉也。弊音跋涉之'跋',挱讀楚人言'殺'。"彦按:唐獨孤及仙掌銘序云:"夫以手執大象,力持化權,指揮太極,蹴踏顥氣,立乎無間,行乎無窮,則捩長河如措杯,擘太華若破塊,不足駭也。"所敍爲巨靈神掌劈華山之傳説,即此路史所本。

〔二〕巨靈與元氣齊生,爲九元真母:巨,四庫本作"鉅"。九元,指五嶽四海。雲笈七籤卷八三洞經教部經釋釋太上九赤斑符五帝内真經云:"九赤者,乃九元之氣也。九元者,五嶽四海也。"

〔三〕汾脽:又稱汾陰脽,漢代汾陰縣的一個土丘,故址在今山西萬榮縣榮河鎮寶井村。脽(shuí),丘阜。

〔四〕尻脽:臀部。備要本如此,餘諸本"尻"均譌"尻",今據備要本訂正。
慶成軍:治所在今山西萬榮縣榮河鎮。各本均作"成慶軍"。彦按:宋無"成慶軍","成慶"乃"慶成"誤倒,今訂正。

〔五〕鉅靈坐於汾脽:坐,喬本、吴本、四庫本、備要本均譌"出",今從洪本訂正。廣韻脂韻:"脽,説文:'屍也。'亦汾脽,巨靈所坐也。"

〔六〕華陰縣:治所在今陝西華陰市。

〔七〕河中府:治所在今山西永濟市蒲州鎮。

〔八〕揮五丁之士,驅陰易,反山川,正流並生,神化大凝:五丁之士,泛指力士。藝文類聚卷七引揚雄蜀王本紀:"天爲蜀王生五丁力士,能移山。秦王獻美女與蜀王,蜀王遣五丁迎女。見一大虵入山穴中,五丁並引虵,山崩,秦五女皆上山,化爲石。"驅,駕馭,役使。易,"陽"之古字。反,翻轉,比喻變化、改變。正流,幹流與支流,比喻主次、本末、正變等。"正流並生"謂正常之法與權變之法同生並用。神化,謂神妙地潛移默化。凝,成。書皋陶謨:"撫于五辰,

庶績其凝。"孔氏傳:"凝,成也。"禮記中庸:"苟不至德,至道不凝。"鄭玄注:
"凝,猶成也。"

〔九〕李淳風:唐代天文學家及曆算家。　元始判氣:謂宇宙初創之時,原
來的一團渾沌之氣分判而爲天、地。　分野:界域,領地。

〔一〇〕六合之間有未融者:六合,天地及四方。間,洪本、吴本、四庫本作
"門",誤。融,融洽,和諧。　贊化:幫助教化。

〔一一〕世本:先秦史官修撰,記載上古帝王、諸侯和卿大夫家族世系傳承。
原書已佚,今可見者僅有輯本。　蜀紀:晉譙秀撰。　華陽志:即華陽國志,晉
常璩撰。　益州記:南朝梁李膺撰。四庫本"記"作"紀"。　十三州志:又稱
十三州記,北魏闞駰撰。　成都記:唐盧求撰。　蜀王開明:傳説中古帝王,名
鼈令。初爲蜀國相,後受禪爲蜀王,號開明。洪本"開"謁"閉"。

〔一二〕迹躔:行迹,行踪。

〔一三〕薛綜以鉅靈爲河神:薛綜,三國吴名儒。文選張衡西京賦:"巨靈
贔屓,高掌遠蹠。"薛綜注:"巨靈,河神也。"　蓋本水經所引謂國語"華岳當
河,河神巨靈手盪脚踏,開而爲兩"言之:巨靈,吴本、四庫本"巨"作"鉅"。水
經注卷四河水:"左丘明國語云:華岳本一山當河,河水過而曲行,河神巨靈手
盪脚蹋,開而爲兩。今掌足之迹,仍存華巖。"

〔一四〕東都:指洛陽。這是用後來的説法。東漢建都洛陽,因在西漢舊都
長安之東,故稱。　東方朔:漢武帝時郎官,詼諧滑稽,時亦觀察顏色,婉曲
諷諫。

〔一五〕丹壺名山之記:即丹壺名山記,地理類書,已佚,清王謨有輯本,收
入叢書重訂漢唐地理書鈔中。　吕梁碑:詳見餘論七吕梁碑。　獲逆帝王之
世:逆,稽考。周禮地官鄉師:"鄉師之職,……既役則受州里之役要,以攷司空
之辟,以逆其役事。"鄭玄注:"逆,猶鉤考也。"　乃知天未喪斯文也:斯文,指
禮樂教化、典章制度。典出論語子罕:"子畏於匡,曰:'文王既没,文不在兹
乎?天之將喪斯文也,後死者不得與於斯文也;天之未喪斯文也,匡人其如
予何?'"

〔一六〕徛韋:四庫本"徛"作"猗"。　凡六十有八世,是爲因提之紀:彦
按:計算此上所列世數,但得六十七世,與此所言"六十有八世"不符,中必

有誤。

〔一七〕上無復色，下無復淵：謂天空祇有一種色調，大地祇是一片深淵。復，又，別的。　非足貽訓，故絀焉：貽訓，留下訓誡。絀，除去。

〔一八〕此予之史篇所取灋者也：取灋，蓋謂取法。灋，音 yàn。彥按：説文水部：“灋，議皋也。从水、獻，與法同意。”“灋”無“法”義。説文本謂“灋”字从水，與“法”字从水，立意相同，皆取須如水之平也。疑羅氏誤解其意而用之。

〔一九〕鉅靈胡者，偏得元氣之道，造山川，出江河：鉅靈胡，即鉅靈。偏得，猶獨得。元氣，洪本、吳本、四庫本作“神元”。出，與“造”爲同義對文。

〔二〇〕神化之宜，豈非鶡冠子之所謂“尸氣皇”者邪：宜，事。爾雅釋詁上：“宜，事也。”鶡冠子，喬本、洪本、備要本“鶡”作“褐”，吳本作“褐”，並誤。今從四庫本訂正。尸，居，享。氣皇，即羲皇，指伏羲氏。鶡冠子度萬：“鶡冠子曰：神化者定天地，豫四時，拔陰陽，移寒暑，正流並生，萬物無害，萬類成全，名尸氣皇。”文子符言：“老子曰：‘欲尸名者必生事。’”尸名謂享名。

〔二一〕卒寂寥而無詔系，不得而綴矣：卒，終于，到底。寂寥，形容空虛、空洞。詔系，繼承之統緒。詔，通“紹”，説文系部：“紹，繼也。”綴，縫合，接續。

〔二二〕兹亦可謂富也：兹，指丹壺名山記書中所記。富，繁富，多。

〔二三〕本史成而立説：史成，指史書之成説。

〔二四〕子姓、揖客準例諸史：子姓，子孫，後裔。揖客，長揖不拜之客。典出史記汲黯傳：“大將軍青既益尊，姊爲皇后，然黯與亢禮。人或説黯曰：‘自天子欲羣臣下大將軍，大將軍尊重益貴，君不可以不拜。’黯曰：‘夫以大將軍有揖客，反不重邪？’大將軍聞，愈賢黯。”此但指門客、策士。各本“揖”均譌“楫”，今訂正。

句彊氏
譙明氏
涿光氏

伯益之書有譙明之山、涿光之山，而俱載於北經[一]。

譙明、涿光，信其爲繼治者，乃知邃故之事非必無傳，特恨幽介弗之究尒[二]。予觀於經，而信二書之足丁也[三]。

【校注】

〔一〕伯益之書：指山海經。論衡別通：“禹、益並治洪水。禹主治水；益主記異物，海外山表，無遠不至，以所聞見，作山海經。”伯益，舜時東夷部落首領，爲秦祖先。相傳助禹治水有功，禹欲以天下讓，伯益辭。　北經：指山海經北山經。其文曰：“又北四百里，曰譙明之山，譙水出焉，西流注于河。”又曰：“又北三百五十里，曰涿光之山，囂水出焉，而西流注于河。”

〔二〕乃知邃故之事非必無傳，特恨幽介弗之究尒：邃故，遠古。恨，遺憾。幽介，指幽人（幽隱之人）介士（耿介之士）。

〔三〕丁：通“徵”，徵信。

鉤陣氏
黃神氏

黃神氏，或曰黃袜〔一〕。黃頭大腹，出天呈政〔二〕。見春秋命曆敍。云“出天齊政”，則有官統〔三〕。故賈公彥云：“九頭紀時有臣無官，人皇有輔佐。燧皇、伏羲既有官，則其間九皇六十四氏有官明矣。無文字以知官號也。”〔四〕无易天生，无散大璞，按圖正端，是致天極〔五〕。鶡冠子云：“物之始也，傾傾；至其有也，磛磛；至其成形，端端正正。勿損勿益，幼少隨足。以從師俗，无易天生，无散大璞。自若則清，動之則濁。神聖踐承翼之位，與皇神合德，按圖正端，以致天極。兩際四致，間以止息〔六〕。”云云。三百四十歲，狙神次之。號曰黃神。見命曆敍。按：道家亦有所謂黃神，蓋與此異。本起經云：“三始之道：太初者，道之初也。其初精盛，則爲元明，名曰太陽，又爲元陽子丹。乃化道君，故曰道之初；藏在太素，是爲一氣。太素者，赤氣也。初變爲黃，名曰中和，中和爲老子。乃化神君，名曰黃神，入於骨肉，以之爲人，故曰人之素；藏在太始，則二氣也。太始者，氣之始也。黃氣乃復歸于白氣，白若水精，名之太陰，爲太和君，此爲三氣。特亦體中之事。”〔七〕而歸藏經言“昔黃神與炎帝戰于涿鹿”，則以爲黃帝矣，抑又非此〔八〕。

【校注】

〔一〕或曰黃袜：袜，同“魅”。備要本誤“袜”。山海經海內北經：“袜，其爲物，人身黑首從目。”郭璞注：“袜，即魅也。”

〔二〕出天呈政：天呈，即天齊，水名，蓋亦地名。史記封禪書：“八神：一曰天主,祠天齊。天齊淵水,居臨菑南郊山下者。"𪗴,古文"齊"字,見玉篇。吴本作"叄",四庫本作"參",並誤。彦按:"出天𪗴政"不可解,"政"字疑爲衍文。太平御覽卷九〇六、古微書卷一三引春秋命歷序,均無"政"字,可證。此稱"出天𪗴",猶下文狟神氏言"出於長淮"耳。

〔三〕云"出天齊政",則有官統:官統,指職官體制。彦按:羅苹此注,當不知"天齊"爲水名、"政"爲衍文。

〔四〕此所引賈公彦云,見賈氏周禮正義序,文字略有出入。

〔五〕无易天生,无散大璞:吴本、四庫本"大璞"之"大"作"太"。下注文之"大璞"同。自"无易天生"而下四句,撮取自鶡冠子泰鴻。鶡冠子原文"无"作"毋","大璞"作"天樸",意無不同。易,改變。天生,天性。散,喪失。大璞,即太璞,未經雕琢之玉,引申指事物的天然本性。　按圖正端,是致天極:鶡冠子後四字作"以至無極"。黄懷信彙校集注曰:"圖,地圖。正,吕覽順民'湯克夏而正天下'注:'治也。'端,直也、正也。正端,蓋猶治理。"彦按:黄氏之説非是。鶡冠子上文既言"勿損勿益,幼少隨足","无易天生,无散大璞","自若則清,動之則濁",是主張無爲而治,何得有按地圖治理之説。今謂:圖,通"度",指法度,準則。楚辭九章懷沙:"章畫志墨兮,前圖未改。"史記屈原傳"圖"作"度",裴駰集解引王逸曰:"度,法也。"正端,即端正,不偏斜,無偏差。按圖正端,即是説不偏不倚地按照法度(无易天生,无散大璞)而行。又,"是致天極"者,致,得;天極,猶天則,自然之道。然此已非鶡冠子"以至無極"本意。至,到達。無極,謂無窮盡、無邊際之地,實即泛指任何一地,猶言處處。"按圖正端,以至無極"是説:按照法度(无易天生,无散大璞),不偏不倚,周行天下(處處如此)。

〔六〕物之始也,傾傾:俞樾鶡冠子平議:"傾傾,當爲'涳涳'。淮南子精神篇:'涳濛鴻洞,莫知其門。'高誘注:'皆未成之氣。'涳涳,猶鴻濛。'涳'、'濛'疊韻,'涳涳'疊字,皆形況之辭。學者多見'傾',少見'涳',因誤作'傾'耳。"黄懷信鶡冠子彙校集注:"涳涳,渾沌無形之貌。"　至其有也,碌碌:今本鶡冠子泰鴻"碌碌"作"録録"。彦按:碌碌、録録,用法相通。黄懷信彙校集注以"録録"爲"有輪廓之貌",甚是。　至其成形,端端正正:今本鶡冠子"正正"作"王王",乃字之誤。　勿損勿益,幼少隨足:隨,隨後。彦按:此承上文而言,凡物皆從無到有，由虛到實，無須人爲損益，自然如此。幼少隨足，"幼少"與"隨足"對文，意謂幼時（雖）弱小，隨後（自）充實。　　以從師俗：宋陸佃注："仰以從於師，俯以從於俗。"黃懷信彙校集注："從，隨。師，師長。俗，習。"自若則清，動之則濁：自若，自如，謂順其自然。動，變動，即違背自然。清，喻安定。濁，喻混亂。　　神聖踐承翼之位，與皇神合德：黃懷信彙校集注："神聖，謂聖人、天子。踐，履。承，載；翼，覆。承翼，謂天地之間。"彥按：承翼之位當指君位。承翼，蓋謂承天運、受翼戴也。皇神，天神，神靈。今本鶡冠子作"神皇"。　　兩際四致，間以止息：際，洪本、吳本、四庫本作"祭"，今本鶡冠子作"治"。俞樾平議曰："'祭'者，'際'之假字也。兩際四致，即淮南原道篇所謂'施四海際天地'也。上際天，下際地，是謂兩際。東南西北各至其極，是謂四致。"彥按：兩際四致，謂六合也。間以止息，即"于間止息"，也即"止息于其間"意。此二句與上二句"按圖正端，以至無極"義相貫串。各本"間以止息"均譌"聞以正息"，今據鶡冠子訂正。

〔七〕本起經：道教經典名，全稱太上老君虛無自然本起經。見雲笈七籤卷一〇三洞經教部。此下羅氏引本起經，但撮取大意，並非照錄原文。　　三始之道：三始，即下文所言之太初、太素、太始。　　太素者，赤氣也。初變爲黃，名曰中和：此五行相生之理。赤屬火，黃屬土，火生土，故赤氣變而爲黃。黃爲土色，土居中央，有中和之性，故"名曰中和"。　　故曰人之素：素，猶始。　　則二氣也：洪本、吳本"二"譌"之"。　　黃氣乃復歸于白氣：此亦五行相生之理。黃屬土，白屬金，土生金，故黃氣復歸于白氣。　　特亦體中之事：彥按：本起經下文又云："夫三始之相包也，氣包神，神包精。故曰白包黃，黃包赤。"是三始之道，實寓人體精氣神相生之理，故亦體中之事。

〔八〕歸藏經：三易之一，相傳黃帝所作。周禮春官大卜："掌三易之法，一曰連山，二曰歸藏，三曰周易。"鄭玄注："歸藏者，萬物莫不歸而藏於其中。杜子春云：'連山，處戲；歸藏，黃帝。'"　　昔黃神與炎帝戰于涿鹿：昔，洪本、吳本、四庫本譌"者"。涿鹿，地名。在今河北涿鹿縣東南。

狙神氏

人皇氏没，狙神次之。出於長淮〔一〕，駕六蜚羊，政三百歲。

五葉千五百歲〔二〕。見春秋命曆敍。

【校注】

〔一〕長淮：淮河。

〔二〕葉：世，代。

犂靈氏

東荒經有犂靈之尸，犂靈氏之尸也，以不壞〔一〕。

於，予之路史亦異矣！凡孔聖之未嘗言者，予皆極言之矣。予非好爲異也，非過於聖人也。夫以周秦而下汔于今，耳之所納，目之所接，其駭於聽熒者夥矣，況神聖之事、凡之莫既者邪〔二〕？是堯舜崇仁義，六經、論語，其理備矣；顧且言之，吾見焦脣乾呃，而聽之者愈悠悠也〔三〕。是故莊周之徒，罵以作之，意以起之，而後先王之道以益嚴〔四〕。然則，予之所摭，正亦不得而不異尒！

予悲夫習常翫正與夫氛氛日趨於奇者之不可以虛言格也，於是引其暚而景者著之〔五〕。此亦韓將軍學兵法之義而蕭相國作未央宮之意也〔六〕。雖然，訑詭亂惑，猶弗薦焉〔七〕。覽者知夫讓王、肤匧、漁父、説劍之措，則吾知免矣〔八〕。

【校注】

〔一〕東荒經有犂靈之尸：犂靈，今本山海經大荒東經“靈”字作“䰠”。尸，通“夷”。于省吾雙劍誃諸子新證淮南子一：“尸、夷古字通。金文凡言蠻夷之‘夷’，均作‘尸’。”犂靈氏之尸也，以不壞：彥按：羅氏蓋誤以“屍體”義釋大荒東經“犂靈之尸”之“尸”，故有此語。壞，謂腐爛。

〔二〕其駭於聽熒者夥矣：聽熒，見莊子齊物論“是黃帝之所聽熒也”，成玄英疏以爲“疑惑不明之貌”。然其義用以釋此“駭於聽熒”則不通，蓋羅氏用同“聽聞”矣。夥，多。　況神聖之事、凡之莫既者邪：凡，指凡人。既，及。

〔三〕吾見焦脣乾呃，而聽之者愈悠悠也：呃，咽喉。悠悠，恍惚貌。

〔四〕意以起之:意,意氣,感情。　嚴:嚴密。

〔五〕予悲夫習常翫正與夫氛氛日趨於奇者之不可以虛言格也:翫,習慣,滿足。氛氛,紛紛,形容煩忙、忙亂。格,感召,打動。爾雅釋詁:"格,至也。"清徐灝説文解字注箋木部:"格訓爲至,而感格之義生焉。"字彙木部:"格,感通也。"　於是引其暵而景者著之:暵而景者,要緊而重大者。爾雅釋言:"暵,呕也。"又釋詁上:"景,大也。"

〔六〕此亦韓將軍學兵法之義而蕭相國作未央宫之意也:彦按:史記淮陰侯列傳載:韓信於井陘口大敗趙軍。諸將效首虜,畢賀,因問信曰:"兵法右倍山陵,前左水澤,今者將軍令臣等反背水陳,曰破趙會食,臣等不服。然竟以勝,此何術也?"信曰:"此在兵法,顧諸君不察耳。兵法不曰'陷之死地而後生,置之亡地而後存'?且信非得素拊循士大夫也,此所謂'驅市人而戰之',其勢非置之死地,使人人自爲戰;今予之生地,皆走,寧尚可得而用之乎?"諸將皆服曰:"善。非臣所及也。"又史記高祖本紀載:"八年……蕭丞相營作未央宫,立東闕、北闕、前殿、武庫、太倉。高祖還,見宫闕壯甚,怒,謂蕭何曰:'天下匈匈苦戰數歲,成敗未可知,是何治宫室過度也?'蕭何曰:'天下方未定,故可因遂就宫室。且夫天子四海爲家,非壯麗無以重威,且無令後世有以加也。'高祖乃説。"未央宫,漢宫殿名。高帝七年(前200)建,故址在今陝西西安市西北長安故城内西南隅。是"韓將軍學兵法之義而蕭相國作未央宫之意"者,指超乎常人所思,活學活用,出奇制勝之創意。

〔七〕訞詭亂惑,猶弗薦焉:訞詭亂惑,妖邪、詭異、擾亂、蠱惑。薦,呈獻。

〔八〕覽者知夫讓王、胠匧、漁父、説劍之捂,則吾知免矣:匧,"篋"之古字。四庫本作"篋"。讓王、胠篋、漁父、説劍,爲莊子外篇、雜篇篇名。捂,"指"字俗體,旨意,意向。洪本、吴本、四庫本作"惜",備要本作"措",並誤。知免,謂得到寬恕。吕氏春秋審應:"'夫聚粟也將以爲民也,其自藏之與在於上奚擇?'薄疑曰:'不然,其在於民,而君弗知,其不如在上也。其在於上,而民弗知,其不如在民也。'"高誘注:"知,猶得也。"周禮秋官鄉士:"獄訟成,……若欲免之,則王會其期。"鄭玄注:"免,猶赦也。"

大騩氏

大騩氏見於南密。河南密縣有泰騩山〔一〕,記謂大騩氏之居,即具茨也。或曰泰塊,昔者黄帝訪泰塊於具茨〔二〕。中山經次七,敏山之東三十里大騩山;又次十一,有大騩山〔三〕。注:"滎陽密縣大騩山也〔四〕。"即具茨。今在許之陽翟〔五〕。集韵具汷山,一作次、疢〔六〕。詳黄帝紀。音歸〔七〕。泰塊即大騩氏〔八〕。一曰大隗〔九〕。姓源韻譜云：天水有隗氏，云出于大隗氏〔一〇〕。蓋設於无垓坫之宇而臺簡以游泰清者〔一一〕。

　　後有隗氏、大隗氏。姓苑等〔一二〕。

【校注】

　　〔一〕河南密縣有泰隗山：河南，府名。密縣，治所在今河南新密市。泰隗山，四庫本"泰"作"大"。

　　〔二〕昔者黃帝訪泰塊於具茨：泰塊，莊子徐无鬼作"大隗"，云："黃帝將見大隗乎具茨之山。"孫雍長注："大隗，虛擬的人名，寓指大道。"

　　〔三〕中山經：山海經篇名。　有大隗山：四庫本"隗"譌"塊"。

　　〔四〕滎陽密縣大隗山也：滎陽，即滎陽，郡名。山海經郭璞注原文作"今滎陽密縣有大隗山"。

　　〔五〕今在許之陽翟：許，州名。陽翟，縣名，治所在今河南禹州市。

　　〔六〕集韻具㳄山，一作次、疢：見集韻脂韻㳄。原文爲："具㳄，山名，在滎陽。或作茨、疢。"此作"次、疢"，誤。

　　〔七〕音歸：各本"音"均作"言"。彥按："言歸"費解。"言"當"音"字形譌，今訂正。

　　〔八〕泰塊即大隗氏：泰塊，各本均作"大隗"。彥按：此乃解釋正文"或曰泰塊，昔者黃帝訪泰塊於具茨"之泰塊，作"大隗"者，蓋涉下文"大隗氏"而誤，今訂正。

　　〔九〕一曰大隗：四庫本"隗"作"隗"，誤。

　　〔一〇〕姓源韻譜：此書同名者二種。一唐張九齡撰，一宋（或謂唐）曹大宗撰。均已佚。此疑指後一種。　天水有隗氏：天水，郡名，治所在今甘肅天水市。隗氏，各本均作"大隗氏"。彥按："大"字當爲衍文。古今姓氏書辯證卷二四賄韻隗云："姓源韻譜曰'天水成紀隗氏出自大隗之後'，此誤也。莊子言黃帝見大隗於具茨之山，蓋寓言，非有是人，不可以爲據。"今據以訂正。

　　〔一一〕蓋設於无垓坫之宇而臺簡以游泰清者：垓坫，邊際。宇，指上下四方整個空間。臺簡，猶持簡，謂持心簡樸。泰清，即太清，謂太空。淮南子俶真云："道出一原，通九門，散六衢，設無垓坫之宇。"高誘注："垓坫，垠堮也。"淮南子俶真又云："是故至道無爲，一龍一蛇，盈縮卷舒，與時變化。外從其風，內守其性,耳目不燿,思慮不營。其所居神者,臺簡以游太清,引楯萬物,羣美萌生。"高誘注:"臺,猶持也。"俞樾平議以爲"臺簡即持簡"。

〔一二〕姓苑:南朝宋何承天撰。

鬼騩氏

鬼騩氏,後有嵬氏、饒氏、攘氏、利氏、鬼騩氏。嵬及鬼騩皆古侯國。和菟史云:"古有大嵬氏、鬼嵬氏。"〔一〕嵬、騩古通用。潛夫論云:"嵬姓饒、攘、利。"〔二〕是也。三國宜皆炎黄之代封之〔三〕。一作"攘、利"者訛〔四〕。

【校注】

〔一〕和菟史:謂和菟所撰史書。和菟,其人無考。隋書經籍志三有和菟鳥鳴書,疑即一人。備考本"菟"譌"蒐"。

〔二〕見志氏姓篇。

〔三〕三國宜皆炎黄之代封之:炎黄,吴本、四庫本作"炎帝"。

〔四〕一作"攘、利"者訛:吴本、四庫本"利"作"刹",誤。

弇兹氏
泰逢氏〔一〕

和山者,寔爲河之九都〔二〕。吉神泰逢司之,於萯山之陽,出入有光〔三〕。見山海經。今東陽有萯山,孔甲畋處〔四〕。字音"培"。集韵倍、負同音"培",云:"河神。一云倍尾山。"〔五〕世紀云:"即東首陽山。"〔六〕太平御覽作萯山,音爲"頻",繆矣〔七〕。泰逢氏之神也。

子曰:"鬼神之爲德,其盛矣乎!"〔八〕昔者,宰我請問鬼神之名,子曰:"氣者,神之盛也;魄者,鬼之盛也。合鬼與神,教之至也。"〔九〕故無鬼神則鬼神之名不立矣,柰何季路之問事鬼,則曰"未能事人",既問死,則曰"未知生"〔一〇〕?説者往往以生死、鬼神爲性命、道德外事,有不可以致詰〔一一〕,而子路未可與言,故夫子不與之言。夫若是,則夫子既不誠於人之子矣。

聖人之言,未嘗不自盡也[一二]。鬼神、生死,人事之大,奚爲而不語邪?蓋能事人則能事鬼,知生則知死矣。生死者,特性命、道德中之一事,而鬼神者,特性命、道德中之一物尒,豈復外乎?雖然,神者天之徒,鬼者物之徒也[一三]。惟人之初,與天爲徒,孰不具此神哉[一四]?惟生之後,開閉之不謹而好惡之偏適,從而蔽之也。古之聖人惟其然也,是故開天之天而不開人之天,閉人之寶而不閉天之寶[一五]。開天者,德生;開人者,賊生[一六]。德生者,陽明勝;陽明勝,故識性用[一七]。賊生者,陰濁盛;陰濁盛,故物欲行[一八]。識性用則歸于神,物欲行則歸于鬼。歸于神者,與天爲徒;歸于鬼者,與物爲徒。亦天地之理也。

今夫天陽而地陰,魂陽而魄陰,是故智氣歸天而體魄則歸地;神陽而鬼陰,君子陽而小人陰,是故正直爲神而憸險則爲鬼;德陽而欲陰,男陽而女陰,是故德盛成男,欲盛成女;禽陽而獸陰,老陽而釋陰,是故釋誤多毛,老誤多羽[一九]。君子於此,其可不毖又毖,而自墮於鬼物之區哉[二〇]?

三五之時,人聰明而淵懿,純天而不人,是以黃帝、大少、神農、顓畜專享乎其上,句龍、芒蕣、祝融、玄冥作配乎其下,其事然也[二一]。帝嚳而來,不能紀遠。然而禺强、閼伯、玄枵、諸稽、實沈、臺駘、咎陶、伯益、豕韋、夔、稷之流,秩猶不遷之祀,橫窮卓偏,剛毅一真,烏往而不神哉[二二]?叔末之人,占恒儑俅,縈溪利跂,正真之道削而憸險之行多,是以不能神明而歸于物[二三]。

詩云"三后在天,王配于京",本賢愚也[二四]。"孔填不寧,降此大厲",逢吉凶也[二五]。三塗六道,其僭有自來矣[二六]。期期區畛,亦予之熱熱肺也[二七]。

【校注】

〔一〕泰逢氏:吴本、四庫本"逢"作"逢"。下"吉神泰逢"、"泰逢氏"之"逢"同。

〔二〕和山者,寔爲河之九都:寔,吴本、四庫本作"實"。九都,水流匯聚之處。九,通"鳩",爾雅釋詁下:"鳩,聚也。"水經注卷六文水:"水澤所聚謂之都,亦曰瀦。"山海經中山經"又東二十里,曰和山,其上無草木而多瑶碧,實惟河之九都",郭璞注:"九水所潛,故曰九都。"恐誤。

〔三〕吉神泰逢司之,於貧山之陽,出入有光:山海經中山經作:"吉神泰逢司之,其狀如人而虎尾,是好居于貧山之陽,出入有光。"

〔四〕今東陽有貧山,孔甲畋處:東陽,地名。在今山東費縣西南。貧山,在今山東泗水縣東南。孔甲,夏朝第十四任國君。畋,狩獵。吕氏春秋音初:"夏后氏孔甲田于東陽貧山,天大風晦盲,孔甲迷惑,入于民室。主人方乳,或曰'后來是良日也,之子是必大吉',或曰'不勝也,之子是必有殃'。后乃取其子以歸,曰:'以爲余子,誰敢殃之?'子長成人,幕動坼橑,斧斫斬其足,遂爲守門者。孔甲曰:'嗚呼!有疾,命矣夫!'乃作爲破斧之歌,實始爲東音。"

〔五〕見集韻灰韻貧。原文爲:"河神名。一曰:倍尾,山名。或作'負'。"

〔六〕世紀:指晉皇甫謐帝王世紀。水經注卷五河水:"吕氏春秋曰:夏后氏孔甲田于東陽貧山,遇大風雨,迷惑,入于民室。皇甫謐帝王世紀以爲即東首陽山也。"

〔七〕太平御覽作貧山,音爲"頻":中華書局 1960 年版縮印商務影宋本太平御覽,卷七六三引吕氏春秋,"貧"下注"音倍",不作"頻"。

〔八〕見禮記中庸。

〔九〕見禮記祭義。文字略有不同。 宰我:即宰予。孔子學生。名予,字子我。 氣者,神之盛也;魄者,鬼之盛也:氣,爲輕清之陽氣,指人之神氣、精神。魄,爲重濁之陰精,指人之感覺、形體。 合鬼與神,教之至也:謂合鬼神而祭之,爲教化之極致。

〔一〇〕季路:即仲由。孔子學生。名由,字子路,又字季路。論語先進:"季路問事鬼神,子曰:'未能事人,焉能事鬼?'曰:'敢問死。'曰:'未知生,焉知死?'"

〔一一〕致詰：究問，推究。

〔一二〕自盡：謂將自己的意見毫無保留地説出。

〔一三〕神者天之徒，鬼者物之徒也：天，指天性。物，指妖異。<u>風俗通義</u><u>怪神</u>：“<u>汝南</u>有<u>許季山</u>者，素善卜卦，言家當有老青狗物。”<u>孫詒讓札迻</u>：“按古書多謂鬼魅爲‘物’。<u>漢書郊祀志</u>云：‘有物曰蛇。’<u>顔注</u>云：‘物謂鬼神也。’<u>春秋繁露王道篇</u>云：‘<u>乾谿</u>有物女。’此云‘狗物’，猶言‘狗魅’也。”徒，類。

〔一四〕與天爲徒：<u>莊子人間世</u>：“内直者，與天爲徒。”<u>成玄英疏</u>：“共自然之理而爲徒類。”

〔一五〕開天之天而不開人之天，閉人之寶而不閉天之寶：開，開啓，誘發。天之天，指天性（原始淳樸之本性）。人之天，指人性（情慾機心之類）。人之寶，人性之通道。天之寶，天性之通道。

〔一六〕開天者，德生；開人者，賊生：開天，即上文“開天之天”。開人，即上文“開人之天”。賊，殘害。<u>莊子達生</u>：“不開人之天，而開天之天。開天者，德生；開人者，賊生。”

〔一七〕德生者，陽明勝；陽明勝，故識性用：陽明，陽氣、光明。識性，審察事物、判別是非的裏性。用，發揮作用。

〔一八〕物欲：物質享受的慾望。

〔一九〕魂陽而魄陰，是故智氣歸天而體魄則歸地：魂，指附著于人身陽氣之精神。<u>孔穎達</u>云：“附形之靈爲魄，附氣之神爲魂也。”（見<u>左傳昭公七年</u>“人生始化曰魄，既生魄，陽曰魂”<u>疏</u>）。智氣，靈氣。體魄，肉體。　是故正直爲神而憸險則爲鬼：憸險，姦邪險惡。憸，音 xiān。　禽陽而獸陰，老陽而釋陰，是故釋誤多毛，老誤多羽：<u>爾雅釋鳥</u>：“二足而羽謂之禽，四足而毛謂之獸。”老，指道家。釋，指佛家。誤，通“娱”，喜愛，喜歡。多毛，指獸。多羽，指禽。<u>彦按</u>：釋誤多毛，如四大菩薩皆有坐騎，<u>文殊菩薩</u>的坐騎爲青獅，<u>普賢菩薩</u>的坐騎爲六牙白象，<u>觀音菩薩</u>的坐騎爲金毛犼，<u>地藏菩薩</u>的坐騎爲諦聽（獨角獸）之類。老誤多羽，如傳説中仙人多以鶴爲坐騎，乃有“鶴上人”之雅號，以及<u>晉陶潛搜神後記卷一</u>所載<u>丁令威</u>學道之後化鶴來歸之類。

〔二〇〕其可不惢又惢，而自墮於鬼物之區哉：惢，<u>説文比部</u>：“慎也。”惢又惢，即慎之又慎。鬼物，鬼怪。

〔二一〕三五之時，人聰明而淵懿，純天而不人：三五，指三皇五帝。淵懿，厚道。彦按：廣雅釋詁三："淵，深也。"小爾雅釋詁："懿，深也。"又玉篇心部："懿，大也。""深、大"用以狀人，乃言其心胸之寬大，爲人之厚道也。純天而不人，天指天然之性，人指人爲之性。　是以黄帝、大少、神農、顓畜專享乎其上，句龍、芒蕣、祝融、玄冥作配乎其下：大少，太昊、少昊。四庫本"大"作"太"。顓畜，即顓頊。四庫本"畜"作"頊"。黄帝、太昊、少昊、神農、顓畜，皆傳説中之上古帝王。享，謂受祭祀，享用祭品。芒蕣，句芒、蕣收。句龍、句芒、蕣收、祝融、玄冥，皆傳説中之上古帝王之輔臣。作配，謂配享，即祔祭。

〔二二〕然而禺强、閼伯、玄枵、諸稽、實沈、臺駘、咎陶、伯益、豕韋、夔、稷之流，秩猶不遷之祀：臺駘，各本均作"駘臺"。彦按："駘臺"當"臺駘"誤倒。臺駘見左傳昭公元年，今據以訂正。上禺强、閼伯等十一人，亦皆傳説中之上古帝王之賢臣。秩，篇海類編花木類禾部："祭也。"　横窮卓偏，剛毅一真，烏往而不神哉：横窮，夭横窮困。卓偏，指偏僻遥遠之地。漢王逸九思逢尤："世既卓兮遠眇眇。"原注："卓，遠也。"一真，守一全真，即固守大道、保全天性。彦按：此謂雖横窮于卓偏，若其剛毅一真，則無往而非神。

〔二三〕叔末之人，占侸儃僸，綦溪利跂：叔末，猶"末世"。占侸（diān dōu），輕薄貌。儃僸（tǎn sàn），無知貌。綦溪利跂，違背、歧異，此指違背天性、標新立異。利，通"離"。跂，通"歧"。荀子非十二子："忍情性，綦谿利跂，苟以分異人爲高，不足以合大衆、明大分。"楊倞注："綦谿未詳，蓋與跂義同也。利與離同。離跂，違俗自絜之貌，謂離於物而跂足也。"彦按：綦溪、利跂皆聯綿詞，綦溪蓋猶利跂（離歧），同義而連用。此猶如孟子公孫丑上"爾爲爾，我爲我，雖袒裼裸裎於我側，爾焉能浼我哉"，"袒裼"與"裸裎"同義連用。其例甚多，此不枚舉。楊氏疑綦谿"蓋與跂義同"，有理；而謂離跂爲"離於物而跂足"，則恐非是。　正真之道削而憸險之行多：四庫本"真"作"直"，"削"作"消"。

〔二四〕詩云"三后在天，王配于京"：見詩大雅下武。毛亨傳："三后，太王、王季、文王也。王，武王也。"鄭玄箋："此三后既没登假，精氣在天矣，武王又能配行其道於京，謂鎬京也。"王配于京，洪本作"主配于衷"，吴本作"王配于衷"，並誤。　本賢愚也：此謂武王之所以能"配于京"，根本原因乃在其賢。

本,根源,根本原因。賢愚,偏義複詞,此取"賢"義。

〔二五〕孔填不寧,降此大厲:見詩大雅瞻卬。文曰:"瞻卬昊天,則不我惠。孔填不寧,降此大厲。"毛亨傳:"昊天,斥王也。填,久;厲,惡也。"鄭玄箋:"仰視幽王爲政,則不愛我下民甚久矣。天下不安,王乃下此大惡,以敗亂之。" 逢吉凶也:此"吉凶"亦偏義複詞,但取"凶"義。

〔二六〕三塗六道,其憯有自來矣:三塗六道,佛教語。六道指衆生輪迴之六去處,即:天道、人道、阿修羅道、畜生道、餓鬼道和地獄道。其中後三道又稱三塗,即:刀塗(餓鬼道)、血塗(畜生道)、火塗(地獄)。彥按:"憯"不可解,疑當作"憯"。憯者,慘毒、殘酷之義。晉郗超奉法要曰:"十惡畢犯,則入地獄。抵捍强梁,不受忠諫,及毒心内盛,狥私欺紿,則或墮畜生;或生蛇虺。慳貪專利,常苦不足,則或墮餓鬼。……此謂三塗,亦謂三惡道。"新唐書傅弈傳曰:"西域之法,無君臣父子,以三塗六道嚇愚欺庸。"均足證三塗六道之慘毒。羅氏言此,意在勸人保真去凶,最終歸于神明而不歸于鬼物,以無蹈三塗六道之惡道也。

〔二七〕期期區畛,亦予之熱熱肺也:期期,真摯懇切貌。區畛,指心腑,心。熱熱肺,猶言熱心腸。

冉相氏

冉相氏,得其環中以隨成,與物無終無始,無幾無時〔一〕。日與物化者,一不化者也〔二〕。此之謂真人。見南華真經〔三〕。注云:"環中,中庸之道。"

中之爲道,帝王之心,即治天下之正道,而聖人所以示世入德之大方也〔四〕。自成世以來,未有不本是以爲政而能馴致於大治者〔五〕。今夫率意而射,則終日無所中;率意而視,則終身無所與:必也〔六〕。

質的設,而後天下之手無異鄉;日月揭,而後天下之目無異屬;聖人之道獨立乎中,而後天下之心無兩從〔七〕。

蓋中也者,極之則〔八〕,世人之日月、質的也。衆見之所宗,萬手之所會[九]，理之至，義之盡，配天地而不可以復進。是故道得之而爲太一[一○]，天得之而爲天一，帝得之而爲帝一。帝一者，立乎環中，渾兮如有容，泊兮如未始出其宗，而茫兮無所終窮[一一]。自伏羲氏以之傳炎，炎帝氏以之傳黄，無異付也[一二]。堯帝氏以之傳舜，舜帝氏以之傳禹，無異語也。降及湯、文、伊尹、周公，而中之所以爲變者盡矣[一三]。

春秋之世，惟皇不極，而厥庶民亦失其所以保極之道，以故上慢下暴，王室如燬，數百千年而不之復[一四]。則極之不建，其禍正如此也。

嗟乎！皋謨、箕範中極之說備矣[一五]，此家所有也。大易之書，明言“中”者五十有五；所不言者，否、剥、屯、頤、咸、革、賁、遯、明夷九卦而已[一六]。内之“中”，六十有四；外之“中”，亦六十有四[一七]。得其中，動罔不吉；失其中，動罔不凶。是故否、剥之五，亦獲其吉；而復、泰之六，不免乎凶[一八]。惟其中之不可失也。

雖然，中庸之德，民鮮久矣。自漢諸儒取“過、不及”之說類之孔伋之書[一九]，世遂泥於過與不及之中求之，亡其統矣。

夫君子之於中，無過也，有不及而已。“致廣大”，“極高明”，夫孰得而過邪[二○]？冉相之道，兹其所以寂寥希闊而不繼之，豈不尠歟[二一]？聖人，人倫之至者也，欲爲君盡君道，欲爲臣盡臣道，盡倫盡制，豈過不及之云乎[二二]？而彼儇者，附誠明，假權變，繳繞呫囁，以綢其姻而濟其姦，豈惟無忌憚哉，其不至於幸小人而病君子亦已矣[二三]！此予之所以贊冉相氏而爲中庸泚也[二四]。

【校注】

〔一〕冉相氏，得其環中以隨成，與物無終無始，無幾無時：自此而下至“一不化者也"爲莊子則陽文。環中,圓環之中間空處,比喻没有是非之境地。幾,通"期"。郭象注:"冉相氏,古之聖王也。居空以隨物,物自成。"成玄英疏:"無始,無過去;無終,無未來也;無幾無時,無見在也。體化合變,與物俱往,故無三時也。"

〔二〕日與物化者,一不化者也:一,一直,始終。郭象莊子注曰:"日與物化,故常無我。常無我,故常不化也。"

〔三〕南華真經:莊子之別稱。新唐書藝文志三:"天寶元年,詔號莊子爲南華真經。"

〔四〕而聖人所以示世入德之大方也:入德,謂進入聖人品德修養之境域。禮記中庸:"君子之道,淡而不厭,簡而文,溫而理,知遠之近,知風之自,知微之顯,可與入德矣。"鄭玄注:"入德,入聖人之德。"大方,基本的法則、方法。

〔五〕自成世以來,未有不本是以爲政而能馴致於大治者:成世,猶謂有社會。馴致,順利達到。大治,四庫本如此,今從之。餘諸本"大"作"太"。

〔六〕今夫率意而射,則終日無所中;率意而視,則終身無所與:率意,隨意,輕率。視,看待,對待。所與,指朋友。與,交往。

〔七〕質的設,而後天下之手無異鄉:質的,箭靶。鄉,"嚮"之古字。　日月揭,而後天下之目無異屬:揭,説文手部:"高擧也。"日月揭,謂日月高懸。屬,"矚"之古字,注視,看。

〔八〕極之則:最高之原則。

〔九〕衆見之所宗,萬手之所會:宗,歸往,歸嚮。會,廣雅釋詁:"至也。"彦按:衆見之所宗,即上文"天下之目無異屬"意。萬手之所會,即上文"天下之手無異鄉"意。

〔一○〕是故道得之而爲太一:自此而下至"而茫兮無所終窮",撮取自子華子大道篇。

〔一一〕渾兮如有容,泊兮如未始出其宗,而茫兮無所終窮:渾,謂渾然一體。有容,有所包含。泊,澹泊、恬静。宗,本始,指原始狀態,也即爲"一"。子華子大道:"萬物玄同,孰是而孰非,孰知其初,孰知其終,吾無得其所以然也,命之曰一。一者,衆有之宗也。"

〔一二〕自伏羲氏以之傳炎,炎帝氏以之傳黄,無異付也:伏羲氏,洪本

“義”譌“義”。炎，炎帝。黄，黄帝。付，傳。“無異付”謂所傳皆同，即上文所言之中庸之道。

〔一三〕中之所以爲變者盡矣：促使“中之道”變化的各種因素全都出現了。

〔一四〕春秋之世，惟皇不極，而厥庶民亦失其所以保極之道：極，中正。詩商頌殷武：“商邑翼翼，四方之極。”鄭玄箋：“極，中也。商邑之禮俗翼然可則傚，乃四方之中正也。”　以故上慢下暴，王室如燬，數百千年而不之復：上慢下暴，語出易繫辭上：“上慢下暴，盜思伐之矣。”孔穎達疏：“小人居上位必驕慢，而在下必暴虐。”王室如燬，語出詩周南汝墳“魴魚赬尾，王室如燬”，毛亨傳：“燬，火也。”喬本、洪本“燬”譌“煆”，今據餘諸本訂正。百千年，四庫本作“千百年”。

〔一五〕皋謨、箕範中極之説備矣：皋謨，即皋陶謨。箕範，指箕子所作洪範。二篇並見于尚書。中極，中正。

〔一六〕否：卦名，音 pǐ。　屯：卦名，音 zhūn。　賁：卦名，音 bì。

〔一七〕内之“中”，六十有四；外之“中”，亦六十有四：内，指内卦，即易卦之下三爻。外，指外卦，即易卦之上三爻。

〔一八〕是故否、剥之五，亦獲其吉：易否：“九五：休否，大人吉。……象曰：大人之吉，位正當也。”易剥：“六五：貫魚以宫人寵，无不利。象曰：以宫人寵，終无尤也。”魏王弼注：“剥之爲害，小人得寵，以消君子者也。若能施寵小人，於宫人而已，不害於正，則所寵雖衆，終无尤也。”彦按：否之五以“位正當”而“大人吉”，剥之五以“不害於正”而“終无尤”，故羅氏曰：“亦獲其吉”。而復、泰之六，不免乎凶：六，各本皆作“三”。彦按：復、泰之三皆非凶，“三”當“六”字形譌（“六”字草書，上一點稍平，下兩點連筆，即與“三”字相似而易譌），今訂作“六”。復、泰二卦雖爲吉卦，但至第六爻，則物極必反，盛極必衰，失之于“中”，故“不免乎凶”。易復：“上六：迷復，凶，有災眚。用行師，終有大敗，以其國君凶，至于十年不克征。象曰：迷復之凶，反君道也。”易泰：“上六：城復于隍，勿用師，自邑告命。貞吝。象曰：城復于隍，其命亂也。”

〔一九〕類之孔伋之書：類，類比，比較。孔伋，孔子孫，字子思。孔伋之書，指禮記中庸。史記孔子世家稱“子思作中庸”。

〔二〇〕“致廣大”，“極高明”：語出禮記中庸：“故君子尊德性而道問學，致廣大而盡精微，極高明而道中庸，温故而知新，敦厚以崇禮。”致，求取，獲得。廣大，此指廣博的知識。極，至，達到。詩小雅縣蠻“豈敢憚行，畏不能極”鄭玄箋：“極，至也。”

〔二一〕兹其所以寂寥希闊而不繼之，豈不懰歟：兹，今。寂寥，沉寂。希闊，疏遠。懰，同“怛”，音dá，悲傷，痛苦。

〔二二〕盡倫盡制：荀子解蔽：“聖也者，盡倫者也。王也者，盡制者也。兩盡者，足以爲天下極矣。”楊倞注：“倫，物理也。制，法度也。”

〔二三〕而彼儈者，附誠明，假權變，繳繞呫囁，以綢其姻而濟其姦：儈者，粗俗之人。附，附和，附會。誠明，指禮記中庸關於“誠明”之説。中庸文曰：“自誠明謂之性，自明誠謂之教，誠則明矣，明則誠矣。”鄭玄注：“由至誠而有明德，是聖人之性者也。由明德而有至誠，是賢人學以成之也。有至誠則必有明德，有明德則必有至誠。”假，借口。權變，變通。繳繞呫囁（chè niè），糾纏嘮叨。綢，疑通“售”或“售”字音譌，猶今言推銷。姻（hù），正字通女部：“凡嗜好不能割棄者曰姻。”意爲念戀、戀惜，此指念戀之物（思想、觀念、學説等）。濟，促成，實現。　豈惟無忌憚哉，其不至於幸小人而病君子亦已矣：無忌憚，無所顧慮畏懼。禮記中庸：“仲尼曰：君子中庸，小人反中庸。君子之中庸也，君子而時中；小人之〔反〕中庸也，小人而無忌憚也。”幸，謂使得福。病，謂使受害。此“幸”、“病”並作使動詞用。

〔二四〕此予之所以贊冉相氏而爲中庸泚也：贊，稱頌。泚（cǐ），説文水部：“清也。”此用爲動詞，取“澄清”義。

蓋盈氏

若水之間，禹中之地〔一〕，若水之間，地當川蜀，在西南方，此禹中之名所爲立〔二〕。以知東北朔易〔三〕，前聖之爲，有説不盡。朔易，説詳發揮一〔四〕。有蓋盈之丘，蓋盈氏之虛也〔五〕。海内朝鮮記：“南海之内，禹中之國以去，有九丘，有陶唐之丘、叔得之丘、蓋盈之丘、昆吾之丘、黑白之丘、神民之丘，以水絡。”〔六〕亦陶唐、昆吾之流也〔七〕。

【校注】

〔一〕若水之間，禺中之地：若水，水名，即今四川西部的雅礱江。其與金沙江合流後的一段，古稱若水。禺中，國名。山海經海内經：“南海之内，黑水、青水之間，有木名曰若木，若水出焉。有禺中之國。”

〔二〕地當川蜀，在西南方，此禺中之名所爲立：彦按：羅氏蓋謂禺中猶言“隅中”，地在西南一隅，故有此稱。

〔三〕東北朔易：朔易，朔方（今内蒙古杭錦旗北黄河南岸一帶）、易水（源出河北易縣）之合稱。後漢書南匈奴傳論：“南面而朝單于，朔易無復匹馬之蹤。”李賢注：“朔方、易水之地更無匈奴匹馬之蹤也。”彦按：宋時朔易在東北方。

〔四〕見發揮一易之名。

〔五〕蓋盈之丘：山海經海内經作孟盈之丘。

〔六〕海内朝鮮記：佚書。作者不詳。　有陶唐之丘、叔得之丘、蓋盈之丘、昆吾之丘、黑白之丘、神民之丘，以水絡：陶唐之丘，在今山西臨汾市西南。昆吾之丘，在河南濮陽縣西南。餘丘不詳所在。山海經海内經：“有九丘，以水絡之，名曰：陶唐之丘、(有)叔得之丘、孟盈之丘、昆吾之丘、黑白之丘、赤望之丘、參衛之丘、武夫之丘、神民之丘。”

〔七〕亦陶唐、昆吾之流也：陶唐、昆吾，謂陶唐氏、昆吾氏，皆古部族名。堯爲陶唐之君。高陽氏孫陸終生樊，封於昆吾，夏時爲伯。參見國名紀三高陽氏後。

大敦氏
雲陽氏

雲陽氏，是爲陽帝。見道書。蓋處于沙，沙，長沙，所謂萬里沙。見遁甲經〔一〕。今荼陵西南十里雲陽山也〔二〕。又萊之掖縣有萬里沙祠〔三〕。亦著甘泉〔四〕，以故黄帝以來大祀于甘泉。甘泉山，本亦曰雲陽，杜馮翊雲陽縣，雲陽氏之嘗居〔五〕。云丹徒〔六〕、董覽吳地記云：“曲阿，秦時曰雲陽嶺。”〔七〕太康地記云：“曲阿，本名雲陽。秦始皇鑿北坑以敗其勢、截其道使阿曲而名。”〔八〕吳録云：“改曰丹徒。天寶元年曰丹陽。今屬潤。”〔九〕絳北者，非也〔一〇〕。十道志言〔一一〕：雲陽氏,古之仙人。開山圖以爲雲陽先生之墟,言:陽石山中有神龍池,黄帝時雲陽先生養龍於此,爲歷代養龍之處;水旱不時,祀之;中有神書鐵券玉石之記〔一二〕。故三輔黄圖引爲雲陽先生〔一三〕。然開山圖所言陽石山在絳北,又非雲陽氏也。

遁甲經云:"沙土之福,雲陽氏之虚也。可以長往,可以隱處〔一四〕。"

雲陽之山在衡山之陽,即今荼陵之雲陽山也〔一五〕。予游衡湘,道其麓,見山川之靈秀,土膏水沉,方皇不忍去〔一六〕。亦意嘗有異人者自之。西首,山阜麗倚,皆西面;而北,上朝衡領矣〔一七〕。然攷之皇甫紀〔一八〕,實爲少昊之封。

雲陽氏之蹤,固在甘泉。甘泉之山,本曰雲陽,以故黄帝以來每大祀于甘泉。則長沙之地,其亦爲始封乎?

雖然,丹陽、曲阿,亦秦世之雲陽領也。吴地記録,曲阿正秦代之雲陽領。太史時言東南有天子氣在雲陽間,秦人於是發赭徒三千,鑿雲陽之北岡曲之,因曰曲阿,則今之丹徒也〔一九〕。昔吴岑昬鑿丹徒至雲陽,杜野、小辛間;而陳勳屯田,鑿句容中道至雲陽西城,則今之破岡瀆也〔二〇〕。故杜佑以丹陽爲古雲陽,而學道傳謂是茅山若絳北之陽石者,非其止矣〔二一〕。載言之流以爲僊者,蓋知其異也〔二二〕。

【校注】

〔一〕遁甲經:佚書。後魏信都芳(見北齊書卷四九方伎傳)、唐胡乾(見郡齋讀書志卷一四)均撰有遁甲經。又,隋書經籍志三有"遁甲經十卷",不著撰人。此不明所指。

〔二〕今荼陵西南十里雲陽山也:荼陵,即今湖南茶陵縣。荼,"茶"之古字。四庫本作"茶"。下"荼陵"之"荼"同。史爲樂主編中國歷史地名大辭典"雲陽山"條,以"雲陽山"在"今湖南茶陵縣西十五里"。

〔三〕又萊之掖縣有萬里沙祠:萊,州名。掖縣,治所在今山東萊州市。

〔四〕著:處,定居。

〔五〕扗馮翊雲陽縣,雲陽氏之嘗居:扗,同"在"。喬本、備要本譌"杜"。吴本、四庫作"在"。此從洪本。馮翊,郡名。雲陽縣,治所在今陝西淳化縣西北。嘗,四庫本作"常"。

〔六〕丹徒:縣名,治所在今江蘇鎮江市丹徒區。

〔七〕董覽吴地記:董覽,其人不詳。吴地記,太平御覽卷五六作吴地志。

曲阿,秦時曰雲陽嶺:太平御覽卷五六引董覽吴地志,作:"曲阿,秦時名雲陽。"此"嶺"字疑爲衍文。曲阿,縣名,治所在今江蘇丹陽市。

〔八〕太康地記:總志性質地理書,成書于西晉太康年間,撰人不詳。 秦始皇鑿北坑以敗其勢、截其道使阿曲而名:北坑,亦作北阬,山名。阿曲,彎曲,曲折。喬本、備要本作"曲阿",此從洪本、吴本及四庫本。

〔九〕吴録:晉張勃撰。 潤:州名,治所在今江蘇鎮江市。

〔一〇〕絳北:指今山西新絳縣北。

〔一一〕十道志:唐梁載言撰。

〔一二〕鐵券:鐵製的契券。

〔一三〕三輔黄圖:古地理書,作者不詳。

〔一四〕沙土之福:福,謂福地。 可以長往,可以隱處:長,常。隱處,隱居。

〔一五〕即今荼陵之雲陽山也:洪本、吴本、四庫本"即今"作"只今"。

〔一六〕予游衡湘,道其麓,見山川之靈秀,土膏水沉,方皇不忍去:衡湘,衡山與湘水之合稱。道,取道,途經。膏,肥沃。沉,深。方皇,同"彷徨",徘徊。

〔一七〕山阜麗倚:麗,連。易兑象辭"麗澤兑"王弼注:"麗,猶連也。"倚,廣雅釋詁四:"立也。" 上朝衡領矣:衡領,衡山。領,"嶺"之古字。四庫本作"嶺"。下雲陽領之"領"同。

〔一八〕皇甫紀:指晉皇甫謐帝王世紀。

〔一九〕赭徒:囚犯。古囚犯身穿赭衣,故稱。藝文類聚卷六引地理志曰:"秦望氣者云東南有天子氣,使赭衣徒鑿雲陽縣北岡,改名曲阿。"又太平御覽卷五六引董覽吴地志曰:"曲阿,秦時名雲陽。太史云東南有天子氣在雲陽之間,故鑿北岡令曲而阿,因名曲阿。"

〔二〇〕昔吳岑昏鑿丹徒至雲陽，杜野、小辛間：岑昏，三國吳尚書，末帝孫
皓嬖臣。太平御覽卷一七〇引吳志曰："岑昏鑿丹徒至雲陽，而杜野、小辛間皆
斬絕陵壟，功力艱辛。"注："杜野屬丹徒，小辛屬曲阿。" 而陳勳屯田，鑿句容
中道至雲陽西城，則今之破岡瀆也：陳勳，三國吳校尉。句容，縣名，即今江蘇
句容市。破岡瀆，運河名。三國志吳志吳主傳赤烏八年："遣校尉陳勳將屯田
及作士三萬人鑿句容中道，自小其至雲陽西城，通會市，作邸閣。"

〔二一〕杜佑：唐中葉宰相，史學家，代表作有通典。 而學道傳謂是茅山
若絳北之陽石者，非其止矣：學道傳，南朝陳馬樞撰。茅山，山名。即今江蘇西
南部，地跨句容市、金壇市、南京市溧水區、溧陽市等地之大茅山。若，或，或
者。止，"址"之古字。洪本如此，是，今從之。餘本皆譌"正"。

〔二二〕載言：梁載言，唐懷州刺史。撰有十道志十六卷。

巫常氏
泰壹氏

泰壹氏，是爲皇人。道言天真皇人者，泰壹也。杜甫云："泰壹奉引，包羲
在右。堯步舜趨，禹馳湯驟。"〔一〕開圖挺紀，執大同之制，調大鴻之氣，正
神明之位者也〔二〕。是故九皇傳授，以索其自然之所生，復自然之
解與天地之所始〔三〕。見鶡冠子。三皇經云："皇人者，泰帝之所使，在娥眉山。
黃帝往受真一五牙之法〔四〕。"泰帝者，泰皇氏也。傳言泰帝興神鼎，説者以爲伏羲，失
之〔五〕。三十九章經云："九皇，上真王虛君也〔六〕。"即泰皇矣。今鶡冠子有泰皇問泰壹
"天、地、人之事三，孰急"云〔七〕。

昔者，神農嘗受事于泰壹小子，本草經〔八〕。而黃帝、老子皆受
要於泰壹元君，蓋范无形，嘗无味，要會久視，操法攬而長存
者〔九〕。開元詔盧鴻云"鴻有泰壹之道"，竇華云"洪荒無爲之道"〔一〇〕。按鶡冠子云：
"泰壹之道，九皇之傳，清成之初，太始之末。見不祥事於名理之外，范无形，嘗无味，以
要名理之所會。"〔一一〕抱璞内篇及玄錄皆言泰壹餌金液而仙〔一二〕。而亳人謬忌謂泰壹
者，天神之最貴〔一三〕。故漢武以李少翁之言祠泰壹于甘泉〔一四〕。然道書謂泰壹君者諱
鷪，又言身中亦有所謂"泰壹"者，諱務猷，蓋不足攷〔一五〕。有兵法、雜子、陰陽、

雲氣、黄冶及泰壹之書〔一六〕。兵法、雲氣，書傳間出；而黄冶、雜子，漢後不復見。漢志、七略有神農兵法、黄帝兵法，又有泰壹兵法一篇；有伏羲雜子、黄帝雜子，又有泰壹雜子五十三篇、泰壹雜子星二十八卷、泰壹雜子雲雨三十四卷、泰壹雜子黄冶三十一卷、泰壹雜子候歲二十二卷、泰壹陰陽二十三卷〔一七〕。兵法今或見之兵書。

其書言：黄帝謁娥眉，見天真皇人〔一八〕，三一經云：“黄帝游靈臺、青城山，絶巌之下見天真皇人”，而上清記、龍蹻經、四極明科、苞元玉籙、抱璞子等皆言黄帝謁娥眉，其事甚著〔一九〕。或云在青城。乃見甯封於青城爾，事見玉匱〔二〇〕。甯封告帝曰：“天真皇人在娥眉山”，因授龍蹻等〔二一〕。事見上清記及青城等記〔二二〕。今青城有甯封洞室、軒后壇及黄帝轍迹甚多〔二三〕。拜之玉堂，曰：“敢問何爲三一之道〔二四〕？”皇人曰：“而既已君統矣，又咨三一，无乃朗抗乎〔二五〕？古之聖人，盉三辰，立晷景，封域以判邦國，山川以分陰陽，寒暑以平歲，道埶以衛衆，文質以聚民，備械以防姦，車服以章等，皆法乎天而鞠乎有形者也〔二六〕。天地有啓閉，日星有薄失，治亂有運會，陰陽有期數〔二七〕。賢愚之蔽，壽夭之質，貴賤之事，吉凶之故，一成而不變〔二八〕。類氣浮于上而精氣萃于下；性發乎天，命成乎人：使聖人以爲之紀〔二九〕。是以聖人欲治天下，必先身之，立權以聚財，葵財以施智，因智以制義，繇義以出信，仗信以著衆，用衆以行仁，安仁以輔道，迪道以保教，善教以政俗，從俗以毓質，崇質以恢行，勤行以典禮，制禮以定情，原情以道性，復性以一德，成德以敍命，和命以安生，而天下自尒治，萬物自尒得，神志不勞而真一定矣〔三〇〕。子以蕞尒之身而百夫之所爲備，故天和莫至，悔吝屢庚，生殺失寒暑之宜，動静戾剛柔之節，而貪欺終無所用，无乃已浮乎〔三一〕？”黄帝乃終身弗違而天下治。其爲教也，至矣。此所謂玉佩金璫妙文也〔三二〕。自“使聖人以爲之紀”以上，集仙録稍革其語，以爲雲華告禹之言〔三三〕。水火大淵之事，其所言哉〔三四〕？楊谷授道記云：“黄帝見天皇真一之經而不决，遂周流四方，謁皇人于娥眉而問真一之道。其言大率論水火、絳宮、大淵之事云〔三五〕。”

予所敍古之帝王，其世治壽考無以稽矣〔三六〕。計其季〔三七〕，皆不乏三數百歲。

黃帝曰：上古之真人，壽蔽天地，蓋天真全而天一定，不滑其元者也〔三八〕。又曰：中古之時有至人者，益其壽命而强者也，亦歸于真人而已。蓋乘間維而基七衡，陵罔閬而隘八落者也〔三九〕。又曰：後世有聖人者，形體不蔽，精神不越，亦可以齡逾數百，雖有修縮之不齊，亦時與數當然尒〔四〇〕。然未有不死者。見素問〔四一〕。天老養生經，老子云："人生大期，以百二十季爲節度，護之可至千歲〔四二〕。"釋氏有所謂無常經〔四三〕，云："天地及日月，時至皆歸盡。"此言雖陋，以台觀之〔四四〕，物莫不有數，有數故雖天地莫能逃。

山亡川邑，郡陷谷遷，沙漠遺舊海之蹤，厓險著蜂蠃之甲，晉殿破檻，昆明劫灰，則所謂地屢敗矣〔四五〕。河側州郡，今歲在河南；明年決，出河北。東西海岸，亦皆如是。今西北荒外沙漠之間，皆是滄海遺迹；而太行、麻姑、朱崖等山，險崖石礨，皆是蠃蜂之殼〔四六〕。顏魯公等以爲桑田之變者也〔四七〕。土石自天，星磒如雨，或夜明逾晝，或越裂崩陀，則天有時而毀矣〔四八〕。雨土霣石，星霣夜明，並詳發揮雨粟説。天崩裂事，後世尤不勝多。漢惠二年，天東北開〔四九〕。晉太康二年，西北裂〔五〇〕。太安二年，天中裂〔五一〕。咸和四年，西北又裂〔五二〕。昇平五年，天中裂〔五三〕。哀帝即位，又裂〔五四〕。梁太清二年，西北裂〔五五〕。陳至德元年十二月，從西北開至東南，或百丈，或數十丈，有聲如雷，山雉皆呌，或見宮室之類〔五六〕。按内記云〔五七〕："天墜，將相死。若見名字，妄言語，爲凶殃，十二年易主。"蕭子顯齊書：永元中，"夜，天開"〔五八〕。而前趙録：建元初，天大裂〔五九〕。麟嘉二年，天崩；五年，又崩〔六〇〕。唐乾元四年正月十八，天中半裂〔六一〕。是均于幻，然亂應可知〔六二〕。故曰："乾坤毀，則無以見易。易不可見，則乾坤或幾乎熄矣。"〔六三〕宛首亦曰："天地運度，亦有否終；日月五星，亦有虧盈〔六四〕。而況於人乎？宛首，道君之號。奈何封君世辟不知乎此〔六五〕，蔽于方士之言以求不死？不死邈然〔六六〕，而小者亂貽天下，大者喪身失國，不可勝數矣。"

稽之其徒,初無是説。許玉斧言,黃帝鑄鼎,以疾崩,葬橋
山〔六七〕。莊周言老子之死,秦佚弔之,三號而出〔六八〕。而師曠
亦謂周太子晉色赤不壽,後三年而死,孔子聞之,曰:"惜哉,殺
吾君也!"〔六九〕是老子初無青鹿上陞之事,黃帝初無蒼龍高蹈之
言,而子晉初無綵鳳空騫之語,皆方士之徒設辭以愚弄其君而
取寵,亦自其教之害焉〔七〇〕。且"物壯不老,是謂不道",陰陽
固有終變〔七一〕。偓佺千歲,老彭七百,亦必死而已矣〔七二〕。而
荒君亂主,方僕僕信事之,以至於敗亂而終不悔,豈不
悛哉〔七三〕!

　　昔班生謂道家本出史官,歷記成敗存亡禍福古今之道,然
後知秉要以自守,清虛以自持,君人南面之術〔七四〕。而老君亦
令寇謙盡去三張偽法、盍氣穢事,謂大道清虛,顓以禮度爲首,
豈有茲事〔七五〕。竊究其要,與世禮正翖翙,而尤以信行爲輬軒,
初无不死之言〔七六〕。子夏有云:"死生有命。"〔七七〕而孔子亦
曰:"衆生必死","自古皆有死"〔七八〕。使孔子而非聖人,則斯
言爲不可信。

　　予悲夫世主之甘心於其聾瞀而不悟也,故博觀死生之際而
極論焉,尚其曉然知之而不蹈於悔也〔七九〕。

【校注】

〔一〕見杜甫朝獻太清宮賦文(宋姚鉉唐文粹卷三)。　泰壹奉引:泰壹,
唐文粹作"太一",同。奉引,謂在前引導。　包羲在右:包羲,即伏羲,唐文粹
作"庖犧",同;洪本、吳本"羲"譌"義"。在,喬本、備要本譌"左",今據洪本、
吳本、四庫本及唐文粹訂正。　堯步舜趨:步、趨,謂追隨。　禹馳湯驟:馳、
驟,謂在前後奔忙。

〔二〕開圖挺紀:圖,龍圖之類。挺,出也,見廣雅釋詁。紀,歲、月、日、星
辰、歷數之類。書洪範:"五紀:一曰歲,二曰月,三曰日,四曰星辰,五曰曆
數。"文選張平子(衡)東京賦:"宓妃攸館,神用挺紀。龍圖授羲,龜書畀姒。"

薛綜注:"攸,所也。館,舍也。傳曰:成王遷九鼎於洛邑,卜年七百,卜世三十。後皆如其言,故云神所挺紀,謂告年紀之處也。"　執大同之制,調大鴻之氣,正神明之位者也:鶡冠子泰鴻:"泰一者,執大同之制,調泰鴻之氣,正神明之位者也。"宋陸佃注:"泰一,天皇大帝也。……泰一無所不同,故曰執大同之制。……泰一含元氣者,故曰調泰鴻之氣。鴻蒙,元氣也。泰鴻,元氣之始也。"黃懷信彙校集注:"正,定也。神明,五方神靈。"泰一,同泰壹。

〔三〕是故九皇傳授,以索其自然之所生,復自然之解與天地之所始:九皇,下羅苹注稱九皇即泰皇,而黃懷信鶡冠子彙校集注則以爲"蓋即人皇兄弟九人,分長九州者",黃説當是,即本書前紀二泰皇氏"爲世之日,兩皇並隆"注所謂"人皇九頭(人)"。泰皇但爲九皇中之長兄,見下注〔七〕。復,恢復,返回。解,開放,用同文子上德"雷之動也萬物啓,雨之潤也萬物解"之"解"。彥按:此承上文並撮取自鶡冠子。今本鶡冠子泰鴻文作:"故九皇受傅,以索其然之所生。傅謂之得天之解,傅謂之得天地之所始。"九皇受傅,謂九皇受泰一之教導。傅,教導,教育。

〔四〕在娥眉山:四庫本"娥"作"峨"。　黃帝往受真一五牙之法:真一,道教名詞。指保持本性,自然無爲。五牙,道教語。指木、火、土、金、水五行初生之氣。雲笈七籤卷五八:"夫道者,或傳服五牙。五牙者,五行之生氣。"

〔五〕傳言泰帝興神鼎,説者以爲伏羲:伏羲,洪本"羲"譌"義"。史記封禪書:"有司皆曰:'聞昔泰帝興神鼎一,一者壹統,天地萬物所繫終也。'"司馬貞索隱:"案:孔文祥云'泰帝,太昊也'。"太昊即伏羲氏。

〔六〕三十九章經:道經名。又稱上清大洞真經。作者不詳。　上真王虛君:王,同"玉"。吳本、四庫本作"玉",備要本譌"王"。

〔七〕鶡冠子泰鴻:"泰皇問泰一曰:'天、地、人事,三者孰急?'"宋陸佃注:"泰皇,蓋九皇之長也。"

〔八〕本草經:即神農本草經。爲現存最早之中藥學著作。

〔九〕而黃帝、老子皆受要於泰壹元君:要,指要訣。　蓋范无形,嘗无味:范,通"範",製作器物的模子;用如動詞,指製作模子。彥按:此文引自鶡冠子泰録。意謂泰壹之時,混沌初開,萬物未生,無形無味,故欲範則無形可範,欲嘗則無味可嘗。黃懷信彙校集注曰:"范無形,謂能爲無形之無制范。嘗無味,謂能嘗出無味之味。"恐非是。　要會久視:謂求得符合長生之法。要,求取,求得。會,符合。下注文"以要名理之所會"之"要"、"會"義同。久視,長生,長壽。老子道德經第五十九章:"是謂深根固柢,長生久視之道。"吕氏春秋重己:"世之人主貴人,無賢不肖,莫不欲長生久視。"高誘注:"視,活也。"　操法攬而長存者:操,持,掌握。法攬,費解,疑"攬"借爲"覽",用同"雜覽"之"覽",法覽猶法籍,即下文所稱兵法、雜子、陰陽、雲氣、黄冶諸講法術書。

〔一〇〕開元詔盧鴻云"鴻有泰壹之道":見新唐書卷一九六隱逸傳。開元,唐玄宗李隆基年號。盧鴻,唐玄宗時隱士。泰壹,新唐書作"泰一"。　竇華云"洪荒無爲之道":竇華,唐玄宗朝中書舍人。洪荒,混沌、蒙昧的狀態。借指遠古時代。

〔一一〕見鶡冠子泰鴻。今本鶡冠子"泰壹"作"泰一","九皇之傳"作"九皇之傅","清成之初,太始之末"作"請成於泰始之末","不祥事"之"祥"作"詳"。彦按:"清成之初,太始之末",兩句同義對文。"清成之初"謂混沌初開闢時,"太始之末"指萬物始形成時。"見不祥事於名理之外","祥"當作"詳"。陸佃注曰:"此言纔見其事之略而已。""名理之所會",指名理之真意。清成之初,太始之末,名理未備,事惟簡略,故"見不詳事於名理之外";又以其不違名理,故反得名理之真。

〔一二〕抱璞内篇及玄籙皆言泰壹餌金液而仙:抱璞,即抱朴子,晉葛洪撰。玄籙,道教的祕文祕録。餌,服食。金液,古代方士煉的一種丹液,以爲服之可以成仙。抱朴子内篇金丹:"抱朴子曰:金液,太乙所服而僊者也,不减九丹矣。"

〔一三〕而亳人謬忌謂泰壹者,天神之最貴:亳,通"薄",指薄縣。治所在今山東曹縣南。謬忌,漢武帝時方士。吴本、四庫本"謬"作"繆";喬本、備要本"忌"譌"記",今據餘諸本及史記封禪書、漢書郊祀志上訂正。天神,吴本、四庫本作"天人"。史記封禪書:"亳人謬忌奏祠太一方,曰:'天神貴者太一,太一佐曰五帝。'"

〔一四〕李少翁:漢武帝時方士。史記孝武本紀:"齊人少翁以鬼神方見上。上有所幸王夫人,夫人卒,少翁以方術蓋夜致王夫人及竈鬼之貌云,天子自帷中望見焉。於是乃拜少翁爲文成將軍,賞賜甚多,以客禮禮之。文成言

曰：‘上即欲與神通，宮室被服不象神，神物不至。’乃作畫雲氣車，及各以勝日
駕車辟惡鬼。又作甘泉宫，中爲臺室，畫天、地、泰一諸神，而置祭具以致
天神。”

〔一五〕然道書謂泰壹君者諱騰：諱，名諱，名字。　又言身中亦有所謂
“泰壹”者，諱務猷：務猷，亦稱務猷收。雲笈七籤卷三〇大洞迴風混合帝一之
法：“太一尊神號務猷收，字歸會昌，一名解明，一名寄頻，恒守我玉枕之下泥丸
後户。是死氣之門，太一嚴固守之，使泥丸入於真氣，七世父母受仰玄之更生，
上籍玉皇，重華萬寧。”

〔一六〕有兵法、雜子、陰陽、雲氣、黄冶及泰壹之書：雜子，雜學類著作名。
陰陽，陰陽學説類著作。雲氣，有關望雲氣知吉凶術之著作。黄冶，道家有關
煉丹成金術之著作。

〔一七〕漢志、七略：漢志，此指漢書藝文志。七略，中國第一部圖書分類
目録，西漢劉歆撰。　伏羲雜子：洪本“羲”譌“義”。漢書藝文志方技略神僊
作宓戲雜子道。　黄帝雜子：漢書藝文志術數略天文有黄帝雜子氣三十三篇，
方技略神僊有黄帝雜子步引十二卷、黄帝雜子芝菌十八卷、黄帝雜子十九家方
二十一卷。　泰壹雜子五十三篇：漢書藝文志未見，而方技略神僊有泰壹雜子
十五家方二十二卷。　泰壹雜子候歲二十二卷：四庫本“二十二”作“二十
三”，誤。　泰壹陰陽二十三卷：漢書藝文志術數略五行“泰壹”作“泰一”。

〔一八〕黄帝謁娥眉：四庫本“娥”作“峨”。下注文“娥眉”、“娥眉山”之
“娥”字同。

〔一九〕靈臺：山名。在今四川江油市西。　青城山：在今四川都江堰市
西南。　上清記：道書名，作者不詳。　龍蹻經：道經名，作者不詳。　四極明
科：全稱太真玉帝四極明科經。爲道教戒律類經典。　苞元玉籙：道書名，作
者不詳。梁陶弘景真誥卷九有苞玄玉籙白簡青經，蓋即此書。洪本、吳本
“玉”作“王”，同。

〔二〇〕甯封：傳説中黄帝時仙人，亦稱甯封子。漢劉向列仙傳載：“甯封
子者，黄帝時人也。世傳爲黄帝陶正。有人過之爲其掌火，能出五色煙，久則
以教封子。封子積火自燒，而隨煙氣上下，視其灰燼，猶有其骨。時人共葬於
甯北山中，故謂之甯封子焉。”　玉匱：南朝梁陶弘景撰。

〔二一〕雲笈七籤卷六：“昔黄帝於峨嵋山，詣天真皇人請靈寶五芽之經；於青城山，詣甯封真君受靈寶龍蹻之經。”

〔二二〕事見上清記及青城等記：青城記，即青城山記，前蜀道士杜光庭撰。

〔二三〕軒后壇及黄帝轍迹甚多：軒后即黄帝。黄帝居軒轅之丘，而號軒轅氏。轍迹，猶遺迹。

〔二四〕三一之道：道家指由精、神、氣三者混而爲一之道。雲笈七籤卷四九：“三一者，精、神、炁混三爲一也。”

〔二五〕而既已君統矣，又咨三一，无乃朗抗乎：而，第二人稱代詞，你。君統，指爲君統民。朗抗，即浪侃，謂浪語，妄説。

〔二六〕盍三辰，立晷景：盍，通“合”，覈驗，對照。三辰，指日、月、星。晷景，指日晷儀。　封域以判邦國，山川以分陰陽：封域，疆域，領地。判，分，分别。陰陽，説文㫃部：“陰，闇也；水之南，山之北也。”玉篇𨸏部：“陽，山南水北也。”　寒暑以平歲：平，調和。　道埶以衛衆，文質以聚民：道埶，泛指學問與技能。埶，同“藝”。吴本作“�”，餘諸本皆作“執”。彦按：“道執”不詞。執、�當爲“埶”字形譌，今訂正。衛，通“禕”（音 yī），嘉，美好。此用如使動。爾雅釋詁下：“衛，嘉也。”郝懿行義疏：“衛者，‘禕’之叚音也。上文云，禕，美也。”文質，各本均作“交質”。彦按：古書從未言上古聖人有交質事，交質又何能聚民？且此“交質以聚民”與“道埶以衛衆”二句對文，“道埶”爲並列結構名詞，“交質”爲述賓結構動詞，顯然不妥。今謂此“交”字乃“文”字形譌，“文質”指文彩與質樸，亦爲並列結構，正可與“道埶”工整相對。論語雍也：“文質彬彬，然後君子。”是君子，然後能聚民。今予訂正。　車服以章等：章等，區别等級。　皆法乎天而鞠乎有形者也：鞠，方言卷一：“養也。陳、楚、韓、鄭之間曰鞠。”有形者，此與“天”相對爲文，當借代“地”；天無形而地有形也。

〔二七〕天地有啓閉，日星有薄失，治亂有運會，陰陽有期數：啓閉，開闔。薄失，薄食與隱遁。“失”通“逸”。漢書天文志：“彗孛飛流，日月薄食。”顏師古注引孟康曰：“日月無光曰薄，……或曰不交而食曰薄。”日星薄失，意猶范仲淹岳陽樓記“日星隱曜”義。運會，時運際會，運氣機遇。期數，定數，規律。

〔二八〕賢愚之蔽，壽夭之質，貴賤之事，吉凶之故，一成而不變：蔽，審斷，判決。小爾雅廣言：“蔽，斷也。”質，指體質。故，原因，根由。一成而不變，謂一旦形成就不能改變。

〔二九〕類氣浮于上而精氣萃于下：類氣，戾氣，邪氣。類，借爲“纇”。左傳昭公十六年“出令之不信，刑之頗類”孔穎達疏：“服虔讀類爲纇。解云：‘頗，偏也。纇，不平也。’” 性發乎天，命成乎人：易乾“乾道變化，各正性命”孔穎達疏：“性者，天生之質，若剛柔遲速之別；命者，人所稟受，若貴賤夭壽之屬也。” 使聖人以爲之紀：紀，節制。吕氏春秋本味“五味三材，九沸九變，火爲之紀”高誘注：“紀猶節也。品味待火然後成，故曰火爲之節。”

〔三〇〕是以聖人欲治天下，必先身之：先身之，謂先治自身。 立權以聚財：立權，謂樹立權威。 揆財以施智：揆，通“揆”，測度，度量。此謂謀劃大事時須考慮財力。 因智以制義，繇義以出信：義，通“儀”，儀制，法度。繇，四庫本作“由”。出信，顯示信用。 仗信以著衆：著，依附，此用如使動詞。著衆猶言團結大衆。 迪道以保教，善教以政俗：迪，實踐，遵循。善教，搞好教育。政，通“正”，糾正。 從俗以毓質，崇質以恢行：毓，養育，培養。質，品質。北齊劉晝新論隨時：“故易貴隨時，禮尚從俗，適時而行也。”崇質，謂重視品質培養。恢行，謂使美好的行爲（善行）發揚光大。恢，弘揚。 勤行以典禮，制禮以定情：勤行，謂致力于善行。典禮，謂使禮成爲遵循之法則。典，常道，法則，此用如使動。定情，謂節制情慾。爾雅釋詁下：“定，止也。” 原情以道性，復性以一德：原，推究原因，研究。道性，謂啓發善性。道，引導，啓迪。一德，謂始終如一之美德。易繫辭下：“恒以一德。”孔穎達疏：“恒能始終不移，是純一其德也。” 成德以斂命，和命以安生：成德，謂養成美德。斂命，順應天命。書禹貢“三苗丕敍”江聲集注音疏：“敍，順也。”和命，和協天命，即不違天命。安生，安定民生。 而天下自尒治，萬物自尒得，神志不勞而真一定矣：治，安定。得，得益。真一定，謂養成真一之道。定，成。淮南子天文：“天先成而地後定。”“先成”即“先定”，“後定”即“後成”。

〔三一〕子以蕞尒之身而百夫之所爲備：子，洪本、吴本、四庫本譌“予”。蕞尒，形容小。孟子滕文公上：“且一人之身而百工之所爲備，如必自爲而後用之，是率天下而路也。” 故天和莫至，悔吝屢庚：天和，天地之和氣。悔吝，災禍。易繫辭上：“悔吝者，憂虞之象也。”屢庚，接連不斷。庚，通“賡”，爾雅釋詁下：“賡，續也。” 生殺失寒暑之宜：生殺，偏義複詞，義偏于“殺”，泛指田獵、伐木之類。古人重視生態平衡,大凡于田獵、伐木之時間皆有規定,如公羊傳桓公四年:"春曰苗,秋曰蒐,冬曰狩。"漢何休解詁云:"不以夏田者,春秋制也。以爲飛鳥未去於巢,走獸未離於穴,恐傷害於幼稚,故於苑囿中取之。"又如孟子梁惠王上:"斧斤以時入山林,材木不可勝用也。"漢趙岐注云:"時謂草木零落之時,使材木茂暢,故有餘。"　動静戾剛柔之節:動静,偏義複詞,義偏于"動",謂行動。戾,違背。節,適度。　无乃已浮乎:已,太,過分。浮,輕浮,淺薄。

〔三二〕此所謂玉佩金璫妙文也:玉佩金璫,道經名,作者不詳。洪本、吴本"玉"作"王"。四庫本"佩"作"珮"。

〔三三〕集仙録:即墉城集仙録,前蜀杜光庭撰。　雲華:巫山神女名。

〔三四〕水火大淵之事,其所言哉:其,猶"豈",難道。

〔三五〕楊谷:其人不詳。　天皇真一之經:道經名,撰者不詳。　娥眉:洪本、四庫本"娥"作"峨"。　絳宮:傳説中神仙所住的宮殿。

〔三六〕其世治壽考無以稽矣:世治,統治時代。壽考,壽數,壽命。

〔三七〕計其季:季,同"年"。四庫本作"年",洪本、備要本謁"季"。

〔三八〕壽蔽天地:謂壽與天地相始終。蔽,極,窮盡。吕氏春秋當染:"此四王者,所染當,故王天下,立爲天子,功名蔽天地。"高誘注:"蔽,猶極也。"蓋天真全而天一定:天真,天性,本性。天一,謂與天合而爲一。定,成。　不滑其元者也:滑,廣韻没韻:"亂也。"元,元氣,根本。

〔三九〕乘間維而基七衡:乘,駕馭(車馬)。間維,古人認爲天有六間(七衡間之界域),地有四維(猶四隅),因稱天地間爲間維。楚辭遠遊:"歷玄冥以邪徑兮,乘間維以反顧。"清蔣驥山帶閣注:"此縱遊上下四方之極際也。天有六間,地有四維。"基,基于,根據。七衡,古代天文家(蓋天家)認爲太陽在天蓋上的周日運動,一年中有七條軌道,稱"七衡"。其中最内的叫"内衡",夏至日太陽就沿内衡走一圈;最外的叫"外衡",冬至日太陽就沿外衡走一圈;其它節氣裏,太陽則沿中間五道運行。太平御覽卷一引孝經援神契曰:"周天七衡、六間,相去一萬九千八百三十三里三分里之一,合十一萬九千里。從内衡以至中衡,從中衡以至外衡,各五萬九千五百里。"彦按:此句謂至人順應天道,自由馳騁于天地間。　陵罔閬而臨八落:陵,凌駕。罔閬,即罔兩,古代傳説中的精怪。八落,猶八紘,謂八方極遠之地。落,通"絡"。淮南子墜形:"九州之外,乃有八殥,……八殥之外,而有八紘,亦方千里。"高誘注:"紘,維也。維落天地而爲之表,故曰紘也。"彦按:此句極言至人之氣概大,胸襟寬。

〔四〇〕形體不蔽,精神不越,亦可以齡逾數百:蔽,通"敝",衰疲。越,散,散失。黄帝内經素問上古天真論"越"作"散","齡逾數百"作"百數"。 雖有修縮之不齊,亦時與數當然尒:修縮,長短。洪本、吳本"修"作"脩"。同樣情況,以下不煩一一指出。時,指時運。數,規律,必然性。

〔四一〕素問:即黄帝内經素問。爲現存最早中醫理論著作。相傳黄帝所撰,實際當非出自一時一人之手,而最後成書大約在春秋戰國時期。上路史所引黄帝語,主體部分撮取自素問上古天真論篇。

〔四二〕天老養生經:古佚書。 人生大期,以百二十季爲節度,護之可至千歲:大期,指死期。季,四庫本作"年",洪本、備要本譌"季"。節度,節制,限度。文選嵇叔夜(康)養生論李善注引天老養生經,作:"老子曰:'人生大期,以百二十年爲限,節度護之,可至千歲。'"

〔四三〕釋氏:佛姓釋迦之略稱,借指佛教。

〔四四〕台:音 yí,我。

〔四五〕山亡川邕:亡,消失。邕,通"壅",堵塞。 厓險著蜂蠃之甲:厓險,崖岸。險,通"巖"。著,附著。蠃,同"螺"。甲,殼。 晉殿破檻:檻,同"艦",古代船首畫有鷁鳥的船。晉書五行志下:"(武帝太康)八年七月,大雨,殿前地陷,方五尺,深數丈,中有破船。" 昆明劫灰:南朝梁慧皎高僧傳譯經上竺法蘭:"昔漢武穿昆明池底,得黑灰,問東方朔。朔云:'不知,可問西域胡人。'後法蘭既至,衆人追以問之,蘭云:'世界終盡,劫火洞燒,此灰是也。'"昆明池,故址在今陝西西安市長安區斗門街道東南。 則所謂地屢敗矣:敗,毁壞。

〔四六〕麻姑:其山在今江西南城縣西。 朱崖:朱崖山所在不詳。若謂在朱崖郡南海中,(宋唐慎微重修政和經史證類備用本草卷三玉石部上品扁青"生朱崖山谷、武都、朱提"注:"朱崖郡,先屬交州,在南海中。")則與文意不合。頗疑其爲"朱圉"之譌。朱圉山見於尚書禹貢,其地在今甘肅甘谷縣西南三十里,正與"西北荒外沙漠之間"合。清顧祖禹讀史方輿紀要卷五九陝西八伏羌縣朱圉山注:"一名白崖山。"朱圉又稱白崖,豈匆遽誤合而成"朱崖"歟?
聊獻一疑,以侍方家證成或駁正之。　　石罅:石頭的縫隙。

〔四七〕顔魯公等以爲桑田之變者也:顔魯公,即唐代書法家顔真卿。顔真
卿有撫州南城縣麻姑山仙壇記一篇(見顔魯公集卷十三),文云:"大曆三年,
真卿刺撫州。按圖經,南城縣有麻姑山,頂有古壇,相傳云麻姑於此得
道。……東北有石崇觀,高石中猶有螺蚌殼,或以爲桑田所變。"

〔四八〕土石自天,星磒如雨:磒,掉落。吳本、四庫本作"隕",同。春秋莊
公七年:"夏,四月辛卯,夜,恒星不見。夜中,星隕如雨。"　或越裂崩陀:越裂,
離散,分裂。方言卷六:"伆、邈,離也。楚謂之越。"左傳昭公四年:"風不越而
殺",杜預注:"越,散也。"崩陀,崩塌。洪本、吳本、四庫本"陀"作"地"。彦按:
"地"蓋"阤"字形譌。"阤"即"陀"字。淮南子繆稱:"城峭者必崩,岸嶢者必
陀。"劉文典集解:"陀即阤字。(説文)阤下云:'小崩也。'小崩亦落意。"

〔四九〕漢書天文志:"孝惠二年,天開東北,廣十餘丈,長二十餘丈。"

〔五〇〕晉太康二年,西北裂:太康,喬本、備要本作"大康",今從餘諸本
改。彦按:太康當作元康,蓋羅氏誤記。晉書天文志中云:"惠帝元康二年二
月,天西北大裂。"是也。

〔五一〕太安:四庫本作"大安",非。晉書天文志中:"太安二年八月庚午,
天中裂爲二,有聲如雷者三。"

〔五二〕晉書成帝紀咸和四年:"是歲,天裂西北。"

〔五三〕晉書天文志中:"穆帝升平五年八月己卯夜,天中裂,廣三四丈,有
聲如雷,野雉皆鳴。"

〔五四〕哀帝即位,又裂:晉書哀帝紀:升平五年五月"庚申,即皇帝
位。……八月己卯夜,天裂,廣數丈,有聲如雷。"彦按:此與上文所言"昇平五
年,天中裂"實際是同一回事。因哀帝初即位,沿用穆帝升平年號,故羅氏誤以
晉書天文志中所載發生于升平五年八月己卯夜之天中裂爲穆帝時事,遂致
重出。

〔五五〕南史梁武帝紀下太清二年:"十二月戊申,天西北裂,有光如火。"

〔五六〕陳書後主本紀至德元年十二月:"戊午夜,天開自西北至東南,其
內有青黃色,隆隆若雷聲。"

〔五七〕内記：古佚書，作者不詳。四庫本作“内經”，非。

〔五八〕見南齊書天文志下，原文爲：“永元三年夜，天開黄色明照。”

〔五九〕前趙録：各本均作“時趙録”。彦按：此書從所未聞，路史及羅苹注中亦僅此一見。“時”當“前”字之譌，即魏崔鴻十六國春秋中之前趙録。下述建元、麟嘉事，建元、麟嘉皆前趙烈宗劉聰年號，可證。今訂正。

〔六〇〕五年，又崩：彦按：此云麟嘉五年，疑有誤。前趙麟嘉年號祇歷三年，另後涼太祖吕光亦有年號麟嘉，首尾八年，又似非此所指。

〔六一〕唐乾元四年正月十八：彦按：此當有誤。乾元爲肅宗年號（公元758—760年），連首帶尾祇有三年。

〔六二〕是均于幻：于，通“爲”。書蔡仲之命：“降霍叔于庶人。”鄭玄注：“于讀曰‘爲’。”幻，怪異。　亂應：禍亂之徵兆。

〔六三〕見易繫辭上。　乾坤毀，則無以見易：高亨大傳今注：“此言無天地則無易道。”　易不可見，則乾坤或幾乎熄矣：幾，洪本、吴本作“邇”，字異詞同。熄，四庫本及今本周易作“息”。高亨大傳今注：“此言無易道則無天地。”

〔六四〕天地運度，亦有否終：運度，猶運行。否終，不順與終止。雲笈七籤卷二：“天地運度，否泰所終。”

〔六五〕封君世辟：泛稱國君。世辟，世主。

〔六六〕邈然：謂遥不可及。

〔六七〕許玉斧：道家傳説中之真人。雲笈七籤卷八六：“真誥第十：許長史第三男，名翽，字道翔，小名玉斧，……居雷平山下修業精勤。以梁太和五年於茅山舊宅，年三十而告終。即居方隅山洞方源館中，常去來四平方臺，後爲上清仙公。”　橋山：在今陝西黄陵縣城北。

〔六八〕秦佚：即秦失，老聃之友。莊子養生主：“老聃死，秦失弔之，三號而出。”郭象注：“人弔亦弔，人號亦號。”

〔六九〕師曠：春秋晉國著名樂師，爲盲人。潛夫論志氏姓：“周靈王之太子晉，幼有成德，聰明博達，温恭敦敏。……（晉）平公遣師曠見太子晉。太子晉與語，師曠服德，深相結也。乃問曠曰：‘吾聞太師能知人年之長短。’師曠對曰：‘女色赤白，女聲清汗，火色不壽。’晉曰：‘然。吾後三年將上賓於帝，女慎無言，殃將及女。’其後三年而太子死。孔子聞之曰：‘惜夫！殺吾君也。’”

〔七〇〕是老子初無青鹿上陞之事：明董斯張廣博物志卷四六引仙鑑：“老子騎青鹿上昇。”　黄帝初無蒼龍高蹈之言：高蹈，舉足而登，謂昇天。太平御覽卷七九引符子曰：“黄帝謂其友無爲子曰：‘我勞天下矣，疲於形役，請息駕於玄圃，子其代之！’無爲子曰：‘焉能棄我之逸，而爲君之勞哉？’乃攀龍而俱去。”　而子晉初無綵鳳空鶱之語：子晉，即周靈王太子晉。綵鳳，即鳳凰，以身備五彩故稱。鶱，通“騫”，飛起。彦按：列仙傳卷上云：“王子喬者，周靈王太子晉也。好吹笙，作鳳凰鳴。遊伊洛之間，道士浮丘公接以上嵩高山。三十餘年後求之於山上，見柏良曰：‘告我家，七月七日待我於緱氏山巔。’至時，果乘白鶴駐山頭，望之不得到，舉手謝時人，數日而去。”是乘白鶴，非乘綵鳳，但好作鳳凰鳴耳，路史説恐誤。

〔七一〕物壯不老，是謂不道：彦按：今本老子第三十章云：“物壯則老，是謂不道。”路史此處似引老子語，豈羅氏所見本與今本異乎？抑羅氏竄改老子文乎？一字之易，尤見哲理。

〔七二〕偓佺：傳説中僊人名。喬本、洪本、吳本“偓”作“偓”誤，今據四庫本、備要本訂正。漢劉向列仙傳卷上：“偓佺者，槐山採藥父也。好食松實，形體生毛長數寸，兩目更方，能飛行逐走馬。以松子遺堯，堯不暇服也。……時人受服者，皆至二三百歲焉。”　老彭：又稱彭祖，爲傳説中善養生、極長壽之人。四庫本作“彭祖”。列仙傳卷上：“彭祖者，殷大夫也。姓籛，名鏗，帝顓頊之孫陸終氏之中子。歷夏至殷末，八百餘歲。常食桂芝，善導引行氣。”又史記楚世家“三曰彭祖”張守節正義引括地志：“神仙傳云：彭祖諱鏗，帝顓頊之玄孫，至殷末年已七百六十七歲而不衰老，遂往流沙之西，非壽終也。”

〔七三〕荒君：昏君。荒，昏瞶。　僕僕：奔走勞頓貌。　悢：同“哀”。

〔七四〕班生：指漢班固。　秉要：抓住關鍵。秉，執，持。　君人南面之術：君人，猶人君、國君。南面，面向南。古代以坐北朝南爲尊位，帝王見羣臣，皆坐于北而面向南，後因借“南面”表示帝王之統治。漢書藝文志諸子略：“道家者流，蓋出於史官，歷記成敗存亡禍福古今之道，然後知秉要執本，清虛以自守，卑弱以自持，此君人南面之術也。”

〔七五〕而老君亦令寇謙盡去三張偽法、盉氣穢事，謂大道清虛，顓以禮度爲首，豈有兹事：老君，又稱李老君或太上老君，即老子。令，洪本譌“今”。寇謙,指北魏道士寇謙之。三張,指漢末五斗米道的三個首領張陵、張衡、張魯。
盍氣,即合氣。道教以男女性交爲陰陽之氣交合,因稱。顓,通“專”。禮度,禮
儀法度。魏書釋老志:“(寇)謙之守志嵩岳,精專不懈,以神瑞二年十月乙卯,
忽遇大神,乘雲駕龍,導從百靈,仙人玉女,左右侍衛,集止山頂,稱太上老君。
謂謙之曰:‘……嵩岳道士上谷寇謙之,立身直理,行合自然,才任軌範,首處師
位,吾故來觀汝,授汝天師之位,賜汝雲中音誦新科之誡二十卷。’……言:‘吾
此經誡,自天地開闢已來,不傳於世,今運數應出。汝宣吾新科,清整道教,除
去三張僞法,租米錢稅,及男女合氣之術。大道清虛,豈有斯事? 專以禮度爲
首,而加之以服食閉練。’使(王)九疑人長客之等十二人授謙之服氣導引口訣
之法。遂得辟穀,氣盛體輕,顏色殊麗。”

〔七六〕與世禮正翓翃:翓翃(xié háng),集韻唐韻翃:“鳥飛上曰翓,下曰
翃。”二字合用,謂不相上下,相抗衡。　而尤以信行爲輗軏:信行,誠實守信之
品行。輗軏(ní yuè),車轅端與衡軛相接處的活銷,輗用于大車(牛車),軏用
于小車(馬車)。論語爲政:“大車無輗,小車無軏,其何以行之哉!”故又以比
喻事物之關鍵。

〔七七〕子夏:即孔子學生卜商(字子夏)。各本均作“子貢”。彥按:子貢
當作“子夏”。子貢、子夏皆孔子學生,而“貢”、“夏”二字輪廓依稀相似,故致
誤。今訂正。論語顏淵:“子夏曰:‘商聞之矣:死生有命,富貴在天。’”即羅氏
所本。

〔七八〕禮記祭義載孔子曰:“衆生必死,死必歸土:此之謂鬼。”又論語顏
淵載孔子語:“自古皆有死,民無信不立。”

〔七九〕聾瞽:耳聾眼瞎。　博觀死生之際而極論焉:際,關係。極論,竭力
論述,暢談。

空桑氏

空桑氏以地紀。空桑者,兖鹵也〔一〕。其地廣絶,高陽氏所嘗
居,皇甫謐所謂“廣桑之野”者〔二〕。或云窮桑,非也。窮桑在西,
小顓之居〔三〕。詳少昊紀。若乃伊尹之生,共工氏之所灌,則陳留
矣〔四〕。伊尹産空桑,在陳留,非魯地。呂不韋等謂伊尹之母化爲空桑,尹生其中〔五〕,

大妄。

　　空桑在東,窮桑在西。歸藏啓筮云:“空桑之蒼蒼,八極之既張,乃有羲和,是主日月,職出入以爲晦明。”〔六〕蓋指隅夷之地〔七〕。

　　故記,孔子生於空桑。春秋演孔圖云:“徵在游於大冢之陂,夢黑帝謂己:‘汝産必於空桑。’”〔八〕而干寶所記:“徵在生子空桑之地,今名孔竇,在魯南山之穴。”〔九〕故孔廟禮器碑云:“顔育空桑〔一〇〕。”空桑,魯北。孔子,魯人,故説者指云空桑。槩而言之,魯南山穴之説,正自戾矣〔一一〕。

　　乃若共工氏之振滔鴻水以薄空桑,則爲莘、陝之間〔一二〕。伊尹,莘人,故吕春秋、古史攷等俱言尹産空桑〔一三〕。空桑故城在今陳留,固非魯也。故地記言:“空桑南杞而北陳留,各三十里,有伊尹村。”〔一四〕

　　而所謂窮桑,則非此矣。拾遺記言:“窮桑者,西海之濱也。地有孤桑千尋。”〔一五〕蓋在西垂,少昊之居,梁雎之域〔一六〕。故周書嘗麥云:帝命蚩尤,宇于小顥〔一七〕。而遠游章句:西皇所居,西海之津〔一八〕。西皇者,少昊之稱。而小顥者,少昊之正字也。宜爲咸陽。故咸陽曰雲陽,而少昊一曰雲陽氏。雲陽縣今隸曜,漢甘泉宮,即武帝之太畤也〔一九〕。顓頊,繼少昊者,故世紀:顓頊亦自窮桑遷商丘〔二〇〕。事可知矣。

　　而杜預遽以窮桑爲在魯北,至釋例地名,乃云地闕〔二一〕。故穎達云:言魯北者,相傳言尒,蓋以定四季傳“封伯禽於少昊之虛”逆之〔二二〕。而樂史之所記,乃在曲阜,此又因預而妄之也〔二三〕。

　　太昊在東〔二四〕,少昊在西,予既言之。拾遺、遠遊窮桑既在西極〔二五〕,則魯曲阜之説得非太昊之虛乎? 郡國志云“少昊自窮<u>桑</u>登帝位"〔二六〕，非<u>空桑</u>也。

【校注】

〔一〕兖<u>鹵</u>：<u>兖州魯縣</u>，治所在今<u>山東曲阜市</u>。鹵，通"<u>魯</u>"。

〔二〕<u>高陽氏</u>所嘗居，<u>皇甫謐</u>所謂"<u>廣桑之野</u>"者：<u>高陽氏</u>，上古帝王<u>顓頊</u>之號。<u>皇甫謐</u>，<u>西晉</u>史學家及醫學家，著作有<u>帝王世紀</u>、<u>高士傳</u>、<u>逸士傳</u>、<u>列女傳</u>、<u>鍼灸甲乙經</u>等。

〔三〕<u>小顓之居</u>：<u>小顓</u>，即<u>少昊</u>。下文曰："<u>西皇</u>者，<u>少昊</u>之稱。而<u>小顓</u>者，<u>少昊</u>之正字也。"<u>吳本</u>、<u>四庫本</u>"居"作"君"，誤。

〔四〕<u>伊尹之生</u>：<u>水經注</u>卷一五<u>伊水</u>："昔有<u>莘氏</u>女采桑于<u>伊川</u>，得嬰兒于空桑中，言：其母孕于<u>伊水</u>之濱，夢神告之曰：'臼水出而東走！'母明視而見臼水出焉，告其鄰居而走，顧望其邑，咸爲水矣。其母化爲空桑，子在其中矣。<u>莘</u>女取而獻之，命養于庖。長而有賢德，<u>殷</u>以爲尹，曰<u>伊尹</u>也。"<u>共工氏</u>之所灌，則<u>陳留</u>矣：<u>陳留</u>，地名。在今<u>河南開封縣陳留鎮</u>。詳見下注〔一二〕。

〔五〕<u>伊尹</u>之母化爲空桑：空桑，謂空心桑樹。<u>呂氏春秋本味</u>："有<u>侁氏</u>女子採桑，得嬰兒于空桑之中，獻之其君。其君令烰人養之。察其所以然，曰：'其母居<u>伊水</u>之上，孕，夢有神告之曰："臼出水而東走，毋顧！"明日，視臼出水，告其鄰，東走十里而顧，其邑盡爲水，身因化爲空桑。'故命之曰<u>伊尹</u>。此<u>伊尹</u>生空桑之故也。"

〔六〕<u>歸藏啓筮</u>：<u>啓筮</u>，<u>歸藏</u>篇名。空桑之蒼蒼，八極之既張，乃有<u>義和</u>，是主日月，職出入以爲晦明：蒼蒼，茫無邊際貌。八極，八方極遠之地。職，主管。出入，指日月之出入。

〔七〕<u>嵎夷</u>：即<u>嵎夷</u>，古代稱今<u>山東</u>東部濱海地區。<u>書堯典</u>"分命<u>羲仲</u>，宅<u>嵎夷</u>，曰<u>暘谷</u>"<u>孔氏傳</u>："東表之地稱<u>嵎夷</u>。"

〔八〕<u>春秋演孔圖</u>：<u>漢</u>代緯書，<u>春秋</u>緯之一種。<u>徵在</u>游於大冢之陂，夢<u>黑帝</u>謂己：<u>徵在</u>，<u>孔子</u>母名。<u>黑帝</u>，北方天帝名，爲五天帝之一。

〔九〕<u>干寶</u>：<u>東晉</u>文學家、史學家。著作有<u>搜神記</u>、<u>晉紀</u>等。<u>喬本</u>、<u>洪本</u>、<u>吳本</u>、<u>備要本</u>"干"譌"于"，今據<u>四庫本</u>訂正。<u>孔寶</u>：<u>史記孔子世家</u>"（<u>孔子</u>）生而首上圩頂"<u>張守節正義</u>引<u>干寶三日記</u>，作"空寶"，疑非。

〔一〇〕<u>顏</u>：指<u>孔子</u>母<u>顏氏</u>。

〔一一〕自戾:自相矛盾。戾,違背。

〔一二〕乃若共工氏之振滔鴻水以薄空桑,則爲莘、陜之間:共工氏,舜水官名。振滔,激盪。鴻水,洪水。薄,迫近。莘,古地名,在今山東曹縣境。陜,古地名,在今河南陜縣。淮南子本經:"舜之時,共工振滔洪水,以薄空桑。"高誘注:"共工,水官名也,柏有之後。"

〔一三〕吕春秋:即吕氏春秋。　古史攷:三國蜀漢譙周撰。

〔一四〕地記:撰人不詳。本書國名紀三高陽氏後尋國有"張勃地記",又梁書任昉傳載"昉撰……地記二百五十二卷",未知即此二書之一,抑或他書,待考。　杞:地名。在今河南杞縣。

〔一五〕拾遺記:十六國時前秦王嘉撰。　地有孤桑千尋:尋,古代長度單位,相當于八尺(一説七尺或六尺)。今本拾遺記卷一作"有孤桑之樹直上千尋"。

〔一六〕西垂:西部邊地。垂,"陲"之古字。　梁雍之域:指古梁、雍二州地,約當今四川、陜西二省及甘肅、寧夏、青海三省之南部部分地區。

〔一七〕帝命蚩尤,宇于小顥:帝,謂赤帝,即炎帝神農氏。蚩尤,傳説中古代九黎族之首領,炎帝之臣。宇,居。逸周書嘗麥文爲:"昔天之初,□作二后,乃設建典,命赤帝分正二卿,命蚩尤(于宇)[宇于]少昊。"

〔一八〕西海之津:西海,傳説中之西方神海。津,涯,岸。楚辭遠遊"遇蓐收乎西皇"王逸章句:"離騷經曰:'召西皇使涉予。'知西皇所居,在于西海之津也。"

〔一九〕曜:通"耀",指耀州。宋史地理志三陜西路永興軍路耀州轄縣六,中有雲陽縣。　太時:即泰時,祭天神之祭壇名。漢書郊祀志下:"往者,孝武皇帝居甘泉宮,即於雲陽立泰時,祭於宮南。"

〔二〇〕商丘:地名。在今河南商丘市境。太平御覽卷七九引帝王世紀曰:"帝顓頊高陽氏,……始都窮桑,後徙商丘。"

〔二一〕而杜預遂以窮桑爲在魯北:左傳昭公二十九年"遂濟窮桑"杜預注:"窮桑,地在魯北。"　至釋例地名,乃云地闕:釋例,指杜預春秋釋例。見該書卷七土地名第四十四之三小國地昭公二十九年窮桑。

〔二二〕蓋以定四季傳"封伯禽於少昊之虚"逆之:季,同"年"。洪本、吴本謂“季”。四庫本作“年”。伯禽,周公姬旦子,周代魯國之始封君。逆,推測,揣度。左傳昭公二十九年孔穎達疏原文作:“少皞居窮桑。定四年傳稱‘封伯禽於少皞之虚’,故云‘窮桑地在魯北’。土地名,窮桑闕。言在魯北,相傳云耳。”

〔二三〕太平寰宇記卷二一兗州曲阜:“窮桑。郡國志云:‘少皞自窮桑登帝位。’按窮桑在魯國之北。後徙曲阜。顓頊亦自窮桑徙帝丘。”

〔二四〕太昊:即伏羲氏。爲伏羲氏有天下之號。

〔二五〕西極:猶上文之“西垂”。

〔二六〕郡國志云“少昊自窮桑登帝位”:見後漢書郡國志二。

神民氏

　　天地開闢,爰有神民。民神異業,精氣通行[一]。見潛夫論卜列。都於神民之丘。山海經陶唐等九丘有神民之丘[二],蓋其所處。一曰神皇氏。駕六蜚鹿,政三百歲。春秋命曆敘。

【校注】

〔一〕民神異業,精氣通行:此謂人與神各幹各的事,人不受神鬼之干擾,故精氣之運行流暢。

〔二〕參見前紀三蓋盈氏注〔六〕。

倚帝氏

　　都倚帝山。山海經有倚帝之山[一]。唐吳筠下第,遂居南陽倚帝山,即此[二]。竇子野云:“今内鄉東三十里踦立山也。”[三]

【校注】

〔一〕山海經中山經:“又東三十里,曰倚帝之山,其上多玉,其下多金。有獸焉,狀如默鼠,白耳白喙,名曰狙如,見則其國有大兵。”

〔二〕吳筠:唐代道士。　南陽倚帝山:南陽,縣名,治所在今河南南陽市宛城區。新唐書隱逸吳筠傳:“吳筠字貞節,華州華陰人。通經誼,美文辭,舉進士不中。性高鯁,不耐沈浮於時,去居南陽倚帝山。”

〔三〕竇子野：北宋時人，名苹，字子野，有著作酒譜、唐書音訓等。　內鄉：縣名，治所在今河南西峽縣。

次民氏

次民氏，是爲次是民。洛書摘亡辟注以次是民爲皇次屈，非也〔一〕。

次是民没，六皇出，天地易命，以地紀〔二〕，此春秋命歷敍文，與洛書摘亡辟同。注云："次民没，民始穴處之世終也。六皇者，自此以下辰放氏而始〔三〕。"穴處之世終矣。

丹壺之書，其不繆歟！今既闕著，而或者有不厭命歷之敍〔四〕。其亦有所來乎，胡爲而多盍也〔五〕？

貴人云："何子之好言古？"

曰：有是哉！今古一也。若以古爲見邪〔六〕？荀況有言："詐人者謂古今異情，是以治亂異道〔七〕。而衆人惑焉。彼衆云者，愚而無知，陋而無度者也〔八〕。於其所見，猶可欺也，況千世之傳乎〔九〕！彼詐人者，門庭之間猶挾欺也〔一〇〕，況千世之上乎！以心度心，以類度類，以説度功，以道觀盡，今古一也〔一一〕。類不孛，雖久同理，故往緣曲而不迷也〔一二〕。五帝之時無傳人，非無賢人，久故也〔一三〕。五帝之中無傳政，非無善政，久故也。虞夏有傳政，不如商周之察也〔一四〕。"而況次民、倚帝之時乎？

以今觀今，則謂之今也；以後而觀，則今亦古矣。以今觀古，則謂之古；以古自觀，固亦謂之今也。古豈必古，今豈必今，殖自我而觀之〔一五〕。千世之前，萬世之後，亦不過自我而觀尒。傳近則詳，傳久則略。略則舉大，詳則舉細。愚者聞其大不知其細，聞其細不知其大，是以文久而惑威，節族久而絶，曷古今之異哉〔一六〕？

右循蜚紀，二十二氏，六十餘世。

【校注】

〔一〕皇次屈：即辰放氏。見前紀四辰放氏。

〔二〕次是民没，六皇出：六皇，各本皆作“元皇”。彦按：“元”當“六”字形
譌。下羅苹注引春秋命歷敍注云：“六皇者，自此以下辰放氏而始。”即就此
“六皇”作解釋也。淵鑑類函卷四二九獸部一麟三“駕六飛，吐三卷”注引春秋
命歷序，亦作“六皇”。今據以訂正。　　天地易命：易命，猶革命，謂改朝换
代。　　以地紀：謂以地望爲名號。

〔三〕自此以下辰放氏而始：洪本、吴本、四庫本“自此”譌“此此”。

〔四〕今既闕著，而或者有不壓命歷之敍：闕著，缺少著述。洪本、吴本
“闕”譌“關”。壓，滿足。命歷之敍，指春秋命歷序。

〔五〕胡爲而多盍也：盍，通“合”，符合。

〔六〕若：你。

〔七〕此所引荀況語撮取自荀子非相，文字不盡相同。　　詐人者：荀子作
“妄人”。

〔八〕陋而無度者也：陋，淺薄。無度，謂不依法度。

〔九〕況千世之傳乎：吴本、四庫本“傳”作“上”。彦按：荀子非相原文亦作
“傳”。作“上”者，蓋涉下句“門庭之間猶挾欺也，況千世之上乎”而誤。

〔一〇〕門庭：家庭。

〔一一〕以説度功：楊柳橋荀子詁譯：“按：顏師古漢書注：‘説，所説之義
也。’説，謂意義；功，謂作用。”　　以道觀盡：盡，謂一切事物。

〔一二〕類不㦸，雖久同理：㦸，“悖”之古字。楊倞荀子注：“言種類不乖
悖，雖久而理同。今之牛馬，與古不殊，何至人而獨異哉？”　　故往緣曲而不迷
也：往，過往，從前。緣曲，謂順著曲徑行走。彦按：荀子原文作：“故鄉乎邪曲
而不迷，觀乎雜物而不惑，以此度之。”鄉，謂面對，不取“過往”義。疑羅氏誤
解荀子“鄉乎”之意而作此語。

〔一三〕五帝之時無傳人：彦按：荀子原文作“五帝之外無傳人”。楊倞注：
“外，謂已前也。無傳人，謂其人事迹後世無傳者。”路史引文有背原意，且“五
帝之時”與下文“五帝之中”無別矣。

〔一四〕虞夏有傳政，不如商周之察也：虞夏，指有虞氏之世（即舜爲天子

時）和夏代。察，明了，清楚。荀子非相作：“禹、湯有傳政而不若周之察也。”

〔一五〕牷自我而觀之：牷，同“特”，祇是。四庫本作“特”。

〔一六〕是以文久而惑威，節族久而絕：惑威，荀子非相作“滅”，無“惑”字，此“惑”字蓋爲衍文。又楊柳橋荀子詁譯以爲今本荀子“節族”之“族”亦爲衍文，並删去之。其于荀子上文“文久而（息）〔滅〕，節久而絕”下注云：“‘節’下本有‘族’字。○楊倞：文，禮文。節，制度也。言禮文久則滅息，制度久則廢也。○按：‘文久而息，節久而滅’，相對爲文。楊注訓‘節’爲‘法度’，與鄭玄禮記樂記篇注訓‘節’爲‘法度’同。楊注（末）〔未〕訓‘族’字，‘族’字當爲衍文。（舊注誤作‘禮文久則制度滅息，節奏久則廢’，‘制度’二字，誤置‘滅息’之上，而‘節奏’二字，係由上文‘節，制度也’所誤，應爲‘制度’二字。今改正。）下同。”楊氏説甚辯，可從。

路史卷四

前紀四

因提紀上

辰放氏

<u>辰放氏</u>，是爲<u>皇次屈</u>。宋均注春秋命曆敍云〔一〕："<u>辰放</u>，<u>皇次屈</u>之名也。"<u>洛書摘亡辟</u>以<u>次是民即皇次屈</u>，非也。渠頭，四乳，駕六蜚麖〔二〕。太平廣記作"飛麇"〔三〕。出<u>地邥</u>〔四〕，宋均云："<u>地邥</u>，地名。"而從日月，上下天地，與神合謀。注云："從，謂順度〔五〕。"

古初之人，卉服蔽體〔六〕。<u>次民氏</u>没，<u>辰放氏</u>作，時多陰風，乃教民揉木茹皮以禦風霜〔七〕，茹，蘊也〔八〕。茹毛，蘊被其毛〔九〕。絢髮闓首以去靈雨〔一〇〕。而人從之，命之曰"衣皮之人"。命曆敍言"被木枝"者也。治二百有五十載〔一一〕。同上云："<u>離光次之</u>〔一二〕。"

事之始，未有不善；其末，未有不敝。服食器用，王道之本也，自生民以來至<u>黄帝</u>而大備；剙修增革，更幾聖而後至〔一三〕。蓋天下之事，因乎時；不因則不立，不時則不成。時之所未猒，雖聖人不能以强去；時之所未安，雖聖人不能以强行〔一四〕。若興若廢，特顧其時而已矣〔一五〕。

始古之時，虵獸方興，鴻水未息，人之患也極矣。聖人者作，淈沈鴻而致之海，敺虵龍而放之菹，然後人得平土而居〔一六〕。天地之間滄熱，而蕭藾之下足它恙，於是教之巢穿以避之〔一七〕。此百姓之所與也，猶未艾也〔一八〕，生者有所需焉。故多寒也，爲之羽皮以禦之；多傷也，爲之火食以遂之；多疾也，爲之醫藥以濟之；多滯也，爲之泉幣以行之；不疏也，爲之歌舞以道之；不通也，爲之舟檝以鄉之；相傾也，爲之符壐以信之；相奪也，爲之權衡以平之；無爪牙以自衛也，然後爲之城郭；羽皮之不給也，然後爲之布帛；木處而顛，土處而病，然後爲之楝宇〔一九〕。爲之祭祀，以致其報；爲之刑政，以率其壞；爲之車輿，以佚其體；爲之棺槨，以厚其終〔二〇〕。以至爲網罟，爲耒耜，爲杵臼，爲弧矢，爲緄絻，爲茵幄，爲澧洛，笵金合土，墐竈泄井，黼坐鼎食，鞴牛乘馬，兜矛劍戟，重門擊柝，各以智巧，變而通之〔二一〕。害至而爲之備，患生而爲之防，因其時而極其用。生生必具，然後夫人知有生之爲貴〔二二〕。養生送死無憾，然後人得安其生而樂其化〔二三〕。此教治之大基也。是其有不善邪〔二四〕？

降及它時，不原其故，乃至窮耳目之好以狥人，剸生民之脂以自奉〔二五〕。傾宮璇臺不足處，則更爲之萬户千門；合宫龍鷁不足乘，則復侈以錦颿珠兩〔二六〕。南河西苑，獵車千乘；織金鋪翠，費動萬計〔二七〕。撞萬石之鍾，伐雷霆之鼓〔二八〕。窮日卜夜，有不足以既其懽〔二九〕。弗聞天下之歎嗟，而施施自以爲樂〔三〇〕。天道惡盈，蜉蝣闕閲，而何能以久生乎〔三一〕？桀、紂、幽、厲、秦政、石虎、高緯、叔寶、齊昏、隋煬之流，亦可以鑒矣〔三二〕！

啨哉〔三三〕！夔、龍、稷、卨、伊、周、孔、孟，分則人臣，而安時處順，不失天下顯名〔三四〕。夏癸、商受、魯桓、齊穆，人君也，而清虚者猶商其有禽獸之心，惟其見善不明，恣人欲，滅天理，物至而人化物爾〔三五〕。物至而人化物,則其夜氣不足以存〔三六〕。夜氣不足以存,則其違禽獸不遠也〔三七〕。

　　嗚呼! 物之感人無窮,而人之受用無盡。若以爲足〔三八〕,今固不啻足;若猶未也,雖萬此其足邪? 顧是數主之所盡力,又奚足以美好哉〔三九〕? 逐物喪我,特不思而已矣。然則如之何? 曰:吾不爲奢,亦不爲儉。使爲儉,則齊鸞永泰之間分裹蒸、餘卓茭濼,梁衍大同之際豆鬻布帳,雖唐堯何以加諸〔四〇〕? 吾無取焉。必也,當其分、適其數而已矣〔四一〕。

【校注】

　　〔一〕宋均:東漢時人,曾注緯書。一說本姓宗,作“宋”者乃傳寫之誤。春秋命曆敍:喬本、備要本如此,洪本“曆”作“歷”。下“命曆敍”之“曆”同。

　　〔二〕渠頭:渠,通“巨”,大。　麠:同“麟”,麒麟,一曰大鹿。

　　〔三〕麋:麋鹿,即俗所謂四不像。

　　〔四〕地邨:邨,音 bó。

　　〔五〕順度:“度”指日月運行之軌度。

　　〔六〕卉服:絺葛做的衣服。書禹貢:“島夷卉服。”孔氏傳:“南海島夷,草服葛越。”孔穎達疏:“舍人曰:‘凡百草一名卉’,知卉服是草服,葛越也。葛越,南方布名,用葛爲之。”

　　〔七〕乃教民撲木茹皮以禦風霜:撲,同“搴”,拔取。茹,覆蓋,圍裹。清黃生義府茹瓮云:“茹者,以物擁覆取煖之名。”

　　〔八〕蘊:包藏。

　　〔九〕蘊被:包裹覆蓋。

　　〔一〇〕綯髮聞首以去靁雨:綯(táo),糾絞。聞(sàn),廣韻勘韻:“覆蓋也。”去,謂回避。靁,通“零”,落。

　　〔一一〕二百有五十載:吳本、四庫本“二百”作“三百”。

　　〔一二〕離光:即皇覃氏。本篇下文皇覃氏曰:“皇覃氏,一曰離光氏。”

　　〔一三〕服食器用:四庫本“服食”作“服舍”,蓋由音譌。　刱修增革,更幾聖而後至:刱,四庫本作“創”,備要本作“刱”,同。更,經歷。至,善。

〔一四〕時之所未猒:猒,“厭”之古字,憎惡,嫌棄。

〔一五〕若興若廢,特顧其時而已矣:若,或者。特,但,衹是。顧,看,視。

〔一六〕渴沈鴻而致之海,毆虵龍而放之菹,然後人得平土而居:渴,爾雅釋詁下:“治也。”郝懿行義疏:“渴者,‘汨’之叚音也。”沈,通“淫”,泛濫。鴻,洪水。毆,喬本、備要本作“毆”,洪本、吳本、四庫本作“毆”。“毆”不見於字書,當爲“毆”字形譌,今訂正。“毆”同“毆”,今通作“驅”。放,棄,置。菹,水草叢生的沼澤地。平土,指平原之地。孟子滕文公下:“當堯之時,水逆行,氾濫於中國。蛇龍居之,民無所定。下者爲巢,上者爲營窟。書曰:‘洚水警余。’洚水者,洪水也。使禹治之。禹掘地而注之海,驅蛇龍而放之菹,水由地中行,江、淮、河、漢是也。險阻既遠,鳥獸之害人者消,然後人得平土而居之。”

〔一七〕天地之間滄熱,而蕭藾之下足它恙,於是教之巢穿以避之:滄,説文水部:“寒也。”蕭藾,二種蒿類植物,泛指野草。足,多。它,“蛇”之古字。恙,傳説中的一種嚙蟲。玉篇心部:“恙,噬蟲,善食人心。”史記刺客列傳司馬貞索隱引易傳曰:“上古之時,草居露宿。恙,齧蟲也,善食人心,俗悉患之,故相勞云‘無恙’。恙非病也。”巢穿,築巢穿穴。玉篇穴部:“穿,穴也。”

〔一八〕此百姓之所與也,猶未艾也:與,相干,關涉。漢書灌夫傳“且灌夫何與也”顏師古注:“與,讀曰‘預’;預,干也。”艾,盡,止。小爾雅廣言:“艾、盡,止也。”

〔一九〕爲之火食以遂之:遂,猶言“解決”。國語吳語:“昔吾先王世有輔弼之臣,以能遂疑計惡,以不陷於大難。”韋昭注:“遂,決也。”　爲之醫藥以濟之:濟,救助。　爲之泉幣以行之:泉幣,錢幣,貨幣。　不疏也,爲之歌舞以道之:不疏,謂心情不爽朗、不舒暢。三國魏劉劭人物志八觀:“微忽必識,妙;美妙不昧,疏也。”劉昞注:“心致昭然,是曰疎朗。”疎,“疏”俗字,義與此相近。道,“導”之古字,疏通,開導。　爲之舟機以郵之:郵,傳遞,傳送。　相傾也,爲之符璽以信之;相奪也,爲之權衡以平之:傾,欺壓。符璽,符節印信。權衡,秤錘與秤杆,泛稱秤量物體輕重之器具。平,平衡。彦按:韓愈原道云:“相欺也,爲之符璽斗斛權衡以信之。”疑即羅氏所本。然原道之“欺”爲欺騙、欺詐義,而非欺凌、欺壓義。符爾爲防欺騙、欺詐而設,而非爲欺壓、欺凌。路史改“傾”,未洽。　羽皮之不給也:給,豐足,充裕。　木處而顛,土處而病,然後爲之棟宇:木處,謂巢居。顛,倒仆,傾覆。逸周書嘗麥:"如木既顛,厥巢其猶有枝葉作休?"土處,謂穴居。洪本、吳本作"上處"非。韓愈原道:"木處而顛,土處而病也,然後爲之宮室。"

〔二〇〕以致其報:謂以此讓百姓表達自己對祖先、神靈的答謝。　以率其壞:率,猶督責,用法與墨子尚同下"富貴以道其前,明罰以率其後"同。壞,指腐敗墮落。　以佚其體:佚,通"逸",安逸,舒適。

〔二一〕以至爲網罟,爲耒耜,爲杵臼,爲弧矢,爲緄緣,爲茵幄,爲醴洛:網罟,泛稱捕魚及捕鳥獸的網。耒耜,古代耕地翻土的農具。杵臼,杵與臼,舂搗糧食或藥物等的工具。弧矢,弓箭。緄緣(gǔn wàn),泛指繩索。緄,玉篇糸部:"繩也。"緣,集韻願韻:"引舟緈。"洪本、吳本、四庫本作"鯤鮸",非其本字。茵幄,茵蓆帷帳。茵,草蓆。醴洛,即醴酪,酒漿。　范金合土:范金,用模子澆鑄金屬。范,同"範",模子。合土,和泥。禮記禮運:"後聖有作,然後脩火之利,范金合土,以爲臺榭、宮室、牖户。"孔穎達疏:"范金者,謂爲形范以鑄金器。合土者,謂和合其土,燒之以作器物。"　墐竈泄井:塗砌爐竈,鑿井出水。管子輕重己:"教民樵室鑽燧,墐竈泄井,所以壽民也。"　黼坐鼎食:黼坐,謂穿著華貴的禮服坐著。黼,古代有黑白相間斧形花紋的禮服。鼎食,謂列鼎(盛熟牲之器)而食。　鞴牛乘馬:鞴,同"犕",駕馭。易繫辭下:"服牛乘馬,引重致遠,以利天下。""服"通"犕"。　兜矛劍戟:兜矛,即"兜鍪",頭盔。重門擊柝:謂層層設門,並敲柝子巡夜。柝,古代巡夜人敲以報更之木梆子。易繫辭下:"重門擊柝,以待暴客。"

〔二二〕生生必具:生生,讓活著的人生存,這裏指讓人得以生存的各種條件。

〔二三〕養生送死無憾,然後人得安其生而樂其化:憾,不滿足,欠缺。化,風俗。

〔二四〕是其有不善邪:四庫本"其"作"豈",詞異而義同。

〔二五〕乃至窮耳目之好以狗人,剟生民之脂以自奉:狗,順從,曲從。四庫本作"徇",通。剟(qiè),割。脂,脂肪,比喻用血汗創造的財富。

〔二六〕傾宮璇臺不足處:傾宮,巍峨的宮殿。以仰望之似欲傾壓,故稱。列子楊朱:"紂……肆情於傾宮,縱欲於長夜。"璇臺,飾以美玉的高臺。又爲夏啓臺名。竹書紀年卷上帝啓元年癸亥："大饗諸侯于璿臺。""璿"同"璇"。

合宮龍鸘不足乘,則復侈以錦帆珠兩：合宮,漢成帝造大船之名。漢伶玄趙飛燕外傳："婕妤接帝於太液池,作千人舟,號合宮之舟。"(見説郛卷一一一上)龍鸘,龍舟。古代每于船首彩畫鸘鳥之形,故稱船爲鸘。帆,"帆"字俗寫。四庫本作"颿",通。珠兩,華麗的車子。兩,"輛"之古字,車。喬本、洪本、吳本、備要本皆譌"雨",今據四庫本訂正。

〔二七〕織金鋪翠,費動萬計：織金,蓋謂馬鞍用金絲編織。鋪翠,蓋謂車蓋用翠羽(翠鳥的羽毛)點綴。

〔二八〕撞萬石之鍾,伐雷霆之鼓：此二句出自漢東方朔化民有道對(見明梅鼎祚編西漢文紀卷九)。石,重量單位,古以一百二十斤爲一石。"萬石之鍾"極言其鍾之重、大。雷霆,雷電。"雷霆之鼓"極言其鼓發聲之響。

〔二九〕窮日卜夜,有不足以既其懽：窮日卜夜,過完白晝,繼以黑夜。"卜夜"典出左傳莊公二十二年："(陳敬仲)飲桓公酒,樂,公曰：'以火繼之。'辭曰：'臣卜其晝,未卜其夜,不敢。'"孔穎達正義引服虔云："臣將享君,必卜之,示戒慎也。"既,盡。懽,同"歡"。

〔三〇〕施施：喜悦自得之貌。

〔三一〕天道惡盈：易謙彖辭："天道虧盈而益謙,地道變盈而流謙,鬼神害盈而福謙,人道惡盈而好謙。"　蜉蝤闕閲：蜉蝤(fú yóu),即蜉蝣。方言卷一一："蜉蝤,秦、晉之間謂之蝶蟚。"郭璞注："'浮由'二音。似天牛而小,有甲角,出糞土中,朝生夕死。"闕閲,"闕"通"掘","閲"通"脱"。詩曹風蜉蝣"蜉蝣掘閲"鄭玄箋："掘閲,掘地解閲,謂其始生時也。"馬瑞辰通釋引戴震曰："閲與脱通,謂蜉蝣初生時掘地解脱而出。"

〔三二〕桀、紂、幽、厲、秦政、石虎、高緯、叔寶、齊昏、隋煬之流：夏王桀、商王紂、周幽王姬宮湦、周厲王姬胡、秦始皇嬴政、後趙太祖石虎、北齊後主高緯、陳後主陳叔寶、南齊東昏侯蕭寶卷、隋煬帝楊廣,皆爲暴君或昏君,奢侈揮霍,或過度耗費民力。

〔三三〕喈：音 jiè,廣韻禡韻："嘆聲。"

〔三四〕夔、龍、稷、禼、伊、周、孔、孟：夔、龍、稷、禼,舜四賢臣名。夔爲樂官；龍爲諫官；稷即周始祖后稷,名棄,主管農業；禼即契(xiè),商始祖,主管教育。

伊,指商湯大臣伊尹。周,指周公旦。孔,指孔丘(孔子)。孟,指孟軻(孟子)。

〔三五〕夏癸、商受、魯桓、齊穆:夏癸,即夏王桀。桀名癸(一名履癸)。商受,即商王紂。書西伯戡黎"祖伊恐,奔告于受"孔氏傳:"受,紂也。音相亂。"魯桓,指春秋魯桓公。齊穆,彥按:"齊"當作"楚",楚穆即春秋楚穆王。路史此語實本列子黄帝篇,列子正作"楚穆"(見下)。參見國名紀八究言注〔六〕。

而清虚者猶商其有禽獸之心:清虚者,清净虚無的人,指道家。商,估量,推知。説文啇部:"商,从外知内也。"列子黄帝:"夏桀、殷紂、魯桓、楚穆,狀貌七竅,皆同於人,而有禽獸之心。" 物至而人化物爾:禮記樂記:"夫物之感人無窮,而人之好惡無節,則是物至而人化物也。人化物也者,滅天理而窮人欲者也。"孔穎達疏:"'則是物至而人化物也'者,則是外物來至,而人化之於物,物善則人善,物惡則人惡,是'人化物'也。"

〔三六〕則其夜氣不足以存:夜氣,儒家稱夜間静思所生之良知善念。洪本"以存"連同下句句首"夜氣不足"凡六字爲闕文。

〔三七〕則其違禽獸不遠也:違,離。孟子告子上:"雖存乎人者,豈無仁義之心哉?其所以放其良心者,亦猶斧斤之於木也,旦旦而伐之,可以爲美乎?其日夜之所息,平旦之氣,其好惡與人相近也者幾希,則其旦晝之所爲,有梏亡之矣。梏之反覆,則其夜氣不足以存。夜氣不足以存,則其違禽獸不遠矣。"

〔三八〕若以爲足:喬本、洪本、備要本"若"作"君"。彥按:"若以爲足"與下"若猶未也"對舉相應,"君"當"若"字形譌。今據吳本、四庫本改。

〔三九〕顧是數主之所盡力,又奚足以美好哉:顧,回顧,回視。是,此。足以,洪本、吳本、四庫本作"足爲"。

〔四〇〕齊鸞永泰之間分裹蒸、餘皁莢濼:齊鸞,南朝齊明帝蕭鸞。裹蒸,粽子。濼,渣,碎屑。南史齊明帝紀下云:"太官進御食,有裹蒸,帝十字畫之,曰:'可四片破之,餘充晚食。'"又云:"嘗用皁莢,訖,授餘濼與左右,曰:'此猶堪明日用。'" 梁衍大同之際豆鬻布帳:梁衍,南朝梁武帝蕭衍。鬻,同"粥"。梁書武帝紀下云:"(帝)日止一食,膳無鮮腴,惟豆羹糲食而已。……身衣布衣,木縣皁帳,一冠三載,一被二年。" 雖唐堯何以加諸:唐堯,四庫本作"唐虞"。加,超過。諸,"之乎"之合音詞。

〔四一〕當其分、適其數而已矣:分,名分,身分。數,謂禮數。

蜀山氏

蜀之爲國，肇自人皇。世本、揚雄蜀紀、華陽志、本蜀論等語〔一〕。其始蠶叢、拍濩、魚鳧，各數百歲，見蜀紀。號蠶叢帝、拍濩帝、魚鳧帝。或作“折護”與“伯雍”者非〔二〕。寰宇記作“伯禽”，尤疎。號蜀山氏，蓋作于蜀。今成都。

蠶叢縱目，王瞿上〔三〕。瞿上城在今雙流縣南十八里〔四〕。縣北有瞿上鄉。魚鳧治導江〔五〕。今眉之彭山縣北東二里，有魚鳧津〔六〕。南北八郡志云：“犍爲有魚鳧津，廣數百步。”〔七〕逮蒲澤、俾明時，人㟁椎結左言，不知文字〔八〕。上至蠶叢，年祚深眇〔九〕。揚雄記云二萬四千歲，杜甫云二萬八千歲，蜀記等言魚鳧等君治蜀八萬年，蓋難取据〔一〇〕。俾明，記作“開明”，非。最後乃得望帝杜宇，寔爲滿捍，蓋蜀之先也〔一一〕。杜宇、鱉令，説詳餘論。司馬貞以杜宇出唐杜氏後，妄〔一二〕。舊記有：“女曰利，從地出，爲宇妃〔一三〕。”按：女利乃梁氏女〔一四〕。詳餘論。受禪在丁卯八月三日〔一五〕。自叢以來，帝號蘆、保〔一六〕。一作“蘆帝、保帝”。今廣德之建平有蘆保圩、蘆保月圩，未明何始、時代久近〔一七〕。詳餘論。其妻曰妃，俱塟之。永明二年，蕭鑑刺益，治園江南〔一八〕。鑿石冢，有椁無棺，得銅器數千種、玉塵三斗、金蠶蚰數萬〔一九〕。珠砂爲阜〔二〇〕，水銀爲池。珍玩多所不識，有篆云“蠶叢氏之墓”。鑑貴功曹何佇塡之，一無所犯，於上立神衣青衣，即今成都青衣神也〔二一〕。〇開明妃墓，今武擔山也，本曰武都，在府西百二十步，周三百五十步云〔二二〕。妃始武都男子，化爲女，美豔，開明尚納之〔二三〕。不習水土，欲去，王作東平之歌。未幾，物故〔二四〕。既塟，表以二石闕、石鏡〔二五〕。武陵王蕭紀掘之，得玉石棺，中美女容貌如生、體如冰〔二六〕。掩之，而寺其上。鏡周三丈五尺，樂史云：“厚五寸，徑五尺。”〔二七〕今杜宇廟在益治北五里永平橋西。齊建武中，劉季連自灌口鎮城内徙此〔二八〕。

昔黃帝爲其子昌意取蜀山氏，而昌意之子乾荒亦取于蜀山氏，惟其後葉〔二九〕。益州記：“岷山禹廟西有姜維城。又西有蜀山氏女居，昌意妃也。本曰蜀山會。西北九十里其會州，周置，唐爲茂州。”〔三〇〕今茂之汶山有眉山〔三一〕。樂史亦云“昌意婆蜀山氏”也〔三二〕。及高辛氏，以其少子封蜀，則繼之者也〔三三〕。昌意遜居若水，元囂降居江水，而禹生石紐，其地皆在蜀，蓋五帝時嘗合中國〔三四〕。世本謂蜀王每世相承，爲黃帝後。而通典以蠶叢、伯雍爲帝佁之支，樂史從之，謂歷夏、商至周始稱王，因前誤云〔三五〕。秦惠文元年，蜀人來朝〔三六〕。八年，伐滅之〔三七〕，初，蜀苴相攻，來告急，司馬錯請伐之〔三八〕。見史記。始降侯云〔三九〕。使陳莊相之，蜀遂屬秦。寰宇記梓劍引常璩云：静王五年，秦大夫張儀、司馬錯從石牛道滅蜀〔四〇〕。閬中縣引，作順王五年〔四一〕。

嗚呼！山川設險，此天地之所以限疆界也〔四二〕。嗟人之生，雖聖且智，其精神固有限劑，而洞地之不可極，今古同也〔四三〕。奈何多欲之君，溪心壑志，貪以取敗，然後百罅啓而天地閉矣〔四四〕。

予讀揚雄蜀紀，而感夫蜀之所以通中國者〔四五〕。

夫蜀之爲國，富羨饒沃，固自一天壤也；西番東漢北秦南廣，一障之隔〔四六〕。自生民以來，君君世紹，蜀不知有中國，而中國亦莫知有蜀〔四七〕。五帝以來，羈縻服外，蜀固不爲中國少，而中國亦不爲蜀不足也〔四八〕。

逮安王時，蜀王貪惏，求欲無厭，故秦惠得以圖之〔四九〕。飾妖饒之子，劌怪誕之牛，以誘其衷，而後褒余之路棧矣〔五〇〕。以故秦人得蜀之貲，而遂併天下。自是蜀山不閉，莫有其有，至于今爲中州，則貪求之所致也〔五一〕。

一自中國之有蜀也，固不可謂之無利也，然而風動之辰，常先它國而綴靈府，一或入保，則無復中國之所有者〔五二〕。是其爲國，固鬼神之所作也。

予既讀蜀紀，而感夫蜀之所以通中國者；及讀陳子昂之疏，而又幸蜀之不通於吐番也〔五三〕。

夫吐番之於蜀，猶昔日之秦於蜀也。方其挈唐之兵〔五四〕，大戰則大勝，小戰則小勝，幾十載矣，未嘗亡一旅也。以薛仁貴、郭待封彪武之將，屠十萬之衆於大非之川，一甲不歸；以李敬元、劉審禮廊廟之宰,辱十八萬衆於青海之上,竟不能俘一醜,而關隴爲虛:可謂彊矣[五五]。然其垂羨全蜀之珍如是之久而不得食者,徒以山川之阻絶而障塞之不通也。胡爲議者欲以梁、鳳、巴蜒之兵開蜀道,緜雅州以討生羌而襲吐番[五六]? 夫羌人固未易討,而昔者東漢之所緜喪敗者也[五七]。嗚呼,其亦幸而不成歟! 万一生羌可破而蜀道遂開,則蜀之瑤庫自此轉而西矣[五八]。使我而得吐番,其財固不足以裕國,其地固不足以稽也,而徒戮無辜之民、竭有常之帑以狗之爾[五九]。其或得之而得以稽,亦何異於釋近熟而創遠業乎[六〇]? 又何異於舍己之田而芸人之田者也[六一]? 況己之田舍矣,而它人之田未及芸邪[六二]!

　　昔者漢之武帝好大而喜功,使者張騫乃反誇以西域之富,於是曝兵以爭之,四十年間,中都之財賦、夏國之生靈略盡於西域矣[六三]。非不得其地也,得朔方之郡而自不能以耕也[六四]。非惟不能耕也,得朔方之生而弃上谷造陽之熟以予胡矣[六五]。其所以危士臣以締怨者,得大宛良馬數十而已[六六]。使齊、楚之巨擘怨而交訟,所爭亦不啻是,一何默邪[六七]!

　　嗟乎! 武之轍既覆於前矣,而隋之裴矩又以西域之圖蕩煬帝之侈心[六八]。於是親出玉門,置伊吾、且末,而關右蕭然[六九]。始恃盛彊,卒歸狼狽,此魏公之所以傷之者也,顧不韙歟[七〇]?

　　予嘗言之:溟渤、漲洋,此天地之所以限東徼也[七一]。惡溪、沸海,此天地之所以限南徼也。惡溪在閩,多屬毒氣,中者温屯嘔泄[七二],逾者脚輒腐弱;其魚多鰐。沸海常沸,尤多惡魚,朔云炎州貢者經之[七三]。陷河、懸度之設乎西[七四],自罽賓西行,歷大、小頭痛山、赤土、身熱之坂[七五]。宋膺異物志云:山皆在渠搜之東、疏勒之西[七六]。冬月過之,必有頭痛、身熱、吐逆之患,驢畜皆然,夏日則死,山有毒藥氣之所爲[七七]。又有三池、盤道,經三十里^{〔七八〕}。又經烏秅^{〔七九〕}。四百里石懸度山,只尺之路,下臨不測^{〔八〇〕}。法顯記:在盤陀西南,今葱嶺,冬夏有雪,即佛書言雪山者^{〔八一〕}。道有毒龍,犯之輒颷晦飛礫^{〔八二〕},過者少全。**瀚海、沙子之設乎北,此天地之所以遮西而制北者也**^{〔八三〕}。沙子在契丹後,彌數千里^{〔八四〕}。乃者女真滅大遼,其臣大石林牙挈其子三晝夜逾沙子,立之數十年,粘罕莫能近^{〔八五〕}。**激障霧於東維**^{〔八六〕},東南瘴霧,冒者多死。其病如疫,而重劇至七孔迸血^{〔八七〕}。故南方有大、小法場之號^{〔八八〕}。今越雟有瘴氣,中之有聲,着人人死,着木木折,曰鬼巢,本山障之氣毒也^{〔八九〕}。**界黑水於南極**^{〔九〇〕},黑水在梁、雍間,涉者則脛黝黑^{〔九一〕}。**泄流沙於西陲**^{〔九二〕},裴矩西域記:"自高昌東南去瓜州千三百里,並沙磧,乏水草,四面茫茫^{〔九三〕}。"蓋西州之柳中路也^{〔九四〕}。又有一路,自柳中縣東南行,經大海之東,又東南度磧入伊州,即裴所謂伊吾路,今使郵所至^{〔九五〕}。高昌從武威西北有捷路^{〔九六〕},度沙磧千餘里,四面茫然,不可準記。行者惟以人畜骸骨、驢駝糞爲誌^{〔九七〕},大雪即不得行。或道見宮宇,忽聞歌笑,從之者多不反,蓋螭魅也^{〔九八〕}。當且末西北沙中,夏則熱風爲患,惟老駝知之,將作則聚鳴;而擁其鼻口,不則危斃^{〔九九〕}。今高昌客旅皆縣伊吾道。**決弱水於北滅,此天地之所以界四維也**^{〔一〇〇〕}。出陽關,至于寘,路經陷河,伐檉置中乃得度^{〔一〇一〕}。弱水亦陷河之類,羽毛皆沈。今川、廣之界亦惟一小河,淖溰而深^{〔一〇二〕},今古不得度,蓋亦弱也。八荒之內,奚有奚無?八荒之外,何窮何止?古之聖人,一視同仁。爲吾臣與爲狄人臣奚以異^{〔一〇三〕}?是故,人得其君則已矣。

　　請試舉一隅以憲之:方昇明之二年,倭王奉表以條其祖之勛,謂東西之所服者二百九十有六國^{〔一〇四〕}。是固海東之國也,倭王之所服者也;其所不服者,幾什佰君,其盡制歟^{〔一〇五〕}?東征毛人等五十五國,西服眾夷六十六國,渡平海北九十五國,一云二百一十六國^{〔一〇六〕}。支顯西游道,其所記亦數百國^{〔一〇七〕}。此于寘以西國也,支顯之所知者也;其不知者,又不知其幾也!智猛、法盛之錄,曇勇、道安之傳,審至之國,不下三四五百^{〔一〇八〕}。太延四域之使,魏氏四道之賓,所奏之國亦不下三四五百^{〔一〇九〕}。此世之未嘗聞者也。是數千國者,固俱樂土也。其地可謂遠矣,而其人亦未嘗有能道天之涯、地之角者。惡乎貪而不已邪？_{有海國}説，見餘論。

慮亂者，穿其頤；志遠者，刺其目〔一〇〕。黃帝、堯、舜，非不能服遠也，而所守者域；服之外，一無所事〔一一〕。其在周公，亦不過曰“詰爾戎兵，陟禹之迹”而已〔一二〕。夫禹，聲教暨于四海，而其制中國，若是截也〔一三〕。_{舜投四凶於四裔，羽山乃今海州，崇山乃今澧州，幽州則今遼東，而三危乃今渭水之源〔一四〕。繇今視之，皆爲近地。齊之伐山戎，此特北平之地，而當時已譏其遠伐〔一五〕。韓愈之貶潮陽，可謂遠陋；蕭育之守張掖，固已窮僻〔一六〕。而今更爲内地，放臣遷客，遂至編隸朱厓、沙門島，上猶以爲未，豈堯舜之心哉〔一七〕？} 伊尹四方之令，狗國、豹胡，亦不過三十有六國〔一八〕。來者不可距，往者不爾追，又曷嘗勞吾萌、宣吾府而奉之哉〔一九〕？

噫！先王之政教，其施於中國者，蓋詳矣。推先王之政教以治中國，則禹之所制不爲少矣。不繇先王之政教，則禹之所制猶將不異於戎狄。彼以遠略誇後世，而不詳乎其内者，是豈禹之心也哉？末世之君，不知古者之所以爲國，而以貪求速敗，豈不甚惑邪？嗚呼！其亦不聞蜀、漢、隋氏之事則已矣，少有所知，有不爲之寒心哉！

【校注】

〔一〕揚雄：喬本“揚”作“楊”，此從餘諸本。　蜀紀：即蜀王本紀。　本蜀論：三國蜀漢光禄大夫來敏撰。

〔二〕與：喬本、洪本作“与”，蓋即“與”字俗寫，今改從餘諸本。

〔三〕蠶叢縱目：華陽國志蜀志：“周失紀綱，蜀先稱王。有蜀侯蠶叢，其目縱，始稱王。”

〔四〕雙流縣：治所在今四川成都市雙流區。

〔五〕導江：地名。在今四川都江堰市東南。

〔六〕眉之彭山縣：眉，州名。彭山縣，治所在今四川眉山市彭山區。

〔七〕南北八郡志：四庫本“八”譌“入”。彥按：此引南北八郡志文，亦見於本書國名紀六古國導江正文。路史所據,蓋太平寰宇記(寰宇記卷七四眉州彭山縣魚鳧津引南北八郡志,比路史所引僅少一"廣"字,疑爲脱文)。然所謂之南北八郡志,寰宇記中僅此一見,除羅氏外他人之書亦無提及,頗疑其爲南中八部志之誤。南中八部志雖爲佚書,然藝文類聚、太平御覽等類書多有稱引,寰宇記書中亦有三次引用,而明曹學佺蜀中廣記卷一二名勝記上川南道彭山縣引此文,正作南中八郡志,尤足佐證。　　犍爲:郡名,治所在今四川眉山市彭山區東。

〔八〕逮蒲澤、俾明時:蒲澤、俾明,皆傳説中之古蜀王。文選左太沖(思)蜀都賦"抗峨眉之重阻"劉淵林注引揚雄蜀王本紀,作"蒲澤、開明"。高步瀛文選李注義疏疑蒲澤當作"蒲卑",即望帝更名,云:"據水經江水篇注引來敏本蜀論曰:荆人鱉令死,其尸隨水上,荆人求之不得。令至汶山下復生,起見望帝。望帝立以爲相。時巫山峽蜀水不流,帝使鱉令鑿巫峽通水,蜀得陸處。望帝自以德不若,遂以國禪,號曰開明。然則望帝在開明之前。而楊紀作'蒲澤',疑當從華陽國志作'蒲卑',以爲望帝更名也。"彦按:華陽國志蜀志云:"後有王曰杜宇。……巴國稱王,杜宇稱帝,號曰望帝,更名蒲卑。"　人氓椎結左言,不知文字:人氓,人民。椎結,將頭髮結成椎形的髻。結,通"髻"。左言,講異族語言。文選左太沖(思)蜀都賦劉良注引蜀王本紀作"人萌椎髻左言,不曉文字",壁經堂叢書本蜀王本紀作"人萌椎髻左衽,不曉文字"。

〔九〕年祚深眇:年祚,指立國的年數。深眇,久遠。

〔一〇〕揚雄記云二萬四千歲:揚雄,喬本、洪本"揚"作"楊",此從餘諸本。二萬四千,吳本"千"字譌"十",文選左太沖(思)蜀都賦劉良注引蜀王本紀及壁經堂叢書本蜀王本紀均作"三萬四千"。　蜀記等言魚鳧等君治蜀八萬年,蓋難取据:蜀記,指華陽國志之蜀志。備要本"記"作"紀"。据,喬本、洪本譌"裾",今從吳本、四庫本及備要本。

〔一一〕寔爲滿捍:寔,四庫本作"實"。滿捍,高步瀛文選李注義疏以爲當從華陽國志作蒲卑,乃形似而誤。

〔一二〕司馬貞以杜宇出唐杜氏後:史記三代世表"蜀王,黃帝後世也"司馬貞索隱:"案:系本蜀無姓,相承云黃帝後。且黃帝二十五子,分封賜姓,或於蠻夷,蓋當然也。蜀王本紀云朱提有男子杜宇從天而下,自稱望帝,亦蜀王也。

則杜姓出唐杜氏,蓋陸終氏之胤,亦黃帝之後也。"唐杜氏,帝堯後裔,初封于唐(今山西翼城縣西),周成王滅唐,唐貴族乃遷杜(今陝西西安市南),史稱唐杜氏。彥按:唐杜氏之先爲帝堯。若依史記五帝本紀,帝堯與陸終雖皆爲黃帝後,然帝堯出自黃帝長子玄囂分支,陸終出自黃帝次子昌意分支,則此謂唐杜氏"蓋陸終氏之胤"有誤。然上古史事杳邈,典籍記載多異,司馬氏之説或另有所據也。

〔一三〕女曰利,從地出,爲宇妃:利,各本均作"刹"。彥按:"刹"當作"利",字之誤也。太平御覽卷八八八引蜀王本紀曰:"後有一男子名曰杜宇,從天墮,止朱提。有一女子名利,從江源地井中出,爲杜宇妻。"是也。華陽國志卷三蜀志亦作"利"。而下文"女利乃梁氏女",洪本、吳本即作"利"。今據以訂正。

〔一四〕女利乃梁氏女:喬本、四庫本、備要本"利"譌"刹",此從洪本及吳本。華陽國志卷三蜀志:"後有王曰杜宇,……時朱提有梁氏女利,游江源。宇悦之,納以爲妃。"

〔一五〕受禪在丁卯八月三日:彥按:此蓋指鼈令受杜宇之禪,而語焉不詳。本書餘論一杜宇鼈令云:"按諸蜀記,杜宇末年遜位鼈令。"是也。

〔一六〕自叢以來,帝號蘆、保:叢,叢帝,即上文所稱之俾明(宜作開明)。蘆、保,洪本、吳本此二字闌入注文。又太平御覽卷八八八引蜀王本紀,"蘆"作"盧",他書多同。明曹學佺蜀中廣記卷一名勝記川西道成都府一云:"後有王曰杜宇,始稱帝號曰望帝,……後傳位于其相開明。開明位號曰叢帝。叢帝生盧帝,盧帝生保子帝,九世始傳開明尚焉。"

〔一七〕今廣德之建平有蘆保圩、蘆保月圩:廣德,指廣德軍(軍爲宋代行政區名)。建平,縣名,治所在今安徽郎溪縣建平鎮。喬本"蘆保圩、蘆保月圩"作"蘆保□□圩",今姑從餘諸本。

〔一八〕永明二年,蕭鑑刺益:永明,南朝齊武帝蕭賾年號。刺,謂任刺史。益,指益州。治所在今四川成都市。

〔一九〕玉塵:即玉屑。古道家以玉塵合丹砂汞煉丹,以爲服之可以不死(見晉葛洪抱朴子内篇金丹)。洪本"玉"作"王",吳本譌"王"。

〔二○〕珠砂爲阜:珠砂,即硃砂。四庫本"珠"作"硃"。阜,山。

〔二一〕一無所犯：四庫本“一”作“内”。南史齊高帝諸子下始興簡王鑑傳亦載其事，稱：“於州園地得古冢，無復棺，但有石椁。銅器十餘種，並古形；玉璧三枚；珍寶甚多，不可皆識；金銀爲𧛸蛇形者數斗。又以朱沙爲阜，水銀爲池，左右咸勸取之。鑑曰：‘皇太子昔在雍，有發古冢者，得玉鏡、玉屏風、玉匣之屬，皆將還都，吾意常不同。’乃遣功曹何佇爲之起墳，諸寶物一不得犯。”

〔二二〕武擔山：在今四川成都市舊城西北隅。　本曰武都，在府西百二十步：府，指成都府。西，疑當作“西北”。太平寰宇記卷七二益州華陽縣云：“武擔山，在府西北一百二十步，一名武都山。”

〔二三〕開明尚：見上注〔一六〕。彦按：華陽國志蜀志載其事，但稱蜀王，此以爲開明尚，不知何據。

〔二四〕物故：死之委婉語。

〔二五〕表以二石闕、石鏡：表，標識。石闕，古代神廟、墳墓前兩旁的大石柱。

〔二六〕武陵王蕭紀：各本“蕭紀”均作“蕭妃”。彦按：南朝梁武陵王姓蕭名紀，“妃”乃“紀”字之誤，今訂正。　玉石棺：洪本“玉”作“王”。

〔二七〕見太平寰宇記卷七二益州華陽縣，文曰：“蜀記云：‘武都山精化爲女子，美而豔。蜀王納爲妃。不習水土，欲去。王必留之，作東平之歌以悦之。無幾，物故。蜀王乃遣五丁於武都山擔土爲冢，蓋地數畝，高七丈。上有一石，厚五寸，徑五尺，瑩徹，號曰石鏡。”

〔二八〕齊建武中，劉季連自灌口鎮城内徙此：劉季連，南朝齊益州刺史。灌口鎮，在今四川都江堰市灌口街道。

〔二九〕惟其後葉：惟，四庫本作“繼”。後葉，猶後世。

〔三○〕益州記：四庫本作“益山記”，非。　岷山：在今四川茂縣西北。西北九十里其會州，周置，唐爲茂州：會州，治所在今四川茂縣。唐，洪本、吳本、四庫本作“喜”，誤。

〔三一〕今茂之汶山有眉山：茂，州名。汶山，縣名，治所在今四川茂縣。眉山，即峨眉山。彦按：眉山不在汶山縣境，且上無所承，下失呼應，未免突兀，疑當作“岷山”。此句本意在解釋上引益州記之岷山所在。宋歐陽忞輿地廣記卷三○茂州汶山縣云：“（南朝）宋曰廣陽縣。……（隋）仁壽元年復改廣陽曰汶山。唐置茂州。禹貢岷山在西北。"

〔三二〕樂史亦云"昌意娶蜀山氏"也:太平寰宇記卷七二益州云:"按世本、山海經、揚雄蜀王本紀、來敏本蜀論、華陽國志、十三州志諸言蜀事者,雖不悉同,參伍其説,皆言蜀之先肇于人皇之際,至黄帝子昌意娶蜀山氏女,生帝嚳。"

〔三三〕高辛氏:帝嚳有天下之號。太平寰宇記等書以帝嚳爲昌意子(見上注),史記五帝本紀則曰:"帝嚳高辛者,黄帝之曾孫也。高辛父曰蟜極,蟜極父曰玄囂,玄囂父曰黄帝。"而本書後紀五黄帝有熊氏又以帝嚳父爲玄囂。説各不同,由于所聞有異,或因誤傳誤記,不可知也。

〔三四〕昌意遜居若水:本書後紀八帝顓頊高陽氏"(昌意)行劣不似,遜于若水"羅苹注:"遜,謂降封之。" 元囂降居江水:元囂,即玄囂,帝嚳祖(見史記五帝本紀)。一説帝嚳父(見後紀五黄帝有熊氏)。 而禹生石紐,其地皆在蜀,蓋五帝時嘗合中國:石紐,地名。在今四川汶川縣威州鎮西南。揚雄蜀王本紀:"禹本汶山廣柔縣人,生於石紐。"合,歸併。

〔三五〕通典以蠶叢、伯雍爲帝俈之支:帝俈,即帝嚳。俈,同"嚳"。通典卷一七五州郡五古梁州云:"或曰:蜀之先帝嚳封其支庶於蜀,其後稱王,長曰蠶叢,次曰伯雍,次曰魚鳧。" 樂史從之,謂歷夏、商至周始稱王:太平寰宇記卷七二益州云:"(帝嚳)後封其支庶于蜀,歷夏、商、周,始稱王者,縱目名蠶叢,次曰柏灌,次曰魚鳧。"

〔三六〕秦惠文元年,蜀人來朝:秦惠文,指戰國秦國君惠文王嬴駟。又稱惠文君。公元前337—前311年在位。史記秦本紀:"惠文君元年,楚、韓、趙、蜀人來朝。"

〔三七〕八年,伐滅之:彦按:"八年"蓋誤。據史記秦本紀,"司馬錯伐蜀,滅之",在惠文王更元(十四年,更爲元年)之九年,時當公元前316年。

〔三八〕初,蜀苴相攻,來告急,司馬錯請伐之:苴(bāo),古民族名。巴人的一支。各本均誤"道",今訂正。告,洪本誤"吉"。司馬錯,戰國秦名將。請,吳本誤"詣"。史記張儀列傳:"苴蜀相攻擊,各來告急於秦。"

〔三九〕始降侯云:侯,喬本、洪本作"俟"(同"候",見字彙人部),備要本作"候",並誤。今據吳本、四庫本訂正。史記張儀列傳:"司馬錯欲伐蜀。……惠王曰：‘善，寡人請聽子。’卒起兵伐蜀，十月，取之，遂定蜀，貶蜀王更號爲侯，而使陳莊相蜀。”

〔四○〕寰宇記梓劍引常璩云：梓劍，當作劍州。此所引太平寰宇記文，見卷八四劍州劍門縣，與梓州無涉。常璩，十六國時期成漢散騎常侍，撰有華陽國志。吳本“璩”字譌“壖”。　静王五年，秦大夫張儀、司馬錯從石牛道滅蜀：静王，指周慎靚王姬定（公元前320—前315年在位）。“静”通“靚”。華陽國志蜀志作“周慎王”。張儀，洪本“儀”字爲墨丁。石牛道，又稱金牛道，自今陝西勉縣西南行入蜀，經廣元市而至劍閣縣，是古代聯繫漢中和巴蜀的交通要道。

〔四一〕閬中縣引，作順王五年：見太平寰宇記卷八六閬州閬中縣。中華書局二〇〇七年版太平寰宇記已據華陽國志蜀志及史記周本紀改“順王”作“慎王”，甚是。彥按：原版作“順王”，疑爲宋人避宋孝宗趙昚嫌名所改。

〔四二〕此天地之所以限疆界也：限，限制，限定。疆，喬本作“彊”，此從餘諸本。

〔四三〕其精神固有限劑，而洞地之不可極，今古同也：限劑，限量。洞地，洞天福地，道教對神仙及道士所居的十大洞天、三十六小洞天、七十二福地之合稱，亦泛指名山勝境。極，窮盡。

〔四四〕溪心墾志：形容欲壑難填。　百罅啓而天地閉：罅，漏洞，缺陷。

〔四五〕揚雄：四庫本、備要本如此，今從之。餘本“揚”作“楊”。

〔四六〕富羨饒沃，固自一天壤也：富羨，富足，富裕。饒沃，謂物産豐富、土地肥沃。天壤，猶天地。　西番東漢北秦南廣，一障之隔：番，吐番，即今西藏。漢，指戰國秦置漢中郡（治所在今陝西漢中市東）地。秦，指戰國秦地，今主要屬陝西。廣，泛稱兩廣（廣東和廣西）。障，通“嶂”，聳立如屏障的山峯。

〔四七〕紹：繼承。説文糸部：“紹，繼也。”

〔四八〕羈縻服外：羈縻，籠絡，懷柔。服外，侯、甸、綏、要、荒五服之外，指異邦。

〔四九〕安王：指周安王姬驕，公元前401—前376年在位。　秦惠：彥按：周安王時之秦惠，當指秦惠公（公元前399—前387年在位）。據華陽國志蜀志所載，秦滅蜀事在周慎王五年（前316）秋，時當秦惠文王更元九年，頗疑此之秦惠,指秦惠文王,然則所謂"逮安王時"之説有誤。

〔五〇〕飾妖饒之子,劃怪誕之牛,以誘其衷,而後襃余之路棧矣:子,指女子。洪本、吳本誤"予"。劃,鑿。衷,内心。襃余,彦按:"余"當作"斜",蓋偶失落其右旁。襃斜爲關中通蜀要道。其道自今陝西眉縣沿斜水及其上源石頭河,經今太白縣,循襃水及其上源白雲河至漢中。因取道襃水、斜水兩河谷而得名。棧,謂成爲棧道。史記貨殖列傳:"巴蜀……南御滇僰,僰僮。西近邛筰,筰馬、旄牛。然四塞,棧道千里,無所不通,唯襃斜綰轂其口。"華陽國志卷三蜀志:"周顯王二十二年,蜀侯使朝秦。秦惠王數以美女進,蜀王感之,故朝焉。惠王知蜀王好色,許嫁五女於蜀。蜀遣五丁迎之。"藝文類聚卷九四獸部牛引蜀王本紀曰:"秦惠王欲伐蜀,乃刻五石牛,置金其後。蜀人見之,以爲牛能大便金。牛下有養卒,以爲此天牛也,能便金。蜀王以爲然,即發卒千人,使五丁力士,拖牛成道,致三枚於成都。秦得道通,石牛力也。後遣丞相張儀等,隨石牛道伐蜀。"

〔五一〕爲中州:成爲屬于中土之州郡。唐陳子昂諫雅州討生羌書:"張儀躡蹻乘便,縱兵大破之。蜀侯誅,寶邑滅,至今蜀爲中州。"

〔五二〕然而風動之辰,常先它國而綴靈府,一或入保,則無復中國之所有者:風動,喻指社會動蕩,政局變亂。辰,猶時。綴,牽連、關聯。靈府,猶天府,指蜀。晉書袁喬傳:"蜀土富實,號稱天府。"保,守。

〔五三〕陳子昂之疏:陳子昂,唐詩人,歷官至右拾遺,後世或稱之陳拾遺。其疏即諫雅州討生羌書(見陳拾遺集卷九)。

〔五四〕挐:説文手部:"牽引也。"

〔五五〕以薛仁貴、郭待封彪武之將,屠十萬之衆於大非之川,一甲不歸:薛仁貴,唐朝名將。郭待封,唐左豹韜衛將軍。彪武,健壯勇武。陳子昂諫雅州討生羌書作"虢武"。屠,各本皆誤"屑",費解,今據諫雅州討生羌書訂作"屠"。十萬,洪本、吳本誤"十方"。大非之川,即今青海共和縣西南切吉灘。舊唐書吐蕃傳上:"(吐蕃)後與吐谷渾不和,龍朔、麟德中遞相表奏,各論曲直,國家依違,未爲與奪。吐蕃怨怒,遂率兵以擊吐谷渾。吐谷渾大敗,河源王慕容諾曷鉢及弘化公主脱身走投涼州,遣使告急。咸亨元年四月,詔以右威衛大將軍薛仁貴爲邏娑道行軍大總管,左衛員外大將軍阿史那道真、右衛將軍郭待封爲副,率衆十餘萬以討之。軍至大非川,爲吐蕃大將論欽陵所敗,仁貴等並坐除名。” 以李敬元、劉審禮廊廟之宰,辱十八萬衆於青海之上,竟不能俘一醜,而關隴爲虛:李敬元,諫雅州討生羌書作李敬玄。彥按:改“玄”作“元”,疑涉避諱。李敬玄爲唐朝大臣,高宗時歷官至中書令,封趙國公。劉審禮,唐工部尚書,兼檢校左衛大將軍。廊廟,殿下屋和太廟,喻指朝廷。宰,諫雅州討生羌書作“器”。青海,即今青海省東北部之青海湖。之上,諫雅州討生羌書作“之澤”。醜,壞人,惡人。關隴,指關中(今陝西渭河流域一帶)和甘肅東部一帶地區。新唐書李敬玄傳:“劉仁軌西討吐蕃,有所建請,敬玄數持異,由是有隙,因奏河西鎮守非敬玄不可。……乃拜洮河道大總管,兼鎮撫大使,檢校鄯州都督,統兵十八萬,代仁軌。與吐蕃將論欽陵戰青海,使劉審禮爲先鋒,麾虜。敬玄按軍自如,審禮戰歿,尚首鼠不進。乃頓承風嶺,又阻溝淖,莫能前。賊屯高,壓其營。偏將黑齒常之率死士夜擊賊,敬玄始得至鄯州。又戰湟川,遂大敗。”

〔五六〕胡爲議者欲以梁、鳳、巴蜒之兵開蜀道,縣雅州以討生羌而襲吐番:梁,梁州,治所今陝西漢中市東。鳳,鳳州,治所在今陝西鳳縣鳳州鎮。巴蜒,巴州蜒族。巴,巴州,治所在今四川巴中市。蜒,同“蜑”,音dàn,古代南方少數民族名。各本皆譌“蜒”,今據諫雅州討生羌書訂正。雅州,州名,治所在今四川雅安市西。生羌,古代稱尚未歸順或發展程度較低的羌族人。

〔五七〕而昔者東漢之所縣喪敗者也:吳本、四庫本“縣”作“由”。後漢書西羌傳論曰:“羌戎之患自三代,尚矣。漢世方之匈奴,頗爲衰寡,而中興以後,邊難漸大。……永初之閒,羣種蜂起。遂解仇嫌,結盟詛,招引山豪,轉相嘯聚,揭木爲兵,負柴爲械。(穀)〔轂〕馬揚埃,陸梁於三輔;建號稱制,恣睢於北地。東犯趙、魏之郊,南入漢、蜀之鄙,塞湟中,斷隴道,燒陵園,剽城市,傷敗踵係,羽書日聞。并、涼之士,特衝殘斃,壯悍則委身於兵場,女婦則徽纆而爲虜,發冢露骴,死生塗炭。自西戎作逆,未有陵斥上國若斯其熾也。和熹以女君親政,威不外接。朝議憚兵力之損,情存苟安。或以邊州難援,宜見捐弃;或懼疽食浸淫,莫知所限。謀夫回遑,猛士疑慮,遂徙西河四郡之人,雜寓關右之縣。發屋伐樹,塞其戀土之心;燔破嗇積,以防顧還之思。於是諸將鄧騭、任尚、馬賢、皇甫規、張奐之徒,爭設雄規,更奉征討之命,徵兵會衆,以圖其隙。馳騁東西,奔救首尾,搖動數州之境,日耗千金之資。至於假人增賦,借奉侯王,引金錢縑綵之珍,徵糧粟鹽鐵之積。所以賂遺購賞,轉輸勞來之費,前後數十巨萬。或梟剋酋健,摧破附落,降俘載路,牛羊滿山。軍書未奏其利害,而離叛之狀已言矣。故得不酬失,功不半勞。暴露師徒,連年而無所勝。官人屈竭,烈士憤喪。段熲受事,專掌軍任,資山西之猛性,練戎俗之態情,窮武思盡飇銳以事之,被羽前登,身當百死之陳,蒙沒冰雪,經履千折之道,始珍西種,卒定東寇。若乃陷擊之所殲傷,追走之所崩籍,頭顱斷落於萬丈之山,支革判解於重崖之上,不可校計。其能穿窠草石,自脫於鋒鏃者,百不一二。……惜哉!寇敵略定矣,而漢祚亦衰焉。"

〔五八〕則蜀之瑤庫自此轉而西矣:瑤庫,猶言寶庫。矣,備要本譌"夫"。

〔五九〕穡:耕種。 帑:錢財。 狥:通"殉",謂爲……獻身,爲……作出犧牲。

〔六〇〕亦何異於釋近熟而創遠業乎:釋,放棄。近熟,指近熟之業,即身邊熟悉之事業。遠業,指遥遠陌生的事業。

〔六一〕芸:通"耘",除草。此泛指耕種。

〔六二〕而它人之田未及芸邪:備要本"它"字譌"宅"。

〔六三〕於是嗋兵以爭之,四十年間,中都之財賦、夏國之生靈略盡於西域矣:嗋,通"撮",聚合。中都,猶京都。夏國,謂華夏。洪本、吳本"夏"譌"憂"。

〔六四〕朔方之郡:即朔方郡,西漢元朔二年(前127)置,治所在今内蒙古杭錦旗北。

〔六五〕上谷造陽:上谷,郡名。造陽,地名,在今河北赤城縣獨石口鎮。史記匈奴列傳:"於是漢遂取河南地,築朔方,復繕故秦時蒙恬所爲塞,因河爲固。漢亦棄上谷之什辟縣造陽地以予胡。是歲,漢之元朔二年也。"

〔六六〕其所以危士臣以締怨者,得大宛良馬數十而已:士臣,將士。締怨,猶結怨。大宛,漢代西域國名。在今烏兹別克斯坦共和國費爾干納盆地。其地産汗血馬。

〔六七〕使齊、楚之巨擘怨而交訟,所爭亦不啻是,一何默邪:巨擘,大拇指。比喻傑出的人物。默,昏闇,昏庸。

〔六八〕隋之裴矩又以西域之圖蕩煬帝之侈心:裴矩,隋煬帝時官右光禄大夫。蕩,激蕩,鼓動。侈心,夸耀自大之心。隋書裴矩傳:“煬帝即位,……矩知帝方勤遠略,諸商胡至者,矩誘令言其國俗山川險易,撰西域圖記三卷,入朝奏之。……帝大悦,賜物五百段。每日引矩至御坐,親問西方之事。矩盛言胡中多諸寶物,吐谷渾易可并吞。帝由是甘心,將通西域、四夷經略咸以委之。”

〔六九〕於是親出玉門,置伊吾、且末,而關右蕭然:玉門,指玉門關。在今甘肅敦煌市西北。伊吾,郡名。隋大業六年(610)置。治所在今新疆哈密市。且末,郡名。隋大業五年(609)置。治所在今新疆且末縣城西南。且,音jū。關右,泛指函谷關或潼關以西地區。蕭然,猶騷然,擾亂騷動的樣子。隋書西域傳史臣曰:“煬帝規摹宏侈,掩吞秦、漢,裴矩方進西域圖記以蕩其心,故萬乘親出玉門關,置伊吾、且末,而關右暨於流沙,騷然無聊生矣。”

〔七〇〕狼狽:洪本作“很很”,吳本作“狠狠”,並誤。 此魏公之所以傷之者也,顧不韙歟:魏公,指隋書之主編唐魏徵。顧,豈,難道。韙,對,正確。

〔七一〕溟渤、漲洋,此天地之所以限東徼也:溟渤,即渤海。漲洋,不詳所指,要之爲東邊之海;或比照沸海而杜撰,未必實有其洋也。喬本、洪本、吳本、備要本“漲洋”二字闌入注文,今從四庫本移出爲正文。“溟渤、漲洋”與下句“惡溪、沸海”相對,“漲洋”不當爲注文甚明。徼(jiào),邊界,邊際。

〔七二〕厲毒氣:瘟疫之毒氣。 温屯:謂熱屯聚不散,使人迷惘不爽。唐柳宗元愚溪對:“予聞閩有水,生毒霧厲氣,中之者温屯嘔泄。”

〔七三〕朔云炎州貢者經之:朔,指漢東方朔。朔撰有海內十洲記。炎州,傳説中地名。清陳元龍格致鏡原卷八九引十洲記:“炎州在南海中,地方二千里,去北岸九萬里。”洪本、四庫本作“炎洲”,通;吳本作“炎風”,誤。貢者,指來華夏進貢者。

〔七四〕陷河、懸度之設乎西:陷河,即今新疆且末縣境之車爾臣河。五代高居誨使于闐記:“沙州西曰仲雲。……又西,渡陷河,伐樨置水中乃渡,不然則陷。”(轉引自新五代史四夷附録于闐)懸度,山名,在今巴基斯坦境內。漢書作“縣度”,其西域傳上烏秅國曰:“其西則有縣度,去陽關五千八百八十八里,去都護治所五千二十里。縣度者,石山也,谿谷不通,以繩索相引而度云。”

〔七五〕自罽賓西行,歷大、小頭痛山,赤土、身熱之坂:罽賓,漢、魏時西域國名。都城在今克什米爾境內斯利那加附近。大、小頭痛山,在今新疆塔什庫爾干塔吉克自治縣西南一帶。彥按:據漢書西域傳上罽賓國載,自漢前往罽賓,途中"歷大頭痛、小頭痛之山,赤土、身熱之阪,……二千餘里乃到縣度",而罽賓又在縣度之西,故又有"今縣度之阨,非罽賓所能越也"語。此乃稱"自罽賓西行"云云,顯然有誤。

〔七六〕宋膺異物志:書佚,作者亦不詳。 山皆在渠搜之東、疏勒之西:渠搜,古西域國名。在今烏茲別克斯坦共和國境內費爾干納盆地。疏勒,漢代西域國名。都城在今新疆喀什市。

〔七七〕彥按:太平御覽卷七九三引宋膺異物志,作:"大頭痛、小頭痛山,皆渠搜之東、疏勒之西,經之者身熱頭痛。夏不可行,行則至死。唯冬可行,尚嘔吐,山有毒藥氣之所爲。冬乃枯歇,故可行也。"此處羅苹注文當屬意引,且攪合了漢書西域傳上罽賓國之文,彼文云:"又歷大頭痛、小頭痛之山,赤土、身熱之阪,令人身熱無色,頭痛嘔吐,驢畜盡然。"

〔七八〕又有三池、盤道,經三十里:盤道,山間曲折回旋的路。彥按:漢書西域傳上罽賓國云:"又有三池、盤石阪,道陜者尺六七寸,長者徑三十里。"羅苹注文蓋即據此,然已失其本意。

〔七九〕烏秅:漢代西域國名。都城在今新疆塔什庫爾干塔吉克自治縣東南。秅(ná),各本均譌"秺",今訂正。漢書西域傳上烏秅國:"烏秅國,……其西則有縣度。"

〔八〇〕四百里石懸度山,只尺之路,下臨不測:石,四庫本譌"右"。只尺,即"咫尺",形容距離極短。漢書西域傳上烏秅國:"縣度者,石山也。"魏書西域傳阿鈎羌國:"國西有縣度山,其間四百里中,往往有棧道,下臨不測之淵。"

〔八一〕法顯記:指晉釋法顯佛國記。 在盤陀西南,今葱嶺:盤陀,即揭盤陀,西域古國名。在今新疆塔什庫爾干塔吉克自治縣。葱嶺,古代對今帕米爾高原及昆侖山、喀喇昆侖山西部諸山的統稱。

〔八二〕飇:同"飆",盤旋而上的暴風。說文風部:"飆,扶搖風也。從風,猋聲。飇,古文飆。"洪本、吳本、四庫本作"颮",蓋"飇"字俗體。

〔八三〕瀚海、沙子:瀚海,即位于今俄羅斯東西伯利亞南部之貝加爾湖。沙子,蒙古高原沙漠名。 遮西而制北:遮,阻擋。制,扼制。

〔八四〕沙子在契丹後:契丹,國名。遼太祖阿保機所建。都城在今內蒙古巴林左旗。後,指北方。

〔八五〕乃者女真滅大遼,其臣大石林牙挈其子三晝夜逾沙子,立之數十年,粘罕莫能近:乃者,往日。遼末,女真完顏部首領阿骨打統一各部,建立金國,後滅遼及北宋。大石林牙,即耶律大石。遼太祖耶律阿保機八世孫。歷官翰林、泰州刺史、遼興軍節度使等職。金滅遼,大石林牙自立爲王,率部西遷,後於公元1131年稱天祐皇帝,二年後班師東返,建都於虎思斡耳朵(今吉爾吉斯斯坦楚河流域之托克馬克)。史稱西遼。粘罕,即金朝名將完顏宗翰。

〔八六〕激障霧於東維:激,騰涌。障霧,瘴氣。"障"通"瘴",下"山障"之"障"同。東維,東方。

〔八七〕七孔:七竅。

〔八八〕故南方有大、小法場之號:法場,執行死刑的場所。宋周去非嶺外代答卷四風土門瘴地:"嶺外毒瘴,不必深廣之地。如海南之瓊管,海北之廉、雷、化,雖曰深廣,而瘴乃稍輕。昭州與湖南、靜江接境,士夫指以爲大法場,言殺人之多也。若深廣之地,如橫、邕、欽、貴,其瘴殆與昭等。……廣東以新州爲大法場,英州爲小法場。"

〔八九〕今越嶲有瘴氣,中之有聲,着人人死,着木木折,曰鬼巢,本山障之氣毒也:越嶲(xī),縣名,治所在今四川西昌市。鬼巢,各本"巢"均作"隙"。彥按:"隙"當"巢"字之誤。太平寰宇記卷八〇嶲州引九州要記云:"瘴氣有聲,著人人死,著木木折,號曰鬼巢焉。"當即羅氏所本。今據以訂正。本,喬本、備要本譌"木",今據餘諸本改。

〔九〇〕南極:南方極遠之地。

〔九一〕梁、雍間:梁,梁州,古九州之一,地域包括川陝之巴蜀、漢中之地。雍,雍州,古九州之一,其地大體包括今之陝西中部與北部、甘肅之大部(除去東南部)、青海之東南部以及寧夏回族自治區。彥按:書禹貢云:"華陽、黑水惟梁州。"又云:"黑水、西河惟雍州。"蓋即羅苹注文所本,然似與路史"界黑水於南極"之說不合。

〔九二〕泄流沙於西陲:泄,止,謂隔絕。方言卷一〇:"戲、泄,歇也。……泄、奄,息也。楚、揚謂之泄。"流沙,稱今新疆境内之白龍堆沙漠。

〔九三〕高昌:地名。在今新疆吐魯番市東高昌故城。　　瓜州:地名。在今甘肅敦煌市境。　　沙磧:沙漠。磧(qì),沙石地,沙漠。

〔九四〕蓋西州之柳中路也:西州,州名。柳中,縣名,治所在今新疆鄯善縣魯克沁鎮。

〔九五〕自柳中縣東南行,經大海之東,又東南度磧入伊州,即裴所謂伊吾路,今使郵所至:東南行,洪本、吳本、四庫本作"南東行"。大海,大漠。伊州,治所在今新疆哈密市。伊吾,在今新疆哈密。使郵,郵吏,郵差。

〔九六〕武威:縣名,治所在今甘肅武威市涼州區。

〔九七〕人畜:備要本如此。餘諸本"畜"皆作"蓄",今不從。

〔九八〕從之者多不反,蓋螭魅也:反,"返"之古字。螭魅(chī mèi),害人之怪物。

〔九九〕危弊:危害。北史西域傳且末:"且末西北有流沙數百里,夏日有熱風,爲行旅之患。風之所至,唯老駝預知之,即嗔而聚立,埋其口鼻於沙中。人每以爲候,亦即將氈擁蔽鼻口。其風迅駛,斯須過盡,若不防者,必至危斃。"

〔一〇〇〕決弱水於北澬,此天地之所以界四維也:決,放開水流。弱水,古水名。上源即今甘肅山丹河,下游即今山丹河與甘州河合流後的黑河,入内蒙古境後稱額濟納河。澬(yù),用同"域"。四維,指四方邊境。

〔一〇一〕出陽關,至于闐,路經陷河,伐檉置中乃得度:陽關,關名,故址在今甘肅敦煌市陽關鎮。于闐,即于闐,古西域國名,在今新疆和田一帶。檉,木名。即檉柳,又稱河柳。度,通"渡"。

〔一〇二〕淖泮而深:淖泮(nào bàn),淤泥。

〔一〇三〕爲吾臣與爲狄人臣奚以異:典出莊子讓王:"大王亶父居邠,狄人攻之。事之以皮帛而不受,事之以犬馬而不受,事之以珠玉而不受,狄人之所求者土地也。大王亶父曰:'與人之兄居而殺其弟,與人之父居而殺其子,吾不忍也。子皆勉居矣!爲吾臣與爲狄人臣奚以異?且吾聞之,不以所用養害所養。'因杖筴而去之。民相連而從之,遂成國於岐山之下。"

〔一〇四〕憲:揭示。　　方昇明之二年,倭王奉表以條其祖之勛,謂東西之所服者二百九十有六國:昇明,南朝宋順帝年號。二百九十有六國,彦按:此數字疑有誤。宋書夷蠻傳東夷倭國載:順帝昇明二年,倭王遣使上表,曰"封國偏遠,作藩于外,自昔祖禰,躬擐甲胄,跋涉山川,不遑寧處。東征毛人五十五國,西服衆夷六十六國,渡平海北九十五國,王道融泰,廓土遐畿,累葉朝宗,不愆于歲"云云,則所服者凡二百一十六國。南史夷貊傳下東夷倭國所載亦然。

〔一〇五〕幾什佰君:彥按:服者既超出二百國,不服者"幾什佰君"似不足言其多,頗疑"什"爲"仟"字之譌。

〔一〇六〕東征毛人等五十五國:各本"東"下均無"征"字。彥按:此段文字當襲自宋書夷蠻傳東夷倭國及南史夷貊傳下東夷倭國,二書"東"下均有"征"字(見上注〔一〇四〕),此必脱文,今據以訂補。　渡平海北九十五國:渡平,各本皆作"渡北"。彥按:"北"當作"平",蓋涉下"海北"之"北"而譌。宋書作"渡平",南史作"陵平",今據宋書訂改。

〔一〇七〕支顯:支,指晉釋支僧載,著有外國事。顯,指晉釋法顯,於晉安帝隆安三年赴天竺求法,前後凡十四年,歷游三十餘國,返國時帶回許多梵本佛經,並撰有游歷天竺記聞佛國記。

〔一〇八〕智猛、法盛之録,曇勇、道安之傳:智猛,十六國時後秦高僧,西行天竺,徧游諸國,歷三十七年,著有游行外國傳(見新唐書藝文志二)。法盛,十六國時北涼高昌高僧,曾游西域,著有歷國傳(見隋書經籍志二)。曇勇,即曇無竭,南朝宋高僧,著有外國傳。道安,十六國時前秦高僧,著有西域志。彥按:通典卷一九一邊防七西戎總序"今之所纂,其小國無異聞者,則不暇録焉"注:"諸家纂西域事,皆多引諸僧遊歷傳記,如法明遊天竺記、支僧載外國事、法盛歷諸國傳、道安西域志。惟佛國記、曇勇外國傳、智猛外國傳、支曇諦烏山銘、翻經法師外國傳之類,皆盛論釋氏詭異奇迹,參以他書,則皆紕謬,故多略焉。"此蓋羅氏路史所本。所云法明即法顯,乃杜佑避唐中宗諱所改。所云遊天竺記即佛國記,同書而異名。　審至之國:審,真實。

〔一〇九〕太延四域之使,魏氏四道之賓:太延,北魏世祖太武帝拓跋燾年號。各本"太"均作"大",今訂作"太"。魏氏,指北魏王朝。魏書西域傳:"太延中,魏德益以遠聞,西域龜茲、疏勒、烏孫、悦般、渴槃陁、鄯善、焉耆、車師、粟特諸國王始遣使來獻。世祖以西域漢世雖通,有求則卑辭而來,無欲則驕慢王命,此其自知絶遠,大兵不可至故也。若報使往來,終無所益,欲不遣使。有司奏九國不憚遐嶮,遠貢方物,當與其進,安可豫抑後來,乃從之。於是始遣行人王恩生、許綱等西使。"又:"西域自漢武時五十餘國,後稍相并。至太延中,爲

十六國,分其地爲四域。自葱嶺以東,流沙以西爲一域;葱嶺以西,海曲以東爲
一域;者舌以南,月氏以北爲一域,兩海之間,水澤以南爲一域。"

〔一一〇〕慮亂者,穿其頤:慮亂,圖謀作亂。頤,下巴。淮南子道應:"白
公勝慮亂,罷朝而立,倒杖策,錣上貫頤,血流至地而弗知也。鄭人聞之曰:'頤
之忘,將何不忘哉!'此言精神之越於外,智慮之蕩於内,則不能漏理其形也。
是故神之所用者遠,則所遺者近也。"其事亦載于列子説符及韓非子喻老。
志遠者,刺其目:志遠,謂野心大。刺,説文刀部:"直傷也。"彦按:此句是否用
典,不詳,待考。

〔一一一〕而所守者域;服之外,一無所事:域,疆域,國土。服,謂五服(見
後紀十一帝堯陶唐氏注〔一二四〕)。

〔一一二〕詰爾戎兵,陟禹之迹:見書立政載周公告誡成王語,原文爲:"其
克詰爾戎兵,以陟禹之迹。"詰,整治。戎兵,戎服兵器。陟,猶步。迹,足迹。

〔一一三〕夫禹,聲教暨于四海,而其制中國,若是截也:聲教,聲威教化。
暨,至,到。制,裁制,謂治理。截,謂整齊劃一,界限分明。書禹貢:"東漸于
海,西被于流沙,朔、南暨,聲教訖于四海。禹錫玄圭,告厥成功。"

〔一一四〕舜投四凶於四裔:四凶,相傳堯舜時代四個惡名昭彰的部族首
領,即共工、驩兜、三苗及鯀。四裔,四方邊遠之地。書舜典:"流共工于幽州,
放驩兜于崇山,竄三苗于三危,殛鯀于羽山:四罪而天下咸服。"　羽山乃今海
州,崇山乃今澧州,幽州則今遼東:海州,州名,治所在今江蘇連雲港市海州區。
澧州,州名,治所在今湖南澧縣。遼東,地區名,泛指今遼寧遼河以東地區。

〔一一五〕齊之伐山戎,此特北平之地:齊,備要本作"示",誤。山戎,古代
北方民族名,又稱北戎,匈奴的一支。活動地區在今河北省北部。北平,縣名,
治所在今河北順平縣蒲陽鎮。春秋莊公三十年:"齊人伐山戎。"　而當時已
譏其遠伐:左傳僖公九年:"秋,齊侯盟諸侯于葵丘,……宰孔先歸,遇晉侯,曰:
'可無會也。齊侯不務德而勤遠略,故北伐山戎,南伐楚,西爲此會也。東略之
不知,西則否矣。其在亂乎! 君務靖亂,無勤於行。'晉侯乃還。"

〔一一六〕韓愈之貶潮陽:韓愈于唐憲宗時曾因諫迎佛骨貶爲潮州刺史。
潮陽,郡名,治所在今廣東潮州市湘橋區。唐天寶、至德間一度改潮州置潮陽
郡。韓愈貶時實稱潮州,稱潮陽者,用其舊稱。備要本"潮"作"朝",誤。宋計

有功唐詩紀事卷三四韓愈："（憲宗元和）十四年正月,表乞燒佛骨。疏入,貶潮州刺史。有次藍關示姪孫湘詩,云:'一封朝奏九重天,夕貶潮陽路八千。'"

蕭育之守張掖,固已窮僻:蕭育,西漢大臣蕭望之子,歷官至光禄大夫執金吾。彦按:蕭育當作蕭咸,蓋羅氏誤記之。考漢書蕭育傳,蕭育從未任過張掖太守之職。而其弟咸,則曾任之。又據漢書張禹傳載,成帝敬厚禹,"（禹）言:'老臣有四男一女,愛女甚於男,遠嫁爲張掖太守蕭咸妻,不勝父子私情,思與相近。'上即時徙咸爲弘農太守",尤足爲證。張掖,縣名,治所在今甘肅張掖市甘州區。窮僻,荒遠偏僻。

〔一一七〕遂至編隸朱厓、沙門島:編,謂編置（古代官吏被貶謫至邊遠地區,編户安置,受地方官管束）。朱厓,即朱崖,指朱崖軍。治所在今海南三亞市崖州區。沙門島,海島名,在今山東蓬萊市西北海中。宋史刑法志三:"犯死罪獲貸者,多配隸登州沙門島及通州海島,皆有屯兵使者領護。"又,元祐六年,刑部定令:"沙門島已溢額,移配瓊州、萬安軍、昌化、朱崖軍。"

〔一一八〕狗國、豹胡:二古國名。狗國屬西戎,豹胡爲北胡。逸周書王會載:湯命伊尹爲四方獻令,"伊尹受命,於是爲四方令",令獻之國凡三十六,其中包括狗國、豹胡。

〔一一九〕又曷嘗勞吾萌、宣吾府而奉之哉:萌,通"氓",民,百姓。宣,謂打開。府,府庫。奉,供養。

㑃傀氏

㑃傀氏,後有㑃氏、傀氏[一]。見元和姓纂[二]。㑃傀氏之迹,學者必以不著,每以屬之皇神農。後世遂謂神農爲㑃傀氏,失之。

【校注】

〔一〕㑃傀氏:㑃傀,音 huī guī。

〔二〕元和姓纂:唐林寶撰。

渾沌氏

渾沌氏,是爲渾敦,後有渾氏、沌氏、屯氏。見姓苑等。姓苑、三墳作“混沌”，風俗通作“混屯”〔一〕。姓苑云：“後去水爲屯。”姓纂又有屯渾氏，云太昊佐，謬〔二〕。若至於所謂盤古氏，異矣。盤古氏亦曰渾敦氏。羅隱有渾敦氏施化之説，謂盤古也，如云“支節爲山岳，腸胃爲江河”之類〔三〕。本出三五曆紀等書。

　　予嘗議三墳之僞，渾沌氏豈太昊之佐哉？六韜之書，渾沌氏在吳英氏前〔四〕。及班固表古今，始列之伏羲之下〔五〕。應劭作書，遂以爲太昊之良佐〔六〕。三墳、姓纂一皆因之，失其本矣。昔者孔子謂子貢曰：“渾沌氏之治，若予與汝，奚足以知之〔七〕？”渾沌氏豈太昊之佐哉？此班生之失也。

　　雖然，渾沌氏之治於今，果何如邪？老儋子曰：“古者，被髮而無，卷領以王天下；其德生而不殺，予而不奪；天下之人，非其服而同懷其德。當是之時，陰陽和平，萬物蕃息；蜚鳥之巢可俯而探也，走獸可繫而從也。”〔八〕蓋執中涵和，除日無歲，無内而無外者，此渾沌氏之治也〔九〕。至其衰也，鳥獸虫虵皆爲人害〔一〇〕。

　　是故迫其難則求其便，因其患則操其備，故常不必循，器械不必因，後世因時而有變易，亦以輔萬物之自然而已矣〔一一〕。七十九代之君，其爲法不同而俱王于天下，繇此道也〔一二〕。食也，息也，何久近之殊哉〔一三〕？

　　嗟乎！舊國舊都，望之悵然〔一四〕。雖使丘陵草木之緡，入之者十九，猶之悵然，況見見聞聞者乎〔一五〕！夫有盛必有衰，而衰者必復；有冬必有夏，而冬者必開〔一六〕。此天地之化氣也〔一七〕。今也覿古之人，被畫冠服而企止者，質厚魁偉，重視深息，氣象固已殊矣，況三代之時乎〔一八〕！三代之世，聖賢自多，而況出於其上者乎！然則，君子何獨於渾沌氏疑之哉？彼將憮告賜之言者，吾不憮也〔一九〕。

【校注】

〔一〕風俗通：又稱風俗通義，東漢應劭撰。

〔二〕姓纂又有屯渾氏，云太昊佐：見元和姓纂卷四魂韻屯渾。

〔三〕羅隱有渾敦氏施化之説：羅隱，唐詩人。施化，猶造化。　支節爲山岳，腸胃爲江河：見羅隱蒙叟遺意。其文曰：“上帝既剖混沌氏，以支節爲山嶽，以腸胃爲江河。一旦慮其掀然而興，則下無生類矣，於是孕銅鐵於山澤，滓魚鹽於江河，俾後人攻取之，且將以苦混沌之靈，而致其必不起也。嗚呼！混沌氏則不起，而人力殫焉。”（見唐文粹卷四八）

〔四〕昊英氏：見前紀九昊英氏。

〔五〕班固表古今：表古今，指撰漢書古今人表。

〔六〕遂以爲太昊之良佐：見風俗通義姓氏篇

〔七〕若予與汝，奚足以知之：見莊子天地。原文作：“且渾沌氏之術，予與汝何足以識之哉！”與，喬本、洪本作“与”，今改從餘諸本。

〔八〕老儋子：即老子。儋，通“聃”。下文所引老儋子語，見文子上禮篇。　古者，被髮而無，卷領以王天下：無，通“舞”。卷領，亦作“綣領”，猶翻領。古人認爲是較原始的服式。淮南子氾論曰：“古者，有鍪而綣領以王天下者矣。”高誘注：“綣領，皮衣屈而紩之，如今胡家韋襲，反褶以爲領也。”　天下之人，非其服而同懷其德：今本文子上禮作“天下非其服，同懷其德”，淮南子氾論作“天下不非其服，同懷其德”。王利器文子疏義曰：“案：淮南子有‘不’字是，若奪之，則失其指矣。當據補。”　萬物蕃息：各本“蕃息”均作“無息”。彦按：作“無息”不可解。文子上禮、淮南子氾論均作“蕃息”，是，今據以訂正。　蜚鳥之巢可俯而探也，走獸可繫而從也：其意與莊子馬蹄“是故禽獸可係羈而遊，鳥鵲之巢可攀援而闚”同。

〔九〕執中涵和：執持中庸，保守和諧。　除日無歲，無内而無外：莊子則陽：“容成氏曰：‘除日無歲，无内无外。’”晉郭象注：“今所以有歲而存日者，爲有死生故也。若无死无生，則歲日之計除。”又曰：“无彼我，則无内外也。”

〔一〇〕虫虬：虫，四庫本作“蟲”，備要本作“虫”，三字通用。

〔一一〕因其患則操其備：操，從事，謂致力于。　故常不必循，器械不必因：故常，舊規常例。因，承襲，沿用。

〔一二〕管子治國："昔者七十九代之君,法制不一,號令不同,然俱王天下者,何也? 必國富而粟多也。"

〔一三〕食也,息也,何久近之殊哉:息,棲息,又指居所。久近,猶古今。

〔一四〕舊國舊都,望之悵然:悵然,失意不樂之貌。自此至"況見見聞聞者乎",大抵撮取自莊子則陽。然莊子本云："舊國舊都,望之暢然。"路史改"暢然"爲"悵然",蓋反其意而用之。

〔一五〕雖使丘陵草木之緡,入之者十九,猶之悵然,況見見聞聞者乎:緡,方言卷六:"緡、綸,施也。……吳、越之間脫衣相被謂之緡綸。"引申而有遮蔽之義。入,謂隱去。莊子則陽"悵然"作"暢然"。俞樾莊子平議云:"入者,謂入於丘陵草木所掩蔽之中也。入之者十九,則其出於外而可望見者,止十之一耳。"陸德明音義:"見見聞聞,見所見,聞所聞。"

〔一六〕而冬者必開:開,解除。

〔一七〕化氣:化育之氣。鬼谷子本經陰符:"化氣,先天地而成,莫見其形,莫知其名。"

〔一八〕被畫冠服而企止者,質厚魁偉,重視深息,氣象固已殊矣:被畫,"被"謂被髮,"畫"謂文身,備要本譌"晝"。冠服,用如動詞,謂穿衣戴帽。企止,謂站著。質厚,樸實憨厚。魁偉,魁梧,形容身體高大壯實。重視,謂目光專注。深息,謂呼吸深長。氣象,指神情與儀表。

〔一九〕彼將憮告賜之言者:憮(wǔ),驚愕。賜,即子貢。姓端木,名賜,子貢乃其字。告賜之言,指上文孔子謂子貢曰:"渾沌氏之治,若予與汝,奚足以知之?"

東户氏

東户氏之熙載也,紹荒屯,遺美好,垂精拱默而九寰以承流〔一〕。當是之時,禽獸成羣,竹木遂長〔二〕;莊。注云:"足其性而止,無吞夷之心,故物全〔三〕。"道上顏行而不拾遺,耕者餘饟宿之隴首;其歌樂而無謠,其哭哀而不聲,——皆至德之世也〔四〕。見子思子〔五〕。淮南子云:"東户季子之世,道路不拾遺,耒耜餘糧宿諸畝首,使君子小人各得其宜也。"〔六〕許氏云:"古之人君。"〔七〕傳又作東扈,或謂即夏之有扈,繆矣〔八〕。人物表在炎帝之前,魏

<u>文帝令敍黄帝</u>於其後,可知矣[九]。

　　前世之史患乎略,後世之史患乎詳。予述此書,自<u>遂人</u>而下益詳,蓋法之始、禮之初,政治可則,不得而不詳也。<u>遂人</u>而上,雖復著之,有不得而詳者。若夫上之號氏世姓,多得之外書與夫封禪之文,於儒書無所見;雖或有之,連蹇其文,濛澒其説,如<u>風俗通</u>之列<u>僥氏</u>,<u>始學篇</u>之<u>卷須氏</u>,皆誕繆無鞍者也[一〇]。<u>補史記</u>作"卷鬚"[一一]。又有得以僅存者,如<u>氏譜</u>之<u>吉夷氏</u>,<u>莊子</u>之<u>冉相氏</u>、<u>狶韋氏</u>,<u>皇覽</u>之<u>巫常氏</u>,<u>王潛夫</u>之<u>神民氏</u>,<u>子思子</u>之<u>東户氏</u>,<u>亢倉子</u>之<u>几蘧氏</u>,<u>風俗通</u>之<u>帝疇氏</u>,<u>和菟史</u>之<u>太嵬氏</u>、<u>鬼嵬氏</u>,<u>命曆敍</u>之<u>黄神氏</u>、<u>狟神氏</u>、<u>辰放氏</u>、<u>皇談氏</u>,然皆不得攷其上下[一二]。獨<u>夏后氏</u>之書,注山水之所自,多有諧其號氏者,豈其人之所自出而迹之所麗邪[一三]?以此諦其不誣也,故予得以詳擇焉[一四]。

【校注】

　　[一]<u>東户氏</u>之熙載也:熙載,弘揚功業。語本<u>書舜典</u>:"舜曰:'咨,四岳!有能奮庸熙帝之載,使宅百揆亮采,惠疇?'"<u>漢書敍傳</u>下"疇咨熙載"<u>顏師古</u>注:"熙,興也;載,事也。"　紹荒屯:紹,繼承。荒屯(zhūn),荒亂艱阻。<u>文選班固東都賦</u>:"紹百王之荒屯,因造化之盪滌。"　遺美好:遺,舍棄。　垂精拱默而九寰以承流:垂精,致力。拱默,拱手緘默,謂無爲而治。九寰,猶言九州大地,指稱天下。承流,謂接受、繼承良好的風尚傳統。

　　[二]遂長:成長。<u>莊子馬蹄</u>:"禽獸成羣,草木遂長。"

　　[三]足其性而止,無吞夷之心,故物全:見<u>莊子郭象</u>注,"足其性"作"足性","心"作"慾"。性,生命。<u>玉篇心部</u>:"性,命也。"吞夷,吞併夷滅。

　　[四]道上顏行而不拾遺,耕者餘餽宿之隴首:顏行,前行。餽,泛指糧食。宿,<u>廣雅釋言</u>:"留也。"隴首,猶言田頭,田邊。　其歌樂而無謠,其哭哀而不聲:<u>彥</u>按:謠,疑爲"揺"字音譌。揺謂揺曳,飄蕩。<u>淮南子齊俗</u>云:"其歌樂而無轉,其哭哀而無聲。""轉""揺"義同。<u>楚辭招魂</u>"光風轉蕙,氾崇蘭些"<u>王逸</u>

注:"轉,搖也。"

〔五〕子思子:孔子嫡孫孔伋(字子思)撰。

〔六〕見淮南子繆稱。

〔七〕許氏:指東漢文字學家許慎。許慎有淮南子注。

〔八〕傳又作東扈,……繆矣:又,喬本譌"乂",今據餘諸本改。繆,通"謬",四庫本作"謬"。

〔九〕人物表在炎帝之前:人物表,指漢書古今人表。　魏文帝令敍黄帝於其後:三國志魏志文帝紀裴注載文帝令曰:"昔東戸季子、容成、大庭、軒轅、赫胥之君,咸得以此就功勒名。"軒轅,黄帝名。

〔一〇〕外書:指儒家典籍以外之書,是一個與下文"儒書"相對之概念。　連蹇其文,濛澒其説:連蹇,艱澀。濛澒(hòng),模糊。喬本、洪本、吳本均譌作"澒",今據四庫本、備要本訂正。　皆誕繆無鞅者也:誕繆,荒謬。無鞅,同"無央",没有止境,猶言至極。

〔一一〕補史記:指唐司馬貞所撰補史記三皇本紀。

〔一二〕皇覽:中國最早的類書,三國魏文帝時劉劭、王象等奉敕編撰。王潛夫:東漢思想家王符。此指其著作潛夫論。　亢倉子:道教典籍,相傳老子弟子亢倉子所撰。亢,音 gēng。

〔一三〕夏后氏之書:指尚書夏書禹貢。夏后氏,指禹受舜禪而建立的夏王朝。　豈其人之所自出而迹之所麗邪:麗,附著。

〔一四〕諦:領悟。

皇覃氏

皇覃氏,一曰離光氏。兖頭日角,牿六鳳皇,出地衡〔一〕。春秋命曆序。在而不治,官天地,府萬物,審乎无假,是故死生同兆而不可相陵〔二〕。在者,任之而已。一而不黨,命曰天放〔三〕。若有心治物,則求彼天然,直置放任,則物自足矣〔四〕。虞書云"在治忽",亦任其自然而已〔五〕。故莊子曰:"聞在宥天下,不聞治天下〔六〕。"管子亦云:"先王之在天下,民比之神明之德。"〔七〕孔氏以來,説者皆以爲"察",其然哉〔八〕?"在璇璣",正非屑屑致察也,在之而已〔九〕。治二百五十載。命曆序云:"次民没,離光次之,號曰皇談,治二百五十歲。"

至政之謂時，至變之謂世[一〇]。時政再而僬，世變三而復，三變則百年矣[一一]。子曰："善人爲邦百年，亦可以勝殘去殺矣。"[一二]勝殘去殺，宜若小然，今也善人爲之，猶有待於百年，何邪？世變之道然也。

男子生三十，壯有立，於是始室，父子相及[一三]。是故古者三十年而成世。"如有王者，必世而後仁"[一四]，蓋一世則變矣，天時人事皆一更矣。變極亂而爲極治，無生而爲無殺，至殘而爲至安，豈一朝一夕哉？殘之勝，殺之去，故必三變而後復也。

五帝，無殺者也；三王，無殘者也；而五伯則無生也，無安也[一五]。伯一變而王，王一變而帝。帝則皇，皇則道矣。繇無安而至於無殘，無生而至於無殺，必有漸也。"齊一變至於魯，魯一變至於道"[一六]，風移世革，宜必百年而後可也。

今夫五月旱熯，人知爲暑也，而陰實生之；十月冰霜，人知爲寒也，而陽實始之[一七]。治亂之變，亦陰陽與寒暑也。寒暑之期，三月而移。治亂之勢，百年而復。善歲之家，知寒暑之必至，故在暑而裘成，在寒而絺成，是以終身無寒暑之憂[一八]。善世之君，知治亂之不常，故在安而圖危，在治而圖亂，是以畢世無阽危之患[一九]。居今之世，不變今之道，雖與之以天下，不能一朝居矣。

嗟乎！自有君汔於堯，如辰放、皇覃、遂人、有巢，爲世之期，皆逾二百，正所不論，而羲炎若黃帝、顓頊、唐虞且不下於百年[二〇]，天下大治。繇堯而來三千年間，百世矣，紀載之不可明紀者蓋亦時有之矣，四海之内，或合或離，或治或隳，或唱或隨，或強或贏，一二世而其風已替，固未有兼世而能一其風俗者[二一]。雖有名世繼世而興，猶必化之一洽，教之一浹，而後民之情始可以一變〔二二〕。其繼周者，苟能不替，則雖民如夷狄，三變而帝道可期矣。"觀時會通"〔二三〕，豈欲速之功哉？奈何國無百年之世，世無百年之道？以其代有賢、不肖，奚啻相灑〔二四〕，茲文王所以望而未見。時之難，人之難，此治世所以常少，亂世所以常多。先王之治，所以不務廣地而務詳其政教，誠以天下之治，難乎其變復也〔二五〕。

子曰：博施濟衆，"堯、舜其猶病諸！"〔二六〕"五畝之宅，樹之以桑，五十者可以衣帛矣。鷄豚狗彘之畜，無失其時，七十者可以食肉矣。謹庠序之教，申之以孝弟之義，班白者不負戴於道路矣。"〔二七〕斯先王之政也。五十者帛，七十者肉，則少者有不帛而不肉矣。班白者不負戴，則少者不免於負戴矣。聖人之心，非不欲少者衣帛食肉、不負戴也，而所養有不贍，此病施之不博也〔二八〕。"内無怨女，外無曠夫"，則江漢之民無鰥寡矣〔二九〕。老有所養，幼有所長，則江漢之民無孤獨矣〔三〇〕。數罟不入污池，則魚鼈不可勝食矣；斧斤以時入山林，則材木不可勝用矣〔三一〕。斯先王之政也。然江漢之域，鰥寡孤獨無失養，則遠人有失養者矣。九州之内，魚鼈草木無不若，則遠物有不若者矣〔三二〕。聖人之心，非不欲九州之外鰥寡孤獨皆得養、魚鼈草木咸若也，而所治有所不及，此病濟之不衆也。博施濟衆，此堯舜之所以猶病之也。

惟易有言："既濟：亨小〔三三〕。"夫欲濟世而不至於大，則吾之仁有不盡矣〔三四〕。仁有不盡，則吾之施有不可得而必矣。施不可必，則天下之寒饑、屈枉、厄窮而無憀者〔三五〕，何時已邪？見其生則不見有弗及矣，聞其聲則不聞有弗及矣，況其遠邪〔三六〕？是以先王不務廣地，而於吾之所制，每致其詳〔三七〕。於吾所制，苟致其詳，則四海之内，將有聞風興起，是則而是效矣〔三八〕。

　　然則,脩己以安百姓,是必勝殘去殺而後可也。而嘿者曰"竢河之清",夸者又曰"日月冀爾",是故或七八年,或五六年,或三四年,不至於大敗極亂、喪亡相仍不止〔三九〕。則其視羲炎、黃帝、辰放、皇覃也,何啻朝菌與螟蟷哉〔四〇〕!今而匹之,不亦悲乎?此予所以贊古人之久治,而每爲之三太息也。

【校注】

　　〔一〕兖頭日角:兖頭,尖腦袋。兖,同"兑",通"銳"。備要本作"兑"。日角,後漢書光武帝紀上"隆準,日角"李賢注引鄭玄尚書中候注:"日角,謂庭中骨起,狀如日。"文選劉孝標辯命論:"龍犀日角,帝王之表。"　牴六鳳皇:牴,籀文"駕"。見説文馬部駕。　出地衡:彥按:據本書前紀二中三皇紀"(地皇氏)出於雄耳、龍門之岳",前紀三循蜚紀"(鉅靈氏)出於汾脽"、"(狟神氏)出於長淮,駕六蜚羊",前紀四因提紀上"(辰放氏)渠頭,四乳,駕六蜚麐,出地郲",而宋均云"地郲,地名"等等情況可以推知,"地衡"亦當地名。疑即衡山之地。説郲卷六一上引羅含湘中記曰:"宿當軫翼,度應機衡,故曰衡山。"衡山既"度應機衡",稱之地衡,不亦宜乎?

　　〔二〕在而不治:在,聽憑,任隨。今潮汕方言猶有此義,如説"在你",意思是:隨你的便。　官天地,府萬物:官,主宰。府,包藏。語出莊子德充符。審乎无假:審,知道,明白。无假,謂不假借外物。莊子德充符載仲尼語:"審乎無假而不與物遷,命物之化而守其宗也。"又天道篇引老子曰:"審乎無假,而不與利遷。"　是故死生同兆而不可相陵:兆,通"垗",界域,境地。不可,不認可,不贊同。陵,加,超越。

　　〔三〕一而不黨,命曰天放:黨,偏袒,偏私。命,命名,稱。天放,自然放任之意。語出莊子馬蹄。

　　〔四〕直置放任:直置,但,衹是。各本均作"直致於亦任"。彥按:當作"直置放任"。蓋"置"音譌而成"致","放"形譌而成"於",又衍"亦"字("亦"字疑由上句"則求彼天然"之末誤倒於此),遂不可解。莊子馬蹄"一而不黨,命曰天放"成玄英疏:"直置放任,則物皆自足,故名曰天放也。"當即羅氏所本。

今訂正。

〔五〕虞書云“在治忽”：見尚書虞書益稷。　亦任其自然而已：彥按：蔡沈書經集傳：“在，察也。忽，治之反也。”王引之經義述聞尚書上：“忽，……亂也。”蔡、王二氏所釋甚磽。羅氏以爲此“在”之義亦“任其自然”而已，非是。

〔六〕聞在宥天下，不聞治天下：見莊子在宥。郭象注：“宥使自在則治，治之則亂也。”成玄英疏：“宥，寬也。在，自在也。”

〔七〕見管子君臣上。

〔八〕孔氏以來，説者皆以爲“察”：孔氏，指爲尚書作傳的西漢經學家孔安國（今世所傳十三經注疏本之尚書孔氏傳，經學者鑑定，乃僞作，因稱爲僞孔傳）。書舜典“在璿璣玉衡，以齊七政”孔氏傳：“在，察也。”

〔九〕在璇璣：璿璣，北斗之前四星，又稱爲魁。書舜典作“璿璣”。璇，同“璿”。　正非屑屑致察也：屑屑，勞瘁匆迫貌。　在之而已：彥按：羅氏以“任之”釋“在”，用于管子“先王之在天下”、尚書“在璿璣玉衡”，均扞格難通，實不可從。

〔一〇〕至政之謂時，至變之謂世：最重要的政治稱爲時政，最重要的變革稱爲世變。

〔一一〕時政再而僿，世變三而復：僿（sài），阻塞，窒塞。復，謂回復正常。

〔一二〕見論語子路。

〔一三〕於是始室，父子相及：室，謂娶妻室。相及，猶相繼。

〔一四〕如有王者，必世而後仁：論語子路載孔子語。何晏集解：“孔曰：‘三十年曰世。如有受命王者，必三十年，仁政乃成。’”

〔一五〕三王：指夏禹、商湯、周武王。　五伯：指春秋之齊桓公、晉文公、宋襄公、楚莊王、秦繆公。

〔一六〕齊一變至於魯，魯一變至於道：論語雍也載孔子語。何晏集解：“包曰：‘言齊、魯有太公、周公之餘化，太公大賢，周公聖人，今其政教雖衰，若有明君興之，齊可使如魯，魯可使如大道行之時。’”

〔一七〕旱熯：乾旱。熯，音hàn。　冰霰：結冰下雪。霰，音xiàn，雪粒。

〔一八〕善歲：謂會過年度日。　絺：音chī，細葛布。此借代夏天穿的絺衣。

〔一九〕善世:善于治世(治理國家)。　阽危:危險。阽,音 diàn。

〔二〇〕顓頊:洪本、吳本作"青頊"誤。

〔二一〕或治或隳,或唱或隨,或强或羸:治,安定。隳,毀壞,謂不安定。唱,領唱,謂倡導,創新。隨,跟著唱,謂循舊。羸(léi),弱。　兼世:連世。

〔二二〕雖有名世繼世而興,猶必化之一洽,教之一浹:名世,指名聲顯赫于世者。孟子公孫丑下:"五百年必有王者興,其間必有名世者。"朱熹集注:"名世,謂其人德業聞望,可名於一世者。"洽、浹,皆"周遍"義。

〔二三〕觀時會通:彥按:此應是引易傳語,"時"疑當作"其"。易繫辭上:"聖人有以見天下之動,而觀其會通,以行其典禮。"孔穎達疏:"觀看其物之會合變通。"

〔二四〕奚啻相灑:奚啻,何止。灑,通"蓰",音 xǐ,五倍。

〔二五〕先王之治,所以不務廣地而務詳其政教,誠以天下之治,難乎其變復也:詳,通"祥",善。變復,謂改變厄運,恢復正常。後漢書樊英傳"朝廷每有災異,詔輒下問變復之效"李賢注:"變災異復於常也。"

〔二六〕堯、舜其猶病諸:病,爲難。廣雅釋詁三:"病,難也。"論語雍也:"子貢曰:'如有博施於民而能濟衆,何如? 可謂仁乎?'子曰:'何事於仁! 必也聖乎! 堯、舜其猶病諸!'"

〔二七〕見孟子梁惠王上。　樹之以桑:洪本、吳本"樹"作"蒔",詞異而義同。孟子原文作"樹"。　謹庠序之教,申之以孝弟之義,班白者不負戴於道路矣:謹,仔細認真。庠序,學校。古代的地方學校,殷曰庠,周曰序。申,一再,反覆。孝弟,孝順父母,敬愛兄長。弟,"悌"之古字。班白,謂鬚髮花白。班,通"斑"。負戴,謂以背負物,以頭頂物。

〔二八〕而所養有不贍,此病施之不博也:贍,充足,富足。博,廣泛,普遍。

〔二九〕內無怨女,外無曠夫:怨女,無夫之成年女子。曠夫,無妻之成年男子。孟子梁惠王下:"當是時也,內無怨女,外無曠夫。"　則江漢之民無鰥寡矣:鰥寡,鰥夫寡婦,泛稱老而無偶或喪偶者。

〔三〇〕孤獨:孤謂幼而無父,獨謂老而無子。

〔三一〕數罟不入污池,則魚鼈不可勝食矣;斧斤以時入山林,則材木不可勝用矣:此引孟子梁惠王上語,文字稍有出入。數罟(cù gǔ),密網。污池,淺水池,小水池。污,同"洿"。孟子原文作"洿"。説文水部:"洿,濁水不流也。"
唐玄應一切經音義卷八:"洿,大曰潢,小曰洿。"勝,盡。斧斤,斧頭。

〔三二〕不若:不善。

〔三三〕既濟:周易卦名。　亨小:孔穎達疏:"既萬事皆濟,若小者不通,
則有所未濟,故曰'既濟:亨小'也。小者尚亨,何況于大?"是釋"亨"爲"通"。
而高亨周易大傳今注則云:"亨小當小亨,轉寫誤倒。亨即享字,祭也。"據下
文,羅苹取義當同孔疏。

〔三四〕夫欲濟世而不至於大:洪本、吴本、四庫本"夫"作"無",誤。

〔三五〕無憀:失去依賴。謂處于困境,無以爲生。憀(liáo),憑依。

〔三六〕見其生則不見有弗及矣,聞其聲則不聞有弗及矣:孟子梁惠王上
載孟子語:"君子之於禽獸也,見其生,不忍見其死;聞其聲,不忍食其肉。"

〔三七〕詳:通"祥",善。

〔三八〕是則而是效:則是而效是。謂以之爲效法之榜樣。則、效,並做效
義。洪本、吴本、四庫本二"是"字並作"視",誤。

〔三九〕而嘿者曰"竢河之清":嘿者,不思作爲之人。嘿,同"默"。喬本、
洪本、吴本、四庫本作"瞹",備要本作"矃"。彦按:字書無"瞹"字,作"矃"亦
與文義不諧。集韻德韻:"矃,矃睯,視無所見。"意其字當"嘿"之譌,今訂正。
竢河之清,語出左傳襄公八年:"周詩有之曰:'俟河之清,人壽幾何?'"而文選
張平子(衡)思玄賦云:"默無爲以凝志兮,與仁義乎逍遥。不出户而知天下
兮,何必歷遠以劬勞? 系曰:天長地久歲不留,俟河之清祇懷憂。""嘿者"之
"嘿",即此"默無爲"之"默"也。　夸者又曰"日月冀爾":夸者,華而不實之
人。日月,每日每月,猶謂時時刻刻。冀,盼望。爾,如此。　或三四年:洪本、
吴本"三四"作"四三"。　相仍:相繼,連續不斷。

〔四〇〕何啻朝菌與蝷蟷哉:朝菌,某些朝生暮死的菌類植物。蝷蟷,字當
作"冥靈"。莊子逍遥遊:"小知不及大知,小年不及大年。奚以知其然也? 朝
菌不知晦朔,蟪蛄不知春秋,此小年也。楚之南有冥靈者,以五百歲爲春,五百
歲爲秋;上古有大椿者,以八千歲爲春,八千歲爲秋。而彭祖乃今以久特聞,衆
人匹之,不亦悲乎!"陸德明音義引李頤曰:"冥靈,木名也。江南生,以葉生爲
春,葉落爲秋。"

啓統氏

啓統氏,別無攷見,獨起居舍人章衡運紹記若通載有之,而乃序之尊盧氏之後〔一〕。觀衡自言"歷觀四部古人圖籙",其亦有所取矣。

嗚呼!治古盛德之君,未有聞焉者多矣,豈非地寧、天澄、物無害生、萬庶涵泳春風之中而不知所以爲稱邪〔二〕!草木以土爲生而不知土,魚鼈以水爲命而忘其水,是故聖人父母萬物、澤及天下而不知其誰氏〔三〕。上清玄格曰:"大道似不肖,盛德若不足,韜光晦迹自翳其身而人不知。"〔四〕其啓統氏之謂乎!

【校注】

〔一〕獨起居舍人章衡運紹記若通載有之:起居舍人,官名,掌記皇帝言行。章衡,北宋建州浦城(今福建浦城縣)人,歷事仁宗、英宗、神宗、哲宗四朝,歷官多州知州。運紹記,吳本"紹"譌"紀"。若,與。通載,即編年通載(見宋史本傳)。　尊盧氏:見前紀八尊盧氏。

〔二〕治古盛德之君:治古,荀子正論"治古無肉刑"楊倞注:"治古,古之治世也。"　地寧、天澄:鶡冠子度萬語。　物無害生:國語周語下語。　萬庶涵泳春風之中:萬庶,萬衆,萬民。涵泳,猶沐浴。

〔三〕父母萬物:爲萬物之父母,亦即生育萬物。

〔四〕上清玄格:道書名。　大道似不肖,盛德若不足,韜光晦迹自翳其身而人不知:韜光晦迹,收斂光芒,隱藏踪迹,比喻不顯露鋒芒和才能。翳,遮蔽,隱藏。舊題唐施肩吾撰西山羣仙會真記卷一識人引上清玄格"翳"作"衛",無"而"字,又"知"下有"也"字。又,"大道似不肖"數語,亦見諸胡道静、陳耀庭、段文桂、林萬清主編之藏外道書(巴蜀書社1994年版第九册),唯不在石室玉函祕藏上清玄格篇中,而在太上玄祕玉華靈書識人章内,其文則與西山羣仙會真記所引上清玄格完全相同。

路史卷五

前紀五

因提紀下

吉夷氏

吉夷氏,後有吉氏。見姓譜[一]。

【校注】

〔一〕姓譜:通志卷六六藝文略四所載有梁司空王儉撰諸姓譜一百十六卷,未知是否爲同一書。

几蘧氏

几蘧氏之在天下也,不治而不亂,狗耳目内通而外乎心知[一];人間世云:"夫狗耳目内通而外於心知,鬼神將來舍,而況人乎!是伏羲、几蘧之所行終,而況其散者!"[二]成玄英云:"狗,使也。能令根竅内通,不緣於物境,精神安静,志外於心知,則外遺於形,内忘於知,鬼神宜附而舍止矣。几蘧者,三皇以前無文字之君。言伏羲、几蘧行之以終其身也。"[三]天下之人,惟知其母,不知其父,鶉居鷇飲而不求不譽,晝則旅行,夜乃類處,及其死也,槀骸風化而已,令之曰"知生之民"[四]。天下蓋不足治也。亦見亢倉子。

天下莫難於無事,莫險於有爲。然爲治者,多幸有爲之成〔五〕,而鮮知無事之爲貴。夫以一體,諏之藥石〔六〕,具而無所用之曰安。至於天下,雖有聖智,無所作之謂平。及夫复萬金之方,著千人之能,亦已幾矣〔七〕。故善攝生者,無已急之功;而善治世者,無致平之效〔八〕。

彼几蘧氏之治,蓋以無事治者也。是以後世罕儷焉〔九〕。

【校注】

〔一〕狗耳目内通而外乎心知:狗,通"徇",使。洪本作"徇"。下羅苹注"狗耳目"、"狗,使也"之"狗"同。外,謂"將……排除于外"。

〔二〕人間世:莊子篇名。 伏羲、几蘧之所行終:行終,謂奉行終生。 而況其散者:莊子原文作"而況散焉者乎"。散,謂平庸,次劣。周禮天官屨人"辨外内命夫命婦之命屨、功屨、散屨"孫詒讓正義:"凡此經言散者,並取麤沽猥雜、亞次於上之義。"同書春官巾車"凡良車、散車不在等者"孫詒讓正義亦曰:"此經凡言散者,並麤沽亞次於上之義。"

〔三〕成玄英:初唐道士,訓詁學家。著作有老子道德經注、南華真經疏(南華真經,莊子的別稱)等。此下所引,即出自其南華真經疏。 能令根竅内通:根竅,此指人之耳、目。佛家稱眼、耳、鼻、舌、身、意爲六根,又世稱眼、耳、口、鼻七孔爲七竅;其中眼、耳、鼻既爲根,亦爲竅,故又稱根竅。喬本、備要本"竅"譌"覈",今據餘諸本訂正。 外遺於形:遺,放縱,放任。説文辵部:"遺,縱也。" 鬼神宜附而舍止矣:喬本、洪本、吳本、備要本"宜"均譌"冥",今據四庫本改。

〔四〕天下之人,惟知其母,不知其父:莊子盜跖:"神農之世,臥則居居,起則于于,民知其母,不知其父。" 鶉居鷇飲而不求譽:鶉,鳥名,今稱鵪鶉。鷇(kòu),待母哺食的幼鳥。洪本、吳本譌"殼"。譽,通"與",給與。莊子天地:"夫聖人,鶉居而鷇食。"陸德明音義:"鶉居,謂無常處也。"又云:如鶉之居,猶言野處也。"又曰:"鷇食者,言仰物而足也。" 晝則旅行:旅行,羣行,結伴而行。旅,衆。 槀芧風化而已:槀芧,謂用禾類植物的莖稈作墊。槀,通"稾"。備要本作"稾"。芧(yú),本義爲芧,此引申爲墊。風化,此謂將死者暴棄於野,任其自然變化消失。 令之曰"知生之民":令,命,稱。

〔五〕多幸有爲之成:幸,希望。

〔六〕夫以一體，諏之藥石：體，身體。諏，謀，謀求。藥石，藥劑和砭石（古代用以治癰疽、除膿血的石鍼），泛指藥物。

〔七〕及夫夐萬金之方，著千人之能，亦已幾矣：夐（xuàn），説文𡈼部：“營求也。”著，表現，顯示。已，太。幾，危險。

〔八〕無已急之功：已，治愈。急，指急性病，急症。

〔九〕儷：匹配，比。

豨韋氏〔一〕

昔莊周訏道之大：“神鬼神帝，生天生地”，“可傳而不可受，可得而不可見”〔二〕。而首言“豨韋氏得之以挈天地，伏羲氏得之以襲氣母”，此所謂神帝也〔三〕。傳者謂：是文字之前帝者之號，得道以馭羣品、提挈兩儀者也〔四〕。

仲尼曰：“豨韋氏之囿，黃帝氏之圃，有虞氏之宮，湯武之室。”〔五〕曰囿、曰圃、曰宮、曰室，謫世薄也，是則黃帝氏之前矣〔六〕。而或者疑即商之豕韋〔七〕。夫所謂“挈天地”者，豈區區伯据之雄所能克哉〔八〕？且昔夫子嘗問於太史大弢、柏常騫若豨韋矣，豈亦商之豕韋哉〔九〕？集韻：豨韋音絺；李軌説，太史官名；音治〔一〇〕。今丹壺書繼諸几蘧氏之後四世，則古固有同名而同氏者，豈得謂其有一而廢一哉？發揮有同名氏辨。

【校注】

〔一〕豨韋氏：備要本“豨”作“豨”。下路史及羅苹注中“豨韋氏”、“豨韋”之“豨”同。

〔二〕昔莊周訏道之大：訏，歎息，感歎。下所引莊周語，見莊子大宗師。
神鬼神帝：神，化。吕氏春秋具備：“説與治不誠，其動人心不神。”高誘注：“動，感；神，化。言不誠不能行其化也。”

〔三〕豨韋氏得之以挈天地，伏羲氏得之以襲氣母：挈，主宰。襲，和合，調和。小爾雅廣言：“襲，合也。”氣母，元氣。

〔四〕得道以馭羣品、提挈兩儀者也：馭，駕馭，謂統治。羣品，猶言衆生。

提挈,主宰。兩儀,指天地。

〔五〕見莊子知北遊。 黄帝氏:莊子原文作"黄帝",無"氏"字。 圃:洪本譌"囿"。 有虞氏:舜部落名,也借代舜。 湯武:商湯與周武王的並稱。

〔六〕謫世薄也:謫,指責,批評。世薄,此謂(遨遊之處)一代比一代狹小。

〔七〕商之豕韋:本書國名紀三高陽氏後曰:"(豕韋)彭姓,商伯。"

〔八〕豈區區伯据之雄所能克哉:伯据,即霸據,謂據土稱霸。伯,通"霸";据,同"據"。能克,同義複詞,能够。

〔九〕昔夫子嘗問於太史大弢、柏常騫若狶韋矣:見莊子則陽。柏常騫,今本莊子作"伯常騫"。

〔一〇〕李軌説,太史官名:李軌,東晉經師,長于音訓,於易、書、詩、禮、春秋等均有注音著作,今除揚子法言音義外,皆不傳。集韻之韻狶:"狶韋,太史官名。李軌説。" 音"治":吳本、四庫本、備要本如此,與集韻之韻狶讀音同。喬本、洪本"治"作"冶"誤,今不從。

有巢氏

太古之民,穴居而野處,搏生而咀華;與物相友,人无妒物之心,而物亦无傷人之意〔一〕。逮乎後世,人氓機智而物始爲敵。爪牙角毒,椠不足以勝禽獸,有聖者作,樓木而巢〔二〕,教之巢居以避之,號大巢氏。韓子云:上古之世,人民少而禽獸衆,人不勝禽獸蟲蚘,聖人有作,構木爲巢,以之羣居,天下號曰有巢氏〔三〕。人食果蓏蜯蛤,腥臊惡臭,聖人作,鑽燧取火以化腥臊,天下號曰燧人氏〔四〕。其爲民也,登巢椓蟊〔五〕,東征賦云:"登巢而椓蟊",注:"謂上古無宫室、不知教化之時也。"〔六〕曹植遷都賦:"覽乾元之兆域,本人物乎上世。椓蟊蛰而食疏,撅毛皮以自蔽。"〔七〕蟊與蠃同,武戈切〔八〕。蛰,力兮切〔九〕。椓,琢也〔一〇〕。惰食鳥獸之肉。若不能餱者,飲其血,嚙其臑,茹其皮毛〔一一〕。未有火化,捆橡栗以爲食,草棲木末,令之曰"有巢氏之民"〔一二〕。禮存三古:"玄酒以祭,薦其血毛"之類,是上古之禮;"醴醆以獻,薦其燔炙"之類,是中古之禮;"退而合烹,體其犬豕牛羊,實其簠簋、籩豆、鉶羹",則純乎後世〔一三〕。

先是時，民稔血食而有争心，有剥林木而戰者矣[一四]，吕春秋、儀禮正義謂有巢氏時[一五]。勝者以長。長猶不足涖之，則就其无欲者而聽令焉[一六]。又不足以定之，於是刻木結繩以爲政。高氏小史謂刻木結繩以記事爲遂人時，非。木皮未委于，復塞其羽革；紩衣攣領，着兜冒，以貴體[一七]。見吕覽[一八]。周公告成王云：“古人冒而句領[一九]。”謂三皇時以冒覆頭，句領遶頸。至黄帝作冕，其制遂明。故儀禮正義云：皮弁，以白鹿皮爲之，象上古也[二〇]。三皇前君，以冒覆頭，句領遶項，至黄帝始制軒冕[二一]。民之葬者，猶未詳焉，過者顙泚[二二]。於是厚衣之薪而瘞之，不封不植也，掩覆而已；喪期无數也，哀除而已[二三]。

其政好生而惡殺，節上而羨下，故天下之人不歸其服而歸其義[二四]。晏子云：“古者紩衣攣領而王天下，其義好生而惡殺，節上而羨下，天下不朝其服而歸其義。有處層巢窟穴而王天下，其仁愛而不惡，予而不取，天下之人不朝其室而歸其仁。”[二五]治三百餘載，外紀云“百餘年，或云百餘代”，“萬八千年，或云萬二千年”，妄[二六]。栖於石婁之顔[二七]。遁甲開山記云：“石樓山在琅邪[二八]，昔有巢氏治此山南。”注“城陽諸縣東北有婁鄉”是，然於琅邪，遠矣[二九]。而又汝之梁縣有石樓山[三〇]。按：今隰州有石樓縣，本曰土京，隋文改曰石樓，東南六十有石樓山，此宜是[三一]。

天寶七載，詔有司於肇迹之地置廟，春秋二享，與遂人氏同[三二]。

天下有自然之勢，其未至也，必至；而其既至也，不復。輕清之必上，重濁之必下，此天地必至之勢也。世之日僞，俗之日澆，此勢之必不復也[三三]。彼有血氣者必有争，争則鬭；鬭而不勝，必至於剥林木；林木未利，必至於造五兵[三四]。五兵之作，其可復乎？有甚而已。

自剥林木而來，何日而無戰？大昊之難，七十戰而後濟[三五]。黄帝之難，五十二戰而後濟[三六]。少昊之難，四十八戰而後濟。昆吾之難，五十戰而後濟[三七]。牧野之師，血流漂杵〔三八〕。齊、宋之戰,龍門溺驂〔三九〕。延于春秋,以抵秦、漢,兵益以熾,戰益以多;而儒者之談,必曰去兵,謂仁義之君無事於兵而自治。嗚呼! 是欲禍天下於兵戈者也〔四〇〕。

夫國無大,非兵必亡;天下雖平,忘戰必危〔四一〕。是故古之聖王,有義兵而無有偃兵〔四二〕。昔者,魏武侯欲爲義而偃兵,徐無鬼以爲不可,曰:“爲義偃兵,是造兵之始也。君自此爲之,則治不成。”〔四三〕西夏非兵而廢祀於陶唐,徐偃非兵而殄世於曼楚,晉諱戰而國弃於劉聰,梁諱戰而籙亡於侯景〔四四〕。一夫作難,萬衆潰弊〔四五〕。天下無兵,汔未見無禍者〔四六〕,是可去邪?

傳曰:“天生五材,民並用之,廢一不可。誰能去兵? 兵者,先王之所以威不軌而昭文德也。”〔四七〕幾微之權〔四八〕,死生之地,而聖人之所謹焉者。今而曰:“俎豆、干戚可以爲矣,何事魚麗〔四九〕?”夫如是,則消鋒鏑鑄金人足以爲治,而司馬炎不生事於晉,蕭俛、段文昌之儔不生事於唐矣〔五〇〕。作易者曰:“以此毒天下而人從之,吉〔五一〕。”岐、雷、俞、扁,不惟葠、苓之養性也;而劫瘤攻積,巴菽、砠葛猶不得而後之〔五二〕。以毒攻毒,有至仁焉。

是故,善去兵者不去兵。道德仁義素著於躬,禮樂教化日漸於民,其所以爲萬世帝王之業者,固自有定。然一罅之或闕,則固將有乘之者出〔五三〕。此卒伍之法、蒐閱之時、擊刺之具、侵伐之典所以必修明於閑暇之日,謂之有政〔五四〕。

俎豆之中有軍之容,固非徒俎豆也。干戚之內有兵之備,固非徒干戚也。有軍之容,是故萊人不得以兵劫〔五五〕。有兵之備,是故苗民不敢以勢抗〔五六〕。今顧曰舜、孔未學,豈書生所知哉! 成安君號儒者,稱義兵者無事詐謀奇計,卒爲韓信斬之泜水之上〔五七〕。是以聖王以戰去戰,非好兵也,不得已而後動;不敢爲主而爲客，非去兵也，不得已而後應〔五八〕。漢祖平城之困，唐宗安市之屈，失於黷也；陸機河橋之敗，房琯陳濤之奔，失於易也，——惟非兵之咎也〔五九〕。

　　必也，主以仁義，擾以信禮，不得已然後用，如舜文之當然、范蠡之審諦、馬服之不敢易言、王忠嗣之本不生事〔六〇〕，如是可矣，又何必去之然後爲仁義歟？若蚩尤之斬乂，秦趙之阬夷，曾不足爲齊晉道，又烏足以言兵邪〔六一〕？彼光武之欲三十年不言，蓋有爲而發也〔六二〕。

【校注】

　　〔一〕搏生而咀華：搏，通“嘑”，義同“嚼”。各本均作“搏”，當屬形訛，今訂正。生，指未煮過之食物。咀，嚼食。華，瓜類植物之果實。禮記郊特牲“天子樹瓜華”鄭玄注：“華，果蓏也。”明朱誠泳小鳴稿卷二五言古詩讀史外紀六首之四：“於惟大荒初，人物無區別。搏生以咀華，茹毛而飲血。”所紀即有巢氏事，其中“搏”“咀”“茹”“飲”四詞義相同、近，“搏”亦當讀爲“嘑”。　　人无妎物之心：妎(hài)，猜忌。説文女部：“妎，妒也。”

　　〔二〕樓木而巢：樓木，架木爲高屋。而，如，如同。

　　〔三〕此所引韓子語見韓非子五蠹，文字不盡相同。　　構木：用樹枝搭架。吳本“構”作“搆”，通。　　以之羣居：彦按：此疑有誤。韓非子原文作“以避羣害”。

　　〔四〕人食果蓏蜾蠃：果蓏，瓜果。備要本“果”作“菓”。蓏(luǒ)，瓜類植物的果實。蜾蠃，洪本“蜾”譌“蜂”；“蠃”字及其下“腥”字爲墨丁。韓非子作“蜯蛤”。彦按：“蜾”字典籍罕見，舊唐書李師古傳有地名蛤蜾，據之可推其義當與“蛤”字相類。“蠃”字字書未見，疑同“蠡”，即“蜯”字。明楊慎古音叢目卷三講韻：“蠡，古文蚌字。”蚌同蜯。是蜾蠃猶蜯蛤也。　　腥臊惡臭：吳本、四庫本“惡臭”作“臭惡”。　　鑽燧取火：一種原始的取火法。見下遂人氏注〔一五〕。

　　〔五〕登巢椓蠃：椓，敲擊。吳本作“椓”，誤。蠃，即“蠃”，同“螺”。吳本、四庫本作“蠡”，同。

〔六〕東征賦:東漢班昭(世稱曹大家)撰。 謂上古無宮室,不知教化之時也:彥按:文選李善注原文爲:"謂上古未有君臣,又無宮室,不知火化之時也。"此作"教化",非是。

〔七〕曹植遷都賦:各本"賦"均譌"懀",今予訂正。 覽乾元之兆域,本人物乎上世:乾元之兆域,猶言天下。乾元謂天,典出易乾彖辭:"大哉乾元,萬物資始,乃統天。"兆域,界域。趙幼文曹植集校注"兆域"下有"兮"字。本,探究。上世,謂上古。 椓蠡蜃而食疏,摍毛皮以自蔽:蜃,同"蜊",蛤蜊。摍,方言卷一:"取也。……陳、宋之間曰摍。"毛皮,趙幼文曹植集校注作"皮毛"。

〔八〕蠡與蠃同,武戈切:蠃,各本均譌"蠃",今訂正。彥按:蠡(蠃)之讀音,廣韻戈韻爲落戈切,集韻戈韻爲盧戈切,均屬來母字。此作"武戈切",武屬微母,非是,蓋爲譌字。

〔九〕蜃:喬本、洪本、備要本譌"蛩",今據吳本、四庫本訂正。

〔一〇〕椓,琢也:喬本、洪本、吳本、四庫本均作"椓,琢也",前二字爲譌字,今據備要本改。彥按:此以"琢"釋"椓蠡"之"椓",費解。原文當是"琢,椓也"。蓋六臣注文選東征賦文作"登巢而琢蠡",故羅氏有此注語。

〔一一〕若不能餕者,飲其血,啐其臑,茹其皮毛:餕,同"飽"。啐(zuō),吮吸。臑(nèn),肉醬。茹,喫,吞咽。

〔一二〕捆橡栗以爲食:捆,敲擊。孟子滕文公上"捆屨織席以爲食"趙岐注:"捆,猶叩椓也。"橡栗,櫟樹的果實。 草棲木末:草棲,謂簡居陋處(動詞)。木末,樹顛。

〔一三〕此所引文,並見於禮記禮運。 玄酒以祭,薦其血毛:玄酒,古代祭禮中當酒用的清水。血毛,吳本、四庫本作"毛血"。禮記禮器"血毛詔於室"孔穎達疏:"謂殺牲取血及毛,入以告神於室。" 醴醆以獻,薦其燔炙:醴醆,甜酒和白酒。醆(zhǎn),白色濁酒。孔穎達疏:"'薦其燔炙'者,謂燔肉炙肝。" 退而合烹:禮運"烹"作"亨",乃用古字。孔穎達疏:"'然後退而合亨'者,前明薦爓(古代作祭品用的熱水燙過的半熟的肉)既未孰,今至饋食,乃退取曏爓肉,更合亨之令孰,擬更薦尸(古代祭祀時替死者受祭的人)。又尸俎唯載右體,其餘不載者及左體等,亦於鑊中亨煮之,故云'合亨'。" 體其犬豕牛羊,實其簠簋、籩豆、鉶羹:體,分解、支解。孔子家語問禮"體其犬豕牛羊"王

<u>肅</u><u>注</u>:"體,解其牲體而薦之。"犬,<u>洪</u>本譌"大"。簠簋(fǔ guǐ),簠與簋,兩種盛黍稷稻粱之禮器。簠長方形,口外侈,有四短足及二耳。有蓋,狀與器同,合上爲一器,打開則成大小相同的兩個器皿。簋一般爲圓腹,侈口,圈足。<u>商代</u>多無蓋、無耳或二耳;<u>西周</u>、<u>春秋</u>常帶蓋,二耳或四耳。籩豆,籩和豆,古代祭祀及宴會時常用的兩種禮器,其形似高足盤。籩爲竹製,多以盛果脯;豆爲木製,常用于盛肉醬。鉶羹,古代祭祀時盛在鉶器(盛菜羹的小鼎,兩耳三足,有蓋)中的調以五味的羹。<u>彦</u>按:"玄酒以祭,薦其血毛,……醴醆以獻,薦其燔炙"云云,<u>鄭玄</u>注:"此謂薦上古、中古之食也。""退而合亨,體其犬豕牛羊,實其簠簋、籩豆、鉶羹"云云,<u>鄭玄</u>注:"此謂薦今世之食也。"

〔一四〕民稔血食而有爭心,有剝林木而戰者矣:稔,習慣。血食,謂喫魚肉之類葷腥食物。剝林木,謂剝去樹皮而成棍棒類武器。

〔一五〕呂春秋、儀禮正義謂有巢氏時:<u>彦</u>按:<u>吕氏春秋蕩兵</u>云:"未有<u>蚩尤</u>之時,民固剝林木以戰矣,勝者爲長。"本未言爲<u>有巢氏</u>時。又<u>儀禮正義</u>當指<u>漢</u><u>鄭玄</u>注、<u>唐賈公彦</u>疏之<u>儀禮注疏</u>,今亦不見其説。<u>羅氏</u>此言,不知何據。

〔一六〕長猶不足澄之,則就其无欲者而聽令焉:澄,猶治。<u>彦</u>按:本書發揮五異禪非求爲異曰:"蓋嘗言之,虚静者可以集事,而無欲者惟可爲君。"又<u>晉書</u><u>潘尼傳</u>乘輿箴:"無欲者,天下共推之;有欲者,天下共爭之。推之之極,雖禪代猶脱屣;爭之之極,雖劫殺而不避。"可與此互參。

〔一七〕木皮未委于,復塞其羽革:<u>吴</u>本"于"作"於",誤。<u>彦</u>按:"于"當讀"紆"。委紆,委宛曲折,柔順宛轉。塞,充當。復塞其羽革,謂復用彼羽革代之。　袟衣攣領,着兜冒,以賁體:袟(zhì)衣,縫合之衣。攣領,猶綣領。着,戴。四庫本作"著",字異詞同。兜冒,頭盔。冒,"帽"之古字。賁(bì),文飾,裝飾。參見<u>前紀四渾沌氏</u>注〔八〕。

〔一八〕見吕覽:<u>彦</u>按:今本<u>吕氏春秋</u>無此内容,疑爲<u>淮南子</u>誤記。

〔一九〕古人冒而句領:句領,猶曲領、圓領。<u>喬</u>本、四庫本、備要本作"旬領",<u>洪</u>本作"句頌",並誤。此從<u>吴</u>本。下"句領遶頸"、"句領遶項",<u>吴</u>本亦同譌"旬領",今並訂正。<u>彦</u>按:<u>禮記冠義孔穎達</u>疏:"案略説稱,<u>周公</u>對<u>成王</u>云:'古人冒而句領。'注云:'古人,謂三皇時,以冒覆頭,句領繞頸。'至<u>黄帝</u>時,則有冕也。"當爲<u>羅氏</u>所本。又<u>荀子哀公</u>篇:"<u>魯哀公</u>問<u>舜</u>冠於<u>孔子</u>,<u>孔子</u>不對。

三問,不對。哀公曰:‘寡人問舜冠於子,何以不言也?’孔子對曰:‘古之王者,有務而拘領者矣,其政好生而惡殺焉,是以鳳在列樹,麟在郊野,烏鵲之巢可附而窺也。君不此問而問舜冠,所以不對也。’”楊倞注:“務,讀爲冒。拘與句同。曲領也。言雖冠衣拙樸,而行仁政也。尚書大傳曰‘古之人,衣上有冒而句領者’,鄭康成注云:‘言在德不在服也。古之人,三皇時也。冒,覆項也。句領,繞頸也。’禮,正服方領也。”亦足證“句領”當作“句領”。

〔二〇〕故儀禮正義云:此指儀禮士冠禮“皮弁服”鄭玄注“皮弁者,以白鹿皮爲冠,象上古也”賈公彦疏。此引賈疏文,至下“至黃帝始制軒冕”止,僅屬意引。備要本“正義”作“王義”,誤。

〔二一〕句領遶項:喬本、備要本作“句領遶項”,吳本、四庫本作“句領遶頂”,此從洪本。　至黃帝始制軒冕:黃帝,洪本、吳本譌作“皇帝”。軒冕,軒車(古代大夫以上乘坐的前頂較高而有帷幕的車子)與冠冕(古代帝王、官員所戴的帽子)。彦按:此述冠冕産生之歷史,本不及車,“軒”字所不當有。儀禮賈疏此句原作:“至黃帝則有冕”。

〔二二〕猶未詳焉,過者顙泚:詳,周詳,完備。顙(sǎng),額頭。泚(cǐ),汗出貌。孟子滕文公上:“蓋上世嘗有不葬其親者,其親死,則舉而委之於壑。他日過之,狐狸食之,蠅蚋姑嘬之。其顙有泚,睨而不視。”趙岐注:“見其親爲獸蟲所食,形體毀敗,中心慼,故汗泚泚然出於額。”

〔二三〕於是厚衣之薪而瘞之,不封不植也,掩覆而已;喪期无數也,哀除而已:衣,謂包裹、纏扎。薪,柴草。瘞(yì),埋葬。喪期,服喪之期。易繫辭下:“古之葬者,厚衣之以薪,葬之中野,不封不樹,喪期无數。”孔穎達疏:“‘不封不樹’者,不積土爲墳,是不封也;不種樹以標其處,是不樹也。‘喪期无數’者,哀除則止,无日月限數也。”

〔二四〕節上而羨下,故天下之人不歸其服而歸其義:羨,富饒,富餘。歸,歸心,向往。服,指衣冠服飾。

〔二五〕見晏子春秋内篇諫下。文字略有出入。　橧巢:晏子春秋原文實作“橧巢”,指聚集柴薪而成的簡陋居所。橧(zēng),用柴薪堆造的居處。孔子家語問禮:“夏則居橧巢。”王肅注:“有柴謂橧,在樹曰巢。”此引作“層”,非是。

〔二六〕百餘年，或云百餘代：見資治通鑑外紀卷一上包犧氏後附有巢氏。文曰：“有巢氏，……號大巢氏。治石樓山南。有天下百餘年。或云百餘代。”

萬八千年，或云萬二千年：見資治通鑑外紀卷一上包犧氏後附燧人氏。今本文作：“燧人氏，……有天下百餘代，八萬年。或云一萬二千年。”與羅氏所引年數有不同，未知孰是。

〔二七〕栖於石婁之顏：石婁，山名，即石樓。顏，通“厓”，山邊。

〔二八〕琅琊：縣名，治所在今山東青島市黃島區琅琊鎮。

〔二九〕注“城陽諸縣東北有婁鄉”：城陽，郡名。諸縣，治所在今山東諸城市西南。各本“城陽諸縣”均脫“諸”字而成城陽縣，今訂補。彥按：此注當指春秋隱公四年“春，王二月，莒人伐杞，取牟婁”杜預注。其注云：“牟婁，杞邑，城陽諸縣東北有婁鄉。”今但用一“注”字，若非有脫文，則未免過于簡率。

〔三〇〕而又汝之梁縣有石樓山：見新唐書地理志二。汝，州名。梁縣，治所在今河南汝州市。吳本“縣”譌“懸”，“山”譌“小”。

〔三一〕今隰州有石樓縣：石樓縣，今屬山西省。　本曰土京，隋文改曰石樓：本，洪本譌“木”。土京，備要本譌“上京”。彥按：土京當作“吐京”。隋書地理志中冀州龍泉郡石樓縣云：“舊置吐京郡及吐京縣，開皇初郡廢，十八年縣改名。”元和郡縣圖志卷一二隰州石樓縣亦作“吐京”。隋文，指隋文帝楊堅。四庫本、備要本作“隋又”。石樓，喬本譌“石婁”，今據餘諸本訂正。

〔三二〕肇迹：發迹，興起。　享：祭祀。

〔三三〕世之日僞，俗之日澆：僞，虛僞。澆，浮薄。

〔三四〕彼有血氣者必有争：晏子春秋內篇雜下：“凡有血氣者，皆有争心。”　五兵：五種兵器，即戈、殳、戟，酋矛（一種短矛）、夷矛（一種長矛）。又泛指各種兵器。

〔三五〕大昊之難，七十戰而後濟：大昊，即太昊。喬本、洪本、吳本、四庫本“昊”均譌“旱”，今據備要本及明董斯張廣博物志卷三一武功上引路史訂正。濟，成功。

〔三六〕藝文類聚卷一一引帝王世紀曰：“黃帝……凡五十二戰而天下大服。”

〔三七〕昆吾：史記楚世家云：“昆吾氏，夏之時嘗爲侯伯，桀之時湯滅之。”

又本書後紀八帝顓項高陽氏云："昆吾爲夏伯主。"

〔三八〕牧野之師，血流漂杵：牧野，地名。在今河南淇縣西南。杵，通"櫓"，大盾。書武成："受率其旅若林，會于牧野，罔有敵于我師，前徒倒戈攻于後，以北，血流漂杵。"

〔三九〕齊、宋之戰，龍門溺驂：驂，駕車時位于兩邊的馬，亦泛指駕車的馬。春秋感精符："强傑竝侵，戰兵雷合，龍門溺驂。"宋均注："龍門，魯地名也。時齊與宋、鄭戰敗相殺，血溺驂馬。"（轉引自宋葉廷珪海録碎事卷二〇武部戰陣門溺驂）

〔四〇〕兵戈：借代戰争。

〔四一〕夫國無大，非兵必亡；天下雖平，忘戰必危：史記主父偃傳："司馬法曰：'國雖大，好戰必亡；天下雖平，忘戰必危。'"

〔四二〕偃兵：休兵，不使用軍隊。

〔四三〕此意引自莊子徐無鬼。　魏武侯：戰國初期魏國國君魏擊。　徐無鬼：戰國魏隱士。　則治不成：莊子作"則殆不成"。

〔四四〕西夏非兵而廢祀於陶唐：西夏，我國古代西方小國名。陶唐，即帝堯。初封于陶，後徙于唐，故稱。逸周書史記："昔者，西夏性仁非兵，城郭不脩，武士無位，惠而好賞；財屈而無以賞，唐氏伐之，城郭不守，武士不用，西夏以亡。"　徐偃非兵而殄世於曼楚：徐偃，指徐偃王，即西周徐國國君徐誕。殄世，絶嗣。曼楚，指春秋楚文王熊貲。國語周語中："昔鄶之亡也由仲任，……鄧由楚曼。"韋昭注："鄧，曼姓。楚曼，鄧女，爲楚武王夫人，生文王。"後漢書東夷列傳："（徐）偃王處潢池東，地方五百里，行仁義，陸地而朝者三十有六國。穆王後得驥騄之乘，乃使造父御以告楚，令伐徐，一日而至。於是楚文王大舉兵而滅之。偃王仁而無權，不忍鬪其人，故致於敗。"彦按：楚文王與周穆王、徐偃王非同時人，後漢書此説不足爲信。　晉諱戰而國弃於劉聰：劉聰，十六國時漢國國君。先後派兵攻破洛陽、長安，俘虜並殺害晉懷帝、晉愍帝，覆滅西晉政權。　梁諱戰而録亡於侯景：録，古稱上天賜予帝王的符命文書，借代王權帝位。侯景，原爲東魏重將，後叛投南朝梁，復作亂，攻陷建康城，餓死梁武帝，殺害簡文帝，又廢豫章王蕭棟自立爲帝。義軍起，于敗亡中爲部下所殺。

〔四五〕潰弊：毁壞，衰敗。

〔四六〕汔未見無禍者：汔，幾乎，差不多。集韻迄韻：“汔，幾也。”

〔四七〕見左傳襄公二十七年。末句左傳原文作：“兵之設久矣，所以威不軌而昭文德也。”五材，杜預注：“金、木、水、火、土也。”文德，指禮樂教化，是一個與“武功”相對的概念。

〔四八〕幾微之權：幾微，微末，一點點。權，隨便，苟且。文選左思魏都賦“權假日以餘榮”李善注：“權，猶苟且也。”

〔四九〕俎豆、干戚：借指禮樂。俎豆，古代祭祀、宴饗時盛食物用的兩種禮器：俎如几，用以盛牲體；豆形似高足盤，用以盛肉食。干戚，即盾和斧，古爲武舞所執之舞具。　魚麗：古戰陣名。左傳桓公五年：“爲魚麗之陳。”杜預注：“司馬法：‘車戰二十五乘爲偏。’以車居前，以伍次之，承偏之隙而彌縫闕漏也。五人爲伍。此蓋魚麗陳法。”

〔五〇〕消鋒鏑鑄金人：鋒鏑（dí），刀刃和箭鏃，借指兵器。史記秦始皇本紀：“秦初并天下，……收天下兵，聚之咸陽，銷以爲鍾鐻，金人十二，重各千石，置廷宮中。”　司馬炎不生事於晉：司馬炎，即晉武帝。生事，惹事。晉書山濤傳：“吳平之後，（武）帝詔天下罷軍役，示海内大安；州郡悉去兵，大郡置武吏百人，小郡五十人。帝嘗講武于宣武場，濤時有疾，詔乘步輦從。因與盧欽論用兵之本，以爲不宜去州郡武備，其論甚精。于時咸以濤不學孫吳，而闇與之合。帝稱之曰：‘天下名言也。’而不能用。及永寧之後，屢有變難，寇賊焱起，郡國皆以無備不能制，天下遂以大亂，如濤言焉。”　蕭俛、段文昌之儔不生事於唐：蕭俛、段文昌，皆唐穆宗朝宰相。舊唐書蕭俛傳：“穆宗乘章武恢復之餘，即位之始，兩河廓定，四鄙無虞。而俛與段文昌屢獻太平之策，以爲兵以静亂，時已治矣，不宜黷武，勸穆宗休兵偃武。又以兵不可頓去，請密詔天下軍鎮有兵處，每年百人之中，限八人逃死，謂之‘消兵’。帝既荒縱，不能深料，遂詔天下如其策而行之。而藩籍之卒，合而爲盜，伏於山林。明年，朱克融、王廷湊復亂河朔，一呼而遺卒皆至。朝廷方徵兵諸藩，籍既不充，尋行招募。烏合之徒，動爲賊敗，由是復失河朔，蓋‘消兵’之失也。”

〔五一〕以此毒天下而人從之，吉：此，謂“師”，羅氏蓋以“軍隊”釋之。易師彖辭：“師，衆也；貞，正也。能以衆正，可以王矣。剛中而應，行險而順，以此毒天下，而民從之，吉，又何咎矣？”毒，釋文引馬云：“治也。”俞樾曰：“此傳

‘毒’字當讀爲‘督’，爾雅釋詁：‘督，正也。’……‘正’有‘治’義，故‘督’亦有‘治’義。”（見羣經平議卷二周易二）

〔五二〕岐、雷、俞、扁：岐伯、雷公、俞跗、扁鵲，四人皆上古名醫。岐伯、雷公、俞跗爲黃帝臣，扁鵲爲戰國時人。　葠、苓：人參、茯苓，兩中藥名，藥性平正。葠，同“參”。　巴菽、狙葛：兩中藥名，皆有大毒。狙葛即野葛，又名鉤吻或斷腸草。

〔五三〕乘之者：鑽空子的人。乘之，謂趁機。

〔五四〕此卒伍之法、蒐閱之時、擊刺之具、侵伐之典所以必修明於閑暇之日，謂之有政：卒伍，行伍，軍隊。蒐閱，檢閱，閱兵。蒐，音 sōu。修明，闡明。閑暇，四庫本“閑”作“閒”。有政，政事，政治。有，助詞。

〔五五〕是故萊人不得以兵劫：萊，春秋齊地名，在今山東龍口市東南。左傳定公十年：“夏，公會齊侯于祝其，實夾谷。孔丘相，犂彌言於齊侯曰：‘孔丘知禮而無勇，若使萊人以兵劫魯侯，必得志焉。’齊侯從之。孔丘以公退，曰：‘士兵之！兩君合好，而裔夷之俘以兵亂之，非齊君所以命諸侯也。裔不謀夏，夷不亂華，俘不干盟，兵不偪好——於神爲不祥，於德爲愆義，於人爲失禮，君必不然。’齊侯聞之，遽辟之。”

〔五六〕書大禹謨：“帝曰：‘咨！禹，惟時有苗弗率，汝徂征。’禹乃會羣后，誓于師。……三句，苗民逆命。益贊于禹曰：‘惟德動天，無遠弗屆。……至誠感神，矧兹有苗。’禹拜昌言曰：‘俞！’班師振旅。帝乃誕敷文德，舞干羽于兩階。七句，有苗格。”彦按：帝謂舜。書之本意在頌揚舜修文德以服遠，而羅氏則從另一角度考慮問題，以爲文德服遠須有兵備作後盾，亦非無理。

〔五七〕成安君號儒者，稱義兵者無事詐謀奇計，卒爲韓信斬之泜水之上：成安君，即秦末義軍領袖之一、自稱代王陳餘。餘初以擁立趙歇爲趙王功，封成安君。韓信，秦末漢軍名將、西漢開國功臣，封淮陰侯。泜水，水名。在今河北元氏縣西南。史記淮陰侯列傳：“（韓）信與張耳以兵數萬欲東下井陘擊趙，趙王、成安君陳餘聞漢且襲之也，聚兵井陘口，號稱二十萬。廣武君李左車説成安君曰：‘聞漢將韓信涉西河，虜魏王，禽夏説，新喋血閼與，今乃輔以張耳，議欲下趙，此乘勝而去國遠鬭，其鋒不可當。臣聞千里餽糧，士有飢色，樵蘇後爨，師不宿飽。今井陘之道，車不得方軌，騎不得成列，行數百里，其勢糧食必在其後。願足下假臣奇兵三萬人，從閒道絕其輜重；足下深溝高壘，堅營勿與戰。彼前不得鬬，退不得還，吾奇兵絕其後，使野無所掠，不至十日，而兩將之頭可致於戲下。願君留意臣之計。否，必爲二子所禽矣。’成安君，儒者也，常稱義兵不用詐謀奇計，曰：‘吾聞兵法：十則圍之，倍則戰。今韓信兵號數萬，其實不過數千。能千里而襲我，亦已罷極。今如此避而不擊，後有大者，何以加之！則諸侯謂吾怯，而輕來伐我。’不聽廣武君策，廣武君策不用。韓信使人閒視，知其不用，還報，則大喜，乃敢引兵遂下。……於是漢兵夾擊，大破虜趙軍，斬成安君泜水上，禽趙王歇。”

〔五八〕不敢爲主而爲客，非去兵也，不得已而後應：喬本、洪本、吳本、備要本自“爲客”至“後應”十二字並誤入注文，今據四庫本訂正。又，洪本“客”譌“容”，吳本脱前“而”字。

〔五九〕漢祖平城之困：漢祖，指漢高祖劉邦。平城，縣名，治所在今山西大同市平城區東北。漢書高帝紀下：“（六年）秋九月，匈奴圍韓王信於馬邑，信降匈奴。七年冬十月，上自將擊韓王信於銅鞮，斬其將。信亡走匈奴，其將曼丘臣、王黃共立故趙後趙利爲王，收信散兵，與匈奴共距漢。上從晉陽連戰，乘勝逐北，至樓煩，會大寒，士卒墮指者什二三。遂至平城，爲匈奴所圍，七日，用陳平祕計得出。”　唐宗安市之屈：唐宗，指唐太宗李世民。安市，城名。在今遼寧海城市八里鎮營城子村。資治通鑑卷一九八唐太宗貞觀十九年：“（六月）丁未，車駕發遼東，丙辰，至安市城，進兵攻之。……安市人望見上旗蓋，輒乘城鼓譟，上怒，（李）世勣請克城之日，男女皆阬之，安市人聞之，益堅守，攻久不下。……上以遼左早寒，草枯水凍，士馬難久留，且糧食將盡，（九月）癸未，敕班師。”　失於黷也：黷，濫用，此謂黷兵。　陸機河橋之敗：陸機，西晉文學家，以曾任平原内史，世稱陸平原。河橋，橋名。故址在今河南孟州市南、孟津縣東北黃河上。晉書陸機傳：“太安初，（成都王）穎與河間王顒起兵討長沙王乂，假機後將軍、河北大都督，督北中郎將王粹、冠軍牽秀等諸軍二十餘萬人。……機始臨戎，而牙旗折，意甚惡之。列軍自朝歌至於河橋，鼓聲聞數百里，漢魏以來，出師之盛未嘗有也。長沙王乂奉天子與機戰於鹿苑，機軍大敗，赴七里澗而死者如積焉，水爲之不流，將軍賈棱皆死之。”　房琯陳濤之奔：房琯，唐玄宗、唐肅宗兩朝宰相。陳濤，指陳濤斜。地名。在今陝西咸陽市東。

舊唐書房琯傳:"肅宗以琯素有重名,傾意待之,琯亦自負其才,以天下爲己任。……尋抗疏自請將兵以誅寇孽,收復京都。肅宗望其成功,許之。……琯請自選參佐,乃以御史中丞鄧景山爲副,户部侍郎李揖爲行軍司馬,中丞宋若思、起居郎知制誥賈至、右司郎中魏少遊爲判官,給事中劉秩爲參謀。既行,又令兵部尚書王思禮副之。琯分爲三軍:遣楊希文將南軍,自宜壽入;劉悊將中軍,自武功入;李光進將北軍,自奉天入。琯自將中軍,爲前鋒,(至德元載)十月庚子,師次便橋。辛丑,二軍先遇賊於咸陽縣之陳濤斜,接戰,官軍敗績。時琯用春秋車戰之法,以車二千乘,馬步夾之。既戰,賊順風揚塵鼓譟,牛皆震駭,因縛芻縱火焚之,人畜撓敗,爲所傷殺者四萬餘人,存者數千而已。癸卯,琯又率南軍即戰,復敗,希文、劉悊並降於賊。琯等奔赴行在,肉袒請罪,上並宥之。琯好賓客,喜談論,用兵素非所長,而天子採其虛聲,冀成實效。琯既自無廟勝,又以虛名擇將吏,以至於敗。琯之出師,戎務一委於李揖、劉秩,秩等亦儒家子,未嘗習軍旅之事。琯臨戎謂人曰:'逆黨曳落河雖多,豈能當我劉秩等。'及與賊對壘,琯欲持重以伺之,爲中使邢延恩等督戰,蒼黄失據,遂及於敗。"　失於易也:易,輕視,此謂輕敵。

〔六○〕擾以信禮:擾,安撫。　如舜文之當然:舜文,虞舜與周文王。當,應對,處置。然,一樣,那樣。彦按:左傳僖公十九年:"子魚言於宋公曰:'文王聞崇德亂而伐之,軍三旬而不降。退脩教而復之,因壘而降。'"這是周文王之做法。舜之做法見上注〔五六〕。　范蠡之審諦:范蠡,春秋末著名謀士,曾輔助越王句踐興越滅吳,功成歸隱,經商以致巨富。審諦,小心謹慎。史記越王句踐世家:"句踐聞吳王夫差日夜勒兵,且以報越,越欲先吳未發往伐之。范蠡諫曰:'不可。臣聞兵者凶器也,戰者逆德也,爭者事之末也。陰謀逆德,好用凶器,試身於所末,上帝禁之,行者不利。'越王曰:'吾已決之矣。'遂興師。吳王聞之,悉發精兵擊越,敗之夫椒。越王乃以餘兵五千人保棲於會稽。吳王追而圍之。"　馬服之不敢易言:馬服,戰國趙惠文王時名將馬服君趙奢。奢爲將,未嘗敢以輕心掉之,受命之日,不問家事。奢子括,自少時學兵法,言兵事,以天下莫能當。然奢不謂善,曰:"兵,死地也,而括易言之。使趙不將括即已,若必將之,破趙軍者必括也。"後果如其言。見史記廉頗藺相如列傳附趙奢。　王忠嗣之本不生事:王忠嗣,唐玄宗朝良將。舊唐書本傳載:"忠嗣少以勇敢自負,及居節將,以持重安邊爲務。嘗謂人云:‘國家昇平之時,爲將者在撫其衆而已,吾不欲疲中國之力以徼功名耳。’”

〔六一〕蚩尤之斬乂:斬乂,斬殺,殺戮。彦按:黄帝戰蚩尤,殺之涿鹿之野,古書多有記載。至稱蚩尤斬乂,蓋後世想當然之辭。太平御覽卷七九引龍魚河圖曰:“黄帝攝政時,有蚩尤兄弟八十一人,並獸身人語,銅頭鐵額,食沙石子,造立兵仗刀戟大弩,威振天下,誅殺無道,不仁不慈。”即其類。　秦趙之阬夷:阬夷,阬殺。夷,殺戮。史記秦本紀:“(昭襄王)四十七年,秦攻韓上黨,上黨降趙,秦因攻趙,趙發兵擊秦,相距。秦使武安君白起擊,大破趙於長平,四十餘萬盡殺之。”論衡命義:“秦將白起坑趙降卒於長平之下,四十萬衆,同時皆死。”　曾不足爲齊晉道:齊晉,指齊桓公、晉文公,爲春秋五霸之二,此借指行霸道者。

〔六二〕彼光武之欲三十年不言:光武,指光武帝,即東漢開國皇帝劉秀。欲,將,將近。不言,謂不言兵。後漢書光武帝紀下:“初,帝在兵閒久,厭武事,且知天下疲秏,思樂息肩。自隴、蜀平後,非儆急,未嘗復言軍旅。皇太子嘗問攻戰之事,帝曰:‘昔衛靈公問陳,孔子不對。此非爾所及。’”

遂人氏

不周之巔,有宜城焉〔一〕。日月之所不届〔二〕,而无四時昏晝之辨。空同之北,北極鍾火之山,地數百里,無日月之光〔三〕。猶蜀之陋,天常雨,少出日者〔四〕。王子年云:去都萬里有申彌國,近燧明之國,地與西王母接〔五〕。以故燕昭王游於西王母燧林之下,説燧皇鑽火之事〔六〕。西王母,國名。詳餘論。有聖人者,游於日月之都,至于南垂〔七〕。有木焉,鳥啄其枝則㷭然火出〔八〕。聖人感之,廣土自有不見日月之處〔九〕。予嘗論深山四時早晚與平原之不同,非若佛書所謂夜摩天之類〔一〇〕。拾遺記云:燧明之國,不識晝夜,土有燧木。後世聖人游于日月之外,以食救物,至於南垂,觀此燧木,有鳥類鴞,啄其枝則火出;取以鑽火,號燧人氏。在包羲氏之前,蓋火山國也。山海經言,火山之國,雖經霖雨,其火常然〔一一〕。即今武周連渾府之遥火山也〔一二〕。故代割雄勇爲火山軍〔一三〕。亦猶梧州火山之火〔一四〕。於是仰察辰心,取以出火,作鑽燧,别五木,以改火〔一五〕。詳發揮。上古之人,茹毛而㗖血,食果蓏蜾蠪,膻腐餿漫,内傷榮衛,殞其天年〔一六〕。乃教民取火,以灼以炳,以熟臊胜,以燔黍捭豚,然後人无腥臊之疾〔一七〕。祭禮:"作其祝號,薦其血毛,腥其俎,熟其肴〔一八〕。"所以存法太古〔一九〕。腥俎,謂豚解俎之〔二〇〕。禮記正義云:先燒其石令赤,以黍與豚加於上而灼之〔二一〕。或疑神農始藝五穀〔二二〕,神農廣其事爾。人民益夥,羽皮之茹有不給於寒,乃誨之蘇,冬而煬之,使人得遂其性,號遂人氏〔二三〕。或曰燧人。以鑽燧故。古史攷云:"鑄金爲刃,民大悦,號曰燧人。"禮含文嘉云:"燧人氏,鑽木取火,炮生爲熟,令人無有腹疾,遂天之意,故曰遂人。"〔二四〕典略云:"燧人鑽木取火,免腥臊,變熟食,人事也。"〔二五〕白虎通義云:"取火,教民熟食,制養禮性,避臭去毒,謂之燧人。"〔二六〕

順而不一於是〔二七〕,窮火之用而爲之政。季春以出,秋終以納,異其時也〔二八〕。以濟時疾,鬱攸之司〔二九〕。九變七化,火爲之紀〔三〇〕。謂木器液,於是范金合土,爲釜重,作烓鬲甌瓶,成物化物,而火之功用洽矣〔三一〕。季春心昏見於辰而出火,季秋心昏見于戌而納火〔三二〕。故尸子云:"遂人察辰心而出火。"〔三三〕亦見中論〔三四〕。夫心見於辰則火大壯,故季春禁火〔三五〕。有辨,見發揮〔三六〕。

當是時也,天下多水,教人以漁。尸子。

雒出四佐,以代天理物,乃大臣職〔三七〕。天皇輔有三名〔三八〕。故黄帝象天文以制官,賈公彦謂伏羲之前,雖有三名,未必具立官位,至黄帝時名位乃具爾〔三九〕。命明繇政乎陞級〔四〇〕,宋均云:"辨等降、政所先後。"〔四一〕畢毓辨乎方色〔四二〕,分正方俗〔四三〕。論語摘輔象云:"必育受税俗。"〔四四〕注云:"受税賦及徭役所宜〔四五〕。""必"、"畢"古通用。史通:"莫不必賻〔四六〕。"成博受乎古諸,都鄙之事〔四七〕。摘輔象注云:"受古諸侯之事〔四八〕。"按:孟諸,志作"明都",知裹爲有據云〔四九〕。隕藍録乎延嬉〔五〇〕,延,長;嬉,福也;蓋謂祭祀〔五一〕。崔沔議云:"祭祀之典,肇於上古。人所飲食,必先嚴獻。未有火化,茹毛飲血,則有血毛之薦。未有麴糵,污尊抔飲,則有玄酒之奠。施及後王,禮物漸備也。"〔五二〕藍,一作"丘"。四后職而天道平、人事理〔五三〕。摘輔象云:"遂人出天,四佐出洛。"言生知出于天,而四佐洛産也〔五四〕。

龍圖逞瑞,龜字效靈〔五五〕,見畫録〔五六〕。於是占建而正方〔五七〕,

王希明太乙金鏡云："燧人氏占斗極而定方名，東西南北是也。"〔五八〕握幾矩，表計實〔五九〕，圖矩也〔六〇〕。易通卦驗云："其刻曰：'蒼牙通靈；孔演命，明道經〔六一〕。'"注云："燧皇謂燧人〔六二〕，在伏羲前，風姓，始王天下者。"指天以布蹠而齊七政〔六三〕，康成云："矩，法也。言燧皇持斗機運轉之法，本天以施政教，作其圖謂之計實。在伏羲前，於時無書，刻石而謂之尒。刻言'蒼精渠肩之人，能通神靈之意'也〔六四〕。"七政，詳疏亿紀注〔六五〕。禮斗威儀以爲：五音二少，主君臣、父子、夫婦政；少宫主文，少商主武〔六六〕。法斗而爲七政。七政之禮，王迹所興也〔六七〕。始注物蚕鳥獸之名〔六八〕，春秋命曆敍云："伏羲、燧人始名物蟲鳥獸。"夫物蟲之名，必與物合。如牛之曰牛，魚之曰魚，名之則必承之〔六九〕；以至草木，亦莫不然。蓋聖人有以與物合一。黄帝正名百物，夏禹主名山川〔七〇〕。此道後世不復有能知者，非無其人，世自隱也〔七一〕。而通國之輕重以轉民之貨〔七二〕。管子云："齊桓公問於管仲曰：'輕重安施？'對曰：'自理國，伏羲以來，未有不以輕重而成其至者〔七三〕。'""曰：'燧人以來，其大會可得聞乎〔七四〕？'對曰：'燧人以來，未有不以輕重而爲天下者也。'"故通典云："自燧人逮三王，皆通輕重之法，以制國用。"〔七五〕是則制貨以權輕重，生民以來，燧人以通貨矣〔七六〕。

　　人滋反醇，情欲蠢動，好嗜外迫，則冒禮而忘形，以賤其神〔七七〕。乃制男子三十而取，女子二十而歸〔七八〕，一云，女二十五。王充以爲"法制張設，未必奉行"〔七九〕，陋也。逸禮本命篇云："太古，男五十而娶，女三十而嫁。中古，男三十而室，女二十而嫁。"〔八〇〕地官媒氏"掌萬民之判。男三十而娶，女二十而嫁"〔八一〕，蓋本乎此書。大傳、孔子之説亦然〔八二〕。白虎通謂："男三十筋骨堅强，任爲人父。女二十肌膚充盛，任爲人母。合爲五十，應大衍之數，以生萬物也。"〔八三〕陽奇而舒，故三終；陰偶而促，故再終——三天兩地之道〔八四〕。以息其民；爲之進退，以耻其凡〔八五〕。是故父老而慈，子壽而孝，著之世姓，而法自是作，禮繇此顯矣〔八六〕。禮記疏云："尊卑之禮，起於遂皇氏。"〔八七〕云："禮有三起：禮事起於遂皇，禮名起於黄帝〔八八〕。"通歷、通典等皆謂燧皇始有夫婦之道，蓋始著其禮爾〔八九〕。"孔演命，明道經"注云："燧皇謂燧人，在伏羲前，風姓，始王天下者。"〔九〇〕是燧人已著姓名〔九一〕。

　　治律嵩高之石室，以火著記〔九二〕，古史攷云："有聖人以火德王，造作鑽燧出火，教民熟食，號曰遂人。"伏氏書以燧皇與羲、農爲三皇，云："遂人以火紀。火爲陽,尊,故託燧皇于天。<u>伏羲</u>以人事紀,故託<u>羲皇</u>于人。<u>神農</u>以地力紀,故託<u>農皇</u>於地。天、地、人之道備而三五之運興矣。"〔九三〕<u>應氏</u>之説亦然〔九四〕。故<u>康成</u>六藝論以<u>遂皇</u>爲<u>人皇</u>,云:"<u>易</u>者,陰陽之象。天地之所變化,政教之所生,自<u>人皇</u>初起。"故<u>穎達</u>謂禮自<u>人皇遂人</u>〔九五〕。<u>梁主書</u>起自<u>軒轅</u>,而同以<u>遂人</u>爲皇〔九六〕。其敍五帝則自<u>黄帝</u>,至<u>堯</u>而止,<u>舜</u>弗預焉。謂<u>舜</u>非三王,亦非五帝,特與三王通爲四代〔九七〕。斯亦安矣。二百有三十載。<u>六藝論</u>云:"<u>遂皇</u>之後,歷六紀九十一代〔九八〕,乃至<u>伏羲</u>,始作十二言之教。"注言"<u>遂皇</u>在九頭之前"〔九九〕,非也。<u>真源賦</u>云"<u>燧人</u>子孫相承,三萬一千年至<u>伏羲</u>"〔一〇〇〕,而<u>世紀</u>"<u>燧人</u>氏没,<u>包羲</u>代之",<u>古史攷燧人</u>次有三姓乃至<u>伏羲</u>,與<u>六藝論</u>不同。<u>穎達</u>疑是三姓而爲九十一代〔一〇一〕。俱妄。

　　贊:<u>粤</u>有大聖,游于南垂。別火滲代,違其羽皮〔一〇二〕。以炮以燔,與人遂性〔一〇三〕。占建握幾,方厤以正〔一〇四〕。式通輕重,遠近化居〔一〇五〕。四佐授職,小大以孚〔一〇六〕。男娶女歸,以息以耻〔一〇七〕。父老子壽,禮繇顯矣〔一〇八〕。

　　<u>顔子</u>將之<u>齊</u>,<u>孔子</u>有憂色〔一〇九〕。<u>子貢</u>問焉,子曰:"善哉,問!昔者<u>管子</u>有言,<u>丘</u>甚善之:'褚小者不可以懷大,綆短者不可以汲深。'故命有所成而形有所適者,不可以損益也。吾恐<u>回</u>與<u>齊侯</u>言<u>黄帝</u>、<u>堯</u>、<u>舜</u>之道,而重之以<u>遂人</u>、<u>神農</u>之言,彼將内求諸己而不得,則惑矣〔一一〇〕。"

　　<u>遂人</u>之言久矣,不得而聞矣。舍者,君君、臣臣、父父、子子、兄兄、弟弟、夫夫、婦婦而已矣〔一一一〕。聖人之道,造端乎夫婦。夫婦正而天下定。是故<u>遂人</u>之制,男女必致其詳紆〔一一二〕。觀乎此,然後知後世婚娶之道生也。

　　夫元氣之所孕,始於子,立於巳〔一一三〕。子者字之始,而巳者包之始也〔一一四〕。自子推之,男左行三十而立於巳,女右去積二十而合之巳,正陽也,陰實從焉〔一一五〕。是故聖人因是而制禮。三天兩地,自然之數,妃也〔一一六〕。自巳而壬之,男十月毓於寅,女十月毓於申,申爲三陰,寅爲三陽,故年運起焉〔一一七〕。

日生于甲，月生於庚，日月東西，夫婦之象也〔一一八〕。甲統於寅，庚統於申〔一一九〕。是故陰陽之合必以正，將以順性命之理爾。男子陽火，元氣起戊子，三十丁巳，十月至丙寅，此木生火也〔一二〇〕。女子陰水，元氣起庚子，二十辛巳，十月至壬申，是爲金生水也〔一二一〕。

嗟乎！斧斤以時入山林，則木得其性，而材不可勝用矣。先王之制得其時，故人皆迪智而壽命長〔一二二〕。及下之世，不知乎此，動違其時，是故殘其生，賊其性，而每至於夭折〔一二三〕。韓稚有言："鑽火變胜之下，父老而慈，子壽而孝。羲軒而降，屠屠焉以相誅滅，淫於禮，亂於樂，嚚薄澆僞，淳風磴矣。"〔一二四〕

而或者謂南地薄淺，婚宦及早〔一二五〕。而王肅之徒遽取服經，謂"三十、二十，孔子以爲禮之極"，豈聖人之制法哉〔一二六〕？雖然，景公胡爲而不足語邪〔一二七〕？彼受弑兄者之立也而遂相之，愛荼之出也而遂立之，君臣、父子、兄弟、夫婦有一乎此，其所以發爲政之問而夫子告之以"君君、臣臣、父父、子子"者，誠以景公於此有所不至故也〔一二八〕。

然則，景公果足以遂人之道告乎？至彼妄士，不知其君而夸焉者，又多矣〔一二九〕！孟軻氏之欲齊王湯武，宜也〔一三〇〕。而公孫鞅遽以帝道説秦孝公，何邪〔一三一〕？抑不知孝公之不足以帝道説邪，亦鞅之所售之帝道贗邪〔一三二〕？握鉅而兼金售，皆穿窬之盜也〔一三三〕。若人者〔一三三〕，非惟不足以知顔子，亦不足以知孟子。

【校注】

〔一〕不周：傳説中的山名。楚辭離騷"路不周以左轉兮"王逸注："不周，山名，在崑崙西北。"

〔二〕屆：至，到。

〔三〕空同：即崆峒，山名。在今甘肅平涼市崆峒區西。　北極鍾火之山：北極，泛稱北方極遠之地。鍾火之山，楚辭天問"燭龍何照"蔣驥注："海外北經:鍾山之神,人面蛇身,赤色,身長千里,視爲晝,瞑爲夜,是燭九陰,是謂燭龍。……洞冥記:東方朔遊北極鍾火山,日月不照,有青龍啣燭,照山四極。按此,豈即海外北經之鍾山也歟?”(見山帶閣注楚辭卷三)

〔四〕陋:指偏僻邊遠之地。論語子罕:“子欲居九夷。或曰:‘陋,如之何?’子曰:‘君子居之,何陋之有?’”劉寶楠正義:“陋者,言其地僻陋。”

〔五〕王子年:即前秦王嘉(字子年),撰有拾遺記十九卷,今已殘缺。　西王母:古國名。在今青海天峻縣一帶。亦以稱該國之女王。

〔六〕燕昭王游於西王母燧林之下,説燧皇鑽火之事:燕昭王,戰國時燕國國君姬職,公元前311—前279年在位。燧林,林名。其木爲燧木(傳説中可鑽以取火之樹木),故林稱燧林。燧皇,即燧人氏。拾遺記卷四:“九年,(燕)昭王思諸神異,有谷將子,學道之人也,言於王曰:‘西王母將來遊,必語虛無之術。’不踰一年,王母果至。與昭王遊於燧林之下,説炎帝鑽火之術,取緑桂之膏,燃以照夜。”

〔七〕南垂:南方邊境。

〔八〕粦然:如燐火般閃爍之狀。粦,同“粦”,“燐”之古字。

〔九〕廣土:遙遠的地方。

〔一〇〕夜摩天:釋家所稱天界三十六天之一。明徐應秋玉芝堂談薈卷一八三十六天云:“須彌山頂爲帝釋天。上一倍爲夜摩天,至此天,無日月,天光自焰,但蓮花開合即知晝夜。”

〔一一〕雖經霖雨,其火常然:今本山海經未見此文,蓋佚。霖雨,連綿雨。説文雨部:“霖,雨三日已往。”然,“燃”之古字。

〔一二〕即今武周連渾府之遥火山也:武周,縣名。北魏置,治所在今山西左雲縣。連渾府,歷代地志無此府名,疑有誤。水經注卷一三㶟水云:武周縣有火山,“其山以火從地中出,故亦名熒臺矣。”清沈炳巽集釋訂訛:“朱本引郡國志云:連渾府遥火山西有火井,炎氣上升,常若微電,以草爇之,烟騰火發,故名熒臺。炳巽按:後漢書郡國志中無所謂連渾府,亦無所謂熒臺,不知何據云然。”彦按:太平御覽卷一八九、卷八六八兩引郡國志,均及連渾府,内容亦大致相同。其卷一八九曰:“連渾府姑衍州遥火山西有火井,深不可見底,炎氣上昇,常若微電,以草爇之,則煙騰火發,其山似火從地發,故名熒臺。”蓋即水經注朱本所本，亦即羅苹路史注所本。是則御覽文先誤矣。而羅氏雜合水經注及御覽引文爲説，最不靠譜。今考舊唐書地理志一關内道、新唐書地理志七下羈縻州關内道有達渾都督府，又所管小州有姑衍州，頗疑上御覽引郡國志之"連渾府"乃達渾府之誤。唐達渾都督府寄治寧朔縣界，地當在今陝西靖邊縣境。又，達渾都督府既爲唐置，當不出郡國志，故又疑郡國志爲郡縣志（即唐李吉甫撰元和郡縣圖志）之誤。唯今本元和郡縣圖志已非完帙，亦無從證明余説之是非矣。

〔一三〕故代割雄勇爲火山軍：故代，前代，先世。雄勇，古鎮名，故址在今山西河曲縣東南。宋太平興國七年，以嵐州雄勇鎮置火山軍（見元豐九域志卷四河東路火山軍）。

〔一四〕亦猶梧州火山之火：太平寰宇記卷一六四嶺南道八梧州："火山，直對州城，隔桂江水。嶺表録云：'梧州對岸西火山，山形高下、大小如桂林獨秀山。山下水澄，潭深無極，其火每三五夜一見于山頂，每至一更初火起，匝其頂，如野燒，甚者廣十餘丈，食頃而息。或言其下水中有寶珠，光照于上如火。"

〔一五〕於是仰察辰心，取以出火：辰心，星宿名，二十八宿之一，即心宿。説郛卷一〇八上引甘公、石申星經心宿："心三星：中天王，前爲太子，後爲庶子。火星也。春夏木，秋冬水，一名大火，二名大辰，三名鶉火。"彦按：仰察大火以取火，亦易繫辭下"仰則觀象於天，俯則觀法於地。……近取諸身，遠取諸物"之意。　作鑽燧，别五木，以改火：鑽燧，古代取火用具，按季節用不同的木料製成，鑽以取火。論語陽貨"鑽燧改火"魏何晏集解："馬曰：'周書月令有更火之文。春取榆、柳之火，夏取棗、杏之火，季夏取桑、柘之火，秋取柞、楢之火，冬取槐、檀之火。一年之中，鑽火各異木，故曰改火也。'"清劉寶楠正義："揭子宣璇璣遺述云：'如榆剛取心一段爲鑽，柳剛取心方尺爲盤，中鑿眼，鑽頭大，旁開寸許，用繩力牽如車，鑽則火星飛爆出竇，薄煤成火矣。此即莊子所謂木與木相摩則燃者。古人鑽燧之法，意亦如此。'今案揭説頗近理。若然，則春取榆柳者，正用兩木，一爲鑽，一爲燧也。其棗杏、桑柘，意亦然矣。"

〔一六〕茹毛而咰血：咰，同"歃"，飲。　膻腐餿漫：臊腥，腐敗，酸臭，污穢。　内傷榮衛：榮衛，中醫學名詞。人體内循環的血稱榮氣，周流的氣稱衛氣。榮氣行脈中，衛氣行脈外，内外相貫，運行不已，對人體起著滋養和保衛的作用。　　殞其天年:殞,損毀。天年,自然之壽數。

〔一七〕以灼以焫:灼,炙。焫(ruò),燒。　　以熟臊胜:胜,“腥”之古字。
以燔黍捭豚:捭,撕裂。禮記禮運:“其燔黍捭豚,汙尊而抔飲,蕢桴而土鼓,
猶若可以致其敬於鬼神。”鄭玄注:“中古未有釜甑,釋米捭肉加於燒石之上而
食之。”　　然後人无腥腝之疾:彥按:“腝”字字書不見,疑爲“腝”字之譌,腝見
四聲篇海肉部,義爲“肉肥而膏出也”。實即腝字(“臊”字省文),集韻緝韻:
“腝,肥膏出也。”腥腝之疾,指因食腥臊油膩引起的腸胃病。

〔一八〕作其祝號,薦其血毛,腥其俎,熟其肴:禮記禮運文,有删節。洪
本、備要本“祝”譌“視”。禮運“肴”作“殽”,通。孔穎達禮記正義:“‘作其祝
號’者,謂造其鬼神及牲玉美號之辭,史、祝稱之,以告鬼神,故云‘作其祝
號’。……‘薦其血毛’者,亦朝踐時延尸在堂,祝以血毛告於室也。‘腥其俎’
者,亦謂朝踐時既殺牲,以俎盛肉,進於尸前也。‘孰其殽’者,殽,骨體也,孰謂
以湯爓之,以其所爓骨體進於尸前也。”參見上有巢氏注〔一三〕。

〔一九〕所以存法太古:法,效法,模仿。太古,上古,遠古。

〔二〇〕謂豚解俎之:豚解,古代祭祀時解全牲爲四足、一脊、二脅共七體,
稱“豚解”。俎之,謂以俎(陳置牲體之禮器)盛之。

〔二一〕先燒其石令赤,以黍與豚加於上而灼之:此意引禮記禮運“其燔黍
捭豚”孔穎達正義以釋上“熟其肴”也。孔疏原文作:“‘燔黍’者,以水洮釋黍
米,加於燒石之上以燔之,故云‘燔黍’。或捭析豚肉,加於燒石之上而孰之,故
云‘捭豚’。”

〔二二〕藝:種植。

〔二三〕羽皮之茹有不給於寒:茹,覆蓋,包裹。黃生義府茹甕:“茹者,以
物擁覆取煖之名。”不給,不够供給。　　乃誨之蘇,冬而煬之:蘇,柴草。煬,燒。
使人得遂其性:遂,順應,適應。性,生,謂生存。左傳昭公十九年“民樂其
性”孔穎達疏:“性,生也。”

〔二四〕禮含文嘉:漢代緯書,禮緯之一種。　　炮生爲熟:炮(páo),説文火
部:“毛炙肉也。”本謂用泥巴裹燒帶毛的肉。泛指燒烤(食物)。

〔二五〕典略:三國魏郎中魚豢撰。原書已佚。

〔二六〕見白虎通義號篇。　　制養禮性:今所見白虎通義作“養人利性”。

〔二七〕一:全,盡。

〔二八〕季春以出,秋終以納:季春,各本皆作“春季”。秋,各本均作“樵”。彦按:“春季”當是“季春”誤倒。“樵”當“秋”字之誤。“樵”字或作“藮”,“秋”字又作“穐”,或因潦草漶漫而致誤。周禮夏官司馬司爟:“掌行火之政令,四時變國火以救時疾。季春出火,民咸從之;季秋内火,民亦如之。”“季春以出”即司爟之“季春出火”,“秋終以納”即司爟之“季秋内火”。今據以訂正。

〔二九〕鬱攸之司:左傳哀公三年:“濟濡帷幕,鬱攸從之。”杜預注:“鬱攸,火氣也。”楊伯峻注引王紹蘭經説:“蓋救火具,……疑‘火氣’即‘火器’之譌。”彦按:路史此處乃用語典,以鬱攸借代司爟(主管用火之官)。參見上注。

〔三〇〕九變七化,火爲之紀:九變七化,泛指種種變化。“七”疑“十”字之譌。“九變十化”見宋張君房雲笈七籤序:“至如三奔三景之妙,九變十化之精,各探其門,互稱要妙。”紀,節制。吕氏春秋本味:“五味三材,九沸九變,火爲之紀。”高誘注:“紀,猶節也。品味待火然後成,故曰火爲之節。”

〔三一〕謂木器液,於是范金合土,爲釜重,作烓鬲甌瓴:液,滲漏。尉繚子治本:“木器液,金器腥,聖人飲於土,食於土,故埏埴以爲器。”釜,洪本、吴本作“斧”,誤。重,喬本、備要本作“舌”,此從餘諸本作“重”。彦按:“重”當讀“鍾”,説文金部:“鍾,酒器也。”釜、鍾皆具容器之用,故可算爲一類;作“舌”(一種插地起土之工具)則不類。烓(wēi),古代一種可移動的火爐。説文火部:“烓,行竈也。”鬲,古代一種似鼎之炊器,三足而足中空。洪本、吴本、四庫本作“高”,當由形近而譌。甌,説文瓦部:“小盆也。”瓴,廣雅釋器:“缶也。”即瓦盆之類。　而火之功用洽矣:洽,周遍,廣博。

〔三二〕季春心昏見於辰而出火,季秋心昏見于戌而納火:心,指心宿。參見上注〔一五〕。昏,黄昏,傍晚。辰,指東南偏東方向。于,洪本譌“干”。戌,指西北偏西方向。吴本譌“成”。

〔三三〕尸子:戰國尸佼撰。原書已佚,傳世僅有輯本。

〔三四〕中論:東漢徐幹撰。

〔三五〕大壯:太盛。

〔三六〕指本書發揮一論遂人改火。

〔三七〕雜出四佐,以代天理物:四佐,即下文所稱之明繇、畢毓、成博、隕薑。理物,猶治民。

〔三八〕天皇輔有三名:禮記正義卷首孔穎達疏:"案易緯通卦驗云:'天皇之先,與乾曜合元,君有五期,輔有三名。'注云:'……輔有三名,公、卿、大夫也。'"

〔三九〕故黄帝象天文以制官:黄帝,各本皆作"皇帝"。彦按:"皇帝"當作"黄帝"。賈公彦周禮正義序引論語撰考云:"黄帝受地形、象天文以制官。"當即羅氏所本,今據以訂正。　賈公彦謂伏羲之前,雖有三名,未必具立官位,至黄帝時名位乃具爾:見賈氏周禮正義序。雖,洪本譌"離"。時,洪本譌"特"。"具立"之"具",各本均譌"其",今據周禮正義序訂正。

〔四〇〕命明繇政乎陞級:明繇,四庫本作"明由",元陶宗儀説郛卷五七上引陶潛羣輔録、明陳耀文天中記卷三〇三公宰相引論語摘輔象同。政,主管。陞級,謂提拔官員。

〔四一〕宋均:喬本、洪本、吴本、備要本均作"朱均",誤。今據四庫本訂正。　辨等降,政所先後:等降,猶等差。政,指政績。各本"先後"均譌"見後"。説郛卷五七上陶潛羣輔録:"明由曉升級。"下注:"宋均曰:'級,等差,政所先後也。'"今據以訂正。

〔四二〕畢毓辨乎方色:"毓"字喬本、洪本、備要本作"斻",吴本、四庫本作"旈"。彦按:"斻"、"旈"皆"毓"字形譌。明陳土元名疑卷一:"燧人氏四佐:明繇、必育、成博、隕蘕。……必育,一作'畢毓'。"作"毓",是。毓即"育"字或體,見説文。今據以訂正。

〔四三〕分正:猶辨正。

〔四四〕論語摘輔象:漢代緯書,論語緯之一種。　必育受税俗:必育,即畢毓。各本均譌"必有",今據説郛卷五七上引陶潛羣輔録及天中記卷三〇三公宰相引論語摘輔象訂正。税俗,徵收賦税的工作。

〔四五〕受税賦及徭役所宜:説郛卷五七上陶潛羣輔録"必育受税俗"注引宋均曰,作"受賦税及徭役所宜施爲也"。

〔四六〕莫不必賻:賻(fù),贈送財物助人治喪。今本史通未見此語,蓋佚。羅氏意謂此"必"通"畢"。

〔四七〕都鄙:謂采邑、封地。周禮天官大宰"以八則治都鄙"鄭玄注:"都鄙,公卿大夫之采邑,王子弟所食邑。”

〔四八〕受古諸侯之事:説郛卷五七上陶潛羣輔録“成博受古諸”注引宋均曰,作“古諸侯職業也”。

〔四九〕孟諸,志作“明都”:古澤藪名。在今河南商丘市市區東北、虞城縣西北。書禹貢“被孟豬”,史記夏本紀作“被明都”。而左傳僖公二十八年有“余賜女孟諸之麋”,又或作孟豬,或作孟諸,或作明都,實同一地。　知裹爲有據云:裹,此中,其中。

〔五〇〕隝藍録乎延嬉:録,總領。乎,洪本譌“平”。説郛卷五七上引陶潛羣輔録、天中記卷三〇三公宰相引論語摘輔象,並作“隝丘受延嬉”。彦按:隝丘之作“隝藍”,當後世避孔丘諱所改。元孔齊至正直記卷三云:“丘字,聖人諱也。子孫讀經史,凡云孔丘者,則讀作‘某’,以朱筆圈之;凡有丘字,讀若‘區’,至如詩以爲韻者,皆讀作‘休’。同義則如字。”此則由“讀若‘區’”進而改書“藍”矣。延嬉,又作“延喜”,玉圭名,泛指玉圭、玉瑞。尚書璇璣鈐:“禹開龍門,導積石,出玄圭,上刻曰:‘延喜玉,受德天賜佩。’”又宋書符瑞志下:“延嬉,王者孝道行則至。”

〔五一〕延,長;嬉,福也:蓋謂祭祀:彦按:羅氏未明“延嬉”典故,所釋非是。

〔五二〕見新唐書崔沔傳及韋縚傳,文字互有異同。　崔沔:唐玄宗朝太子賓客。　人所飲食,必先嚴獻:嚴獻,敬獻。　未有麴蘗,污尊抔飲,則有玄酒之奠:麴蘗,酒。蘗,各本皆譌“蘖”,今據新唐書訂正。污,洪本譌“沔”。抔,喬本、洪本、吳本、備要本並譌作“杯”,今據四庫本改。禮記禮運:“夫禮之初,始諸飲食,其燔黍捭豚,汙尊而抔飲,蕢桴而土鼓,猶若可以致其敬於鬼神。”鄭玄注:“汙尊,鑿地爲尊也。抔飲,手掬之也。”

〔五三〕四后職:四后,即明繇、畢毓、成博、隝藍。后,官長。職,此用如動詞,謂履職。

〔五四〕生知:此指稱遂人氏。論語季氏:“生而知之者,上也。”

〔五五〕龍圖逞瑞,龜字效靈:龍圖,即河圖。相傳伏羲時有龍馬出于黄河,馬背有旋毛如星點,即所謂龍圖,伏羲取法以畫八卦。逞,顯現,顯示,四庫本作“呈”,通。龜字,即洛書。相傳夏禹治水時有神龜出於洛水,背上裂紋如文字,有數至於九,禹取法而作"九疇"。見書顧命及洪範二篇孔傳。

〔五六〕畫録:喬本、洪本、備要本作"書録",吳本作"晝録",今從四庫本作畫録。彦按:"龍圖逞瑞,龜字效靈"二句當出自唐張彦遠歴代名畫記,其卷一敍畫之源流云:"夫畫者,成教化,助人倫,窮神變,測幽微,與六籍同功,四時並運,發於天然,非繇述作。古先聖王,受命應録,則有龜字效靈,龍圖呈寶。自巢燧以來,皆有此瑞。迹映乎瑶牒,事傳乎金册。"疑羅苹所謂畫録即指張書。

〔五七〕於是占建而正方:占,通"覘",觀察。建,古代天文學稱北斗星斗柄所指爲建。一年之中,斗柄旋轉而依次指向代表十二辰之方位,稱爲十二月建。正方,辨正方位。喬本、備要本作"四方"誤,今據餘諸本訂正。

〔五八〕王希明太乙金鏡:王希明,唐玄宗時人,開元時以方技爲内供奉。太乙金鏡,全稱太乙金鏡式經。喬本、洪本、備要本"太乙"作"太一",今從吳本、四庫本改,以與該書傳世之本一致。　　斗極:北斗星與北極星。

〔五九〕握幾矩,表計實:幾,通"機",謂斗機,即北斗七星之第三星。泛指北斗。太平御覽卷七八引易通卦驗,作"機"。矩,法度,常規。握幾矩,謂把握北斗星運轉之規律。表,史記三代世表司馬貞索隱引應劭云:"表者,録其事而見之。"計實,圖名(據下羅苹注)。表計實,謂著録計實圖。

〔六〇〕圖矩也:彦按:此蓋釋正文"表計實"之計實爲圖名。"矩"字疑衍。

〔六一〕易通卦驗云:"其刻曰:'蒼牙通靈;孔演命,明道經'":吳本、四庫本脱"易通卦驗云其刻曰蒼牙通靈孔"一十三字。蒼牙,洪本作"蒼渠"。太平御覽卷七八引易通卦驗,亦作"蒼渠",鄭玄注以"蒼精渠肩之人"釋之,似是。此借代伏義。通靈,謂上通于神靈。演,推演,闡發。命,指天命。道經,指易。易坤靈圖"蒼牙通靈;昌之成;孔演命,明經道"注:"蒼牙,則伏義也;昌,則文王也;孔,則孔子也。"

〔六二〕燧皇謂燧人:喬本、吳本、四庫本、備要本作"矩,燧皇謂人皇",洪本作"拒,燧皇,人謂皇"。彦按:矩(或拒),太平御覽卷七八引易通卦驗鄭玄注作"矩,法也",似此處脱"法也"二字。然下句正文之下羅苹注引康成云即有"矩,法也",則此處似不當重出,今姑將其作衍文處理而删去。又,"燧皇謂人皇",與路史書中所述不符,太平御覽卷七八引易通卦驗鄭玄注作"燧皇,世謂燧人",當是,今據以訂改。

〔六三〕指天以布躔而齊七政：謂對著天，根據日月星辰之分布及運行來調整各項政事。躔，日月星辰在黄道上運行。書舜典：“正月上日，受終于文祖。在璿璣玉衡，以齊七政。”尚書大傳卷一云：“七政者，謂春、秋、冬、夏、天文、地理、人道，所以爲政也。”周秉鈞尚書注譯則以祭祀、班瑞、東巡、南巡、西巡、北巡、歸格藝祖七項政事爲七政（見許嘉璐主編文白對照十三經）。

〔六四〕言燧皇持斗機運轉之法：斗機，見上注〔五九〕。　蒼精渠肩之人：蒼精，藍眼珠。“精”通“睛”。渠肩，即巨肩，謂其肩聳。蓋非常之人必有非常之相也。

〔六五〕疏仡紀注：喬本、備要本作“慮記注”，洪本、吴本、四庫本作“慮記主”。彦按：“慮記”不可解，當作“疏仡紀”，蓋“疏”漫漶而譌“慮”，“紀”譌“記”，又脱“仡”字耳。路史卷二十一後紀十二疏仡紀八帝舜有虞氏有關於“七政”之注文。今訂正。

〔六六〕禮斗威儀：漢代緯書，禮緯之一種。　五音二少：五音，我國古代五聲音階中的五個音級，即宫、商、角、徵、羽。二少，指少宫、少商，分別爲七絃古琴第六和第七絃之音名。通典卷一四四樂四八音絲引桓譚新論曰：“五絃第一絃爲宫，其次商、角、徵、羽，文王、武王各加一弦，以爲少宫、少商。”

〔六七〕王迹所興也：各本“王迹”皆作“立迹”。彦按：“立迹”費解，“立”當“王”字形譌，王迹謂帝王之功業。今訂正。

〔六八〕始注物虫鳥獸之名：注，記載。廣韻遇韻：“注，注記也。”小學鈎沉通俗文上：“記物曰注。”虫，即“蟲”。四庫本作“蟲”，備要本作“虫”，同。

〔六九〕承：承擔，擔負。

〔七〇〕黄帝正名百物：禮記祭法：“黄帝正名百物以明民共財。”　夏禹主名山川：主名，主持命名。書吕刑：“禹平水土，主名山川。”

〔七一〕此道後世不復有能知者：吴本、四庫本“此道”上有“而”字。彦按：今考吴本，“而”字恰位雙行夾注右列之末，蓋由下句正文句首誤入於此，四庫本則因沿襲吴本而誤。

〔七二〕而通國之輕重以轉民之貲：吴本、四庫本“而”字闌入前句注文，故此處無“而”字。輕重，指貨幣。史記管仲傳“貴輕重，慎權衡”司馬貞索隱：“輕重，謂錢也。”也泛指經濟或經濟調節措施。貲，通“資”，資産、錢財。

〔七三〕自理國,伏羲以來,未有不以輕重而成其至者:引文見管子輕重
戊。今本管子文作"自理國,處戲以來,未有不以輕重而能成其王者也",此之
"至"字疑"王"之誤。

〔七四〕燧人以來,其大會可得聞乎:引文見管子揆度。大會(kuài),郭沫
若等管子集校引馬元材云:"會,會計也。周禮'月計曰要,歲計曰會',大會猶
大計也。"大計,謂經濟方面的重大籌算。可得聞,吳本、四庫本路史作"可得而
聞"。

〔七五〕見通典卷一二食貨十二輕重。

〔七六〕是則制貨以權輕重:貨,貨幣。權,平衡,謂調節。　燧人以通貨
矣:以,通"已"。四庫本作"已"。通貨,謂通行貨幣。

〔七七〕人滋反醇:滋,愈益,越發。反醇,背離淳樸。　好嗜外迫:好嗜,猶
嗜好。　則冒禮而忘形,以賤其神:冒禮,觸犯禮制,違反禮儀。賤,不重視。
神,精神。

〔七八〕乃制男子三十而取,女子二十而歸:取,"娶"之古字,謂娶妻。歸,
出嫁。

〔七九〕王充以爲"法制張設,未必奉行":見論衡齊世。

〔八○〕見通典卷五九禮十九男女婚嫁年幾議引逸禮本命篇云。

〔八一〕地官媒氏:周禮篇章名。

〔八二〕大傳:指尚書大傳。喬本、洪本、吳本、備要本"大"作"太"非,今從
四庫本訂正。

〔八三〕見白虎通嫁娶。　任爲人父:任,能,堪,勝任。　大衍之數:見前
紀一初三皇紀注〔一一〕。

〔八四〕陽奇而舒,故三終;陰偶而促,故再終:奇(jī),單數。舒,長。三,
就上"男三十"言。促,短。再,二,就上"女二十"言。　三天兩地之道:易説
卦:"參天兩地而倚數。"王弼注:"參,奇也。兩,耦也。"孔穎達疏:"倚,立也。
既用著求卦,其揲著所得,取奇數於天,取耦數於地。"俞樾曰:"陽之數以三而
奇,陰之數以二而偶,所謂'參天兩地'也。"(見諸子平議卷二九淮南內篇一)

〔八五〕以息其民:謂使其民獲得生殖蕃息。息,生息。　爲之進退,以耻
其凡:進退,指升降、任免、褒貶等。耻,羞愧。凡,平庸,普通。

〔八六〕著之世姓：著，標明。世姓，世系之姓。　禮繇此顯：四庫本“繇”作“由”。

〔八七〕見禮記卷首“禮記”下孔穎達疏。原文作：“是尊卑之禮起於遂皇也。”

〔八八〕黄帝：喬本、洪本、備要本作“皇帝”，誤。今據吴本、四庫本訂正。

〔八九〕蓋始著其禮爾：著，彰顯。

〔九〇〕孔演命，明道經：各本皆作“孔演明通經”。彦按：當作“孔演命，明道經”，爲易緯通卦驗文。上“握幾矩，表計寘”下注文已引。此處重出，蓋誤記爲“孔演明通經”矣，今訂正。　燧皇謂燧人：各本作“燧皇謂人皇”，誤，今訂正。參見上注〔六二〕。

〔九一〕著：標出，標示。

〔九二〕治律嵩高之石室：律，音律，樂律。嵩高，山名。即今河南登封市西北嵩山。洪本脱“嵩”字。　以火著記：謂因發明鑽燧取火出名，爲後世所記。喬本、備要本脱“火”字。今據餘諸本補。

〔九三〕伏氏書以燧皇與羲、農爲三皇：伏氏書，指舊題漢伏勝撰尚書大傳。　故託燧皇于天：吴本、四庫本“燧”作“遂”。洪本作“故記燧皇天于”，誤。　三五之運興矣：三五，指三皇五帝。

〔九四〕應氏：指漢應劭。劭風俗通義卷一三皇云：“尚書大傳説：‘遂人爲遂皇，伏羲爲戲皇，神農爲農皇也。遂人以火紀，火，太陽也，陽尊，故託遂皇於天；伏羲以人事紀，故託戲皇於人：蓋天非人不因，人非天不成也。神農以地紀，悉地力，種榖疏，故託農皇於地：天地人之道備，而三五之運興矣。’”

〔九五〕故穎達謂禮自人皇遂人：洪本“穎”譌“隸”。禮記卷首“禮記”下孔穎達正義：“（易緯通卦驗鄭玄注）既云‘（遂皇）始王天下’，是尊卑之禮起於遂皇也。”

〔九六〕梁主書：梁主，指梁武帝蕭衍。書，蓋指所著通史。據梁書武帝紀下太清三年載，梁武帝曾“造通史，躬製贊序，凡六百卷”。

〔九七〕宋劉恕資治通鑑外紀卷一包犧以來紀帝舜云：“梁武帝以伏犧、神農、燧人爲三皇，黄帝、少皞、顓頊、帝嚳、帝堯爲五帝，而曰舜非三王，亦非五帝，與三王爲四代而已。”

〔九八〕歷六紀九十一代:吴本、四庫本"九"作"凡",誤。六紀九十一代,見前紀二中三皇紀跋"兹固存而不論"羅苹注引方叔機云。

〔九九〕遂皇在九頭之前:備要本"在"譌"有"。

〔一〇〇〕真源賦:各本皆作"貞源賦"。彦按:此書路史所引凡十處,其他九處均作"真源賦",今據以訂正。

〔一〇一〕穎達:洪本"穎"譌"隸"。

〔一〇二〕别火滲代:彦按:"滲代"不可解,疑爲"參辰"之譌。别火參辰,謂參覿辰星以别木改火也,亦即上文"於是仰察辰心,取以出火,作鑽燧,别五木,以改火"意。　　違其羽皮:違,離開。

〔一〇三〕與人遂性:與人之生存相適應。參見上注〔二三〕。

〔一〇四〕占建握幾,方厤以正:占,備要本作"古",誤。幾,吴本、四庫本作"機",通。方厤,日月星辰之方位及運行軌迹。厤,通"曆"。

〔一〇五〕式通輕重:式,語氣助詞。輕重,貨幣。參見上注〔七二〕。　　遠近化居:謂使居積之貨物近者及于遠、遠者至于近,互相流通。化居,居積之貨物。書益稷:"暨稷播,奏庶艱食鮮食,懋遷有無化居。"孫星衍疏:"'化'即古文'貨'字。"

〔一〇六〕孚:誠信,講信用。

〔一〇七〕以息以耻:即上文"以息其民"、"以耻其凡"之意。

〔一〇八〕禮繇顯矣:四庫本"繇"作"由"。

〔一〇九〕顔子:孔子弟子顔回。自此而下至"則惑矣",見莊子至樂,文字略有異同。

〔一一〇〕褚小者不可以懷大,綆短者不可以汲深:褚(zhǔ),囊袋。喬本、洪本、吴本、四庫本皆譌作"褚",今從備要本改。綆,汲井繩。汲,洪本譌"級"。　　命有所成而形有所適者:性命有其形成之理,而形體有其適宜之處。　　齊侯:指春秋齊景公。　　惑:懷疑。

〔一一一〕舍者,君君、臣臣、父父、子子、兄兄、弟弟、夫夫、婦婦而已矣:舍者,止處,猶言立足點、著眼點。君君,謂國君應像國君。餘類推。

〔一一二〕男女必致其詳紆:此謂對於男女嫁娶年齡之規定一定做到詳細具體。詳紆,詳盡曲折。

〔一一三〕始於子，立於巳：子，地支之第一位。巳，地支之第六位。

〔一一四〕子者字之始，而巳者包之始也：字謂産子。包即胞，指胞胎。彦按：子爲地支之第一位，又指生出之兒；巳爲地支之第六位，又指腹中之兒。説文子部：“字，乳也。”段玉裁注：“人及鳥生子爲乳。”又勹部：“包，象人裹妊，巳在中，象子未成形也。”段玉裁注：“勹，象裹其中，巳字象未成之子也。”又朱駿聲説文通訓定聲頤部曰：“巳，似也，象子在包中形，包字从之。孺子爲兒，襁褓爲子，方生順出爲㐬，未生在腹爲巳。”

〔一一五〕男左行三十而立於巳，女右去積二十而合之巳：十二地支與方位的關係是：子居正北，午居正南，卯居正東，酉居正西。左行，謂自子而丑而寅而卯，依順時針之方向運行。右去，謂自子而亥而戌而酉，依逆時針方向運行。古人也利用十二地支於紀年。　正陽也：古人以巳爲正陽。蓋本之以十二地支紀月，巳當夏曆四月，稱正陽之月。西京雜記卷五：“陽德用事，則和氣皆陽，建巳之月是也，故謂之正陽之月。”

〔一一六〕三天兩地，自然之數，妃也：妃，通“配”，謂相匹配。元劉壎隱居通議卷二八造化夫婦所始、明萬民英三命通會卷二論小運此同一句話，“妃”均作“配”。

〔一一七〕自巳而壬之：壬，通“妊”。元劉壎隱居通議卷二八造化夫婦所始作“妊”。説文女部：“妊，孕也。”　男十月毓於寅，女十月毓於申：宋陳自明婦人大全良方卷一〇胎教門凝形殊稟章：“元氣孕毓，皆始於子。自子推之，男左旋積歲三十而至巳，女右旋積歲二十而至巳。巳爲正陽，陰實從之。自巳懷妊，男左旋十月而生於寅，女右旋十月而生於申。”　申爲三陰，寅爲三陽：古人以爲夏曆五月（建午之月），節氣到了夏至，陽氣便由盛極而漸衰，陰氣則由衰極而漸盛，稱一陰生；而六月（建未之月）二陰生；七月（建申之月）三陰生。又以爲夏曆十一月（建子之月），節氣到了冬至，陰氣便由盛極轉而漸衰，陽氣則由衰極而漸盛，稱一陽生；而十二月（建丑之月）二陽生，正月（建寅之月）三陽生。　故年運起焉：年運，年壽和氣運。

〔一一八〕日生于甲，月生於庚：古人將十天干與五方位相配，甲乙屬東方，丙丁屬南方，戊己屬中央，庚辛屬西方，壬癸屬北方。“日生于甲，月生於庚”，猶言“日生于東，月生於西”。禮記禮器：“君在阼，夫人在房。大明生於東，月生於西。此陰陽之分,夫婦之位也。"注:"大明,日也。"　日月東西,夫婦之象也:各本"東西"皆作"西東"。彥按:"西東"當作"東西"。日東月西,東夫西婦,不容顛倒,三命通會卷二論小運同一句話正作"日月東西",今訂正。

〔一一九〕甲統於寅,庚統於申:統,猶"通"。三命通會卷二論小運作"甲統於寅,庚通於申"。日生于甲,男毓於寅,性質相類,故甲與寅通。月生於庚,女毓於申,性質相類,故庚與申通。

〔一二〇〕男子陽火,元氣起戊子,三十丁巳,十月至丙寅,此木生火也:吳本"丁"譌"十"。此木生火也,各本皆作"此火生木也"。彥按:五行生克關係,本有一定,唯木生火,無火生木,其誤顯然,三命通會卷二論小運正作"此木生火",今訂正。自戊子至丁巳前後凡三十年,自丁巳至丙寅前後凡十月,干支均左行(所謂男左行)。又,十天干與十二地支之五行屬性,丙屬陽火,寅屬陽木,故丙寅爲木生火。

〔一二一〕女子陰水,元氣起庚子,二十辛巳,十月至壬申,是爲金生水也:自庚子至辛巳前後凡二十年,自辛巳至壬申前後凡十月,干支均右行(所謂女右去)。又,十天干與十二地支之五行屬性,申屬陽金,壬屬陽水,故壬申爲金生水。

〔一二二〕迪智:啓發智慧。增修互註禮部韻略錫韻:"迪,啓迪開發也。"

〔一二三〕賊其性:賊,傷害,破壞。

〔一二四〕見晉王嘉拾遺記卷五。　韓稚:漢惠帝時方士。　義軒而降,屠屠焉以相誅滅:義軒,伏羲氏與軒轅氏(黃帝)。屠屠焉,相殘殺貌。　淫於禮,亂於樂,囂薄澆僞,淳風磑矣:淫,僣越。囂薄澆僞,浮薄虛僞。洪本、吳本"僞"作"爲"。磑,同"墜",衰落。

〔一二五〕而或者謂南地薄淺,婚宦及早:薄淺,淺薄。洪本、吳本、四庫本"淺"作"殘"非。婚宦,結婚與做官。

〔一二六〕而王肅之徒遽取服經,謂"三十、二十,孔子以爲禮之極":王肅,三國魏經學家。服經,指儀禮喪服經。通典卷五九禮十九男女婚嫁年幾議云:"議曰:鄭玄據周禮、春秋穀梁、逸禮本命篇等,男必三十而娶,女必十五乃嫁。王肅據孔子家語、服經等,以爲男十六可以娶,女十四可以嫁,三十、二十,言其極耳。"

〔一二七〕景公:<u>齊景公</u>,即上文<u>孔子</u>語中所稱之<u>齊侯</u>。

〔一二八〕彼受弒兄者之立也而遂相之:<u>齊莊公</u>與大夫<u>崔杼</u>妻私通,<u>崔杼</u>怒而殺<u>莊公</u>,立<u>莊公</u>異母弟<u>杵臼</u>,是爲<u>齊景公</u>。<u>景公</u>立,以<u>崔杼</u>爲右相。見<u>史記齊太公世家</u>。　愛荼之出也而遂立之:<u>荼</u>,<u>齊景公</u>少子。出,<u>洪</u>本、<u>喬</u>本、<u>吳</u>本、<u>四庫</u>本均作"世",誤。今據<u>備要</u>本改。<u>荼</u>之出,指<u>荼</u>之母<u>芮姬</u>。<u>史記齊太公世家</u>載:<u>景公</u>夫人<u>燕姬</u>適子死。<u>景公</u>寵妾<u>芮姬</u>生子<u>荼</u>,<u>荼</u>少,其母賤,無行,諸大夫恐其爲嗣,乃言願擇諸子長賢者爲太子。<u>景公</u>愛<u>荼</u>母,乃立少子<u>荼</u>爲太子,逐羣公子,遷之<u>萊</u>。<u>景公</u>卒,太子<u>荼</u>立,是爲<u>晏孺子</u>。未幾,大夫<u>田乞</u>等立<u>公子陽生</u>,是爲<u>齊悼公</u>,而殺<u>荼</u>。　其所以發爲政之問而夫子告之以"君君、臣臣、父父、子子"者:夫子,<u>洪</u>本作"人子",誤;<u>吳</u>本、<u>四庫</u>本作"孔子",義同。<u>論語顏淵</u>:"<u>齊景公</u>問政於<u>孔子</u>。<u>孔子</u>對曰:'君君,臣臣,父父,子子。'公曰:'善哉!信如君不君,臣不臣,父不父,子不子,雖有粟,吾得而食諸?'"

〔一二九〕妄士:無知之人。<u>孟子離婁</u>下"此亦妄人也已矣"<u>趙岐</u>注:"妄人,妄作之人,無知者。"　夸:謂誇誇其談。

〔一三〇〕<u>孟軻</u>氏之欲<u>齊王湯武</u>:欲<u>齊王湯武</u>,希望<u>齊王</u>成爲<u>商湯</u>與<u>周武王</u>,即效法<u>商湯</u>、<u>周武王</u>之意。<u>孟子公孫丑</u>下云:<u>孟子</u>去<u>齊</u>,<u>尹士</u>語人曰:"不識<u>王</u>之不可以爲<u>湯武</u>,則是不明也;識其不可,然且至,則是干澤也"云云,是知<u>孟子</u>欲<u>齊王湯武</u>也。　宜也:<u>洪</u>本"宜"譌"且"。

〔一三一〕<u>公孫鞅</u>遽以帝道説<u>秦孝公</u>:<u>公孫鞅</u>,即戰國政治家、法家<u>商鞅</u>,又稱<u>衛鞅</u>。帝道,五帝治國之道。其道界于王道與霸道之間。<u>史記商君列傳</u>:"<u>公孫鞅</u>聞<u>秦孝公</u>下令國中求賢者,將修<u>繆公</u>之業,東復侵地,迺遂西入<u>秦</u>,因<u>孝公</u>寵臣<u>景監</u>以求見<u>孝公</u>。<u>孝公</u>既見<u>衛鞅</u>,語事良久,<u>孝公</u>時時睡,弗聽。罷而<u>孝公</u>怒<u>景監</u>曰:'子之客妄人耳,安足用邪!'<u>景監</u>以讓<u>衛鞅</u>。<u>衛鞅</u>曰:'吾説公以帝道,其志不開悟矣。'"

〔一三一〕亦<u>鞅</u>之所售之帝道贗邪:亦,連詞,表示選擇,用同"抑"。售,推銷。<u>四庫</u>本作"説"。贗,虛假,僞造。

〔一三二〕握鉅而兼金售:鉅,堅硬之鐵。兼金,價值倍于常金之好金子。此謂所握實鉅,而以兼金售之。　皆穿窬之盜也:穿窬,謂挖牆洞、翻牆頭。窬,通"踰"。

〔一三三〕若人：這種人。

庸成氏

庸成氏，庸成者，垣墉城郭也〔一〕。庸以兵，城從成，古"墉城"字只此作〔二〕。羣玉之山，平阿无隑，四徹中繩，庸成氏之所守，先王之册府也〔三〕。穆天子傳。阿，城阿〔四〕。隑，陑也。四徹，猶四境，一作"徼"〔五〕。册府所在，庸成是立〔六〕，故號曰庸成氏。云"容成"者，非也。杜甫云："容成氏、中央氏、尊盧氏輩，結繩而已，百姓至死不相往來。"〔七〕或作"容成"，蓋以黃帝臣有容成，疑其爲一而繆。

方是時，人結繩而用之。子夏易傳云："上古官職未設，人自爲治，記其事，將其命而已，故可以結繩爲〔八〕。"九家易云："古無文字，其有約誓之事，事大大其繩，事小小其繩，結之多少隨物衆寡，執以相攷。"〔九〕鄭云"事大大其結，事小小其結"，亦意逆之説尒〔一〇〕。今吐番犬羊同，猶以刻木記事，可知也〔一一〕。其民僮蒙，莫知西東，摩蜃蓐食，而莫知其止息；託嬰巢中，棲粮隴首，虎豹可尾，虺蚖可蹍，而人无有相媚之心〔一二〕。淮南本經。

寔有季子，其性喜淫，晝淫于市，帝怒，放之于西南〔一三〕。季子儀馬而産子——身，人也；而尾、蹍，馬〔一四〕。是爲三身之國。市特貿易衆聚之處。張華所記，本出括地圖〔一五〕。季子乃其名爾。子思子言"東户季子"，是也。説苑云：翟馬生牛，牛生馬，封荼曰："是雜牧也。"〔一六〕按：秦本紀孝公二年，翟馬生人〔一七〕。唐乾符二年河北，中和元年長安，亦嘗有此〔一八〕。

庸成季子之事，何其怪邪！

商書曰："七世之廟，可以觀德〔一九〕。"凡事在大，故地大則有堂祥、岐母、羣怪、大翟、不周，山大則有虎、豹、熊、羆、蜲蛆，而況又有大者乎〔二〇〕？無物不有，而後爲天地；無事不具，而後成世道。由是而究之，則非常之故、不慮之變，皆適然而已矣〔二一〕。是以太公有云："天之爲，遠矣；地之爲，垕矣。人生其間，各自利也，何莫之有乎？夫使世俗而能常有其有，是乃溟涬

鴻濛世以爲主，莫之有七十六聖矣。"〔二二〕

嗚呼！天地之間，信何莫之有乎！奚物而爲常，奚物而爲怪？通之，則物我一也。不然，吾值我〔二三〕，非怪邪？天下之物固不以自怪也，必值我，而後怪。始未常識，遇之皆可爲駭惑〔二四〕；怪固在我，不在物也。昔<u>叔山無止</u>且以<u>孔丘</u>爲桎於淑詭眩怪者，而況於凡乎〔二五〕？凡人之情，易放而難求〔二六〕。"子不語怪"〔二七〕，豈不言邪？正自難言之爾。有挾怪而問者，皆不之告，慮其惑也。讀如"吾語汝"之"語"〔二八〕。

<u>申生</u>之託<u>狐突</u>，<u>彭生</u>之蠱<u>齊侯</u>，與夫<u>秦</u>謀七日而蘇，<u>荀偃</u>視不受含，<u>晉</u>柩牛吼，<u>伯有</u>介馳——先民紀載，良不少矣〔二九〕。四海之下，兩頭四臂，九首六足，兩口獨目，三身二體，旁口反舌，交脛反踵，馬首狗蹄，三瞳四舌，四耳三角，結匈岐踵，半體聶耳，毛身玄髀，貫匈離耳，無腸菫頭，<u>羽民</u>尾濮，豕喙狗頭，<u>厭火流鬼</u>，<u>野又落刹</u>，充牣其間〔三〇〕。北方有不釋之冰，南方有不死之草，東方有<u>君子之域</u>，西方有殘刑之尸，寢居直夢，人死爲鬼，豈得謂之無邪〔三一〕？落刹，羅刹也，國在<u>婆利</u>東，與<u>林邑</u>爲市〔三二〕。説見<u>餘論</u>。聖人慮天下之狃於惑也，是故窮天下之故，賾事物之變，推至道、開逕庭以引之正，然而祥桑、蜚雉、有蜮、載鬼之類尚筆于經，是豈以夸世哉〔三三〕？此其有以見天下之賾，知鬼神之情狀者也〔三四〕。而世之人，以其惛惛，乃復遨遨，務怪不已，殆乎〔三五〕！

夫不極其變〔三六〕，則常固不可名；不盡其故，則心固不可保。極天下之異而歸之正，則正者不能以復異矣。<u>伯益</u>之所記，<u>齊諧</u>之所識，予正恐其未廣也〔三七〕。使世人知物我之不殊，同異之一貫，則怪亦常矣，又奚俟於覿流屢而太息哉〔三八〕？

<u>荀卿子</u>曰："可怪矣，而未可畏也〔三九〕。"聖人以爲常，而衆人以爲怪。是不可不諫也。未信而諫，則人不與〔四〇〕，兹故因

之以怪焉。

右因提紀,凡六十有六世。

【校注】

〔一〕垣墉:牆,城牆。

〔二〕墉以兵:此句費解,疑有誤。　城從成:成,喬本、洪本作“戍”,吳本作“戊”,四庫本作“戌”,皆誤。今據備要本訂正。　古“墉城”字只此作:古,備要本譌“右”。

〔三〕羣玉之山,平阿无隘,四徹中繩,庸成氏之所守,先王之册府也:羣玉之山,又稱玉山。傳說中山名。相傳西王母居于此。平阿,謂山勢平緩。阿,説文𨸏部:“大陵也。”泛指山。隘,險要之處。四徹中繩,謂道路四面通達,平直符合繩墨要求。庸成氏,穆天子傳卷二古文作“容□氏”。册府,收藏典籍之所。穆天子傳作“策府”,同。山海經西山經:“又西三百五十里曰玉山,是西王母所居也。”郭璞注:“此山多玉石,因以名云。穆天子傳謂之羣玉之山,見其山(河)〔阿〕無險,四徹中繩,先王之所謂策府也。”

〔四〕阿,城阿:城阿,城角。彦按:此釋非是。

〔五〕四徹,猶四境:彦按:此直以“四徹”爲“四徼”釋,亦非。“四徹中繩”,于理不通。

〔六〕庸成是立:立墉城,即建城。

〔七〕見杜甫前殿中侍御史柳公紫微仙閣畫太乙天尊圖文。　中央氏、尊盧氏輩:中央氏,古帝名號,即中皇氏。見前紀六中皇氏。輩,同“輩”。備要本作“苐”,誤。

〔八〕子夏易傳云:子夏,即孔子弟子卜商(字子夏)。云,吳本、四庫本作“曰”。　將其命:將,傳達。儀禮士相見禮:“請還贄於將命者。”鄭玄注:“將,猶傳也。”

〔九〕九家易:易學著作。彙集漢荀爽、京房、馬融、鄭玄、宋衷、虞翻、陸績、姚信、翟子玄九家之周易注,編者不詳。　執以相攷:洪本、吳本、四庫本如此,與唐李鼎祚周易集解卷一五引九家易同,今從之。喬本、備要本“以”作“其”。

〔一〇〕鄭:指東漢經學家鄭玄。玄有周易注。　意逆:臆測。

〔一一〕今吐番犬羊同:犬羊,對外敵之侮辱性稱呼。　猶以刻木記事,可知也:各本皆作"猶以刻木結事,可知繩也"。彦按:"結"當"記"字之誤。南齊書芮芮虜傳稱芮芮虜"刻木記事,不識文書",唐許嵩建康實録卷一六亦稱蠕蠕"刻木記事,無文字",可證。又,"可知繩也",文義不通,"繩"字當爲衍文。今並訂正。

〔一二〕其民僮蒙:僮蒙,幼稚,不精明。　摩蜃蓐食:摩蜃,謂摸取蛤蜊。蜃,大蛤。四庫本作"唇",誤。蓐食,謂在草地上食。慧琳一切經音義卷八三"敷蓐"注引考聲:"蓐,草也。"　棲粮隴首:棲粮,存留粮食。　虺虵可蹍:虺虵,毒蛇。虺(huǐ),古稱蝮蛇一類的毒蛇。淮南子本經:"昔容成氏之時,道路鴈行列處,託嬰兒於巢上,置餘糧於畮首,虎豹可尾,虺蛇可蹍,而不知其所由然。"高誘注:"虎豹擾人,無害人之心,故可牽尾。虺蛇不螫毒,故可蹍履也。時人謂自當然耳,故曰不知其所由然。"

〔一三〕寔有季子:寔,通"是",於是,其時。吳本、四庫本、備要本作"實"。　放之于西南:放,流放。

〔一四〕季子儀馬而産子:儀,匹配,爾雅釋詁上:"儀,匹也。"此謂交配。

〔一五〕張華:西晉文學家,有著作博物志。　括地圖:佚書。當作于漢代,而作者不詳。

〔一六〕翟馬生牛,牛生馬,封茶曰:"是雜牧也":翟,通"狄"。此見説苑辨物,原文爲:"趙簡子問於翟封茶曰:'吾聞翟雨穀三日,信乎?'曰:'信。''又聞雨血三日,信乎?'曰:'信。''又聞馬生牛,牛生馬,信乎?'曰:'信。'簡子曰:'大哉,妖! 亦足以亡國矣!'對曰:'雨穀三日,蚩風之所飄也。雨血三日,鷙鳥擊於上也。馬生牛,牛生馬,雜牧也。此非翟之妖也。'"

〔一七〕秦本紀孝公二年,翟馬生人:彦按:今查史記秦本紀,並無如此記載。唯六國年表秦孝公二十一年有"馬生人"。又,漢書五行志下之上曰:"史記秦孝公二十一年有馬生人。"羅氏蓋誤記,或兼有脱文。

〔一八〕見新唐書五行志三馬禍。

〔一九〕七世之廟,可以觀德:見尚書商書咸有一德。孔氏傳:"天子立七廟,有德之王則爲祖宗,其廟不毀,故可觀德。"路史各本"七世"均譌"五世",

今訂正。

〔二〇〕凡事在大，故地大則有堂祥、岐母、羣怪、大翟、不周，山大則有虎、豹、熊、羆、蝯蛆：見吕氏春秋諭大。堂祥、岐母、羣怪、大翟、不周，吕氏春秋作"常祥、不庭、岐母、羣抵、天翟、不周"。孫詒讓云："'常祥'以下六者皆山名。……山海經大荒西經云：'有山名常陽之山，明月所入。'又云：'有偏句、常羊之山。'即此常祥也。大荒南經云：'大荒之中，有不庭之山。'大荒東經云：'大荒東南隅，有山名皮母地丘。'又云：'有山名曰孽搖頵羝。'即此岐母、羣抵也。不周山亦見大荒西經。是吕書悉本彼經，惟'天翟'未見，竊疑即大荒西經所云'天穆之野高二千仞'者，'穆'與'繆'通，故書或本作'天繆'，右半從'翏'，形與'翟'相似，因而致誤耳。"（見札迻卷六）陳奇猷云："孫説是。羊、祥古本一字，故'常祥'即'常羊'，疑亦即求人之青羌，詳彼。皮、岐古音同部，故'岐母'即'皮母'。'羣抵'與'頵羝'同音，通用。但'天翟'當非'天穆'，蓋'天穆'係野名，與此所言皆山名不合。案大荒南經云：'大荒之中，有山名曰天臺高山，海水入焉。'臺、翟音近，然則'天翟'即'天臺'也。"（見吕氏春秋校釋）虎、豹、熊、羆、蝯蛆，吕氏春秋無"羆"字，馬敍倫疑其脱文，當是。畢沅曰："'蝯蛆'未詳所出，或是'猨狙'，亦可作'虫'旁。"馬敍倫曰："畢校是也。説文'猨'字本作'蝯'。'蛆'者因'蝯'而易'虫'旁。"（並見陳奇猷吕氏春秋校釋引）猨狙，猿猴。

〔二一〕適然：偶然。

〔二二〕太公：指姜太公。　地之爲，垕矣：垕，古文"厚"字。見説文。是乃溟涬鴻濛世以爲主：溟涬鴻濛，古代傳説中世界開闢前元氣未分之混沌狀態，此引申指混沌之人。涬，音 xing。彦按：太平御覽卷一引六韜曰："天之爲天，遠矣；地之爲地，久矣。萬物在其間，各自利，何世莫之有乎？夫使世俗皆能順其有，是乃溟涬濛鴻之時爲王，故莫之能有七十六聖發起。其所繫天下而有之，豈一日哉！"當即路史所本。

〔二三〕吾值我：值，遇上，面對著。彦按：莊子齊物論載南郭子綦曰："今者吾喪我。"吾喪我，謂超然忘我。吾值我，乃仿其語而反用其意，謂未能忘我，凡事從"我"的角度考慮問題。

〔二四〕始未常識，遇之皆可爲駭惑：未常，不曾。常，通"嘗"。駭惑，驚疑。

〔二五〕昔叔山無止且以孔丘爲梏於淑詭眩怪者：<u>叔山無止</u>，洪本如此，餘諸本“止”皆作“知”。<u>彦按</u>：此所引事，出<u>莊子德充符</u>，<u>莊子</u>作“趾”。“止”即“趾”之古字，今從之。梏，古代刑具名，即木製之手銬，引申爲“束縛，限制”義。淑詭眩怪，怪異奇幻。“淑”當作“俶”，音 chù，詭異。“眩”通“幻”。<u>莊子德充符</u>：“<u>魯</u>有兀者<u>叔山无趾</u>，踵見<u>仲尼</u>。<u>仲尼</u>曰：‘子不謹，前既犯患若是矣，雖今來，何及矣？’<u>无趾</u>曰：‘吾唯不知務而輕用吾身，吾是以亡足。今吾來也，猶有尊足者存，吾是以務全之也。夫天无不覆，地无不載，吾以夫子爲天地，安知夫子之猶若是也！’……<u>无趾</u>語<u>老聃</u>曰：‘<u>孔丘</u>之於至人，其未邪！彼何賓賓以學子爲？彼且蘄以俶詭幻怪之名聞，不知至人之以是爲己桎梏邪？’”

〔二六〕易放而難求：放，放棄，捨棄。求，求索，探求。

〔二七〕子不語怪：<u>論語述而</u>：“子不語怪、力、亂、神。”

〔二八〕讀如“吾語汝”之“語”：<u>禮記樂記</u>：“子曰：‘居，吾語汝。’”<u>陸德明音義</u>：“語，魚據反。”即讀去聲，今音 yù。

〔二九〕申生之託狐突：<u>申生</u>，<u>春秋晉獻公</u>太子。死謚<u>共</u>（即“恭”），又稱<u>共大子</u>。父寵<u>驪姬</u>，信其譖，欲殺之，乃自縊死。託，謂託夢。<u>狐突</u>，<u>申生</u>之傅。<u>左傳僖公</u>十年：“<u>晉侯</u>改葬<u>共大子</u>。秋，<u>狐突</u>適下國，遇大子。大子使登，僕，而告之曰：‘夷吾無禮，（<u>彦按</u>：<u>夷吾</u>，<u>晉惠公</u>，<u>申生</u>異母弟。<u>孔穎達正義</u>引<u>賈逵</u>云：“烝於<u>獻公</u>夫人<u>賈君</u>，故曰無禮。”）余得請於帝矣，將以<u>晉</u>畀<u>秦</u>，<u>秦</u>將祀余。’對曰：‘臣聞之：“神不歆非類，民不祀非族。”君祀無乃殄乎？且民何罪？失刑、乏祀，君其圖之！’君曰：‘諾。吾將復請。七日，<u>新城</u>西偏將有巫者而見我焉。’許之，遂不見。及期而往，告之曰：‘帝許我罰有罪矣，敝於<u>韓</u>。’”　彭生之蠱齊侯：<u>彭生</u>，<u>春秋齊</u>力士。蠱，誘惑，惑亂。<u>齊侯</u>，指<u>春秋齊襄公</u>。<u>史記齊太公世家</u>載：“（<u>襄公</u>）四年，<u>魯桓公</u>與夫人如<u>齊</u>。<u>齊襄公</u>故嘗私通<u>魯</u>夫人。<u>魯</u>夫人者，<u>襄公</u>女弟也，自<u>釐公</u>時嫁爲<u>魯桓公</u>婦，及<u>桓公</u>來而<u>襄公</u>復通焉。<u>魯桓公</u>知之，怒夫人，夫人以告<u>齊襄公</u>。<u>齊襄公</u>與<u>魯</u>君飲，醉之，使力士<u>彭生</u>抱上<u>魯</u>君車，因拉殺<u>魯桓公</u>，<u>桓公</u>下車則死矣。<u>魯</u>人以爲讓，而<u>齊襄公</u>殺<u>彭生</u>以謝<u>魯</u>。……（十二年）冬十二月，<u>襄公</u>游<u>姑棼</u>，遂獵<u>沛丘</u>。見彘，從者曰‘<u>彭生</u>’。公怒，射之，彘人立而啼。公懼，墜車傷足，……而<u>無知</u>、<u>連稱</u>、<u>管至父</u>等聞公傷,乃遂率其眾襲宮。……遂弑之。"　秦諜七日而蘇:七日,當爲"六日"之誤。蘇,蘇醒,復活。左傳宣公八年:"夏,會晉伐秦。晉人獲秦諜,殺諸絳市,六日而蘇。"　荀偃視不受含:荀偃,春秋晉卿大夫。含,通"琀",説文玉部:"琀,送死口中玉也。"左傳襄公十九年:"荀偃癉疽,生瘍於頭。……二月甲寅,卒,而視,不可含。宣子盥而撫之,曰:'事吳(彦按:吳,偃子)敢不如事主!'猶視。欒懷子曰:'其爲未卒事於齊故也乎?'乃復撫之曰:'主苟終,所不嗣事於齊者,有如河!'乃瞑,受含。"　晉樞牛吼:備要本"晉"譌"青"。左傳僖公三十二年:"冬,晉文公卒。庚辰,將殯于曲沃。出絳,樞有聲如牛。卜偃使大夫拜,曰:'君命大事:將有西師過軼我,擊之,必大捷焉。'"僖公三十三年:"夏,四月辛巳,敗秦師于殽,獲百里孟明視、西乞術、白乙丙以歸。"　伯有介馳:伯有,春秋鄭大夫良霄字。伯有主持國政,驕傲自大,遂于魯襄公三十年爲子晳、駟帶、公孫段等所攻殺。介,通"甲",鎧甲。此用如動詞,謂披甲。左傳昭公七年:"鄭人相驚以伯有,曰:'伯有至矣!'則皆走,不知所往。鑄刑書之歲(杜預注:"在前年。")二月,或夢伯有介而行,曰:'壬子,余將殺帶也。明年壬寅,余又將殺段也。'及壬子,駟帶卒,國人益懼。齊、燕平之月(杜預注:"此年正月"),壬寅,公孫段卒,國人愈懼。其明月,子產立公孫洩及良止以撫之(杜預注:"良止,伯有子也"),乃止。"　先民紀載,良不少矣:備要本"紀"作"一",誤。良,確實。

〔三〇〕兩頭四臂:後漢書靈帝紀光和二年:"是歲,……洛陽女子生兒,兩頭四臂。"　九首六足:山海經海外北經:"共工之臣曰相柳氏,……九首人面,蛇身而青。"此九首之類。又,晉書五行志下:"成帝咸和二年五月,護軍牛生犢,兩頭六足。"魏書靈徵志上:"延昌四年五月,薄骨律鎮上言:羊羔一頭、六足、兩尾。"周書武帝紀上保定三年十二月:"有犬生子,腰以後分爲二身,兩尾六足。"皆六足之類。　兩口獨目:魏書靈徵志上:"世宗景明二年五月,冀州上言長樂郡牛生犢,一頭、二面、二口、三目、三耳。"二口猶兩口。山海經海外北經:"一目國在其東,一目中其面而居。"一目即獨目。　三身二體:山海經海外西經:"三身國在夏后啓北,一首而三身。"搜神記卷七:"(晉)惠帝之世,京洛有人一身而男女二體,亦能兩用人道,而性尤好淫。"　旁口反舌:旁口,口不居中。抱朴子内篇釋滯:"夫乘雲蜃産之國,肝心不朽之民,巢居穴處,獨目三首,馬閒狗蹄,脩臂交股,黃池無男,穿胸旁口,……凡此奇事,蓋以千計,五經所不載,周孔所不説,可皆復云無是物乎?"反舌,淮南子墜形"反舌民"高誘注:"一説:舌本在前不向喉,故曰反舌也。"四庫本作"反脣"。 交脛反踵:交脛,山海經海外南經"交脛國在其東,其爲人交脛"郭璞注:"言脚脛曲戾相交。"反踵,脚跟朝前。山海經海内南經:"梟陽國在北胸之西,其爲人,人面長脣,黑身有毛,反踵。"又淮南子氾論:"丹穴、太蒙、反踵……之民,是非各異,習俗相反。"高誘注:"反踵,國名。其人南行,武迹北向。" 馬首狗蹏:抱朴子内篇釋滯有"馬閒狗蹏"語,見上"旁口反舌"注文。"馬閒"疑"馬首"之誤。 三瞳四舌:通典卷一九三邊防九西戎五三童:"三童,在軒渠國西南千里。人皆眼有三睛珠;或有四舌者,能爲一種聲,亦能俱語。" 四耳三角:魏書靈徵志上:"正始四年八月,京師猪生子,一頭、四耳、兩身、八足。"太平御覽卷九○○引郭子橫洞冥記曰:"元封三年,大秦獻花蹄牛,高六尺,尾環繞角,生四耳。"皆四耳之類。山海經海内北經:"戎,其爲人,人首三角。"又,宋書五行志三:"宋孝武帝大明七年,永平郡獻三角羊。"新唐書五行志二:"武太后從姊之子司農卿宗晉卿家牛生三角。"皆三角之類。 結匈岐踵:結匈,即"結胸"。山海經海外南經"結匈國在其西南,其爲人結匈"郭璞注:"臆前朕出,如人結喉也。"臆,胸骨。朕,(骨肉)突出。岐踵,亦作"跂踵",岐、跂通"企"。山海經海外北經:"跂踵國在拘纓東,其爲人大,兩足亦大。"郭璞注:"其人行,脚跟不著地也。" 半體聶耳:半體,元周致中異域志卷下:"一臂國,在西海之北。其人一目、一孔、一手、一足,半體比肩,猶魚鳥相合。"聶耳,"聶"通"攝",山海經海外北經"聶耳之國在無腸國東,使兩文虎,爲人兩手聶其耳"郭璞注:"言耳長,行則以手攝持之也。" 毛身玄髁:毛身,山海經海外東經:"毛民之國在其北,爲人身生毛。"玄髁,膝蓋漆黑。明徐應秋玉芝堂談薈卷二四五色泉:"水性靈異者,……南方黑溪,涉則玄髁。" 貫匈離耳:山海經海外南經:"貫匈國在其東,其爲人匈有竅。"又海内南經"離耳國"郭璞注:"鎪離其耳,分令下垂以爲飾,即儋耳也。" 無腸蜚頭:蜚,通"飛"。頭,四庫本訛"頸"。山海經海外北經:"無腸之國,在深目東,其爲人長而無腸。"搜神記卷一二:"秦時,南方有落頭民,其頭能飛。……吳時,將軍朱桓得一婢,每夜卧後,頭輒飛去。或從狗竇,或從天牕中出入,以耳爲翼。將曉,復還。數數如此。傍人怪之,夜中照視,唯有身無頭,其體微冷,氣息裁屬。乃蒙之以被。至曉,頭還,礙被不得安,兩三度,墮地。噫咤甚愁,體氣甚急,狀若將死。乃去被,頭復起,傅頸。有頃,和平。桓以爲大怪,畏不敢畜,乃放遣之。既而詳之,乃知天性也。時南征大將,亦往往得之。又嘗有覆以銅盤者,頭不得進,遂死。"酉陽雜俎前集卷四境異:"嶺南溪洞中往往有飛頭者,故有飛頭獠子之號。頭將飛一日前,頸有痕,匝項如紅縷,妻子遂看守之。其人及夜狀如病,頭忽生翼,脫身而去,乃於岸泥尋蟹蚓之類食之,將曉飛還,如夢覺,其腹實矣。"新唐書南蠻傳下亦有飛頭獠之記載。　羽民尾濮:山海經海外南經:"羽民國在其東南,其爲人長頭,身生羽。"張華博物志卷二外國:"羽民國,民有翼,飛不遠。"通典卷一八七邊防三南蠻上尾濮:"尾濮,漢魏以後在興古郡西南千五百里徼外。其人有尾,長三四寸,欲坐,輒先穿地爲穴,以安其尾。尾折便死。"　豕喙狗頭:洪本、吳本、四庫本"喙"譌"啄"。國語晉語八:"叔魚生,其母視之,曰:'是虎目而豕喙,鳶肩而牛腹,谿壑可盈,是不可饜也。'"韋昭注:"豕喙,長而鋭。"淮南子墬形,海外三十六國有"豕喙民",高誘注:"豕喙民,其喙如豕。"梁書東夷傳扶桑國:"天監六年,有晉安人渡海,爲風所飄至一島,登岸,有人居止。女則如中國,而言語不可曉;男則人身而狗頭,其聲如吠。"　厭火流鬼:山海經海外南經:"厭火國在其國(彥按:指讙頭國)南,獸身黑色,生火出其口中。"通典卷二〇〇邊防十六北狄七所載有流鬼國,有"無城郭,依海島散居,掘地深數尺,兩邊斜豎木,構爲屋。人皆皮服,又狗毛雜麻爲布而衣之,婦人冬衣豕鹿皮,夏衣魚皮,制與獠同"云云。　野叉落刹:野叉即夜叉,梵文譯音詞,原指惡鬼,此爲城名。各本"叉"皆作"义",今訂正。酉陽雜俎前集卷四境異:"蘇都識匿國有夜叉城。城舊有野叉,其窟見在。……人有逼窟口,烟氣出,先觸者死,因以尸擲窟中,其窟不知深淺。""落刹"即羅刹,亦梵文譯音詞,此爲國名。通典卷一八八邊防四南蠻下:"羅刹國在婆利之東。其人極陋,朱髮黑身,獸牙鷹爪。時與林邑人作市,輒以夜,晝日則掩其面。"　充牣其間:洪本、吳本"牣"譌"軔"。又洪本"間"譌"問"。

〔三一〕北方有不釋之冰:自此而下至"人死爲鬼",見淮南子墬形,文句稍有出入。太平御覽卷三四引尸子云:"北極左右,有不釋之冰。"又宋陳元靚歲時廣記卷四冬千年冰引杜陽雜編云:"順宗即位年,拘弭國貢常堅冰,云其國有大凝山,其中有冰,千年不釋。及齎至京師,潔冷如故,雖盛暑赭日,終不消。嚼之,與中國冰凍無異。"　南方有不死之草:彦按:舊題漢東方朔海内十洲記云:"祖洲近在東海之中,地方五百里,去西岸七萬里。上有不死之草,草形如菰,苗長三四尺。人已死三日者,以草覆之,皆當時活也。服之,令人長生。昔秦始皇大苑中多枉死者横道,有鳥如烏狀,銜此草覆死人面,當時起坐而自活也。有司聞奏,始皇遣使者齎草以問北郭鬼谷先生。鬼谷先生云:'此草是東海祖洲上有不死之草,生瓊田中,或名爲養神芝。其葉似菰,苗叢生。一株可活一人。'始皇於是慨然言曰:'可採得否?'乃使使者徐福發童男童女五百人,率攝樓船等入海尋祖洲,遂不返。"此亦不死之草也。然在東海,不在南方。東方有君子之域,西方有殘刑之尸:域,同"國"。刑,通"形"。尸,通"夷"(説本于省吾雙劍誃諸子新證淮南子一),蠻夷。淮南子墜形作"東方有君子之國,西方有形殘之尸"。高誘注:"東方木德仁,故有君子之國。""西方金,金斷割攻戰之事,有形殘之尸也。"劉文典集解引莊逵吉云:"(形殘之尸,)一説即山海經之形天也。古聲天、殘相近。"彦按:山海經海外西經云:"形天與帝至此争神,帝斷其首,葬之常羊之山。乃以乳爲目,以臍爲口,操干戚以舞。"是以無首而稱"形殘之尸(夷)",無關乎天、殘聲近也。又,君子國見山海經海外東經,故稱"東方有君子之國";形天見山海經海外西經,故稱"西方有形殘之尸"。　寝居直夢:謂寝於居處而遇夢境。直,"值"之古字,遇到,面對。

　　〔三二〕國在婆利東,與林邑爲市:婆利,南海古國名。故地在今印度尼西亞加里曼丹島。林邑,南海古國名。故地在今越南中南部。

　　〔三三〕狃:習慣,習以爲常。　賾:深入探求。　逕庭:門外小路和庭院,此但用路徑義,且屬比喻用法。　祥桑:妖桑,不吉祥之桑。竹書紀年卷上殷太戊七十五年沈約注:"太戊遇祥桑,側身修行。三年之後,遠方慕明德重譯而至者七十六國。"　蜚雉:蜚,通"飛"。書高宗肜日序:"(殷)高宗祭成湯,有飛雉升鼎耳而雊,祖己訓諸王,作高宗肜日、高宗之訓。"　有蜮:蜮,亦作"蟈",傳説中一種能含沙射人(一云射人影)爲害之毒蟲,又名射工。左傳莊公十八年:"秋,有蜮,爲災也。"　載鬼:易暌上九:"暌孤見豕負塗,載鬼一車,先張之弧,後説之弧。"

　　〔三四〕賾:音 zé,幽深玄妙。

〔三五〕惽惽:惛憒,糊塗。 邈邈:遥遠貌。遥遠則一無所知。 務怪:疑惑奇怪。務,通“瞀”。 殆:猶言“當然”、“必定”。

〔三六〕極:謂窮究。下“極天下之異”之“極”同。

〔三七〕伯益之所記:指山海經。見前紀三涿光氏注〔一〕。 齊諧之所識:莊子逍遥遊:“齊諧者,志怪者也。”成玄英疏:“姓齊名諧,人姓名也。亦言書名也,齊國有此俳諧之書也。”

〔三八〕又奚俟於覩流屢而太息哉:四庫本“太”作“大”。彦按:“流屢”不明所指,疑爲“流屍”之譌。晉張華博物志卷七異聞:“(漢)靈帝(和)光〔和〕元年,遼西太守黃翻上言:海邊有流屍,露冠絳衣,體貌完全,使翻感夢云:‘我,伯夷之弟孤竹君〔之子〕也。海水壞吾棺槨,求見掩藏。’”

〔三九〕可怪矣,而未可畏也:見荀子天論,原文作“怪之可也,而畏之非也”。

〔四○〕與:聽從,贊同。

路史卷六

前紀六

禪通紀第一

史皇氏

倉帝史皇氏，倉頡廟碑作"蒼"，非是。按：蒼氏出於蒼舒，倉氏出于倉頡[一]。論衡"倉頡"字盡作"倉"[二]。春秋時有倉葛，字不從草[三]。名頡，姓侯岡，見地記。龍顔[四]，春秋命曆序。侈哆[五]，見内簡[六]。四目靈光[七]。倉頡廟碑云："蒼頡天生，德於大聖，四目靈光，爲百王作憲。"[八]其銘曰："穆穆聖蒼[九]。"熹平六年立[一〇]。按：春秋演孔圖及春秋元命苞敍帝王之相云：倉頡四目，是謂並明。顓帝戴干，是謂崇仁[一一]。帝俈戴干，是謂清明[一二]。堯眉八采，是謂通明[一三]。舜目重童，是謂無景[一四]。禹耳三漏，是謂大通[一五]。湯臂三肘，是謂柳翌[一六]。文王四乳，是謂含良[一七]。武王駢齒，是謂剛强[一八]。不及人臣也。故索靖草書狀曰："聖皇御世，隨時之宜。倉頡既王，書契是爲。"[一九]而世紀乃言："黄帝史官倉頡，取象鳥迹，始作文字，記其言動，策而藏之，名曰書契[二〇]。"妄也。有辨，見發揮。上天作令，爲百王憲。昔周初有於倉頡墓下得石刻，藏之書府。至秦，李斯辨其八字，云"上天作命，皇辟迭王[二一]"。或云：叔孫通識十二字，而不傳[二二]。妄也。任昉云：周人不能辨，而斯、通識之[二三]。余不信者，詳攷二句，乃寇謙所纂黑帝安和國主禁文也[二四]。實有睿德，生而能書[二五]。隨巢子云："史皇産而能書。"[二六]亦見淮南修務訓。

及受河圖綠字，河圖玉版云："倉頡爲帝，南巡狩，登陽虚之山，臨于玄扈、洛汭之水，靈龜負書丹甲青文以授。"[二七]帝謂蒼頡。陽虚山在上洛[二八]。於是窮天地之變,仰觀奎星圓曲之勢,俯察龜文、鳥羽、山川、掌指而劰文字[二九]。形位成,文聲具[三〇],以相生爲字。字,孶也,言滋毓藩多也[三一]。與孶、孳同[三二]。故乳牛羊曰"字牛"、"字羊"[三三]。以正君臣之分,朝廷之上。以嚴父子之儀,閨門之内[三四]。以肅尊卑之序。鄰里之間[三五]。法度以出,禮樂以興,刑罰以著。爲政、立教、領事、辨官,一成不外于是[三六],而天地之藴盡矣。倉帝所制,乃古文蟲篆;孔壁古文科斗書,即其體也[三七]。魏略言"邯鄲淳善倉頡蟲篆",是矣[三八]。自倉頡至周宣,皆倉頡之體也[三九]。宣王紀:"其史籀始作大篆十五篇,號曰篆籀。"[四〇]與倉頡二體,所謂古文,因而用之。衛恒云:"倉頡造書,因而遂滋,則謂之字。字有六義,至三代不變改。"[四一]故孔穎達云:倉頡至今,字體雖變,而六體之本,古今不易[四二]。漢志云:"倉頡多古字,俗師失其讀。宣帝徵齊人能正讀者,張敞從受之,傳至外孫之子杜林,始爲作訓。"[四三]子雲因作訓纂[四四]。此書斷所以謂吕氏書言倉頡造大篆爲非;謂若倉造大篆,則置古文於何地;古文爲本,篆籀其子孫矣[四五]。孝經援神契云:"奎主文章。倉頡作文字者,總而爲言,包意以名事也;分而爲義,則文者祖、父,字者子、孫,滋蔓而相生爾。"天爲雨粟,鬼爲夜哭,龍乃潜藏。論衡云:"河出圖,洛出書,聖帝之瑞。倉頡作文字,業與天地同,指與鬼神合,何非,何惡,而致雨粟鬼哭之怪哉?圖書文章與作書何異?使天地鬼神惡人作書,則圖書出乃無此怪?或倉頡作書,適與之會爾。"[四六]蓋一説也。

　　文字備于以,存乎記注[四七]。乃著績別生,正名孚號,而升、封于介丘,紀文字以昭異世,而文亂日昌矣[四八]。河圖真紀鉤云:"王者封泰山,禪梁父,易姓奉度,繼興崇功者,七十有二君。"[四九]管子、墨子亦言封禪,皆在先秦春秋之世。封禪者,帝王易姓告代之大禮也,一姓惟一行之。謂之岱宗[五〇],其事可知矣。惟後世目之以告太平[五一],爲可惡爾。按白虎通義云:"王者易姓而起,必升、封泰山何?報告之義也。必於太山何?萬物交代之處也。必於其上何?因高告高,順其類也。"[五二]言封禪者,莫此爲近。豈謂太平不敢歸己,推德于天哉?云"推德于天",乃所以爲有己,皆腐儒之見也。夫以唐虞之盛,猶曰"四海困窮",今乃自述太平,不遜於天地,其享之乎[五三]?勒石紀號者,特帝王之顯名爾[五四],亦非勒功德以示來世[五五]。知此,則知封禪亦無多事也[五六]。史皇始備文字,故首封禪,紀文字。此皆可得而知者。世儒謂可廢者,特不詳其本哉!

　　亂百有一十載[五七],見渾天記[五八]。廬陵縣化仁山境舊有脛祠[五九],有倉頡像。羅烈宰邑,治學,先公侯徙其像于學,四目,龍衮[六〇]。古扁猶爲“倉王”,誤矣[六一]。**都于陽武**。今開封之祥符[六二],故浚儀縣,即春秋之陽武高陽鄉也,有倉頡城。陳留風俗傳云:縣有倉頡城及列仙之吹臺[六三]。地記:開封縣東北二十有倉垣城及廟、墓[六四]。興地志云:城臨汴,西北有倉頡墳、城,別仙臺[六五]。郡國志云:倉頡師曠城,倉頡與師子野所造[六六]。繆也。時宜無城,或後世緣其所都名之邪? 然按姓纂,倉頡氏,馮翊人,則其後世氏倉頡者爲之爾[六七]。**終,葬衙之利鄉亭南**[六八]。**書人禋之**[六九]。皇覽云:“墳高六尺。學書者皆往上姓名投刺[七〇],祀之不絕。”九域志:鳳翔有倉頡廟[七一]。今長安西南二里宮張村有三會寺者,記爲倉頡造書之堂。斯亦未然。豈亦馮翊者爲之歟? 或書生習書之所也。論衡云:“學書者諱丙日,云倉頡以丙日死。”[七二]按古五行書,倉頡丙寅死,辛未葬。蓋五日始葬。或疑其時未有甲乙。然世皆言大撓作甲子,而伏羲已有甲曆,出于上古,特未可執[七三]。

　　後有倉氏、史氏、侯氏、侯岡氏、夷門氏、倉頡氏。姓纂有倉頡氏。姓書更有頡氏,豈後世之姓孔名丘者邪[七四]? 今故不取。倉、史、夷門,見姓苑等。按漢上谷長史侯相碑云:“侯氏出自倉頡之後。逾商歷周,各以氏分,或著楚魏,或顯秦齊。晉卿士蒍,斯其胄也[七五]。”然自春秋而下,諸國皆有侯氏,故姓纂以爲晉後,而侯成碑謂鄭共仲賜氏曰侯,厥後宣多以功佐國,因以爲氏[七六]。然祀之後[七七],與魏侯奴氏、渴侯氏、古引氏、俟伏侯氏亦並爲侯氏云。

　　嗚呼! 圖出河,書出洛,天地之所以畀聖人也[七八]。而其末流,禍天下亦深矣。

　　三代而上,用而不恃,文字之所用,墳典鼎彝之外亡施焉[七九]。三代而下,有説命,有政典,然後文字亡所不用[八〇]。既著文字,而六經託。六經之託,聖人之不得已也。降至後世,句連苦窳,牢茹苦畢,而後淫辭詖説始蔓羨霄塊間矣[八一]。奇它之目如秋荼,而民亡所措手足;章句之學如凝脂,而士不知所税駕[八二]。文者侮俗,而姦者舞文,至於讀易卜姦,誦詩拍冢,亡所不至[八三]。人皆郵之,而不知所郵者[八四]。

　　彼市祅夜哭,謂鬼亡知,吾得信諸[八五]?

【校注】

〔一〕蒼舒:古帝顓頊高陽氏八才子(所謂"八愷")之一。　倉頡:黃帝史官,相傳爲漢字創造者。

〔二〕論衡"倉頡"字盡作"倉":彥按:今所見文淵閣四庫全書本論衡、中華書局1990年版黃暉論衡校釋,倉頡字則均"倉"、"蒼"互見,未如羅氏所言。

〔三〕春秋時有倉葛,字不從草:彥按:蒼葛見左傳僖公二十五年,今世所傳十三經注疏本,其字亦從草矣。

〔四〕龍顔:謂眉骨圓起。

〔五〕侈哆:口大張貌。哆(chǐ),張口。

〔六〕内簡:猶内書,泛指方術及釋道書。吳本、四庫本"簡"下有"云"字。

〔七〕四目靈光:靈光,神異的光輝。此用如動詞,謂放射出靈光。

〔八〕倉頡廟碑云:洪本、吳本、四庫本無"倉頡"二字。又,吳本"云"譌"二"。　爲百王作憲:作憲,樹立典範。

〔九〕穆穆:美好貌。

〔一〇〕熹平:漢靈帝劉宏年號。

〔一一〕顓帝戴干,是謂崇仁:顓帝,即顓頊。戴干,謂前額寬廣,有如頂一伏盾。洪本、吳本"干"譌"于",下"帝佶戴干"之"戴干"同。白虎通義聖人作:"顓頊戴干,是謂清明。"

〔一二〕帝佶戴干:佶,同"嚳",四庫本譌"佶"。白虎通義聖人、論衡骨相並作"帝嚳駢齒"。

〔一三〕八采:八種色彩。　通明:開通而賢明。

〔一四〕舜目重童,是謂無景:重童,謂目中有兩個瞳仁。童,通"瞳",吳本、四庫本作"瞳"。景,"影"之古字。無景也是"明"的意思。淮南子脩務:"舜二瞳子,是謂重明。"又,白虎通義聖人作:"舜重瞳子,是謂滋涼。"

〔一五〕禹耳三漏,是謂大通:淮南子脩務:"禹耳參漏,是謂大通。"高誘注:"參,三也。漏,穴也。"

〔一六〕湯臂三肘,是謂柳翌:柳翌,疑取"集聚光明"義,與倉頡謂並明、帝佶謂清明、堯謂通明、舜謂無景(影)之義相類。尚書大傳卷一"秋祀柳穀華山"鄭玄注:"柳,聚也。"爾雅釋言:"翌,明也。"王引之案:"翌爲明日之明,又爲昭明之明。”(見經義述聞爾雅中)白虎通義聖人“翌”字作“翼”,通。又,論衡骨相作“湯臂再肘”,藝文類聚卷一二引春秋元命苞作“湯臂四肘,是謂神肘”,太平御覽卷八三引春秋元命包作“湯臂二肘,是謂神剛”、卷三六九引春秋元命苞又作“湯臂四肘,是謂神剛”,記各不同。緯書迂誕,無庸細辯。

〔一七〕是謂含良:淮南子脩務作“是謂大仁”,白虎通義聖人作“是謂至仁”。

〔一八〕武王駢齒,是謂剛强:駢齒,牙齒重疊。吴本“駢”字空闕,備要本作“駢”。白虎通義聖人作:“武王望羊,是謂攝揚。”論衡骨相又作“武王望陽”。

〔一九〕索靖:西晉書法家。　書契是爲:書契,指文字。

〔二〇〕名曰書契:書契,指文書。

〔二一〕李斯:秦丞相,亦書法家。　皇辟迭王:皇辟,帝王,君主。迭,更迭,輪流。

〔二二〕叔孫通識十二字:叔孫通,秦博士,入漢歷官太常、太子太傅等職。漢初禮儀,多爲所制,史稱漢家儒宗。任昉述異記卷上:“蒼頡墓在北海,呼爲藏書臺。周末發冢,得方玉石,上刻文八十字,當時莫識,遂藏之書府。至秦時,李斯識八字,云‘上天作命,皇辟迭王’。至叔孫通,識十二字。”

〔二三〕任昉:南朝梁文學家,歷官至新安太守。

〔二四〕乃寇謙所纂黑帝安和國主禁文也:寇謙,即寇謙之,北魏道士,北天師道創立者。備要本“主”作“王”。

〔二五〕實有睿德:實,洪本作“寔”。睿德,猶聖德,謂聖明的品德。

〔二六〕隨巢子:戰國時墨翟弟子隨巢子撰。

〔二七〕河圖玉版:漢代緯書,河圖緯之一種。　登陽虛之山,臨于玄扈、洛汭之水:陽虛山,在今陝西洛南縣西。玄扈水,在今陝西洛南縣西。洛汭,本稱洛水入黄河處,此指洛水。汭(ruì),兩河會合之處。水經注卷一五洛水:“洛水又東,至陽虛山,合玄扈之水。山海經曰:‘洛水東北流,注于玄扈之水。’是也。”　靈龜負書丹甲青文以授:書,即所謂“丹甲青文”者。青文,即上所謂“緑字”也。

〔二八〕上洛:縣名,治所在今陝西商洛市商州區。

〔二九〕奎星：星宿名，爲二十八宿之一。初學記卷二一引孝經援神契：“奎主文章。”宋均注：“奎星屈曲相鈎，似文字之畫。”

〔三〇〕具：洪本譌“貝”。

〔三一〕字，孳也，言滋毓藩多也：毓，同“育”。藩，通“繁”，盛。許慎説文解字序：“倉頡之初作書，蓋依類象形，故謂之文。其後形聲相益，即謂之字。字者，言孳乳而浸多也。”

〔三二〕孖：音 zī。廣韻之韻：“孖，雙生子也。”

〔三三〕乳：産子，分娩。

〔三四〕閨門：上圓下方的小門，泛稱門户，借指家庭。

〔三五〕鄊里：猶言鄉里。鄊，同“黨”，與“里”原並爲古代地方行政組織。玉篇邑部：“鄊，五百家爲鄊。今作黨。”里之户數，歷代不同，少者二十五家，多者至一百一十家。

〔三六〕一成：一概。

〔三七〕古文蟲篆：蟲篆，又稱蟲書，爲古書六體之一。漢書藝文志：“六體者：古文、奇字、篆書、隸書、繆篆、蟲書。”顔師古注：“古文，謂孔子壁中書。……蟲書，謂爲蟲鳥之形，所以書幡信也。”孔壁古文科斗書：科斗，後世書作“蝌蚪”。書序：“至（漢）魯共王好治宮室，壞孔子舊宅以廣其居，於壁中得先人所藏古文虞、夏、商、周之書，及傳論語、孝經，皆科斗文字。”水經注卷一六穀水：“魯恭王得孔子宅書，不知有古文，謂之科斗書，蓋因科斗之名，遂效其形耳。”

〔三八〕魏略：三國魏魚豢撰。　邯鄲淳：三國魏書法家。

〔三九〕周宣：周宣王。

〔四〇〕宣王紀：當指史記周本紀宣王。然今本無此内容，疑羅氏誤記出處。漢書藝文志六藝略小學所載有“史籀十五篇”，班氏自注：“周宣王太史作大篆十五篇，建武時亡六篇矣。”又許慎説文解字序曰：“宣王太史籀著大篆十五篇，與古文或異。”蓋即羅氏所本。　史籀：喬本、洪本、吳本、備要本“籀”皆作“籕”，今從四庫本。下“篆籀”之“籀”同。

〔四一〕衛恒：西晉書法家。善草、章草、隸、篆書，著有四體書勢。　字有六義：六義，指古人所總結漢字記詞的六種方法——六書，即指事、象形、形聲、會意、轉注、假借。晉書衞恒傳載恒四體書勢曰："有沮誦、倉頡者,始作書契,以代結繩,蓋覩鳥迹以興思也。因而遂滋,則謂之字,有六義焉:一曰指事,上、下是也;二曰象形,日、月是也;三曰形聲,江、河是也;四曰會意,武、信是也;五曰轉注,老、考是也;六曰假借,令、長是也。"

〔四二〕見尚書序正義。原文爲:"案班固漢志及許氏説文,書本有六體,……此造字之本也。自蒼頡以至今,字體雖變,此本皆同,古今不易也。" 六體:六書。

〔四三〕漢志:指漢書藝文志。　始爲作訓:漢書藝文志原文作"爲作訓故"。

〔四四〕子雲因作訓纂:子雲,即西漢揚雄(字子雲)。漢書藝文志:"至元始中,徵天下通小學者以百數,各令記字於庭中。揚雄取其有用者以作訓纂篇,順續蒼頡,又易蒼頡中重復之字,凡八十九章。"

〔四五〕此書斷所以謂呂氏書言倉頡造大篆爲非:書斷,唐張懷瓘所撰書學論著。此所引文,見書斷卷上大篆。呂氏,指呂氏春秋。

〔四六〕見論衡感虛篇。此僅意引,文字不盡相同。

〔四七〕文字備于以,存乎記注:以,用。記注,記述與注釋。此謂文字在使用中完備,存在于記注之中。

〔四八〕乃著績別生:著績,顯著之功績。　正名孚號:孚號,語出易夬"揚于王庭,孚號有厲",孔穎達疏:"'孚號有厲'者,號,號令也。行決之法,先須號令。夬以剛決柔,則是用明信之法而宣其號令,如此即柔邪者危,故曰'孚號有厲'也。"後多用以指君王之詔命。此則用如動詞,謂頒發詔令。　而升、封于介丘:介丘,大山,此指泰山。白虎通義封禪:"王者易姓而起,必升、封泰山何? 報告之義也。"　而文亂日昌矣:文亂,文治。説文乙部、爾雅釋詁下並云:"亂,治也。"

〔四九〕河圖真紀鉤:漢代緯書,河圖緯之一種。　王者封泰山,禪梁父:見前紀二泰皇氏注〔九一〕。洪本"梁父"作"良父"誤。　易姓奉度:奉度,猶奉法。　繼興崇功者:興,建立。各本均作"典"。彥按:"典"當"興"字形譌。藝文類聚卷三九引河圖真紀,作"繼崇功也",初學記卷十三作"繼興崇初也",太平御覽卷五三六、淵鑑類函卷一五九並作"繼興崇功者",今據以訂正。

〔五〇〕岱宗：<u>泰山</u>之尊稱。<u>書舜典</u>"歲二月，東巡守，至于<u>岱宗</u>"<u>孔氏傳</u>："<u>岱宗</u>，<u>泰山</u>，爲四岳所宗。"

〔五一〕後世：<u>吳本</u>、<u>四庫本</u>"後"作"后"。

〔五二〕此所引文見<u>白虎通義封禪</u>。僅意引，文字不盡相同。　必於太山何：<u>吳本</u>、<u>四庫本</u>"太山"作"泰山"。

〔五三〕夫以唐虞之盛，猶曰"四海困窮"：<u>彦按</u>：<u>書大禹謨</u>載舜帝曰，有"四海困窮，天祿永終"語。該句爲假設句，謂"若四海困窮，則天祿永終"，<u>羅氏</u>予以坐實，不妥。　其享之乎：享，指神鬼享用祭品。

〔五四〕爾：<u>四庫本</u>作"耳"。

〔五五〕勒：雕刻。

〔五六〕無多事：不要太多舉行。

〔五七〕亂百有一十載：此"亂"亦訓"治"，參見上注〔四八〕。

〔五八〕渾天記：古代天文學著作，<u>南朝宋賀道養</u>撰。

〔五九〕盧陵縣：在今<u>江西</u><u>吉安市</u>。　脞祠：猶言小廟。脞（cuǒ），細碎，小。

〔六〇〕羅烈：字<u>子剛</u>，<u>宋</u><u>長汀</u>（今<u>福建</u><u>長汀縣</u>）人，<u>紹興</u>中任<u>盧陵縣</u>令。<u>吳本</u>、<u>四庫本</u>"烈"作"列"，誤。　治學：謂修治縣學。學，學校，此指縣儒學。<u>清謝旻</u>等纂<u>江西通志</u>卷一七學校一有"<u>盧陵縣儒學</u>"一條，曰："舊址有廟。<u>宋</u><u>慶曆</u>四年，始建學於縣治東南。<u>紹興</u>……十五年，州守<u>江少虞</u>命縣令<u>羅烈</u>設講堂。"　先公侯：猶言前權貴、前當權者。　龍袞：古代帝王穿的繡有卷龍圖案的禮服。

〔六一〕古扁猶爲"倉王"：扁，匾額，今字作"匾"。

〔六二〕開封：府名。　祥符：縣名，即今<u>河南</u><u>開封市</u><u>祥符區</u>。

〔六三〕陳留風俗傳：<u>東漢</u><u>圈稱</u>撰。

〔六四〕地記：<u>清</u><u>儲大文</u>等纂<u>山西通志</u>卷五七引同一內容，作"地道記"。

〔六五〕輿地志：<u>南朝</u><u>梁</u><u>顧野王</u>撰。　汴：<u>汴水</u>，即今<u>河南</u><u>滎陽市</u>西南<u>索河</u>。

〔六六〕師子野：名<u>曠</u>，字<u>子野</u>。<u>春秋</u><u>晉</u>大夫、著名樂師。

〔六七〕馮翊：縣名。在今<u>陝西</u><u>大荔縣</u>。<u>四庫本</u>"翊"作"翌"，非。下"豈亦馮翊者爲之歟”之“翊”同。

〔六八〕葬衙之利鄉亭南:衙,縣名。在今陝西白水縣。彥按:利鄉亭當作
“利陽亭”。後漢書郡國志一左馮翊衙縣,劉昭注引皇覽:“有蒼頡冢,在利陽
亭南,墳高六丈。”藝文類聚卷四〇、太平御覽卷五六〇引皇覽,亦皆作“利陽
亭”。漢之衙縣利陽亭在今白水縣東北。

〔六九〕書人:書法家或學書法者。　褉:祭祀。

〔七〇〕投刺:投遞名帖。

〔七一〕鳳翔:府名,治所在今陝西鳳翔縣。

〔七二〕見論衡譏日篇。

〔七三〕大撓:黄帝史官。洪本、吳本、四庫本“撓”作“橈”。吕氏春秋尊
師:“黄帝師大撓。”高誘注:“大撓作甲子。”　甲曆:用甲子記載歲時的日曆。
　執:判斷,斷定。禮記中庸“發强剛毅,足以有執也”孔穎達疏:“執,猶
斷也。”

〔七四〕姓孔名丘者:指冒充聖人者。

〔七五〕逾商歷周:水經注卷六汾水引是碑,“商”作“殷”。　或顯秦齊:水
經注引,“秦齊”作“齊秦”。　晉卿士蔿:各本皆作“卿士爲”。彥按:“卿”上
當脱“晉”字,“爲”則“蔿”字之譌。左傳莊公二十三年“士蔿曰”杜預注:“士
蔿,晉大夫。”今據水經注引文訂正。　胄:帝王或貴族的後代。

〔七六〕而侯成碑謂鄭共仲賜氏曰侯:侯成,漢金鄉長。碑于靈帝建寧二
年(169)立于單父縣(今山東單縣)。鄭共仲,春秋鄭莊公弟共叔段子。鄭莊
公弟段謀反,莊公伐之,逃至共,稱共叔段。段死,莊公賜其子共仲爲侯氏。備
要本“共”作“其”,誤。　厥後宣多以功佐國:宣多,春秋鄭國大夫。

〔七七〕祀:世,累代。

〔七八〕畀:賜與。

〔七九〕墳典鼎彝之外亡施焉:墳典,三墳、五典,泛指重要典籍。鼎彝,泛
指鍾鼎之類青銅禮器。

〔八〇〕三代而下:洪本“三”譌“二”。　説命:猶教令。莊子天下“上説下
教”陸德明音義:“説,猶教也。”　政典:記載國家典章制度的書籍。

〔八一〕句連苦窳:謂粗劣之語句接連不斷。苦窳,粗劣。苦,通“鹽”。

牢茹苦畢：“牢”之本義爲關養牲畜之欄圈，引申之也可指牛、羊，故段玉裁說文解字注曰：“牲繫於牢，故牲謂之牢。”“茹”有“喫，咽”義（如“茹毛飲血”之“茹”），又特指食粗食，故孟子盡心下“舜之飯糗茹草也”焦循正義、廣雅釋詁二“茹，食也”王念孫疏證並曰：“食麤食者謂之茹。”“牢茹”蓋以牛羊之喫草，多未經充分咀嚼即吞咽入瘤胃（故過一段時間後又須反芻），比喻生吞活剥、不加消化。苦畢，同“占畢”，指所讀之文。典出禮記學記：“今之教者，呻其占畢，多其訊。”鄭玄注：“呻，吟也。占，視也。簡謂之畢。……言今之師自不曉經之義，但吟誦其所視簡之文，多其難問也。”　而後淫辭詖説始蔓羨霄塊間矣：淫辭詖説，邪僻不正之言論。國語晉語七“知程鄭端而不淫”韋昭注：“淫，邪也。”説文言部：“詖，古文以爲‘頗’字。”蔓羨，蔓延。羨，通“延”。霄塊間，猶言“天地間”。

〔八二〕奇它之目如秋荼：奇它，奇異。玉篇它部：“它，異也。”秋荼，秋天之荼。荼是茅草、蘆葦之類的白花，至秋而繁茂，因用以喻繁多。　章句之學如凝脂，而士不知所税駕：章句之學，漢儒所創的一種研究儒家經典的學問，重在剖析篇章、解釋字句，而不在闡發微言大義。凝脂，凝凍的油脂。因無間隙，故用以比喻事之嚴密或死板。鹽鐵論刑德：“昔秦法繁於秋荼，而網密於凝脂。”税駕，解開車駕。多表示停車歇息，此比喻獲得解脱。税，通“挩”，解脱。

〔八三〕至於讀易卜揗，誦詩扣冢：卜，推斷。扣（hú），挖掘。吳本作“扣”，備要本作“相”，並誤。冢，洪本作“家”誤；吳本、四庫本作“冢”，乃俗體。

〔八四〕郵：通“由”，奉行，遵從。

〔八五〕彼市祆夜哭：祆，同“妖”。玉篇序：“昔在庖犧，始成八卦；暨乎蒼頡，肇創六爻。政罷結繩，教興書契，天粟晝零，市妖夜哭，由來尚矣。”

柏皇氏

柏皇氏，姓柏，名芝，上清三天列紀云：上清真人姓柏名芝，乃中皇前人〔一〕。是知柏乃姓也。莊子、六韜、人物表亦皆從木，傳或作“伯”字，云借用“柏”，斯失據矣〔二〕。是爲皇柏。三墳書云：伏羲上相共工，下相皇柏。妄也。其失源於班固、應劭敍于伏羲之後故爾〔三〕。後世以爲襲伏羲之號，或云其佐，皆失之。莊周所記封禪之帝敍次，可以見矣〔四〕。出搏日之陽，駕六龍〔五〕，春秋命曆敍云：皇伯登出搏桑日之陽,駕六龍而上下[六]。乃柏皇也。以木紀德[七]。命曆敍。爲而不有,應而不求[八]。王寶晉武革命論云:"柏皇、栗陸,爲而不有,應而不求,執大象也[九]。"莊子曰:獨不知至德之時乎? 柏皇、栗陸之時,斯至治矣[一〇]。立于正陽之南[一一],是爲皇人山。方志、華夷圖謂之伏羲山[一二]。興地廣記:皇柏山在開封陳留縣[一三]。

　　其後爲柏,今蔡州西平,古柏國,春秋時柏子之封[一四]。有柏氏。風俗通云:柏皇氏後。柏常爲黄帝地官,柏亮父爲顓頊師,柏昭爲帝嚳師[一五]。堯治天下,有柏成子皋立爲諸侯[一六]。堯授舜,舜授禹,柏成子皋辭爲諸侯而耕。一作"子高"。通變經:老子言自開闢以來千二百變,後世得道,柏成子皋是矣[一七]。逮周之世,有柏囧,爲太僕正;又有柏侯氏、柏常氏、白侯氏[一八]。姓書又有白侯氏。按:漢尚書郎白侯雋,吳張昭師白侯子安[一九]。云柏侯之轉[二〇]。

　　學者皆言五運,尚矣[二一]。自伏羲以來,以斗精受命者七神,得間氣而生者又二十有八,所謂三十五際者也[二二]。而終始之傳[二三],乃謂大庭、柏皇悉有所紀,何邪?

　　天地之大者在陰陽,而五行爲之次[二四]。同符合證,各象其類,興亡之籙,以次相代,豈偶然哉[二五]? 是以皇天眷命,必先幾見于下民;聖王感運而興,必求合德以爲之表[二六]。

　　昔者黄帝之世,天先見大螻大螾[二七],黄帝曰:"土氣勝。"土氣勝,故其色尚黄,其事則土[二八]。及禹之時,雨金櫟陽[二九],禹曰:"金氣勝。"金氣勝,故其事用金。然其受命,荷帝玄玉,故其色尚黑[三〇]。下至湯代,金刃先生於水[三一],湯曰:"金水勝。"金水勝,故其色尚白,其事則水。及夫武王,火烏流社,武王曰:"火氣勝。"[三二]火氣勝,故其色尚赤,其事則火[三三]。類固相召,箕麗而風,畢動而雨,雲從龍,風從虎,其氣炎則有以取之矣[三四]。

伏羲、高辛俱感巨迹，神農、唐堯俱感赤龍，黃帝、有虞咸因大虹，少昊、伯禹咸緣流星，與夫搖光貫月而臞顓、湯若有同於券鑰者，殆叵信邪，抑又取之〔三五〕。劉季斷虵而還感赤龍，叔達繼水而復驚靈迹，顧豈有司之者哉〔三六〕？往哲遺疑，然物之來，固可得而知也。蒼姬祖弃，既本迹瑞，偰先湯，脩嗣嬴，俱膺玄鳥之祥，孰難見哉〔三七〕？弃，后稷，周木德之祖〔三八〕。偰，司徒，商水德之祖〔三九〕。女脩，嬴秦水德之祖〔四○〕。

喓喓草蟲，趯趯阜螽〔四一〕。黿鳴泮隰，鼇應淵中〔四二〕。馬氂截玉，梧桐斷角〔四三〕。承石取鐵，毒冒噏蜡〔四四〕。娠臨門，彩味蔑；娠在軍，皋鼓喑〔四五〕。嬰婗號，母乳泄；龅血動，痼疾發〔四六〕。蠶餌絲而商絃絕〔四七〕。緣類而升，固有不期然而然者〔四八〕。狼戾齒崔，雖矢中彘〔四九〕。彘使虎伸，虵令豹止〔五○〕。搏勞施虵，守宮弭蠆〔五一〕。唐郎捕蟬，即且甘帶〔五二〕。故曰：道之制在人，物之制在氣〔五三〕。其生以是，乃或闇乎其數矣〔五四〕。

若夫距王而興，不能復禹之迹者，非道殘百年之命，則五神之餘氣也〔五五〕。張說論唐數：禹以金德而得生數，湯以水德、武以木德而獲成數〔五六〕。伯翳之命中天，而堯裔以火德承之，是以傳世數再二百〔五七〕。李唐以土爲紀，有統亦當千年〔五八〕。

緯以入元三百四歲爲德運，七百六十歲爲代軌，千五百二十歲爲天地出符，四千五百六十歲爲七精反初〔五九〕。以文命者，七、九而衰；以武興者，六、八而謀〔六○〕。天人相應，若合符節〔六一〕。劉氏唐書云：王勃精於推步，作大唐千歲曆，言唐德靈長，合承周、漢運曆，不應近承周、隨短祚〔六二〕。大旨謂以土王者五十代、一千年，以金王者四十九代、九百年，水王者二十代、六百年，木王者三十代、八百年，火王者二十代、七百年，乃天地之常期，符曆之大數〔六三〕。自黃帝至漢，皆五運之真主。五行既匝〔六四〕，土運復歸乎唐。因魏晉至周隨咸非正統，五行之沴氣也〔六五〕。是亦張說等之佞爾〔六六〕。而正統之論煩結，至於相承失次，共工、嬴秦俱不得簉，而魏、隨、五代仍去仍留,遂使應運之王當南反北,人符天瑞不得其時[六七]。稽之作者之猷,不如太上之無也[六八]。

【校注】

〔一〕上清三天列紀:即上清三天君列紀經,簡稱三天君列紀,雲笈七籤篇名。　上清真人姓柏名芝,乃中皇前人:今本雲笈七籤卷一〇一三天君列紀則云:"上清真人總仙大司馬長生法師主三天君姓柏成,諱欻生,字芝高,乃中皇時人。"此羅苹所述上清真人,不但姓名有異,且時代亦別矣,疑其有誤。中皇,見下中皇氏。

〔二〕亦皆從木:四庫本、備要本"木"作"本",誤。

〔三〕班固、應劭敍于伏羲之後:班固敍柏皇氏于宓羲氏後,見漢書古今人表。應氏則不詳出處,疑見其所撰風俗通義之佚文。

〔四〕莊周所記封禪之帝敍次:彦按:莊子胠篋云:"子獨不知至德之世乎?昔者容成氏、大庭氏、伯皇氏、中央氏、栗陸氏、驪畜氏、軒轅氏、赫胥氏、尊盧氏、祝融氏、伏犧氏、神農氏,當是時也,民結繩而用之,甘其食,美其服,樂其俗,安其居,鄰國相望,雞狗之音相聞,民至老死而不相往來。若此之時,則至治已。"中"容成氏、大庭氏"云云,蓋即此羅氏所謂"封禪之帝敍次"也。

〔五〕搏日之陽:搏日,即扶桑,傳説爲日出之處。搏,通"扶"。陽,南面。

〔六〕皇伯登出搏桑日之陽:皇伯,四庫本作"皇柏"。搏桑日,指扶桑日出處。

〔七〕以木紀德:用木標記代德。古代陰陽家把金、木、水、火、土五行看成五德,認爲歷代王朝各代表一德,按照五行相生的順序,交互更替,周而復始,而稱取代舊朝以治天下之德爲代德。

〔八〕應而不求:應,供給。

〔九〕干寶:洪本、吳本"干"譌"于"。　栗陸:見下栗陸氏。　執大象也:參見前紀三鉅靈氏注〔一〕。

〔一〇〕此意引自莊子胠篋篇。見上注〔四〕。

〔一一〕正陽:正南方。

〔一二〕華夷圖:即海内華夷圖。唐德宗朝宰相賈耽撰。

〔一三〕輿地廣記:宋歐陽忞撰。　開封陳留縣:今河南開封縣陳留鎮一帶。

〔一四〕西平:縣名,今屬河南省。

〔一五〕柏常爲黃帝地官:吳本、四庫本"黃帝"作"皇帝",當爲音誤。　柏亮父爲顓頊師:柏亮父,喬本、洪本、吳本、備要本作"柏亮义",四庫本作"柏亮义",並誤。今據本書後紀八帝顓頊高陽氏及元和姓纂卷一〇陌韻柏引風俗通訂正。顓頊,喬本、洪本、吳本、備要本作"顓畜",今從四庫本。師,四庫本作"帥",誤。

〔一六〕堯治天下,有柏成子皋立爲諸侯:自此而下至"柏成子皋辭爲諸侯而耕",見莊子天地篇。柏成子皋,莊子作"伯成子高"。

〔一七〕通變經:老子言自開闢以來千二百變,後世得道,柏成子皋是矣:見莊子天地篇"伯成子高立爲諸侯"陸德明音義,文字略有異同。備要本"千"字譌"于",又漏刻"矣"字。

〔一八〕有柏冏,爲太僕正:柏冏,即伯冏。書冏命序:"穆王命伯冏爲周太僕正,作冏命。"又通典卷二五職官七諸卿上太僕卿:"一云周穆王置太僕正,以伯冏爲之,掌輿馬。"

〔一九〕漢尚書郎白侯雟:吳本"郎"譌"即"。王應麟姓氏急就篇下"夏歐白侯、賓彌牟"注作"柏侯傶"。古今姓氏書辯證卷三九陌韻白侯則曰:"後漢尚書郎白侯攜。"通志卷二九氏族略五以國爵爲氏白侯氏同。　吳張昭師白侯子安:張昭,三國孫吳重臣。吳本脱"吳"字。

〔二〇〕云柏侯之轉:云,爲,乃。

〔二一〕五運:古代據五行生克説推算出來的王朝興替的氣運。　尚:久,遠。

〔二二〕自伏羲以來,以斗精受命者七神,得間氣而生者又二十有八,所謂三十五際者也:伏羲,洪本作"伏戲",吳本作"伏戲",同。斗精,北斗之精氣。受命,獲得生命,與下句"而生"爲近義對文。七神,北斗有七星,故受命者七人。神,此實指人,因爲古之帝王,神化而稱"神"。晉書天文志上:"斗爲人君之象,號令之主也。"間氣,舊時以爲英雄偉人,各應天上某一星宿之氣而生,其氣有別于帝王稟受之五行之氣——所謂"正氣",故稱"間氣"。間,音 jiàn。太平御覽卷三六〇引春秋孔演圖:"正氣爲帝,間氣爲臣。"宋均注:"間氣則不苞一行,各受一星以生。"際,交會。唐文粹卷一九上張説開元正曆握乾符頌并序云:"昔在唐虞之際,以斗精受命者七神,得四均間氣而生者又二十八人,所謂三十五際者也。"當即羅氏所本。

〔二三〕終始之傳:指專論五德終始一類著作之記載。

〔二四〕而五行爲之次:之次,其次。洪本、吴本"次"作"伙"。

〔二五〕同符合證:相同的事物會有相同的徵驗。同符,彼此相合。合,相符。　興亡之錄:錄,古稱上天賜予帝王的符命文書。

〔二六〕是以皇天眷命,必先幾見于下民:眷命,垂愛並賦予重任。書大禹謨:"皇天眷命,奄有四海,爲天下君。"幾見,此謂稍稍顯示。幾,微。見,讀爲"現"。下"天先見"之"見"同。　聖王感運而興,必求合德以爲之表:感,感應。表,標誌。

〔二七〕天先見大螻大蟓:螻,螻蛄。蟓(xiǎn),玉篇虫部:"蟓,寒蟓,即蚯蚓。"呂氏春秋應同作:"天先見大螾、大螻。"

〔二八〕故其色尚黄,其事則土:呂氏春秋應同文同,高誘注:"則,法也。法土,色尚黄。"

〔二九〕櫟陽:地名。在今陝西西安市臨潼區雨金鎮。

〔三〇〕荷帝玄玉:荷,承受。帝,指帝舜。彦按:路史此條于禹之記載,不知何據。呂氏春秋應同則曰:"及禹之時,天先見草木秋冬不殺,禹曰:'木氣勝。'木氣勝,故其色尚青,其事則木。"全然不同。

〔三一〕下至湯代,金刃先生於水:代,世。金刃,指刀劍。呂氏春秋應同作"天先見金刃生於水"。

〔三二〕及夫武王,火烏流社,武王曰:"火氣勝":彦按:史記周本紀載:武王東觀兵,至于盟津。"既渡,有火自上復于下,至于王屋,流爲烏,其色赤,其聲魄云。"又呂氏春秋應同曰:"及文王之時,天先見火,赤烏銜丹書集於周社,文王曰:'火氣勝。'"二説本不相同,而路史雜糅之,變"火……流爲烏"、"赤烏……集於周社"爲"火烏流社",遂頗晦澀。

〔三三〕火氣勝,故其色尚赤,其事則火:各本原皆作:"火氣勝,然其衰在木,火生于木,故其色尚赤,其事則木"。彦按:"其衰在木"、"其事則木"云云均不可解,其間當有脱、衍、倒、譌之文存焉。今姑據呂氏春秋應同訂改。

〔三四〕箕麗而風，畢動而雨：箕、畢皆星宿名，爲二十八宿之二宿。麗，附著。劉子類感："箕麗於月而飄風起，畢動於天而驟雨散。" 雲從龍，風從虎：易乾文言語。 其氣炎則有以取之矣：氣炎，同"氣燄"，原指開始燃燒、尚未成勢的火焰，比喻人或其他事物的威勢、聲勢。漢書藝文志："人之所忌，其氣炎以取之。"顏師古注："炎謂火之光始燄燄也。……炎，讀與'燄'同。"

〔三五〕伏羲、高辛俱感巨迹：見後紀一太昊伏戲氏及後紀九帝嚳高辛氏。又潛夫論五德志："大人迹出雷澤，華胥履之，生伏羲。" 神農、唐堯俱感赤龍：見後紀三炎帝神農氏及後紀十一帝堯陶唐氏。又太平御覽卷七八引孝經鈎命決曰："任已感龍生帝魁。"注云："任已，帝魁之母也。魁，神農名。已，或作'似（姒）'也。"淮南子脩務"若夫堯眉八彩"高誘注："堯母慶都，蓋天帝之女，寄伊長孺家，年二十無夫。出觀于河，有赤龍負圖而至，曰赤龍受天下之圖。有人赤衣，光面，八彩，鬙冉長。……赤龍與慶都合而生堯，視如圖，故眉有八彩之色。" 黃帝、有虞咸因大虹：彥按：本書後紀五黃帝有熊氏曰："祕電繞斗軒而震，二十有四月而生帝於壽丘。"藝文類聚卷二電引河圖握拒起曰："大電繞樞星，炤郊野，感符寶而生黃帝。"潛夫論五德志亦曰："大電繞樞炤野，感符寶，生黃帝軒轅。"是諸書皆以黃帝之生，因母感電，此獨稱"因大虹"，不知何據。有虞，古部落名，此指其首領舜。太平御覽卷八一引詩含神霧曰："握登見大虹，意感生帝舜。" 少昊、伯禹咸繇流星：藝文類聚卷一〇符命引帝王世紀曰："黃帝時，有大星如虹，下流華渚，女節夢接之，意感，生少昊。"又太平御覽卷八二引尚書帝命驗曰："禹，白帝精，以星感。脩紀山行，見流星，意感栗然，生姒文命。"注云："姒，禹氏。禹生戎地，一名文命。" 與夫搖光貫月而腫顓、湯若有同於券鑰者：搖光，當作"瑤光"，爲北斗七星第七星之名，古代視爲祥瑞之象徵。腫，同"孕"。顓，顓項。券鑰，契據與鎖鑰。契據于立據雙方所持必同，鎖鑰之鎖與鎖匙匹配必合，故以比喻密合之物。彥按：諸書所載，瑤光貫月唯屬顓項，腫湯乃白氣貫月，羅氏圖省事而混一，正見其粗率之一斑。太平御覽卷一四引詩含神霧曰："瑤光如蜺貫月，感女樞，生顓項。"宋書符瑞志上曰："帝顓項高陽氏，母曰女樞，見瑤光之星，貫月如虹，感己於幽房之宮，生顓項於若水。"又太平御覽卷八三引河圖曰："扶都見白氣貫月，感生黑帝湯。"注云："詩含神霧、帝王世紀並同。"潛夫論五德志亦曰："扶都見白氣貫月,意感生黑帝子履,其相二肘。身號湯,世號殷。" 殆叵信邪,抑又取之:殆,或許。叵,不可。抑,可是,不過。

〔三六〕劉季斷虵而還感赤龍:劉季,即漢高祖劉邦。還(hái),與下句"復"爲同義對文。四庫本作"遂",誤。史記高祖本紀云:"高祖被酒,夜徑澤中,令一人行前。行前者還報曰:'前有大蛇當徑,願還。'高祖醉,曰:'壯士行,何畏!'乃前,拔劍擊斬蛇。蛇遂分爲兩,徑開。行數里,醉,因臥。後人來至蛇所,有一老嫗夜哭。人問何哭,嫗曰:'人殺吾子,故哭之。'人曰:'嫗子何爲見殺?'嫗曰:'吾子,白帝子也,化爲蛇,當道,今爲赤帝子斬之,故哭。'"又曰:"高祖……母曰劉媪。其先,劉媪嘗息大澤之陂,夢與神遇,是時雷電晦冥,太公往視,則見蛟龍於其上,已而有身,遂産高祖。"劉子命相亦云:"劉媪感赤龍而生漢祖。" 叔達繼水而復驚靈迹:叔達,南朝梁武帝蕭衍(字叔達)。繼,增益。南史梁武帝紀上云:"七月,帝命王茂帥軍主曹仲宗、康絢、武會超等潛師襲加湖,將逼子陽。水涸不通艦,子衿喜。其夜流星墜其城,四更中無雨而水暴長,衆軍乘流齊進,鼓噪攻之,俄而大潰,子陽等竄走,衆盡溺於江,王茂虜其餘而旋。郢、魯二城相視奪氣。"此蓋所謂"繼水"者。又曰:"帝以宋孝武大明八年歲次甲辰生於秣陵縣同夏里三橋宅。初,皇姅張氏嘗夢抱日,已而有娠,遂産帝。帝生而有異光,狀貌殊特,日角龍顔,重岳虎顧,舌文八字,項有浮光,身映日無影,兩骻駢骨,項上隆起,有文在右手曰'武'。……所居室,常若雲氣,人或過者,體輒蕭然。"又曰:"時帝所住齋常有氣,五色回轉,狀若蟠龍。季秋出九日臺,忽暴風起,煙塵四合,帝所居獨白日清明,其上紫雲騰起,形如繳蓋,望者莫不異焉。"凡此種種,蓋所謂"驚靈迹"者。 顧豈有司之者哉:顧豈,難道。司,操控。

〔三七〕蒼姬祖弃,既本迹瑞:蒼姬,謂姬周。孟子注疏題辭解"孟子亦自知遭蒼姬之訖録"孫奭正義曰:"云'蒼姬'者,周以木德王,故號爲蒼姬。姬,周姓也。"史記周本紀:"周后稷,名弃。其母有邰氏女,曰姜原。姜原爲帝嚳元妃。姜原出野,見巨人迹,心忻然説,欲踐之,踐之而身動如孕者。居期而生子,以爲不祥,弃之隘巷,馬牛過者皆辟不踐;徙置之林中,適會山林多人,遷之;而弃渠中冰上,飛鳥以其翼覆薦之。姜原以爲神,遂收養長之。初欲弃之,因名曰弃。" 偰先湯,脩嗣嬴,俱膺玄鳥之祥:偰先湯,偰爲湯之先人。偰,經傳多作"契"。脩嗣嬴，女脩以嬴氏爲後嗣。膺，承受。玄鳥，燕子。史記殷本紀云："殷契，母曰簡狄，有娀氏之女，爲帝嚳次妃。三人行浴，見玄鳥墮其卵，簡狄取吞之，因孕生契。"又秦本紀曰："秦之先，帝顓頊之苗裔孫曰女脩。女脩織，玄鳥隕卵，女脩吞之，生子大業。大業取少典之子曰女華。女華生大費，……佐舜調馴鳥獸，鳥獸多馴服，是爲柏翳。舜賜姓嬴氏。"

〔三八〕后稷：官名，主管農業。

〔三九〕司徒：官名，主管教化。

〔四〇〕嬴秦：即秦。嬴姓，故稱。

〔四一〕喓喓草蟲，趯趯阜螽：詩召南草蟲語。喓喓，蟲鳴聲。洪本作"要要"。草蟲，蟲名，即草螽，俗稱蟈蟈。洪本、四庫本"蟲"作"蝨"，吳本作"虫"，同。趯趯，跳躍貌。趯，音 tì。阜螽，蝗的幼蟲。螽，音 zhōng。洪本、吳本、備要本作"負螽"。鄭玄毛詩箋云："草蟲鳴，阜螽躍而從之，異種同類，猶男女嘉時以禮相求呼。"

〔四二〕黿鳴泮隰，鼈應淵中：黿，鼈類而體大。泮隰，涯涘，水邊。後漢書張衡傳應閒："當此之會，乃黿鳴而鼈應也。"李賢注："喻君臣相感也。焦贛易林曰'黿鳴岐野，鼈應於泉'也。"

〔四三〕馬氂截玉，梧桐斷角：馬氂，馬尾長毛。淮南子説山："兩堅不能相和，兩强不能相服。故梧桐斷角，馬氂截玉。"高誘注："言柔勝剛也。"

〔四四〕承石取鐵，毒冒噏褚：承石，磁石（見方以智通雅卷四八金石）。毒冒，也作瑇瑁，即玳瑁。噏，同"吸"。褚，喬本、洪本、吳本作"褚"，備要本作"褚"，四庫本作"蛪"。彦按："褚"、"褚"字書不收，義無所取，似以作"蛪"爲是，今姑從之。蛪，同"蠚"，音 hē。集韻茨韻："蠚，蟲毒。"本草綱目卷四五介之一瑇瑁曰："主治：解嶺南百藥毒。……磨汁服，解蠱毒。生佩之，辟蠱毒。"正與此"毒冒噏褚"切合。太平御覽卷八〇七引春秋考異郵曰："承石取鐵，瑇瑁吸褚。"下注云："類相致也。"以知路史或本作"褚"，有自來矣。

〔四五〕娠臨門，彩味蔑；娠在軍，皋鼓噎：娠，懷孕，此指孕婦。彩味，運氣。蔑，無。娠，同"婦"，婦人。皋鼓，大鼓名。皋，通"鼛"。噎，哽咽，此謂聲音不清亮。

〔四六〕嫛婗號，母乳泏：嫛婗（yī ní），嬰兒。泏（zhú），玉篇水部："水出

貌。”　匏血動,痼疾發:匏血,疑當作“胞血”。中醫稱婦女妊娠時胞胎中血爲

胞血。胞血有養胎之作用,胞血躁動,則容易引起下血,稱爲胞血下漏,簡稱漏

胞。唐孫思邈備急千金要方卷三有“治妊娠血下不止名曰漏胞血盡子死方”。

痼疾,久治不愈之病。洪本“疾”譌“矣”。

〔四七〕鼉餌絲而商絃絶:餌,通“咡”,音 èr,鼉吐絲。商絃,彈奏商調的絲

絃。即七絃琴的第二絃。初學記卷一六引三禮圖曰:“琴第一絃爲宮,次絃爲

商,次爲角,次爲羽,次爲徵,次爲少宮,次爲少商。”淮南子覽冥:“故東風至而

酒湛溢,鼉咡絲而商弦絶,或感之也。”高誘注:“新絲出,故絲脆。商於五音最

細而急,故絶也。……商,西方金音也。鼉,午火也。火壯金困,應商而已,或

有新故相感者也。”

〔四八〕緣類而升,固有不期然而然者:升,上行,此指發展變化。期,預料。

〔四九〕狼犰齒萑,雎矢中彙:犰,獸名。正字通犬部:“犰,貍屬。似貓貍

而小,有臭氣,黄班色,居澤中,食蟲鼠及草根。”齒,咬嚙。萑,同“鸛”。洪本、

備要本作“雈”,亦同。吳本、四庫本作“鸛”。雎矢,鵲屎。雎,同“鵲”。中

(zhòng),殺。彙,刺蝟。淮南子説山:“膏之殺鼈,鵲矢中蝟。”高誘注:“中亦

殺也。”

〔五〇〕彙使虎伸,虵令豹止:伸,吳本作“神”。彦按:字當作“申”。淮南

子道應“約車申轅”高誘注:“申,束也。”此謂受約束,不自在。太平御覽卷八

九二引淮南子曰:“蝟使虎申,蛇令豹止,物有所制也。”今本淮南子無此文,蓋

脱。酉陽雜俎續集卷八支動曰:“蝟見虎則跳入虎耳。”又,通志卷七六昆蟲草

木略二蟲魚類曰:“舊云蝟能跳入虎耳中,而見鵲便仰腹受啄,物有相制如此。”

而明方以智則稱:“蘇恭曰:‘虎耳不受雞卵,蝟何能跳?’遂不信制虎之説。其

實,制虎者,性;跳入耳者,形容之詞也。或言蝟入虎口,刺破其腸而出。”又引

其子方中通曰:“虎畏蝟之刺而不食耳。豪豬有刺,虎亦無如之何。”(見物理

小識卷一一鳥獸類)

〔五一〕搏勞施虵:搏勞,即伯勞,鳥名,又稱鵙或鳩。施,影響,起作用。宋

李石續博物志卷二引禽經曰:“鷔飛則蝛沈,鵙鳴則虵結。”　守宮弭蠆:守宮,

爬行動物名,即壁虎。蠆,蝎子一類的毒蟲。太平御覽卷九四六引春秋考異郵

曰:“土勝水,故守宮食蠆。”宋均注:“守宮生於土;蠆藏物,屬坎水也。”彦按:

依此義，"弭"字當作"餌"。廣雅釋詁三："餌，食也。"

〔五二〕唐郎捕蟬，即且甘帶：唐郎，即螳螂。即且，即蝍蛆（jí jū），又作蝍蝝螺。玉篇虫部蝍："蝍蝝螺，蝍蛆，能食蛇，亦名蜈蚣。"帶，蛇。甘帶，謂以蛇爲美味。莊子齊物論："蝍且甘帶。"

〔五三〕氣：氣質，稟性。

〔五四〕其生以是，乃或闇乎其數矣：生，"性"之古字，本性。以是，如此。闇，不明白。數，指運數，氣數，即命運。

〔五五〕若夫距王而興，不能復禹之迹者，非道殘百年之命，則五神之餘氣也：夫，吳本譌"天"。距王，謂背離王道。非道殘百年之命，謂所行非道，敗壞百年之國運。論語子路："子曰：'善人爲邦百年，亦可以勝殘去殺矣。'"此反其意而用之。五神，即五德，指事物之五行屬性。古代陰陽家常用"五德終始說"解釋歷代王朝之盛衰興替。柳宗元沛國漢原廟銘序："五神環運，炎德復起。"孫汝聽注："五神，五德也。"文選班固典引："肇命民主，五德初始。"蔡邕注："五德，五行之德。自伏羲已下，帝王相代，各據其一行。始於木，終於水，則復始也。"

〔五六〕張説：唐睿宗、玄宗兩朝宰相。説，音 yuè。 禹以金德而得生數，湯以水德、武以木德而獲成數：生數、成數，謂五行相生相成之數。書洪範"五行：一曰水，二曰火，三曰木，四曰金，五曰土"孔穎達疏："易繫辭曰：'天一，地二；天三，地四；天五，地六；天七，地八；天九，地十。'此即是五行生成之數。天一生水，地二生火，天三生木，地四生金，天五生土，此其生數也。如此則陽無匹，陰無耦，故地六成水，天七成火，地八成木，天九成金，地十成土。於是陰陽各有匹偶而物得成焉。故謂之成數也。"

〔五七〕伯翳之命中天：謂伯翳（短暫）之命運符合天意。中，音 zhòng。伯翳，即伯益。見前紀三涿光氏注〔一〕。此借指秦王朝。 而堯裔以火德承之，是以傳世數再二百：堯裔，指漢王朝。劉氏自稱唐堯之後。再二百，各本皆作"再三百"。彥按：此文攝引自張説開元正曆握乾符頌序，張氏原文作"再及二百年"。考西漢傳祚凡二百三十年，東漢傳祚凡一百八十七年，舉成數言，故稱"再二百"。是"三"爲"二"字之誤，今訂正。

〔五八〕有統亦當千年：統，謂統業，即帝王之業。

〔五九〕緯以入元三百四歲爲德運,七百六十歲爲代軌,千五百二十歲爲天地出符,四千五百六十歲爲七精反初:此亦張説開元正曆握乾符頌序文。緯,指緯書。入元,吳本、四庫本、備要本皆作"八元",誤。元,古代曆法計算單位,其周期各書所説不同。論衡調時曰:"積日爲月,積月爲時,積時爲歲,千五百三十九歲爲一統,四千六百一十七歲爲一元。"禮記王制孔穎達疏則曰:"案律曆志云:十九歲爲一章,四章爲一部,二十部爲一統,三統爲一元,則一元有四千五百六十歲。"七精反初,指日、月與金、木、水、火、土五星(七精)又全部返回到循環運行的起始點。新唐書曆志三上曰:"天地中積,千有二百,揲之以四,爲爻率三百;以十位乘之,而二章之積三千;以五材乘八象,爲二微之積四十。兼章微之積,則氣朔之分母也。以三極參之,倍六位除之,凡七百六十,是謂辰法,而齊於代軌。以十位乘之,倍大衍除之,凡三百四,是謂刻法,而齊于德運。半氣朔之母,千五百二十,得天地出符之數,因而三之,凡四千五百六十,當七精返初之會也。"

〔六〇〕以文命者,七、九而衰;以武興者,六、八而謀:七,各本均譌"十"。衰,吳本、四庫本譌"哀"。今並訂正。彦按:此語出文選李蕭遠運命論,原文爲:"昔者,聖人受命河洛,曰:以文命者,七、九而衰;以武興者,六、八而謀。"李善注曰:"河洛,謂河圖洛書也。文謂文德,即文王也。武謂武功,即武王也。言以文德受命者,或七世、九世而漸衰微;以武功興起者,或六世、八世而謀也。"謀,微,昧,義與"衰"同。管子内業:"謀乎莫聞其音,卒乎乃在於心。"俞樾平議:"'謀乎'乃形況之辭,與下文'卒乎''冥冥乎''淫淫乎'一律。……'謀'即禮記玉藻篇'瞿瞿梅梅'之梅,正義曰'梅梅猶微微,謂微昧也'。正與'莫聞其音'之義合。'梅'或體作'楳',與'謀'並從'某'聲,故得通用。"

〔六一〕符節:古代信物之一種。以金玉竹木等製成,上刻文字,分爲兩半,使用時以兩半相合爲驗。

〔六二〕劉氏唐書:指後晉劉昫等撰舊唐書。　王勃精於推步:王勃,唐詩人。推步,推算天象曆法。古人謂日月轉運于天,猶如人之行步,可推算而知,故有此稱。　言唐德靈長,合承周、漢運曆,不應近承周、隨短祚:自此而下至"五行之沴氣也",見舊唐書卷一九〇上王勃傳。德,德性,本質屬性。靈長,美好而長久。廣雅釋詁一:"靈,善也。"運曆,命運,氣數。隨,通"隋",吳本、四庫本作“隋”。又,“周、漢”之周指姬周;“周、隨”之周指北朝周,即後周。

〔六三〕符曆:記録符命的曆書。

〔六四〕匝:周遍。

〔六五〕因魏晉至周隨咸非正統,五行之沴氣也:隨,四庫本作“隋”。沴氣,災害不祥之氣。沴,音lì。

〔六六〕佞:巧言諂媚。

〔六七〕而正統之論煩結:煩結,繁瑣糾結。　共工、嬴秦俱不得篹,而魏、隨、五代仍去仍留:篹(zǎo),附屬。仍,乃,于是。　人符天瑞不得其時:人符天瑞,人之符徵,天之瑞應。得,符合。

〔六八〕稽之作者之猷,不如太上之無也:猷,謀略,思想考慮。太上,最高境界,此謂最好的做法。無,無爲,此指不提所謂之正統論。彦按:“太上之無”乃暗引老子第三十八章“上德無爲”而活用其意。

中皇氏

中皇氏,封禪之帝也。或云即中黄〔一〕。古有中黄子。道家有中皇經,敍釋云:“中黄真人者,九天之尊,始自人間,登於聖路。”即胎藏論也〔二〕。中黄子之言曰:天有五方,地有五行,聲有五音,物有五味,色有五章,人有五常〔三〕。故天地之間有二十五人焉:上焉者五,其次亦五,中焉者五,其次亦五,而下焉者又五;上之於下,人半焉〔四〕。聖人所以駭天下,真人未嘗過焉;賢人所以綏聖世,聖人未嘗觀焉〔五〕。蓋道之不相謀者也〔六〕。亦見文子。而靈樞言伯高對黄帝:“天地之間,六合之内,不離乎五,人亦應之,故有五五二十五人之政。”〔七〕蓋本于此。國朝編類地理,有中黄子隱伏上清列紀,云:中黄之書,白帝藏之瑤臺,非有祕籙者不得〔八〕。當是時,人結繩而用之。莊子云:昔庸成氏、大庭氏、柏皇氏、中皇氏,當是時,人結繩而用之〔九〕。周所敍,乃封禪之帝也〔一〇〕。居皇人山之西,是爲嶽、鄗山〔一一〕。地記謂之三皇山,圖經同〔一二〕。在孟之河陰縣〔一三〕。一曰中央氏。見六韜等。傳記以謂虞氏之樂有五央,掌其中央者以中央爲氏,妄矣〔一四〕。按虞樂乃五英,即帝俈之五英〔一五〕,言五行之英華也。故姓書有中英氏,與中央氏別。此蓋又繆以“央”爲“英”爾。

後有中央氏、中黄氏。

封禪,有矣。古者,五載一巡狩,而每姓一封禪。封禪,帝王易姓告代之大典也。一簞之餽，鞠人之養也，受之於旅，且猶有謝，而況得天下乎〔一六〕？然則，歷世而來，開山命曆、握河登紀者之所以攀嵩緣岱而對越乎清極，豈苟然耶〔一七〕？固所以告成功也。是故，皇非創業，則巡告而不展〔一八〕。三代八十四王，歷年千九百三十，其行之者，禹、湯、成王而已；它君曾未之行，武宗、中宗、宣王亦未之行〔一九〕。豈惟懲國度，戒誣瀆哉〔二〇〕？繼世守成，顧無得而謝也〔二一〕。

一自夷吾設祥瑞之説岠齊君，諸儒爲必俟泰平之言難秦帝，而後中材之主誤其美稱，不原其本，苟存華觀，至一代而數封〔二二〕。中間妄引昌輝，假稱蓂莢，驚肅然，除蒿里，以誣瀆乎清寧者，武接于中馗矣〔二三〕。孽臣豔后，穢挺嵩岱，先王之禮，意果安在邪〔二四〕？

咄哉〔二五〕！末世之君，不知夫禮而必欲行封；拘儒辟者〔二六〕，不知夫禮而必曰勿封。奚必爾邪？創業之辟，苟當平世，講禮戒費，行其所謂一代之舉，則嗣君無事於襲爲矣〔二七〕。君欲行之，則盍反其本乎〔二八〕？惟毋致羊皮雜貂裘之譏可也〔二九〕。不然，無重發陳莊伯之歎〔三〇〕。

【校注】

〔一〕中黃：即中黃子，傳説中的仙人。見晉葛洪抱朴子地真。

〔二〕宋陳振孫直齋書録解題卷一二神仙類著録有内景中黃經一卷，云："題九仙君撰，中黃真人注。亦名胎藏論。"

〔三〕色有五章，人有五常：五章，五彩。玉篇音部："章，彩也。"五常，指父義、母慈、兄友、弟恭、子孝五種倫常道德。

〔四〕此所謂天地之間二十五人，據文子微明引中黃子曰，即："上五有神人，真人，道人，至人，聖人。次五有德人，賢人，智人，善人，辯人。中五有公人，忠人，信人，義人，禮人。次五有士人，工人，虞人，農人，商人。下五有衆人，奴人，愚人，肉人，小人。"　上之於下，人半焉：謂上人與下人數量相比，各占其半。

〔五〕聖人所以駭天下，真人未嘗過焉；賢人所以綏聖世，聖人未嘗觀焉：駭，震驚。過，過問。綏，安撫。觀，謂理睬、注意。文子微明引中黄子曰，作："故聖人所以動天下者，真人未嘗過焉；賢人所以矯世俗者，聖人未嘗觀焉。"又莊子外物曰："聖人之所以駴天下，神人未嘗過而問焉；賢人所以駴世，聖人未嘗過而問焉。"淮南子俶真曰："聖人之所以駭天下者，真人未嘗過焉；賢人之所以矯世俗者，聖人未嘗觀焉。"

〔六〕蓋道之不相謀者也：論語衛靈公："子曰：'道不同，不相爲謀。'"謀，商量，商討。

〔七〕見靈樞經卷九陰陽二十五人。　而靈樞言伯高對黄帝：靈樞，現存最早中醫理論著作黄帝内經的組成部分，是中醫鍼灸學之權威論著。舊傳黄帝所作，實爲僞託，約成書于戰國時期，具體作者不詳。伯高，黄帝臣，精鍼灸之術。

〔八〕中黄子隱伏上清列紀：隱伏，祕藏。　中黄之書，白帝藏之瑤臺，非有祕錄者不得：白帝，即白招拒，五方天帝之一，主西方。瑤臺，美玉砌的樓臺。祕錄，猶真錄，指道教符籙。彦按："不得"下當有"其道"二字。太平御覽卷六六九引上清列紀，作："中黄之書，皆白帝君所藏於瑤臺，說丹藥祕法。非有真錄，不得其道也。"

〔九〕此意引自莊子胠篋篇。莊子原文庸成氏作"容成氏"，柏皇氏作"伯皇氏"，中皇氏作"中央氏"，"人結繩"作"民結繩"。

〔一〇〕乃封禪之帝也：喬本、備要本"帝"作"地"，當由音譌。今從餘諸本改。

〔一一〕嶅、鄗山：二山名，即敖山、鄗山。鄗，音 qiāo。左傳宣公十二年："晉師在敖、鄗之間。"杜預注："敖、鄗二山在滎陽縣西北。"滎陽縣治所在今河南鄭州市惠濟區古滎鎮。

〔一二〕地記謂之三皇山，圖經同：地記，地理書。圖經，附有地圖的地志。

〔一三〕在孟之河陰縣：孟，州名。河陰縣，治所在今河南鄭州市西北。

〔一四〕虞氏：有虞氏，謂舜。

〔一五〕即：洪本譌"郎"。

〔一六〕一箪之饎,鞠人之養也,受之於旅:箪(dān),古代用于盛飯食之有蓋小竹筐。洪本、吴本作“單”。饎(chì),酒食。鞠,方言卷一:“養也。”爲動詞。養,此作名詞用,指食物。旅,旅途,道路。

〔一七〕開山命曆、握河登紀者之所以攀嵩緣岱而對越乎清極,豈苟然耶:開山,此喻創建政權。命曆,謂啓用新曆,指更改正朔。命,任用。握河,初學記卷九引晉皇甫謐帝王世紀:“堯率諸侯羣臣,沉璧於河,受圖書,今尚書中候握河紀之篇是也。”後以“握河”指帝王祭祀河神。登紀,猶登極,指帝王即位。廣韻止韻:“紀,極也。”此謂最高之位。嵩,嵩山;岱,泰山。二山皆古帝王封禪之所。對越,猶對揚,謂答謝頌揚。清極,指天。以天既清且高,故稱。苟然,隨隨便便。

〔一八〕巡告而不展:巡告,謂巡方告天。告,祭告。不展,不擴展,此謂不行封禪。

〔一九〕它君曾未之行,武宗、中宗、宣王亦未之行:它,吴本、四庫本作“他”。武宗,不詳所指,疑有誤。中宗,指殷中宗,即殷帝太戊。宣王,指周宣王姬靜。殷中宗、周宣王均曾使王室中興,號中興之君。史記殷本紀稱殷中宗曰:“殷復興,諸侯歸之,故稱中宗。”又周本紀曰:“宣王即位,二相輔之,脩政,法文、武、成、康之遺風,諸侯復宗周。”

〔二〇〕懲國度,戒誣瀆:懲,受制于。國度,國家用度。誣瀆,欺誣與褻瀆。

〔二一〕繼世守成,顧無得而謝也:守成,洪本、吴本作“成守”誤。顧,乃。

〔二二〕夷吾設祥瑞之説岠齊君:夷吾,即春秋齊桓公相管仲(字仲,名夷吾)。岠,四庫本作“距”,並通“拒”,拒絶。史記封禪書:“秦繆公即位九年,齊桓公既霸,會諸侯於葵丘,而欲封禪。管仲曰:‘古者封泰山禪梁父者七十二家,而夷吾所記者十有二焉。昔無懷氏封泰山,禪云云;虙羲封泰山,禪云云;神農封泰山,禪云云;炎帝封泰山,禪云云;黄帝封泰山,禪亭亭;顓頊封泰山,禪云云;帝佶封泰山,禪云云;堯封泰山,禪云云;舜封泰山,禪云云;禹封泰山,禪會稽;湯封泰山,禪云云;周成王封泰山,禪社首:皆受命然後得封禪。’桓公曰:‘寡人北伐山戎,過孤竹;西伐大夏,涉流沙,束馬懸車,上卑耳之山;南伐至召陵,登熊耳山以望江漢。兵車之會三,而乘車之會六,九合諸侯,一匡天下,諸侯莫違我。昔三代受命,亦何以異乎?’於是管仲睹桓公不可窮以辭,因設之以事,曰:‘古之封禪,鄗上之黍,北里之禾,所以爲盛;江淮之間,一茅三脊,所以爲藉也。東海致比目之魚,西海致比翼之鳥,然後物有不召而自至者十有五焉。今鳳皇麒麟不來,嘉穀不生,而蓬蒿藜莠茂,鴟梟數至,而欲封禪,毋乃不可乎?’於是桓公乃止。”　諸儒爲必俟泰平之言難秦帝:其事不詳,待考。　至一代而數封:漢武帝劉徹爲最甚,乃至先後七次祭祀泰山,五次舉行封禪典禮。

〔二三〕妄引昌輝,假稱蓂莄:昌輝,光明。蓂莄,蓂莢和莄莆(shà fǔ),皆傳説中瑞草名。此之昌輝、蓂莄,借以泛指種種被用爲封禪理由之瑞應。　驚肅然,除蒿里:肅然,山名,在泰山東北麓。除,掃除,打掃。蒿里,山名,在泰山南麓。古代所謂封禪,于泰山上堆土爲壇祭天稱“封”,于泰山下除地闢場祭地稱“禪”。漢武帝曾禪肅然及蒿里。史記孝武本紀:“丙辰,禪泰山下阯東北肅然山,如祭后土禮。”又太平御覽卷五三六引郊祀志曰:“太初元年十二月,禪蒿里。”　以誣瀆乎清寧者,武接于中馗矣:清寧,指天地。老子第三十九章:“天得一以清,地得一以寧。”武接,猶接踵,謂一個跟著一個。武,足迹。中馗,同“中逵”,道中。

〔二四〕孽臣豔后,稊挻嵩岱:孽臣,邪佞的臣子。喬本、洪本、吳本“孽”作“孼”,字譌,今從四庫本、備要本訂正。豔后,妖冶的后妃。挻(shān),延及。吳本、四庫本作“挺”,誤。

〔二五〕咄:歎詞,表示驚詫。

〔二六〕儒辟:迂儒之偏執。辟,“僻”之古字,偏。

〔二七〕創業之辟,苟當平世,講禮戒費,行其所謂一代之舉:辟,爾雅釋詁一:“君也。”平世,太平之世。喬本、洪本、備要本“平”譌“乎”,今從吳本、四庫本改。戒費,喬本、洪本、吳本、備要本“戒”皆譌“找”,今據四庫本訂正。一代,洪本、吳本、四庫本作“代一”,當屬誤倒。

〔二八〕則盍反其本乎:盍,玉篇皿部:“何不也。”

〔二九〕羊皮雜貂裘:混雜羊皮冒充貂裘,比喻充體面。東觀漢記卷一世祖光武皇帝:“(建武)三十年,有司奏封禪。詔曰:‘災異連仍,日月薄食,百姓怨歎,而欲有事於太山,汙七十二代編録,以羊皮雜貂裘,何強顔耶?’”

〔三〇〕無重發陳莊伯之歎:陳莊伯,即田莊子,名白,春秋齊大夫,相齊宣公。孔叢子巡守載:子思遊齊,陳莊伯與登泰山而觀,見古天子巡守之銘,曰:

“我生獨不及帝王封禪之世！”因問昔聖帝明王巡守之禮。子思具告之，陳子曰：“旨哉，古之義也！吾今而後知不學者淺之爲人也。”

大庭氏

大庭氏之膺籙也，適有嘉瑞，三辰曾輝，五鳳異色〔一〕。見遁甲開山圖。六帖、韻海作“五風”，誤〔二〕。都于曲阜，故魯有大庭氏之庫。昔者，黃帝禘于大庭之館〔三〕，兹其所矣。庫在魯城中曲阜之高處〔四〕。今在仙源縣内東隅。高二丈。治九十載，以火爲紀，號曰炎帝。後世以其火德，故以之爲神農，因復謂神農都魯，妄也。外紀知不可合，乃以神農爲大庭，而謂與包羲後大庭氏異，而爲二大庭，益繆〔五〕。

後有大氏、大庭氏。見姓纂、風俗通。英賢傳云：“古天子。”〔六〕大填爲黃帝師，大山稽爲黃帝司徒，唐代勃海尚其世也〔七〕。唐勃海姓大。大山稽〔八〕，世音爲泰，誤。

量莫大於齊人，而彼蒼爲窄〔九〕。聖人在上，情款通乎人，德惠加乎物，則欣欣焉爲之不可致之祥——下甘露，出醴泉，三辰曾輝，五星循軌，——歊歊然爲聖人延禧而永卜〔一〇〕。及有失道，則先出災患以憲示之〔一一〕。不知自省，又出變異以恐懼之。尚不知變，乃弗復告，而譴極以隨之〔一二〕。是何數數然邪〔一三〕！

昔者泰皇、倉帝、大庭、無懷之時，清明之感，上行而際浮，下行而極幽，故天不愛道，地藏發泄，而人化神〔一四〕。伏戲、神農之世，其民侗儚，瞑瞑蹎蹎，不知所以然，是以永年〔一五〕。黃帝、唐虞之代，其民樸以有立，職職植植，而弗鄙弗夭，是以難老〔一六〕。

末世則不然，煩稱文辭而實不效，智譎相誕而情不應，一惛于上而羣有忮心者旋攻之于外〔一七〕。是以父哭其子，兄服其弟；長短頡頏，百疾俱起；盲禿尩傴，萬怪偕來〔一八〕。

變不虛生,緣應而起。而中材好大之君,樂休祥而昧致戒,己未有善而詹詹惟瑞之言,又不思所以應之,而因以自愆,是以稱善未幾而昭士已怖于域門之外〔一九〕。故儒老先薄言其事,乃至詆符瑞爲無有者,皆過激之論也〔二〇〕。

夫天人之相與,特一指也〔二一〕。日月星辰之麗,風雨明晦之變,即吾心之妙用〔二二〕。而饑食渴飲,利用出入,即天地之機蹕也〔二三〕。拱生之穀,同穎之禾,雊鼎之雉,退風之鶂,果何與於丘哉〔二四〕?而孛、食、星隕,霖、震、木冰,山崩地震,蜚蟓麋蟘〔二五〕,春秋悉與人事雜而識之,是誠何意邪?豈非四靈、三瑞、五害、十煇靡不萌於念慮之初,天道若遠,而念慮之至,則象類之見有不可而遮乎〔二六〕?

君高其臺,天火爲災;多其下陣,淫水殺人;賤人貴物,豺虎橫出;孽嬖專政,穀果不實〔二七〕。膻致蟻,臭引蝶,亘古猶是〔二八〕。故治世不能必天之無災,而能使災之不至於害;聖人不能使天之無異,而能使異之不至於災。雷電以風,拔木發屋,而歲以大熟;日食震電,川灊冢崩,而周以東播,——惟戒之不戒爾〔二九〕。身有醜夢,不勝正行;國有祅祥,不勝善政〔三〇〕。是故謫變異而怵者,未有不興;稔休祥而怠者,未有不亡〔三一〕。

漢之武帝,放意殺伐,天下愁苦,其治效苟不至於大亂則已矣〔三二〕。然在當時,旱暵彌年,孛彗數見,顧乃以爲偶然;而景光嘉祥,芝鴈金馬,史不曠紀〔三三〕。則歷代之事可知矣。今歲旱矣,而曰"天以乾封";星孛矣,而曰"天報德星",——是則果自欺也,何惑乎速化希旨者之爲欺邪〔三四〕?

惡戲!孰能翊翊小心,夙夜警戒如楚莊者而從之乎〔三五〕!若昔楚莊之涖域也,見天之不見祆,地之不出孽,則禱于山川之神曰:"天地或者其忘不穀乎〔三六〕?"若楚莊者,可謂上畏天戒,謹于厥躬者矣。是以雖夷君而主盟諸夏,方域大治,子孫長久,此其效焉〔三七〕。行之非蠶，人何傷而自絕哉〔三八〕？

【校注】

〔一〕膺籙：謂帝王承受符命以登君位。　三辰曾輝：三辰，指日、月、星。曾，通“增”。

〔二〕六帖：類書名。即白氏六帖，唐白居易撰。　韻海：宋許冠撰。

〔三〕禲：通“齋”，齋戒。

〔四〕庫在魯城中曲阜之高處：魯城，在今山東曲阜市魯城街道。曲阜，宛延的土山。

〔五〕包羲後大庭氏：指神農。

〔六〕英賢傳：又稱姓氏英賢傳，南朝梁賈執撰。

〔七〕勃海：又作“渤海”。我國唐代以靺鞨族爲主體在東北建立的地方政權。渤海國第一任國君爲大武藝。

〔八〕大山稽：各本“大”字原皆譌“太”，今據正文訂改作“大”。

〔九〕量莫大於齊人，而彼蒼爲窄：量，氣度，氣量。齊人，平民。彼蒼，謂天。詩秦風黄鳥：“彼蒼者天，殲我良人。”孔穎達疏：“彼蒼蒼者，是在上之天。”彦按：此謂天之氣量没有平民大，善惡必報，不會容忍。

〔一〇〕情款通乎人，德惠加乎物，則欣欣焉爲之不可致之祥：情款，情意。德惠，德澤恩惠。欣欣焉，極其高興的樣子。爲之不可致之祥，謂爲之致不可致之祥瑞。致，招來。　下甘露，出醴泉，三辰曾輝，五星循軌：甘露，甘美的露水。醴泉，甜美的泉水。五星，指東方歲星（木星）、南方熒惑（火星）、中央鎮星（土星）、西方太白（金星）、北方辰星（水星）。　歉歉然爲聖人延禧而永卜：歉歉然，不滿足貌。延禧，延續福祉。永卜，長久賜予。爾雅釋詁：“卜，予也。”

〔一一〕及有失道：洪本“失”譌“夫”。　憲示：表示，顯示。周禮地官司市“小刑憲罰”賈公彦疏：“憲是表顯之名。”

〔一二〕譴殛：譴責懲罰。殛，通“殛”。

〔一三〕數數然：急切貌。數，音 shuò。

〔一四〕清明之感，上行而際浮，下行而極幽：清明，指政治有法度，有條理。感，感應，影響。際浮，謂交接于天。際，交會，交接。浮，借代天。極幽，謂到達地。極，至，到達。幽，借代地。子華子神氣稱：“子華子曰：古之至人，探幾而鈎深，與天通心，清明在躬，與帝同功。是以進爲而在上，則至精之感，流通而無礙。以上行而際浮，以下行而極（憂）〔幽〕，以旁行而塞於四表，不言而從化，不召而效證，以其所以感之者，内也。”　故天不愛道，地藏發泄：愛，通“薆”，隱藏。地藏，謂地所藏寶。發泄，顯現。禮記禮運：“故天不愛其道，地不愛其寶，人不愛其情。”彦按：“天不愛道，地藏發泄”，如後世伏羲氏時河出圖、洛出書之類。

〔一五〕自此而下至“萬怪偕來”亦見今本子華子神氣篇，文字稍有出入。伏戲：四庫本作“伏羲”，同。　侗儚：猶童蒙，謂幼稚愚昧。侗，通“僮”。説文人部：“僮，未冠也。”子華子作“童蒙”。　瞑瞑蹟蹟：瞑瞑，昏花模糊貌。蹟蹟，穩重笨拙貌。　不知所以然：子華子作“不知所以然而然”。文子精誠篇亦曰：“慮犧氏之王天下，……其民童蒙，不知西東，視瞑瞑，行蹟蹟，侗然自得，莫知其所由。”　永年：長壽。

〔一六〕此文亦見今本子華子神氣篇。　黄帝、唐虞之代，其民樸以有立：樸，質朴。立，建樹。子華子“唐虞之代”作“堯舜之世”，“樸”作“樸”。　職職植植，而弗鄙弗夭：職職植植，猶言“芸芸”，衆多之貌。莊子至樂：“萬物職職，皆從无爲殖。”成玄英疏：“職職，繁多貌。”唐元結補樂歌五莖：“植植萬物兮，滔滔根莖。”“植植”猶“職職”。弗鄙弗夭，謂不相鄙薄，不相摧殘。

〔一七〕煩稱文辭而實不效，智譎相誕而情不應：謂好話説盡而行動不相應，智謀詭詐相欺騙而與真心不符。文選陸機漢高祖功臣頌“元功響效”吕向注：“效，猶應也。”説文心部：“情，人之陰氣有欲者。”徐灝注箋：“發於本心謂之情。”　一慴于上而羣有忮心者旋攻之于外：忮心，指叛逆之心。忮，音 zhì。莊子天下：“不苟於人，不忮於衆。”郭象注：“忮，逆也。”子華子神氣作：“機括存乎中，而羣有詐心者，族攻之於外。”

〔一八〕是以父哭其子，兄服其弟：服，謂服喪。子華子神氣作“兄喪其弟”。　長短頡頏，百疾俱起：長，個頭高。短，個頭矮。頡（xié），頸項僵直。頏（wú），腦袋碩大，喬本、洪本作“頇”，子華子神氣作“䛷”，此從吳本、四庫本、備要本。吕氏春秋明理引子華子曰，作“長短頡䛷，百疾”。陳奇猷校釋曰：“‘䛷’字不可解，説文有‘䛷’字，云‘逆也’，非此義。疑此文當作‘長短頡頏，百疾俱作’，今‘頏’字壞誤爲‘䛷’，又脱‘俱作’二字，遂不可通。説文：

'頡,直項也。'集韻:'頤,大頭也。''頡頭'與'長短'相對爲文。亂世之民,或長或短,或直項,或大頭,故下文曰'萬怪皆生'。彦按:陳説可從,吳本、四庫本、備要本路史作"頤",可爲佐證。　　盲禿尩傴,萬怪偕來:尩(wāng),脊骨前弓,面仰向上之病,病狀正好與傴相反。各本均作"狂"。彦按:"狂"當"尩"字之譌。本書前紀九陰康氏引子華子曰,該句作"盲禿傴尩",詞序雖不同,而字正作"尩"。然今本子華子神氣亦作"盲禿狂傴",則其誤有自來矣。呂氏春秋明理引子華子曰,作:"盲禿傴尪,萬怪皆生。"高誘注:"盲,無見。禿,無髮。傴,僂俯者也。尪,短仰者也。怪物妄生非一類,故言萬怪者也。"尩、尪一字。今據以訂正。

〔一九〕樂休祥而昧致戒:休祥,吉祥。致戒,指上天所給予之告戒。　　己未有善而詹詹惟瑞之言:詹詹,言詞繁瑣、喋喋不休貌。　　是以稱善未幾而昭士已怛于域門之外:備要本"是以"作"是"。昭士,明智之士。怛,同"弔",對遭喪事或其它不幸者進行慰問。域門,國門。域,古"國"字。

〔二〇〕故儒老先薄言其事,乃至詆符瑞爲無有者:老先,猶言"老先生"。薄言,少言。詆,指斥。符瑞,符應祥瑞。　　皆過激之論也:洪本"論"譌"諭"。

〔二一〕夫天人之相與,特一指也:相與,相處,相交往。一指,一個手指。比喻事物之一個方面,猶言一端。典出莊子齊物論:"天地一指也,萬物一馬也。"陸德明音義引崔譔云:"指,百體之一體;馬,萬物之一物。"

〔二二〕日月星辰之麗:麗,附著。易離:"日月麗乎天,百穀草木麗乎土。"妙用:神妙的作用。

〔二三〕利用出入:謂因利而用,或退(隱退)或進(出仕)。　　即天地之機踵也:機踵,變化之迹。文選成公綏嘯賦"機發響速"呂延濟注:"機,變也。"同書王融三月三日曲水詩序"中鉉繼踵乎周南"劉良注:"踵,迹也。"

〔二四〕拱生之穀:穀,木名,即楮樹。彦按:尚書序曰:"伊陟相大戊,亳有祥桑穀共生于朝。伊陟贊于巫咸,作咸乂四篇。"又史記殷本紀曰:"帝太戊立伊陟爲相。亳有祥桑穀共生於朝,一暮大拱。帝太戊懼,問伊陟。伊陟曰:'臣聞妖不勝德,帝之政其有闕與? 帝其修德。'太戊從之,而祥桑枯死而去。"路史所言,宜指此。然本當稱"共生之桑穀",今作"拱生之穀",若非羅氏之疏,即文有譌脱。　　同穎之禾:穎,喬本譌"穎",今據餘諸本訂正。尚書序曰:"唐叔得禾，異畝同穎，獻諸天子。王命唐叔歸周公于東，作歸禾。”　雊鼎之雉：雊（gòu），雉鳴。尚書序曰：“（殷）高宗祭成湯，有飛雉升鼎耳而雊，祖己訓諸王，作高宗肜日、高宗之訓。”　退風之鶂：鶂，水鳥名。形如鷺而大，羽色蒼白，善高飛。春秋僖公十六年：“是月，六鶂退飛，過宋都。”杜預注：“鶂，水鳥，高飛遇風而退。宋人以爲災，告於諸侯，故書。”　果何與於丘哉：彥按：史記孔子世家曰：“孔子之時，周室微而禮樂廢，詩書缺。追迹三代之禮，序書傳，上紀唐虞之際，下至秦繆，編次其事。……故書傳、禮記自孔氏。”又曰：“子曰：‘弗乎弗乎，君子病没世而名不稱焉。吾道不行矣，吾何以自見於後世哉？’乃因史記作春秋，上至隱公，下訖哀公十四年，十二公。據魯，親周，故殷，運之三代。約其文辭而指博。……貶損之義，後有王者舉而開之，春秋之義行，則天下亂臣賊子懼焉。”是知書序、春秋皆孔丘作。宋張大亨春秋五禮例宗卷三曰：“春秋之書變異，爲傳者其説不同。聖人果以人事測天乎？曰：天地與人，其類既殊，其事相遠，非有語言、臭味可相交際而得之也。然至其變，景象怪忒之物動乎其間，則君子恐懼，修省而弗敢忽焉。是故……雊鼎之雉，同穎之禾，(拱)〔共〕生之桑穀，聖人存之以示戒，而於春秋尤詳焉。”是得夫子之心哉！

〔二五〕字：彗星别稱。春秋文公十四年：“秋，七月，有星孛入于北斗。”杜預注：“孛，彗也。”　食：指日月之蝕。春秋隱公三年：“春，王二月己巳，日有食之。”　星隕：春秋莊公七年：“夏，四月辛卯，夜，恒星不見。夜中，星隕如雨。”　霖：左傳隱公九年：“春，王三月，‘癸酉，大雨霖以震’，書始也。……凡雨，自三日以往爲霖。”杜預注：“此解經書‘霖’也。而經無‘霖’字，經誤。”震：雷。春秋隱公九年：“三月癸酉，大雨，震電。”　木冰：春秋成公十六年：“春，王正月，雨，木冰。”杜預注：“記寒過節，冰封著樹。”　山崩地震：春秋成公五年：“梁山崩。”又文公九年：“九月癸酉，地震。”　蝥蠡麋蜮：蝥，通“飛”。蠡（yuán），尚未生翅之幼蝗。春秋宣公十五年：“冬，蝝生。”麋，麋鹿。春秋莊公十七年：“冬，多麋。”孔穎達正義：“麋是澤獸，魯所常有。是年暴多，多則害五穀，故言‘多’。以災書也。”蜮（yù），相傳一種能含沙射人爲害之動物，又稱短狐，亦稱射工。字亦作“蜚”。春秋莊公十八年：“秋，有蜮。”

〔二六〕四靈、三瑞、五害、十煇：四靈，指麟、鳳、龜、龍。禮記禮運：“何謂四靈？麟、鳳、龜、龍謂之四靈。”孔穎達疏：“以此四獸皆有神靈，異於他物，故謂之靈。”三瑞，三種祥瑞之物之合稱。古人視爲祥瑞之物甚多，宋王應麟玉海卷二〇〇祥瑞唐三瑞四瑞曰：“凡景雲、慶雲爲大瑞，其名物六十有四。白狼、赤兔爲上瑞，其名物三十有八。蒼烏、朱鴈爲中瑞，其名物三十有二。嘉禾、芝草、木連理爲下瑞，十名物。”五害，指水災等五種禍害。管子度地：“桓公曰：‘願聞五害之説。’管仲對曰：‘水，一害也；旱，一害也；風霧雹霜，一害也；厲，一害也；蟲，一害也。此謂五害。五害之屬，水最爲大。”尹知章注：“厲，疾病也。”十煇，圍繞太陽的十種不同的光氣。煇，同“暈”。周禮春官眡祲：“眡祲掌十煇之灋，以觀妖祥，辨吉凶：一曰祲，二曰象，三曰鑴，四曰監，五曰闇，六曰瞢，七曰彌，八曰敍，九曰隮，十曰想。” 則象類之見有不可而遮乎：象類，指相似相類之事物。見，“現”之古字，出現。遮，遮擋。

〔二七〕君高其臺，天火爲災：三國志魏志高堂隆傳：“崇華殿災，詔問隆：‘此何咎？於禮寧有祈禳之義乎？’隆對曰：‘夫災變之發，皆所以明教誡也，惟率禮脩德，可以勝之。易傳曰：“上不儉，下不節，孽火燒其室。”又曰：“君高其臺，天火爲災。”此人君苟飾宮室，不知百姓空竭，故天應之以旱，火從高殿起也。’” 多其下陣，淫水殺人：下陣，即下陳（“陣”讀爲“陳”），古代殿堂下陳放禮品、站列婢妾的地方。借指後宮妃嬪。淫水，汎濫溢流的大水，洪水。彥按：古人以爲女屬陰，洪水乃陰盛所致，故有此言。古籍中頗載其事，如宋書五行志四曰：“晉武帝咸寧元年九月，徐州水；二年七月癸亥，河南魏郡暴水，殺百餘人；八月，荊州郡國五大水。去年采擇良家子女，露面入殿，帝親簡閱，務在姿色，不訪德行。有蔽匿者，以不敬論。搢紳愁怨，天下非之，陰盛之應也。”

賤人貴物，豺虎横出：豺虎，喻殘暴且爲害百姓之人。横出，放縱而出。 孽嬖專政，穀果不實：孽嬖，指寵妃。漢劉向古列女傳卷七孽嬖傳，所傳夏桀末喜、殷紂妲己、周幽褒姒，皆其類。穀果，穀物、水果。

〔二八〕膻致蟻，臭引蝶，亘古猶是：蟻，同“蟻”。臭，香，香氣。史記禮書：“側載臭茝，所以養鼻也。”司馬貞索隱引劉氏曰：“臭，香也。”亘古，自古，從來。猶是，如此。

〔二九〕雷電以風，拔木發屋，而歲以大熟：以，與。發屋，掀開屋頂。大熟，大豐收。書金縢：“秋，大熟，未穫，天大雷電以風。” 日食震電，川灊冢崩，而周以東播：灊，同“沸”。冢，山頂。詩小雅十月之交：“百川沸騰，山冢崒崩。”

播,流亡,遷徙。國語周語上:"幽王二年,西周三川皆震。伯陽父曰:'周將亡矣!……'是歲也,三川竭,岐山崩。十一年,幽王乃滅,周乃東遷。"韋昭注:"東遷,謂平王遷於洛邑也。" 惟戒之不戒爾:之,與。

〔三〇〕身有醜夢,不勝正行:醜夢,醜惡的夢想。不勝,承擔不起,謂不可能有。正行,正直的行爲。 祅祥:顯示災異的凶兆。

〔三一〕諦變異而怵者:諦,同"諦",注意,細察。怵,恐懼,害怕。喬本、吳本、四庫本皆譌"怵",今據洪本、備要本訂正。 稔:音rěn,熟悉,習慣。

〔三二〕放意:縱情,恣意。

〔三三〕旱暵彌年,字彗數見:旱暵(hàn),乾旱。吳本、四庫本"暵"譌"暵"。彌年,經年,終年。字彗,彗星。 而景光嘉祥,芝鴈金馬,史不曠紀:景光,特指祥光。彥按:景光、芝、鴈、金、馬諸般嘉祥,備載於漢書武帝紀,今録如下。元鼎五年十一月:"詔曰:'朕……望見泰一,修天文禮。辛卯夜,若景光十有二明。'"又元封二年:"六月,詔曰:'甘泉宫内中産芝,九莖連葉。上帝博臨,不異下房,賜朕弘休。其赦天下,賜雲陽都百户牛酒。'作芝房之歌。"又太始三年二月:"行幸東海,獲赤鴈,作朱鴈之歌。"又元封六年:"三月,行幸河東,祠后土。詔曰:'朕禮首山,昆田出珍物,化或爲黄金。祭后土,神光三燭。其赦汾陰殊死以下,賜天下貧民布帛人一匹。'"又太始二年:"三月,詔曰:'有司議曰,往者朕郊見上帝,西登隴首,獲白麟以饋宗廟,渥洼水出天馬,泰山見黄金,宜改故名。今更黄金爲麟趾褭蹏以協瑞焉。'"又元鼎四年:"六月,得寶鼎后土祠旁。秋,馬生渥洼水中。作寶鼎、天馬之歌。"

〔三四〕今歲旱矣,而曰"天以乾封":史記孝武本紀:"夏,旱。公孫卿曰:'黄帝時封則天旱,乾封三年。'上乃下詔曰:'天旱,意乾封乎?其令天下尊祠靈星焉。'"張守節正義:"蘇林云:'天旱欲使封土乾燥也。'顔師古云:'三歲不雨,暴所封之土令乾。'" 星孛矣,而曰"天報德星":孛,謂彗星出現時光芒四射之象。古人視爲不祥之兆。字亦作"茀"。史記孝武本紀:"其秋,有星茀于東井。後十餘日,有星茀于三能。……有司言曰:'陛下建漢家封禪,天其報德星云。'" 何惑乎速化希旨者之爲欺邪:速化,謂快速入仕做官。希旨,謂迎合在上者意旨。

〔三五〕孰能翊翊小心,夙夜警戒如楚莊者而從之乎:翊翊,猶"翼翼",恭敬謹慎貌。楚莊,楚莊王,春秋楚國君熊侶,公元前 613—前 591 年在位,爲春秋五霸之一。

〔三六〕涖域:治國。域,古"國"字。　孽:災害。説苑君道:"楚莊王見天不見妖而地不出孽,則禱於山川曰:'天其忘予歟?'君子曰:此能求過於天,必不逆諫矣;安不忘危,故能終而成霸功焉。"

〔三七〕是以雖夷君而主盟諸夏,方域大治:主盟,主持會盟。諸夏,泛稱周代分封的中原各諸侯國。方域,地方,境内。

〔三八〕人何傷而自絶哉:傷,妨礙。備要本此句下有注文"文氣偉軼"四字。

栗陸氏

栗陸氏,是爲栗睦。古以"陸"爲"睦"。漢郭仲奇碑云:"風崇和陸〔一〕。"敖昏勒民,愎諫自用,於是乎民始攜〔二〕。東里子者,賢臣也,諫不行而醳之〔三〕,栗陸氏殺之。天下叛之,栗陸氏以亡。鄧析子〔四〕。

後有栗氏、睦氏。

陳靈公不君,洩冶諫而死,而傳稱孔子援詩以罪之〔五〕。予以爲非夫子之志也〔六〕。夫春秋書曰:"陳殺其大夫洩冶。"蓋以章靈公之惡,悼冶之賢而死不以罪也。迷於傳者,乃以爲夫子罪其直言於淫亂之朝而以累上書之,失之遠矣。

竊嘗言之:春秋之書,可以義推,而不可以例解也。聖人之予奪,若權衡然,一參一累,自有輕重,權隨之而移爾,惡可膠權而求其分兩之當哉〔七〕?稱國爲討,爲累上,此二傳之獨見,非經意也〔八〕。穀梁云:冶之死,不以罪。公羊云:稱國者,君殺之辭〔九〕。得之。

諸侯之臣,書之策者,無非大夫也。書曰"殺某",則是殺大夫矣。是故會聘涖事若盜殺,俱不書大夫〔一〇〕。自大夫以上始書于策。書"殺大夫某"者,明大夫之不當殺也。猶立君、致夫人而必書,明不當立,不當致也〔一一〕。葵丘之會,齊小白爲載書而盟諸侯,其四命曰:“毋專殺大夫!”〔一二〕書“殺大夫”於春秋,豈復有是者哉?古者諸侯之大夫,一偕命于天子〔一三〕。及其有罪,則請之天子,命之殺則殺,諸侯不得而專之。周衰,諸侯專恣〔一四〕,大夫之罪未登於殺而輒殺,故未有不書大夫者。惟欒盈、良霄不書大夫,以其絶於國也〔一五〕。皆奔而復入。

雖然,書殺大夫亦固非一律矣:有盜,有人,有名,有國。書名者三,書人者七,書國者三十有二。稱國以殺者,君殺之。稱人者,衆殺之。而其名賊,則大逆者也;苟非弑君,則不名賊。三大夫者,偕縁君弑見及,故及其賊之名〔一六〕。孔父、仇牧、荀息,蓋遭篡逆,力有所不能制,而與君生死者,以君而及之,所以榮也〔一七〕。杜預謂貶者〔一八〕,妄矣。君豈得而字臣哉?二百四十二年之間,固未有書某君殺一大夫者,則稱國殺爲君殺明矣〔一九〕。亦未有衆殺之而書國,君殺之而書人者。洩冶之死,孔寧、儀行父實殺之而書國殺,曰君實殺之也〔二〇〕。書曰“大夫”,是不當殺也。夫冶致諫其君而二子請殺之,靈公不禁,是不曰君殺之乎?

予以是知聖人婉筆書之,深見其惜之之尤也〔二一〕。而辨者執左氏之説而求之春秋,至有夫子“懷寵不去亂朝”之語,是膠權而求分兩者之見也〔二二〕。是後世不忠于君,謀一己之利,而不顧民社存亡者之言也〔二三〕。聖人豈有異於人乎哉?

昔者夫子之言:“不諫則危君,固諫則危身,與其危君,寧危身。”〔二四〕固當不義,臣不可不爭於君。紂之不道,微子去之,箕子爲之奴,比干諫而死,而夫子俱謂之仁〔二五〕。躬丁衰委之代,垂老作書,以示勸沮〔二六〕。若冶之忠君死誼,方褒嘉之不暇,而且罪之,惡在其爲孔子也〔二七〕?且冶在陳〔二八〕,何寵之足懷哉?史記:比干見箕子諫不聽而爲奴,曰:“君有過,不以死争,百姓何辜!”乃直言而死〔二九〕。冶之忠,縱未比干作,固不在宋子哀、魯叔肸後,干何貶〔三〇〕?且大夫生死皆名,禮也。是故死雖無罪亦必名,所以正君臣之分,而非不在此也。今徒以名爲罪,是所書之大夫無非罪矣。曹、宋之大夫特不足登春秋爾,顧以爲非罪邪?
晉一日殺三卿,而皆名,不皆罪也〔三一〕。

　　至于後世,有曰良史而左繆聖人之意,以誣墓鬼者,予於班
固見之矣〔三二〕。京房以忠憤死,則以爲“不度淺深,危言譏
刺”〔三三〕。晁錯以忠謀死,則以爲“知小謀大,禍發如機”〔三四〕。
至於翟義,倡義討賊,則又以爲“不量力,以隕其宗”〔三五〕。是
則仗節死義,皆固之不取矣〔三六〕。是則人臣之事其君,必如無
口匏、立仗馬、不鳴鴈,然後爲明哲歟〔三七〕?王鳳以戚里擅政,
王章力爭以死,漢忠也,而曰“不量輕重,以陷刑獄”〔三八〕。王
嘉爭董賢以死,何武謀王莽以死,死忠也,乃曰“區區以一簣障
江河,用没其身”〔三九〕。夫爲人臣而量輕重以進者,全軀擇利
之徒也〔四〇〕。嘉、武身乎將相,可以區區自處哉〔四一〕?陽處父,晉
太傅也,既諫以死,而左氏且以爲侵官,固可知也〔四二〕。故非聖人而率肆詆
短,鮮有不害名教者〔四三〕。昔范曄謂固“下死節,否正直,不敍
殺身成仁”,而予且不得以固爲良史〔四四〕。通鑑論東漢黨錮似此,俱
未善〔四五〕。

　　贊〔四六〕:上天作令,皇辟迭王。穆穆聖倉,四目靈光。受河之
圖,仰觀俯察,立我文字,創制垂法。朝廷之上,以正君臣;閭黨之
間,以肅尊親〔四七〕。著績別生,升中于岱〔四八〕。文治以興,布袄
奚怪〔四九〕?

【校注】

〔一〕風崇和陸:吳本、四庫本“陸”作“睦”,非。

〔二〕敖昏勒民:敖昏,高傲而昏庸。勒,約束,控制。喬本、吳本、四庫本皆
譌“勤”,洪本又譌作“勤”,今從備要本改。民,備要本譌“氏”。　愎諫自用:
剛愎拒諫,自行其是。　攜:謂攜貳,離心。左傳僖公二十八年:“不如私許復
曹、衛以攜之。”杜預注:“攜,離也。”

〔三〕醳:通“釋”,舍去,離開。

〔四〕鄧析子:春秋鄧析撰。

〔五〕陳靈公:春秋陳國君,名平國,公元前613—前599年在位。　洩冶:春秋陳國大夫。　傳稱孔子援詩以罪之:左傳宣公九年:“陳靈公與孔寧、儀行父通於夏姬,皆衷其衵服,以戲于朝。洩冶諫曰:‘公卿宣淫,民無效焉,且聞不令。君其納之!’公曰:‘吾能改矣。’公告二子。二子請殺之,公弗禁,遂殺洩冶。孔子曰:‘詩云:“民之多辟,無自立辟。”其洩冶之謂乎!’”杜預注:“辟,邪也。辟,法也。詩大雅言邪辟之世,不可立法。國無道,危行言孫。”

〔六〕予:備要本譌“子”。

〔七〕聖人之予奪:聖人,指孔子。予奪,取舍,褒貶。　一參一絫:參、絫皆古重量單位名,量極輕微。十黍爲一參,十參爲一銖,二十四銖爲一兩(據禮記檀弓上孔穎達疏)。絫,量同參。廣韻紙韻:“絫,十黍之重也。絫,上同。”惡可膠權而求其分兩之當哉:膠,黏住。

〔八〕稱國爲討,爲絫上,此二傳之獨見:稱國,謂春秋稱“陳(殺其大夫洩冶)”,而非稱“陳靈公(殺其大夫洩冶)”。討,聲討,公開譴責。絫上,謂連絫國君(陳靈公)。二傳,指穀梁傳及左傳。彥按:“稱國爲討”針對穀梁傳言,傳文曰:“稱國以殺其大夫,殺無罪也。泄冶之無罪如何?陳靈公通于夏徵舒之家,公孫寧、儀行父亦通其家。或衣其衣,或衷其襦,以相戲於朝。泄冶聞之,入諫曰:‘使國人聞之,則猶可;使仁人聞之,則不可。’君愧於泄冶,不能用其言而殺之。”蓋謂稱“陳殺”,意在譴責陳國殺無罪之大夫。“爲絫上”針對左傳言,傳文見上注〔五〕。蓋謂洩冶因不識時務諫而被殺,身死而使君蒙惡名。

〔九〕君殺之辭:洪本、吳本“辭”譌“亂”。春秋僖公七年“鄭殺其大夫申侯”公羊傳:“其稱國以殺何?稱國以殺者,君殺大夫之辭也。”

〔一〇〕會聘涖事若盜殺:會聘,會盟(諸侯相會結盟)與聘問(指天子與諸侯或諸侯與諸侯間之遣使通問)。涖事,處理政務。盜殺,謂爲叛逆者所殺。

〔一一〕猶立君、致夫人而必書:致,使至,謂迎娶。必,吳本、四庫本作“不”,誤。

〔一二〕葵丘之會,齊小白爲載書而盟諸侯:事在春秋魯僖公九年(前651),見孟子告子下。葵丘,春秋宋地名,在今河南民權縣東北。齊小白,即齊桓公,爲春秋五霸之一。載書,盟書,指會盟時所訂的誓約文件。　　毋專殺大夫:專,專斷,擅自。

〔一三〕古者諸侯之大夫,一偕命于天子:之,與。一偕,一同。

〔一四〕專恣:專橫恣肆。

〔一五〕惟欒盈、良宵不書大夫,以其絶於國也:欒盈,春秋晉大夫。良宵,春秋鄭大夫,春秋三傳並作良霄。絶於國,謂與國斷絶關係,爲國所摒棄。春秋襄公二十一年:“秋,晉欒盈出奔楚。”襄公二十三年:“晉欒盈復入于晉”,“晉人殺欒盈”。又春秋襄公三十年:“鄭良霄出奔許,自許入于鄭。鄭人殺良霄。”

〔一六〕三大夫者,偕繇君弒見及,故及其賊之名:偕繇,四庫本作“皆由”。春秋桓公二年:“春,王正月戊申,宋督弒其君與夷及其大夫孔父。”春秋莊公十二年:“秋,八月甲午,宋萬弒其君捷及其大夫仇牧。”春秋僖公十年:“晉里克弒其君卓及其大夫荀息。”

〔一七〕而與君生死者:生死,謂死,偏義複詞。

〔一八〕杜預謂貶者:杜預于孔父、仇牧、荀息之殺而稱名,有注曰:“孔父稱名者,内不能治其閨門,外取怨於民,身死而禍及其君。”又曰:“仇牧稱名,不警而遇賊,無善事可褒。”又曰:“荀息稱名者,雖欲復言,本無遠謀,從君於昏。”

〔一九〕二百四十二年之間,固未有書某君殺一大夫者:春秋所載,自魯隱公元年(前722)始,至魯哀公十四年(前481)“西狩獲麟”絶筆,前後凡二百四十二年。吳本、四庫本“書”作“稱”。

〔二〇〕孔寧、儀行父:春秋陳之二卿。孔寧又稱公孫寧。參見上注〔八〕。

〔二一〕予以是知聖人婉筆書之:洪本、吳本、四庫本“予”譌“于”。婉筆,婉轉文筆。　　惜之之尤:尤,不同一般。

〔二二〕辨者執左氏之説而求之春秋,至有夫子“懷寵不去亂朝”之語:孔子家語子路初見:“子貢曰:‘陳靈公宣婬於朝,泄冶正諫而殺之。是與比干諫而死同,可謂仁乎?’子曰:‘比干於紂,親則諸父,官則少師,忠報之心,在於宗廟而已。固必以死争之,冀身死之後,紂將悔悟,其本志情在於仁者也。泄冶之於靈公,位在大夫,無骨肉之親,懷寵不去,仕於亂朝,以區區之一身,欲正一國之姪昏,死而無益,可謂狷矣。詩曰:"民之多僻,無自立辟。"其<u>泄冶</u>之謂乎!'"

〔二三〕民社:人民與社稷。

〔二四〕見<u>説苑正諫</u>。

〔二五〕紂之不道,微子去之,箕子爲之奴,比干諫而死,而夫子俱謂之仁:見<u>論語微子</u>:"<u>微子</u>去之,<u>箕子</u>爲之奴,<u>比干</u>諫而死。<u>孔子</u>曰:'<u>殷</u>有三仁焉。'"<u>何晏集解</u>:"<u>微子</u>,紂之庶兄。<u>箕子</u>、<u>比干</u>,紂之諸父。<u>微子</u>見<u>紂</u>無道,早去之。<u>箕子</u>佯狂爲奴。<u>比干</u>以諫見殺。"

〔二六〕躬丁衰委之代,垂老作書,以示勸沮:躬,<u>洪</u>本作"射",當誤。<u>喬</u>本作"時",亦可通。<u>吳</u>本、<u>四庫</u>本作"躬",于義爲長,今從之。丁,當,遭逢。衰委,衰頹委頓。垂老,將近老年。勸沮,鼓勵與阻止。

〔二七〕若冶之忠君死誼:誼,<u>説文</u>言部:"人所宜也。"<u>段玉裁注</u>:"誼、義,古今字。<u>周</u>時作誼,<u>漢</u>時作義,皆仁義字也。"

〔二八〕且冶在陳:<u>洪</u>本"冶"譌"治"。

〔二九〕見<u>史記宋微子世家</u>。

〔三〇〕縱未比干仵:仵,同。比干仵,<u>喬</u>本作"比于干",<u>備要</u>本作"比于仵",並誤。今從<u>洪</u>本、<u>吳</u>本、<u>四庫</u>本改。　固不在<u>宋子哀</u>、<u>魯叔肸</u>後:<u>宋子哀</u>,<u>春秋宋</u>大夫,氏<u>高</u>,名<u>哀</u>,字<u>子哀</u>。<u>春秋文公</u>十四年:"<u>宋子哀</u>來奔。"<u>左傳</u>曰:"<u>宋高哀</u>爲<u>蕭</u>封人,以爲卿,不義<u>宋公</u>而出,遂來奔。書曰'<u>宋子哀</u>來奔',貴之也。"<u>杜預注</u>:"貴其不食污君之禄,辟禍速也。"<u>魯叔肸</u>,<u>春秋魯宣公</u>弟。肸,音xī,字同"肸",各本均譌作"肹",今訂正。<u>春秋宣公</u>十七年:"冬,十有一月,壬午,公弟叔肸卒。"<u>何休解詁</u>曰:"稱字者,賢之。<u>宣公</u>篡立,<u>叔肸</u>不仕其朝,不食其禄,終身於貧賤,故<u>孔子</u>曰'篤信好學,守死善道。危邦不入,亂邦不居。天下有道則見,無道則隱',此之謂也。"　干何貶:干,干係。<u>備要</u>本作"于",非。

〔三一〕<u>晉</u>一日殺三卿,而皆名,不皆罪也:<u>春秋成公</u>十七年:"<u>晉</u>殺其大夫<u>郤錡</u>、<u>郤犨</u>、<u>郤至</u>。"彦按:<u>羅苹</u>此注實本<u>宋張大亨春秋五禮例宗</u>,張書卷三曰:"大夫生死皆名,雖曰無罪而死,亦必名之,所以正君臣之分,其是非不在此也。殺而不名,雖曰衆也,然<u>晉</u>(<u>鄭</u>)一日殺三卿而經并書其名,則<u>曹</u><u>宋</u>之卿亦未必衆也,特以彼不告,故不得而詳耳。"

〔三二〕有曰良史而左繆聖人之意,以誣墓鬼者:左繆,違背、歪曲。左,義同今語"意見相左"之"左"。四庫本作"佐",非。誣,誣陷。墓鬼,謂死者。

〔三三〕京房:字君明,西漢易學家、音律學家,官至魏郡太守。因劾奏中書令石顯專權,遭受報復,以非謗政治等罪處死。漢書京房傳贊曰:"京房區區,不量淺深,危言刺譏,構怨彊臣,罪辜不旋踵,亦不密以失身,悲夫!"

〔三四〕晁錯:西漢景帝時御史大夫,力主削藩,吴、楚等七國以"討晁錯以清君側"之名發動叛亂,因成爲景帝平息事態之代罪羊而被誅。漢書敍傳:"錯之瑣材,智小謀大,既如發機,先寇受害。"

〔三五〕翟義:西漢末東郡太守。王莽攝政,翟義起兵討伐王莽,立劉信爲帝,自號大司馬柱天大將軍,因兵敗被殺。　倡義討賊:洪本"討"譌"計"。漢書翟義傳引司徒掾班彪曰:"義不量力,懷忠憤發,以隕其宗,悲夫!"

〔三六〕仗節死義:仗節,堅守節操。洪本、吴本作"伏節"。彦按:伏節義猶殉節,亦通。故後漢書吴漢傳有"仗節死誼"之語,而漢書刑法志則有"伏節死難"之説。"仗""伏"二字其形相近,路史原文作"仗"作"伏",實難斷定。

〔三七〕無口匏:没口葫蘆。宋史李沆傳:"沆爲相,接賓客,常寡言。馬亮與沆同年生,又與其弟維善,語維曰:'外議以大兄爲無口匏。'"　立仗馬:作爲儀仗擺設之馬。新唐書李林甫傳:"林甫居相位凡十九年,固寵市權,蔽欺天子,耳目諫官皆持禄養資,無敢正言者。補闕杜進再上書言政事,斥爲下邽令。因以語動其餘曰:'明主在上,羣臣將順不暇,亦何所論? 君等獨不見立仗馬乎? 終日無聲,而飫三品芻豆;一鳴,則黜之矣。後雖欲不鳴,得乎?'"　不鳴鴈:不叫唤之鵝。典出莊子山木:"夫子出於山,舍於故人之家。故人喜,命豎子殺鴈而烹之。豎子請曰:'其一能鳴,其一不能鳴,請奚殺?'主人曰:'殺不能鳴者。'"

〔三八〕戚里:外戚。漢書王章傳云:"王尊免後,代者不稱職,章以選爲京兆尹。時帝舅大將軍王鳳輔政,章雖爲鳳所舉,非鳳專權,不親附鳳。會日有蝕之,章奏封事,召見,言鳳不可任用,宜更選忠賢。上初納受章言,後不忍退鳳。章由是見疑,遂爲鳳所陷,罪至大逆。"又贊曰:"王章剛直守節,不量輕重,以陷刑戮,妻子流遷,哀哉!"

〔三九〕王嘉争董賢以死：王嘉，漢哀帝丞相。董賢，駙馬都尉，以美貌大受哀帝寵幸。哀帝欲封董賢爲侯，王嘉反對。哀帝怒將王嘉下獄。嘉於獄中絶食二十餘日，嘔血而死。事見漢書卷八六嘉本傳。　　何武謀王莽以死：何武，漢哀帝時前將軍。莽，同“莽”。哀帝崩，太后詔有司舉大司馬，舉朝皆舉王莽，武與左將軍公孫禄獨不附從，終遭誣陷而自殺死。事見漢書卷八六武本傳。　　區區以一簣障江河：簣，同“蕢”，用草或竹編成之盛土器。漢書何武王嘉師丹傳贊曰：“當王莽之作，外内咸服，董賢之愛，疑於親戚，武、嘉區區，以一蕢障江河，用没其身。”

〔四〇〕人臣：吳本、四庫本如此。喬本、洪本、備要本作“大臣”。彦按：“人臣”義長，今姑從之。

〔四一〕可以區區自處哉：可，通“何”。

〔四二〕侵官：謂超越權限侵犯其他官員的職權。春秋文公六年：“晉殺其大夫陽處父。”穀梁傳曰：“晉將與狄戰，使狐夜姑爲將軍，趙盾佐之。陽處父曰：‘不可！古者君之使臣也，使仁者佐賢者，不使賢者佐仁者。今趙盾賢，夜姑仁，其不可乎？’襄公曰：‘諾。’謂夜姑曰：‘吾始使盾佐女，今女佐盾矣。’夜姑曰：‘敬諾。’襄公死，處父主竟上事，夜姑使人殺之，君漏言也。”左傳曰：“賈季(彦按：即狐夜姑)怨陽子之易其班也，而知其無援於晉也，九月，賈季使續鞫居殺陽處父。書曰‘晉殺其大夫’，侵官也。”杜預注：“君已命帥，處父易之，故曰‘侵官’。”

〔四三〕率肆詆短：率肆，輕率而肆意。詆短，毀謗攻訐。　　名教：指以正名定分爲主的封建禮教。

〔四四〕下死節：以死節爲下。范曄語見後漢書班彪列傳論，原文爲：“彪、固譏遷，以爲是非頗謬於聖人。然其論議常排死節，否正直，而不叙殺身成仁之爲美，則輕仁義，賤守節愈矣。”

〔四五〕通鑑論東漢黨錮似此：東漢黨錮，指東漢桓帝、靈帝時士大夫、貴族等對宦官專權亂政的現象不滿，遂與發生黨争的事件。事件因宦官以黨人罪禁錮士人終身得名，以宦官誅殺士大夫一黨幾盡而結束。資治通鑑卷五六漢靈帝建寧二年云：“臣光曰：天下有道，君子揚于王庭以正小人之罪，而莫敢不服。天下無道，君子囊括不言以避小人之禍，而猶或不免。黨人生昏亂之世,不在其位,四海横流,而欲以口舌救之,臧否人物,激濁揚清,撩虺蛇之頭,踐虎狼之尾,以至身被淫刑,禍及朋友,士類殲滅而國隨以亡,不亦悲乎! 夫唯郭泰既明且哲,以保其身,申屠蟠見幾而作,不俟終日,卓乎其不可及已!"

〔四六〕贊:吴本、四庫本作"贊曰"。

〔四七〕閭黨之間,以肅尊親:閭黨,古代地方基層組織,二十五家爲閭,五百家爲黨,因泛稱鄉里、鄰里。肅,恭敬,敬重。尊親,尊長與父母。

〔四八〕升中:古稱"登方嶽,告成功"之祭天行爲。禮記禮器:"是故因天事天,因地事地,因名山升中於天。"鄭玄注:"升,上也。中,猶成也。謂巡守至於方嶽,燔柴,祭天,告以諸侯之成功也。"

〔四九〕布祆:謂出現反常怪異現象。布,顯露。

路史卷七

前紀七

禪通紀第二

昆連氏

<u>昆連氏</u>一曰<u>鼇連氏</u>，一曰<u>鼇蓄氏</u>。鼇，本又作“驪”。昆連者，昏晦之謂也。昆、鼇皆有昏意，連、蓄皆有積意。

後有<u>鼇氏</u>、<u>厘氏</u>、<u>驪氏</u>。<u>于志寧</u>云“追連、胥之絕軌”，謂<u>昆連氏</u>、<u>赫胥氏</u>也〔一〕。

自生民以來，君有宇宙者多矣，十紀之辟不勝計〔二〕。予繹<u>路史</u>〔三〕，僅得其五，其五紀則遂亡之矣。有或雜出傳記，如<u>焱氏</u>、<u>莊子</u>:<u>有焱氏之頌</u>〔四〕。<u>孔子</u>窮於<u>陳</u>、<u>蔡</u>，晨起而歌<u>焱氏</u>之風，有其具而無其數也〔五〕。<u>泰氏</u>著於<u>莊子</u>，蒲衣云:“<u>有虞氏不及泰氏</u>。”〔六〕<u>司馬彪</u>云:上古之帝王，無名之君〔七〕。<u>李</u>以爲<u>大庭氏</u>，注謂<u>伏羲</u>，皆非〔八〕。<u>成雄氏</u>、<u>龐子</u>問曰:“太上聖<u>成雄氏</u>之道，一揆用之萬八千歲，有天下，兵强，而世不奪，與天地存久。”〔九〕<u>鶡冠子</u>曰:“成雄得一，故物而制焉〔一○〕。”<u>劉外紀</u>作“成鳩”，繆矣〔一一〕。<u>素皇氏</u>、<u>内崗氏</u>之著於<u>鶡冠子</u>〔一二〕，近者親其善，遠者慕其德，是以其教不厭，其用不蔽，故能疇閣四海以爲一家，夷貉萬國以時朝服〔一三〕。此<u>素皇</u>、<u>内崗氏</u>之法，<u>成雄</u>之所枋以超等，世世不可奪者〔一四〕。雖間存一二，而政迹無滅，沕穆難稽〔一五〕。然又懼没厥號，因復著之，庶來者得以觀焉〔一六〕。

易曰:"過此以往,未之或知。"〔一七〕子休曰:"人之所知,不若其所不知。"〔一八〕信矣!

【校注】

〔一〕于志寧:唐初大臣,高宗朝歷官尚書左僕射、太子太師、同中書門下三品等職。　追連、胥之絶軌:見舊唐書于志寧傳志寧所上疏。　赫胥氏:見下文赫蘇氏。

〔二〕君有宇宙者多矣,十紀之辟不勝計:君有,君臨、擁有。宇宙,猶言天下、國家。十紀,廣雅釋天曰:"天地辟設,人皇以來至魯哀公十有四年,積二百七十六萬歲,分爲十紀,曰:九頭,五龍,攝提,合雒,連通,序命,循蜚,因提,禪通,疏訖。"辟,君主,帝王。

〔三〕繹:陳述。

〔四〕莊子天運:"故有焱氏爲之頌曰:'聽之不聞其聲,視之不見其形,充滿天地,包裹六極。'"成玄英疏:"焱氏,神農也。"

〔五〕孔子窮於陳、蔡,晨起而歌炎氏之風,有其具而無其數也:見莊子山木。原文作:"孔子窮於陳、蔡之間,七日不火食,左據槁木,右擊槁枝,而歌焱氏之風,有其具而無其數,有其聲而无宫角,木聲與人聲,犁然有當於人心。"王先謙集解:"焱氏,即焱氏。"窮,困窘,窘急。風,歌謡。有其具而無其數,王先謙莊子集解引宣(穎)云:"有枝擊木,而無節奏。"

〔六〕見莊子應帝王。　蒲衣:即蒲衣子。晉皇甫謐高士傳卷上:"蒲衣子者,舜時賢人也。年八歲而舜師之。"

〔七〕司馬彪:西晉史學家,撰有續漢書,又曾注莊子。洪本"馬"譌"羕"。
上古之帝王,無名之君:彦按:司馬彪但稱"上古帝王也",至于"無名之君也",乃晉李頤莊子集解語(見陸德明莊子音義上)。羅氏混爲一談,甚是不妥。

〔八〕李以爲大庭氏,注謂伏羲:李,指晉李頤,有莊子集解。見陸德明經典釋文。注,此當指成玄英疏,成疏云:"泰氏,即太昊伏羲也。"見王先謙莊子集解。

〔九〕龐子:即龐煖,戰國縱橫家,鶡冠子弟子。　太上聖成雄氏之道,一揵用之萬八千歲:洪本"太"作"大"。備要本"千"譌"十"。彦按:此文出鶡冠子王鈇。今本鶡冠子"太上聖"作"泰上",無"聖"字;"一揆"作"一族",吳世拱曰:"一族,謂一姓也。"(見黃懷信鶡冠子彙校集注)今謂:太上聖者,太古之聖人。一揆,謂同一準則、道理。孟子離婁下曰:"地之相去也,千有餘里;世之相後也,千有餘歲。得志行乎中國,若合符節,先聖後聖,其揆一也。"　與天地存久:吳本、四庫本如此。喬本、洪本、備要本"久"作"又",則當屬下讀。彥按:鶡冠子王鈇作:"與天地存,久絕無倫。"路史用其意而省其文,固當作"久"。更考本書行文習慣,相同情況下句開頭亦不用"又"。今姑定從吳本及四庫本。

〔一〇〕成雎得一,故物而制焉:各本"雎"均譌"睢",今訂正。得一,謂得道。呂氏春秋論人:"無以害其天則知精,知精則知神,知神之謂得一。"高誘注:"一,道也。"物而制焉,謂役使萬物而支配之。今本鶡冠子王鈇作:"成鳩得一,故莫不仰制焉。"

〔一一〕劉外紀作"成鳩",繆矣:劉外紀,指宋劉恕資治通鑑外紀。彥按:雎、鳩爲異體字,不知羅氏何以作此語。疑此中存在譌文。

〔一二〕素皇氏、内崇氏之著於鶡冠子:彥按:鶡冠子王鈇:"此素皇内帝之法,成鳩之所枋以超等,世世不可奪者也。"宋陸佃注:"帝者,天號;王者,人稱;皇者,天人之總:美大之名。謂之素皇内帝,則又其至者也,蓋至人神矣。由是而在下,則玄聖外王之道也;由是而在上,則素皇内帝之法也。""帝"或作"崇"。黃懷信以爲"作'崇'者'帝'字之誤",曰:"素皇内帝之法,即聖明君王之法。"(見鶡冠子彙校集注)是也。今羅氏據鶡冠子譌文加以曲解,敷衍出子虛烏有之素皇氏、内崇氏來,謬亦甚矣!

〔一三〕近者親其善:各本"親"均譌"視",今據鶡冠子王鈇訂改。　是以其教不厭,其用不蔽:不厭,不被厭棄。蔽,通"弊",竭。鶡冠子王鈇作"獘"。

故能疇闔四海以爲一家:疇闔,今本鶡冠子王鈇作"疇合",黃懷信彙校集注引吳世拱曰:"疇合,周合也。即下文'周闔'。'周'、'疇'、'合'、'闔',皆聲轉。"彥按:吳説是。周合,猶今言廣泛團結。　夷貉萬國以時朝服:朝服,朝拜稱臣。鶡冠子王鈇作:"而夷貉萬國,皆以時朝服致績。"

〔一四〕此素皇、内崇氏之法:鶡冠子王鈇作"此素皇内帝之法",羅氏誤解文意而有此説。詳上注〔一二〕。　成雎之所枋以超等,世世不可奪者:各本"成雎"均譌"成睢",今訂正。又各本"枋以超等"均作"防以起等","世世"均但作“世”,當屬譌脱,今並據鶡冠子王鈇訂改。黃懷信鶡冠子彙校集注引張金城曰:“儀禮特牲饋食禮釋文:‘枋,音柄,本亦作“柄”。’所柄,猶所執也。”又自注曰:“世莫能及,故曰超等。”皆可信從。

〔一五〕而政迹無滅,汩穆難稽:無滅,埋没,湮滅。無,通“蕪”。汩穆,深奧微妙。汩,音 wù。史記屈原賈生列傳:“汩穆無窮兮,胡可勝言!”司馬貞索隱:“汩穆,深微之貌。”

〔一六〕因復著之,庶來者得以觀焉:喬本“因”譌“困”,今據餘諸本訂正。庶,希望。

〔一七〕見易繫辭下。

〔一八〕子休:即莊子。姓莊,名周,字子休。　人之所知,不若其所不知:見莊子秋水。此謂人之所知者少,不知者多。

軒轅氏

軒轅氏作于空桑之北,山海經空桑之北有軒轅山,然空桑乃魯地[一]。紹物開智,見轉風之蓬不已者,於是作制乘車,相輪璞較,橫木爲軒,直木爲轅,以尊太上,故號曰軒轅氏[二]。或云居軒轅之丘而以爲名,非也。蓋軒轅所迹[三],後人因以名丘,非因丘而爲號。且其丘在昆崙之下,世以爲黃帝之所避風雨者,非所居也。權畸羨,審通塞,於是擅四方,伐山取銅以爲刀貨,以衡域之輕重,而天下治矣[四]。軒轅金,長寸七分,重十二銖,文作“至”,乃軒轅貨“一金”字也[五]。王存乂云:“古文‘軒轅’字合爲一[六]。”按古封禪文,與此正同。“貨”字古皆作“化”,故蔡氏化清經云“貨者,化也,變化反易之物”,是也[七]。有幣論,見發揮[八]。

贊[九]:禪通著紀,伊予握旋[一〇]。秉數稽功,一德乘乾[一一]。地不愛珍,乃權畸羨。制彼貨刀,與民通變[一二]。稱物平施,有無以遷[一三]。皇上絲尊[一四],大號軒轅。

軒轅氏,古封禪之帝也,在黃帝氏之前。承學之士乃皆以爲即黃帝氏[一五],失厥所謂,莫此甚焉。

昔蒙莊氏論至德之世,軒轅氏後乃有赫胥,而尊盧、祝融次之,又後乃有伏戲、神農、黄帝,其明著若是[一六]。六韜:“柏皇氏、栗陸氏、驪連氏、軒轅氏、赫胥氏、尊盧氏、祝融氏,古之王者也。伏羲氏、神農氏,教民而不誅;黄帝、堯、舜,誅而不怒。”[一七]別亦爲二矣。訊諸幣款[一八],有黄帝金,而又有軒轅金;董氏有金兩種[一九]。封禪文識有軒轅氏,而又有黄帝氏:莊子所載二古封禪之王[二〇]。王存乂云:“軒轅”字,古封禪文也[二一]。則軒轅自爲古帝,信矣。後世惟見史遷紀黄帝名軒轅,更弗復攷於古,失之[二二]。

【校注】

〔一〕山海經空桑之北有軒轅山:彦按:今考山海經北山經,空桑之山在軒轅之山北,羅氏此説正好相反,當誤。

〔二〕紹物開智:仿效事物,啓發智慧。爾雅釋詁上:“紹,繼也。”繼即隨于後,引申而有仿效、學習義。　轉風之蓬:蓬,草名。葉形似柳葉,邊緣有鋸齒,花外圍白色,中心黄色。秋枯根拔,遇風飛旋,故又名“飛蓬”。　柤輪璞較,横木爲軒,直木爲轅:柤,疑爲木名。輪,車輪。璞,疑當作“樸”,即柞木。較,車箱。軒,即車軾(古代設在車箱前供立乘者憑扶的横木)。集韻阮韻:“軒,車軾。”轅,説文車部“輈,轅也”朱駿聲通訓:“大車左右兩木直而平者謂之轅。”
以尊太上:太上,指最高統治者,天子。

〔三〕迹:踐,此謂經過,到過。

〔四〕權畸羨,審通塞:謂平衡物資之短缺與盈餘,考察其流通是否順暢。彦按:此“畸羨”與“通塞”對文,當屬反義並列結構。説文田部:“畸,殘田也。”故引申而有短缺義。　於是擅四方,伐山取銅以爲刀貨,以衡域之輕重:擅,占有,據有。伐山,開山,挖山。刀貨,錢幣。衡,平衡,調節。域,國。輕重,泛稱商品交換、貨幣流通、物價調控等經濟活動或管理措施。

〔五〕重十二銖,文作“至”,乃軒轅貨“一金”字也:銖,古代重量單位,相當于二十四分之一兩。“至”字之上,喬本、洪本有二字之空位,吴本、四庫本則多出“𤤺者”二字,備要本亦多二字而首字作“孚”。彦按:蓋軒轅貨“一金”之“金”字似“全”,連寫即似“至”字。文甚通暢,或者喬、洪二本“至”上二字空位非爲闕文,吳本、四庫本、備要本所補二字反爲衍文,亦未可知。

〔六〕王存义:洪本如此,今從之。餘諸本均作"王存義",誤。説見下注〔二一〕。

〔七〕蔡氏化清經:蔡氏,指西晉松滋令蔡洪。　變化反易之物:反易,顛倒。喬本作"友易",洪本作"友易",吳本、四庫本、備要本皆作"交易",廣韻過韻、五音集韻過韻、洪武正韻簡韻"貨"字下引蔡氏化清經,均作"反易"。彦按:原文當作"反易",喬本、洪本形譌而成"友易"、"友易",因不可解,吳本等又臆改而作"交易"。今訂正。

〔八〕有幣論:指本書發揮一論幣所起。

〔九〕贊:吳本、四庫本作"贊曰"。

〔一〇〕禪通著紀:著,建立。　伊予握旋:謂(天)使掌權。伊,發語詞,無義。予,賜予,給予。旋,通"璇",此指璇柄,即北斗七星之斗柄,喻權柄、王權。

〔一一〕秉數稽功:把握命運,積累功績。數,天命,命運。稽,積貯。　一德乘乾:謂憑借始終如一之美德登上君位。乾,指君位。

〔一二〕制彼貨刀,與民通變:貨刀,猶刀貨。見上注〔四〕。與,幫助。通變,謂流通交易。

〔一三〕稱物平施,有無以遷:遷,遷移,此謂流通。易謙:"君子以裒多益寡,稱物平施。"孔穎達疏:"稱物平施者,稱此物之多少,均平而施。"

〔一四〕繇:四庫本作"由"。

〔一五〕承學之士:謂因襲前人學説者。

〔一六〕蒙莊氏:即莊子。史記老子韓非列傳:"莊子者,蒙人也,名周。"蒙地在今河南民權縣。　又後乃有伏戲、神農、黃帝:伏戲,四庫本作"伏義"。彦按:莊氏論至德之世,見莊子胠篋篇,其文曰:"子獨不知至德之世乎?昔者容成氏、大庭氏、伯皇氏、中央氏、栗陸氏、驪畜氏、軒轅氏、赫胥氏、尊盧氏、祝融氏、伏義氏、神農氏,當是時也,民結繩而用之,甘其食,美其服,樂其俗,安其居,鄰國相望,雞狗之音相聞,民至老死而不相往來。"並未見"黃帝"字。而陸德明音義引司馬彪云:"此十二氏,皆古帝王。"自容成氏至神農氏,正合"十二氏"之數,可知今本並無脱文。羅氏所言,不知何據。

〔一七〕彦按:今本六韜未見此文,而太平御覽卷七六皇王部一引六韜有之,文字與此大同。　教民而不誅:誅,殺戮。　誅而不怒:怒,超過,過分。

〔一八〕訊諸幣款:訊,證實。幣款,錢幣上鑄刻的文字。款,指款識。

〔一九〕董氏有金兩種:董氏,指宋董逌,著有錢譜十卷(見宋史藝文志五)。有金,喬本、洪本作"有必",吳本、備要本作"有金",四庫本作"別有"。彦按:原文疑作"有幣","幣"音譌而成"必";"有必"不可解,因改"有金"、"別有"。今姑從吳本及備要本。

〔二〇〕莊子所載二古封禪之王:洪本"古"譌"占","之"字闕文。彦按:羅氏此説無據。見上注〔一六〕。

〔二一〕王存乂:吳本、四庫本作"王存義",備要本作"王存入",並誤。彦按:其人即唐代之王南賓(字存乂)。王氏撰有切韻一書,書中廣録流傳古字,宋郭忠恕汗簡、佩觿、夏竦古文四聲韻、董逌廣川書跋多有引用,均作"王存乂"。

〔二二〕史遷紀黃帝名軒轅:史記五帝本紀:"黃帝者,少典之子,姓公孫,名曰軒轅。"

赫蘇氏

赫蘇氏,是爲赫胥。胥,蘇也。傳謂赫然之德,爲人胥附,而號之〔一〕。又以爲即炎帝,妄矣。

赫胥氏之治也,尊民而重事。方是之時,人居不知所爲,行不知所之;鼓腹而游,含哺而嬉;晝而動,夕而息;渴則求飲,饑則求食;莫知作善而作惡也;出三入一,惝恍如遺〔二〕。子華子:"天之精氣,大數常出三而入一。其在人,呼,出也;吸,入也。一之謂專,二之謂耦,三之謂化,精氣以三成。宓羲、軒轅所柄以計也,赫胥、大庭惝恍如有所遺也。故曰:出於一,立於兩,成於三。連山以之呈形,歸藏以之御氣,大易以之立數。"〔三〕光曜赫奕,而隆名有不居,即以胥而自況〔四〕。胥史之義〔五〕。九洛泰定,爰脱灑於潛山〔六〕。即天柱第十四洞天也〔七〕。仙傳拾遺云:"薛伯高之祖玄真曰:'祝融棲神於衡皐,虞帝登仙於蒼吾,赫胥曜迹於潛山,黃帝飛輪於鼎湖。'"〔八〕此也。葬朝陽。寰宇記:赫胥氏在臨濟東,故朝陽城内一里〔九〕。今章丘〔一〇〕。

後有<u>赫氏</u>、<u>赫胥氏</u>。見<u>風俗通</u>。<u>山有扶蘇，草木疏</u>作“扶胥”〔一〕。<u>越絕書</u>言“<u>姑胥</u>之臺”，<u>董鑑吳地記</u>言“<u>姑胥</u>之山”，即<u>姑蘇</u>也〔一二〕。

甚矣，人欲之不可從也〔一三〕！求以從其欲，未有不失其所欲者也。是故，求爲樂者失其樂，求爲富者喪其富；求存者先得其亡，求榮者必至於辱；求以爲大，未有不先獲其小者也。

昔者<u>穆王</u>從欲而既失其欲矣，<u>秦皇</u>繼之，<u>秦皇</u>失其欲矣〔一四〕。<u>漢武</u>又繼之，<u>漢武</u>復失其欲矣。而<u>明皇</u>又繼之，是何邪〔一五〕？夸與幾而已矣〔一六〕。

幾生於所無，而夸出於不足，皆欲也。位、禄、名、壽四者，人之所大欲也。貴爲天子，富有四海，則既有其位，又有其禄矣，其不足者名，而所無者壽爾。且名之所難及者遠，而壽之所不能致者仙也。於是事四夷，將服遠以夸名，而治愈卑；禮方士，將求仙以幾壽，而身愈乏。盡心力而求之，而名與壽愈不可得也。

雖然，服遠難也，猶人之所爲也；而其所謂仙者，則尤人之不能致者也。彼以爲致人之所能致，未足爲至，必於人之所不能致者致之，然後足夸也。是以中材之主，好名之心常卑於欲壽，而求仙之志尤重於服遠也。

嗟夫！道在邇而求之遠，事在易而求之難。惟精惟一，此白晝蜚昇法也，<u>羲</u>以是傳之<u>炎</u>，<u>炎</u>以是傳之<u>黃</u>，<u>堯</u>傳<u>舜</u>，<u>舜</u>傳<u>禹</u>，<u>小顥</u>、<u>顓頊</u>、<u>高宗</u>、<u>文王</u>、<u>夔龍</u>、<u>益稷</u>、<u>周召</u>、<u>箕盤</u>與<u>孔子</u>之所共得也〔一七〕。<u>穆王</u>之倫不知出此，而乃區區外馳以求之，是之<u>燕</u>而南轅，兩騑愈疾，自謂即至，而不知其日遠也〔一八〕。

善乎，<u>周隱遙</u>之告<u>隋文</u>曰：“帝王脩道，速於人臣，一言之善，萬域蒙福。臣之所學，非萬乘所脩。”〔一九〕而<u>劉知古</u>亦謂<u>明皇</u>：“人主長生與庶人異。欲得長生，當先道化。人和氣洽，則仙自致矣。若爲庶人之事,臣所未悉。"〔二〇〕二子之言,可謂知所本者〔二一〕。代之人能因是而求夫所謂精一者,則自得之矣,又何必敝精神、苦筋骨而與死禍鄰哉〔二二〕?雖然,黃帝之所爲不在是,赫胥氏之所爲亦固不在是也。

且以秦皇愎惑不悟,卒至陵遲沙丘,身首不斂,爲天下笑〔二三〕。鄉使穆王遺祭公之諫,則不獲没於祇宮〔二四〕。明皇稽至德之禋,則不得崩於神龍〔二五〕。武帝苟非狼狽自悔,易危爲安,則龍淵之廟不立矣〔二六〕。方東方生之薦藥石於帝也,固以謂"仙者得之自然,非可躁求。若其有道,不憂不得;不然,雖之蓬萊見仙人,猶無益也",而帝且不悟〔二七〕。既晚,因大鴻言,於是悉罷方士候神人者;每對羣臣自歎曩之愚惑,爲方士之所欺,則不知道而已〔二八〕。伊尹有言:"天子惟不可彊爲也,必先知道。"〔二九〕知道,則人欲輕而民事重矣。如是,則脱灑曜迹不爲難也。

赫胥氏之果仙乎,予不得而知也,予悲夫求仙者之喪其欲也。故佯紳之學者毋謂太謾,將有嘿而識之者〔三〇〕。

【校注】

〔一〕胥附:追隨依附。管子樞言"進退勞佚,與人相胥"郭沫若等集校引牟庭云:"'胥'字古音當讀曰從,故胥有從意。其訓曰皆,曰相,曰輔,曰助者,皆因相從爲義也。爾雅'蜙蝑',郭注以爲蜙蝑,此即胥、從同聲之驗也。"　而號之:吳本、四庫本"之"下有"也"字。

〔二〕行不知所之:之,往。　鼓腹而游,含哺而嬉:鼓腹,鼓著肚子,謂喫得飽。含哺,口銜食物。嬉,游玩、戲樂。四庫本作"嘻"。莊子馬蹄:"夫赫胥氏之時,民居不知所爲,行不知所之,含哺而熙,鼓腹而遊。"　莫知作善而作戾也:而,與。作戾,作惡。　出三入一,怊恍如遺:出三入一,本謂人之呼吸,呼長吸短,此但表示自然呼吸而已。怊恍,恍忽,糊塗。吳本、四庫本"恍"作"怳",通。下羅苹注"怊恍"之"恍"同。如遺,如喪魂失魄般。遺,遺失。

〔三〕子華子:舊題周程本撰。清四庫館臣則謂程本與子華子非一人。又今人多以爲今本子華子係後人僞託。此所引子華子見執中篇,文字稍有出入。　一之謂專:專,各本均作“尊”,而傳本子華子作“專”。彥按:“尊”乃“專”之譌字。專者,“唯一”之稱,故語有“專一”之詞。今訂正。　精氣以三成:彥按:“三之謂化”,故此猶言“精氣以化成”。　宓羲、軒轅所柄以計也:柄,執持,把握。計,計慮,考慮。　連山以之呈形,歸藏以之御氣,大易以之立數:連山、歸藏、大易,皆古易名。大易即周易。見前紀三黃神氏注〔八〕。呈形,謂呈現形貌。彥按:相傳連山三爻成卦,故有“連山以之呈形”之言。御氣,統率卦氣。立數,謂建立筮法。左傳僖公十五年:“龜,象也;筮,數也。”

〔四〕光曜赫奕,而隆名有不居:光曜,光彩榮耀。赫奕,顯赫。居,當,相當。

〔五〕胥史:官府中的小吏。胥,小吏。

〔六〕九洛泰定,爰脱灑於潛山:九洛,猶九州,泛指天下。泰定,太平。脱灑,超脱。此謂脱俗登仙,故後跋文有“赫胥氏之果仙乎,予不得而知也”語。潛山,山名,在今安徽潛山縣西北。

〔七〕即天柱第十四洞天也:天柱,指天柱山。洞天,道教稱神仙的居處。

〔八〕仙傳拾遺:前蜀杜光庭撰。　薛伯高之祖玄真:太平廣記卷四三神仙薛玄真:“薛玄真者,唐給事中伯高之高祖也。”　祝融棲神於衡阜:棲神,謂止息,安居。衡阜,衡山。　虞帝登仙於蒼吾:蒼吾,即蒼梧。山名,又稱九疑山,在今湖南寧遠縣南。四庫本作“蒼梧”。史記五帝本紀帝舜:“踐帝位三十九年,南巡狩,崩於蒼梧之野,葬於江南九疑。”　赫胥曜迹於潛山:曜迹,猶顯迹,謂顯現行踪。　黃帝飛輪於鼎湖:飛輪,謂驅車飛馳。鼎湖,地名。在今陝西大荔縣東南。史記封禪書:“黃帝采首山銅,鑄鼎於荆山下。鼎既成,有龍垂胡顅下迎黃帝。黃帝上騎,羣臣後宮從上者七十餘人,龍乃上去。餘小臣不得上,乃悉持龍顅,龍顅拔,墮,墮黃帝之弓。百姓仰望黃帝既上天,乃抱其弓與龍胡顅號,故後世因名其處曰鼎湖。”

〔九〕見太平寰宇記卷一九齊州臨濟縣。　臨濟:縣名,治所在今山東章丘市黃河鎮臨濟村。　一里:四庫本作“二里”,誤。

〔一〇〕章丘:縣名,治所在今山東章丘市繡惠鎮。

〔一一〕山有扶蘇：詩鄭風篇名。毛傳：“扶蘇，扶胥，小木也。”　草木疏：書名，毛詩草木鳥獸蟲魚疏之省稱，三國吳陸璣撰。原書久佚，今傳世者乃輯本，未見有“扶胥”一詞。

〔一二〕董鑑：北魏儀曹郎中。　姑蘇：地名。即今江蘇蘇州市。

〔一三〕人欲之不可從也：從，通“縱”，放縱。下“從其欲”、“從欲”之“從”同。

〔一四〕穆王：指周穆王。左傳昭公十二年：“昔穆王欲肆其心，周行天下，將皆必有車轍馬迹焉。祭公謀父作祈招之詩以止王心，王是以獲没於祗宫。”

〔一五〕明皇：即唐玄宗李隆基。以諡號至道大聖大明孝皇帝，故稱。

〔一六〕夸與幾而已矣：夸，炫耀。幾，通“冀”，企求。

〔一七〕惟精惟一，此白晝蜚昇法也：惟精惟一，謂精純專一。書大禹謨：“人心惟危，道心惟微，惟精惟一，允執厥中。”蜚昇，謂羽化而昇仙。蜚，通“飛”。　高宗：指殷高宗武丁。史記殷本紀：“武丁修政行德，天下咸驩，殷道復興。”　夔龍、益稷、周召、箕盤：夔龍，舜二臣名。夔爲樂官，龍爲諫官。益稷，禹二臣名，即伯益與后稷。伯益助禹治水，后稷助禹殖穀。周召，周初二大臣名，即周公旦與召公奭。二人助周武王滅商，佐周成王理國，分陝而治，皆有美政。箕盤，殷朝二大臣名，即紂王叔父箕子與殷高宗傅相甘盤。二人並稱殷之賢臣。

〔一八〕而乃區區外馳以求之，是之燕而南轅，兩騑愈疾，自謂即至，而不知其日遠也：此謂南轅北轍。區區，形容一心一意。燕，周代諸侯國名，在今河北北部及遼寧西部一帶地區。南轅，車轅嚮南，謂車嚮南行。騑，駕在車轅兩旁的馬。

〔一九〕周隱遥之告隋文曰：周隱遥，隋唐時洞庭山道士，自云甪里先生之孫，宗其道者相號爲太玄先生。隋文，吳本、四庫本“隋”作“隨”。彦按：據太平廣記卷六神仙周隱遥、宋范成大吳郡志卷四〇仙事、宋鄭虎臣吳都文粹卷一〇令狐楚周先生住山記附録及他書所引仙傳拾遺，周隱遥所告者爲唐太宗，非隋文帝，羅氏蓋誤記。又，此所引周隱遥語，但屬意引，與諸書所引仙傳拾遺文字不盡相同。　一言之善，萬域蒙福：一言，洪本、吳本作“二言”，誤。萬域，萬國。

〔二〇〕劉知古：唐臨邛（今四川邛崍縣）人。唐高宗龍朔中出家爲道士，居太清觀，于三洞經錄罔不洞曉。玄宗時一度出任緜州昌明縣令，期間著有日月玄樞論一卷。　道化：引導教化。道，“導”之古字。　人和氣洽：人心和睦，民風融洽。

〔二一〕二子：指周隱遥與劉知古。洪本作“夫子”誤。

〔二二〕代之人：代，世。　與死禍鄰：鄰，接近，靠近。

〔二三〕且以秦皇愎惑不悟，卒至陵遲沙丘，身首不斂，爲天下笑：愎惑，固執而且糊塗。陵遲，衰敗，敗壞。沙丘，地名，在今河北廣宗縣大平臺鄉。身首，謂屍首。史記秦始皇本紀：“三十七年十月癸丑，始皇出游。……還過吳，從江乘渡。並海上，北至琅邪。方士徐市等入海求神藥，數歲不得，費多，恐譴，乃詐曰：‘蓬萊藥可得，然常爲大鮫魚所苦，故不得至，願請善射與俱，見則以連弩射之。’始皇夢與海神戰，如人狀。問占夢，博士曰：‘水神不可見，以大魚蛟龍爲候。今上禱祠備謹，而有此惡神，當除去，而善神可致。’乃令入海者齎捕巨魚具，而自以連弩候大魚出射之。自琅邪北至榮成山，弗見。至之罘，見巨魚，射殺一魚。遂並海西。至平原津而病。始皇惡言死，羣臣莫敢言死事。上病益甚，乃爲璽書賜公子扶蘇曰：‘與喪會咸陽而葬。’書已封，在中車府令趙高行符璽事所，未授使者。七月丙寅，始皇崩於沙丘平臺。丞相斯爲上崩在外，恐諸公子及天下有變，乃祕之，不發喪。棺載輼涼車中，……會暑，上輼車臭，乃詔從官令車載一石鮑魚，以亂其臭。”

〔二四〕鄉使穆王遺祭公之諫，則不獲没於祇宮：獲没，謂得以善終。没，通“歿”。祇宮，宮殿名，周穆王所築，故址在今陝西渭南市華州區北。喬本、洪本、吳本、備要本“祇”作“祇”；四庫本作“祇”，與左傳昭公十二年合，今從之。參見上注〔一四〕。

〔二五〕明皇稽至德之禪，則不得崩於神龍：稽，考覈。禪，通“禪”，音chán，佛教語，梵語“禪那”之略。原指静坐默念，引申爲禪理、禪法。神龍，唐宮殿名。彦按：此謂唐明皇若能修禪，則必戒女色而免女禍，自然也更長壽。舊唐書玄宗紀下：“上元二年四月甲寅，崩于神龍殿，時年七十八。”又新唐書玄宗紀贊曰：“自高祖至于中宗，數十年間，再罹女禍，唐祚既絶而復續，中宗不免其身，韋氏遂以滅族。玄宗親平其亂，可以鑒矣，而又敗以女子。方其勵精政事,開元之際,幾致太平,何其盛也! 及侈心一動,窮天下之欲不足爲其樂,而溺其所甚愛,忘其所可戒,至於竄身失國而不悔。考其始終之異,其性習之相遠也至於如此。可不慎哉! 可不慎哉!"

〔二六〕武帝苟非狼狽自悔,易危爲安,則龍淵之廟不立矣:武帝,指漢武帝。狼狽,急速,急忙。洪本"狽"作"貝"。龍淵,漢武帝廟名,在今陝西興平市。資治通鑑卷二二漢武帝征和四年:"三月,上耕于鉅定。還,幸泰山,脩封。庚寅,祀于明堂。癸巳,禪石閭,見羣臣,上乃言曰:'朕即位以來,所爲狂悖,使天下愁苦,不可追悔。自今事有傷害百姓,糜費天下者,悉罷之!'田千秋曰:'方士言神仙者甚衆,而無顯功,臣請皆罷斥遣之!'上曰:'大鴻臚言是也。'於是悉罷諸方士候神人者。是後上每對羣臣自歎:'曏時愚惑,爲方士所欺。天下豈有仙人,盡妖妄耳! 節食服藥,差可少病而已。'"

〔二七〕方東方生之薦藥石於帝也,固以謂"仙者得之自然,非可躁求。……猶無益也":東方生,指東方朔,漢武帝臣,歷官常侍郎、太中大夫等職,以滑稽多智稱。以謂,四庫本作"以爲"。彥按:此"以"通"已",作"以爲"非。蓬萊,古代傳説渤海中神山名,亦泛稱仙境。資治通鑑卷二〇漢武帝元封元年:"天子既已封泰山,無風雨,而方士更言蓬萊諸神若將可得,於是上欣然庶幾遇之,復東至海上望焉。上欲自浮海求蓬萊,羣臣諫,莫能止。東方朔曰:'夫仙者,得之自然,不必躁求。若其有道,不憂不得;若其無道,雖至蓬萊見仙人,亦無益也。臣願陛下第還宫静處以須之,仙人將自至。'上乃止。"

〔二八〕大鴻:即大鴻臚。官名,主接待賓客事。此指大鴻臚田千秋。見上注〔二六〕。　則不知道而已:道,指事理,規律。

〔二九〕見吕氏春秋本味。

〔三〇〕故搢紳之學者毋謂太謾,將有嘿而識之者:搢紳,插笏于紳(古代仕宦者和儒者圍于腰際的大帶)。搢,通"搢"。謾,欺誑,騙人。嘿,同"默",暗暗地。

葛天氏

葛天氏,葛天者,權天也〔一〕。爰儗旋穹作權象,故以葛天爲號〔二〕。説文:葛,蓋也〔三〕。與鷑皆音"蓋"〔四〕。而集韻"蓋,覆也",居曷切〔五〕。蓋、曷、盍古通用，故曷旦作"盍旦"，渴、碣本從"盍"，堨、殢一從"蓋"，轇、磍、塭、嗑，一皆從"曷"，世不知爾〔六〕。其爲治也，不言而自信，不化而自行，蕩蕩乎無能名之〔七〕。其及樂也，八士捉犿，投足摻尾叩角，亂之而歌八終〔八〕，一曰載民，二曰玄鳥，三曰遂物，四曰奮穀，五曰敬天常，六曰達帝功，七曰依地德，八曰臨萬物之極〔九〕。上林賦云："聽葛天氏之歌。"〔一○〕張揖云："三皇時君也。其樂，三人持牛尾，捉足以歌八曲：一曰"云云，"八曰總禽獸之極。"〔一一〕韋昭云："古之王者。其事見吕春秋。"〔一二〕李善以遂物爲育草木，奮穀爲奮五穀，達爲徹，闋爲曲〔一三〕。塊枹瓦缶，武枭從之，是謂廣樂〔一四〕。於是封泰山，興貨幣，以制數會，故沈滯通而天下泰矣〔一五〕。幣文有"葛"，李泊云："古葛字。"〔一六〕董氏譜云："葛天氏之幣，字雖質而與今隸無異。但今曷從曰、匃：曰，辭；匃，聲，無義。而此特從土、從曰，曰乃古之曷字，即爲聲也。曷與堨同，所謂田堨。田堨，土事。古文曷多作坤，猶此。"〔一七〕

後有**葛氏**、見風俗通。然少昊後自有葛。**權氏**。

贊〔一八〕：旋穹蒼蒼，孰測至極〔一九〕？不有聖人，伊誰軌則〔二○〕？無言而信，不化而行，垂法葛蓋天，蕩蕩難名〔二一〕。載民、玄鳥，臨物之極，八闋興謡，莫知帝力〔二二〕！

治者，致順之道也，無非事也，亦無非教也。

夢有占，戎有卜，災有祈，信有盟，聖人未嘗廢也〔二三〕。是故，無常祀，則淫祀不可勝舉矣；無中聲，則淫樂不可勝用矣；凡民之不可去者，聖人不廢也，抑爲之節文爾已〔二四〕。

古者未嘗無樂也。洪芒之世，聖人出道以應世，各有一代之業〔二五〕。有一代之業，則必有一代之樂也。雖然，樂者治之章，而禮者治之文也〔二六〕。文生而章出，禮先而樂後，不可易也。八士八終，節未嘗無也〔二七〕。節未嘗無，則禮未嘗廢也。而世之人，蔑禮節，隳形體，洿巇以爲行，疃恝以爲賢，託音乎聚僂之傍，而羅嗊乎父師之側，曰："吾爲達也。"〔二八〕吾聞無懷、

<u>葛天</u>不如是之蕩無度也〔二九〕。

予嘗學論語矣，及<u>微子</u>之篇，見其著<u>周公</u>謂<u>魯公</u>之語，而遂知<u>孔子</u>與三仁八士之心，然後三歎<u>孔</u>門弟子善述聖人之志，而<u>揚雄</u>、<u>王通</u>皆不足以知之也〔三〇〕。

夫<u>微子</u>一篇，論出處之大致：以仕爲通者，溺而不止；以隱爲高者，往而不返〔三一〕。然而特雜是章於間，何哉？彼<u>周公</u>之言，上以爲君人者而下以爲事君者發也。爲君難，爲臣固不易，君臣之間微矣哉〔三二〕！

於其所厚者薄，則無不薄矣。親而可施，則何有於賢士大夫哉〔三三〕？施者，殺而肆之也〔三四〕。内則："施羊亦如之。施麋、施鹿、施麕皆如牛羊。"〔三五〕<u>左氏</u>：秦施<u>冀芮</u>，晉施<u>邢侯</u>與<u>叔魚</u>於市〔三六〕。山海經："殺而施之。"〔三七〕晉語八："從<u>欒氏</u>者大戮施。"〔三八〕莊子云"<u>萇弘</u>胣"，史"拖<u>陳餘</u>"，蓋同也〔三九〕。開元五經文字作"弛"云"廢"，亦非〔四〇〕。<u>二世</u>之殘骨肉，六朝之戕宗室，此可仕其朝邪〔四一〕？大臣不以，則必愎很，信任小人矣〔四二〕。剥喪元良而信<u>崇虎</u>，賊虐諫輔而任尹諧，與夫信<u>石顯</u>而疑<u>蕭傅</u>，任<u>裴齡</u>而絀<u>陸贄</u>，此可仕其朝邪〔四三〕？非是二者，聖人不去也。

是故子言<u>衛靈公</u>之無道，猶且徬徨於其域〔四四〕。有<u>仲叔圉</u>、<u>祝鮀</u>、<u>王孫賈</u>等〔四五〕。知此則三仁之或去或死，<u>柳惠</u>之或絀或處，<u>孔子</u>之去<u>齊</u>去<u>魯</u>，樂師之適<u>齊</u>適<u>楚</u>，八士之著於是列，皆可知矣〔四六〕。

故舊無大故猶不可弃，則君非有大故而可去乎？朋友且不可求備也，一人或過，其可求備而去乎〔四七〕？知是，則<u>接輿</u>、<u>沮</u>、<u>溺</u>、<u>晨門</u>、<u>荷蓧</u>有可得而議矣〔四八〕。

於戲！山林之士，豈止於不知反哉〔四九〕？而世又有無故宅嶺，稱慕<u>巢許</u>以蘄達者〔五〇〕。<u>中南</u>、<u>少室</u>，皆爲捷徑，大有佳趣，豈特岑岑之<u>中南</u>邪〔五一〕？<u>巢許</u>之事，予無信焉。且不仕無義，可也；長幼之節，如之何其廢之〔五二〕？夷俟之態，固嘗見於<u>原壤</u>

矣,然則數之賊而叩之杖,是乃聖人之隱也〔五三〕。彼阮籍、韋高、王澄、胡母輔之之徒,復何爲邪〔五四〕? 譏山甫,姍文王,謏髁無任而笑天下之尚賢,縱脫無行而非天下之大聖〔五五〕。莊周不如是也,而況無懷之與葛天氏乎? 晉室之爲夷,南北之紛更,皆繇此徒出矣,而何任達之足云〔五六〕?

是故先王之治,先其禮而後其樂。樂者,溷瀾之竟;而禮者,人之城也〔五七〕。禮勝則愚,故樂以生之;樂勝則流,故禮以守之〔五八〕。禮也者,所以嚴分而防泆者也〔五九〕。苟嚴矣,何慢之足憂〔六○〕? 苟防矣,何亂之足病? 彼箕踞裸裎,託言爲達,其禍已不可勝言矣〔六一〕。非直聖人病之,俾門曲役莫不以爲病也〔六二〕。

詩云:"野有死麕,白茅苞之〔六三〕。"夫麕既已死矣,在所可弃矣,而猶苞以白茅,何邪〔六四〕? 死惡其洿於地也。夫茅之爲物薄〔六五〕,而用可重也。易曰:"藉用白茅,无咎。苟厝諸地而可矣,藉之用茅,何咎之有?"〔六六〕此其禮之所以不可以已,而流遁者之所以獲罪於聖人也〔六七〕。

【校注】

〔一〕葛天者,權天也:權,衡量,比照。彦按:葛、權古音相近,論聲則"見、羣"旁紐,論韻則"月、元"對轉。

〔二〕爰儗旋穹作權象:爰,足音助詞,無義。儗,摹擬,仿照。旋穹,猶玉宇,謂太空、天。旋,通"璇"。穹,四庫本如此。餘諸本均作"穷",當爲"穹"字形譌,文末贊語"旋穹蒼蒼",正"穹"字,可證。今訂正。作權象,確立統治形象。權,謂行權、施政。

〔三〕説文:葛,蓋也:今本説文無此釋義,或者羅氏誤記。而逸周書酆保"四葛"朱右曾集訓校釋曰:"葛,古通'蓋',掩覆也。"

〔四〕與鶷皆音"蓋":鶷(yà),鶷鶪,鳥名。四庫本作"鷗",誤。

〔五〕見集韻曷韻。

〔六〕故曷旦作"盍旦":曷旦,即鶡鴠,鳥名。又名寒號鳥。 渴、碣本從"盍":其説不詳,似無據。 堨、殢一從"蓋":集韻夳韻:"壒,塵也。通作堨。"又:"殢,死也。……亦作殢。" 輵、礚、堨、嗑,一皆從"葛":彦按:"從'葛'"似宜作"從'曷'"。輵或作輵,見集韻曷韻:"輵,輷輵,車聲。或从曷。"堨或作堨,見集韻夳韻。嗑或作喝,見集韻怪韻:"喝,説文:'㵣也。'或作嗑。"唯礚從"葛"(曷),其説不詳。

〔七〕蕩蕩乎無能名之:蕩蕩,無拘無束之貌。洪本、吴本、四庫本作"湯湯"。彦按:"湯湯"當讀"蕩蕩"。

〔八〕八士捉犗,投足㩋尾叩角,亂之而歌八終:犗(jiè),玉篇牛部:"牛四歲也。"此泛指牛。四庫本譌"犿"。投足,踏步。㩋(shǎn),執持,握持。廣雅釋言:"㩋,操也。"四庫本作"捵"。亂,演奏或吟唱之結尾。八終,吕氏春秋古樂作"八闋"。

〔九〕一曰載民,二曰玄鳥,三曰遂物,四曰奮穀,五曰敬天常,六曰達帝功,七曰依地德,八曰臨萬物之極:吕氏春秋古樂,遂物作遂草木;奮穀作奮五穀;臨萬物之極作總萬物之極,又一本作總禽獸之極。楊蔭瀏釋之曰:"八首歌曲的第一首載民是歌頌負載人民的地面;第二首玄鳥是歌頌黑色的鳥——黑色的鳥是一種作爲氏族標誌的'圖騰';第三首遂草木是祝草木順利地生長;第四首奮五穀是祝五種穀物繁盛地生長;第五首敬天常是述説他們尊重自然規律的心願;第六首達帝功是述説他們有充分發揮天帝的功能的願望;第七首依地德是述説他們要依照地面氣候變化的情形進行工作;第八首總禽獸之極是説明他們的總的目的是要使鳥獸繁殖,達到最高限度。"(見中國古代音樂史稿上册第5—6頁,人民音樂出版社2004年版)

〔一〇〕上林賦:賦名。西漢司馬相如作。

〔一一〕張揖語見文選司馬長卿上林賦"聽葛天氏之歌"李善注。 三皇時君也:李善注引文作"三皇時君號也"。 總禽獸之極:禽,四庫本作"萬",當由形近而譌。

〔一二〕見文選司馬長卿上林賦"聽葛天氏之歌"李善注引韋昭云,"吕春秋"作"吕氏春秋"。

〔一三〕李善以遂物爲育草木,奮穀爲奮五穀,達爲徹,闋爲曲:彦按:此説不確。<u>李善</u>當改作<u>張揖</u>,實爲<u>李善</u>注引"<u>張揖</u>曰"如此。達爲徹,指"達帝功"作"徹帝功"。闋爲曲,指變<u>吕氏春秋古樂</u>"以歌八闋"爲"以歌八曲"。

〔一四〕塊枹瓦缶:謂(擊打著)土塊作的枹、陶泥燒的缶。枹,古樂器名,皮革爲表,内裝以糠,擊打以節樂。缶,古樂器名。<u>舊唐書音樂志</u>二:"缶如足盆,古<u>西戎</u>之樂,秦俗應而用之。其形似覆盆,以四杖擊之。" 武枭從之:武,通"舞",舞蹈。枭,"噪"之古字,喧嘩叫嚷。 是謂廣樂:廣樂,謂擴大音樂的聲勢及感染力。

〔一五〕以制數會,故沈滯通而天下泰矣:制數,定法。會,調配。沈滯,積滯。此指積滯的物資、貨物。

〔一六〕李洎:其人不詳。待考。

〔一七〕董氏譜:指宋<u>董逌錢譜</u>。 曰乃古之曷字:喬本、洪本、吴本、備要本"曷"作"合",與上下文意不相承,蓋由音謁,今據四庫本訂作"曷"。 田塙:田埂。塙音 è。 古文曷多作甶,猶此:甶,備要本作空圍"□"。猶,通"由"。

〔一八〕贊:吴本、四庫本作"贊曰"。

〔一九〕旋穹蒼蒼,孰測至極:蒼蒼,猶言藍藍。至極,終極、盡頭。

〔二〇〕伊誰軌則:遵循、效法何人?軌則,遵循、效法。

〔二一〕垂法葛_蓋天:備要本"蓋"字闌入正文,誤。<u>彦</u>按:注文意謂"葛天"之"葛"當讀爲"蓋"。蓋天,謂普天下。 蕩蕩:博大貌。

〔二二〕八闋興謡,莫知帝力:興謡,產生之歌。莫知,没法知道,謂其非常。

〔二三〕戎有卜:戎,戰事,軍事。 信有盟:爲守信用而有誓盟。

〔二四〕中聲:中和雅正之樂聲。 淫樂:靡靡之音。舊時多指不同于正統雅樂之俗樂。 節文:謂減省文飾,使之質朴而有度。

〔二五〕洪芒:混沌、蒙昧之狀態,舊時多用於形容遠古時代。芒,通"荒"。吴本、四庫本作"荒"。 出道:謂推出治國之方略。

〔二六〕樂者治之章,而禮者治之文也:章謂色彩。<u>玉篇</u>音部:"章,采也。"文謂花紋。<u>説文</u>文部:"文,錯畫也。象交文。"即"紋"字初文。

〔二七〕節:法度,法則。<u>禮記樂記</u>"好惡無節於内"<u>鄭玄</u>注:"節,法度也。"

〔二八〕洿轥:污穢骯髒。 瞳悊:音 tǔn lǔn,行爲不端。瞳,同"瞳"。悊,各本皆譌“怨”，今訂正。玉篇心部：“愍，力本切。睡愍，行無廉隅。”　聚僂：
莊子達生“聚僂”陸德明音義引一云：“聚僂，棺椁也。”此借指死人。　羅嗊：
俗曲名。此謂唱俗曲。嗊，音 hǒng。明胡震亨唐音癸籤卷一三唐曲羅嗊曲
曰：“一名望夫歌。羅嗊，古樓名，陳後主所建。元稹廉問浙東，有妓女劉采春
自淮甸而來，能唱此曲，閨婦行人聞者莫不漣泣。”

〔二九〕蕩無度：蕩，放蕩。

〔三〇〕予嘗學論語矣：予，四庫本如此，是；餘本均作“子”，當由形近而
譌。今訂正。　周公謂魯公之語：魯公，周公子伯禽，周代魯國第一任國君。
論語微子文曰：“周公謂魯公曰：‘君子不施其親，不使大臣怨乎不以。故舊無
大故，則不棄也。無求備於一人！’”　三仁八士：指殷朝三仁人及周朝八賢士。
並見於論語微子：“微子去之，箕子爲之奴，比干諫而死。孔子曰：‘殷有三仁
焉。’”又：“周有八士：伯達、伯适、仲突、仲忽、叔夜、叔夏、季隨、季騧。”　而揚
雄、王通皆不足以知之也：揚雄晚年仿論語作法言，王通（隋末大儒）亦曾模仿
孔子而作王氏六經（其書已佚），故有是言。

〔三一〕論出處之大致：出處，出仕與退隱。　以仕爲通者，溺而不止：通，
謂通塗，指實現理想之出路。溺，沉迷。自“以仕爲通者”而下至下句句首之
“然”凡十九字，洪本整一行闕文。

〔三二〕微：奧妙。

〔三三〕親而可施，則何有於賢士大夫哉：施，通“弛”，棄置，忘卻。論語微
子：“君子不施其親，不使大臣怨乎不以。”劉寶楠正義：“釋文作‘不弛’。施、
弛二字古多通用，……鄭注坊記云：‘弛，棄忘也’。以訓此文最當。”吳本、四
庫本無“於”字。

〔三四〕施者，殺而肆之也：肆，古代謂處死刑後陳屍示衆。周禮秋官掌
戮：“凡殺人者，踣諸市，肆之三日。”吳本、四庫本無“也”字。彥按：“殺而肆
之”雖可引申出“棄置”義，然終不若劉寶楠以“弛”釋之直截了當也。

〔三五〕内則：禮記篇名。　施麛：各本“施”均譌“氏”。今據禮記内則訂
正。　麛：哺乳動物名，即獐子。

〔三六〕左氏：各本“氏”均作“施”。彥按：“施”當作“氏”。左氏即左傳。
此蓋受上下文諸多“施”字影響而譌。今訂正。　秦施冀芮：冀芮，即郤芮，春

秋晉大夫。彥按：左傳未言秦施冀芮，僖公二十四年但稱“秦伯誘而殺之”，而
國語晉語三則有“秦人殺冀芮而施之”語，羅氏説不確，或因誤記。　晉施邢
侯與叔魚於市：事見左傳昭公十四年。邢侯、叔魚，均春秋晉臣。吳本、四庫本
無“與”字，蓋脱文。又，吳本“邢侯”作“二邢侯”，“二”字則爲下句正文誤闌
入此者。

〔三七〕山海經：喬本、洪本、備要本“山”字譌“由”，今從吳本、四庫本
改。　殺而施之：今本山海經未見此文。

〔三八〕從欒氏者大戮施：見國語晉語八，原文作“從欒氏者爲大戮施”。
欒氏，指春秋晉公族大夫欒盈。自“晉語八”而下至“亦非”，注文凡三十五字，
爲吳本、四庫本所無。

〔三九〕萇弘胣：見莊子胠篋。萇弘，周景王、敬王大臣劉文公所屬大夫。
胣(chǐ)，裂腹刳腸。彥按：陸德明莊子音義：“崔云：(胣)讀若拖，或作杝字。
胣，裂也。淮南子曰：‘萇弘鈹裂而死。’司馬云：胣，剔也。……一云：刳腸曰
胣。”則“胣”不同於“殺而肆之”之“施”。羅氏混爲一談，誤。　史“拖陳餘”：
彥按：考史記，無此語，他書亦未見，不知所出。陳餘，見前紀五有巢氏注〔五
七〕。

〔四〇〕作“弛”云“廢”：喬本、洪本、備要本原作“作云弛廢”，文有誤倒而
義不通，今據清惠棟春秋左傳補註卷五昭公十四年傳“乃施邢侯”注引羅泌
(彥按：當作羅苹)曰改。

〔四一〕二世之戕骨肉，六朝之戕宗室：二世，指秦二世皇帝胡亥。戕，同
“戕”，殘害，殺害。喬本、洪本譌“賤”，今據餘諸本訂正。

〔四二〕大臣不以，則必愎很：以，用。此指任用，使用。愎很，固執，乖戾。
吳本、四庫本作“愎狠”，字異而詞同。

〔四三〕剥喪元良而信崇虎：此言殷紂王(受)之所爲。剥喪，猶言害死。
元良，謂大善之人，至德之人。崇虎，殷諸侯，即崇侯虎。書泰誓中：“惟受罪浮
于桀，剥喪元良，賊虐諫輔。”史記周本紀：“崇侯虎譖西伯於殷紂曰：‘西伯積
善累德，諸侯皆嚮之，將不利於帝。’帝紂乃囚西伯於羑里。”　賊虐諫輔而任尹
諧：此言夏桀之所爲。賊虐，殘害。諫輔，直言規勸之臣。尹諧，桀佞臣。見後
紀十四帝履癸。　信石顯而疑蕭傅：此言漢元帝之所爲。石顯，字君房，元帝

倖臣。出身宦者,元帝時官至中書令。蕭傅,指蕭望之。字長倩,漢元帝爲太子時任太傅,後拜前將軍光禄勳受宣帝遺詔輔元帝政。漢書石顯傳:"是時,元帝被疾,不親政事,方隆好於音樂,以顯久典事,中人無外黨,精專可信任,遂委以政。事無小大,因顯白決,貴幸傾朝,百僚皆敬事顯。顯爲人巧慧習事,能探得人主微指,内深賊,持詭辯以中傷人,忤恨睚眦,輒被以危法。初元中,前將軍蕭望之及光禄大夫周堪、宗正劉更生皆給事中。望之領尚書事,知顯專權邪辟,建白以爲:'尚書百官之本,國家樞機,宜以通明公正處之。武帝游宴後庭,故用宦者,非古制也。宜罷中書宦官,應古不近刑人。'元帝不聽,緐是大與顯忤。後皆害焉,望之自殺,堪、更生廢錮,不得復進用。"　任裴齡而絀陸贄:此言唐德宗之所爲。裴齡,指裴延齡,唐德宗時任户部侍郎、判度支,以苛刻剥下附上爲功。陸贄,字敬輿,唐德宗時官至宰相。舊唐書陸贄傳:"户部侍郎、判度支裴延齡,姦宄用事,天下嫉之如讎,以得幸於天子,無敢言者,贄獨以身當之,屢於延英面陳其不可,累上疏極言其弊。延齡日加譖毁。(貞元)十年十二月,除太子賓客,罷知政事。……十一年春,旱,邊軍芻粟不給,具事論訴;延齡言贄與張滂、李充等搖動軍情。……德宗怒,將誅贄等四人,會諫議大夫陽城等極言論奏,乃貶贄爲忠州别駕。"

〔四四〕子言衛靈公之無道,猶且徬徨於其域:衛靈公,春秋衛國國君姬元,公元前534—前493年在位。彦按:論語憲問云:"子言衛靈公之無道也,康子曰:'夫如是,奚而不喪?'孔子曰:'仲叔圉治賓客,祝鮀治宗廟,王孫賈治軍旅。夫如是,奚其喪?'"又孔子家語七十二弟子云:"孔子適衛,子驕爲僕。衛靈公與夫人南子同車出,而令宦者雍渠參乘,使孔子爲次乘,遊過市。孔子恥之。"皆可見孔子于衛之矛盾心情。

〔四五〕仲叔圉、祝鮀、王孫賈:皆春秋衛靈公臣。祝鮀,喬本、洪本、備要本"鮀"作"駝",今從吴本、四庫本,以與論語憲問吻合。

〔四六〕三仁之或去或死:見上注〔三〇〕。　柳惠之或絀或處:柳惠,指柳下惠。春秋魯賢士。氏展,名獲,字禽,謚惠,食邑柳下。絀,通"黜",貶退。論語微子:"柳下惠爲士師,三黜。人曰:'子未可以去乎?'曰:'直道而事人,焉往而不三黜? 枉道而事人,何必去父母之邦?'"　孔子之去齊去魯:論語微子:"齊景公待孔子曰:'若季氏,則吾不能;以季孟之間待之。'曰:'吾老矣,不能用也。'孔子行。"又:"齊人歸女樂,季桓子受之,三日不朝,孔子行。"又公冶長:"子曰:'道不行,乘桴浮于海。'" 樂師之適齊適楚:論語微子:"大師摯適齊,亞飯干適楚。……少師陽、擊磬襄入於海。"大師、亞飯、少師皆古樂官名。魏何晏集解引孔安國曰:"亞,次也。次飯,樂師也。……魯哀公時,禮壞樂崩,樂人皆去。" 八士之著於是列:八士,見上注〔三〇〕。

〔四七〕一人:指稱天子。書太甲下"一人元良,萬邦以貞"孔氏傳:"一人,天子。"

〔四八〕接輿、沮、溺、晨門、荷蓧:接輿,春秋楚狂人(放誕不羈者)。沮,長沮。溺,桀溺。晨門,負責早晨打開城門的人。荷蓧,肩上挑著蓧的人。蓧(diào),古代一種用于除草的竹編農具。上數人皆孔子時代之隱者,俱見於論語。論語微子:"楚狂接輿歌而過孔子曰:'鳳兮鳳兮! 何德之衰? 往者不可諫,來者猶可追。已而,已而! 今之從政者殆而!'孔子下,欲與之言。趨而辟之,不得與之言。"又:"長沮、桀溺耦而耕,孔子過之,使子路問津焉。長沮曰:'夫執輿者爲誰?'子路曰:'爲孔丘。'曰:'是魯孔丘與?'曰:'是也。'曰:'是知津矣。'問於桀溺。桀溺曰:'子爲誰?'曰:'爲仲由。'曰:'是魯孔丘之徒與?'對曰:'然。'曰:'滔滔者天下皆是也,而誰以易之? 且而與其從辟人之士也,豈若從辟世之士哉?'耰而不輟。子路行以告。夫子憮然曰:'鳥獸不可與同羣,吾非斯人之徒與而誰與? 天下有道,丘不與易也。'"又憲問:"子路宿於石門。晨門曰:'奚自?'子路曰:'自孔氏。'曰:'是知其不可而爲之者與?'"又微子:"子路從而後,遇丈人,以杖荷蓧。子路問曰:'子見夫子乎?'丈人曰:'四體不勤,五穀不分。孰爲夫子?'植其杖而芸。子路拱而立。止子路宿,殺雞爲黍而食之,見其二子焉。明日,子路行以告。子曰:'隱者也。'使子路反見之。至,則行矣。子路曰:'不仕,無義。長幼之節,不可廢也;君臣之義,如之何其廢之? 欲潔其身,而亂大倫。君子之仕也,行其義也。道之不行,已知之矣。'"

〔四九〕山林之士,豈止於不知反哉:反,"返"之古字。此針對上文"以隱爲高者,往而不返"言。

〔五〇〕而世又有無故宅嶺,稱慕巢許以蘄達者:宅嶺,謂居山中。稱慕,自稱欽慕。巢許,巢父與許由,二人皆堯時隱士。晉皇甫謐高士傳巢父云:"巢父者,堯時隱人也,山居不營世利,年老以樹爲巢而寢其上,故時人號曰巢父。”
又莊子外物云:“堯與許由天下,許由逃之。”蘄,通“祈”,求。達,顯達。

〔五一〕中南、少室:二山名。中南即終南山,亦即今陝西秦嶺山脈。洪本
譌“水南”。少室山在今河南登封市西北嵩山南麓。　　皆爲捷徑,大有佳趣:
此二句暗諷借隱山林博取美名,以冀徵召者。唐劉肅大唐新語隱逸:“盧藏用
始隱於終南山中,中宗朝累居要職。有道士司馬承禎者,睿宗迎至京,將還,藏
用指終南山謂之曰:‘此中大有佳處,何必在遠!’承禎徐答曰:‘以僕所觀,乃
仕宦捷徑耳。’藏用有慚色。”　　岑岑:高貌。

〔五二〕且不仕無義,可也;長幼之節,如之何其廢之:彥按:論語微子載子
路曰:“不仕,無義。長幼之節,不可廢也;君臣之義,如之何其廢之?”邢昺正
義曰:“此下之言,皆孔子之意。言父子之道,天性也。君臣之義也,人性則皆
當有之;若其不仕,是無君臣之義也。”而楊伯峻譯注則譯“不仕無義”爲“不做
官是不對的”。雖意思不盡相同,然皆視“不仕”爲“無義”之舉,甚是。今羅氏
顯然套取論語微子之文,而所謂“不仕無義”乃成爲“不仕于無義之朝”意,不
無誤解原文之嫌。

〔五三〕夷俟之態,固嘗見於原壤矣,然則數之賊而叩之杖,是乃聖人之隱
也:夷俟,猶箕踞。見下注〔六一〕。原壤,孔子舊友。洪本作“沐槨”,誤。數,
數落,責備。叩,敲擊。聖人之隱,謂聖人對於隱士之態度。之,用同“于”。論
語憲問:“原壤夷俟。子曰:‘幼而不孫弟,長而無述焉,老而不死,是爲賊。’以
杖叩其脛。”

〔五四〕彼阮籍、韋高、王澄、胡母輔之之徒:此四人皆任性縱酒,不崇禮典,
被純儒視爲悖禮傷教者。阮籍,字嗣宗,三國魏人,官至步兵校尉。擅詩文,好
莊、老,任性不羈,不崇禮典,遭母喪而飲酒食肉不輟。其時天下多故,名士少
有全者,由是不與世事,酣飲以避禍。韋高,十六國時後秦人。晉書姚興載記
上載:“給事黃門侍郎古成詵……風韻秀舉,確然不羣,每以天下是非爲己任。
時京兆韋高慕阮籍之爲人,居母喪,彈琴飲酒。詵聞而泣曰:‘吾當私刃斬之,
以崇風教。’遂持劍求高。高懼,逃匿,終身不敢見詵。”王澄,字平子,西晉時
人。官至荊州刺史,而日夜縱酒,不親庶事,雖寇戎急務,亦不以在懷。後爲族
弟王敦所殺。胡母輔之,字彥國,西晉時人,性嗜酒,任縱不拘小節。爲樂安太

守日,畫夜酣飲,不視郡事。後避亂渡江,官至湘州刺史而卒。史稱王澄、胡母輔之皆任放爲達,或至裸體。母音 wú,字又作“毋”。

〔五五〕譏山甫,姍文王:山甫,指周宣王卿士仲山甫。韓詩外傳卷八:“昔者周德大衰,道廢於厲。申伯、仲山甫輔相宣王,撥亂世反之正,天下略振,宗廟復興。申伯、仲山甫乃並順天下,匡救邪失,喻德教,舉遺士,海内翕然向風。故百姓勃然,詠宣王之德,詩曰:‘周邦咸喜,戎有良翰。’又曰:‘邦國若否,仲山甫明之。既明且哲,以保其身。夙夜匪懈,以事一人。’”姍,誹謗,詆毀。謑髁無任而笑天下之尚賢,縱脱無行而非天下之大聖:莊子天下篇語,原文“尚賢”下有“也”字。謑髁無任,放任自流,不承擔責任。謑髁,音 xí kē。成玄英疏:“謑髁,不定貌。隨物順情,無的任用,物各自得。”尚賢,即上賢,指德才超著之人。縱脱無行,放縱超脱,不拘行檢。

〔五六〕晉室之爲夷,南北之紛更,皆繇此徒出矣,而何任達之足云:夷,滅亡。廣雅釋詁四:“夷,滅也。”南北,指南北朝。紛更,動亂更易。繇,四庫本作“由”。任達,放任曠達。

〔五七〕樂者,溷瀾之竟;而禮者,人之城也:溷瀾(hùn xián),渾然無邊貌。吳本、四庫本作“混瀾”,字異而詞同。竟,“境”之古字。彥按:此謂樂如無邊之境,不加節制則淫濫。禮如防捍之城,正可使樂節制而有度。

〔五八〕禮勝則愚,故樂以生之;樂勝則流,故禮以守之:勝,猶過,謂太過。愚,謂迂愚,呆板。生,生動。流,放縱,無節制。禮記樂記則云:“樂勝則流,禮勝則離。”離謂人與人間之感情存在距離。説略不同。

〔五九〕所以嚴分而防泆者也:嚴分,嚴明名分。防泆,防止出軌。泆,放縱失度。

〔六〇〕慢:放肆。論語泰伯“動容貌,斯遠暴慢矣”朱熹注:“慢,放肆也。”

〔六一〕彼箕踞裸裎:箕踞,同“箕踞”,即隨意張開兩腿席地而坐。是一種輕慢、不拘禮節的坐姿,以形似簸箕而稱。喬本、備要本“箕”作“其”,今從餘諸本改。吳本“踞”譌“人”。裸裎,裸露身體。裎,音 chéng。　託言爲達:洪本、吳本“言”譌“音”。

〔六二〕非直聖人病之,俾門傭役莫不以爲病也:病之,以之爲禍害。俾門,門役,看門人。説文人部俾:“一曰:俾,門侍人。”傭役,小差役。傭(qióng),

玉篇人部："小貌。"

〔六三〕野有死麕,白茅苞之:見詩召南野有死麕。白茅,高亨詩經今注:"一種草,潔白柔滑,古人常用它包裹肉類。"苞,通"包",包裹。詩經原文作"包"。

〔六四〕何邪:吴本、四庫本"邪"作"耶"。

〔六五〕薄:輕。

〔六六〕藉用白茅,无咎。苟厝諸地而可矣,藉之用茅,何咎之有:見易繫辭上,原文爲:"初六:'藉用白茅,无咎。'子曰:'苟錯諸地而可矣,藉之用茅,何咎之有? 慎之至也。夫茅之爲物薄,而用可重也。慎斯術也以往,其无所失矣。'"藉,此指祭祀時陳列祭品的草墊。厝,通"措",放置。

〔六七〕而流遁者之所以獲罪於聖人也:流遁者,指隱士。流遁,逃遁,謂遁世。獲罪,受指責。聖人,指孔子。

路史卷八

前紀八

禪通紀第三

尊盧氏

尊盧氏,董氏錢書有尊盧氏幣,其文作𠥓。以夏商幣攷之,知爲尊盧幣也。是爲宗盧。宗、尊古通用,故賈逵以宗盟爲尊盟,穀梁以伯宗爲伯尊[一]。其立政也,官天地,府萬物,革天下之故,惟以幣行[二]。遂人而降,帝世者皆立貨幣以通有無。史皇而下,君人者咸興封禪以昭受命[三],今惟著代有其迹者[四]。尊盧之幣,蓋以代別。或疑此爲黃帝幣者,蓋以葛盧之山發而出金,黃帝取以制幣,以通百貨也[五]。然幣舉一字[六],而合爲山名,不應如此之異。無所甚親,無所甚踈,抱德揚和[七],以順天下,而世用寧焉。治九十餘載,位強臺之陽[八],葬浮肺山之陰。即今藍田山[九]。其西,尊盧氏冢存焉。亦見後魏風土記及長安志等[一〇]。山一名覆車[一一]。郭緣生云:“如覆車。”[一二]次有女媧谷[一三]。一名玉山[一四]。寰宇記:女媧氏陵亦在此,知茲地爲三皇舊居[一五]。

後有尊氏、尊盧氏、𤫩氏。見纂要文[一六]。世紀,尊盧後爲混沌、昊英、有巢、朱襄[一七]。世本以尊盧在伏羲後。應劭風俗通則因班表之序乃謂爲太昊之世侯者[一八],姓纂等從之,非也。班氏蓋失其世而妄著之于後爾。

自余季,甫志學[一九]。遂通三經,且侍且業,未嘗終日三商不屬意於是史也[二〇]。訪博士,适異書,訊旅人,求金石之遺,豫是有益,雖奴客必師,不知祈寒溽暑之爲毒[二一]。於衡湘得雲陽之從,於廣都得盤古之祀,於馮翊得史皇之墓,於藍田得尊盧之垛,於衡山得祝融之䰯,於長安得陰康之冢,於肺山得華胥之封,於黄龍得女媧之碣,於荼水得炎帝之陵,於蛾眉得黄帝之款,於雒得帝鴻之坋,於雲陽得少昊之瑜,於成陽得慶都之籥,於大山得有虞之文,於陳倉得娥育之㙪,於商於得女英之壟,於杼山得夏后之銘,一何多邪[二二]!

獨怪劉子政説湯無葬處,而崔駰、薛瓚俱云濟陰亳縣今有湯冢,皇覽云“在亳城北郭東三里,高七尺,韓嬰所謂帝乙墓者”,何謂無邪[二三]? 按伏韜北征記:“博望城内有湯、伊尹及箕子冢,今悉成丘”,而杜征南亦云:“梁國蒙縣北薄伐城中有湯冢,其西有伊尹、箕子冢。”[二四]今城内有故冢方城,宜其爲是,而記乃稱王子喬墓[二五]。亳之湯冢,己氏之伊尹冢,顏籀亦固疑之[二六]。爰求徵地,則又别有湯冢,——漢建平元年,大司空史御長卿按録水災,行湯冢者,於漢隸扶風,地有湯池、徵陌[二七],——何謂無邪?

然湯之都亳,與葛比,似亦不在兹土[二八]。及攷秦寧公本紀,二年伐湯,三年與亳戰,亳王奔戎,遂滅湯,則知周桓王之時,别自有湯,亦號亳王,爲秦所滅,乃西戎之君葬於徵者,而非成湯之墓[二九]。繼觀聖賢城冢記,則湯之冢,後魏天賜中已圮矣[三〇]。銘言“二千年困於恩”,其明器悉爲河東張恩霡之于河[三一]。是知成湯之窆久已無没,至是已不復存,子政之言爲不苟矣[三二]。

於戲! 太古尊盧、祝融、陰康、華胥之陵尚猶歷歷可知如此,而成湯之臧不壽,獨何歟[三三]? 良可歎也。

【校注】

〔一〕賈逵以宗盟爲尊盟：賈逵，東漢經學家，著作有春秋左傳解詁、國語解詁、周禮解詁、春秋左氏長經等，皆不傳。左傳隱公十一年：“周之宗盟，異姓爲後。”孔穎達正義：“賈逵以宗爲尊。”　穀梁以伯宗爲伯尊：穀梁傳成公五年：“晉君召伯尊而問焉。”陸德明音義：“伯尊，左氏作伯宗。”

〔二〕官天地，府萬物：語出莊子德充符。官，主宰。府，包藏。

〔三〕君人者咸興封禪以昭受命：興，舉行。吳本、四庫本、備要本皆譌“與”。昭，彰揚。

〔四〕著代：彰顯政權更迭。代，此指新王朝代替舊王朝。語出禮記冠義：“故冠於阼，以著代也。”孔穎達疏：“今適子冠於阼階，所以著明代父之義也。”　迹：形迹，行爲。

〔五〕葛盧之山：管子地數：“脩教十年，而葛盧之山發而出水，金從之，蚩尤受而制之，以爲劍鎧矛戟。”郭沫若等集校引尹桐陽云：“後漢書郡國志東萊郡葛盧有尤涉亭，蓋因山而名縣者，在今山東膠縣境。”膠縣，即今之膠州市。

〔六〕舉：皆。

〔七〕抱德揚和：懷藏美德，彰揚和諧。洪本、吳本“揚”譌“傷”。

〔八〕強臺：山名。即西傾山。在今青海、甘肅、四川三省交界處。強，音 jiàng。

〔九〕藍田山：在今陝西藍田縣東。

〔一〇〕後魏風土記：佚書，撰者不詳。　長安志：宋宋敏求撰。

〔一一〕山一名覆車：洪本、吳本“一”譌“十”。

〔一二〕郭緣生：各本皆作郭緣之。彥按：當作郭緣生。本書發揮五辯帝堯冢引“郭緣之述征記”，亦作郭緣之，同誤。考隋書經籍志二、舊唐書經籍志上、新唐書藝文志二，述征記作者實爲郭緣生。又，太平寰宇記卷二六雍州藍田縣載：“藍田山，……一名玉山，一名覆車山。郭緣生述征記云：‘山形如覆車之像也。’”尤可爲證。今訂正。

〔一三〕次有女媧谷：次，近旁，旁邊。

〔一四〕一名玉山：洪本、吳本“一”譌“十”。

〔一五〕女媧氏陵：彥按：“陵”當作“谷”。所引太平寰宇記見卷二六雍州藍田縣,原文爲:"又西有尊盧氏陵,次北有女媧氏谷,則知此地是三皇舊居于此。"

〔一六〕纂要文:佚書,撰者不詳。

〔一七〕世紀,尊盧後爲混沌、吴英、有巢、朱襄:吴英,易繫辭下孔穎達正義引帝王世紀,"吴"字作"皞"。朱襄,喬本、洪本作"未襄",吴本、備要本作"朱衣",並誤;四庫本作"朱襄",與易繫辭下孔穎達正義引帝王世紀同,今據以訂正。

〔一八〕班表:指漢書古今人表。

〔一九〕自余季,甫志學:季,年少,年輕。詩召南采蘋:"誰其尸之,有齊季女。"毛氏傳:"季,少也。"甫,開始。志學,專心求學。論語爲政:"吾十有五而志於學。"

〔二〇〕邅通三經,且侍且業,未嘗終日三商不屬意於是史也:邅,及,等到。吴本譌作"遵"。三經,指儒家的三部經典著作易、詩、春秋。漢書五行志下之下:"是故聖人重之,載于三經。"顏師古注:"謂易、詩、春秋。"且侍且業,謂邊侍奉雙親,邊修習學業。四庫本"侍"作"待",吴本"業"作"萘",並誤。終日,整天。喬本、洪本、備要本作"終食",誤。今從吴本、四庫本改。三商,猶言三時,謂早、午、晚。商,古漏壺(古代利用滴水多寡來計量時間的一種儀器)中箭(標竿)上所刻的度數。屬意,著意,用心。屬音 zhǔ。

〔二一〕訪博士,适異書:博士,學識廣博的人。洪本、吴本作"博氏"誤。适,通"括",搜括,搜集。　金石之遺:指鐘鼎碑碣一類之遺文。　豫是有益,雖奴客必師,不知祈寒溽暑之爲毒:豫,樂,喜歡。奴客,家奴。祈寒,大寒,盛寒。祈,通"祁",大。溽暑,指盛夏氣候潮濕悶熱。毒,苦痛。

〔二二〕於衡湘得雲陽之從:衡湘,衡山和湘水的並稱。雲陽,見前紀三雲陽氏。從,讀"蹤",踪迹。　於廣都得盤古之祀:廣都,在今四川成都市雙流區。祀,祠廟。　於馮翊得史皇之墓:馮翊,在今陝西大荔縣。史皇,見前紀六史皇氏。　於藍田得尊盧之埰:埰,墳墓。　於衡山得祝融之窴:窴(bèng),墳墓。　於長安得陰康之冢:陰康,見前紀九陰康氏。　於肺山得華胥之封:肺山,即浮肺山。華胥,見後紀一太昊伏戲氏。封,墳墓。　於黃龍得女媧之碣:黃龍,古塞名,當在今河南靈寶市西北黃河邊。宋姚鉉唐文粹卷七一喬潭女媧陵記:“登黃龍古塞,望洪河中流,歸然獨存,大浸不溺者,媧皇陵也。”　於茶水得炎帝之陵:茶水,水名,在今湖南茶陵縣境。茶,讀“荼”。　於蛾眉得黃帝之款:蛾眉,即今四川峨眉山。款,鐘鼎彝器上鑄刻的文字。　於雖得帝鴻之坋:雖,在今陝西鳳翔縣。帝鴻,見後紀六帝鴻氏。坋(fèn),大堤,引申指墳墓。　於雲陽得少昊之堬:雲陽,山名。本書前紀三雲陽氏“蓋處于沙”羅苹注“今茶陵西南十里雲陽山也”,即其地。參見彼章注〔二〕。少昊,見後紀七小昊青陽氏。堬(yú),墳,冢。　於成陽得慶都之簡:成陽,在今山東菏澤市牡丹區胡集鄉。慶都,帝堯母。見後紀十一帝堯陶唐氏。簡,疑當作“笧”。“笧”即古文“册”(見説文册部)。　於大山得有虞之文:大山,即泰山。大,古“太”字。喬本、洪本、吳本、備要本皆作“天山”,誤。今從四庫本改。有虞,見後紀十二帝舜有虞氏。　於陳倉得娥育之殔:陳倉,在今陝西寶雞市陳倉區。娥育,各本“育”均作“盲”。彥按:“盲”當“育”字之譌,育即舜妻娥皇。漢書地理志上右扶風陳倉有“舜妻育冢祠”。本書發揮五辯帝舜冢“帝之三妃不得皆後于帝死,育既葬于陳倉,則其先死矣”,亦作“育”。今據以訂正。殔(yì),小爾雅廣名:“埋柩謂之殔。”引申指葬地,冢。　於商於得女英之壟:商於,在今河南淅川縣西南。女英,舜妃。吳本、備要本作“士英”,誤。壟,冢,墳墓。

　於杼山得夏后之銘:杼山,即今浙江湖州市西南寶積山。夏后,見後紀十三帝禹夏后氏。

　〔二三〕獨怪劉子政説湯無葬處,而崔駰、薛瓚俱云濟陰亳縣今有湯冢,皇覽云“在亳城北郭東三里,高七尺,韓嬰所謂帝乙墓者”:劉子政,即西漢經學家劉向(字子政)。崔駰,東漢經學家。薛瓚,見水經注,西晉訓詁學家,曾注漢書。或以爲即顏師古漢書注中常引其説之臣瓚,羅泌蓋如此,如此處稱薛瓚“云濟陰亳縣今有湯冢”,實見諸漢書地理志上河南郡“偃師”下顏氏注:“臣瓚曰:‘湯居亳,今濟陰縣是也。今亳有湯冢。’”七尺,洪本、吳本“尺”作“赤”。韓嬰,西漢四家詩之韓詩學創始人。彥按:亳縣、亳城,當從水經注作“薄縣”、“薄城”,“亳”蓋“薄”字音譌。其地在今山東曹縣。水經注卷二三汳水:“崔駰曰:湯冢在濟陰薄縣北。皇覽曰:薄城北郭東三里平地有湯冢,冢四方,方各十步,高七尺,上平也。……劉向言殷湯無葬處爲疑。”又史記殷本紀“湯崩”,裴駰集解引皇覽,亦譌作亳縣,清杭世駿史記考證曰:“前漢志濟陰郡無亳縣,後漢志無濟陰郡。梁國穀熟爲南亳,蒙爲北亳,河南偃師爲西亳。亳本非縣名。皇覽是魏時人作,其所用必後漢地名。此云'在濟陰亳縣',必有誤。"

〔二四〕伏韜:即伏滔。東晉著作郎、游擊將軍。 博望城:彦按:太平御覽卷五三引伏韜北征記亦曰:"博望城内有成湯、伊尹、箕子冢,今皆爲丘。"而太平寰宇記卷一二宋州宋城縣則曰:"箕子冢,在縣北四十一里二十步古蒙城内。……晉伏滔北征記云:'望亳、蒙間,成湯、伊尹、箕子之冢墓,皆爲丘墟。'今蒙與北亳相去三十里。"今謂御覽、路史所謂"博望城"者,乃由"望亳"譌變而來,"亳"音譌而成"博",又誤倒遂成"博望"矣。亳、蒙間,地約當今河南商丘市梁園區一帶。 杜征南:即西晉訓詁學家杜預。預身後追贈征南大將軍。 梁國蒙縣北薄伐城:蒙縣,治所在今河南商丘市梁園區。薄伐城,彦按:水經注卷二三汳水:"杜預曰:梁國蒙縣北有薄伐城。"熊會貞疏:"釋例宋地内文,作'西北有亳城'。莊十二年注同。續漢志薄縣注引杜亦同。此脱'西'字,衍'伐'字。"熊氏説是。又,"薄"通"亳"。

〔二五〕今城内有故冢方城:彦按:"方城"當"方墳"之誤。水經注卷二三汳水云:"今城内有故冢方墳,疑即杜元凱之所謂湯冢者也。"當即路史所本。 王子喬:周靈王太子,以直諫廢爲庶人,鬱鬱而死。又相傳爲道士浮丘公接上嵩高山而成仙。

〔二六〕亳之湯冢,己氏之伊尹冢,顔籀亦固疑之:亳,指北亳,在今河南商丘市梁園區。己氏,在今山東曹縣東南楚天集村。顔籀,即唐初經學家顔師古(字籀)。漢書地理志上河南郡偃師縣"尸鄉,殷湯所都"顔師古注:"臣瓚曰:'湯居亳,今濟陰縣是也。今亳有湯冢,己氏有伊尹冢,皆相近也。'師古曰:瓚説非也。又如皇甫謐所云湯都在穀熟,事並不經。劉向云'湯無葬處',安得湯冢乎!'"

〔二七〕微地:微,在今陝西蒲城縣東北西頭鄉。 按録水災:巡視收集水災情況。 扶風:即右扶風,漢京畿三輔之一,治所在今陝西西安市西北。水經注卷二三汳水:"漢哀帝建平元年,大司空史(部)〔御〕長卿按行水災,因行湯冢——在漢屬扶風,今徵之迥渠亭有湯池、徵陌是也。"

〔二八〕然湯之都亳,與葛比,似亦不在兹土:葛,夏、商、周時國名,地在今河南寧陵縣西北葛伯屯村。比,近,靠近。孟子滕文公下:"湯居亳,與葛爲鄰。”彦按:路史此説非是。亳在今河南商丘市梁園區境,葛在今河南寧陵縣境,兩地正相比鄰。

〔二九〕及攷秦寧公本紀,二年伐湯,三年與亳戰,亳王奔戎,遂滅湯:史記秦本紀:“寧公二年,公徙居平陽。遣兵伐蕩社。三年,與亳戰,亳王奔戎,遂滅蕩社。”司馬貞索隱:“(蕩社,)徐廣云一作‘湯杜’,言湯邑在杜縣之界,故曰湯杜也。”又裴駰集解引皇甫謐云:“亳王號湯,西夷之國也。”彦按:秦寧公當作秦憲公(春秋秦國國君,名立,公元前715—前704年在位),傳世本史記文字有誤。説見全注全譯史記(天津古籍出版社1995年版)李零注。　則知周桓王之時,別自有湯:周桓王,各本均作“周穆桓”。彦按:周王無稱“穆桓”者;雖有穆王、桓王,又相隔甚遠,不當並稱。考秦憲公時,正當周桓王世,可知此之“穆桓”,當作“桓王”,今訂正。　而非成湯之墓:洪本、吳本“成湯”作“滅湯”誤。

〔三〇〕聖賢城冢記:北齊徐之才撰。各本“城”均譌“成”,今訂正。　圮:音 pǐ,毁壞。

〔三一〕銘言“二千年困於恩”,其明器悉爲河東張恩霰之于河:明器,即冥器。專爲死者製作的隨葬器物。霰(jiàn),將物放入水中。廣韻鑑韻:“霰,以物内水中。出音譜。”太平廣記卷三九一銘記一張恩云:“後魏天賜中,河東人張恩盜發湯冢,得志云:‘我死後二千年,困於恩。’恩得古鍾磬,皆投於河。此又別見聖賢城冢記。(出史系)”

〔三二〕是知成湯之窆久已無没:窆(biǎn),墓穴。已,四庫本作“矣”,非。無没,謂掩没于荒草間。無,通“蕪”。　不苟:不隨便。

〔三三〕歷歷:清晰貌。　成湯之臧:臧,通“藏”,音 zàng,墓穴,墳墓。

祝誦氏

祝誦氏,庸、誦古通用。一作“頌”。故禮“庸鍾”、“容磬”及漢書“爲容”,皆作“頌”,有以也[一]。一曰祝龢,見金樓子等[二]。是爲祝融氏。祝,斷也,化而裁之之謂[三]。陸佃解月令,説云:“木發而榮之,金辱而收之,火祝而融之,水玄而冥之。蓋融而熟之,火也。”[四]白虎通云:“祝,屬也。融,續也。能屬續三王之道行之也。”[五]

未有嗜欲[六],無所造作,師於廣壽,以毓其德;道書以爲即老子。

説見餘論。刑罰未施而民勸化,三綱正,九疇序〔七〕。是以天下洽龢,萬物咸若〔八〕。武梁祠堂畫像碑云〔九〕:"祝誦氏無所造爲,未有嗜欲,刑罰未施。"六韜云:"赫胥氏、尊盧氏、祝融氏,此古之王者也。未使民,民化之;未賞民,民勸之。皆古之善爲政者也。"於是聽弇州之鳴鳥以爲樂歌,作樂屬續以通倫類、諧神明而龢人聲〔一〇〕。是以耳目聰明,血氣龢平,而壽令長〔一一〕;移風易俗,天下大治。則歌樂爲之節文也〔一二〕。古非帝王不作樂。孝經五行鉤命决云:"伏羲氏有立基,神農氏有下謀,祝融氏有祝續。"〔一三〕"祝"本多作"屬",見白虎通義及諸樂緯,其義通也〔一四〕。以火施化,號赤帝〔一五〕。淮南子云:"南方之極,自北方之界至炎風之野,赤帝祝融之所司。"〔一六〕祝融亦號赤帝也〔一七〕。故後世火官因以爲謂。祝融氏,號也。祝融,職也,本非人名。黎爲祝融,回爲祝融,皆職〔一八〕。都于會,故鄭爲祝融之墟〔一九〕。會即鄶也,其地後爲鄭〔二〇〕。詩譜云:溱水在鄶,祝融之墟〔二一〕。至周,重黎之後處之,爲鄶國〔二二〕。春秋有鄶城,其地在溱、洧間〔二三〕。今新鄭東北三十里有古鄶城,是也〔二四〕。上古帝王之都爲之墟,爽鳩氏人臣,故齊止言建國〔二五〕。其治百年,葬衡山之陽,是以謂祝融峯也。衡山記云:"祝融託其陰。"非也。今祝融峯下有舜觀,南有祝融冢。楚靈時,山崩冢毁,得營丘九頭圖焉〔二六〕。荆州記云:"衡山之南有南正重黎墓",故思玄賦有"頫衡阿,睹有黎圯墳"之語〔二七〕。然張、盛二子皆以爲黎,則不然矣〔二八〕。今其祠廟記咸以謂高辛之臣,且高辛時黎爲祝融;黎死,吴回代之。而黄帝時庸光亦爲祝融,何得指爲黎哉〔二九〕?且少昊四叔咸無葬處,何獨於黎有墓〔三〇〕?此又漢儒之臆説也〔三一〕。

後有祝氏、融氏、祝宗氏、祝龢氏。見姓苑等書。白虎羣儒通義以祝融爲三皇〔三二〕。宋衷論三皇,亦數祝融而出黄帝〔三三〕。武梁祠畫像述,先伏羲氏,次祝誦氏,次神農氏,乃及黄帝、顓帝,蓋有所本,豈得云帝佶之臣哉〔三四〕?洪丞相云:"先儒説三皇不一。太史公采大戴禮,遷少昊而不録。又經傳,顓帝之後黎爲祝融。惟莊子以祝融氏與伏羲、神農、赫胥同辭。白虎通既依史記,遂以羲、農、祝融爲三皇,至論五行,則又以祝融爲南方之神,初非通論。此碑以祝融爲祝誦而介於羲、農之間,白虎之説也。"〔三五〕

　　贊〔三六〕:伊古祝融,人萌揄樂〔三七〕。刑罰未施,何所造作〔三八〕？弁州之聲，庸致樂歌〔三九〕。樂希屬續〔四〇〕，是爲祝穌。以諧人神，以通倫類。順火開祥，肇稱炎帝〔四一〕。承師毓德，三綱以平。萬物自若，天衢總清〔四二〕。

爲治而至於樂，然後可以爲備矣。樂者，治之至也。

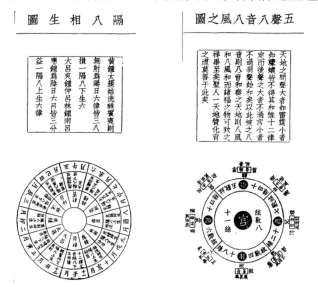

圖生相八隔　　　　圖之風八音八聲五

注：上隔八相生圖、五聲八音八風之圖，見於吴本及備要本路史，喬本、洪本及四庫本皆無之。

夫人之生天地同，體莫不有神明之性，湛然中足，不自外入〔四三〕。一蔽於物，則侵淫畔肆，滑喪其天，以至窮人之欲而不能反其性命之朔，何哉〔四四〕？有血氣心知之性，而哀樂喜怒之無常，五綦六鑿壞之于外，無以爲之節也〔四五〕。是以先王因其性之所自有，索其天和而作爲之節〔四六〕，以樂其所自生而反其朔。

樂者，人之節而性之所自有者也。其感人也深，其化人也著。金石絲竹，無自鳴之聲也；羽旄干戚，無自動之容也〔四七〕。臧之於無，出之於虛，必有所緣者矣〔四八〕。聲嗟氣欷，此天籟之自鳴者也；手舞足蹈，此天機之自動者也〔四九〕。具之於心，作之於氣,必有所寓者矣。人臧其心,不可測度;而憂喜忿鬱,感發於外者,有不可得而抑。是故聖人南面而治天下,本之於心,律小大之稱,比終始之序,作樂以應天,深入教化於民[五〇]。循數以召之,因器以迎之,而樂之倫合德矣[五一]。隨之以節義,達之以事業[五二],起居視聽,事親從兄,凡所以行而樂之者,一不外是。夫然,故至龢日以積,而乖爭之念消;至順日以積,而怫戾之氣泯;五官七體畢順其正,而君臣、父子、兄弟、夫婦、長幼、朋友莫不相龢而不相倍[五三]。

詩以志之,書以著之,易以通之,禮以體之,春秋以守之,本末相從,五者備道,故得陰陽序次,聲動氣隨,而物備,而樂成矣[五四]。情深而文明,德盛而化神[五五]。墮蟺旁魄,渢渢驛驛,而庶物之露生,天地之德産,莫不誘然皆作,動盪血脉,流通精神,浹於骨髓之間,而固其肌肤之會,鼓舞品彙,陶冶姓族,而不自知[五六]。故中聲發越,而塞于天地之間[五七]。郊焉,而天神格;廟焉,而人鬼享[五八]。凡以出乎素有之龢,中聲自至而然也。

中聲者,一性之龢而與天地八方之氣相爲流通者也[五九]。人爲之主,而情爲之本;律爲之用,而器爲之居[六〇]。六間六始,所以爲之用;金石、絲竹、陶匏、革木,則所以爲之居也[六一]。

陛歌下筦,貴人聲也[六二]。歌鍾在左,歌磬在右,人聲之侁也[六三]。而五聲以爲之侑:宮肩信而侰意,徵肩禮而侰神,緑肩仁而侰魂,商肩義而侰魄,羽肩智而侰志[六四]。宮弘以舒,徵貶以疾,緑防而約,商散而明,羽展而虛[六五]。變宮生徵,變徵生商,變商生羽,變羽生緑,變緑生宮,而五音之氣協矣[六六]。五音協而五運之氣平,五緯之行正[六七]。

黃鍾以生之,中正以平之,而四六之氣得矣[六八]。黃鍾者,律之本；而中正者，歷之原也[六九]，在律爲聲，在歷爲氣。以故律歷同起冬至，聲生於三始，而曆原於三統[七〇]。以故黃鍾之律本於三寸，三呂之爲三十有六，三律之爲四十有二，而黃鍾之本立矣[七一]。

六始爲律，六間爲呂。律準乾，呂準坤[七二]。是故六陽乘位而始於復，六陰乘位而始於姤[七三]。陰成於坤，陽成於乾。乾卦巳，而位亥；坤位申，而卦亥[七四]。亥者，乾坤之交，陰之極而陽之所繇始也[七五]。引於申，該於亥[七六]。是故亥爲陽月，水之位也；人之孩，草之荄，皆自始矣[七七]。乾爲大赤，坤爲大黑，赤入黑，以成玄[七八]。玄中生白，造化出焉[七九]。孩于亥，根于艮，而三白之化寓矣[八〇]。赤黑配于乾而三白生，乾坤媾于亥而三統出，是故樂繇陽來而水化[八一]。

律有五聲十二律之變，既而六十卦之合得[八二]。六十卦之合得，而十日十二辰之數制矣[八三]。因而六之，當期之日致矣[八四]。氣不頓進，律無獨成[八五]。奏黃鍾，歌大呂；奏大簇，歌應鍾：以合聲也[八六]。聽樂均，權土炭，度晷景，候鍾律，以諧氣也[八七]。聲合而後神示之降出可期，氣諧而後陰陽之進退可效[八八]。相生相化，輕者賁之，重者謙之，畸者我之，譌者削之，而五運六氣、九宮四治之難去矣[八九]。體用相權，彌綸布搹，于以退乎不正之氣而召乎不及之氣[九〇]。是故春宮秋律而百卉凋，冬宮夏律而雷發聲，宮動緑而寒谷春生，徵動羽而霜雹夏苓，猶寓之造化而取之也[九一]。

聲生於日，律生於辰[九二]。日紀六甲，辰紀五子[九三]。八卦納甲而土日通焉，五子居律而八卦隱焉[九四]。是故以聲召氣，以律定曆，取八方之全聲而寓之八方之全器，于以察天地之穌，命乖別之妖，而敵情之勝負、馬步之多少，悉未逆而知之〔九五〕。

同聲相應,物之情也。是故殺氣并而音尚宫,武王徯紂之必敗;南風委而死聲至,師曠必楚之無功〔九六〕。七六之絲合,而八卦之氣成;四寸之管來,而八方之風至〔九七〕。充之者〔九八〕,足以移民風而化民俗;聞之者,有以攷其德而知其治。英莖弗得弗諧,雲咸弗得弗龢,淵韶弗得弗備,濩武弗得弗古〔九九〕。

探五行之妙用,竭萬物之英華。著其素而直其情,以之節事而治容,徹志之字,解心之繆,去德之素,達道之塞〔一〇〇〕。是以陽不究而陰不密,剛氣不怒,柔氣不懾;在内者皆玉色,在外者皆金聲,貌正而氣得,氣得而肌安,肌安而色齊,色齊而天下化〔一〇一〕。空竅之窒,厝胃之伏,關鬲之擬,渾涵冰結之處,隨其元而充之,無細微之不入〔一〇二〕。七始既定,九奏具成,至於鳥獸之聲,猶悉關於樂律〔一〇三〕。大昭小鳴,四時迭起,而協氣薰蒸,嘉生殖祉,地紀天瑞,諸福之物皆不約而自至,若方諸之水,圓鑒之火,緣類而生,有不期然而然者,又豈復歆斂衍鬱、振宛竭怒之患哉〔一〇四〕?

祝誦氏之屬續,朱襄氏之來陰,陰康氏之來龢,伏戲氏之立基,神農氏之扶犂,黄帝氏之雲門,少昊氏之九淵,高陽氏之承雲,高辛氏之六屬,堯之章,舜之招,禹之夏,是皆得天地之中以發人之抑,道人之伏,達人之慧〔一〇五〕。而爲政之平,則凡以得乎人聲之龢而已。故清緑一奏而鳳凰翳日,簫韶九成而百獸率舞,其事然也〔一〇六〕。

三五以降,醇澆而僞,璞散而器,而人始狙詐與物敵矣,天地之元、時至之氣始離次而不安其所矣〔一〇七〕。其所謂樂,不過留意鐘鼓巢産之聲、綴兆疾徐之文,紀鏗鏘,著節奏,倣詭殊瑰,爲彌文煩飭而已〔一〇八〕。簸邏鏜鎝,進俯退俯,欲其召龢氣而致柔嘉,服人心而固壽命,是爲齊謳而希楚和,吴歈而幾越應,不已難矣〔一〇九〕？

下迨列國，曹奢魏褊，陳汰唐憂，無足言者〔一一〇〕。桑間濮上留連荒亡之音作，而君驕，而政散，民流官壞而不可繫止〔一一一〕。煩手淫聲，慆心闔耳，而哀痛生之〔一一二〕。

春秋之際，干戈日尋，魂爲燕氛，魄化魏土，而凄怨之聲入於匏管；輕生敗倫，賊君弃父，而變逆之音出於金石；三綱淪，六紀墜，邂情傷化，惟不能當於天心〔一一三〕。是以祅沴災眚，百疾俱起，而鼓師三飯寄邂河海，至不可以爲國〔一一四〕。千鍾作，大呂鑄，而内益亂；新聲興，巫音起，而君愈卑〔一一五〕。志微焦殺，求其所謂一倡而三歎，何可得邪〔一一六〕？

漢魏而來，情文俱泯，人狃辭狎，而聲匪純懿，匏不成列，舞不像成；陳鄭聲于楓庭，陞胡部於堂上，迎神帶邊曲，宮案次熊羆；而房中之樂，則惟恐淫哇之不聞，變態之不新也〔一一七〕。不中其聲，名器隨變〔一一八〕。既聲有餘於數，則更從而分之〔一一九〕。求五音而不得，則益之以二變；合十二律而不協，則載之以四清〔一二〇〕。立四通，制留尺，倚歌梵唄，婁羅悅般，而風雅進矣〔一二一〕。夫以五日四分日之一不之減，六日八十分之七不可裁，而六十之卦未嘗增也；二變不得而應聲增，四清不合而子聲起，七五音而八律呂，豈本爾邪〔一二二〕？是則雖有黃鍾大呂之聲，商繰徵羽之器，以旋宮則不得其變，以迎氣則不得其平，中聲何自而得哉〔一二三〕？中聲失則律無當，律無當則樂不比〔一二四〕，樂不比則情文俱泯，情文既泯而旋宮之制、迎氣之律其能以獨正乎？是使後世議者，見先王之所以爲樂，古猶今也，陶匏革竹之器、搏拊戞擊之用，古猶今也，其所謂八風十二律，未必不與人齊，而其所謂麟鳳龜龍，其去人也遠矣，於是始疑先王之事，爲是夸言〔一二五〕。蓋不知理之宜然而無足怪者。

夫有恢蕩之音者,有榮懷之慶;有龢平之聲者,有蕃殖之財〔一二六〕。淫厲而哀,萬寶常所以知隋之不久;宮出不反,王令言所以卜煬之無迴〔一二七〕。宮離不屬,商亂而暴,而子憲識明皇之播;宮不召商,緣與徵戾,而嗣真明章懷之廢〔一二八〕。王仁裕耳黃鍾有争鬭之事,裴知古聆廟樂當慶賜之行〔一二九〕。發於其聲,害於其政,有不可而泯者。是故,龍舟五更之聲作而國不可游,胡戎無愁之曲作而君不可留,除愛水、斷苦輪之歌奮而臺城没,打沙鑼、振銅鈸之伎進而屈茨卹〔一三〇〕。

故樂也者,天地之合也。其形變者,心亦隨;其志變者,聲亦絶。發於蘮芣,應於遐逖,雖聖人不能抑也〔一三一〕。

亡國戮民,非無樂也,而不樂其樂。蓋出之中者不得其寓,而道之外者不得其所也〔一三二〕。趨數、傲辟、煩、戾、濫、溺,此亂國之所好而衰姓之所樂也〔一三三〕。故孔子曰:君子之音,象生育之氣,憂愁之感不加乎心,暴戾之動不存乎體,此治安之風也;小人之音,象殺伐之氣,中龢之感不載於心,溫柔之動不存乎體,此亂世之風也〔一三四〕。

治世之君,以道勝欲,故其音安以樂;雅頌之作,政其有不龢乎〔一三五〕?亂世之君,以欲忘道,故其音怨以怒;鄭衛之作,政其有不乖乎〔一三六〕?世異異音,音異異政。然則亡國之君,眩惑轉易,刑政紛糾,豈惟哀以思哉,而其民亦困矣〔一三七〕。故君子之聽聲,不徒鏗鏘節奏而已,亦必有合,成己之志也。

天地之間,溫乎其龢者,無非樂也,而得之者異取:夷則之羽,不興嘉慶之門;黃鍾之宮,不作庶人之室〔一三八〕。是故必有盛德,斯有備聲;必有大功,斯可制樂〔一三九〕。此先王之所恃以籥也〔一四〇〕。故有樂備制矣,而德薄功小有不足以作者,豈惟不足樂哉?魯莊公國小鍾大而曹劌方請圖之,齊桓公謀以大鍾而鮑叔且以爲過，況不有功者乎〔一四一〕？

　　方晉侯之如宋也，享以桑林，晉侯懼而退入于房，至著雝而病，卜之，祟在桑林〔一四二〕。及平公登施夷之臺，欲作清緻，師曠以爲黄帝所作，今君德薄，不足以作之，瞑臣請辭，公弗聽，作之，飄瀑總至，發屋亂豆，平公恐伏，晉國大旱〔一四三〕。夫清緻非固能變，而桑林非固真能祟也。蓋先王所以持禮樂之分者，甚急而不可亂，故其衰也，邦君諸侯一越用之則魄奪氣褫而不能以自止也〔一四四〕。

　　故曰：樂也者，始於懼，懼故祟；次之以怠，怠故遁；卒之於惑，惑故愚；愚故道，道可載而與之俱矣〔一四五〕。癩病之生，赤地之變，將非恐懼之所致邪〔一四六〕？故樂之足恃也如此。

　　夫國有飢，主不殺；國有凍，君不裘〔一四七〕。有九年之稸，而後天子食備味，日舉以樂；諸侯食珍，不失鐘鼓之懸〔一四八〕。是故，草木未若，則不煩鐘鼓之聲；文德未敷，則不必干羽之容〔一四九〕。鐘鼓、干羽，固飾緻之具爾〔一五〇〕。彼杜淹之所言，張文收之所請，唐太宗每折而不許者，亦以謂百姓安樂則金石自暢，樂在人緻有，不在乎聲也〔一五一〕。何後之世不明乎此，乃復膠意於區區之累黍，以祈中乎緻氣，不已勩乎〔一五二〕？夫絲固不足以制聲，而黍固不足以稽律也，久矣〔一五三〕！

　　蕤賓下生大吕，八八左旋，終於中吕，此班固之所本也〔一五四〕。應鍾聲下大吕十律而反高一均，此失不紀清濁之變也；其曰黄鍾，未必果非大吕也，其曰應鍾，未必果非無射也〔一五五〕。蕭條者，形之君；而寂寞者，音之主也〔一五六〕。繩準無所施，而平直之運無所逃，此不共之術也；五音無所比，而二十五絃以聲應，此不傳之道也〔一五七〕。

　　游心乎衆虚之間而莫與物爲際者，父不能以詔其子；放乎事物形氣之表而形乎絃者，兄不能以喻其弟〔一五八〕。三如干之銅，三如干之炭，同時鼓之，鑄三黄鍾，聲不同也，而況尖圓肥瘦之不等者乎〔一五九〕！故不神解嘿理而恃器數以爲正，衹以惑也〔一六〇〕。以至崇寧之初，魏漢津制指尺，於是上悼黍之非度，謀以聲而定律，而典樂之臣莫能以也〔一六一〕。

夫以神瞽定律，必攷中聲，亦不過因其自然而道之，豈河内無真葭而上黨無真黍哉〔一六二〕？高山流水，固不在乎絃爾〔一六三〕。雖然，天之自高，地之自厚，日月之自明，神不易也。黄帝、伯禹，沖正所合，是故律度出而幽顯遂〔一六四〕。若以齊緯、隋廣、叔寳之徒度之，固不能損荒陋而廣正之也〔一六五〕。

鳳鳴岡，衆鳥從；鶴在陰，其子和〔一六六〕。夫物固有有其方而智巧果敢不足以相賓，有其情而皮毛色澤不足以相使者〔一六七〕。必也，以仁爲恩，使天下無不親；以義爲理，使天下無不宜；殘虐暴橫，不見乎其上；憂愁忿鬱，不作乎其下；黄沙息送，元戎偃伯，而士農工賈無或失所〔一六八〕。然後本之情性，稽之度數，脩六府，䲷三事，以爲之理；合生氣之龢，道五常之行，取仁義道德之端，而倡之平澹恬愉之韻，布揮而不拽，幽昏而無聲，以爲之用〔一六九〕。應之以人，順之以天；内以正其志，外以達其情；廣不容姦，狹不留欲，而邪污淫辟之氣無自而接；上以著泰始，下以善民心；異文而合愛，窮本而知變〔一七〇〕。故攷之於文，則文足論而不諰；發之於均，則均足樂而不流〔一七一〕。聽斯喜，喜斯暢，暢斯達，達斯反，莫不鮮然寤，犁然契，舍其故而趣於新〔一七二〕。君子以益厚，小人以無悔，而治道達矣〔一七三〕。

舉鼎移梁，樂以邪歈；春耕秋穫，休以聆缶〔一七四〕。是故諸侯勤治，息以鍾鼓；卿大夫卷治，息以竽瑟〔一七五〕。馬駕而不稅，弓張而不弛，固非有血氣者之所能也〔一七六〕。聖王豈固不爲樂哉？

　　兩君相見，揖讓而入門，入門而懸興，揖讓而陛堂，陛堂而樂闋〔一七七〕。入門金作，以示情也；陛歌清廟，以示德也；下管象、武，以示事也〔一七八〕。故君子不必親相與言也，以禮樂示之而已。重華聆鐘石而傳夏，伊贄在樂音而歸亳〔一七九〕。朱干玉戚，夏籥序興，豈徒樂而已邪〔一八〇〕！

　　韶用於齊，八佾舞於家庭〔一八一〕，世之人無或非之，是徒見聲音節奏之可樂而已。至孔子，則不忍見而聞之，是蓋不徇其情，不喪其心，知其德之不有而作之不以禮也〔一八二〕。

　　雞者，天子之所以享元侯也，“相爲辟公，天子穆穆”，奚爲而起三家之堂〔一八三〕？諸侯僭天子，大夫僭諸侯，其已久矣！設兩觀，乘大路，朱干設錫，冕而大武，八佾以舞大夏，宮懸而祭白牡，此天子之禮，子家駒之所以告也，而昭公不知，乃曰：“吾何僭？”〔一八四〕然則臣下化之而動，於惡何尤乎〔一八五〕！

　　故禮也者，樂之大本也。豢豕爲醴，非以賈禍也，而獄訟以繁；化蠶爲裌，非以爲奪也，而鉗鈇益衆〔一八六〕。是故鐘鼓誠設，籩豆有踐，而百拜之不至，則寧酸而不飲；十獻之不至，則寧乾而不品〔一八七〕。酒酣耳熱，拔劍擊柱，安知天子之尊〔一八八〕？蹻脚、弄目，筋斗、裸逐〔一八九〕，夫又安知名教之樂邪？當此之時而樂，幾禍矣〔一九〇〕。

　　是故君子窮其起，謹其示；哀樂之分，必以禮終；教訓正俗，必以禮成〔一九一〕。必禮先備，而後樂之文得而舉。故禮者，挈裘領詘五指而頓之，順者不勝數也〔一九二〕。

　　禮，作乎外而主乎内者也；樂，作乎内而動乎外者也〔一九三〕。禮以治外，則見而知；樂以反内，則聞而知〔一九四〕。見而知者，觀而化；聞而知者，感而化。故禮樂者，觀感之術而不可以偏廢也〔一九五〕。禮交動乎上，樂交作乎下，而觀感之道得矣。

禮極中,樂極龢,中龢之本,率於吾心,非假它求也[一九六]。亡國戮民,惟於吾[一九七]。心之所同然者不致察,而後外此身以求禮樂,而禮樂益遠矣[一九八]。故曰:化不時則不生,男女無辨則亂[一九九]。成化不時[二○○],爲無樂也;男女無辨,爲無禮也。

夏殷之禮,吾能言之,而樂不及,禮具而樂不存也[二○一]。鯉趨過庭,訊以學禮,而樂不告,樂必夫自得也[二○二]。顔子爲邦,終之韶舞;虞帝教胄,先之典樂:非無詩、禮也,立於禮則成於樂矣[二○三]。樂需禮而立,禮非樂不成。是故興世則禮樂之形實,而人因器以達本;世不足以明道,則禮樂之用爲虛文,而人不足以化[二○四]。

其上偏禮特樂,傷天地,損人民,所以悖理而害政者至矣[二○五]。王德不下通,民欲不上達,而欲人之興讓務本[二○六],國富家給,是濁源而求清流,雖十舜不能矣。故曰:節怒莫若樂,節樂莫若禮[二○七]。是何有司請定法,筆則筆,削則削,而至於禮樂則云"不敢",是敢於法殺人,而不敢於禮樂惠人也[二○八]。必以俎豆管籥之間小不備[二○九],絶而不事,是去小不備而就大不備也。此漢之禮樂之所以爲可恨,而張奮之所以自歎鬱,可不懼乎[二一○]?

【校注】

〔一〕故禮"庸鍾"、"容磬"及漢書"爲容",皆作"頌":儀禮大射儀:"西階之西,頌磬東面,其南鍾,其南鑮,皆南陳。"鄭玄注:"言成功曰頌。西爲陰中,萬物之所成。……是以西方鍾磬謂之頌。……鍾不言頌,……省文也。古文頌爲庸。"陸德明音義:"頌,如字。一音'容'。"漢書儒林傳:"漢興,魯高堂生傳士禮十七篇,而魯徐生善爲頌。"顔師古注:"'頌'讀與'容'同。"

〔二〕金樓子:南朝梁元帝蕭繹撰。

〔三〕廣雅釋詁一:"祝,斷也。"

〔四〕陸佃解月令:陸佃,宋愛國詩人陸游祖父。徽宗朝官至尚書左、右丞等職。精于禮家名數,著作有陶山集、埤雅、禮象、春秋後傳、鶡冠子注等。月令,禮記篇名。　　金辱而收之:禮記月令孟秋之月"其神蓐收"孔穎達正義:"按左傳昭二十九年蔡墨云少昊氏之子該,又云'該爲蓐收',……蓐收者,言秋時萬物摧辱而收斂。"　　火祝而融之:左傳昭公二十九年"火正曰祝融"孔穎達正義引賈逵云:"祝,甚也;融,明也。"　　水玄而冥之:莊子大宗師"於謳聞之玄冥"成玄英疏:"玄者,深遠之名也;冥者,幽寂之稱。"　蓋融而熟之,火也:熟,四庫本作"熱",非。彥按:"熟"表示程度深。文選鄒陽上書吳王"願大王熟察之"張銑注:"熟,猶深也。"融而熟之,猶言"明而甚之"。

〔五〕見白虎通義卷二號,原文爲:"謂之祝融何? 祝者,屬也。融者,續也。言能屬續三皇之道而行之,故謂祝融也。"　屬:音 zhǔ,連接。

〔六〕嗜欲:嗜好與慾望。洪本、吳本、四庫本作"耆谷"。彥按:"耆谷"當讀"嗜欲"。

〔七〕勸化:謂感悟而向善。　　三綱:白虎通三綱六紀:"三綱者,何謂也? 君臣、父子、夫婦也。"禮記樂記孔穎達疏引禮緯含文嘉云:"三綱謂君爲臣綱,父爲子綱,夫爲妻綱。"　　九疇序:九疇,原指傳說中天帝賜給禹治理天下的九類大法,後亦泛指治理天下之大法。疇,類。序,通"敍",謂有條理,各當其宜。書洪範:"天乃錫禹洪範九疇,彝倫攸敍。初一曰五行,次二曰敬用五事,次三曰農用八政,次四曰協用五紀,次五曰建用皇極,次六曰乂用三德,次七曰明用稽疑,次八曰念用庶徵,次九曰嚮用五福、威用六極。"

〔八〕是以天下洽龢,萬物咸若:洽龢,和睦。吳本、四庫本"龢"作"和",同。若,順遂,順適。爾雅釋言:"若,順也。"

〔九〕武梁祠堂畫像碑:武梁,各本皆誤倒作"梁武",今訂正。參見前紀一初人皇注〔四七〕。

〔一〇〕於是聽弇州之鳴鳥以爲樂歌:於是,洪本"於"譌"施"。弇州,傳說中之山名。鳴鳥,鳳凰。書君奭"我則鳴鳥不聞"陸德明音義引馬融云:"鳴鳥,謂鳳皇也。"山海經大荒西經:"有弇州之山,五采之鳥仰天,名曰鳴鳥。爰有百樂歌儛之風。"　　作樂屬續以通倫類、諧神明而龢人聲:通倫類,謂使人與人間之思想感情得到溝通。倫類,同義複合詞,即類,同類。神明,指人之精神、意識。龢,和諧,協調。吳本、四庫本作"和"。

〔一一〕壽令:壽命。令,通“齡”。

〔一二〕節文:謂調適禮儀。荀子禮論:“故至備,情文俱盡;其次,情文代勝。”楊倞注:“文謂禮物威儀也。”

〔一三〕孝經五行鉤命決:當指孝經鉤命決,漢代緯書,孝經緯之一種。“五行”二字疑衍。　神農氏有下謀:下謀,四庫本作“丁謀”,誤。禮記樂記“咸池,備矣”鄭玄注:“黄帝所作樂名也,……周禮曰大咸。”孔穎達正義引熊氏云:“案孝經鉤命決云:‘伏犧樂爲立基,神農樂爲下謀,祝融樂爲祝續。’”

〔一四〕樂緯:漢代緯書,是關于樂經之緯書,包括樂動聲儀、樂稽耀嘉、樂叶圖徵三種。

〔一五〕施化:施行教化。

〔一六〕淮南子云:洪本“云”譌“元”。　南方之極,自北方之界至炎風之野,赤帝祝融之所司:見淮南子時則。原文作:“南方之極,自北户孫之外,貫顓頊之國,南至委火炎風之野,赤帝、祝融之所司者,萬二千里。”炎風,熱風。

〔一七〕祝融亦號赤帝也:彦按:淮南子時則“赤帝、祝融之所司者”高誘注:“赤帝,炎帝少典之子,號爲神農,南方火德之帝也。祝融,顓頊之孫,老童之子吳回也。一名黎。爲高辛氏火正,號爲祝融,死爲火神也。”則以赤帝、祝融爲二人。考此文前言“東方之極,……太皥、句芒之所司”,後言“中央之極,……黄帝、后土之所司”、“西方之極,……少皥、蓐收之所司”、“北方之極,……顓頊、玄冥之所司”,皆兩兩並稱,與高説相符,可知羅氏所言“祝融亦號赤帝也”,並不可信。

〔一八〕黎爲祝融,回爲祝融:黎,指重黎,顓頊高陽氏之後。回,指吳回,重黎弟。史記楚世家:“重黎爲帝嚳高辛居火正,甚有功,能光融天下,帝嚳命曰祝融。共工氏作亂,帝嚳使重黎誅之而不盡,帝乃以庚寅日誅重黎,而以其弟吳回爲重黎後,復居火正,爲祝融。”

〔一九〕墟:洪本作“虚”。

〔二○〕鄶:也作“檜”,周諸侯國名。地在今河南新密市境。説文邑部:“鄶,祝融之後,妘姓所封,溱、洧之間。鄭滅之。”

〔二一〕詩譜:指鄭玄毛詩譜。毛詩譜檜譜云:“檜者,古高辛氏火正祝融之墟。檜國在禹貢豫州外方之北,滎波之南,居溱、洧之間。祝融氏名黎,其後八姓,唯妘姓檜者處其地焉。"

　　〔二二〕重黎:帝顓頊高陽氏之后,爲帝嚳高辛氏祝融(火正)。

　　〔二三〕其地在溱、洧間:地,喬本、洪本、吳本譌"池",今據四庫本、備要本訂正。溱、洧,二水名。清顧祖禹讀史方輿紀要河南二開封府新鄭縣:"溱水,在縣北。源出密縣境,一名潧水,東北流,至縣界與洧水合。"

　　〔二四〕今新鄭東北三十里有古鄶城:新鄭,縣名。即今河南新鄭市。彦按:三十里,疑原作"三十五里"而脱"五"字。本書國名紀三高陽氏後儈正謂:"今新鄭東北三十五有古鄶城。"太平寰宇記卷九鄭州新鄭縣云:"古鄶城,在縣東北三十五里。"蓋即路史所本。唯今本寰宇記之里數,亦未必無誤也。王文楚等校勘記即云:"在縣東北三十五里,史記卷四二鄭世家引括地志:'故鄶城在鄭州新鄭縣東北三十二里。'與元和郡縣圖志鄭州記載合,此'五'蓋爲'二'字之誤。"

　　〔二五〕上古帝王之都爲之墟:爲,通"謂",稱。　爽鳩氏人臣,故齊止言建國:爽鳩氏,少皞青陽氏司寇。喬本、洪本、吳本、備要本"爽"皆作"潊"。彦按:諸書如本書卷十六及卷二十九、左傳昭公二十年、漢書地理志下等,均作爽鳩氏,今從四庫本作"爽"。又,鄭玄毛詩譜齊譜云:"齊者,古少皞之世爽鳩氏之墟。周武王伐紂,封太師吕望於齊,是謂齊太公。"是爽鳩氏故之所居固亦稱"墟",今羅氏稱"齊止言建國"云云,不知何據。豈以左傳昭公二十年晏子對齊景公曰:"昔爽鳩氏始居此地,季萴因之,有逢伯陵因之,蒲姑氏因之,而後太公因之",未言"墟"而想當然乎?

　　〔二六〕楚靈:春秋楚國國君熊虔,公元前540—前529年在位。水經注卷三八湘水:"(衡山)山下有舜廟,南有祝融冢。楚靈王之世,山崩毁其墳,得營丘九頭圖。"

　　〔二七〕荆州記:南朝宋盛弘之撰。　南正:官名。　思玄賦:東漢張衡撰。　頫衡阿:頫,通"眺",遠望。後漢書張衡傳思玄賦:"流目覿夫衡阿兮,睹有黎之圮墳。"李賢注:"衡阿,衡山之曲也。黎,顓頊之子祝融也,爲高辛氏之火正,葬於衡山。"

　　〔二八〕張、盛二子:指思玄賦作者張衡與荆州記作者盛弘之。

　　〔二九〕庸光:黄帝臣。

〔三〇〕少昊四叔：即<u>重</u>、<u>該</u>、<u>修</u>、<u>熙</u>。見後紀八帝顓頊高陽氏。

〔三一〕此又漢儒之臆説也：<u>洪</u>本“又”譌“文”。<u>吳</u>本“漢”譌“漠”。又<u>吳</u>本、四庫本無“之”字。

〔三二〕白虎羣儒通義：<u>白虎</u>，指<u>白虎觀</u>，漢宮觀名，在未央宮中。通義，謂疏通（<u>五經</u>）大義。<u>東漢章帝建初</u>四年（79），詔羣儒會<u>白虎觀</u>講議<u>五經</u>同異。事後<u>班固</u>據辯論結果撰集而成<u>白虎通義</u>。<u>白虎通義</u>號曰：“三皇者，何謂也？謂<u>伏羲</u>、<u>神農</u>、<u>燧人</u>也。或曰：<u>伏羲</u>、<u>神農</u>、<u>祝融</u>也。禮曰：‘<u>伏羲</u>、<u>神農</u>、<u>祝融</u>，三皇也。’”

〔三三〕宋衷：一作宋忠，字<u>仲子</u>，<u>東漢</u>訓詁學家。著作有<u>周易注</u>、<u>太玄經注</u>、<u>法言注</u>等，均失傳。

〔三四〕武梁祠畫像：指<u>武梁祠</u>堂畫像碑。各本“武梁祠”均譌作“梁武帝祠”，今訂正。　豈得云帝俈之臣哉：此針對上文“今其祠廟記咸以謂<u>高辛</u>之臣”而言。帝俈號高辛氏。<u>洪</u>本“俈”譌“浩”。

〔三五〕洪丞相：指<u>南宋洪适</u>。<u>适</u>官至尚書右僕射、同中書門下平章事兼樞密使，故稱。此所引<u>洪</u>丞相云，見<u>洪适</u>隸釋卷一六武梁祠堂畫像跋，但撮取大意，文字不盡相同。　此碑以祝融爲祝誦：碑，<u>喬</u>本、四庫本、備要本作“梁碑”，今改從<u>洪</u>本及吳本。隸釋原文此句作“此碑以<u>祝誦</u>爲<u>祝融</u>”。

〔三六〕贊：吳本、四庫本、備要本作“贊曰”。

〔三七〕人萌揄樂：人萌，人民。揄樂，愉快歡樂。揄，通“愉”。

〔三八〕刑罰：四庫本作“刑賞”。

〔三九〕庸致樂歌：庸，以。致，得。

〔四〇〕希：嘉美。文選<u>左思</u>詠史“吾希<u>段干木</u>”<u>吕向</u>注：“希，美也。”

〔四一〕順火開祥，肇稱炎帝：開祥，猶發祥，謂開始建立基業或興起。<u>彦</u>按：此一句乃針對上文“以火施化，號<u>赤帝</u>”言，“炎帝”當作“赤帝”。

〔四二〕萬物自若，天衢總清：天衢，天路，此喻指天子之統治區，猶言天下。總，皆。此一句乃針對上文“是以天下治穌，萬物咸若”言。

〔四三〕體莫不有神明之性，湛然中足：神明，猶神靈。湛然，飽滿貌。中，謂體内。

〔四四〕一蔽於物，則侵淫畔肆，滑喪其天，以至窮人之欲而不能反其性命

之朔：蔽，蒙蔽。洪本作"萛"，吳本、備要本作"莫"。彥按："萛""莫"字之下
半部疑當作"畀"，蓋民間"蔽"字有用"畀"作聲旁者。侵淫，漸次發展。四庫
本、備要本作"浸淫"，同。畔肆，放肆。畔，通"叛"。滑（gǔ），亂，擾亂。天，指
天性。反其性命之朔，謂恢復本性。反，"返"之古字。朔，初，始。

〔四五〕血氣心知之性：血氣，血性骨氣。心知，心思智慧。知，"智"之古
字。禮記樂記："夫民有血氣心知之性，而無哀樂喜怒之常，應感起物而動，然
後心術形焉。"　五綦六鑿：五綦，指人體感官享受在五個方面的極致。綦
（qí），極。荀子王霸："夫人之情，目欲綦色，耳欲綦聲，口欲綦味，鼻欲綦臭，心
欲綦佚。此五綦者，人情之所必不免也。"六鑿，謂耳、目、鼻六竅。莊子外物：
"心无天遊，則六鑿相攘。"成玄英疏："鑿，孔也。"

〔四六〕索其天和而作爲之節：索，探求。天和，天地之和氣，引申指自然和
順之理。而，連詞，與。作爲，行爲。節，節度，法度。

〔四七〕金石絲竹：指鐘、磬、琴瑟、簫管四類樂器，又泛稱各種樂器。禮記
樂記："金石絲竹，樂之器也。"　羽旄干戚：禮記樂記："比音而樂之，及干戚羽
旄，謂之樂。"鄭玄注："干，盾也；戚，斧也：武舞所執也。羽，翟羽；旄，旄牛尾
也：文舞所執。"翟，長尾的野雞。

〔四八〕臧之於無，出之於虛，必有所緣者矣：臧，"藏"之古字。四庫本作
"藏"。下"人臧其心"之"臧"同。緣，憑藉，依據。

〔四九〕天籟：謂天所賦予之聲，自然之聲。　天機：謂天所賦予之靈性。
洪本"機"作"幾"。

〔五〇〕律小大之稱，比終始之序：謂銓度高低音樂器配合之相稱，排列五
音起訖之次序。爾雅釋言："律，銓也。"邵晉涵正義："銓爲銓度，猶比訓爲比
次也。"禮記樂記："律小大之稱，比終始之序，以象事行。"鄭玄注："小大，謂高
聲、正聲之類也。終始，謂始於宮，終於羽。"孔穎達正義："'律小大之稱'
者，……小之與大，以爲樂器，使音聲相稱也。'比終始之序'者，五聲始於宮，
終於羽，比五聲終始，使有次序也。"

〔五一〕循數以召之，因器以迎之，而樂之倫合德矣：數，指禮數。器，指爵
位。莊子田子方："夫子……无器而民滔乎前。"成玄英疏："器，爵位也。""召
之"、"迎之"之"之"，指樂。倫，道理，義理。說文人部："倫，……一曰道也。"

〔五二〕隨之以節義,達之以事業:謂樂以節操義行相隨,貫穿於一切事務之中。達,貫通。以,用同"於"。事業,事務。

〔五三〕故至穌日以積,而乖争之念消;至順日以積,而怫戾之氣泯:乖争,紛争。怫戾,違逆。怫,通"悖"。四庫本作"拂"。　五官七體畢順其正,而君臣、父子、兄弟、夫婦、長幼、朋友莫不相穌而不相倍:五官七體,泛稱人體眼、耳、口、鼻、舌等感覺器官。靈樞經五閱五使:"黄帝曰:'願聞五官。'岐伯曰:'鼻者,肺之官也;目者,肝之官也;口脣者,脾之官也;舌者,心之官也;耳者,腎之官也。'"國語鄭語:"和六律以聰耳,正七體以役心。"韋昭注:"七體,七竅也。謂目爲心視,耳爲心聽,口爲心談,鼻爲心芳。"順其正,謂順應所接觸之正氣。穌,吴本、四庫本作"和"。倍,違背,背叛。

〔五四〕詩以志之,書以著之,易以通之,禮以體之,春秋以守之:志,誌,記載。著,彰揚。通,疏通,謂剖析闡釋。體,體現。守,遵循,奉行。　本末相從,五者備道:五者,指詩、書、易、禮、春秋。備道,謂使大道(指最高的治世原則)完備。　故得陰陽序次,聲動氣隨:序次,有次序,謂依規律運行。聲,指雅正之樂聲。氣,指社會風氣。

〔五五〕情深而文明,德盛而化神:謂樂之感情深厚而文彩鮮明(即形象生動),教化作用强大而使精神得到升華。德,教化。禮記内則"降德於衆兆民"鄭玄注:"德,猶教也。"

〔五六〕矇蜳旁魄,渢渢驛驛:矇蜳(chén dūn),形容樂聲驚心動魄。矇,"矇"字俗體。莊子外物:"有甚憂兩陷而無所逃,矇蜳不得成,心若縣於天地之間。"成玄英疏:"矇蜳,猶怵惕也。"旁魄,即磅礴,氣勢盛大貌。渢渢(fán fán),形容樂聲雍容宛轉。左傳襄公二十九年:"爲之歌魏,曰:'渢渢乎,大而婉,(險)[儉]而易行。'"杜預注:"渢渢,中庸之聲。"驛驛,形容樂聲悠遠綿長。　而庶物之露生,天地之德產:謂滋潤萬物之甘露,乃至天地之"道",均於此樂聲中產生。　莫不誘然皆作,動盪血脉,流通精神,浹於骨髓之間,而固其肌膚之會,鼓舞品彙,陶冶姓族,而不自知:此數句,言在樂之熏陶感化之下,人皆自然振作,應對不良侵襲之抵抗力增强,而不自知。誘然,自然。莊子駢拇:"故天下誘然皆生,而不知其所以生。"作,振作,奮發。浹,浸透。淮南子原道:"不浸於肌膚,不浹於骨髓。"固,堅固。肌膚之會,即腠理。會,指結合部。

禮記禮運:"故禮義也者,人之大端也,所以講信修睦,而固人之肌膚之會,筋骸之束也。""鼓舞品彙,陶冶姓族",二句爲互文,謂鼓舞、陶冶大衆與親族。品彙,衆類,泛指大衆。姓族,指同姓親族。

〔五七〕中聲發越:中聲,中和之樂聲。發越,播散,散發。

〔五八〕郊焉,而天神格;廟焉,而人鬼享:郊,祭天。格,來,至。廟,祭祖。人鬼,指死者之靈魂。享,指享用祭品。韓愈原道:"郊焉而天神假,廟焉而人鬼饗。""假"通"格","饗"通"享"。

〔五九〕一性之穌而與天地八方之氣相爲流通者也:一,盡,皆。

〔六〇〕律爲之用,而器爲之居:律,指樂律。器,指樂器。居,謂依託之處。

〔六一〕六間六始:六間,指六呂,即大呂、夾鍾、仲呂、林鍾、南呂、應鍾。六始,指六律,即黃鍾、太蔟、姑洗、蕤賓、夷則、無射。六間、六始合稱十二律,爲古代樂音十二標準調名。從低音算起,十二律陰陽交錯相配,居奇數位者爲陽律,稱六律,又稱六始;居偶數位者爲陰律,稱六呂,又稱六間。太玄玄瑩:"六始爲律,六間爲呂。"　金石、絲竹、陶匏、革木:泛稱不同材料製成的樂器。金石,指鐘磬一類樂器。絲竹,指弦樂器與竹管樂器。陶匏,指壎及笙竽之類樂器。革木,指鼗鼓與柷敔之類樂器。

〔六二〕陞歌下笁:古代舉行大祭等儀式,歌者在堂上,曰陞(也作"升")歌;奏管樂者在堂下,曰下笁(也作"管")。儀禮燕禮:"升歌鹿鳴,下管新宫。"

〔六三〕歌鍾在左,歌磬在右,人聲之佽也:歌鍾,伴唱之編鐘。左,指東邊。歌磬,伴唱之磬。右,指西邊。佽,通"次",次序,位次。新唐書禮樂志十一:"設歌鍾、歌磬於壇上,南方北向。磬虡在西,鍾虡在東。"虡(jù),懸挂鐘磬之架子。

〔六四〕而五聲以爲之侑:五聲,中國古代樂律學名詞,亦稱五音,指宫、商、角(音 jué,字也作"録")、徵(音 zhǐ)、羽五個音階。侑,助,輔助。　宫肩信而侑意,徵肩禮而侑神,録肩仁而侑魂,商肩義而侑魄,羽肩智而侑志:肩,擔負,承載。侑,存在,包含有。

〔六五〕宫弘以舒,徵貶以疾,録防而約,商散而明,羽展而虛:此言五聲之音色特徵。弘以舒,謂洪大而舒緩。貶以疾,謂低抑而急疾。防而約,謂内斂而不揚。散而明,謂發散而清亮。展而虛,謂舒展而空泛。禮記樂記"宫爲君,商爲臣,角爲民,徵爲事,羽爲物"孔穎達疏引樂緯動聲儀云:"宫爲君,君者當寬大容衆,故聲弘以舒,其和情以柔,動脾也。商爲臣,臣者當以發明君之號令,其聲散以明,其和温以斷,動肺也。角爲民,民者當約儉,不奢僭差,故其聲防以約,其和清以静,動肝也。徵爲事,事者君子之功,既當急就之,其事當久流亡,故其聲貶以疾,其和平以功,動心也。羽爲物,物者不有委聚,故其聲散以虚,其和斷以散,動腎也。"

〔六六〕變宫生徵,變徵生商,變商生羽,變羽生緑,變緑生宫:變宫,謂比宫調變低半音。下"變徵"、"變商"、"變羽"、"變緑"類推。　而五音之氣協矣:氣,聲氣。

〔六七〕五音協而五運之氣平,五緯之行正:五運,指運行變化著的金、木、水、火、土五行。五緯,指金、木、水、火、土五星。清夏炘學禮管釋十有二歲:"五緯之名,木曰歲星,火曰熒惑,土曰填星,金曰太白,水曰辰星。"

〔六八〕黄鍾以生之,中正以平之:上句謂在黄鍾之基礎上生出十二律吕,下句蓋謂以孔竅圓正匀稱之竹管生成十二律吕。黄鍾,古代十二樂律中之第一律,其他律吕在此基礎上通過三分損益法而生成(其法詳史記律書)。中正,此蓋指用作律管之孔竅形狀圓正、厚薄匀稱。平,成。爾雅釋詁下:"平,成也。"後漢書律曆志上:"黄鍾,律吕之首,而生十一律者也。"又漢書律曆志上:"黄帝使泠綸,自大夏之西,昆侖之陰,取竹之解谷生,其竅厚均者,斷兩節間而吹之,以爲黄鍾之宫。制十二箭以聽鳳之鳴,其雄鳴爲六,雌鳴亦六,比黄鍾之宫,而皆可以生之,是爲律本。至治之世,天地之氣合以生風;天地之風氣正,十二律定。"顔師古注引晉灼曰:"取谷中之竹,生而肉孔外内厚薄自然均者,截以爲箭,不復加削刮也。"　而四六之氣得矣:四六之氣,謂二十四節氣。相傳古代曾有利用律管測定節氣之所謂吹灰候氣法,説是將葭灰置于律管内,新節氣至,灰則自行由相應律管内飛出。後漢書律曆志上:"候氣之法,爲室三重,户閉,塗釁必周,密布緹縵。室中以木爲案,每律各一,内庳外高,從其方位,加律其上,以葭灰抑其内端,案曆而候之。氣至者灰動。其爲氣所動者其灰散,人及風所動者其灰聚。"彦按:揚雄法言吾子曰:"黄鐘以生之,中正以平之,確乎,鄭、衛不能入也!"羅氏於此,似活用其文,未用其意。

〔六九〕而中正者,曆之原也:中正,此蓋借指十二律管。參見上注。曆,同

“曆”，曆法。原，“源”之古字。四庫本作“源”。

〔七〇〕以故律歷同起冬至：後漢書律曆志上載京房言：“宓羲作易，紀陽氣之初，以爲律法。建日冬至之聲，以黃鍾爲宮，太蔟爲商，姑洗爲角，林鍾爲徵，南吕爲羽，應鍾爲變宮，蕤賓爲變徵。……以六十律分朞之日，黃鍾自冬至始，及冬至而復，陰陽寒燠風雨之占生焉。”此律起冬至也。又律曆志下：“斗之二十一度，去極至遠也，日在焉而冬至，羣物於是乎生。故律首黃鍾，曆始冬至，月先建子，時平夜半。”此曆起冬至也。　　聲生於三始，而曆原於三統：三始，指十二律中之黃鍾、林鍾、太蔟。隋書音樂志中載鄭譯語：“周有七音之律。漢書律曆志，天地人及四時，謂之七始。黃鍾爲天始，林鍾爲地始，太蔟爲人始，是爲三始。姑洗爲春，蕤賓爲夏，南吕爲秋，應鍾爲冬，是爲四時。四時三始，是以爲七。”三統，指夏、商、周三代的正朔，即人統、地統和天統。漢書劉向傳：“王者必通三統，明天命所授者博，非獨一姓也。”顏師古注引張晏曰：“一曰天統，爲周十一月建子爲正，天始施之端也。二曰地統，謂殷以十二月建丑爲正，地始化之端也。三曰人統，謂夏以十三月建寅爲正，人始成之端也。”

〔七一〕以故黃鍾之律本於三寸，三吕之爲三十有六，三律之爲四十有二，而黃鍾之本立矣：彦按：“三寸”之“寸”字疑衍。太玄玄數：“子午之數九，丑未八，寅申七，卯酉六，辰戌五，巳亥四。故律四十二，吕三十六。并律吕之數，或還或否，凡七十有八，黃鍾之數立焉。”鄭萬耕校釋：“黃鍾之數八十一，虛三以爲玄之起數，則七十八。此律吕之數和爲七十八，故曰黃鍾之數立焉。”此所謂“黃鍾之律本於三”，蓋即指“虛三以爲玄之起數”而言。又，“三吕”、“三律”當作“六吕”、“六律”。司馬光集注所謂“律綜子午寅申辰戌之數，爲四十二。吕綜丑未卯酉巳亥之數，爲三十六”，是也。

〔七二〕律準乾，吕準坤：準，等同，相彷。乾、坤，周易二卦名。

〔七三〕是故六陽乘位而始於復，六陰乘位而始於姤：六陽，指六陽爻。六陰，指六陰爻。乘，登，升。復、姤，周易二卦名。洪本、吴本、四庫本“姤”譌“垢”。彦按：復卦之卦象爲䷗，上五爻皆陰，而一陽來下，是爲六陽乘位之始，故稱“始於復”。姤卦之卦象爲䷫，上五爻皆陽，而一陰來下，是爲六陰乘位之始，故稱“始於姤”。

〔七四〕乾卦巳，而位亥；坤位申，而卦亥：彦按：此“卦”指伏羲八卦（所謂先天八卦)之方位,"位"指<u>文王</u>八卦(所謂後天八卦)之方位。乾卦于<u>伏羲</u>八卦位正南方,其地當十二地支之巳午未方位;于<u>文王</u>八卦位西北方,其地當十二地支之戌亥方位。坤卦于<u>文王</u>八卦位西南方,其地當十二地支之未申方位;于<u>伏羲</u>八卦位正北方,其地當十二地支之亥子丑方位。

〔七五〕亥者,乾坤之交,陰之極而陽之所繇始也:<u>宋史樂志</u>四:"乾坤交於亥,而子生於黄鐘之宫,故槀於乾,交於亥,任於壬,生於子。"<u>明張宇初峴泉集</u>卷一<u>褚著玄問</u>:"陽火自子而升,至巳爲陽極,而陰生於午也。陰符自午而降,至亥爲陰極,而陽復生於子也。"

〔七六〕引於申,該於亥:引,伸展。該,包藏。<u>漢書律曆志</u>上:"故孳萌於子,紐牙於丑,引達於寅,冒茆於卯,振美於辰,已盛於巳,咢布於午,昧薆於未,申堅於申,留孰於酉,畢入於戌,該閡於亥。"<u>史記律書</u>:"應鍾者,……其於十二子爲亥。亥者,該也。言陽氣藏於下,故該也。"

〔七七〕是故亥爲陽月,水之位也:亥于<u>夏曆</u>爲十月,于五行則屬水。<u>西京雜記</u>卷五載<u>董仲舒</u>曰:"十月,陰雖用事,而陰不孤立。此月純陰,疑於無陽,故謂之陽月。"　人之孩,草之荄,皆自始矣:孩,<u>廣韻咍韻</u>:"孩,始生小兒。"<u>春秋繁露陽尊陰卑</u>:"是故陽氣以正月始出於地,生育長養於上。至其功必成也,而積十月。人亦十月而生,合於天數也。是故天道十月而成,人亦十月而成,合於天道也。"荄,草根。<u>夏曆</u>十月,草之葉枯落,精華聚於根。

〔七八〕乾爲大赤,坤爲大黑:<u>易説卦</u>:"乾爲天,……爲大赤。""坤爲地,……其于地也爲黑。"　赤入黑,以成玄:<u>説文玄部</u>:"玄,幽遠也。黑而有赤色者爲玄。"<u>彦</u>按:"赤入黑",即乾坤交之謂。

〔七九〕白:借指"道"。<u>莊子人間世</u>:"瞻彼闋者,虚室生白,吉祥止止。"<u>司馬彪注</u>:"室比喻心,心能空虚,則純白獨生也。"<u>淮南子俶真</u>:"由此觀之,用也必假之於弗用也。是故虚室生白,吉祥止也。"<u>高誘注</u>:"白,道也。"　造化:創造化育。

〔八〇〕孩于亥,根于艮:孩,<u>喬本、洪本、吳本、備要本</u>作"核"。<u>彦</u>按:作"核"者誤,當從<u>四庫本</u>作"孩"。此"孩于亥,根于艮"實承上文"人之孩,草之荄,皆自始矣"而言,意猶謂孩生于亥,根榮于亥。今訂正。艮,<u>周易</u>卦名,象徵山,於先天八卦中居西北方位。因十二地支中亥亦居西北方位,故"根于艮"猶言“根于亥”。　　而三白之化寓矣：三白，指天、地、人之道。彥按：太玄玄圖曰：“夫玄也者，天道也，地道也，人道也。”是“玄中生白”之謂也。

〔八一〕赤黑配于乾而三白生：彥按：上文云“赤入黑，以成玄”，此言“赤黑配于乾”，意相關聯。易坤文言云：“天玄而地黃。”故“玄”或借指“天”。易説卦云：“乾，天也。”故乾亦表示“天”。　　乾坤媲于亥而三統出：媲，匹配。　　是故樂繇陽來而水化：彥按：其意可與上文“亥爲陽月，水之位也”合參。四庫本“繇”作“由”。

〔八二〕律有五聲十二律之變，既而六十卦之合得：禮記月令季夏之月“律中黃鍾之宮”鄭玄注：“黃鍾之宮最長也。十二律轉相生，五聲具，終於六十焉。”六十卦，指六十四卦中除去坎、離、震、兑四卦以外之卦。宋朱震漢上易傳卦圖卷下諸儒七日來復義：“案易稽覽圖云：卦氣起中孚，故坎、離、震、兑各主一方，其餘六十卦，卦有六爻，別主一日，凡主三百六十日。餘有五日四分日之一者，每日分爲八十分，五日分爲四百分，四分日之一又分爲二十分，是四百二十分，六十卦分之，六七四十二，卦別各得七分，每卦得六日七分也。”宋朱元昇三易備遺卷六邵子以策數應六甲數正合歸藏易：“邵子曰：卦有六十四，而用止於六十，何也？六十卦者，三百六十爻也，故甲子止於六十也，六甲而天道窮矣，是以策數應之。……鐘律以五聲加十二律，合之亦六十也，其機括樞紐皆在是矣。”彥按：宋儒以五聲十二律配六十卦，牽強至極，清儒已非之。毛奇齡竟山樂録卷二曰：“揚子雲作太玄，原有‘聲生日，律生辰’之説，而易緯乾鑿度亦曰‘日十者，五音也；辰十二者，六律也’，然總以時日卦氣分配律呂，不過數學之偶合者。宋儒竟以六十卦配六十律！圖繪盤旋，非不可觀，而絀贏紳縮，揉直矯枉，極其勞瘁，而究于易象、于律呂，俱無當焉，則何益矣？”

〔八三〕六十卦之合得，而十日十二辰之數制矣：十日，十天干（即甲、乙、丙、丁、戊、己、庚、辛、壬、癸）所表示之日。漢書律曆志上：“六律六呂，而十二辰立矣。五聲清濁，而十日行矣。”顏師古注引李奇曰：“聲一清一濁，合爲二，五聲凡十，合於十日，從甲至癸也。”

〔八四〕當期之日致矣：期（jī），指一周年。致，得到，獲得。

〔八五〕氣不頓進：頓，頓時，立刻。進，謂增長。列子天瑞：“凡一氣不頓進，一形不頓虧；亦不覺其成，亦不覺其虧。”

〔八六〕奏黄鍾,歌大吕;奏大簇,歌應鍾:以合聲也:大吕,喬本、洪本、吴本、備要本作"太吕",今從四庫本改。周禮春官大司樂:"乃奏黄鍾,歌大吕,舞雲門,以祀天神。乃奏大簇,歌應鍾,舞咸池,以祭地示。"鄭玄注:"以黄鍾之鍾、大吕之聲爲均者,黄鍾,陽聲之首,大吕爲之合,奏之以祀天神,尊之也。"賈公彦疏:"言合者,此據十二辰之斗建,與日辰相配合,皆以陽律爲之主,陰吕來合之。是以大師云:'掌六律、六同,以合陰陽之聲。'注云:'聲之陰陽各有合:黄鍾,子之氣也,十一月建焉,而辰在星紀;大吕,丑之氣也,十二月建焉,而辰在玄枵。大族,寅之氣也,正月建焉,而辰在娵訾;應鍾,亥之氣也,十月建焉,而辰在析木。'已後皆然,是其斗與辰合也。"

〔八七〕聽樂均,權土炭,度晷景,候鍾律,以諧氣也:均(yùn),古代校正樂器音律的器具。國語周語下:"律所以立均出度也。"韋昭注:"均者,均鍾木,長七尺,有絃繫之以均鍾者,度鍾大小輕濁也。"權,秤量。土炭,土與炭。吴本、四庫本、備要本"炭"作"灰",誤。晷景,晷表之投影。候,考察。鍾律,音律。以諧氣,謂使樂律與卦氣協調。後漢書律曆志上:"夫五音生於陰陽,分爲十二律,轉生六十,皆所以紀斗氣,效物類也。天效以景,地效以響,即律也。陰陽和則景至,律氣應則灰除。是故天子常以日冬夏至御前殿,合八能之士,陳八音,聽樂均,度晷景,候鍾律,權土炭,效陰陽。冬至陽氣應,則樂均清,景長極,黄鍾通,土炭輕而衡仰。夏至陰氣應,則樂均濁,景短極,蕤賓通,土炭重而衡低。"

〔八八〕聲合而後神示之降出可期,氣諧而後陰陽之進退可效:神示,泛稱天神與地神。示,通"祇"。期,預知。效,顯示。

〔八九〕輕者鈄之,重者濂之,畸者我之,譌者削之,而五運六氣、九宫四治之難去矣:鈄(tǒu),增益。濂(lián),玉篇水部:"薄也。"此謂減省。畸,多餘。我,裁削。説文我部:"我,……一曰古殺字。"集韻怪韻:"殺,削也。"五運六氣,中醫學名詞。古代醫家根據金、木、水、火、土五行的運行和陰、陽、風、雨、晦、明六氣的流轉,以推斷氣候變化與疾病發生的關係。宋沈括夢溪筆談象數一:"醫家有五運六氣之術,大則候天地之變,寒、暑、風、雨、水、旱、螟、蝗,率皆有法;小則人之衆疾,亦隨氣運盛衰。"九宫四治,泛指不同地域、不同時令之治療。九宫,術數家所指的九個方位。即乾(西北方)、坎(北方)、艮(東北方)、震（東方）、巽（東南方）、離（南方）、坤（西南方）、兑（西方）八卦之宫，加上中央宫。四治，指中醫針對四季時氣之治療。黄帝内經素問六節藏象論：“岐伯曰：五日謂之候，三候謂之氣，六氣謂之時，四時謂之歲，而各從其主治焉。”

〔九〇〕體用相權，彌綸布擭：體用，本體和作用。權，平衡，協調。彌綸，統攝。布擭，布施。擭（hù），敷施。“彌綸布擭”謂統攝布施正氣。

〔九一〕是故春宫秋律而百卉凋，冬宫夏律而雷發聲：古人以十二律配十二月：黄鐘，十一月；大吕，十二月；太簇，正月；夾鐘，二月；姑洗，三月；仲吕，四月；蕤賓，五月；林鐘，六月；夷則，七月；南吕，八月；無射，九月；應鐘，十月。當月之律稱“宫”，不當月之律稱“律”。所謂“春宫秋律”，即是孟春月不以太簇爲宫、仲春月不以夾鐘爲宫，季春月不以姑洗爲宫，而以夷則（七月律）、南吕（八月律）、無射（九月律）爲宫。“冬宫夏律”準此。隋書牛弘傳弘上議稱劉歆鍾律書云：“春宫秋律，百卉必彫；秋宫春律，萬物必榮；夏宫冬律，雨雹必降；冬宫夏律，雷必發聲。”　宫動緑而寒谷春生，徵動羽而霜雹夏苓：緑，喬本、備要本譌“穌”，今據餘諸本訂正。苓，通“零”，掉落。宫動緑，古代占卜法——風角術語。其法將方位配十二辰而屬五音，即北方屬子爲陽宫，南方屬午爲陰宫；東北方屬丑寅爲陽徵，西南方屬未申爲陰徵；東方屬卯爲陽羽，西方屬酉爲陰羽；東南方屬辰爲陽商，西北方屬戌爲陰商；東南方屬巳爲陽角，西北方屬亥爲陰角（參見宋曾公亮等武經總要後集卷一七占候二風角）。所謂“宫動緑”，指戊己日（宫日）風從東南方或西北方來。開元占經卷九一風占五音相動風占：“宫日風從巳亥角來，爲宫動角，有兵戰，人主憂，客兵傷。”以此類推，“徵動羽”，當指丙丁日（徵日）風從東方或西方來。太平御覽卷一四引風角占：“徵動羽，有雹霜。”

〔九二〕聲生於日，律生於辰：見太玄玄數。聲，指宫、商、角、徵、羽五聲。日，指十天干。律，指十二律。辰，指十二辰，亦即十二地支。司馬光太玄集注：“甲乙爲角，丙丁爲徵，庚辛爲商，壬癸爲羽，戊己爲宫，故聲生於日，天之氣也。律生於辰，地之法也。”

〔九三〕日紀六甲，辰紀五子：古人用十天干與十二地支循環相配以紀年、月、日、時，從甲子起至癸亥止，共有六十個不同組合，爲一周期。其中十天干各有六個組合，如甲有甲子、甲戌、甲申、甲午、甲辰、甲寅，稱爲六甲；十二地支

（亦稱十二辰）各有五個組合，如子有甲子、丙子、戊子、庚子、壬子，稱爲五子。

〔九四〕八卦納甲而土日通焉：八卦納甲，相傳爲西漢易學家京房創造之筮法。其法將十天干分納于八卦，並與五行、方位相配合。即乾納甲，坤納乙，甲乙爲木，表示東方；艮納丙，兑納丁，丙丁爲火，表示南方；坎納戊，離納己，戊己爲土，表示中央；震納庚，巽納辛，庚辛爲金，表示西方；乾納壬，坤納癸，壬癸爲水，表示北方。土，指方位。“土日通”謂五方位與十天干所紀之日相聯繫。　五子居律而八卦隱焉：五子居律，謂十二辰包納了十二律。隱焉，藏伏其中。彦按：此二句言八卦、干支、樂律彼此關聯，與方位、時令相通。

〔九五〕是故以聲召氣：聲，指律管之聲。召，招致。氣，指八方之風。宋史樂志四：“一歲之中，兼總五運，凡麗於五行者，以聲召氣，無不總攝。鼓宮，宮動；鼓角，角應：彼亦莫知所以使之者。”　取八方之全聲而寓之八方之全器：器，樂器，此指律管。　于以察天地之龢，命乖別之妖：龢，指龢氣。命，猶占，用同“命龜”之“命”，謂預測（吉凶）。乖別，失和，反常。妖，指邪氣。周禮春官保章氏：“以十有二風察天地之和，命乖別之妖祥。”鄭玄注：“十有二辰皆有風，吹其律以知和不。”　而敵情之勝負、馬步之多少，悉未逆而知之：馬步，騎兵和步兵。逆，考察。周禮地官鄉師“以攷司空之辟，以逆其役事”鄭玄注：“逆，猶鉤考也。”史記律書：“王者制事立法，物度軌則，壹稟於六律，六律爲萬事根本焉。其於兵械尤所重，故云‘望敵知吉凶，聞聲效勝負’，百王不易之道也。”

〔九六〕是故殺氣并而音尚宮，武王徯紂之必敗：并，聚合。尚，通“當”，必然。徯，等待，期望。史記律書：“武王伐紂，吹律聽聲，推孟春以至于季冬，殺氣相并，而音尚宮。”張守節正義：“兵書云：‘夫戰，太師吹律，合商則戰勝，軍事張彊；角則軍擾多變，失士心；宮則軍和，士卒同心；徵則將急數怒，軍士勞；羽則兵弱少威焉。’”　南風委而死聲至，師曠必楚之無功：委，通“萎”，衰弱。左傳襄公十八年：“楚師伐鄭，……晉人聞有楚師，師曠曰：‘不害。吾驟歌北風，又歌南風，南風不競，多死聲。楚必無功。’”杜預注：“歌者，吹律以詠八風。南風音微，故曰‘不競’也。師曠唯歌南北風者，聽晉、楚之强弱。”

〔九七〕七六之絲合，而八卦之氣成；四寸之管來，而八方之風至：此二句言樂律調諧，則八卦之氣、八方之風與之相應，當時而至。七六之絲，指準（古代校定樂律之定音器）。準有十三弦，故稱。後漢書律曆志上：“竹聲不可以度調，故作準以定數。準之狀如瑟，長丈而十三弦，隱間九尺，以應黄鍾之律九寸；中央一弦，下有畫分寸，以爲六十律清濁之節。”四寸之管，泛指律管。商君書靳令：“四寸之管，無當必不滿也。”彦按：四寸並非樂管實際長度，而且十二律管長各不同，此大概言之耳。

〔九八〕充之者：充，實行。廣雅釋詁：“充，行也。”

〔九九〕英莖弗得弗諧，雲咸弗得弗龢，淵韶弗得弗備，濩武弗得弗古：英莖，指帝嚳之樂五英與顓頊之樂六莖。雲咸，指黄帝之樂雲門與堯之樂咸池。淵韶，指少昊之樂九淵與虞舜之樂大韶（亦稱韶，字亦作“招”）。濩武，指商湯之樂大濩（亦稱濩）與周武王之樂大武（亦稱武）。洪本、吳本“濩”譌“護”。漢書禮樂志：“昔黄帝作咸池，顓頊作六莖，帝嚳作五英，堯作大章，舜作招，禹作夏，湯作濩，武王作武，周公作勺。”蔡邕獨斷卷上五帝三代樂之別名：“黄帝曰雲門；顓頊曰六莖；帝嚳曰五英；堯曰咸池；舜曰大韶，一曰大招；夏曰大夏；殷曰大濩；周曰大武。”又，北堂書鈔卷一七帝王部制作引帝王世紀：“少昊作樂曰九淵。”

〔一〇〇〕著其素而直其情：著，顯示。素，原始，本質。尚書大傳卷一：“定以六律、五聲、八音、七始，著其素，蔟以爲八，此八伯之事也。”鄭玄注：“素，猶始也。”直其情，謂直接抒發感情。　以之節事而治容：節事，節制行事。治容，修飾儀容。　徹志之孛，解心之繆，去德之素，達道之塞：徹，除去。志，心思，思想。孛，通“誖”，惑亂，混亂。説文言部：“誖，亂也。”繆，通“糾”，糾結。德，謂真性。莊子天運“此皆自勉以役其德者也”成玄英疏：“德者，真性也。”素，通“索”，繩索，謂束縛。達，疏通。玉篇辵部：“達，通也。”

〔一〇一〕是以陽不究而陰不密，剛氣不怒，柔氣不懾：究，窮盡。密，閉塞。禮記樂記：“是故先王本之情性，稽之度數，制之禮義，合生氣之和，道五常之行，使之陽而不散，陰而不密，剛氣不怒，柔氣不懾，四暢交於中，而發作於外，皆安其位而不相奪也。”鄭玄注：“密之言閉也。懾，猶恐懼也。”孔穎達疏：“‘剛氣不怒，柔氣不懾’者，言先王節之，使剛氣者不至暴怒，感柔氣者不至恐懼也。”　在内者皆玉色，在外者皆金聲，貌正而氣得，氣得而肌安，肌安而色齊，色齊而天下化：玉色，比喻容色不變。禮記玉藻“玉色”鄭玄注：“色不變也。”孔穎達疏：“‘玉色’者，軍尚嚴肅，故色不變動，常使如玉也。”“在内者皆玉色”，謂内心皆泰然自若。金聲，喻稱恭敬的聲音。逸周書酆保：“卑位柔色，金聲以合之。”朱右曾校釋：“金聲，肅也。”廣韻屋韻：“肅，恭也，敬也。”“在外者皆金聲”，謂外表皆彬彬有禮。齊，同“齋”，莊重。韓詩外傳卷一：“古者天子左右五鐘。將出，則撞黃鐘。……入則撞蕤賓，以治容貌。容貌得則顏色齊，顏色齊則肌膚安，蕤賓有聲，鵠震馬鳴，及保介之蟲，無不延頸以聽，在内者皆玉色，在外者皆金聲。然後少師奏升堂之樂，即席告入也。此言音樂相和，物類相感，同聲相應之義也。”

〔一〇二〕空竅之室，厝胃之伏，關鬲之擬，渾涵冰結之處，隨其元而充之，無細微之不入：空竅，孔竅，指眼、耳、口、鼻、前陰、後陰。室，堵塞。厝胃，“厝”洪本作“膚”，吴本作“厝”。彦按：二字費解，疑當作“腠膚”。“厝”、“腠”音近；“膚”字上部之“虍”失落即成爲“胃”。腠膚謂肌膚。伏，閉藏。關鬲，指人體内胸腹之間部位。擬，通“礙”，隔閡，阻礙。渾涵，渾然一體貌。冰結，冰凍。元，指元氣。充，填塞。

〔一〇三〕七始既定，九奏具成，至於鳥獸之聲，猶悉關於樂律：七始，古代樂論以十二律中的黃鐘、林鐘、太簇爲天地人之始；姑洗、蕤賓、南吕、應鐘爲春夏秋冬之始，合稱“七始”。尚書大傳卷一：“故聖王巡十有二州，觀其風俗，習其性情，因論十有二俗，定以六律、五聲、八音、七始。”鄭玄注：“七始，黃鐘、林鐘、大蔟、南吕、姑洗、應鐘、蕤賓也。”九奏，指天子九奏之樂。古代天子舉樂，凡奏九曲，故稱。成，終。參見後紀十二帝舜有虞氏注〔七五二〕。尚書大傳卷二：“五載一巡守，羣后德讓，貢正聲而九（族）〔奏〕具成。”書益稷：“簫韶九成，鳳皇來儀。”又：“夔曰：‘於！予擊石拊石，百獸率舞。’”

〔一〇四〕大昭小鳴：謂大聲明朗，小聲也聽得清。國語周語下：“細鈞有鍾無鎛，昭其大也。大鈞有鎛無鍾，甚大無鎛，鳴其細也。大昭小鳴，和之道也。”高誘注：“大聲昭，小聲鳴，和平之道也。”　而協氣薰蒸：協氣，即和氣，古人用以稱天地間陰、陽二氣交合而成之氣，以爲萬物皆由此而生。薰蒸，薰陶。　嘉生殖祉：衆瑞生而增福。漢書郊祀志上：“民神異業，敬而不黷，故神降之嘉生。”顏師古注：“嘉生，謂衆瑞也。”　若方諸之水，圓鑒之火，緣類而生，有不期然而然者：方諸，古代用于月下承露取水之器具。之，猶“于”。圓鑒

(suì)，即陽燧，古代利用日光取火的凹面銅鏡。唐蘇鶚蘇氏演義卷下：“陽燧以銅爲之，形如鏡，照物則影倒，向日則火生，以艾承之，則得火也。”淮南子覽冥：“夫陽燧取火於日，方諸取露於月，天地之間，巧曆不能舉其數。”周易參同契卷下：“陽燧以取火，非日不生光；方諸非星月，安能得水漿？二氣玄且遠，感化尚相通，何況近存身，切在於心胸！”清仇兆鰲集注：“易言‘同氣相求’，乃造化自然之理。故陽燧以取火，照日即生光；方諸以取水，映月便生漿。見真陰真陽，有感必通。雖日月至遠，尚可以物致之，何況近存人身，切在我心者乎？”　又豈復歛斂衍鬱、振宛竭怒之患哉：歛斂，收斂，畏縮。歛，喬本、洪本、吳本、備要本作“歙”（“歙”之譌字），四庫本作“歛”，均不成義，今訂作“歛”。衍鬱，憂鬱，與“怏鬱”一音之轉。振宛，即“震掉”（宛、掉，廣韻音同徒了切），驚恐。竭怒，猶“窮怒”，盛怒。彥按：畏縮、憂鬱、驚恐、盛怒，皆氣不和平之象。

〔一〇五〕朱襄氏之來陰：朱襄氏，古帝王名，見前紀九朱襄氏。來陰，朱襄氏之樂。下類推，不另出注。彥按：呂氏春秋古樂：“昔古朱襄氏之治天下也，多風而陽氣畜積，萬物散解，果實不成，故士達作爲五弦瑟，以來陰氣，以定羣生。”但言朱襄氏臣士達“作爲五弦瑟，以來陰氣”，羅氏乃以“來陰”爲樂名，不知何據。　陰康氏之來穌：彥按：呂氏春秋古樂：“昔陰康氏之始，陰多滯伏而湛積，水道壅塞，不行其原，民氣鬱閼而滯著，筋骨瑟縮不達，故作爲舞以宣導之。”並未言有樂名來穌，羅氏此言，不知何據。　伏戲氏之立基：四庫本“戲”作“羲”。太平御覽卷五六六引樂書曰：“謹按禮記疏云：‘伏羲樂曰立基。’言伏犧之代，五運成立，甲曆始基，畫八卦以定陰陽，造琴瑟以諧律呂，繼德之樂，故曰立基也。”　神農氏之扶犂：扶犂，又稱扶徠。參見後紀一太昊伏戲氏“歌扶徠，詠網罟”下羅苹注。　高陽氏之承雲：竹書紀年卷上帝顓頊高陽氏二十一年：“作承雲之樂。”　高辛氏之六屬：彥按：六屬，當六英之誤。高辛氏即帝嚳。呂氏春秋古樂曰：“帝嚳命咸黑作爲唐歌——九招、六列、六英。”藝文類聚卷一樂部一論樂引樂緯、初學記卷一五樂部上亦曰：“帝嚳曰六英。”漢書禮樂志、蔡邕獨斷則皆稱帝嚳樂曰五英（見上注〔九九〕）。又通志卷二五帝紀帝嚳：“（高辛氏）樂曰六英。”注：“或曰五英。”唐元結補樂歌十首六英序曰：“六英，高辛氏之樂歌也。其義蓋稱帝嚳能總六合之英華。”要之，文獻所稱高辛氏樂，或曰六英，或稱五英，獨未見作六屬者，其誤必矣。　發人之抑，道人之伏，達人之慧：宣發人之壓抑，開導人之潛能，啓發人之智慧。伏，潛伏。達，暢通。

〔一○六〕故清緑一奏而鳳凰翳曰：清緑，即清角，古雅曲名。漢傅毅舞賦：“揚激徵，騁清角。”李善注：“激徵、清角，皆雅曲名。”翳（yì），遮蔽。吴本、四庫本、備要本作“翳”，字異詞同。　簫韶九成而百獸率舞：簫韶，舜樂名。率，隨，跟著。見上注〔一○三〕。

〔一○七〕三五以降，醇澆而僞，璞散而器，而人始狙詐與物敵矣，天地之元、時至之氣始離次而不安其所矣：三五，指三皇五帝。醇，味道醇正濃厚的酒。澆，澆薄，味淡。璞，未經雕琢的玉。散，粗疏。後漢書曹襃傳：“此制散略，多不合經。”李賢注：“散略，猶疎略也。”器，謂無用。新書大政下：“故士能言道而弗能行者謂之器，能行道而弗能言者謂之用。”狙詐，狡猾姦詐。狙（jū），敵，對抗，爲敵。離次，離其位次，失其職守。

〔一○八〕不過留意鐘鼓巢産之聲、綴兆疾徐之文：巢産，象聲詞，象鐘鼓之聲。綴兆，謂樂舞中舞者的隊列變化。文，指形象。禮記樂記：“屈伸俯仰，綴兆舒疾，樂之文也。”　紀鏗鏘，著節奏，俶詭殊瑰，爲彌文煩飭而已：紀，記，記住。著，著重，留意。俶詭殊瑰，奇異瑰麗。彌文煩飭，繁多修飾。飭，通“飾”。吴本、洪本、四庫本、備要本均作“飾”。吕氏春秋侈樂：“夏桀、殷紂作爲侈樂，大鼓、鐘、磬、管、簫之音，以鉅爲美，以衆爲觀，俶詭殊瑰，耳所未嘗聞，目所未嘗見。”

〔一○九〕篴邏鏜鎝：篴邏，即篴邏迴，又稱貝，我國古代少數民族吹奏樂器名，用海螺殼製成。四庫本“篴”譌“篎”。鏜鎝，象聲詞。“鎝”爲“鎝”字俗體。隋江總横吹曲：“鏜鎝漁陽摻，怨抑胡笳斷。”　進俯退俯：禮記樂記：“今夫新樂，進俯退俯，姦聲以濫，溺而不止。”鄭玄注：“俯猶曲也，言不齊一也。”孔穎達疏：“謂俯僂曲折，不能進退齊一，俱曲屈進退而已，行伍雜亂也。”　欲其召龢氣而致柔嘉：柔嘉，柔和美善。　爲齊謳而希楚和，吴歈而幾越應：齊謳，齊地之歌。和（hè），跟着唱。吴歈，吴地之歌。歈（yú），歌。幾，通“冀”，希望。　不已難矣：已，太。

〔一一○〕下迨列國，曹奢魏褊，陳汰唐憂：列國，指東周列國。曹、魏、陳、唐，皆周諸侯國名。奢，奢侈。褊，急躁。汰，通“泰”，驕恣。憂，憂愁。毛詩國風曹風首篇蜉蝣之序曰：“蜉蝣，刺奢也。”毛詩國風魏風首篇葛屨之序曰：“葛

屨,刺褊也。"毛詩譜陳譜:"五世至幽公,當厲王時,政衰,大夫淫荒,所爲無
度,國人傷而刺之,陳之變風作矣。"彥按:淫荒而所爲無度,是汰也。毛詩譜唐
譜:"當周公、召公共和之時,成侯曾孫僖侯甚嗇愛物,儉不中禮,國人閔之,唐
之變風始作。"彥按:"國人閔之",是憂也。

　　〔一一一〕桑間濮上留連荒亡之音作:桑間濮上,周時衛地。禮記樂記:
"桑間濮上之音,亡國之音也。其政散,其民流,誣上行私而不可止。"鄭玄
注:"濮水之上,地有桑間者,亡國之音於此之水出也。昔殷紂使師延作靡靡之
樂,已而自沈於濮水。後師涓過焉,夜聞而寫之,爲晉平公鼓之,是之謂也。"留
連,謂耽于游樂而忘歸。四庫本作"流連",同。荒亡,謂沉迷于田獵酒色之類,
縱欲無度。孟子梁惠王下:"流連荒亡,爲諸侯憂。從流下而忘反謂之流,從流
上而忘反謂之連,從獸無厭謂之荒,樂酒無厭謂之亡。"　民流官壞而不可繫
止:流,流亡。壞,敗壞,腐敗。繫止,繫而止之,阻止。繫,拴縛。

　　〔一一二〕煩手淫聲,慆心堙耳:煩手淫聲,嘈雜淫邪的樂聲,古稱與雅樂相
對之所謂鄭衛之聲。各本"手"均譌"等",今據左傳訂改。慆(tāo),淫。楚辭
離騷"椒專佞以慢慆兮"王逸注:"慆,淫也。"堙,通"堙",塞。左傳昭公元年:
"先王之樂,所以節百事也,故有五節,遲速本末以相及;中聲以降,五降之後不
容彈矣。於是有煩手淫聲,慆堙心耳,乃忘平和,君子弗聽也。"孔穎達正義:
"五降不息,則非復正聲。手煩不已,則雜聲並奏。記傳所謂鄭衛之聲,謂
此也。"

　　〔一一三〕干戈日尋:謂戰争不斷。尋,小爾雅廣詁:"用也。"　魂爲燕氛,
魄化魏土:氛,雲氣。唐陸龜蒙笠澤叢書卷二寒泉子對秦惠王:"齊魂爲燕氛,
趙骨化魏土。"　而淒怨之聲入於匏管:匏管,指笙、簫之類樂器。　輕生敗倫,
賊君弃父,而變逆之音出於金石:輕生,蔑視生命。賊,殘殺。金石,指鐘、磬之
類樂器。宋周敦頤通書樂上:"後世禮法不修,政刑苛紊,縱欲敗度,下民困
苦;謂古樂不足聽也,代變新聲,妖淫愁怨,導欲增悲,不能自止,故有賊君棄
父,輕生敗倫,不可禁者矣。"　六紀:禮記樂記"然後聖人作爲父子君臣,以爲
紀綱"孔穎達疏引禮緯含文嘉云:"六紀,謂諸父有善,諸舅有義,族人有敘,昆
弟有親,師長有尊,朋友有舊,是六紀也。"　遞情傷化,惟不能當於天心:遞情,
縱情。呂氏春秋本生:"世之貴富者,其於聲色滋味也多惑者,日夜求,幸而得

之則遁焉。"高誘注:"遁,流逸不能自禁也。"傷化,損害教化。當,符合。天心,本性。文子上禮:"聖人初作樂也,以歸神杜淫,反其天心。"

〔一一四〕袄沴災眚:泛指怪異不祥、災害禍患。沴(lì),天地四時之氣不和而生的災害。眚(shěng),災異。　鼓師三飯寄遁河海:鼓師三飯,泛指樂師。鼓師,擊鼓之樂師。三飯,指亞飯、三飯、四飯,皆古時以樂佐食之樂師。樂章各異,各有樂師,故有亞、三、四飯之稱。寄遁,寄匿、逃亡。論語微子:"太師摯適齊,亞飯干適楚,三飯繚適蔡,四飯缺適秦,鼓方叔入於河,播鼗武入於漢,少師陽、擊磬襄入於海。"何晏集解:"孔曰:'魯哀公時,禮壞樂崩,樂人皆去。'"

〔一一五〕千鍾作,大吕鑄,而内益亂;新聲興,巫音起,而君愈卑:大吕,鍾名。巫音,巫覡歌舞時用的音樂。吕氏春秋侈樂:"宋之衰也,作爲千鍾。齊之衰也,作爲大吕。楚之衰也,作爲巫音。"陳奇猷新校釋:"左傳襄十一年'歌鍾二肆'。杜注:'肆,列也。縣鍾十六爲一肆。二肆,三十二枚。'然則千鍾者,疑即縣鍾千枚,上文所謂'以衆爲觀'也。"

〔一一六〕志微焦殺:微,吴本、四庫本、備要本作"惟",誤。焦殺,謂聲調急促。禮記樂記:"是故志微噍殺之音作而民思憂。"史記樂書"噍"作"焦",張守節正義:"若人君叢脞,情志細劣,其樂音噍戚殺急,不舒緩也。"　一倡而三歎:一人歌唱,三人相和。四庫本"倡"作"唱",字異詞同。荀子禮論:"清廟之歌,一倡而三歎也。"

〔一一七〕人狃辭狎,而聲匪純懿,袍不成列,舞不像成:狃,驕縱。洪本作"**猐**"。狎,輕瀆,不莊重。匪,非。純懿,高尚完美。舞不像成,即舞不成像。像,形狀,樣子。　陳鄭聲于楓庭,陞胡部於堂上,迎神帶邊曲,宮案次熊羆:鄭聲,原指春秋戰國時鄭國的音樂。因與孔子等提倡的雅樂不同而被視爲淫聲之代名詞。楓庭,謂朝廷。漢代宮庭多植楓樹,故有此稱。胡部,原爲唐代掌管胡樂的機構,此借指胡樂。宮案,宮庭的案桌。次,停放,謂擺著。熊羆,指裝扮熊羆的道具。新唐書禮樂志十二:"開元二十四年,升胡部於堂上。而天寶樂曲,皆以邊地名,若涼州、伊州、甘州之類。"隋書音樂志中:"(北周)武帝以梁鼓吹熊羆十二案,每元正大會,列於縣間,與正樂合奏。"同書音樂志下:"至大業中,煬帝制宴饗設鼓吹,依梁爲十二案。案别有錞于、鉦、鐸、軍樂鼓吹等一部。案下皆熊羆貙豹,騰倚承之,以象百獸之舞。" 而房中之樂,則惟恐淫哇之不聞,變態之不新也:房中之樂,周代始創的一種樂歌。由后妃諷誦,故稱。淫哇,謂淫邪之聲。文選嵇康養生論:"目惑玄黃,耳務淫哇。"李善注:"李軌曰:'哇,邪也。'"變態,喬本、洪本"態"譌"熊",今據餘諸本訂正。舊唐書音樂志二:"其餘雜戲,變態多端,皆不足稱。"

〔一一八〕名器:名貴的器物。此指鐘磬之類。

〔一一九〕既聲有餘於數:數,指原來音律之類數。

〔一二〇〕二變:指古代七聲音階中之變宮(相當簡譜之7)、變徵(相當簡譜之4)。宋高承事物紀原樂舞聲歌部二變:"通典曰:商以前但有五音宮、商、角、徵、羽,自周加文、武二聲,謂之二變。" 四清:樂律名。指宮清、商清、角清、徵清四高聲。彥按:二變、四清之興,乃音律精密化使然,而宋人率以爲非,清江永已駁其誤。宋陳暘樂書卷二四禮記訓義樂記云:"今夫古樂之發,六律固正矣,而後世四清興焉,律之所以不正也;五聲固和矣,而後世二變興焉,聲之所以不和也。"清江永律吕新論卷下論清四聲論陳暘樂書之疎率則曰:"陳氏樂書,其主意大約以爲先王之樂,唯有五聲、十二律,後世乃有二變、四清,此皆鄭、衛之音;凡八音之器,皆當去二變、四清以復古。此耳食之學,粗率之見,未嘗深思細考其故者也。"

〔一二一〕立四通:四通,梁武帝所創製定律之器,凡四器,分別稱玄英通、青陽通、朱明通、白藏通。隋書音樂志上:"(梁武)帝既素善鍾律,詳悉舊事,遂自制定禮樂。又立爲四器,名之爲通。通受聲廣九寸,宣聲長九尺,臨岳高一寸二分。每通皆施三絃。一曰玄英通:應鍾絃,用一百四十二絲,長四尺七寸四分差強;黃鍾絃,用二百七十絲,長九尺;大吕絃,用二百五十二絲,長八尺四寸三分差弱。二曰青陽通:太簇絃,用二百四十絲,長八尺;夾鍾絃,用二百二十四絲,長七尺五寸弱;姑洗絃,用二百一十四絲,長七尺一寸一分強。三曰朱明通:中吕絃,用一百九十九絲,長六尺六寸六分弱;蕤賓絃,用一百八十九絲,長六尺三寸二分強;林鍾絃,用一百八十絲,長六尺。四曰白藏通:夷則絃,用一百六十八絲,長五尺六寸二分弱;南吕絃,用一百六十絲,長五尺三寸二分大強;無射絃,用一百四十九絲,長四尺九寸九分強。因以通聲,轉推月氣,悉無差違,而還相得中。" 制留尺:留尺,我國傳統樂譜記音符號,留相當於簡譜之5,尺相當於簡譜之2。　倚歌梵唄,婁羅悅般:倚歌,謂模仿……而歌。梵唄,佛教稱作法事時的歌詠贊頌之聲。婁羅,聲音嘈雜貌。悅般,南北朝時西域國名,此借指其音樂。魏書樂志:“世祖破赫連昌,獲古雅樂,及平涼州,得其伶人、器服,並擇而存之。後通西域,又以悅般國鼓舞設於樂署。”　而風雅進矣:風雅,詩經中的國風和大雅、小雅,借代雅樂。進,通“盡”,謂消亡。

〔一二二〕夫以五日四分日之一不之減,六日八十分之七不可裁,而六十之卦未嘗增也:見上注〔八二〕。　二變不得而應聲增:不得,謂未能達到目的,不行。應聲,隋代所訂“八音之樂”之一。隋書音樂志中:“(鄭譯)又以編懸有八,因作八音之樂。七音之外,更立一聲,謂之應聲。”　四清不合而子聲起:子聲,即半律,亦稱半聲。古樂十二律中相鄰兩音間的音程。通典卷一四三樂三五聲十二律相生法:“鳧氏爲鐘,以律計自倍半。半者,准半正聲之半,以爲十二子律,制爲十二子聲。比正聲爲倍,則以正聲於子聲爲倍;以正聲比子聲,則子聲爲半。”　七五音而八律吕:七五音,謂五音加上變宫、變徵而成七音。八律吕,指“八音之樂”之八音。

〔一二三〕黄鍾大吕之聲:謂音律。　商羬徵羽之器:指律管。　以旋宫則不得其變,以迎氣則不得其平:旋宫,我國古代以十二律配七音,每律均可作爲宫音,旋相爲宫,故稱。迎氣,上古于立春日祭青帝,立夏日祭赤帝,立秋日祭白帝,立冬日祭黑帝;東漢除祭四帝外,又于立秋前十八日祭黄帝。用以迎接四季,祈求豐年,謂之“迎氣”。平,謂正常。

〔一二四〕比:和順,協調。廣韻脂韻:“比,和也。”

〔一二五〕陶匏革竹之器:見上注〔六一〕。　搏拊戛擊之用:搏拊,同“搏撫”,彈奏。戛擊,敲擊。戛,音 jiá。　其所謂八風十二律,未必不與人齊:八風,指八音。左傳襄公二十九年:“五聲和,八風平。”王引之曰:“謂八音克諧也。五聲、八風相對爲文,……則是八音矣。”(見經義述聞春秋左傳中)。彥按:此八音爲我國古代對樂器之統稱,與上注〔一二二〕所稱隋鄭譯作“八音之樂”之“八音”異。周禮春官大師:“皆播之以八音:金、石、土、革、絲、木、匏、竹。”鄭玄注:“金,鍾鎛也;石,磬也;土,塤也;革,鼓鼗也;絲,琴瑟也;木,柷敔也;匏,笙也;竹,管簫也。”齊,同,相同。　麟鳳龜龍:古稱四靈之物,君恩及羽蟲則至,至而天下太平。孔叢子記問:“天子布德,將致太平,則麟鳳龜龍先爲之祥。"此借代祥瑞之事。

〔一二六〕夫有恢蕩之音者,有榮懷之慶:恢蕩,恢弘寬廣。榮懷,謂國家繁榮,萬民歸附。語本書秦誓"邦之杌隉,曰由一人;邦之榮懷,亦尚一人之慶"。

有龢平之聲者,有蕃殖之財:龢,吳本、四庫本作"和"。下"中龢之感"、"政其有不龢乎"、"温乎其龢者"、"樂極龢"、"中龢之本"諸"龢"字同。蕃殖,繁殖,增長。國語周語下:"夫有和平之聲,則有蕃殖之財。"

〔一二七〕淫厲而哀,萬寶常所以知隋之不久:淫厲,謂聲音極高而刺耳。萬寶常,隋代音樂家。隋書萬寶常傳:"寶常嘗聽太常所奏樂,泫然而泣。人問其故,寶常曰:'樂聲淫厲而哀,天下不久相殺將盡。'時四海全盛,聞其言者皆謂爲不然。大業之末,其言卒驗。" 宮出不反,王令言所以卜煬之無迴:宮出不反,謂以宮聲調始而不以宮聲調終。隋書萬寶常傳附王令言:"時有樂人王令言,亦妙達音律。大業末,煬帝將幸江都,令言之子當從,於戶外彈胡琵琶,作翻調安公子曲。令言時臥室中,聞之大驚,蹶然而起曰:'變,變!'急呼其子曰:'此曲興自早晚?'其子對曰:'頃來有之。'令言遂歔欷流涕,謂其子曰:'汝慎無從行,帝必不返。'子問其故,令言曰:'此曲宮聲往而不反,宮者君也,吾所以知之。'帝竟被殺於江都。"

〔一二八〕宮離不屬,商亂而暴,而子憲識明皇之播:宮離,宮音散亂。屬(zhǔ),連接,連續。暴,急驟,猛烈。子憲,唐睿宗嫡長子李憲。播,遷徙,流亡。新唐書卷八一讓皇帝憲傳:"又涼州獻新曲,帝(指唐明皇)御便坐,召諸王觀之。憲曰:'曲雖佳,然宮離而不屬,商亂而暴,君卑逼下,臣僭犯上。發於忽微,形於音聲,播之詠歌,見於人事,臣恐一日有播遷之禍。'帝默然。及安、史亂,世乃思憲審音云。" 宮不召商,龢與徵戾,而嗣真明章懷之廢:宮不召商,謂宮、商二音不協調。召,猶今言招呼、答理。戾,逆,違背。章懷,即唐高宗李治第六子李賢,章懷爲其謚號。賢初嘗立爲皇太子,後被控謀逆罪廢爲庶人,流放巴州,因自殺。新唐書李嗣真傳:"調露中,爲始平令,風化大行。時章懷太子作寶慶曲,閱於太清觀,嗣真謂道人劉概、輔儼曰:'宮不召商,君臣乖也;角與徵戾,父子疑也。死聲多且哀,若國家無事,太子任其咎。'俄而太子廢。"

〔一二九〕王仁裕耳黃鍾有争鬪之事:王仁裕,後晉諫議大夫。耳,聽到。

新五代史王仁裕傳:"仁裕性曉音律。晉高祖初定雅樂,宴羣臣於永福殿,奏黄鍾。仁裕聞之曰:'音不純肅而無和聲,當有争者起於禁中。'已而兩軍校鬬昇龍門外,聲聞于内,人以爲神。"　裴知古聆廟樂當慶賜之行:慶賜,賞賜。舊唐書方伎傳:"時又有雍州人裴知古,善於音律。長安中爲太樂丞。神龍元年正月春享西京太廟,知古預其事,謂萬年令元行沖曰:'金石諧和,當有吉慶之事,其在唐室子孫乎?'其月,中宗即位,復改國爲唐。"禮記月令孟夏之月:"慶賜遂行,無不欣説。"

〔一三○〕龍舟五更之聲作而國不可游:龍舟五更,曲名。文中子周公:"子遊太樂,聞龍舟五更之曲,瞿然而歸,曰:'靡靡樂也,作之邦國焉,不可以遊矣!'"彦按:龍舟五更相傳爲隋煬帝將游江都時所作。此謂子遊太樂(管理宫廷音樂之官署)聞之,乃假託之辭。　胡戎無愁之曲作而君不可留:隋書音樂志中:"後主亦自能度曲,親執樂器,悦玩無倦,倚絃而歌。别採新聲,爲無愁曲,音韻窈窱,極於哀思,使胡兒閹官之輩齊唱和之,曲終樂闋,莫不殞涕。雖行幸道路,或時馬上奏之,樂往哀來,竟以亡國。"彦按:此後主指北齊幼主高恒。北齊書幼主紀:"盛爲無愁之曲,帝自彈胡琵琶而唱之,侍和之者以百數。人間謂之無愁天子。"　除愛水、斷苦輪之歌奮而臺城没:臺城,城名。故址在今江蘇南京市雞鳴山南。爲東晉、南朝臺省和宫殿所在地,故稱。通典卷一四二樂二歷代沿革下:"(梁武帝)即位之後,更造新聲,帝自爲之詞三曲,又令沈約爲三曲,以被管絃。帝既篤敬佛法,又制善哉、大樂、大歡、天道、仙道、神王、龍王、滅過惡、除愛水、斷苦輪等十篇,名爲正樂,皆述佛法。又有法樂童子伎、童子倚歌梵唄,設無遮大會則爲之。其後臺城淪没,簡文帝受制於侯景。景以簡文女溧陽公主爲妃,請帝及主母范淑妃宴於西州,奏梁所常用樂。景儀同索超世亦在宴筵。帝潸然屑涕。景興曰:'陛下何不樂也?'帝强笑曰:'丞相言索超世聞此以爲何聲?'景曰:'臣且不知,何獨超世。'自此樂府不修,風雅咸盡矣。"　打沙鑼、振銅鈸之伎進而屈茨卹:沙鑼,一種銅鑼。屈茨卹,謂對屈茨樂感到擔憂。屈茨,古西域國名,即龜兹,其國擅長音樂。卹,憂。通典卷一四二樂二歷代沿革下:"自(後魏)宣武已後,始愛胡聲,洎於遷都。屈茨琵琶、五絃、箜篌、胡笙、胡鼓、銅鈸,打沙羅,胡舞鏗鏘鏜鎝,洪心駭耳,撫箏新靡絶麗,歌響全似吟哭,聽之者無不悽愴。琵琶及當路琴瑟殆絶音。皆初聲頗復閑緩,度曲轉急躁。按此音所由,源出西域諸天諸佛韻調,婁羅胡語,直置難解,況復被之土木? 是以感其聲者,莫不奢淫躁競,舉止輕飈,或踊或躍,乍動乍息,蹻脚彈指,撼頭弄目,情發於中,不能自止。論樂豈須鐘鼓,但問風化淺深,雖此胡聲,足敗華俗。”

〔一三一〕發於飄芴,應於遐邇:飄芴,即飄忽,謂變化莫測。遐邇,遠方。

〔一三二〕蓋出之中者不得其寓,而道之外者不得其所也:出之中,謂離開中聲。出,逸出。不得其寓,猶“不得其所”,謂失其宜,不得當。道之外,謂離乎道。

〔一三三〕趨數、傲辟、煩、戾、濫、溺:趨數,謂節奏短促急速。數,音 shuò。禮記樂記:“衛音趨數煩志。”鄭玄注:“趨數,讀爲‘促速’,聲之誤也。”孔穎達疏:“‘衛音趨數煩志’者,言衛音既促且速,所以使人意志煩勞也。”傲辟,謂聲音狂蕩怪僻。禮記樂記:“齊音敖辟喬志。”煩,謂聲音繁雜。戾,通“厲”,謂聲音高而尖。濫,謂聲音輕浮。禮記樂記:“鄭音好濫淫志。”溺,通“弱”,柔弱,謂靡靡之音。　此亂國之所好而衰姓之所樂也:衰姓,衰敗家族。四庫本“衰”譌“哀”。

〔一三四〕暴戾之動不存乎體,此治安之風也:體,洪本譌“禮”。風,聲音,音樂。説苑脩文載孔子曰:“夫先王之制音也,奏中聲,爲中節,流入於南,不歸於北。南者生育之鄉,北者殺伐之域。故君子執中以爲本,務生以爲基。故其音温和而居中,以象生育之氣。憂哀悲痛之感,不加乎心;暴厲淫荒之動,不存乎體。夫然者乃治存之風,安樂之爲也。彼小人則不然,執末以論本,務剛以爲基。故其音湫厲而微末,以象殺伐之氣。和節中正之感,不加乎心;温儼恭莊之動,不存乎體。夫殺者,乃亂亡之風,奔北之爲也。”孔子家語辯樂亦載孔子曰:“夫先王之制音也,奏中聲以爲節,流入於南,不歸於北。夫南者生育之鄉,北者殺伐之域。故君子之音,温柔居中,以養生育之氣。憂愁之感,不加于心也;暴厲之動,不在于體也。夫然者,乃所謂治安之風也。小人之音則不然,亢麗微末,以象殺伐之氣。中和之感,不載于心;温和之動,不存于體。夫然者,乃所以爲亂亡之風。”

〔一三五〕雅頌:詩經組成部分。借代中正和平之音樂。

〔一三六〕鄭衛:春秋二國名。先儒謂此二國音樂輕靡、歌詩淫逸。因以借代輕靡淫逸之音樂。　　乖:乖戾,悖謬。

〔一三七〕眩惑轉易:眩惑,昏亂糊塗。轉易,謂言而無信,轉來變去。國語周語下:"若視聽不和,而有震眩,則味入不精,不精則氣佚,氣佚則不和。於是乎有狂悖之言,有眩惑之明,有轉易之名,有過慝之度。"　　刑政紛糾:紛糾,交錯雜亂貌。喬本、洪本、吳本"糾"作"斜",乃俗體。今從四庫本及備要本。豈惟哀以思哉,而其民亦困矣:思,悲傷。禮記樂記:"亡國之音哀以思,其民困。"

〔一三八〕溫乎其穌者:溫乎,溫和貌,柔和貌。　　夷則之羽:夷則,樂律十二律之第九律。羽,五音之一,相當于簡譜之6。夷則之羽屬高平調。　　黃鍾之宮:黃鍾,樂律十二律之第一律。宮,五音之一,相當于簡譜之1。黃鍾之宮,其調中正平和,古人有"黃鍾宮富貴纏綿"之説。

〔一三九〕備聲:美好之音樂。荀子解蔽:"故目視備色,耳聽備聲,口食備味,形居備宮,名受備號。"

〔一四〇〕禦:通"御",治理,統治。

〔一四一〕魯莊公國小鍾大而曹劌方請圖之:曹劌,春秋魯大夫。洪本、吳本作"曹翽",同。圖,考慮,計議。初學記卷一六樂部下鐘魯鑄引慎子曰:"魯莊公鑄大鐘,曹翽入見,曰:'今國褊小而鐘大,君何不圖之?'"　　齊桓公謀以大鍾而鮑叔且以爲過:鮑叔,即鮑叔牙,齊國大夫。説苑正諫:"齊桓公謂鮑叔曰:'寡人欲鑄大鍾,昭寡人之名焉。寡人之行,豈避堯、舜哉?'鮑叔曰:'敢問君之行?'桓公曰:'昔者吾圍譚三年,得而不自與者,仁也。吾北伐孤竹,劀令支而反者,武也。吾爲葵丘之會以偃天下之兵者,文也。諸侯抱美玉而朝者九國,寡人不受者,義也。然則文武仁義,寡人盡有之矣。寡人之行,豈避堯、舜哉?'鮑叔曰:'君直言,臣直對。昔者公子糾在上位而不讓,非仁也。背太公之言而侵魯境,非義也。壇堨之上詘於一劍,非武也。倨姉不離懷袵,非文也。凡爲不善遍於物不自知者,無天禍必有人害。天處甚高,其聽甚下,除君過言,天且聞之。'桓公曰:'寡人有過,子幸記之,是社稷之福也。子不幸教,幾有大罪以辱社稷。'"

〔一四二〕方晉侯之如宋也,享以桑林,晉侯懼而退入于房,至著雍而病,卜之,祟在桑林:晉侯,指春秋晉悼公姬周。桑林,殷天子之樂名。楊伯峻曰:"本

爲桑山之林，商湯曾於此處祈雨，……其後殷商以及宋國奉爲聖地，而立神以
祀之，……殷因有桑林之樂。此天子之樂，而宋沿用之。”（見春秋左傳注）著
雝，即著雍，春秋晉地名。左傳襄公十年：“宋公享晉侯于楚丘，請以桑林。苟
罃辭。苟偃、士匄曰：‘諸侯宋、魯，於是觀禮。魯有禘樂，賓、祭用之。宋以桑
林享君，不亦可乎？’舞，師題以旌夏。晉侯懼而退入于房。去旌，卒享而還。
及著雝，疾。卜，桑林見。”楊伯峻注：“龜卜疾病，兆見桑林之神。”

〔一四三〕及平公登施夷之臺，欲作清緑，師曠以爲黄帝所作，今君德薄，不
足以作之，瞑臣請辭，公弗聽，作之，飄瀑總至，發屋亂豆，平公恐伏，晉國大旱：
平公，晉悼公子姬彪，公元前 557—前 532 年在位。施夷之臺，春秋晉國臺名。
清緑，指宮、商、角（緑）、徵、羽五音中之角（緑）音。古人以爲角（緑）音清，故
曰清角（緑）。瞑臣，師曠目盲，故自稱瞑臣。飄瀑，狂風暴雨。爾雅釋天：“迴
風爲飄。”郭璞注：“旋風也。”説文水部：“瀑，疾雨也。”總，通“匆”，猝然。豆，
古代食器，形似高足盤。韓非子十過：“（衛靈公）之晉。晉平公觴之於施夷之
臺，酒酣，靈公起曰：‘有新聲，願請以示。’平公曰：‘善。’乃召師涓，令坐師曠
之旁，援琴鼓之。未終，師曠撫止之，曰：‘此亡國之聲，不可遂也。’平公曰：
‘此道奚出？’師曠曰：‘此師延之所作，與紂爲靡靡之樂也。及武王伐紂，師延
東走，至於濮水而自投，故聞此聲者必於濮水之上。先聞此聲者其國必削，不
可遂。’平公曰：‘寡人所好者音也，子其使遂之。’師涓鼓究之。平公問師曠
曰：‘此所謂何聲也？’師曠曰：‘此所謂清商也。’公曰：‘清商固最悲乎？’師曠
曰：‘不如清徵。’公曰：‘清徵可得而聞乎？’師曠曰：‘不可。古之聽清徵者，皆
有德義之君也。今吾君德薄，不足以聽。’平公曰：‘寡人之所好者音也，願試聽
之。’師曠不得已，援琴而鼓。一奏之，有玄鶴二八道南方來，集於郎門之垝；再
奏之，而列；三奏之，延頸而鳴，舒翼而舞，音中宮商之聲，聲聞于天。平公大
説，坐者皆喜。平公提觴而起，爲師曠壽。反而問曰：‘音莫悲於清徵乎？’師曠
曰：‘不如清角。’平公曰：‘清角可得而聞乎？’師曠曰：‘不可。昔者黄帝合鬼
神於西泰山之上，駕象車而六蛟龍，畢方並鎋，蚩尤居前，風伯進掃，雨師灑道，
虎狼在前，鬼神在後，騰蛇伏地，鳳皇覆上，大合鬼神，作爲清角。今主君德薄，
不足聽之；聽之，將恐有敗。’平公曰：‘寡人老矣，所好者音也，願遂聽之。’師
曠不得已而鼓之。一奏，而有玄雲從西北方起；再奏之，大風至，大雨隨之，裂

帷幕,破俎豆,隳廊瓦,坐者散走。平公恐懼,伏于廊室之間。晉國大旱,赤地三年。平公之身遂癃病。”

〔一四四〕蓋先王所以持禮樂之分者,甚急而不可亂,故其衰也,邦君諸侯一越用之則魄奪氣褫而不能以自止也:持,保守。急,緊要,謂重視。褫(chǐ),説文衣部:“奪也。”四庫本譌作“褫”。

〔一四五〕出自莊子天運,文曰:“北門成問於黃帝曰:‘帝張咸池之樂於洞庭之野,吾始聞之懼,復聞之怠,卒聞之而惑,蕩蕩默默,乃不自得。’帝曰:‘……樂也者,始於懼,懼故祟。吾又次之以怠,怠故遁;卒之於惑,惑故愚;愚故道,道可載而與之俱也。’”郭慶藩集釋:“初聞至樂,未悟大和,心生悚懼,不能放釋,是故禍祟之也。再聞之後,情意稍悟,故懼心怠退,其迹遁滅也。最後聞樂,靈府淳和,心無分別,有同闇惑,蕩蕩默默,類彼愚迷。不怠不懼,雅符真道,既而運載無心,與物俱至也。” 懼故祟:吳本、四庫本“祟”譌“崇”。

〔一四六〕癃病之生,赤地之變:此指晉平公聽清角而懼事。見上注〔一四三〕。癃病,衰弱疲病。

〔一四七〕國有飢,主不飧:飢,通“饑”,災荒。四庫本作“饑”。主,洪本譌“生”。飧,通“飧”,音 sūn,夕食,此謂喫晚飯。備要本作“飧”。漢賈誼新書禮:“樂也者,上下同之。故禮,國有饑人,人主不飧;國有凍人,人主不裘;報囚之日,人主不舉樂。”

〔一四八〕有九年之稸:稸,同“蓄”,蓄積。漢賈誼新書禮:“國無九年之蓄,謂之不足;無六年之蓄,謂之急;無三年之蓄,國非其國也。民三年耕,必餘一年之食;九年而餘三年之食;三十歲相通,而有十年之積。雖有凶旱水溢,民無饑饉。然後天子備味而食,日舉以樂;諸侯食珍不失,鍾鼓之縣可使。”

〔一四九〕草木未若,則不煩鐘鼓之聲:若,順遂。爾雅釋言:“若,順也。”吳本“鼓”字爲闕文。 文德未敷,則不必干羽之容:敷,傳播,散布。干羽,古代舞者所執的舞具。文舞執羽(雉羽),武舞執干(盾牌)。書大禹謨:“帝乃誕敷文德,舞干羽于兩階。”

〔一五〇〕固飭穌之具爾:飭,通“飾”,裝飾,修飾。餘諸本皆作“飾”。

〔一五一〕彼杜淹之所言,張文收之所請,唐太宗每折而不許者,亦以謂百姓安樂則金石自暢,樂在人穌有,不在乎聲也:杜淹,唐太宗朝御史大夫。各本皆譌"杜詵"，今據新、舊唐書訂正。張文收，唐太宗朝協律郎。折，謂駁回。金石，借代鐘磬一類樂器。暢，條暢，和暢，此謂協調和諧。人龢，謂人心和協。新唐書禮樂志十一："太宗謂侍臣曰：'古者聖人沿情以作樂，國之興衰，未必由此。'御史大夫杜淹曰：'陳將亡也，有玉樹後庭花，齊將亡也，有伴侶曲，聞者悲泣，所謂亡國之音哀以思。以是觀之，亦樂之所起。'帝曰：'夫聲之所感，各因人之哀樂。將亡之政，其民苦，故聞以悲。今玉樹、伴侶之曲尚存，爲公奏之，知必不悲。'……（貞觀）十一年，張文收復請重正餘樂，帝不許，曰：'朕聞人和則樂和，隋末喪亂，雖改音律而樂不和。若百姓安樂，金石自諧矣。'"

〔一五二〕乃復膠意於區區之累黍，以祈中乎龢氣：膠意，固執，拘泥。區區，小小，形容微不足道。累黍，謂排列黍粒以定律管之長度。祈，求。中，指中聲。龢氣，天地間陰陽交合而成之氣。古人認爲萬物由此而生。　不已勩乎：已，太。勩（yì），勞苦，辛苦。喬本、洪本、吳本、四庫本皆作"勯"，乃"勩"譌字，今從備要本訂正。

〔一五三〕夫絲固不足以制聲，而黍固不足以稽律也：絲，古代"金、石、土、革、絲、木、匏、竹"八音之一，泛指琴、瑟、琵琶等絃樂器。制，控制，制約。稽，計算。

〔一五四〕蕤賓下生大吕：蕤賓，樂律十二律之第七律。大吕，樂律十二律之第二律。下生，古人計算十二律中每一律管之長度，有所謂"三分損益法"。其法爲：將某一律管原有長度作 3 等分而減其一份，得出另一律管的長度，稱爲"下生"；下生所得律之音高，正好爲上方五度音之律。反之，將某一律管原有長度 3 等分而增其一份，得出另一律管的長度，稱爲"上生"；上生所得律之音高，正好爲下方四度音之律。從一律出發，下生 5 次，上生 6 次，即可得出十二律。　八八左旋，終於中吕：八八左旋，我國古代以十二律與七音相配，每律均可作爲宮音，形成不同調高的七聲音階。這種宮音的移動稱爲旋宮，用圖表示則有所謂的旋宮圖。古旋宮圖有二種，其一爲：以十二律按生律（黃鐘、林鐘、太簇、南吕、姑洗、應鐘、蕤賓、大吕、夷則、夾鐘、無射、中吕）依次順時針排列爲外圈，以七音按"宮、徵、商、羽、角、變宮、變徵"次序順時針排列爲內圈，宮音與黃鐘律相對，這便是黃鐘爲宮。若將內圈左旋，宮音依次向左移動一位，則分別得到中吕爲宮、無射爲宮等調式，這便是所謂的"左旋"。另一爲：改外圈爲按十二律之音高次序（黄鐘、大吕、太簇、夾鐘、姑洗、中吕、蕤賓、林鐘、夷則、南吕、無射、應鐘）排列，改内圈爲按“宫、□、商、□、角、□、變徵、徵、□、羽、□、變宫”次序排列。如此一來，則由黄鐘爲宫變至中吕爲宫，宫音由起點算起須向左移動至第八個位置（實際移動七次）；同樣，由中吕爲宫變至無射爲宫，宫音亦須向左移動至第八個位置。這就是所謂的“八八左旋”。中吕，樂律十二律之第六律。　　此班固之所本也：漢書律曆志上：“（黄鐘之長一寸）參分損一，下生林鐘。參分林鐘益一，上生太族。參分太族損一，下生南吕。參分南吕益一，上生姑洗。參分姑洗損一，下生應鐘。參分應鐘益一，上生蕤賓。參分蕤賓損一，下生大吕。參分大吕益一，上生夷則。參分夷則損一，下生夾鐘。參分夾鐘益一，上生亡射。參分亡射損一，下生中吕。陰陽相生，自黄鐘始而左旋，八八爲伍。”

〔一五五〕應鐘聲下大吕十律而反高一均：應鐘，樂律十二律之第十二律。均（yùn），古代音樂術語，指稱十二律中以任何一律爲宫所建立的音階。彦按：此説有誤。據旋宫圖，應鐘爲宫，則大吕爲商，故當是大吕高應鐘一均。此失不紀清濁之變也：清濁，謂音高。清指高音，濁指低音。　　未必果非無射也：無射，樂律十二律之第十一律。

〔一五六〕蕭條者，形之君；而寂寞者，音之主也：見淮南子齊俗篇。蕭條，猶逍遥，閒逸貌。寂寞，謂寂静無聲。高誘注曰：“微音生於寂寞。”君、主，喻指最高境界、最高法則。

〔一五七〕繩準無所施，而平直之運無所逃，此不共之術也；五音無所比，而二十五絃以聲應，此不傳之道也：不共之術，謂無法與衆共享之術。“不共”與下“不傳”爲近義對文。二十五絃，借代琴瑟，以古代琴瑟常由二十五根絃組成，故稱。淮南子齊俗：“今夫爲平者準也，爲直者繩也。若夫不在於繩準之中，可以平直者，此不共之術也。故叩宫而宫應，彈角而角動，此同音之相應也。其於五音無所比，而二十五絃皆應，此不傳之道也。”又泰族：“琴不鳴，而二十五絃各以其聲應。”

〔一五八〕游心乎衆虚之間而莫與物爲際者，父不能以詔其子；放乎事物形氣之表而形乎絃者，兄不能以喻其弟：莫與物爲際，各本均無“莫”字。彦按：無“莫”字非其義，當爲脱文，今據淮南子補。際，接觸，交往。父，洪本譌“又”。

詔，教。放，放縱，縱情。“形乎”之“形”，表現，顯露。喻，告知。淮南子齊俗："庖丁用刀十九年，而刀如新剖硎。何則？游乎衆虚之閒。……若夫工匠之爲連鑛、運開、陰閉、眩錯，入於冥冥之眇，神調之極，游乎心手（衆虚）之間，而莫與物爲際者，父不能以教子。瞽師之放意相物，寫神愈舞，而形乎絃者，兄不能以喻弟。"

〔一五九〕如干：若干。表示不定數。　　鼓：用風箱等扇（風）。漢書終軍傳“鼓鑄鹽鐵”顏師古注引如淳曰："鑄銅鐵，扇熾火，謂之鼓。"　　黄鍾：指音律符合黄鍾（樂律名）之鍾（銅製打擊樂器名），多爲廟堂所用。

〔一六〇〕故不神解嘿理而恃器數以爲正：神解嘿理，謂心中領會。嘿，同"默"。器數，此指樂器與樂律。　　衹以惑也：以，使。

〔一六一〕以至崇寧之初：喬本、洪本均無“以至”二字，而喬本空出一字之位，洪本則有一字之墨丁。此姑從吴本、四庫本及備要本。崇寧，宋徽宗趙佶年號。　　魏漢津制指尺：魏漢津，宋代方士。指尺，古代一種度量方式。以中指中節之長度爲一寸，十寸爲尺，以指爲度而量，故稱。宋史律曆志十四載歐陽之秀律通序曰："曩者，魏漢津嘗創用指尺以制律，乃竊京房之故智，上以取君之信，下以遏人之議，能行之於一日，豈能使一世而用之乎？"　　於是上悼黍之非度：悼，傷感。　　而典樂之臣莫能以也：以，用，使用。

〔一六二〕夫以神瞽定律，必攷中聲：神瞽，上古樂官。攷，用同“考”，配合。國語周語下："古之神瞽，考中聲而量之以制，度律均鍾，百官軌儀，紀之以三，平之以六，成於十二，天之道也。"韋昭注："神瞽，古樂正，知天道者也，死以爲樂祖，祭於瞽宗，謂之神瞽。考，合也。謂合中和之聲而量度之，以制樂也。"　　亦不過因其自然而道之：道，行，施行。　　豈河内無真葭而上黨無真黍哉：河内，地名，大約在今河南黄河以北地區。葭，初生的蘆葦。古人燒葦膜成灰，置律管中，放密室内，以占節候。某一律管中葭灰飛出，即示相應節候已到。上黨，地名，在今山西長治市。黍，黍子。古時度量衡定制之基本依據爲黍，以一個縱黍爲一分，百黍即一尺；容量千有二百黍爲一合，十合爲一升；重量千有二百黍重十二銖，二十四銖爲一兩。例取上黨羊頭山所産黍爲用。晉書律曆志上："候氣之法，……楊泉記云：‘取弘農宜陽縣金門山竹爲管，河内葭莩爲灰。’"隋書律曆志上："（北周）宣帝時，達奚震及牛弘等議曰：竊惟權衡度量,經邦懋軌,誠須詳求故實,考校得衷。謹尋今之鐵尺,……今以<u>上黨羊頭山黍</u>依<u>漢書律曆志</u>度之,若以大者稠累,依數滿尺,實於黃鍾之律,須撼乃容;若以中者累尺,雖復小稀,實於黃鍾之律,不動而滿。計此二事之殊,良由消息未善;其於鐵尺,終有一會。<u>且上黨</u>之黍,有異他鄉,其色至烏,其形圓重,用之爲量,定不徒然。正以時有水旱之差,地有肥瘠之異,取黍大小,未必得中。”

〔一六三〕<u>高山流水</u>:古琴曲名,此喻高妙之樂曲。

〔一六四〕沖正所合,是故律度出而幽顯遂:沖正,中和雅正。幽顯,猶陰陽。遂,順應,順遂。

〔一六五〕若以<u>齊緯</u>、<u>隋廣</u>、<u>叔寶</u>之徒度之,固不能損荒陋而廣正之也:<u>齊緯</u>,<u>北齊</u>後主<u>高緯</u>。<u>隋廣</u>,<u>隋煬帝楊廣</u>。<u>吳本</u>、<u>四庫本</u>、<u>備要本</u>“隋”作“隨”。<u>叔寶</u>,<u>陳</u>後主<u>陳叔寶</u>。此三人,皆亡國之君。損,減少。荒陋,荒疏淺薄。廣,廣泛,普遍。

〔一六六〕鶴在陰,其子和:陰,背陽之處,如樹蔭、林蔭。<u>易中孚</u>九二:“鳴鶴在陰,其子和之。”

〔一六七〕夫物固有有其方而智巧果敢不足以相賓,有其情而皮毛色澤不足以相使者:物,泛指人。方,地方,方面。相賓,使之服從。<u>爾雅釋詁</u>一:“賓,服也。”皮毛色澤,人之外貌,此特指美貌。使,支使,支配。

〔一六八〕忿鬱:怨恨憂鬱。<u>洪本</u>“忿”作“分”。　黃沙息送:黃沙,指黃沙獄。<u>晉武帝</u>時詔獄名。<u>晉書武帝紀太康</u>五年:“六月,初置黃沙獄。”又<u>高光傳</u>:“是時<u>武帝</u>置黃沙獄,以典詔囚。”息送,謂停止送去囚犯。　元戎偃伯:元戎,大軍。偃伯,停止爭霸,謂休戰。伯,通“霸”。<u>後漢書馬融傳</u>:“臣聞昔命師於鞬櫜,偃伯於靈臺,或人嘉而稱焉。”　而士農工賈無或失所:<u>四庫本</u>“賈”作“商”。

〔一六九〕然後本之情性,稽之度數,脩六府,龢三事,以爲之理:情性,<u>四庫本</u>作“性情”。稽,考。度數,法度。六府,上古對水、火、金、木、土、穀六府庫之合稱。<u>吳本</u>、<u>四庫本</u>、<u>備要本</u>作“五府”,非。龢,協調,調和。三事,指正身之德、利民之用、厚民之生。見<u>書大禹謨</u>“六府三事允治,萬世永賴”<u>孔穎達疏</u>。理,治。　合生氣之龢,道五常之行,取仁義道德之端,而倡之平澹恬愉之韻:合,聚合。生氣,使萬物生長發育之氣。道,遵循。五常,謂金、木、水、火、土五行。端,正緒。倡,唱。韻,聲韻。禮記樂記:"是故先王本之情性,稽之度數,制之禮義,合生氣之和,道五常之行,使之陽而不散,陰而不密,剛氣不怒,柔氣不懾,四暢交於中而發作於外,皆安其位而不相奪也。"　布揮而不拽,幽昏而無聲:布揮,流播擴散。拽,同"曳",牽制,牽引。四庫本作"洩",誤。幽昏,隱晦暗淡。莊子天運:"吾又奏之以无怠之聲,調之以自然之命,故若混逐叢生,林樂而无形;布揮而不曳,幽昏而無聲。"

〔一七○〕應之以人,順之以天:莊子天運:"夫至樂者,先應之以人事,順之以天理,行之以五德,應之以自然。"　上以著泰始,下以善民心:著,表現,顯示。泰始,也作"太始"、"大始",指天地初開之時。禮記樂記:"樂著大始,而禮居成物。"又:"樂也者,聖人之所樂也,而可以善民心。"　異文而合愛,窮本而知變:禮記樂記:"樂者,異文合愛者也。"孔穎達疏:"宮商別調,是異文;無不歡愛,是合愛也。"又樂記:"窮本知變,樂之情也。"孔穎達疏:"以樂本出於人心,心哀則哀,心樂則樂,是可以原窮極本也。……此言窮人根本,知內外改變,唯樂能然,故云'樂之情也'。"

〔一七一〕故致之於文,則文足論而不諰;發之於均,則均足樂而不流:諰,通"息",塞。均,"韻"之古字,聲韻。禮記樂記:"先王恥其亂,故制雅、頌之聲以道之,使其聲足樂而不流,使其文足論而不息。"鄭玄注:"流,猶淫放也。"孔穎達疏:"'使其聲足樂而不流'者,言先王制其雅、頌之聲,作之有節,使人愛樂,不至流逸放蕩也。'使其文足論而不息'者,文謂樂之篇章,足可談論義理而不息止也。"荀子樂論作:"使其聲足以樂而不流,使其文足以辨而不諰。"楊柳橋詁譯:"郝懿行:樂記作'論而不息',是也。荀書以'諰'爲"息",假借也。○按:詩周南漢廣篇:'不可休息。'釋文:'息,或本作"思"。'是其證。釋名:'息,塞也。'"彥按:不諰,猶無礙。

〔一七二〕聽斯喜,喜斯暢,暢斯達,達斯反:暢,舒暢。達,豁達。反,謂回歸本性。　莫不鮮然寤,犂然契:鮮然,分明貌。寤,醒悟,覺悟。犂然,猶"鮮然"。契,契合。此謂契合于心,猶莊子山木"(木聲與人聲)犂然有當於人心"。　舍其故而趣於新:趣,趨向。

〔一七三〕君子以益厚,小人以無悔,而治道達矣:厚,厚道。悔,過失。達,暢通。

〔一七四〕舉鼎移梁,樂以邪歈;春耕秋穫,休以聆缶:梁,屋梁。邪歈(yé yú),衆人一齊勞動時爲使動作協調而發出號子聲。四庫本"歈"作"鄃",非是。缶,古代瓦質打擊樂器。聆缶,謂聽缶樂,蓋用墨子三辯"(農夫)息於聆缶之樂"語典。然墨子之"聆缶",清王念孫以爲:"'聆'乃'瓵'字之譌。'瓵'即'瓴'字也,但移'瓦'於左,移'令'於右耳。……上文云諸侯'息於鐘鼓',士大夫'息於竽瑟',此云農夫'息於瓵缶',鐘鼓、竽瑟、瓵缶皆樂器也。"(見讀書雜志墨子第一)其説甚辯。則路史此"聆缶"與墨子彼"聆缶",雖字面相同而文義有別。

〔一七五〕是故諸侯勤治,息以鍾鼓;卿大夫卷治,息以竽瑟:息,休息。以,用。卷,通"倦",疲憊勞累。

〔一七六〕馬駕而不税,弓張而不弛,固非有血氣者之所能也:税,通"挩(脱)",解開。有血氣者,泛稱人。墨子三辯:"程繁問於子墨子曰:夫子曰'聖王不爲樂'。昔諸侯倦於聽治,息於鐘鼓之樂;士大夫倦於聽治,息於竽瑟之樂;農夫春耕夏耘,秋斂冬藏,息於聆缶之樂。今夫子曰'聖王不爲樂',此譬之猶馬駕而不税,弓張而不弛,無乃(非)有血氣者之所不能至邪?"

〔一七七〕兩君相見,揖讓而入門,入門而懸興,揖讓而陞堂,陞堂而樂闋:自此而下至"以禮樂示之而已",見禮記仲尼燕居,文字略有出入。懸,此借代懸挂之樂鐘,即下文"金作"之"金"。禮記作"縣"。興,作,謂奏。陞堂,四庫本"陞"作"升",與禮記同。下"陞歌清廟"之"陞"同。闋,終止。

〔一七八〕入門金作,以示情也;陞歌清廟,以示德也;下管象、武,以示事也:清廟,周代樂章名,爲祭祀文王之頌歌。下,謂堂下。管,謂吹奏管樂。象、武,周代武樂名,相傳爲表現武王伐紂之事。禮記仲尼燕居鄭玄注曰:"示情也,賓、主人各以情相示也。金性内明,象人情也。示德也,相示以德,清廟頌文王之德。示事也,相示以事也,武、象,武王之大事也。"

〔一七九〕重華聆鐘石而傳夏:重華,即舜。史記五帝本紀:"虞舜者,名曰重華。"鐘石,借代音樂。夏,夏后氏,謂禹。史記五帝本紀:"於是禹乃興九招之樂,致異物,鳳皇來翔。天下明德皆自虞帝始。……舜乃豫薦禹於天。十七年而崩。三年喪畢,禹亦乃讓舜子,如舜讓堯子。諸侯歸之,然後禹踐天子位。"又夏本紀:"於是天下皆宗禹之明度數聲樂,爲山川神主。帝舜薦禹於天,爲嗣。”　伊贄在樂音而歸亳:伊贄,“贄”當作“摯”,伊摯即伊尹。在,審察。
亳,商湯都城,在今河南商丘市。尚書大傳卷一:“夏人飲酒,醉者持不醉者,不
醉者持醉者,相和而歌曰:‘盍歸于亳? 盍歸于亳? 亳亦大矣!’故伊尹退而閒
居,深聽歌聲,更曰:‘覺兮較兮,吾大命格兮。去不善而就善,何不樂兮?’伊尹
入告于桀曰:‘大命之亡有日矣。’桀侗然歎,啞然笑,曰:‘天之有日,猶吾之有
民也。日有亡哉? 日亡,吾亦亡矣。’是以伊尹遂去夏適湯。”事亦見韓詩外傳
卷二。

〔一八〇〕朱干玉戚,夏籥序興:朱干玉戚,紅色的楯與玉飾的斧。古代舞
具,武舞所用。禮記明堂位:“朱干玉戚,冕而舞大武。”吳本“干”譌“于”。洪
本“玉”作“王”。夏籥,夏后氏文舞之樂。序興,謂相繼而起(奏)。禮記仲尼
燕居:“下管象武,夏籥序興。”

〔一八一〕韶用於齊,八佾舞於家庭:韶,舜樂名。八佾,古代天子用的樂舞
形式、規模,縱橫皆八人。佾(yì),舞列。家庭,卿大夫之庭院。字彙宀部家:
“大夫之邑曰家。”

〔一八二〕則不忍見而聞之:洪本、吳本“而”作“如”。　不徇其情:徇,曲
從。四庫本作“狥”,字異詞同。論語八佾:“孔子謂季氏,八佾舞於庭,是可忍
也,孰不可忍也!”

〔一八三〕雝者,天子之所以享元侯也:雝,古天子所用樂章,例於祭祀宗廟
結束撤俎豆時或宴饗撤膳時用。享,宴請。元侯,諸侯之長,此但指諸侯。
相爲辟公,天子穆穆:相,輔助,此指助祭事者。辟公,諸侯。穆穆,端莊恭敬
貌。此詩周頌雝句,原文“爲”作“維”。孔穎達疏曰:“助祭事者,維爲國君之
諸公。於是時,天子之容則穆穆然而美。言助祭者敬和,祭者又美,賓主各得
其宜。”　奚爲而起三家之堂:三家,指春秋魯大夫孟孫氏、叔孫氏、季孫氏。論
語八佾:“三家者以雍徹。”

〔一八四〕設兩觀,乘大路:兩觀,宮門前兩邊的望樓。大路,即大輅。漢書
禮樂志:“是時,周室大壞,諸侯恣行,設兩觀,乘大路。”顏師古注引應劭曰:
“觀,闕門邊兩觀也。禮,諸侯一觀。大路,天子之車。”　朱干設錫,冕而大武:
錫,金屬飾物。喬本、洪本、吳本、備要本皆譌“錫”,今據四庫本訂正。禮記郊
特牲“朱干設錫”鄭玄注:“干,盾也。錫傅其背如龜也。”孔穎達疏:“謂用金琢

傅其盾背。盾背外高,龜背亦外高,故云如龜也。”大武,周武王樂舞名。　　八佾以舞大夏,宮懸而祭白牡:大夏,夏禹樂舞名。宮懸,古代鐘磬等樂器之懸掛因用樂者之身份地位不同而有別,其四面皆懸掛者稱爲“宮懸”。周禮春官小胥:“正樂縣之位:王宮縣,諸侯軒縣,卿大夫判縣,士特縣。”鄭玄注引鄭司農云:“宮縣,四面縣;軒縣,去其一面;判縣,又去其一面;特縣,又去其一面。四面,象宮室四面有牆,故謂之宮縣。”白牡,白色公牛。四庫本“牡”作“牲”,非。

　　此天子之禮:禮記郊特牲:“諸侯之宮縣,而祭以白牡,擊玉磬,朱干設錫,冕而舞大武,乘大路,諸侯之僭禮也。”鄭玄注:“言此皆天子之禮也。”孔穎達疏:“諸侯唯合軒縣,今乃有宮縣。又諸侯祭用時王牲,今用白牡。又諸侯擊石磬,今擊玉磬。又諸侯得舞大武,故詩云‘方將萬舞’,宣八年‘萬入,去籥’,是也,但不得朱干設錫,冕服而舞;今‘朱干設錫,冕而舞大武’。諸侯合乘時王之車,今乃乘殷之大路。並是諸侯僭禮也。”　　子家駒之所以告也,而昭公不知,乃曰:“吾何僭”:子家駒,春秋魯大夫。公羊傳昭公二十五年:“昭公將弑季氏,告子家駒曰:‘季氏爲無道,僭於公室久矣。吾欲弑之,何如?’子家駒曰:‘諸侯僭於天子,大夫僭於諸侯,久矣。’昭公曰:‘吾何僭矣哉?’子家駒曰:‘設兩觀,乘大路,朱干玉戚以舞大夏,八佾以舞大武,此皆天子之禮也。’”

　　〔一八五〕然則臣下化之而動,於惡何尤乎:化之,謂受其影響而與之同。尤,突出,嚴重。書泰誓中:“今商王受……淫酗肆虐,臣下化之。”孔穎達疏:“臣下化而爲之,由紂惡而臣亦惡,言君臣之罪同也。”

　　〔一八六〕豢豕爲醴,非以賈禍也,而獄訟以繁:豢豕,養豬。爲醴,造酒。賈禍,引禍招災。禮記樂記:“夫豢豕爲酒,非以爲禍也,而獄訟益繁,則酒之流生禍也。”　　化蠶爲袷,非以爲奪也,而鉗釱益衆:化蠶,養蠶。宋高承事物紀原卷九蠶絲引皇圖要記曰:“伏犧化蠶爲絲。”爲袷,製衣。袷(jiá),夾衣。各本皆譌“袷”,今訂正。鉗,古鐵製刑具,用于束頸。釱(dì),古鐵製刑具,用于鉗足。各本皆譌“釱”,今訂正。

　　〔一八七〕是故鐘鼓誠設,籩豆有踐,而百拜之不至,則寧酸而不飲;十獻之不至,則寧乾而不品:有踐,陳列整齊貌。獻,指敬酒。百拜之不至,即不至百拜。洪本“不”作“丕”,非。十獻之不至,即不至十獻。百拜、十獻,極言拜、獻禮數之多。品,品嘗,喫。禮記樂記:“是故先王因爲酒禮。壹獻之禮,賓主百拜,終日飲酒而不得醉焉。此先王之所以備酒禍也。”

〔一八八〕史記叔孫通傳:“漢五年,已并天下,諸侯共尊漢王爲皇帝於定陶,叔孫通就其儀號。高帝悉去秦苛儀法,爲簡易。羣臣飲酒争功,醉或妄呼,拔劍擊柱,高帝患之。……於是叔孫通使徵魯諸生三十餘人。……遂與所徵三十人西,及上左右爲學者與其弟子百餘人爲緜蕞野外。習之月餘,叔孫通曰:‘上可試觀。’上既觀,使行禮,曰:‘吾能爲此。’迺令羣臣習肄,會十月。漢七年,長樂宮成,諸侯羣臣皆朝十月。儀:先平明,謁者治禮,引以次入殿門,廷中陳車騎步卒衛宮,設兵張旗志。傳言‘趨’。殿下郎中俠陛,陛數百人。功臣列侯諸將軍軍吏以次陳西方,東鄉;文官丞相以下陳東方,西鄉。大行設九賓,臚傳。於是皇帝輦出房,百官執職傳警,引諸侯王以下至吏六百石以次奉賀。自諸侯王以下莫不振恐肅敬。至禮畢,復置法酒。諸侍坐殿上皆伏抑首,以尊卑次起上壽。觴九行,謁者言‘罷酒’。御史執法舉不如儀者輒引去。竟朝置酒,無敢讙譁失禮者。於是高帝曰:‘吾迺今日知爲皇帝之貴也。’”

〔一八九〕蹻脚:謂向上舉腿。蹻,同“蹺”。　弄目:謂擠眉弄眼。

〔一九〇〕幾禍矣:幾,接近,將近。

〔一九一〕是故君子窮其起,謹其示:窮,謂徹底推求。謹,謂慎重對待。示,表現。　哀樂之分,必以禮終:分,分際,界限。禮記樂記:“是故先王有大事,必有禮以哀之;有大福,必有禮以樂之。哀樂之分,皆以禮終。”　教訓正俗,必以禮成:禮記曲禮上:“道德仁義,非禮不成。教訓正俗,非禮不備。”

〔一九二〕荀子勸學:“將原先王,本仁義,則禮正其經緯蹊徑也。若挈裘領,詘五指而頓之,順者不可勝數也。”楊倞注:“言禮亦爲人之綱領。挈,舉也。詘與屈同。頓,挈也。順者不可勝數,言禮皆順矣。”彦按:頓猶振也,義爲抖動。楊氏注非。

〔一九三〕禮,作乎外而主乎内者也:四庫本“主”作“生”。禮記樂記:“故樂也者,動於内者也。禮也者,動於外者也。”

〔一九四〕樂以反内:反,反映。

〔一九五〕觀感之術:術,道,途徑。

〔一九六〕中穌之本,率於吾心,非假它求也:率,自,出。爾雅釋詁上:“率,自也。”假,憑藉,依靠。

〔一九七〕吕氏春秋大樂:“亡國戮民,非無樂也,其樂不樂。”

〔一九八〕心之所同然者不致察:致察,細察。致,通“緻”,細密,縝密。孟子告子上:“心之所同然者何也? 謂理也,義也。聖人先得我心之所同然耳。”

〔一九九〕化不時則不生,男女無辨則亂:化,化育,化養。禮記樂記:“化不時則不生,男女無辨則亂升,天地之情也。”孔穎達疏:“‘化不時’者,謂天地化養,不得其時,則不生物也。”

〔二〇〇〕成化:謂實現化育之過程,即實施化育。

〔二〇一〕禮具而樂不存也:各本均無“不”字,與文意大相徑庭,當爲脱文,今據意補。

〔二〇二〕鯉趨過庭:鯉,孔鯉,字伯魚,孔子子。論語季氏:“陳亢問於伯魚曰:‘子亦有異聞乎?’對曰:‘未也。嘗獨立,鯉趨而過庭。曰:“學詩乎?”對曰:“未也。”“不學詩,無以言。”鯉退而學詩。他日,又獨立,鯉趨而過庭。曰:“學禮乎?”對曰:“未也。”“不學禮,無以立。”鯉退而學禮。聞斯二者。’”

〔二〇三〕顔子爲邦,終之韶舞:顔子,孔子學生顔淵。論語衛靈公:“顔淵問爲邦。子曰:‘行夏之時,乘殷之輅,服周之冕,樂則韶舞。’”何晏注:“韶,舜樂也。盡善盡美,故取之。”　虞帝教胄,先之典樂:胄,胄子,古代稱帝王或貴族之長子。書舜典:“帝曰:‘夔! 命汝典樂,教胄子。’”

〔二〇四〕因器以達本:謂通過禮樂之形式來實現根本目的。器,謂有形的具體事物。此指上文“禮樂之形實”之“禮樂之形”。　而人不足以化:化,謂教化,感化。

〔二〇五〕偏禮特樂:謂禮樂有所偏重偏廢。喬本、四庫本“特”作“恃”。彦按:作“特”義長,今從餘諸本。史記樂書:“樂極則憂,禮粗則偏矣。及夫敦樂而無憂,禮備而不偏者,其唯大聖乎?”　悖理而害政:洪本、吴本“悖”作“字”,通。

〔二〇六〕興讓務本:倡導禮讓,致力於根本。論語學而:“君子務本,本立而道生。孝弟也者,其爲仁之本與?”

〔二〇七〕管子心術下:“凡民之生也,必以正平。所以失之者,必以喜樂哀怒。節怒莫若樂,節樂莫若禮,守禮莫若敬。”

〔二〇八〕筆則筆,削則削:喬本“筆則筆”譌“筆削筆”,今從餘諸本訂正。

漢書禮樂志劉向説成帝曰："禮以養人爲本，如有過差，是過而養人也。刑罰之過，或至死傷。今之刑，非皋陶之法也，而有司請定法，削則削，筆則筆，救時務也。至於禮樂，則曰不敢，是敢於殺人不敢於養人也。"顔師古注："削者，謂有所删去，以刀削簡牘也。筆者，謂有所增益，以筆就而書也。"

〔二〇九〕俎豆管籥：俎豆，古代祭祀、宴饗時盛食物用的兩種禮器。此借代禮。管籥，古代兩種管樂器名：管指笙；籥似後世之排簫，或曰若笛，短而有三孔。此借代樂。

〔二一〇〕可恨：讓人遺憾。　張奮：東漢司空。　歎鬱：感歎憂傷。後漢書張奮傳："奮在位清白，無它異績。（永元）九年，以病罷。在家上疏曰：'聖人所美，政道至要，本在禮樂。五經同歸，而禮樂之用尤急。……臣以爲漢當制作禮樂，是以先帝聖德，數下詔書，愍傷崩缺。而衆儒不達，議多駁異。臣累世台輔，而大典未定，私竊惟憂，不忘寢食。臣犬馬齒盡，誠冀先死見禮樂之定。'十三年，更召拜太常。復上疏曰：'漢當改作禮樂，圖書著明。王者化定制禮，功成作樂。謹條禮樂異議三事，願下有司，以時考定。昔者孝武皇帝、光武皇帝封禪告成，而禮樂不定，事不相副。先帝已詔曹襃，今陛下但奉而承之，猶周公斟酌文武之道，非自爲制，誠無所疑。久執謙謙，令大漢之業不以時成，非所以章顯祖宗功德，建太平之基，爲後世法。'"

路史卷九

前紀九

禪通紀第四

昊英氏

昊英氏，或曰子英。見三墳。皇策辭云：爲太昊臣潛龍氏，作甲曆者〔一〕。妄也。

昔者昊英之世，以伐木與殺獸，人民少而木、獸衆。人帝之世，不麛不卵，官無共備之勞，而死不得用椁〔二〕。事不同而皆王，以時異也〔三〕。伐木者，衣新之世也〔四〕。見商子〔五〕。

後有昊氏。風俗通云，昊英氏後有昊氏。而氏譜，昊氏出自少昊。夫氏姓重出，亦多有之，如：賀氏，楚出，而慶亦爲賀；來，本邾後，而來纖亦爲來；孔氏，宋後，而孔達出于衛，孔張出于鄭，陳又有孔寧，齊有孔旭；孫氏，晉出，而一出于商，一出于衛，漢荀卿又曰孫；楚、宋皆有司馬，楚、衛皆著子南；周、楚之王孫既異於衛、秦，宋之巫臣復別於楚〔六〕。諸國之分侯姓，三代之殊王氏，不可勝數矣〔七〕。至於後世，兵火饑蕩，又有違諱，避仇，隨母、假、養、寄、冒之類，紛然層出，不可不攷也〔八〕。

太上無名，其次有爲而名從之，其次名先而實後。名先實後，而名實離矣。是故爲善無近名；中失而事過當，名尊而實可泊，君子不爲也〔九〕。有爲皆善，而孰爲善邪？溫良、恭儉、明允、篤誠，人與我以是名也，何竭竭然擊鼓而求亡子乎〔一〇〕？故善不可以有心爲也。有心則僞,而一失之矣〔一一〕。

上世親死則内之溝,它日過之,狐狸食之,蠅蚋蛄嘬之,心與目會而泚達于顙,於是反,累梩而掩之〔一二〕。掩之,誠也,非爲儉,非爲奢也。掩之矣,而土親膚也〔一三〕,於是厚衣之薪,而棺槨興焉。蓋孝子仁人之掩其親,苟可以致其誠者,亡不至也。喪三日而殯,凡附於身者必誠必信;三月而葬,凡附于棺者必誠必信,勿之有悔焉而已矣〔一四〕。

古者棺槨無度;中古棺七寸,槨稱之,天子七種,諸侯五,大夫三,士二,庶人一,非直爲觀美也〔一五〕。彼藏千金之璧者,緹衣十襲,匣户九扃,齋沐而出之,猶以未滿也,況于親〔一六〕!伏羲人帝之時,非無供備之勞者,死偕用槨,豈固是彌文哉〔一七〕?而墨子曰:堯舜之喪,衣衾三領,窾木之棺,葛以緘之;夏禹之喪,桐棺三寸,蔓蔽以斂,餘壤爲坋〔一八〕。吁,可謂儉乎!堯、舜、禹不如是也。下銅三泉,上泄南山,金玉城闕,水銀河海,固非君子之志,而孝子之心,不如是之貧也〔一九〕。雖然,天子之喪,動四海,屬諸侯;諸侯之喪,動通國,屬大夫;大夫動一國,屬脩士;脩士動一鄉,屬朋友;庶人之喪,合族黨,動州里:古之數也〔二〇〕。惟刑餘罪人之喪,不得合族黨,獨屬妻子,棺槨三寸,衣衾三領,不以綍,不以晝行,凡緣而往埋之,反無哭泣,已事而竣,若無喪者,此之謂至辱〔二一〕。是則舜、禹若啓以刑餘罪人喪其君也,是墨子者以至辱事其親也〔二二〕。且吾聞之:“君子不以天下儉其親〔二三〕。”墨之治喪也,以泊爲其道也,惡足以爲儉?中古之制,聖人固不欲速朽也〔二四〕。以璠璵斂而孔子麗級,豈慮其墓之拍哉〔二五〕?而王充猶欲明死者無知,以降泊葬,古之人胡爲而死其親乎〔二六〕?

嗟夫!儉者,一善之名,聖人御世之寶也,在乎内,不在乎其外〔二七〕。何説者之譚堯舜，舉徇外而反卑之也〔二八〕？且怵戒塗鬓者，尉李野人之璞俗；土階三尺者，繇余窮邦之陋風；蓽户不扉，蓋茨不翦，此楚之交子、魯之周子之鄙習也〔二九〕。而堯居衢室之宫，垂衣襞幅，邃如神明，集五瑞而見羣后，帶幅舄而入覲者，若衆星之拱極；舜游巖廊之上，被袗衣，鼓五絃，繪日月於常，備十有二章，黼黻玄黄爛如也，出聞鑾和，動有環佩，步趨中於莖招之節——堯舜之備物也如此，而惡有所謂土階三尺，茅茨不翦，欲塗鬓而怵戒哉〔三〇〕？此腐儒之所守，而污俗之所以相欺也。人之言曰：“天子無老〔三一〕。”夫食則太牢而加珍，服則五采而飭玉；坐設章容黼扆，而諸侯孤卿奔走乎堂下；出乘大路，越席以養安，載皋芷以養鼻，錯衡以養目，和鸞以養耳，三公奉輈，諸伯持輪：居如大神，動如天帝，扶老養衰，渠有善於此者〔三二〕？

　　彼桀、紂非奢而亡也，則戒奢者有禮存焉〔三三〕。今也覽四海之賦，受九垓之經入，而茅茨土階，欲以塗鬓而不敢，信不然矣〔三四〕。且先王之制，改玉則改行；旂旒冕璪，以示登降之品〔三五〕。而污世之人，不通於禮，處尊而偪賤，居大而侵小；以天子之尊，窮天之産，罄地之毛，而爲圉隸監門之奉，亦難乎爲下矣〔三六〕。不惟以陋于厥躬也，而又旁無施其族黨，上不豐其宗祭〔三七〕，而曰“吾以是爲儉也”，不亦鄙野夷貉之人已乎？故曰：中失而事過當，名尊而實可泊，君子不爲。而況唐虞與有夏氏乎！

【校注】

〔一〕皇策辭：各本皆作“策皇辟”。彦按：“辟”爲“辭”字形譌，“策皇”則“皇策”倒文。今訂正。古三墳有天皇伏羲氏皇策辭，宋王應麟玉海卷九伏羲甲曆、卷一六二伏羲氏傳教臺均有述及，明梅鼎祚所編皇霸文紀卷一亦已收入其文，中有“皇曰：‘命子英居我潛龍之位，主我陰陽甲曆’”語，可證。

〔二〕人帝之世：據本書後紀一太昊伏戲氏，人帝爲伏羲別號。自此而下至"以時異也"，出商君書畫策，文字略有異同。商君書"人帝"作"黃帝"。蔣禮鴻錐指曰："此文歷言吳英、人帝、神農、黃帝，時異而事不同，明人帝不得作黃帝矣。……風俗通義皇霸篇引尚書大傳説：'遂人以火紀；火，陽也，陽尊，故託遂皇於天。伏羲以人事紀，故託戲皇於人。'據更法篇言'伏羲、神農教而不誅，黃帝、堯、舜誅而不怒'推之，伏羲是也。"　不麛不卵：謂不捕殺幼小禽獸。麛（mí），幼鹿。卵，鳥卵。洪本、吳本謌"卯"。　官無共備之勞：共備，備辦供給。共，"供"之古字。商君書畫策作"官無供備之民"。　而死不得用椁：椁，各本皆作"享"。彥按："享"當由"椁"字脱落"木"旁而來。商君書作"槨"，與"椁"同字。今訂正。

〔三〕事不同而皆王：各本"皆"均作"階"。彥按：作"階"無解，商君書作"皆"，"階"蓋"皆"字音謌，今從商君書改。

〔四〕衣新之世也：衣，包裹，裹紮。讀去聲。新，"薪"之古字，柴草。四庫本作"薪"。易繫辭下："古之葬者，厚衣之以薪。"

〔五〕商子：即商君書，秦公孫鞅撰。

〔六〕慶亦爲賀：元和姓纂卷九箇韻賀："姜姓，齊公族慶父之後。慶克生慶封，以罪奔吳。漢末，徙會稽山陰。後漢慶儀爲汝陰令，慶普之後也。曾孫純，避漢安帝父諱，始改賀氏。"　來，本郲後，而來繊亦爲來：郲，古國名，亦作"萊"。春秋時爲齊所滅，其地在今山東龍口市東南。來繊，複姓，祝融之孫羋姓之後。見潛夫論志氏姓。　孔達出于衛，孔張出于鄭，陳又有孔寧，齊有孔虺：孔達，春秋衛大夫。孔張，春秋鄭大夫。孔寧，春秋陳卿。孔虺，春秋齊大夫。上四人並見于春秋左傳。　漢荀卿又曰孫：荀卿，即戰國末期思想家荀子。名況，字卿。漢代因避宣帝劉詢諱，改其稱謂而作孫卿。　楚、衛皆著子南：春秋，楚有令尹子南，即公子追舒；衛靈公子亦稱子南，即公子郢。彥按：宋鄧名世古今姓氏書辯證卷二二止韻子南曰："出自姬姓。鄭穆公孫游氏之子曰楚，字子南，別爲子南氏。又羋姓。楚莊王子追舒，字子南，其後亦別爲子南氏。"又子郢曰："元和姓纂曰：'世本，衛公族昭，子郢之後。'按：此必衛靈公子郢也。郢，字子南。"是則子南氏不涉及衛之子南，衛之子南後別爲子郢氏。周、楚之王孫既異於衛、秦：元和姓纂卷五陽韻王孫："周有王孫滿，衛有王孫賈,楚有王孫由于。漢貨殖,王孫大卿。陳留耆舊有王孫骨,治三禮,爲博士。秦有夏大夫王孫氏,始皇時王孫謀。”　宋之巫臣復別於楚:巫臣,洪本、吳本作“王臣”,誤。復,洪本、吳本、四庫本作“後”,蓋亦由于形譌。彦按:楚之巫臣即申公巫臣,春秋楚申縣尹,後奔晉,晉封之爲邢大夫。其生平事迹散見于春秋左傳。宋之巫臣不詳。

〔七〕三代之殊王氏:洪本“王氏”譌“三氏”。

〔八〕兵火饑蕩,又有違諱,避仇,隨母,假、養、寄、冒之類:饑蕩,謂饑荒與戰亂。蕩,動蕩。違諱,避諱。假、養、寄、冒,假、冒一類,指本非其姓氏而冒名頂替;養、寄一類,指因被收養而改隨養家姓氏。　紛然層出:洪本“層”譌“曾”。

〔九〕是故爲善無近名:莊子養生主:“爲善無近名,爲惡無近刑。”　中失而事過當,名尊而實可泊:中失,謂失于中正,有所偏頗。可,卻,反而。泊,通“薄”,輕微。

〔一〇〕溫良、恭儉、明允、篤誠:溫文和善,恭敬謙卑,光明公正,篤厚誠實。人與我以是名也,何朅朅然擊鼓而求亡子乎:與,贊許。朅朅然,用力貌。朅朅,亦作“偈偈”,同。亡子,逃亡的人。莊子天道:“夫子亦放德而行,循道而趨,已至矣;又何偈偈乎揭仁義,若擊鼓而求亡子焉?”郭慶藩集釋:“言……何異乎打擊大鼓而求覓亡子,是以鼓聲愈大而亡者愈離,仁義彌彰而去道彌遠,故無由得之。”

〔一一〕而一失之矣:一,盡,完全。

〔一二〕上世親死則内之溝:上世,遠古時代。親,指父母。内,讀爲“納”,謂置於……之内。　蠅蚋蛄嘬之:蠅蚋(ruì),蒼蠅和蚊子。蛄嘬(gǔ zuō),用嘴吸吮。蛄,通“盬”,吸吮。嘬,亦吸吮義,洪本、吳本、四庫本作“蝎”,當因上“蠅蚋蛄”字皆從“虫”而譌。　心與目會而泚達于顙:會,交會,接觸。泚(cǐ),冒汗,汗出貌。顙(sǎng),額頭。　累梩而掩之:累,通“虆”,音léi,盛土用的筐。梩,同“耜(耜)”,鍬、鍤之類挖土農具。孟子滕文公上:“蓋上世嘗有不葬其親者,其親死,則舉而委之於壑。他日過之,狐狸食之,蠅蚋姑嘬之。其顙有泚,睨而不視。夫泚也,非爲人泚,中心達於面目,蓋歸反虆梩而掩之。掩之誠是也,則孝子仁人之掩其親,亦必有道矣。”

〔一三〕親:接近,接觸。

〔一四〕殯:死者入殮後停柩以待葬。洪本、吳本作"窆"(同"殮")。禮記檀弓上:"子思曰:'喪三日而殯,凡附於身者,必誠必信,勿之有悔焉耳矣。三月而葬,凡附於棺者,必誠必信,勿之有悔焉耳矣。'"鄭玄注:"附於身,謂衣衾。附於棺,謂明器之屬。"孔穎達疏:"大事必求亡者之需,故送終之物,悉用誠信,必令合禮,不使少有非法,後追悔咎。"

〔一五〕中古棺七寸,椁稱之:中古,指商、周之際。稱,相當,等同。 天子七褈:褈,重(chóng),層。吳本、四庫本、備要本譌"種"。孟子公孫丑下:"古者棺椁無度,中古棺七寸,椁稱之。自天子達於庶人,非直爲觀美也,然後盡於人心。"莊子天下:"古之喪禮,貴賤有儀,上下有等,天子棺椁七重,諸侯五重,大夫三重,士再重。"

〔一六〕彼藏千金之璧者,緹衣十襲,匣户九扃:璧,洪本譌"壁"。緹衣,指用赤色繒做的包裹皮。緹(tí),赤色繒。襲,重(chóng),層。匣户,匣子開啓之處。扃,鎖閉。宋張九成孟子傳卷八公孫丑章句下:"夫人有藏萬金之璧者,緹緘十襲,封室九扃;從而觀之者,必三日齋,七日戒,主人若不得已而一出焉。況吾親遺體,豈止萬金之璧而已哉!"

〔一七〕死偕用椁,豈固是彌文哉:偕,吳本、四庫本作"皆"。彌文,謂更加注重文飾。漢書揚雄傳上校獵賦:"或稱戲農,豈或帝王之彌文哉?"顏師古注:"言儉質者皆舉伏戲、神農爲之首,是則豈謂後代帝王彌加文飾乎?"

〔一八〕窾木之棺,葛以緘之:窾木,當中挖空的木頭。葛,一種多年生草本植物。此指葛藤。緘,束縛,捆扎。漢書楊王孫傳:"昔帝堯之葬也,窾木爲匵,葛藟爲緘。" 蘧蒢以斂,餘壤爲坋:蘧蒢(qú chú),用葦或竹編成的粗席子。坋,同"墳"(見玉篇)。此所引墨子曰見節葬下,原文作:"昔者堯北教乎八狄,道死,葬蛩山之陰,衣衾三領,穀木之棺,葛以緘之。……舜西教乎七戎,道死,葬南己之市,衣衾三領,穀木之棺,葛以緘之。……禹東教乎九夷,道死,葬會稽之山,衣衾三領,桐棺三寸,葛以緘之。……既葬,收餘壤其上,壟若參耕之畝,則止矣。"

〔一九〕下銅三泉:銅,謂用銅的熔液灌注。三泉,三重泉,謂地下深處。上泄南山:泄,同"漆"。南山,即終南山。 不如是之貧也:貧,匱乏,此謂儉約。史記秦始皇本紀:"始皇初即位,穿治酈山;及并天下,天下徒送詣七十餘萬人,穿三泉,下銅而致槨,宮觀百官奇器珍怪徙藏滿之。令匠作機弩矢,有所穿近者輒射之。以水銀爲百川江河大海,機相灌輸,上具天文,下具地理。以人魚膏爲燭,度不滅者久之。"張九成孟子傳卷八公孫丑章句下:"其藏當如何哉? 下錮九泉,上漆南山,以金銀爲城郭,以水銀爲河漢,如秦之葬始皇,豈其本心哉? 特以爲侈大之觀而已。孝子之心,則不如是其貧也。"

〔二〇〕天子之喪,動四海,屬諸侯;諸侯之喪,動通國,屬大夫;大夫動一國,屬脩士;脩士動一鄉,屬朋友;庶人之喪,合族黨,動州里:荀子禮論文,文字略有出入。動,牽動,影響。屬(zhǔ),依託,付託。通國,通好之國,即友邦。脩士,道德高尚的人。族黨,同族親屬。州里,謂鄉鄰。　古之數也:數,禮數,制度。

〔二一〕不以總:總,聚合,此謂合族黨。　凡緣而往埋之:凡緣,盤繞。謂不循正路,繞道而走。凡,古"盤"字。説見于省吾雙劍誃諸子新證荀子新證卷三。　已事而踆:踆(qūn),退回。此謂回歸平常。荀子禮論:"刑餘罪人之喪,不得合族黨,獨屬妻子,棺椁三寸,衣衾三領,不得飾棺,不得晝行,以昏殣,凡緣而往埋之,反無哭泣之節,無衰麻之服,無親疏月數之等,各反其平,各復其始,已葬埋,若無喪者而止,夫是之謂至辱。"

〔二二〕是則舜、禹若啓以刑餘罪人喪其君也:若,與,及。喪其君,爲其君辦喪事。

〔二三〕君子不以天下儉其親:孟子語。見孟子公孫丑下。

〔二四〕中古之制,聖人固不欲速朽也:中古,洪本作"中都"。聖人,稱孔子。禮記檀弓上:"有子曰:'夫子制於中都,四寸之棺,五寸之椁,以斯知不欲速朽也。'"

〔二五〕以璠璵斂而孔子麗級:璠璵(fán yú),又稱璵璠,春秋時魯國寶玉名。麗級,謂大步跨越臺階,不逐級而上。麗,通"歷"。孔子家語曲禮子夏問:"季平子卒,將以君之璵璠斂,贈以珠玉。孔子初爲中都宰,聞之,歷級而救焉,曰:'送而以寶玉,是猶曝尸於中原也。其示民以姦利之端,而有害於死者,安用之? 且孝子不順情以危親,忠臣不兆姦以陷君。'乃止。"　豈慮其墓之捆哉:捆(hú),挖掘。各本皆作"抽",乃沿論衡舊本之譌。今訂正。

〔二六〕而王充猶欲明死者無知，以降泊葬：降泊葬，降低薄葬的意義。喬本“降”作“隆”，即“隆”字，於義不合，非是。今從餘本訂作“降”。論衡薄葬：“魯人將以璵璠斂，孔子聞之，徑庭麗級而諫。夫徑庭麗級，非禮也，孔子爲救患也。患之所由，常由有所貪。璵璠，寶物也，魯人用斂，姦人儇之，欲心生矣。姦人欲生，不畏罪法。不畏罪法，則丘墓抇矣。孔子睹微見著，故徑庭麗級，以救患直諫。夫不明死人無知之義，而著丘墓必抇之諫，雖盡比干之執人，人必不聽。何則？諸侯財多不憂貧，威彊不懼抇。死人之議，狐疑未定，孝子之計，從其重者。如明死人無知，厚葬無益，論定議立，較著可聞，則璵璠之禮不行，徑庭之諫不發矣。……聖人懼開不孝之源，故不明死無知之實。”　古之人胡爲而死其親乎：死其親，謂以其亡親爲無知覺。禮記檀弓上：“仲憲言於曾子曰：‘夏后氏用明器，示民無知也。殷人用祭器，示民有知也。周人兼用之，示民疑也。’曾子曰：‘其不然乎！其不然乎！夫明器，鬼器也；祭器，人器也。夫古之人，胡爲而死其親乎？’”孔穎達疏：“‘古’謂夏時也，言古人雖質，何容死其親乎？若是無知，則是死之義也。”

〔二七〕儉者，一善之名，聖人御世之寶也：自此而下至“此腐儒之所守，而污俗之所以相欺也”，大體本子華子晏子問黨而略有增删。

〔二八〕何説者之譚堯舜，舉徇外而反卑之也：譚，通“談”，談論。舉，皆。徇，尋求。吳本、四庫本作“狗”，同。之，指代上“在乎内”之“内”。

〔二九〕且怵戒塗髹者，尉李野人之璞俗：怵戒，恐懼警戒。喬本、洪本、吳本、四庫本“怵”譌“休”，今從備要本訂正。下“怵戒”之“怵”同。髹，同“髤”，音 xiū，赤黑漆。子華子作“髤”。尉李，地名，在今甘肅慶城縣境。璞，淳樸，樸素。　土階三尺者，鯀余窮邦之陋風：鯀余，帝堯之臣，佐禹治水，以功封吳。四庫本作由余，同。　蓽户不扉，蓋茨不翦，此楚之交子、魯之周子之鄙習也：蓽户，用竹枝荆條編的門。扉，門扇。蓋茨，茅草蓋的屋頂。吳本“茨”譌“次”。翦，吳本、四庫本作“剪”，通。下“茅茨不翦”之“翦”同。初學記卷一八人部中貧引符子曰：“楚之交子，魯之周子，齊之狂子，相與居乎泰山之陽，處乎環堵之室，蓽户不扉，蓋茨不翳，而高歌不輟。”

〔三〇〕堯居衢室之宮：衢室，相傳爲堯徵詢民意之所。　垂衣襞幅：謂穿著又長又寬的衣裳（借以示無爲而治貌）。垂衣，衣裾下垂，形容其長。襞幅，裙幅摺疊，形容其寬。襞（bì），摺疊。　　邃如神明：子華子作“邃如神明之居”。　　集五瑞而見羣后：集，收集。子華子作“輯”。五瑞，古代諸侯作符信用的五種玉。書舜典：“輯五瑞。既月乃日，覲四岳羣牧，班瑞於羣后。”孔穎達疏：“周禮典瑞云：‘公執桓圭，侯執信圭，伯執躬圭，子執穀璧，男執蒲璧。’是圭璧爲五等之瑞，諸侯執之以爲王者瑞信，故稱瑞也。”　　帶幅舄而入覲者：帶幅舄，謂束幅（綁腿布）著舄（音 xì，一種下加木底的鞋）。此爲古諸侯之裝束，因借指諸侯。　　若衆星之拱極：極，指北極星。子華子作“北”。　　舜游巖廊之上：游，行走，此指漫步。巖廊，殿堂邊的高走廊。説文山部巖徐鍇繫傳：“古言巖廊者，殿旁高廉也。”漢書董仲舒傳：“蓋聞虞舜之時，游於巖郎之上，垂拱無爲，而天下太平。”　　被袗衣，鼓五絃：袗衣，繪繡有文彩的華貴衣服。袗（zhěn），彩畫。鼓五絃，子華子作“鼓五絃之琴”。孟子盡心下：“舜之飯糗茹草也，若將終身焉，及其爲天子也，被袗衣，鼓琴。”　　繪日月於常：常，又稱太常，古代旌旗名。子華子作“畫日月於太常”。　　備十有二章：章，指旌旗。國語晉語一“變非聲章”韋昭注：“章，旌旗也。”　　黼黻玄黃爛如也：黼黻（fǔ fú），泛指禮服上所繡的華美花紋。黼，古代禮服上繡的黑白相間的斧形花紋。黻，古代禮服上繡的黑青相間的亞形花紋。玄黃，泛指顏色。玄，赤黑色，後亦指黑色。爛如，色彩絢麗貌。　　出聞鑾和，動有環佩：鑾和，古代車上的兩種鈴子。鑾，亦作“鸞”。周禮夏官大馭：“凡馭路儀，以鸞和爲節。”鄭玄注：“鸞在衡，和在軾，皆以金爲鈴。”環佩，古人所繫的佩玉。禮記經解：“行步則有環佩之聲，升車則有鸞和之音。”鄭玄注：“環佩，佩環、佩玉也。”子華子作“出則有鸞和，動則有珮環”。　　步趨中於莖招之節：莖，六莖，顓頊樂名。彦按：此言舜事，不當及顓頊樂，“莖”當作“簫”。招，通“韶”，舜樂名。子華子作“步趨中於簫韶之節”。

〔三一〕天子無老：自此而下至“扶老養衰，渠有善於此者”，大體本荀子正論而略有增删。荀子正論：“諸侯有老，天子無老。”楊倞注：“諸侯供職貢朝聘，故有筋力衰竭求致仕者，與天子異也。”

〔三二〕夫食則太牢而加珍，服則五采而飭玉：飭，通“飾”。喬本如此，餘諸本均作“飾”。荀子作：“衣被則服五采，雜閒色，重文繡，加飾之以珠玉；食飲則重大牢而備珍怪，期臭味。”　　坐設章容黼扆，而諸侯孤卿奔走乎堂下：章容,古代一種置於牀頭的小屏風,人坐其後以遮隱容顏,故稱。章,通"障"。黼扆,古代帝王座後的屏風,上畫斧形花紋。扆(yǐ),置于門窗之間的屏風。孤卿,古稱少師、少傅、少保爲孤卿,又泛指朝廷高官。荀子作:"居則設張容,負依而坐,諸侯趨走乎堂下。"彦按:今本荀子"張容負依"疑誤。　越席以養安,載皋芷以養鼻,錯衡以養目,和鸞以養耳:越席,蒲草編織的席。越,音 huó。皋芷,香草名。洪本"芷"爲"止"。錯衡,以金塗飾成文彩的車轅橫木。和鸞,吴本、四庫本"鸞"作"鑾"。見上注〔三〇〕。　三公奉軛,諸伯持輪:奉、持,謂侍奉、扶持。軛、輪,借代車(大路)。　渠有善於此者:渠(jù),通"詎",豈。

〔三三〕彼桀、紂非奢而亡也,則戒奢者有禮存焉:非奢,各本皆作"之奢"。彦按:作"之奢"恰與作者本意相悖,誤。蓋人但以桀紂因奢而亡,故臆改之也。今據文意訂正。子華子晏子問黨:"桀、紂之亡天下也,以不仁,而不以奢也。戒奢者,有禮存焉。禮之所存,可約則殺,可豐則腆。"當即羅氏所本。

〔三四〕今也覽四海之賦,受九垓之經入:覽,通"攬",把持、掌握。九垓,亦作"九畡",中央至八極之地。此與"四海"爲同義對文,皆謂天下。經入,指常規賦稅收入。國語鄭語:"故王者居九畡之田,收經入以食兆民。"子華子晏子問黨:"豈有攬四海之賦,受九畡之經入,而土階以居,欲有塗塈而不敢也?其不然也必矣!"

〔三五〕改玉則改行:佩玉改變,行步亦隨之改變。國語周語中:"晉文公既定襄王于郟,王勞之以地,辭,請隧焉。王不許,曰:'……先民有言曰:"改玉改行。"'"韋昭注:"玉,佩玉,所以節行步也。君臣尊卑,遲速有節,言服其服則行其禮,以言晉侯尚在臣位,不宜有隧也。"此比喻身份不同,行爲亦自不同。

　旂旒冕璪,以示登降之品:旂旒,泛指旌旗。冕,古代帝王、諸侯、卿、大夫所戴的禮帽。璪(zǎo),古代王冠前下垂的裝飾,用彩色絲線串玉而成。狀如水藻,故名。登降,謂尊卑。品,級別,等級。

〔三六〕污世之人:污世,污濁混亂之世道。　處尊而偪賤,居大而侵小:偪、侵,皆"迫近,近乎"義。　罄地之毛:罄,竭盡。地之毛,泛指地面所生的植物、作物。　而爲圉隸監門之奉:圉隸,馬伕。監門,守門小吏。奉,供養,待遇。子華子晏子問黨作:"今汙世人不通於禮也,處尊而偪賤,居大而侵小。夫以王公之尊,而圉隸以自奉,難爲其下矣。"

〔三七〕不惟以陋于厥躬也,而又旁無施其族黨,上不豐其宗祭:陋,啬啬。旁,各本皆作"房"。<u>彥</u>按:作"房"不可解,當爲"旁"字形譌。"旁"與下句"上不豐其宗祭"之"上"對文而同屬方位詞,<u>子華子</u>亦作"旁"。今訂正。宗祭,謂宗廟祭祀。<u>子華子</u>作"宗祧"。

有巢氏

昔在上世,人固多難。有聖人者,教之巢居,冬則營窟,夏則居曾巢;未有火化,搏獸而食,鑿井而飲,擒菽秸以爲蓐,以辟其難[一]。而人説之[二],使王天下,號曰<u>有巢氏</u>。

木處顛,風生燥:顛傷,燥夭[三]。於是有聖人焉,教之編槿而廬,緝藋而扉,塓塗茨翳,以違其高卑之患,而違風雨[四]。以其革<u>有巢</u>之化[五],故亦號<u>有巢氏</u>。<u>禮運</u>所言<u>有巢氏</u>[六],在<u>遂人氏</u>之前。<u>六韜</u>所敍,乃<u>昊英氏</u>之後<u>有巢</u>也。而<u>汲書</u>所説[七],<u>有巢氏</u>爲在<u>夏</u>、<u>商</u>間。故<u>外紀</u>云:非<u>人皇</u>後<u>有巢氏</u>也。駕六龍,從日月,是曰<u>古皇</u>。<u>河圖</u>云:<u>有巢氏</u>王天下也,駕六龍、飛麟,從日月[八],號<u>古皇氏</u>。龜龍效圖書畀,於是文成而天下治[九]。<u>易</u>曰:"河出圖,<u>洛</u>出書。"[一〇]圖書,聖人出世之符也[一一]。<u>春秋説題辭</u>云:"河以通乾出天苞,<u>洛</u>以流坤吐地符。河龍圖發,<u>洛</u>龜書感。故圖有九篇,書有六篇。"[一二]<u>孔安國</u>云:河圖,八卦是;洛書,九疇是[一三]。<u>名畫記</u>云:"聖王受命,則有龜字效靈,龍圖呈寶。<u>巢</u><u>燧</u>以來皆有之。迹映乎瑶牒,事傳乎金册。及<u>包犧</u>發於<u>榮河</u>,而典籍圖畫萌矣。"[一四]<u>鄭六藝論</u>云:"河圖洛書,皆天神語言,以告王者[一五]。"其爲政也,授而弗惡,予而弗取,故天下之民皈仁焉[一六]。

其及末也,有禮臣而貴,任之,專而不享[一七];欲削之權,懼而生變,<u>有巢氏</u>遂亡。見<u>汲冢書</u>。或以爲<u>夏</u>、<u>商</u>之間特起於一方者,蓋其後世。居于<u>甓</u>及<u>盤嶺</u>[一八]。<u>甓</u>屬<u>益部</u>[一九]。<u>盤嶺</u>在<u>長安</u>。<u>三秦記</u>云:<u>長安</u>城有平原數百里,無山川湖水,民尚井汲巢居;地多井,深者五十丈,今<u>興平</u>始平原也[二〇]。故<u>杜甫</u>云:"好鳥不妄飛,野人半巢居。喜見淳璞俗,坦然心神舒。"[二一]乃<u>五盤嶺</u>也。<u>王康琚</u>亦云:"昔在太平時,亦有巢居子。"[二二]蓋<u>有巢</u>之遺化也。夫鳥能巢,蟲能穴,天地而來,至今如此,性不變也。人何惟不然哉!

後有巢氏巢父，友許繇、樊竪〔二三〕。繇居沛澤，其道日光；堯朝焉，而逌之〔二四〕。父適聞之，洗耳於頻〔二五〕。竪方飲其牛，乃毆而還〔二六〕。朝，見之也。繇居箕山〔二七〕。今山下有牽牛墟、潁水、犢泉及樊父還牛處，石上牛迹存焉〔二八〕。而潁昌有巢父臺、許繇臺，而臨汝有巢父井〔二九〕。二臺在陽翟東十五，臨潁水〔三〇〕。高士傳云〔三一〕：巢父，堯時隱人。聞堯禪繇，曰："何不隱汝光？而見若身〔三二〕，非吾友也。"擊而下之，繇乃去之〔三三〕。逸士傳：巢父聞"堯禪繇，繇不受，逃之"，以爲汗也，乃洗耳池濱〔三四〕。樊竪方飲其牛，乃驅去之，耻牛飲其洗耳之下流〔三五〕。繇字武仲，陽城槐里人〔三六〕。竪字仲父。巢父冢在登封東南四十〔三七〕，高一丈五尺。古史攷云"繇一號巢父"，非也。蓋因琴操言繇"夏則居巢"而繆之〔三八〕。人表二人也〔三九〕。

　　利器，人之所大欲；而予奪者，天下之怨府也〔四〇〕。百金之家不滿於千金，一命之士不登於三命，繇庶而止有不足者〔四一〕。是故聖人乘理而制天下，必有以厭服之，然後小大罔敢不壹於正；在易之觀，神道設教〔四二〕。

　　禮者，聖人之神道也。五之履顯，以中正而觀天下〔四三〕。以中正觀天下，故下觀而化之〔四四〕。然而上且觀其可樂之生，而有輆軩之志〔四五〕。是以觀盥而不觀薦〔四六〕。孔子曰："聖人患禮之不達於下也，故祭帝於郊。"〔四七〕使下觀而化也。

　　觀化之道，莫尚於祭。祭祀之禮，爵先盥，而後薦〔四八〕。盥者，敬之始也；薦者，禮之末也。然薦備物，而盥無有焉。觀盥而不觀薦，取虛誠以著信也〔四九〕。是以"有孚顒若"，無器而人自趨，不言而信自諭，爵賞刑政有設而不用矣，豈復侵陽之事乎哉〔五〇〕？陸希聲云："盥，手酌鬯，祭之始。薦，進獻熟，祭之末。灌鬯之時，誠敬內充，齋莊之容顒顒外見，則與祭者皆觀感而化矣。"〔五一〕儀禮正義作"不觀薦"，非不薦也，不觀薦爾〔五二〕。初六童子之觀，不見宗廟之美，所觀者小，故小人吉〔五三〕。六二"闚觀"，不見其全，女人之事；若達人，則大觀矣〔五四〕。六三"觀我生"，自觀也〔五五〕。九五"觀我生"，謂天下之人觀我也〔五六〕。上九"觀其生"，觀五也〔五七〕。六三"觀我"，不如無生自我，欲未失〔五八〕。上九觀五，志有未平，故君子無咎〔五九〕。五雖中正，觀之于民，然三上伺我[六〇]，故亦君子斯可無咎。

　　吾嘗原易之所以消長者矣：一陽上長，復；二陽上長，臨；三陽上長，泰；四陽上長，壯；五陽上長，夬——君子道長之時也[六一]。一陰上長，姤；二陰上長，遯；三陰上長，否；四陰上長，觀；五陰上長，剝——小人勢長之時也[六二]。五陽之卦，皆述君子；姤、遯、否、剝，各戒小人[六三]。而觀之彖，有不言焉[六四]。觀，八月之卦也，而臨卦其前。方臨之時，剛浸而長，而先戒之曰：“八月有凶”，是戒禍於微而防患於未朕也[六五]。瓜瓞[六六]，弱物也，非藉物引蔓則不能上者也。杞包于瓜，漸引上也[六七]。乾中姤長，而五乃包瓜，戒其進也[六八]！進之不戒，得亡喪乎？自九二喪而遯，始無臣；九五喪而剝，始無君[六九]。初繫金柅，則何進之足憂[七〇]？金，堅物也；柅，制動者也[七一]。故曰利用于堅制之防，戒之至計也[七二]。方陽之消也，五存而不足；及其復也，以一而有餘[七三]。此盛衰之勢也。

　　故善用物者，不使極。盛不極則衰不生，衰不極則盛不成。自陽之不繼，而後復生之；陰之不繼，而後姤生之[七四]。姤之卦也，一陰遇妃[七五]。故初六曰：“龍化于虯，或潛于窟，茲孽之牙。”[七六]象：“不可與長也。”[七七]易中姤初爻[七八]。所謂“一人如女，尚可以去”者，故明之以女焉[七九]。復之卦也，一陽反始，故初七曰：“龍潛于淵，復以存神。淵兮無畛，神兮無垠。”[八〇]象：“可與致用也[八一]。”連山復初爻。反始際變，靜以待定，是以明王至日閉關，不可以有爲也[八二]。

　　君子之道，始於復而成於泰。泰而臨，臨而復，則能見天地之心矣[八三]。三卦見上經[八四]。反而逆復[八五]。泰而不復，則薦之大壯，乃決之以五陽之夬，以反接乎六陽之乾[八六]。又不能決，則極而無繼。繼極而無繼，則小人出焉，故受之以姤。

　　小人之勢，始於姤而成於否。上二卦見下經。自是而退，則反乎姤而入乎坤之順[八七]。自是而進，則至于觀而利賓于王[八八]。此觀之六三所以未失道者，以觀我生而進退也[八九]。孔子以三陰始否於上經，次以四陰之觀，乃次以五陰之剝；而下經則自二陰之遯而次以一陰之姤，而反接六陰之坤[九〇]。與堯曆、先天圖不同，以明用也[九一]。且姤與遯、否，小人道長而莫之止者也。非不之止也，有其利而無其利勢，不能反也。至觀之時，小人盛矣，而其位足以制之，中正足以臨之，又能觀我生以神教，是以下自觀而化之[九二]。苟觀又莫之能止[九三]，則進而至于剝矣。剝極而無繼，則君子生焉，故受之以復，戲禪農、炎禪黃、湯放桀、武王伐紂時也[九四]。故上七曰：“數窮致剝而終[九五]。”象曰：“致剝而終，亦不知變也。”連山剝上爻辭。夫小人之爲剝，豈惟易之憂哉？始乎下而卒乎上，始乎外而卒乎內，未有不然也。詩云：“池之竭矣，不云自頻[九六]？”上失其道，此剝之所以起也。詩云：“泉之竭矣，不云自中[九七]？”亂之生也無窮，而剝之進也不已[九八]，則上未有能安其宅者也。詩云：“溥斯害矣，職況斯弘，不災我躬[九九]？”其斯之謂歟？

惡戲！明王先戒於姤初，庸主猶忘於剝廬[一〇〇]。方萌於用而致戒焉，或者謂早計也；一日切近災矣，泰早乎[一〇一]？聖人之於易，胡爲而小人之詳邪[一〇二]？小人，無樽者也，其所以加乎爾者，特汸隙而已矣[一〇三]。苟動而中正，不顯其符，俾無隙之可汸，則天下之者，其庶矣[一〇四]。非觀之神道設教，以中正觀天下，疇克爾夫[一〇五]？

有觀之位，而不知變，又不能順巽、中正以觀焉，以至于剝者，其惟有巢氏乎[一〇六]？豈惟有巢氏乎？

【校注】

〔一〕冬則營窟，夏則居曾巢：營窟，謂居營屈（挖掘的洞穴），此蒙下省“居”字。窟，喬本誤“窟”，洪本誤“爲”，此從餘諸本。曾巢，即橧巢。曾，通

“橧”。禮記禮運:“昔者先王未有宮室,冬則居營窟,夏則居橧巢。”見前紀五有巢氏注〔二五〕。　未有火化:化,謂使生物變熟。　擖菆秸以爲蓐:擖(guài),收拾。菆(sī),茅穗。秸,農作物的莖稈。蓐,通“褥”,卧墊。　以辟其難:辟,“避”之古字。

〔二〕而人說之:人,民,百姓。說,“悦”之古字,愛戴。

〔三〕木處顛:木處,居於木(樹或曾巢)上。顛,墜落。韓愈原道:“木處而顛,土處而病也,然後爲之宮室。”　顛傷,燥夭:墜地使人受傷,乾燥讓人夭折(早死)。

〔四〕教之編槿而廬,緝藋而扉:槿,即木槿,落葉灌木或小喬木名。喬本、洪本、吳本作“槿”,乃俗譌,此從四庫本及備要本。緝,編織。藋,同“藋”,音diào,草名。亦稱灰藋。　塓塗茨翳:塓塗,塗刷泥巴。塓(mì),塗刷。茨翳,謂用茅草蓋屋頂。翳,遮蔽,遮蓋。　以違其高卑之患,而違風雨:違,離開,逃避。

〔五〕以其革有巢之化:革,改變。化,教化。

〔六〕禮運:禮記篇名。

〔七〕汲書:即汲冢書,指西晉武帝時于汲郡(今河南衛輝市)戰國魏襄王墓出土的一批竹簡古書。

〔八〕從日月:洪本“日”譌“申”。

〔九〕龜龍效圖書畀:效,獻,進獻。畀,付與,給予。　於是文成而天下治:文,指禮樂制度。

〔一〇〕見周易繫辭上。

〔一一〕符:徵兆。多指瑞徵。

〔一二〕春秋説題辭:漢代緯書,春秋緯之一種。　河以通乾出天苞,洛以流坤吐地符:天苞,猶言天之奇苞,指河圖。地符,謂地之祥瑞,指洛書。　河龍圖發,洛龜書感:河龍使圖出現,洛龜與書感應。　故圖有九篇,書有六篇:易繫辭上“河出圖,洛出書”孔穎達疏引春秋緯云,作“河圖有九篇,洛書有六篇”。

〔一三〕九疇:見前紀八祝誦氏注〔七〕。

〔一四〕名畫記:即歷代名畫記,唐張彥遠撰。此下所引,見張書卷一敍畫之源流,與張書原文略有出入。　聖王受命:四庫本"聖王"作"聖人"非。張書原文作"古先聖王受命應籙"。　則有龜字效靈,龍圖呈寶:龜字,相傳夏禹治水時出於洛水之神龜,背上有裂紋如文字。　巢燧以來皆有之:巢燧,有巢氏和燧人氏之合稱。張書原文"之"作"此瑞"。　迹映乎瑤牒,事傳乎金册:瑤牒、金册,皆泛稱珍貴的典册。牒,喬本、洪本、四庫本、備要本作"鈴",吳本作"鈐",並誤。今據張書原文訂正。　及包羲發於榮河,而典籍圖畫萌矣:包羲,四庫本"包"作"苞";喬本、洪本"羲"譌"義",今從餘諸本訂正。榮河,黄河的美稱。典出尚書中候:"堯即政七十載,修壇河洛。仲月辛日昧明,禮備。榮光出河,休氣四塞。"鄭玄注:"榮光五色從河水中出。"(引自初學記卷六)萌,産生。

〔一五〕以告王者:喬本、洪本"告"譌"吉",今據餘諸本訂正。

〔一六〕授而弗惡:惡(wù),謂心中不快。　故天下之民皈仁焉:皈仁,猶歸仁,謂歸附仁德仁政。

〔一七〕有禮臣而貴,任之,專而不享:禮臣,敬重之臣。專,謂擅權。享,進獻。爾雅釋詁下:"享,獻也。"

〔一八〕居于壐及盤領:壐,音mǐ。洪本"盤"作"墅",蓋涉上"壐"字從"土"而譌。領,"嶺"之古字。

〔一九〕壐屬益部:壐,喬本、洪本、備要本作"彌",此從吳本及四庫本。益部,即益州。在今成都平原一帶。

〔二〇〕三秦記:佚書,漢辛氏撰。　興平始平原:興平,縣名。在今陝西興平市。始平原,在今興平市北二里。元和郡縣圖志卷二京兆下興平縣:"始平原,在縣北十二里。東西五十里,南北八里,東入咸陽界,西入武功界。"

〔二一〕見杜甫五盤詩。

〔二二〕見文選卷二二王康琚反招隱詩。　王康琚:晉代人,餘不詳。吳本、四庫本"琚"譌"居"。

〔二三〕後有巢氏巢父,友許繇、樊竪:巢父、許繇、樊竪,皆堯時隱士。許繇,史籍中亦作許由。

〔二四〕繇居沛澤,其道日光:沛澤,在今江蘇沛縣。道,指道德。日光,與日俱增光彩。　堯朝焉,而遁之:朝,拜訪。遁(huàn),逃避。

〔二五〕洗耳於頻：頻，通"瀕"，水邊。

〔二六〕乃殿而還：殿，同"驅"，驅趕。

〔二七〕箕山：在今河南登封市東南。

〔二八〕今山下有牽牛墟、潁水、犢泉及樊父還牛處：潁，喬本、洪本、吳本作"穎"，備要本作"潁"，今從四庫本作"潁"。下"潁昌"、"潁水"之"潁"同。犢泉，喬本、備要本譌"續泉"，今據餘諸本訂正。彥按：水經注卷二二潁水："（潁川陽城縣）縣南對箕山。山上有許由冢，堯所封也。故太史公曰：'余登箕山，其上有許由墓焉。'山下有牽牛墟，側潁水有犢泉，是巢父還牛處也。石上犢迹存焉。"此言"樊父還牛處"，彼言"巢父還牛處"，傳聞有不同。古代傳說，類皆如此。

〔二九〕潁昌：宋代府名，治所在今河南許昌市。　臨汝：縣名，治所在今河南汝州市臨汝鎮。

〔三〇〕二臺在陽翟東十五：陽翟，地名，在今河南禹州市。十五，吳本、四庫本作"十五里"。

〔三一〕高士傳：晉皇甫謐撰。

〔三二〕而見若身：而，第二人稱代詞，你。見，"現"之古字。若，第二人稱代詞，你。

〔三三〕今本高士傳巢父文作："巢父者，堯時隱人也。山居，不營世利；年老，以樹爲巢而寢其上。故時人號曰巢父。堯之讓許由也，由以告巢父，巢父曰：'汝何不隱汝形，藏汝光？若非吾友也。'擊其膺而下之。由悵然不自得，乃過清泠之水，洗其耳，拭其目，曰：'向聞貪言，負吾之友矣。'遂去，終身不相見。"

〔三四〕逸士傳：晉皇甫謐撰。　乃洗耳池濱：濱，喬本、備要本作"賓"，此從餘諸本。

〔三五〕太平御覽卷九〇〇引逸士傳，作："堯讓天下於許由。由逃之。巢父聞而洗耳於池濱。樊豎字仲父，牽牛飲之，見巢父洗耳，乃驅牛而還，恥令牛飲其下流。"

〔三六〕見高士傳許由。　陽城槐里：地名。在今河南登封市告成鎮境。

〔三七〕登封：縣名，治所在今河南登封市。

〔三八〕琴操：漢蔡邕撰。吳本、四庫本“琴”作“琹”，同。

〔三九〕人表：指漢書古今人表。

〔四〇〕利器：財利與官爵。　怨府：衆怨歸聚之所。

〔四一〕一命之士不登於三命：周代的官爵分爲九個等級，稱九命。子、男之大夫爲一命，公、侯、伯之卿爲三命。　繇庶而止有不足者：由于有同樣企求的人衆多，祇能有人滿足不了企求。

〔四二〕是故聖人乘理而制天下，必有以厭服之，然後小大罔敢不壹於正：乘理，順理，憑理。厭服，使信服。壹，統一。　在易之觀，神道設教：在，審察。易觀彖曰：“聖人以神道設教，而天下服矣。”孔穎達疏：“聖人法則天之神道，唯身自行善，垂化於人，不假言語教戒，不須威刑恐逼，在下自然觀化服從。”

〔四三〕五之履顯，以中正而觀天下：五，此指觀卦之第五爻。履顯，謂居於尊位。觀之九五以陽爻居一卦之尊位，以象君；其下四爻皆爲陰爻，則象臣民。易觀彖辭：“大觀在上，順而巽，中正以觀天下，觀。”

〔四四〕以中正觀天下，故下觀而化之：謂人君以中正之道看待天下，因而下民看在眼里也受到中正之道之感化。

〔四五〕然而上且觀其可樂之生，而有輆軩之志：可樂之生，猶言可喜之民。宋蘇軾超然臺記：“凡物皆有可觀，苟有可觀，皆有可樂，非必怪奇偉麗者也。”易觀九五：“觀我生，君子无咎。”象曰：“‘觀我生’，觀民也。”輆軩（kǎi dài），不尋常。玉篇車部輆：“輆軩，不平。”

〔四六〕是以觀盥而不觀薦：古代祭祀時，先以酒澆地降神，其禮稱盥（亦作“祼”或“灌”）；後饋神獻牲，其禮稱薦。易觀：“盥而不薦，有孚顒若。”王弼注：“王道之可觀者，莫盛乎宗廟。宗廟之可觀者，莫盛於盥也。至薦，簡略不足復觀，故觀盥而不觀薦也。孔子曰：‘禘自既灌而往者，吾不欲觀之矣。’盡夫觀盛，則下觀而化矣。”

〔四七〕見禮記天運。聖人，禮記作“先王”。

〔四八〕爵先盥：爵，古代一種盛酒禮器，像雀形，比尊彝小，受一升。　而後薦：各本皆作“灌而後薦”。彥按：“灌”字當爲衍文。灌即盥，不當重出。下文“盥者，敬之始也；薦者，禮之末也”，分承“盥”、“薦”而不及“灌”，亦可證明原文不當有“灌”。此蓋讀者爲“盥”所作旁注而闌入正文者，今刪去。

〔四九〕取虚誠以著信也:虚誠,指心之誠。淮南子俶真"是故虚室生白"高誘注:"虚,心也。"著信,顯示誠意。

〔五〇〕有孚顒若:虔誠肅敬貌。顒(yóng),嚴肅端莊。易觀:"盥而不薦,有孚顒若。"　無器而人自趨,不言而信自諭:器,指官職、爵位。趨,趨附,歸附。信,誠心。諭,表明,顯示。　豈復侵陽之事乎哉:侵陽,謂陰侵陽,喻指臣民侵犯君上,卑者侵犯尊者。

〔五一〕陸希聲:唐昭宗朝宰相。　手酌鬯:酌,盛酒行觴(依次敬酒)。鬯,古代宗廟祭祀用的一種由黑黍和鬱金草釀成的香酒。　進獻熟:熟,此指熟食類祭品。　灌鬯之時,誠敬内充,齋莊之容顒顒外見:灌鬯,古代祭祀的一種儀式。把鬯澆在地上,迎神降臨。齋莊,嚴肅誠敬。吴本、四庫本"齋"作"齊"。洪本"莊"作"壯"。顒顒,猶"顒若",肅敬貌。

〔五二〕儀禮正義作"不觀薦":彦按:此儀禮正義當指漢鄭玄注、唐賈公彦疏之儀禮注疏。然其書並無"不觀薦"語。此語實出易觀王弼注(見上注〔四六〕),蓋羅氏誤記之。

〔五三〕易觀初六:"童觀,小人无咎,君子吝。"　不見宗廟之美:語出論語子張:"譬之宫牆,……夫子之牆數仞,不得其門而入,不見宗廟之美,百官之富。"

〔五四〕六二:各本均作"九二"。彦按:觀卦第二爻爲陰爻,當作"六二",今訂正。易觀六二:"闚觀,利女貞。"

〔五五〕六三:各本均作"九三"。彦按:觀卦第三爻爲陰爻,當作"六三",今訂正。下"六三'觀我'"之"六三"同。易觀六三:"觀我生,進退。"參見下注〔八九〕。

〔五六〕易觀九五:"觀我生,君子无咎。"象曰:"'觀我生',觀民也。"孔穎達疏:"謂觀民以觀我,故觀我即觀民也。"

〔五七〕觀五也:彦按:觀卦六爻,據其爻位屬性,下四爻爲臣民之觀,五爻爲君之觀,上爻爲君子之觀。"觀五"者,君觀是瞻之謂也。易觀上九:"觀其生,君子无咎。"清魏荔彤大易通解曰:"觀五爲觀卦之主。上雖陽,亦附於五。……既非主爻,則亦觀於主爻而已矣。'觀其生',觀五也。觀五以爲自觀,取善於人而用之自己也。此君子不自滿假,而藉力他山之道也,何咎之有?

在五必以上爲君子,相觀互爲與求,亦切磋琢磨之義矣,更无咎焉。"

〔五八〕易觀六三象辭:"'觀我生,進退',未失道也。"

〔五九〕易觀上九象辭:"'觀其生',志未平也。"

〔六〇〕然三上伺我:三,此指觀卦之第三爻。伺,窺伺,觀察。

〔六一〕一陽上長,復;二陽上長,臨;三陽上長,泰;四陽上長,壯;五陽上長,夬:壯,指大壯。彥按:此所謂"一陽上長"者,謂由坤卦之六爻皆陰而至初爻爲陽爻,餘爻皆陰爻也;"二陽上長"者,初爻、二爻爲陽爻,餘爻皆陰爻也。餘類推。

〔六二〕一陰上長,姤;二陰上長,遁;三陰上長,否;四陰上長,觀;五陰上長,剥:二陰,洪本譌"二陽"。否,音 pǐ。彥按:此所謂"一陰上長"者,謂自乾卦之六爻皆陽而至初爻爲陰爻,餘爻皆陽爻也;"二陰上長"者,初爻、二爻爲陰爻,餘爻皆陽爻也。餘類推。

〔六三〕五陽之卦:即上所稱"一陽上長"、"二陽上長"、"三陽上長"、"四陽上長"、"五陽上長"之卦,亦即復、臨、泰、壯(大壯)、夬。

〔六四〕觀之彖:彖,彖辭,即説明周易六十四卦每卦要義的卦辭。

〔六五〕方臨之時,剛浸而長:剛,指"陰陽"之陽。浸,逐漸。易臨彖辭:"臨,剛浸而長。" 而先戒之曰:"八月有凶":易臨:"元亨,利貞。至于八月有凶。" 是戒禍於微而防患於未朕也:朕,預兆,迹象。

〔六六〕瓜瓞:此泛指瓜類植物。瓞(dié),小瓜。

〔六七〕杞包于瓜,漸引上也:杞柳樹被瓜蔓所纏繞,瓜蔓將逐漸攀引而上。杞,杞柳,木名。

〔六八〕乾中姤長:乾卦六爻皆陽。姤卦一陰上長,初爻爲陰,上五爻皆陽,是於乾卦之中長出,故云。 而五乃包瓜:姤九五:"以杞包瓜。" 戒其進也:彥按:九五既"以杞包瓜",則瓜將順杞而"漸引上",故此提醒曰:"戒其進也!"

〔六九〕自九二喪而遁,始無臣;九五喪而剥,始無君:乾卦初九一陽喪(由陽爻變陰爻)而爲姤卦,九二陽再喪而爲遁卦。若九三、九四陽喪之後九五之陽又喪,則爲剥卦。二爻爲臣位,故九二喪而無臣;五爻爲君位,故九五喪而無君。

〔七〇〕初繫金柅,則何進之足憂:金柅,金屬製的車刹。柅(nǐ),塞于車輪下的制動木塊。易姤初六:"繫于金柅,貞吉。"象曰:"繫于金柅,柔道牽也。"
彥按:陰柔之道受陽剛牽制,則陰不得再進,故不足憂。

　〔七一〕易姤初六王弼注:"金者堅剛之物,柅者制動之主。"

　〔七二〕戒之至計也:戒,防備。至計,最好的辦法。

　〔七三〕方陽之消也,五存而不足:此言姤卦。五,指五陽爻。　及其復也,
以一而有餘:此言復卦。一,指一陽爻。

　〔七四〕自陽之不繼,而後復生之;陰之不繼,而後姤生之:彥按:陽之不繼,
陰之極也。陰之不繼,陽之極也。

　〔七五〕一陰遇妃:謂一陰爻與五陽爻相匹配。妃,讀"配",配偶。易姤:
"女壯,勿用取女。"象曰:"姤,遇也。柔遇剛也。'勿用取女',不可與長也。"
王弼注:"施之於人,即女遇男也。一女而遇五男,爲壯至甚,故不可取也。"

　〔七六〕故初六曰:"龍化于蚖,或潛于窋,兹蘖之牙":此文不見於周易。
據清胡煦周易函書約存卷八,乃古連山易文。"初六",清朱彝尊經義考卷二
易一連山引黃佐六藝流別載連山繇辭,作"初八"。"龍化于蚖,或潛于窋",經
義考引黃佐六藝流別,作"聚蛇于窋"。兹,滋生,滋長。經義考引黃佐六藝流
別,作"滋"。蘖,災害,禍害。牙,"芽"之古字,苗頭。

　〔七七〕象:象辭,易傳之一,是關于易卦卦象、爻象之解釋。　不可與長
也:可與,允許,許可。經義考引黃佐六藝流別,作:"陰滋,牙不可長也。"

　〔七八〕易中姤初爻:姤,洪本作"后",吳本、四庫本作"垢",並誤。

　〔七九〕一人如女,尚可以去:據朱彝尊經義考卷二易一連山引黃佐六藝
流別,此爲連山易中孚初八繇辭,而"如"作"知"。彥按:路史原文當作"如"。
羅氏以"一人如女"比擬姤"一陰遇妃"之"一陰"。"一人如女,尚可以去",猶
言唯一爻爲陰(姤卦如此),陰長陽消之勢得以戒止,則尚無大礙也。　故明之
以女焉:彥按:此蓋針對易姤象辭王弼注"施之於人,即女遇男也。一女而遇
五男"而言。見上注〔七五〕。四庫本"明"作"名",當由音譌。

　〔八〇〕一陽反始:謂一陽爻返歸於初爻之位。　龍潛于淵,復以存神。淵
兮無畛,神兮無垠:龍潛于淵,各本"淵"皆作"神",文義不通,當受下"復以存
神"影響而譌,今據朱彝尊經義考卷二易一連山引黃佐六藝流別載連山繇辭
訂改。神兮無垠,各本"神"均作"操"。彥按:作"操"上無所承,今據文理訂作

“神”，則“淵兮無畛”承上“龍潛于淵”言，“神兮無垠”承上“復以存神”言，怡然而順。經義考引文作“龍潛于淵，存神無畛”，當有脱文。

〔八一〕可與致用也：經義考引文作：“復以存神，可致用也。”彦按：“復以存神”四字當由上之繇辭誤入于此。

〔八二〕反始際變：返回本初之變化之際。　是以明王至日閉關，不可以有爲也：易復象辭：“雷在地中，復。先王以至日閉關，商旅不行，后不省方。”高亨今注：“至日，冬至之日。閉關，閉城門。……復之内卦爲震，外卦爲坤。震爲雷，坤爲地。然則復之卦象是‘雷在地中’。易傳對于雷有不科學之謬説，認爲大陸地區，天寒時雷在地中，天暖時雷出地上。雷在地中是雷復返其原處，是以卦名曰復。雷在地中之時，天寒，到冬至更甚，人不宜外出。先王觀此卦象，從而在冬至之日，閉其城門，不納商旅，君不視察邦國。”

〔八三〕易復彖辭：“復，其見天地之心乎！”高亨今注：“此申釋卦義。有往必有復。往復循環，乃天地之中心規律。日月星辰之運行，雨露霜雪之凝降，晝夜之交替，四時之相次，皆往復循環者也。水土之温熱涼凍，草木之生長凋枯，鳥獸蟲魚乃至于人之生存活動，亦皆隨天道之往復循環者也。然則往復循環乃天地之中心規律。故曰：‘復，其見天地之心乎。’”

〔八四〕上經：傳本周易分上下篇，上篇稱上經，下篇稱下經。

〔八五〕反而逆復：反，“返”之古字。逆復，折回。

〔八六〕泰而不復，則薦之大壯：薦，進，至。　乃決之以五陽之夬：決，謂衝破障礙。以，于。　以反接乎六陽之乾：反接，返回連接。

〔八七〕坤之順：易説卦：“坤，順也。”又坤文言：“坤至柔而動也剛，至靜而德方。後得主而有常，含萬物而化光。坤道其順乎！承天而時行。”

〔八八〕則至于觀而利賓于王：易觀六四：“觀國之光，利用賓于王。”高亨今注：“賓，作客。筮遇此爻，諸侯或其臣往朝于王，以觀王國之光，作王之賓客，則利。”

〔八九〕此觀之六三所以未失道者，以觀我生而進退也：易觀六三：“觀我生，進退。”高亨大傳今注：“〔經意〕觀，考察。生，古語稱百官爲生，亦稱庶民爲生。國君考察自己之百官庶民，則知自己用人施政之得失，從而對人有所進用，有所退斥，對事有所進行，有所退止。〔傳解〕生，僅是庶民之稱。餘與經意同。”又,象曰:“‘觀我生,進退’,未失道也。”高亨大傳今注:“傳意:爻辭云‘觀我生進退’,言考察己之庶民之情況,則用人施政有所進退,不失其正道也。”

〔九〇〕孔子以三陰始否於上經:彦按:“三陰始否”疑當作“三陰否始”。“三陰否”謂三陰上長(下三爻爲陰爻)之否。此蓋“否始”二字誤倒,文遂扞格。

〔九一〕先天圖:佚書。撰人不詳。舊説宋初道士陳摶所傳。

〔九二〕又能觀我生以神教:以神教,謂以神道設教,即易觀象辭所謂“聖人以神道設教”。

〔九三〕苟觀又莫之能止:吴本、四庫本“止”作“正”非。

〔九四〕戲禋農:戲,伏羲。禋,同“禪”,禪讓。農,神農,亦即炎帝。　炎禋黄:炎,炎帝。黄,黄帝。　湯放桀:放,驅逐,流放。　時也:時,通“是”,此。

〔九五〕數窮致剥而終:致,至。朱彝尊經義考卷二易一連山引黄佐六藝流別載連山繇辭,作“數窮致剥,終否”。

〔九六〕池之竭矣,不云自頻:見詩大雅召旻。云,語助詞。毛亨傳:“頻,厓也。”鄭玄箋:“頻,當作‘濱’。厓,猶外也。”

〔九七〕泉之竭矣,不云自中:同出前詩。

〔九八〕剥之進也不已:謂陰柔侵蝕陽剛,小人日益得勢之情況不已。易剥:“不利有攸往。”彖曰:“剥,剥也,柔變剛也。‘不利有攸往’,小人長也。”

〔九九〕溥斯害矣,職況斯弘,不災我躬:見詩大雅召旻。溥,徧。職,常也(見爾雅釋詁)。況,情況。毛詩作“兄”,通。弘,大。“職況斯弘”謂常年情況趨于嚴重。災,禍害,危害。毛詩作“烖”,同。

〔一〇〇〕庸主猶忘於剥廬:剥廬,扒毁房舍。此指代剥卦。易剥上九:“君子得輿,小人剥廬。”王弼注:“君子居之,則爲民覆蔭;小人用之,則剥下所庇也。”

〔一〇一〕方萌於用而致戒焉:用,使用,任用。致戒,予以警戒。　泰早乎:泰,太。

〔一〇二〕小人之詳:謂記載小人如此詳細。

〔一〇三〕無樽者也:無樽,謂無節操。樽,通“撙”,音 zǔn,節。　其所以加乎爾者,特沿隙而已矣:加乎爾,居于此。沿隙,乘隙,趁機。沿,“沿”字俗體。

〔一〇四〕不顯其符:謂不突出自己的意志。符,符旨,謂旨意。　則天下之奋,其庶矣:奋,悔恨,遺憾。庶,庶幾,差不多。此謂庶幾(可以幸免)。

〔一〇五〕疇克爾夫:疇克,何能。

〔一〇六〕有觀之位:猶言有君之位。參見上注〔四三〕。　順巽:謙順。以至于剥:謂以至喪失君位。參見上注〔六九〕。

朱襄氏

有巢氏没,數閲世而朱襄氏立〔一〕。於是多風,羣陰閟曷,諸陽不成,百物散解,而果蓏草木不遂,遲春而黄落,盛夏而痁疢〔二〕。乃令士達作五絃之瑟,以來陰氣,以定羣生,令曰來陰〔三〕。士達似是不達之訛。然樂録、吕覽等明言命士達,今從之〔四〕。都于朱,故號曰朱襄氏。朱,或作"株"。劉昭云:陳留株邑,朱襄氏之地也〔五〕。歷代作秋,今宋之下邑縣〔六〕。古史攷亦云:陳之秋邑,朱襄氏之邑。攷之范志〔七〕,秋當作"株",即朱也。按:即陳之株野〔八〕。寰宇記,柘城爲朱襄氏之邑〔九〕。柘故城在下邑南七十。

後有朱襄氏。邵氏姓解〔一〇〕。

樂者,陰陽之和也。聖人者,協陰陽之聲,制其器以宣其和而已〔一一〕。

琴瑟者,樂之本,和者也。琴統陽,瑟統陰,以陽佐陰,不可易也〔一二〕。是故登歌惟王備琴瑟,諸侯則有瑟而無琴〔一三〕。燕禮登歌,有瑟而已,所以别於王也〔一四〕。瑟惟陰也,故朱襄鼓五絃之瑟而羣陰來〔一五〕。琴惟陽也,故虞氏鼓五絃之琴而南風至〔一六〕。陰陽之應,各從其類。是以伯牙鼓琴而馬仰秣,瓠巴鼓瑟而魚出聽〔一七〕。魚,水物;而馬,火物——以類應也。

楊泉曰:"琴欲高張,瑟欲下聲。"〔一八〕瑟不踰琴,以佐陽也〔一九〕。陽主生,故其情喜;陰主殺,故其情悲。陰陽并毗,則寒暑不成,而四時忒矣^[二〇]。此帝女之鼓瑟所以動陰聲而悲不能克也^[二一]。故樂惟不可苟作也。

先王以術調鼎,以鼎調樂,樂和而玉燭調矣^[二二]。詩云:"琴瑟在御,莫不静好^[二三]。"此古之君子無故之所以不徹歟^[二四]?

【校注】

〔一〕閲世:經歷朝代。

〔二〕羣陰閟曷,諸陽不成:閟曷,閉塞,阻遏。曷,通"遏"。不成,不能生成。　百物散解,而果蓏草木不遂:散解,散落。不遂,不能生長。　遲春而黄落,盛夏而痁痎:遲春,暮春,晚春。黄落,謂草木枯萎凋零。痁痎(shān jiē),瘧疾。彦按:此"羣陰閟曷,諸陽不成"、"盛夏而痁痎"云云,皆爲陰盛之象,與下文"乃令士達作五絃之瑟,以來陰氣,以定羣生",頗不融洽。考吕氏春秋古樂但云"昔古朱襄氏之治天下也,多風而陽氣畜積,萬物散解,果實不成",則路史于此似有畫蛇添足之嫌。

〔三〕士達:朱襄氏之臣。見吕氏春秋古樂高誘注。　令曰來陰:令,命,命名。

〔四〕樂録:即古今樂録。南朝陳釋智匠撰。

〔五〕劉昭:南朝梁通直郎,有後漢書集注。　陳留株邑,朱襄氏之地也:彦按:劉氏語見後漢書郡國志二陳國"陳"注,原文作:"陳有株邑,蓋朱襄之地。"陳指東漢陳國,治所在今河南周口市淮陽區。今羅苹注引作陳留(乃郡名,治今河南開封市),非是。株邑,在今河南柘城縣北。

〔六〕今宋之下邑縣:宋,舊州名,時當稱應天府。下邑縣,即今河南夏邑縣。

〔七〕范志:指後漢書郡國志。彦按:據宋陳振孫直齋書録解題,此志乃出自晉司馬彪續漢書,宋乾興初由判國子監孫奭建議,與南朝宋范曄後漢書合爲一編,以補范書無志之闕,並非范氏所撰。稱之"范志",實有未妥。

〔八〕陳之株野:詩陳風株林:"駕我乘馬,説于株野。"

〔九〕太平寰宇記卷一二宋州柘城縣:"即古朱襄氏邑。春秋時陳之株野之地。……史記謂陳涉攻柘、譙皆下之,即此地也。漢爲柘縣,以邑有柘溝,以此名縣。”

〔一〇〕邵氏:指宋邵思。

〔一一〕宣:散布,抒發。

〔一二〕以陽佐陰:謂用琴(陽)時則佐以瑟(陰)。以,使用。

〔一三〕登歌:指古代舉行祭典、大朝會時,樂師登堂奏歌。

〔一四〕燕禮登歌,有瑟而已,所以別於王也:燕禮,古代天子、諸侯與羣臣宴飲之禮。彦按:羅氏此説,未必可信。宋陳祥道禮書卷一二四瑟曰:“周禮,小師掌教絃、歌,瞽矇掌教琴、瑟。大司樂:雲和之琴瑟,冬日至,圜丘奏之;空桑之琴瑟,夏日至,方丘奏之;龍門之琴瑟,宗廟奏之。則鼓瑟未嘗無琴也。樂記獨言清廟之瑟,鄉飲酒、燕禮亦獨言瑟者,舉其大者故也。”

〔一五〕羣陰來:羣陰,各種陰象。來,出現。

〔一六〕琴惟陽也,故虞氏鼓五絃之琴而南風至:彦按:子華子北宮意問:“昔者,有虞氏彈五弦之琴,以歌南風之詩,而光被四表,格乎上下。”韓詩外傳卷四:“傳曰:舜彈五絃之琴,以歌南風,而天下治。”淮南子詮言:“舜彈五絃之琴,而歌南風之詩,以治天下。”諸書皆謂舜歌南風之詩,未有稱舜彈琴而來南風者,羅氏此言,爲附會己説耳。

〔一七〕荀子勸學:“昔者瓠巴鼓瑟而流魚出聽,伯牙鼓琴而六馬仰秣。”楊倞注:“瓠巴,古之善鼓瑟者,不知何代人。……伯牙,古之善鼓琴者,亦不知何代人。……(仰秣)仰首而秣,聽其聲也。”大戴禮記勸學“流魚”作“沈魚”,韓詩外傳卷六則作“潛魚”。

〔一八〕楊泉:西晉哲學家。　琴欲高張,瑟欲下聲:見楊泉物理論。高張,謂聲音高揚。下聲,謂聲音低沉。

〔一九〕瑟不踰琴:謂瑟之音高不超越琴。各本“瑟”均作“數”,非是。今據文理訂正。

〔二〇〕陰陽并毗,則寒暑不成,而四時忒矣:并毗,並列;謂地位相當,不分主次。忒,差錯。

〔二一〕此帝女之鼓瑟所以動陰聲而悲不能克也:帝女,指太昊女弟宓娲(即女媧)。本書後紀二女皇氏:“女皇氏宓娲,……太昊氏之女弟。……用五絃之瑟於澤丘。動陰聲,極其數,而爲五十絃,以交天侑神。聽之,悲不能克,乃破爲二十五絃,以抑其情。”一説,即素女。史記孝武本紀:“泰帝使素女鼓五十弦瑟,悲,帝禁不止,故破其瑟爲二十五弦。”張守節正義:“泰帝謂太昊伏羲氏。”克,勝。謂能承受,禁得起。

〔二二〕先王以術調鼎:調鼎,烹飪時加調料于鼎中以和其味,喻指治理國家。　以鼎調樂:謂以治國之術處理音樂。　樂和而玉燭調矣:玉燭,燭之美稱。此以燭光温潤明照,比喻四時之氣和暢之景象。尸子仁意:“四氣和,正光照,此之謂玉燭。”爾雅釋天:“四時和謂之玉燭。”

〔二三〕琴瑟在御,莫不静好:見詩鄭風女曰雞鳴。在御,在側。御,近旁。静好,美好。

〔二四〕詩鄭風女曰雞鳴“琴瑟在御,莫不静好”毛亨傳:“君子無故不徹琴瑟。賓主和樂,無不安好。”

陰康氏

陰康氏之時,水隤不疏,江不行其原;陰凝而易閟,人既鬱於内,腠理墆著而多重膇〔一〕。人之生也,天地合其氣,萬物資其用〔二〕。氣以形運,是故形不動則精不流,精不流則氣鬱閼〔三〕。處於頭則爲腫,爲風;處於耳則爲挶,爲聾;處目則爲蔑,爲盲;處鼻則爲鼽,爲窒;處腹則爲張,爲府;處足則爲癰,爲痿〔四〕。然亦係於上之人〔五〕。是以太平之世,疵癘不行;衰亂之時,禨鬼交作〔六〕。子華子曰“亂世之人,長短頡頏,百疾俱起,民多疾癘,道多褓襁,盲禿傴尪,萬怪皆生”之謂也〔七〕。得所以利其關節者,乃制爲之舞,教人引舞以利道之,是謂大舞〔八〕。見吕氏春秋〔九〕。孟頫帝王統録云:陰康之王,次于葛天,有襄陵之變而始制舞〔一〇〕。亦見教坊記〔一一〕。云次葛天,非也。治于華原〔一二〕,葬浮肺山之陰。驪山也〔一三〕。亦見長安冢志〔一四〕。今存焉。

後有陰氏、風俗通。霒氏〔一五〕。陰氏見姓纂〔一六〕,古姓書作“霒”。相如遊獵賦云〔一七〕:“奏陶唐氏之舞,聽葛天氏之歌。”注云:“‘陶唐’當作‘陰康’。”〔一八〕蓋以吕覽訛作陶唐。乃字畫之轉誤,故劉歆七略敘云:“古文或誤以‘見’爲‘典’,以‘陶’爲‘陰’”,正謂此也〔一九〕。外紀云:“筋骨瑟縮而不達〔二〇〕,堯作爲舞以宣導之。”蓋因吕覽誤本,失之〔二一〕。

【校注】

〔一〕水瀆不疏，江不行其原：水瀆，泛稱河流溝渠。瀆（dú），溝洫。原，指原路，舊道。　陰凝而易閟：閟，閉塞，不宣通。　人既鬱於内，腠理壔著而多重腄：鬱，鬱結，阻滯，此謂氣不宣通。腠理，指皮下肌肉之間的空隙和皮膚表面之毛孔。爲滲泄及氣血流通灌注之處。壔著，堵塞。壔，用同"滯"。重腄，脚腫。重，通"腫"。腄（zhuì），集韻寘韻："足腫也。"

〔二〕天地合其氣，萬物資其用：合，通"給"，供給，供養。資，資助，供給。

〔三〕氣以形運：以，因，隨。　是故形不動則精不流，精不流則氣鬱閟：自此而下至"處足則爲厥，爲痿"，大抵撮取自呂氏春秋盡數，文字不盡相同。精，精氣，精血津液之屬。鬱閟，阻滯堵塞。

〔四〕處於頭則爲腫，爲風：風，中醫術語，病理性證候的一個類型，特點是病勢急驟、多變、臨牀表現不一。　處於耳則爲挶，爲聾：挶，音 jū。各本均譌"塢"。呂氏春秋盡數作："鬱……處耳則爲挶，爲聾。"高誘注："皆耳疾也。"陳奇猷校釋："説文：'挶，戟持也'，段玉裁注云：'鴟鴞傳"拮据，戟挶也"，謂有所操作，曲其肘如戟而持之也'。案重聽之人曲其肘如戟而以手置耳旁以聽人之言，故重聽之疾謂之挶也。"今據以訂正。　處目則爲蔑，爲盲：蔑，通"瞲"，眼眶紅腫。呂氏春秋盡數作"瞲"。　處鼻則爲鼽，爲窒：鼽（qiú），鼻流清涕。黃帝内經素問金匱真言論"春不鼽衄"王冰注："鼽，謂鼻中水出。"各本皆作"軌"，乃"鼽"字俗譌。呂氏春秋盡數作"鼽"，是，今據以訂正。窒，鼻不通氣。各本均作"酲"。彦按：酲乃酒病，而非鼻病，當爲譌字。今從呂氏春秋盡數作"窒"。　處腹則爲張，爲府：張，即今"脹"字。府，字當作"疛"。音 zhǒu，小腹病，一説即今腹水。呂氏春秋盡數原亦作"府"，畢沅校正改"疛"，曰："'疛'，舊本作'府'，誤也。説文：'疛，小腹疾'。"陳奇猷贊同畢説，"但疑'府'與'疛'本通"（見呂氏春秋校釋）。今姑保留其舊。　處足則爲厥，爲痿：厥，足冰冷麻木之病。痿，足軟弱無力之病。厥、痿皆致足不能行。

〔五〕然亦係於上之人：係，決定。

〔六〕疵癘：災害疫病。　機鬼：指鬼神袄祥。四庫本"機"譌"機"。

〔七〕民多疾癘，道多襁褓：疾癘，瘟疫，流行性急性傳染病。襁褓，即襁褓，原指背嬰兒用的寬帶和包裹嬰兒的被子，此借代襁褓中的嬰兒。子華子神氣原文作:"末世之俗則不然,……長短頡牾,百疾俱作,四方疾癘,道有繼負,盲禿狂傴,萬怪以生。"吕氏春秋明理引子華子曰,亦作"道多褓繼",清李賓洤曰:"道多褓繼,蓋嬰兒不長成者多,故棄褓繼於道也。"(見吕氏春秋高注補正)參見前紀六大庭氏注〔一八〕。

〔八〕教人引舞以利道之:引舞,領舞。利道,引導。道,"導"之古字。

〔九〕見吕氏春秋:今本吕氏春秋古樂屬其事于陶唐氏,文曰:"昔陶唐氏之始,陰多滯伏而湛積,水道壅塞,不行其原,民氣鬱閼而滯著,筋骨瑟縮不達,故作爲舞以宣導之。"陳奇猷新校釋云:"畢沅曰:孫云'"陶唐"乃"陰康"之誤。顏師古注漢書司馬相如傳云:"古今人表有葛天氏、陰康氏,誘不觀古今人表,妄改吕氏本文。"案李善注文選竟沿其誤,唯章懷注後漢書馬融傳引作"陰康"。'奇猷案:孫説是,宋慈裒、蔣維喬、楊昭儁説同。'陰'與'陶'形近而誤,康、唐同聲通用,故唐叔虞亦稱康侯(詳平心周易史事索隱,歷史研究一九六三年第一期)。漢書古今人表有陰康氏與葛天氏相接,此當爲陰康氏甚明。然史記、漢書、文選所引上林賦云'奏陶唐氏之舞,聽葛天氏之歌',則司馬相如所見之吕氏春秋已誤作'陶唐'矣。顏師古謂高誘改吕氏,未允。"彥按:陳氏之説大抵可從。相如上林賦原文是否即作"陶唐"雖難遽斷,而吕氏原文之爲"陰康"則當爲定讞。路史之作陰康,既可爲孫、陳諸氏之説添一佐證,亦羅氏之真見也。

〔一〇〕孟頻:其人不詳。　有襄陵之變而始制舞:襄陵,謂洪水汎濫,漫上丘陵。書堯典:"湯湯洪水方割,蕩蕩懷山襄陵。"孔氏傳:"襄,上也。"

〔一一〕教坊記:唐崔令欽撰。其書今僅有殘本。

〔一二〕華原:地名。在今陝西銅川市耀州區。

〔一三〕驪山:又稱酈山。在今陝西西安市臨潼區東南,是秦嶺北側的一個支脈。

〔一四〕長安冢志:佚書。作者不詳。

〔一五〕霒氏:霒,"霒"字俗譌。説文雲部:"霒,雲覆日也。"段玉裁注:"霒,今人陰陽字。"高翔麟説文字通:"今通作'陰'。"

〔一六〕陰氏見姓纂:各本"陰氏"二字均作爲正文出現。彥按:正文上已見陰氏,此不當重出。必原爲注文而闌入者,今訂正。

〔一七〕相如:指西漢辭賦家司馬相如。

〔一八〕注:指顏師古漢書注,原注文爲:"'陶唐'當爲'陰康'。傳寫字誤耳。"

〔一九〕故劉歆七略敍云:"古文或誤以'見'爲'典',以'陶'爲'陰'",正謂此也:吴本、四庫本無此二十三字,當屬脱文。洪本"文或"二字爲墨丁,"見"字空闕。喬本、備要本原亦不見"文"、"或"、"見"三字(喬本於三字處均空一字之位,備要本則但於"見"字處空位),宜爲闕文。又,備要本"典"字作"曲",當屬形近而譌。考太平御覽卷六一八引劉向七略曰:"古文或誤以'見'爲'典',以'陶'爲'陰',如此類多。"與此正相吻合,今據以訂補闕文。

〔二〇〕筋骨瑟縮而不達,堯作爲舞以宣導之:瑟縮,收縮,蜷縮。此二字,洪本爲墨丁,喬本空白,備要本失落,吴本、四庫本皆作"壅閼"。今考資治通鑑外紀卷一帝堯,二字實作"瑟縮",今據以訂正。

〔二一〕蓋因吕覽誤本,失之:四庫本作"蓋因吕覽誤本之失"。

無懷氏

無懷氏,帝太昊之先。其撫世也,以道存生,以德安刑,過而不悔,當而不愉〔一〕。當世之人,甘其食,樂其俗,安其居,而重其生;意恙不見於色,堅白不刑於心,而漸毒不萌於動;形有動作,心無好惡;雞犬之音相聞,而民至老死不相往來〔二〕。令之曰無懷氏之民。世用太平:鳳凰降,龜龍閣,風雨節,而寒暑時〔三〕。於是陞中泰山以宗天,禪云云以復墜,仍石昭示,而天下益趣於文矣〔四〕。見管子、大戴禮、史記。

後有懷氏、無懷氏。姓纂〔五〕。

贊〔六〕:惟彼無懷,以德安形。人甘其食,而重其生;形有動作,心無好惡。犪犬相聞,龜龍以格。登代降云,勒堅昭示〔七〕。孰曰"無懷",聿臻文辭〔八〕!

孰謂王通之不知禮乎〔九〕?通之言曰:"封禪之費,非古也,徒以夸天下。其秦漢之侈心乎〔一〇〕！”

　　封禪之禮，豈其非古哉？其所以非古者，費也。封禪，帝王之盛禮也，歷五帝三王而不能去之。非不去之也，我愛其禮也。

　　昔孔子之論述六藝也，傳略言觀易姓而王，封泰山禪梁父，昭姓攷瑞者，七十有餘君矣，而俎豆之禮不章〔一一〕。蓋難言之。見大戴禮〔一二〕。孔子之言，惟出於此。或疑六經中無問答封禪者，大抵無所事此，則其禮不講。封禪之禮，惟起國之君得行〔一三〕，世所不知，孔子之時，天命未改，宜問之所不及。大戴之說，偶不在乎禮記爾。或問禘之說，子曰：“不知也〔一四〕。昭穆之序，籩豆之品〔一五〕，或人亦能知之，非特孔子，今截然曰“不知”者，不可說也。——纔及禘之說，則魯之非禮便不可逃於天地之間。故“不知”者，是知之矣。張九成以爲欲人之自得之，非也〔一六〕。知其說者之於天下也，其如示諸掌〔一七〕。”明則在禮樂，幽則鬼神。禮樂、鬼神，其致一也〔一八〕。豈有知鬼神，能制禮樂，而不達於人情、治道者？朝踐之前，以素惟貴，父子之事多；饋食以後，以文爲貴，君臣之事〔一九〕。豈惟聖人惟能享帝〔二〇〕，以其盡人道而與帝同德？孝子惟能享親，以其盡子道而與親同心？知禘之說，則諸侯尊王，大夫尊君，君臣之義明，民無犯上〔二一〕，天下可運於掌矣！故曰：“禮之所尊，尊其義也。知其義而敬守之，天子之所以治天下也〔二二〕。”中庸兼郊社、禘嘗言之，其義一也〔二三〕。云禘大祀，其義衆，非其說〔二四〕。子張問十世，子曰“雖百世，可知也”，何獨於禘而不知哉〔二五〕？直不欲觀之爾。禮，不王不禘〔二六〕。魯，侯國，而以禘禮祀太廟，誣其先矣〔二七〕。此不可言也。灌者，求神之始也〔二八〕。既灌，則別尊卑，分昭穆。而不欲觀者，以其逆也。夫自灌已不欲觀，則自始至終皆不是矣，豈一二小節之云哉〔二九〕？始其游觀而歎，說者顧以爲歎魯，蓋以其苔言偃者知之〔三〇〕。杞之郊禹也，宋之郊契也，是二王之後天子之事守也〔三一〕。魯何爲哉，而陽虎且復禘僖公〔三二〕？故曰：“魯之郊禘，非禮也。周公其衰矣〔三三〕！”夏、殷之禮，吾能言之，而杞、宋不足質也〔三四〕。不足質者，文獻不足故也〔三五〕。文者，夏時之類〔三六〕。獻，謂老成之人。神而明之，存乎其人〔三七〕。如有用我，則吾能質之矣。故曰：“鳳鳥不至，河不出圖，吾已矣夫〔三八〕！”自傷可致而不得致也〔三九〕。聖人之道，建之天地而不悖，攷之三王而不繆，於禮何疑，而不足質者〔四〇〕？質，證也。無證，人不信；不信，人不從。杞、宋之禮，文獻既不足與明，魯又僭差而不足觀〔四一〕，攷之前世已如彼，質之當今又如此，事可知矣。按：禮運亦言杞、宋。而中庸惟言杞不足質；至學商禮，則有宋存者，子長居宋，冠章甫，則夫子之從商可知〔四二〕。蓋觀道則皆不足，學禮則僅或存者，非苟言之。

　　太史公亦曰：“自古受命帝王，曷嘗不封禪？蓋有無其應而用事者矣，未有符瑞見而不陞中于泰山者也〔四三〕。”故每世之隆，則封禪荅焉。商受在位，文王受命，政不及於泰山。武王克商二年，天下未寧而崩。爰周德之洽者，惟成王〔四四〕。成王之封禪，蓋近之矣。禋柴之禮，存于大宗伯；告祭柴望，播于時邁之詩；“於皇時周，陟其高山”，則成王褒神之對見矣：惡得謂之非古邪〔四五〕？且屈說者尚何稱于後，而云七十二君哉〔四六〕？

　　燔柴於泰壇，瘞埋於泰折，此封禪之禮也〔四七〕。作樂崇德，殷薦之上帝，此封禪之事也〔四八〕。大抵封禪，一代惟一行之，必創業興統之君可也〔四九〕；又須攷瑞崇德，然後可以盛薦之。故商有天下六百年，惟湯行之；周有天下八百年，惟成王行之。有其功而無其應，有其應而無其時，皆所不行〔五〇〕。太史公之論，未悉也〔五一〕。謂之無經見邪〔五二〕？昔舜類于上帝，而又初載之狩，柴燔岱宗〔五三〕。封禪之禮，莫此爲盛矣。柴燎，今世之蓺香也〔五四〕。至岱宗柴，餘岳則惟望秩；且初載之巡行之，自後五載之巡不復封禪〔五五〕。然燔柴望秩之禮，所不廢也。堯十二年一巡，亦然。謂始皇、孝武之侈邪〔五六〕？彼以侈心用之，非封禪之非也。刑用之久矣，咎陶用之而仁，商鞅用之而慘，豈刑罪邪〔五七〕？季氏旅於泰山，子曰：“惡呼！曾謂泰山不如林放乎？”〔五八〕猶曰泰山必不歆於季氏也〔五九〕。禮：天子祭天地，諸侯祭山川，大夫祭五祀，士祭其先〔六〇〕。諸侯不得祭天地，大夫不得祭山川，夫猶士、庶人不得祭佗人之祖於家也〔六一〕。泰山，歷代帝王望祀之所也。魯之祭之，因境内也。季氏旅焉，要福而已〔六二〕，曾不知祭所當祭，乃可得爲福。冉求爲季氏家臣，季氏僭禮，夫子欲求救之〔六三〕。非救季氏，僭禮也。必求之力可以救，而求不領，遽曰“不能”，故子不之復語，惟歎泰山曾不如林放[六四]。若曰:泰山有神,其知禮也,必不至林放之不如,季氏之祭,必將吐之;不惟以此意望之於神[六五]。蓋禮之本者,已不足與言矣。旅,封禪之細也,三家之僭乎公室也,仲尼非少乎泰山也[六六]。朝見曰朝,夕見曰夕,旅見曰旅,類見曰類,皆人臣見君之禮[六七]。“類于上帝”,“旅于泰山”,曰類,曰旅,皆以臣見君之禮見天,莫大之祀也。故一獻之禮,不足以大旅[六八]。周大宗伯、典瑞、職金皆言“旅上帝”,掌次言“大旅上帝”,司尊彝、眡瞭、笙師言“大旅”,皆天子之禮也[六九]。又祭山亦曰旅。龜人言“旅”,則四望預矣[七〇]。故四望山川,不設皇邸,不用金版,兩圭有邸而已[七一]。禮書例以爲大故之祭,則非也[七二]。魯既非禮,陪臣復僭之,如禮何[七三]?

　　齊小白既伯,會諸侯于葵丘,因謀封禪[七四]。秦穆公九、襄王元年[七五]。管仲曰:“古之封禪,七十有二家。夷吾所識者,十有二:無懷氏封泰山、禪云云,伏戲氏封泰山、禪云云,神農氏封泰山、禪云云,炎帝氏封泰山、禪云云,黄帝氏封泰山、禪亭亭,高陽氏封泰山、禪云云,高辛氏封泰山、禪云云,唐堯氏封泰山、禪云云,虞舜氏封泰山、禪云云,禹封泰山、禪會稽,湯封泰山、禪云云,成王封泰山、禪社首,皆受命然後得封禪[七六]。”袁準正論云:“禹禪會稽,——告天則同,祭地不得有異;會稽可禪,是四岳皆可禪也。洛陽,天地之合;嵩高,天地之中。然則今處天地之中,告於嵩高可也,不必泰山。”[七七]公曰:“寡人東救徐,存魯蔡陵;南伐楚,逾方城,一戰率服者三十有一國;北伐山戎,過孤竹,刜冷支,破屠何;西拘秦夏,涉鳴沙,收西虞,方舟投柎而浮于沛,束馬句車越太行,逾辟耳之溪;南伐牂柯、賑、不庾,至邵陵,陞熊山而望江漢。九合諸侯,一康天下。三代受命,亦何以異乎?”[七八]仲乃設以辭曰:“古之封禪,鄗上之黍,北里之禾,所以爲盛;江淮之間,一茅三脊,所以爲藉;東海致比目之魚,西海致比翼之鳥,——然後物有不召而自至者十有五。今鳳凰不來而鴟梟比至,嘉穀不生而藜莠茂,庶神不格,守龜不兆,而欲封禪,無乃不可乎[七九]?”公乃止。

　　夫桓公以敬仲之言而遂安,冉有不能救而季氏卒僭[八〇]。

曰“救”云者，爲其有顛溺也〔八一〕。司馬相如非惟不能救，而又以將死之言道之〔八二〕。故曰：敬仲，加於人一等矣〔八三〕。封禪〔八四〕，天子之事也。王肅古今通論云：“泰山上爲天門。值户户，爲明堂，聖帝受天官之宫也〔八五〕。王者即位三十年，功成治定，則告成于天，到泰山刻石紀號。”仲蓋不欲明言而託辭爾。

　　惡戲！無諸侯不得行巡狩，有天下可以爲封禪。巡狩之事，豈不可行邪？秦漢而下，勢不可行也。先王所作，相時而動，不可以常情執〔八六〕。方觀之時，則“以省方觀民設教”；至復之世，則“商旅不行，后不省方”〔八七〕。蓋在復猶有難，復而省方，則或剥也〔八八〕。古禮之名，存者惟封禪矣，忍去之乎？方漢家之爲封禪，太史公自以不得從事其間，發憤而卒〔八九〕。子遷返使，適遭河洛，把腕啜清，直以不得從行爲命〔九〇〕。誠以希闊之不可幸也〔九一〕。鄉使始皇能下車請罪而不至下刑弃灰，卑宫室而不至上象天極，孝武能茅茨不剪而不至木不呈材，舞干羽而不至於瀆武窮邊，立謗木而不至誹者捕死，躬堯舜之行，蹈頊嚳之爲，使天下之人引手加額，忻忻然願世以爲君，然後備菹稭，飭蒲車，躡凌兢，而封禪乎天地，不亦美哉〔九二〕！世無管敬仲，弗能救其用之以侈心，非封禪之非也。

【校注】

〔一〕其撫世也，以道存生，以德安刑：撫世，治理天下。存生，維持生命。安刑，安身，立身。刑，通“形”。唐李筌太白陰經數有探心篇：“古者隣國烽烟相望，雞犬相聞，而足迹不接於諸侯之境，車軌不結於千里之外，以道存生，以德安形，人樂其居。”此二句正從個中來。　過而不悔，當而不愉：愉，喜悦。洪本、吳本作“揄”，備要本作“揄”，皆非。莊子大宗師：“古之真人，……過而弗悔，當而不自得也。”

〔二〕意恙不見於色：謂無憂無慮。意恙，猶言憂心。説文心部：“恙，憂也。”見，“現”之古字。色，指臉色。　堅白不刑於心：堅白，堅貞純潔，此謂冀求堅白之想法。刑，通“形”，見，謂存在。　漸毒不萌於動：漸毒，欺詐。漸(jiān)，詐。萌，産生，發生。動，行動。彦按：莊子胠篋曰：“昔者容成氏、大庭氏、伯皇氏、中央氏、栗陸氏、驪畜氏、軒轅氏、赫胥氏、尊盧氏、祝融氏、伏羲氏、神農氏，當是時也，民結繩而用之，甘其食，美其服，樂其俗，安其居，鄰國相望，雞狗之音相聞，民至老死而不相往來。"此述無懷氏，情狀大同，蓋後世之人想像遠古質樸之民，大抵類此。

〔三〕世用太平：洪本"太"譌"本"。　　龜龍閣：閣，通"格"，來，至。　　寒暑時：時，謂合時，適時。

〔四〕於是陞中泰山以宗天，禪云云以復墜：陞中，古稱"登方嶽，告成功"之祭天行爲。宗，尊崇。云云，泰山下小山名。在今山東泰安市東南。復，報答。墜，同"地"。洪本譌"墜"。管子封禪："昔無懷氏封泰山，禪云云。"　　仍石昭示，而天下益趣於文矣：仍石，刻字于石，指立碑。仍，通"勒"。趣(qū)，趨嚮。文，文飾，修飾。

〔五〕姓纂：洪本"纂"譌"慕"。

〔六〕贊：吳本、四庫本作"贊曰"。

〔七〕登代降云，勒堅昭示：代，通"岱"，即泰山。云，山名，指云云。勒堅，謂勒石，即立碑。

〔八〕孰曰"無懷"：無懷，雙關語，隱含"心中沒有想法或抱負"意。　　聿臻文辭：謂已達到知用文辭修飾的境地。臻，至，達到。

〔九〕王通：見前紀七葛天氏注〔三〇〕。

〔一〇〕見中說王道。　　侈心：夸耀自大之心。

〔一一〕昔孔子之論述六藝也，傳略言觀易姓而王，封泰山禪梁父，昭姓攷瑞者，七十有餘君矣：各本"也傳"二字倒置，作"論述六藝傳也"。彦按：路史此文當本史記封禪書爲說，史記文曰："其後百有餘年，而孔子論述六蓺，傳略言易姓而王，封泰山禪乎梁父者七十餘王矣，其俎豆之禮不章，蓋難言之。"是"傳"字當在"也"後"略"前也，今訂正。昭姓，顯揚族姓。攷瑞，迎來祥瑞。攷，通"考"，方言卷一二："考，引也。"漢書兒寬傳："其封泰山，禪梁父，昭姓考瑞，帝王之盛節也。"　　而俎豆之禮不章：俎豆，古代祭祀時盛食物用的兩種禮器，此借指封禪之祭典。章，明白，清楚。

〔一二〕見大戴禮：此上内容，不見于今本大戴禮中，而史記封禪書有之。不知其爲大戴禮記佚文抑或羅氏誤記，待考。

〔一三〕起國:創立國家。

〔一四〕此所引"子曰"見論語八佾。　禘:古代帝王、諸侯舉行各種大祭的總名。

〔一五〕昭穆之序:古代宗廟、宗廟之中神主、墓地葬位等之排列,例以始祖居中,以下父子遞爲昭穆,左爲昭,右爲穆。祭祀行禮之序亦如之。禮記祭統:"夫祭有昭穆。昭穆者,所以別父子、遠近、長幼、親疏之序而無亂也。"　籩豆之品:籩豆中所盛祭品之種類。

〔一六〕張九成:南宋理學家。早年從楊時學,一生研思經學,多有訓解。

〔一七〕其如示諸掌:示,通"視"。視諸掌,即看掌中之物,謂一目瞭然,明白于胸。論語八佾文作:"或問禘之說。子曰:'不知也。知其說者之於天下也,其如示諸斯乎!'指其掌。"

〔一八〕致:目標,目的。

〔一九〕朝踐之前,以素惟貴:朝踐,古代祭禮儀節之一。周禮春官司尊彝"其朝踐用兩獻尊"鄭玄注:"朝踐,謂薦血腥、酌醴,始行祭事。"朝,音 cháo。素,樸素。　父子之事多:父子之事,指孝子祭祀前齋戒沐浴,于室中思念先人音容笑貌之事。　饋食以後,以文爲貴:饋食,古代祭禮儀節之一,即獻上祭品。禮記祭義:"薦黍稷,羞肝、肺、首、心,見間以俠甒,加以鬱鬯,以報魄也。"鄭玄注:"薦黍稷,所謂饋食也。"文,文采,文飾。　君臣之事:指祭祀時君臣禮儀之事。彦按:"事"下宜有"多"字。羅氏此説實本北宋陸佃,佃之言曰:"蓋朝踐以前,以素爲貴,父子之事多;饋食以後,以文爲貴,君臣之事多。"(見南宋衛湜禮記集説卷六八及清秦蕙田五禮通考卷八七引)

〔二〇〕豈惟聖人惟能享帝:前"惟",猶"獨"。後"惟",猶"爲"。享,祭祀。

〔二一〕民無犯上:洪本"上"謁"土"。

〔二二〕見禮記郊特牲。

〔二三〕中庸兼郊社、禘嘗言之:郊社,祭祀天地。周代冬至祭天稱郊,夏至祭地稱社。禘嘗,禘禮與嘗禮的并稱。周禮,夏祭曰禘,秋祭曰嘗。禮記中庸:"明乎郊社之禮,禘嘗之義,治國其如示諸掌乎!"

〔二四〕云禘大祀:禮記喪服小記"王者禘其祖之所自出"鄭玄注:"禘,大祭也。”又,論語八佾:“子曰:‘禘自既灌而往者,吾不欲觀之矣。’”朱熹集注引趙伯循曰:“禘,王者之大祭也。”　其義衆:論語八佾:“子曰:‘禘自既灌而往者,吾不欲觀之矣。’”北宋陳祥道全解曰:“禘之爲祭,其文煩而難行,其義多而難知。難行也,故自灌而往者,多失於不敬。難知也,故知其説者,之於天下如指掌。此孔子所以於禘既灌不欲觀之,於禘之説則曰‘不知’也。”

〔二五〕子張問十世,子曰“雖百世,可知也”:見論語爲政。子張,孔子弟子顓孫師字。

〔二六〕禮,不王不禘:禮記喪服小記語。

〔二七〕魯,侯國,而以禘禮祀太廟,誣其先矣:太,四庫本作“大”。誣,欺罔。論語八佾:“或問禘之説,子曰:‘不知也。’”魏何晏集解引孔安國曰:“答以不知者,爲魯諱。”宋邢昺疏:“‘子曰:不知也’者,孔子答言,不知禘禮之説。答以不知者,爲魯諱。諱國惡,禮也。若其説之,當云‘禘之禮,序昭穆’。時魯躋僖公,亂昭穆,説之則彰國之惡,故但言不知也。”

〔二八〕灌:即盥。見上有巢氏注〔四六〕。

〔二九〕小節:瑣細微末的操守。

〔三〇〕始其游觀而歎,説者顧以爲歎魯,蓋以其荅言偃者知之:觀,古代宮門外兩側的高臺。顧,猶乃。荅,同“答”,四庫本、備要本作“答”。言偃,孔子弟子,字子游。禮記禮運:“昔者仲尼與於蜡,賓事畢,出遊於觀之上,喟然而嘆。仲尼之嘆,蓋嘆魯也。言偃在側,曰:‘君子何嘆?’孔子曰:‘大道之行也,與三代之英,丘未之逮也,而有志焉。’”

〔三一〕杞之郊禹也,宋之郊契也,是二王之後天子之事守也:杞,周諸侯國名,始封君爲夏禹後代東樓公。洪本譌“祀”。郊,古帝王祭祀典禮名。以祖先配祭昊天上帝。因行禮于郊,故稱。宋,周封諸侯國名,始封君爲商紂王子武庚。契,相傳殷商始祖之名。二王,指夏王禹與商王契。事守,猶職守,謂職責所在。禮記禮運:“杞之郊也,禹也。宋之郊也,契也。是天子之事守也。”孔穎達疏:“杞郊禹,宋郊契,蓋是夏、殷天子之事;杞、宋是其子孫,當所保守,勿使有失。”

〔三二〕而陽虎且復禘僖公:陽虎,春秋魯季孫氏家臣,一度以陪臣執國命。僖公,春秋魯國君姬申,公元前659—前627年在位。左傳定公八年:“陽虎欲去三桓,……冬十月,順祀先公而祈焉。辛卯,禘于僖公。"

〔三三〕魯之郊禘,非禮也。周公其衰矣:禮記禮運載孔子語。

〔三四〕夏、殷之禮,吾能言之,而杞、宋不足質也:殷,洪本、吴本作"郼"。郼,殷國名。質,對質,驗證。

〔三五〕文獻不足故也:文獻,文獻與人才。論語八佾:"子曰:'夏禮,吾能言之,杞不足徵也。殷禮,吾能言之,宋不足徵也。文獻不足故也。足,則吾能徵之矣。'"何晏集解引鄭玄曰:"獻,猶賢也。我不以禮成之者,以此二國之君文章、賢才不足故也。"

〔三六〕夏時:夏代曆法書。禮記禮運:"孔子曰:'我欲觀夏道,是故之杞,而不足徵也。吾得夏時焉。'"鄭玄注:"得夏四時之書也。其書存者有小正。"

〔三七〕神而明之,存乎其人:易繫辭上語。孔穎達疏:"言人能神此易道而顯明之者,存在於其人。若其人聖,則能神而明之;若其人愚,則不能神而明之。故存於其人,不在易象也。"

〔三八〕鳳鳥不至,河不出圖,吾已矣夫:論語子罕載孔子語。

〔三九〕自傷可致而不得致也:致,使至,謂得到。

〔四○〕建之天地而不悖,攷之三王而不繆:建,立。攷,省察,察考。繆,通"謬",錯誤,乖謬。

〔四一〕僭差:僭越失度。

〔四二〕禮記中庸:"子曰:'吾説夏禮,杞不足徵也。吾學殷禮,有宋存焉。'"又儒行:"丘少居魯,衣逢掖之衣;長居宋,冠章甫之冠。"孫希旦集解:"章甫,殷玄冠之名。宋人冠之。"玄冠,古代朝服冠名,黑色。

〔四三〕見史記封禪書。史記原文末句作"未有睹符瑞見而不臻乎泰山者也"。

〔四四〕洽:廣博,周遍。

〔四五〕禋柴之禮,存于大宗伯:禋柴,古祭禮名。燔柴升煙以祭天。周禮春官大宗伯:"以禋祀祀昊天上帝,以實柴祀日、月、星辰,以槱燎祀司中、司命、飌師、雨師。"鄭玄注:"禋之言煙。周人尚臭,煙,氣之臭聞者。槱,積也。……三祀皆積柴實牲體焉,或有玉帛,燔燎而升煙,所以報陽也。鄭司農云:'……實柴,實牛柴上也。'" 告祭柴望,播于時邁之詩:告祭,祭宗廟,告祖先。柴望,古代兩種祭禮。柴,謂燔柴祭天;望,謂遥祭山川、日月、星辰。亦泛指祭祀。播,傳播,傳揚。時邁,詩周頌篇名。毛詩序云:"時邁,巡守告祭柴望也。" "於皇時周,陟其高山",則成王襃神之對見矣:"於皇時周,陟其高山",見詩周頌般。鄭玄箋云:"皇,君。……於乎美哉,君是周邦。而巡守其所至,則登其高山而祭之,望秩於山川。"時,通"是",此。對見,猶對證,確鑿證據。彦按:毛詩序云:"般,巡守而祀四嶽河海也。"然孔穎達正義曰:"般詩者,巡守而祀四岳河海之樂歌也。謂武王既定天下,巡行諸侯所守之土,祭祀四岳河海之神,神皆饗其祭祀,降之福助。至周公、成王太平之時,詩人述其事而作此歌焉。"則以祀四岳河海事屬之武王,今羅氏謂"成王襃神之對見",不知何據。

〔四六〕且屈説者尚何稱于後,而云七十二君哉:屈説,曲説。彦按:史記司馬相如傳大人賦云:"若然辭之,是泰山靡記而梁父靡幾也。亦各並時而榮,咸濟世而屈,説者尚何稱於後,而云七十二君乎?"此蓋誤斷其文而用之。

〔四七〕燔柴於泰壇,瘞埋於泰折:埋,洪本譌"理"。折,洪本如此,不誤。今從之。餘諸本均譌"坼"。禮記祭法:"燔柴於泰壇,祭天也。瘞埋於泰折,祭地也。"鄭玄注:"壇、折,封土爲祭處也。"孔穎達疏:"'燔柴於泰壇'者,謂積薪於壇上,而取玉及牲置柴上燔之,使氣達於天也。……'瘞埋於泰折,祭地也'者,謂瘞繒埋牲,祭神州地祇於北郊也。"

〔四八〕易豫象辭:"雷出地奮,豫。先王以作樂崇德,殷薦之上帝,以配祖考。"孔穎達疏:"'殷薦之上帝'者,用此殷盛之樂,薦祭上帝也。……'以配祖考'者,謂以祖考配上帝。"

〔四九〕興統:復興傳統。四庫本"興"作"繼"。

〔五〇〕有其功而無其應:應,指瑞應,祥瑞。四庫本作"德"。彦按:作"德"蓋由臆改。下句"有其應而無其時",乃承此而言,作"德"則上無所承。

〔五一〕悉:詳盡,全面。

〔五二〕無經見:謂不見於經典。史記封禪書:"或曰:'自古以雍州積高,神明之隩,故立時郊上帝,諸神祠皆聚云。蓋黄帝時嘗用事,雖晚周亦郊焉。'其語不經見,縉紳者不道。"

〔五三〕昔舜類于上帝,而又初載之狩,柴燔岱宗:類,古代祭名。以特别事故祭告天神。初載,第一年。狩,巡守,古稱帝王出外巡視。書舜典:"肆類于上帝,禋于六宗,望于山川,徧于羣神。……歲二月,東巡守,至于岱宗,柴,望秩于山川。"

〔五四〕今世之爇香也:爇(ruò),焚燒。喬本、洪本作"爇",吳本、備要本作"熱",並屬字誤。今從四庫本作"爇"。

〔五五〕望秩:謂按等級遥望而祭山川。書舜典"望秩于山川"孔氏傳:"東岳諸侯竟内名山大川如其秩次望祭之。謂五岳牲禮視三公,四瀆視諸侯,其餘視伯子男。" 五載之巡:書舜典:"五載一巡守,羣后四朝。"

〔五六〕孝武:即漢武帝劉徹。

〔五七〕咎陶用之而仁,商鞅用之而慘:咎陶,"咎"亦作"皋","陶"亦作"繇"。舜臣。史稱皋陶爲大理(掌刑獄之官)而天下無虐刑。商鞅,各本皆作"鞅湯"。彦按:史籍不見"鞅湯"其人,必是商鞅之誤。蓋商鞅義誤而作"湯鞅",又誤倒遂成"鞅湯"。今訂正。商鞅,戰國衞人,入秦爲孝公相,輔助變法,强調法治。然刻薄寡恩,設連坐之法,行嚴峻之刑。貴族多怨望,孝公死,遂誣鞅謀反,車裂死。

〔五八〕季氏旅於泰山,子曰:"惡呼!曾謂泰山不如林放乎":見論語八佾。季氏,春秋魯卿大夫季桓子。旅,祭名。惡呼,四庫本"呼"作"乎"。論語"惡"作"嗚"。謂,洪本、吳本、四庫本作"是"。林放,孔子弟子。何晏論語集解引馬融云:"禮,諸侯祭山川在其封内者。今陪臣祭泰山,非禮也。"又引包咸云:"神不享非禮。林放尚知問禮,泰山之神反不如林放邪?欲誣而祭之。"

〔五九〕歆:謂祭祀時神靈享用祭品的香氣。

〔六〇〕五祀:古代稱祭祀門、户、井、竈、中霤(家中土地)五神。論衡祭意:"五祀,報門、户、井、竈、室中霤之功。門、户,人所出入;井、竈,人所飲食;中霤,人所託處。五者功鈞,故俱祀之。"禮記禮運:"故天子祭天地,諸侯祭社稷。"説苑反質:"天子祭天地、五嶽、四瀆,諸侯祭社稷,大夫祭五祀,士祭門户,庶人祭其先祖。聖王承天心制禮分也。"

〔六一〕佗人:佗,通"它"。吳本、四庫本作"它"。

〔六二〕要(yāo):求。

〔六三〕夫子欲求救之:救,制止,阻止。

〔六四〕而求不領：領，接受。論語八佾：“季氏旅於泰山。子謂冉有曰：‘女弗能救與？’對曰：‘不能。’子曰：‘嗚呼！曾謂泰山不如林放乎？’”

〔六五〕不惟以此意望之於神：惟，爲，是。望，埋怨，責怪。

〔六六〕旅，封禪之細也：細，謂小事。　三家之僭乎公室也，仲尼非少乎泰山也：三家，指春秋魯大夫孟孫氏、叔孫氏、季孫氏。公室，喬本、洪本、吳本、備要本皆譌“分室”，今據四庫本訂正。少，看不起，鄙視。彦按：首句意謂“仲尼少三家之僭乎公室也”，主，謂語蒙下而省略。

〔六七〕旅見曰旅，類見曰類：旅見，謂依次而見。儀禮燕禮“賓以旅酬於西階上”鄭玄注：“旅，序也。”類見，謂因事而見。孟子告子上“此之謂不知類也”趙岐注：“類，事也。”宋衛湜禮記集説卷二八引山陰陸氏（佃）曰：“類見曰類，旅見曰旅。”

〔六八〕一獻之禮，不足以大旅：一獻，古代祭祀和宴飲時進酒一次爲一獻。以，用，謂用于。大旅，祭名。指有故而祭五方天帝。洪本、吳本“大”作“太”。禮記禮器：“孔子曰：‘誦詩三百，不足以一獻。一獻之禮，不足以大饗。大饗之禮，不足以大旅。大旅具矣，不足以饗帝。’”

〔六九〕周大宗伯：周，指周禮。　言“大旅”：洪本“大”譌“夫”。

〔七〇〕龜人言“旅”，則四望預矣：四望，古祭名。指古代天子嚮四方遥祭山川。預，謂參與其間，包括在内。周禮春官龜人：“若有祭祀，則奉龜以往。旅亦如之，喪亦如之。”孔穎達疏：“旅，謂祈禱天地及山川。”

〔七一〕不設皇邸，不用金版，兩圭有邸而已：皇邸，古代皇帝祭天時置于座後的屏風。金版，天子祭告上帝鏤刻告詞的金屬版。兩圭有邸，謂兩圭共以一璧爲底部。圭，古代帝王諸侯所用玉制禮器，長條形，上尖而下方。邸，通“柢”，物的基部。周禮春官典瑞：“兩圭有邸，以祀地、旅四望。”鄭玄注：“兩圭者，以象地數二也。”

〔七二〕禮書例以爲大故之祭：禮書，宋陳祥道撰。大故，重大事故，如災害、兵寇、國喪等。洪本“大”譌“犬”。禮書卷九〇旅祭：“旅非常祭也。國有大故，然後旅其羣神而祭之。”

〔七三〕陪臣：輔佐之臣，公卿之臣。此指魯卿大夫季桓子。

〔七四〕齊小白既伯，會諸侯于葵丘：自此而下至“皆受命然後得封禪”一段文字,見管子封禪、史記封禪書,而略有異同。伯,通"霸",謂稱霸。

〔七五〕秦穆公九、襄王元年:是年當齊桓公三十五年,即公元前 651 年。

〔七六〕伏戲氏:四庫本"戲"作"義"。　亭亭:山名。在泰山南麓,今山東泰安市岱岳區大汶口鎮境。　高陽氏:管子、史記作顓頊,同。高陽,顓頊有天下之號。　高辛氏:管子、史記作帝俈,同。　會稽:山名。在今浙江紹興市區東南部。　社首:山名。在今山東泰安市西南。

〔七七〕袁準正論云:袁準,晉武帝時給事中,以儒學知名。四庫本"袁"譌"表"。　告天則同:告,禱告,祭告。天,洪本譌"夫"。　洛陽,天地之合:天地之合,猶言天下之都會。淵鑑類函卷一五九禮儀部六封禪一備載袁氏此文,作:"封禪之言,惟周官有'王大封'之文。齊桓公欲封禪,聞管仲言而止。焚燎祭天,皆王者之事,非諸侯之所爲也,是以學者疑焉。後秦一主、漢二君脩封禪之事,其制爲封土方丈餘,崇於泰山之上。皆不見於經。秦、漢之事,未可專信。管仲云:'禹禪會稽。'告天則同,祭地不得異也。會稽而可禪,四岳皆可封也。夫洛陽者,天地之所合;嵩高者,六合之中也。今處天地之中而告於嵩高可也,奚必於泰山?"

〔七八〕自此"公曰"至下"公乃止"一段文字,大體綜取自國語齊語、管子小匡及封禪、史記封禪書,而略作取舍。　寡人東救徐,存魯蔡陵:管子小匡作:"於是乎桓公東救徐州,分吳半,存魯蔡陵"。尹知章注:"蔡陵,地名。"張佩綸云:"'蔡陵'當作'陵蔡',即僖四年侵蔡事。"(見郭沫若集校引)。彥按:當以張説爲是。左傳僖公四年:"春,齊侯以諸侯之師侵蔡。"即其事。　南伐楚,逾方城:方城,春秋時楚北的長城。由今河南方城縣循伏牛山北走,至今之鄧州市。爲古九塞之一。　一戰率服者三十有一國:率服,服從,順服。也作"帥服"。國語齊語:"(桓公)即位數年,東南多有淫亂者,萊、莒、徐夷、吳、越,一戰帥服三十一國。"　北伐山戎:山戎,古代北方民族名。匈奴的一支。活動地區在今河北省北部。　過孤竹:孤竹,商、周舊國名。在今河北盧龍縣。刜冷支:刜(fú),擊。冷支,即令支。春秋時山戎屬國。地約在今河北灤縣與遷安市間。冷,音 líng。四庫本作"令",國語齊語同。管子小匡作"泠"。　破屠何:屠何,古代少數民族部族名。爲東胡之先。居地在今遼寧淩海市西北。四庫本"何"作"河"。　西拘秦夏:拘,管子小匡"拘秦夏"黎翔鳳校注引戴望云："‘拘’者，謂係累其君而歸也。"秦夏，泰夏之誤。管子封禪、史記封禪書此句作"西伐大夏"，泰夏即大夏，在今山西太原市一帶，因相傳爲夏墟所在，故稱。　涉鳴沙，收西虞：鳴沙，山名。在今甘肅敦煌市南。國語齊語、管子小匡及封禪、史記封禪書並作"流沙"，則泛指我國西北方之沙漠地區。彥按：當以作"流沙"爲是。西虞，古國名。在今山西平陸縣東北。國語齊語作"西吳"。

方舟投柎而浮于沛：方舟，兩船相并。柎(fū)，木筏。沛，古水名。古四瀆之一。發源于今河南濟源市王屋山，東流至山東省東北部入海。國語齊語作"方舟設泭，乘桴濟河"。管子小匡作"方舟投柎，乘浮濟河"。王念孫曰："投柎，當依朱本及齊語作‘設柎’。"(見讀書雜志管子第四)　束馬句車越太行，逾辟耳之溪：束馬句車，包裹馬足，鉤住車子。此舉目的在防滑跌傾覆，借以形容路險難行。句，即後"鈎"字。太行，太行山。四庫本"太"作"大"。辟耳，山名，亦稱卑耳。在今山西平陸縣西北。管子封禪、史記封禪書該句作"束馬懸車，上卑耳之山"。　南伐庠柯、牂、不庚，至邵陵，陞熊山而望江漢：庠柯，古國名。在今貴州省東境。牂、不庚，管子小匡"南至吳、越、巴、牂柯、牂、不庚、雕題、黑齒"尹知章注："皆南夷之國號也。"張佩綸云："‘牂’字書無之，‘不庚’未詳。疑‘牂不’乃‘髳’之壞，‘庚’乃‘庸’之誤，蓋襲牧誓‘庸、蜀、羌、髳’之文。髳者，後漢書西羌傳‘武王克商，羌、髳率師會牧野’字與‘髦’通，詩角弓‘如蠻如髦’，傳曰‘髦，夷髦也’，箋曰‘髦，西夷別名’。庸者，文十六年左氏傳云‘庸人率羣蠻以叛楚’，又云‘楚師滅庸’，杜注‘今上庸縣，屬楚小國’。"(見郭沫若管子集校)邵陵，管子封禪及史記封禪書並作召陵，同。地名。在今河南漯河市召陵區。熊山，彥按：當作熊耳山，蓋脫"耳"字。熊耳山在今湖南益陽市西。管子封禪及史記封禪書該句作"登熊耳山，以望江漢"。　九合諸侯，一康天下：康，管子小匡及封禪、史記封禪書皆作"匡"。彥按：宋人避宋太祖趙匡胤諱，每以"康"字代"匡"，此當爲避諱之遺存。

〔七九〕鄗上之黍，北里之禾，所以爲盛：鄗上，地名。在今河北柏鄉縣固城店鎮。北里，地名。具體地址不詳。盛，粢盛，古代盛在祭器內以供祭祀的穀物。　一茅三脊，所以爲藉：史記封禪書"一茅三脊"裴駰集解引孟康曰："所謂靈茅也。"藉，指祭祀時陳列祭品的草墊。　東海致比目之魚：比目之魚，史記封禪書裴駰集解引韋昭曰："各有一目，不比不行，其名曰鰈。"　西海致比翊之鳥：比翊之鳥，“翊”通“翼”，管子封禪、史記封禪書並作“比翼之鳥”。裴駰史記集解引韋昭曰：“各有一翼，不比不飛，其名曰鶼鶼。”　然後物有不召而自至者十有五：至，吳本、四庫本作“致”。　今鳳凰不來而鴟梟比至：鴟梟，鳥名。俗稱貓頭鷹。古人視爲惡鳥。比，頻頻、連續。　嘉穀不生而藜莠茂：藜莠，兩種草本植物名，泛稱雜草、野草。　庶神不格，守龜不兆：庶神，衆神。格，至，到來。守龜，天子諸侯占卜所用的龜甲。因有專人（龜人）掌守，故稱。不兆，謂不顯示吉兆。兆，古人占卜時燒灼龜甲所呈現的預示吉凶的裂紋。

〔八〇〕敬仲：即管仲。管仲謚敬，又稱管敬仲。　冉有：即冉求。求字子有，故又稱冉有。

〔八一〕顛溺：跌落溺水。比喻失足、墮落，犯下嚴重錯誤。

〔八二〕而又以將死之言道之：道，引導，誘導。史記司馬相如傳：“相如既病免，家居茂陵。天子曰：‘司馬相如病甚，可往從悉取其書；若不然，後失之矣。’使所忠往，而相如已死，家無書。問其妻，對曰：‘長卿固未嘗有書也。時時著書，人又取去，即空居。長卿未死時，爲一卷書，曰有使者來求書，奏之。無他書。’其遺札書言封禪事，奏所忠。忠奏其書，天子異之。……司馬相如既卒五歲，天子始祭后土。八年而遂先禮中嶽，封于太山，至梁父禪肅然。”

〔八三〕敬仲，加於人一等矣：加，超過。彥按：禮記檀弓上云：“孟獻子禫，縣而不樂，比御而不入。夫子曰：‘獻子加於人一等矣！’”此移用夫子贊孟獻子語于敬仲也。

〔八四〕封襜：四庫本“襜”作“禪”，同。

〔八五〕王嬰古今通論：王嬰，晉松滋令。吳本“王”譌“玉”。各本“嬰”均作“妥”。彥按：“妥”乃“嬰”字形譌。隋書經籍志三、舊唐書經籍志下、新唐書藝文志三均著録古今通論一書，而作者皆作王嬰，是其證。今訂正。　泰山上爲天門：上，洪本譌“土”。天門，天宮之門。　值戶戶，爲明堂：對著天門的地方，是明堂（古代帝王宣明政教的廳事）。各本“值戶”皆作“地戶”。彥按：天門、地戶不當同在泰山之上。太平御覽卷五三六、淵鑑類函卷一五九引王嬰古今通論，並作“值戶”，今據以訂正。　聖帝受天官之宮也：聖帝，對皇帝之尊稱。受，接受，此謂接見。天官，朝廷官員，泛稱官員。

〔八六〕不可以常情執：執，固執，堅持。

〔八七〕方觀之時，則“以省方觀民設教”：易觀象辭：“風行地上，觀。先王以省方觀民設教。”孔穎達疏：“‘先王以省方觀民設教’者，以省視萬方，觀看民之風俗，以設於教。”　至復之世，則“商旅不行，后不省方”：見本卷上有巢氏注〔八二〕。洪本“省”譌“眚”。

〔八八〕復而省方，則或剝也：洪本“方”譌“乃”。彥按：上有巢氏跋云：“剝極而無繼，則君子生焉，故受之以復。”彼由剝而復，陰消陽長，故吉。此則由復返剝，陽退陰進，故不吉。

〔八九〕方漢家之爲封禪，太史公自以不得從事其間，發憤而卒：太史公，對司馬遷父太史令司馬談的尊稱。發憤，氣惱，含恨。

〔九〇〕子遷返使，適遭河洛，把腕啜清，直以不得從行爲命：返使，出使返回。遭，相遇。把腕，握住手腕。啜清，哭泣流涕。命，命運。史記太史公自序：“是歲，天子始建漢家之封，而太史公留滯周南，不得與從事，故發憤且卒。而子遷適使反，見父於河洛之間。太史公執遷手而泣曰：‘余先，周室之太史也。自上世常顯功名於虞夏，典天官事。後世中衰，絕於予乎？汝復爲太史，則續吾祖矣。今天子接千歲之統，封泰山，而余不得從行，是命也夫！命也夫！’”

〔九一〕誠以希闊之不可幸也：希闊，稀疏，稀少。幸，遇。

〔九二〕鄉使始皇能下車請罪而不至下刑弃灰：下車請罪，謂禮待請罪（自認有罪，請求處分）之人。下刑弃灰，謂刑罰下及弃灰于道之人。漢桓寬鹽鐵論刑德：“商君刑棄灰於道，而秦民治。”明張萱疑耀秦法棄灰：“秦法，棄灰於道者棄市。此固秦法之苛，第棄灰何害於事，而苛酷如此？余嘗疑之，先儒未有發明者。偶閱馬經，馬性畏灰，更畏新出之灰，馬駒遇之輒死，故石礦之灰往往令馬落駒。秦之禁棄灰也，其爲畜馬計耶？”　卑宮室而不至上象天極：天極，星名。即北極星。史記秦始皇本紀：“爲作信宮渭南，已更命信宮爲極廟，象天極。”　孝武能茅茨不剪而不至木不呈材：茅茨不剪，謂茅屋頂部的茅草未經修剪。極言住宅之簡陋。韓非子五蠹：“堯之王天下也，茅茨不剪，采椽不斲。”木不呈材，謂宮室倍加粉飾，連木料都看不出來。唐林簡言漢武封禪論：“漢武封禪，奚慕哉？秦乎，伏羲乎，堯舜乎？秦封禪，二代而秦滅，固不可慕也。若以伏羲、堯、舜爲心,亦宜訪伏羲、堯、舜之道歟? 以所行之道侔之乎,不侔之乎? 彼茅茨不翦,而木不呈材,豈曰侔哉!”　舞干羽而不至於瀆武窮邊:舞干羽,謂用文德教化。干羽,見前紀八祝誦氏注〔一四九〕。瀆武窮邊,謂于荒僻的邊遠地區濫用武力。　立謗木而不至誹者捕死:謗木,相傳舜時立于交通要道,專供書寫諫言的木柱。吕氏春秋自知:“舜有誹謗之木。”誹,從旁指責過失。　使天下之人引手加額,忻忻然願世以爲君:引手加額,謂以雙手合掌加額,表示敬意。忻忻然,喜悦貌。　然後備葅稭,飭蒲車,躡凌兢:葅稭,用農作物莖稈編成的墊子。各本“稭”皆譌“楷”,今訂正。飭,通“飾”,裝飾。洪本作“餝”,乃俗體。蒲車,車輪外包裹著蒲草的車子。躡凌兢,謂小心翼翼地登山。凌兢,畏懼謹慎貌。史記封禪書:“古者封禪爲蒲車,惡傷山之土石草木;埽地而祭,席用葅稭,言其易遵也。”

路史卷十

路史後紀序〔一〕

或曰：洪荒之世，聖人惡之，荀卿曰“道過三代，謂之蕩”，夫何取〔二〕？

曰：不然。道莫醇乎古。而其蕩，則三代始也。洪荒之世，所可惡者，以其璞野，而禮文有不足爾〔三〕。其爲道，則固高矣，非後世之可逮也。三五制作，文爲程典，吾孰見其能古之如邪〔四〕？今而曰不過三代，則是三皇、堯、舜爲不足法，而聖人不之猷矣〔五〕。揖巽豈不若征伐，而象刑豈不逮湯禹刑哉〔六〕？況之言，戰國之速於功利而甘於自陋者也，子何學〔七〕？嗟乎！禮失則求之野〔八〕。中國失禮，誅在四夷〔九〕。洪荒世遠，遽四夷之不若哉〔一〇〕？

予起路史〔一一〕，則又懼天人之不可攷，自黃羲而上，別而册之者爲卷九。本非可別也，以人故爾。昔先民之傳春秋，有内外之異，故劉氏通監因曰外紀〔一二〕。曰“外”非是，謂之“前”可也。今自十卷，目之以後紀〔一三〕。

【校注】

〔一〕此序不見于四庫本，吳本作路史後紀小序。

〔二〕洪荒之世，聖人惡之：揚雄法言問道語。法言“洪”作“鴻”。洪荒之世，指遠古時代。洪荒，混沌、蒙昧的狀態。　道過三代，謂之蕩：見荀子儒效。楊倞注：“道過三代已前，事已久遠，則爲浩蕩難信也。”蕩，猶言渺茫。

〔三〕璞野:質樸無華。　禮文:指禮樂儀制。

〔四〕三五制作,文爲程典:三五,指三皇五帝。文,指周文王。程典,猶經典。逸周書程典:"文王弗忍,乃作程典,以命三忠。"

〔五〕而聖人不之猷矣:猷,同"猶",如,若。吳本譌"獻"。

〔六〕揖巽豈不若征伐:揖巽,揖讓,禪讓。南齊書劉祥傳:"故揖讓之禮,行乎堯舜之朝;干戈之功,盛於殷周之世。"　而象刑豈不逮湯禹刑哉:象刑,相傳堯、舜時對犯罪者衹是恥辱其形象作爲懲處,謂之象刑。荀子正論:"治古無肉刑而有象刑。"楊倞注:"象刑,異章服,恥辱其形象,故謂之象刑也。"尚書大傳卷一:"唐虞象刑,犯墨者蒙皂巾,犯劓者赭其衣,犯臏者以墨幪其臏處而畫之,犯大辟者布衣無領。"

〔七〕況:即荀子。名況,字卿。　陋:鄙薄。

〔八〕禮失則求之野:漢書藝文志:"仲尼有言:'禮失而求諸野。'"

〔九〕誅:求取。後漢書東夷列傳:"所謂中國失禮,求之四夷者也。"

〔一〇〕遽:通"詎",豈。

〔一一〕起:草創。

〔一二〕昔先民之傳春秋,有内外之異:以左傳爲春秋内傳,國語爲春秋外傳。　故劉氏通監因曰外紀:劉氏,指北宋史學家劉恕,恕撰有資治通鑑外紀。監,假借爲"鑑"。

〔一三〕吳本此下有"盧陵羅泌題"五字。

後紀一

禪通紀第五

太昊紀上

太昊伏戲氏

太昊伏戲氏[一],昊,本作"昦"。按:太昊,幣文作"昊",又作"奭"、"奭",並

“太昊”字〔二〕。方牙〔三〕，易通卦驗云：“伏羲方牙蒼精。作易，無書，以畫事〔四〕。”謂以畫卦事爲治也。故論衡云：“伏羲以卦治天下。”〔五〕鄭氏六藝論云：“易者，陰陽之象，天地之所變化，政教之所生，人皇初起〔六〕。”鄭康成注以爲伏羲世質，作易以爲政令，而不書，止畫其事之形象〔七〕。非也。一曰蒼牙〔八〕，通卦驗云：“遂皇出，握機矩，表計寘，而其刻曰‘蒼牙通靈，昌之成’〔九〕。”謂伏羲也。説者以爲文王，非。按：雷吏有蒼牙〔一〇〕，所謂蒼牙利鋒者。風姓，孔演明道經云：“燧皇在伏羲前，風姓，始王天下。”〔一一〕是伏羲因燧皇之姓矣。三墳書言因風而生，爲風姓。鄧氏姓書云：“東方之帝。木能生風，故爲姓。”〔一二〕豈其然哉？予固謂上世嘗有風國，因爲姓爾。故帝後有風后——風國之后，蓋久而後得之〔一三〕。玄女經云“禹問風后”，知其後云〔一四〕。詳國名記。是爲春皇。寶櫝記：“王子年云：以木德王，故曰春皇。太昊氏居東方，叶于木德，故曰木皇〔一五〕。”包羲〔一六〕，世多作“庖犧”，轉失〔一七〕。亦號天皇、帝王世紀。人帝、皇雄氏，一作“熊”，並音弘。世紀云：“一作雄皇。”蒼精之君也〔一八〕。見鄭禮記注。武梁祠像碑云：“伏羲蒼精，始造工業，畫卦結繩以理。”〔一九〕

母華胥，居于華胥之渚〔二〇〕。記云：所都國有華胥之淵，蓋因華胥居之而名。乃閬中俞水之地〔二一〕。子年以華胥爲九江神女，誣〔二二〕。嘗暨叔嫟，翔于渚之汾，巨迹出焉〔二三〕。詩含神霧云：“巨迹出靁澤，華胥履之〔二四〕。”河圖亦云。孝經鉤命決云：“華胥履迹，怪生皇羲。”注云：“靈威仰之迹〔二五〕。”世紀謂迹出於遂人之時〔二六〕。又云：“遂人没，伏羲代之。”妄也。迹事詳高辛紀稷〔二七〕。華胥決履以踐之，意有所動，虹且遶之，因孕〔二八〕。十有二，歲以十月四日降神〔二九〕。帝系譜云：“人定時生〔三〇〕。”孝經河圖云：“伏羲在亥，得人定之應。”〔三一〕張説大衍文符曆序云：“謹以十六年八月端五赤光照室之夜，皇雄成紀之辰”，是以爲八月五日矣〔三二〕。非也。

得亥之應，故謂曰歲〔三三〕。或曰：伏羲即木帝〔三四〕，故曰歲，十有二年而生也。木生于亥〔三五〕，十月在亥，復得亥時，其符皆至。寶櫝記云：“帝女游於華胥之淵，感虵而孕，十二年生庖羲。長頭修目，龜齒龍唇，白髥委地。”〔三六〕或曰：歲，歲星，十二年一周也。説文云：“古之神聖人母，必感天而生子，故曰天子〔三七〕。”生於仇夷，遁甲開山圖云：“仇夷山，四面絕立，太昊之治也，即今仇池，伏羲之生處〔三八〕。”地與彭池、成紀皆西土〔三九〕，知雷澤之説，妄也。長于起城。今秦治成紀縣〔四〇〕。本秦之小山谷名。開山圖云：“伏羲生成起，徙治陳倉。”故輿地廣記以成紀爲伏羲生處〔四一〕。“起”、“紀”本通用，詩“有紀有堂”作“有起”〔四二〕。龍身牛首〔四三〕，玄中記云：“伏羲龍身〔四四〕。”靈光賦乃云“麟身”〔四五〕。文子云：“蚍身麟首〔四六〕，有聖德。”故周爕傳注云“麟身牛首”，非也〔四七〕。補史記、世紀、帝繫皆云“蚍身牛首”〔四八〕。詳女媧紀〔四九〕。渠肩達掖〔五〇〕，“亦”同，臂也〔五一〕。今作“腋”〔五二〕。山準日角，羲目珠衡，駿毫翁鬣，龍脣龜齒〔五三〕，孝經援神契云：“伏羲大目，山準日角，而連珠衡。”宋均注云：“木精之人。日角：額有骨，表取象；日所出，房所立，有星也。珠衡：衡中有骨，表如連珠，象玉衡星〔五四〕。”長九尺有一寸。望之廣，視之專〔五五〕。春秋合誠圖〔五六〕。繼天出震，恩明睿智〔五七〕。蓋承歲而王，以立治紀，而萬世循用之〔五八〕。本木德，建以王。肇修文教，爲百王典〔五九〕。以其載德自木，木寔麗東，道不可尚，同乎元氣，是俙太昊〔六〇〕。亦作“皞”。元氣皞皞之義〔六一〕。詳少昊紀〔六二〕。得乎中央，別而能全，宿而有成，因號伏羲〔六三〕。伏、處、羲、戲，字義皆同〔六四〕。史傳或謂服牛乘馬，因號伏犧；取犧牲以充庖，因號庖犧〔六五〕。最爲鄙妄。按莊周等古書，皆作處戲，無作“犧”者〔六六〕。且伏羲古或用“義”，而犧牛之字未有用“戲”者，況“伏”豈得爲服御字乎？故世紀云：“後世音繆，或謂伏犧，或作處犧，皆失其旨〔六七〕。”然世傳一書，元有異辭。予攷古書，獨禮緯含文嘉云：“伏者，別也；羲者，獻也”，斯爲最近〔六八〕。王莽傳“立斗獻”，亦音爲“羲”，謂北斗之魁標，若勺形然〔六九〕。集韻亦同桸勺〔七〇〕。而禮器之義尊，乃周禮之獻尊，則知“羲”“獻”在古同義，而叔獻之爲叔戲，有以也〔七一〕。“羲”有“純”之義，“獻”有“成”之意〔七二〕，然“羲”“獻”字雖通，理且有異。集韻定用“處戲”，非正〔七三〕。書疏謂伏羲“以聖德伏物”，亦未然〔七四〕。自有句而應世，故又曰有句氏〔七五〕。句即庖，乃國名，蓋其始迹之地。其後復封之，故潛夫論太昊之後有庖國〔七六〕。姒姓。今庖水在山陽平樂〔七七〕，而帝墓又在山陽，則其故迹無疑也。後世弗知，謂爲庖廚，已失大妄，而班志更以爲“炮”，鄙陋甚矣〔七八〕。

　　方是時也，天下多罝〔七九〕，教人以獵，尸子。豢育犧牲；服牛乘馬，草鞼皮蒙，引重致遠，以利天下，而下服度〔八〇〕。世所有者，因存之〔八一〕。

　　天出文章，河出馬圖，於是觀象於天，效法于地，近參乎身，遠取諸物，兆三畫，著八卦，以逆陰陽之微，以順性命之理，成神明之

德,類萬物之情,而君民事則陰陽,家國之事始明焉〔八二〕。禮含文嘉
云:"伏羲德洽上下,天應以鳥獸文章,地應以河圖洛書,乃則象而作易〔八三〕。"故大傳
云:"伏羲氏作八卦。"此即文王之所用者。壺子云:"伏羲法八極作八卦,黃帝體九竅以
定九宮,皆近取諸身,遠取諸物。作枝幹,衍爲甲子。"〔八四〕而魏博士淳于俊乃以爲伏羲
因燧皇之圖以制卦,故高貴鄉公以孔子不言"燧人氏没,伏羲氏作"難之也〔八五〕。三墳
書云:"伏羲三十二易草木,草生月雨降日河汎時,龍馬負圖,始畫卦也〔八六〕。"蓋以草木
紀歲也。"雨降"或以雨水言〔八七〕,然"河汎時"非所紀。伏羲文成萬代貴,八卦作而曆
數興。——疑未然也。

　　微顯闡幽,章往察徠,於是申六畫作十言,以明陰陽之中,以
厚君民之德,于以洗心,退藏於密〔八八〕。管子輕重云:"伏羲造六畫以迎陰
陽,作九九之數而天下化之〔八九〕。"六藝論云:"伏羲作十言之教,以厚君民之別〔九〇〕。"
十言,"乾、坤、艮、巽、坎、離、震、兌、消、息"也。"消"退而"息"進,謂天地萬物之間無
非易,非可以文字見,直在消息中爾。或作"不言之教",言不立文字〔九一〕;或作"十二
言":皆非。畫,舊云古"畫"字,蓋"法"字爾〔九二〕。古之爲"畫",亦爲"法"〔九三〕。法至
是而乏,故有"用九"、"用六"〔九四〕。或作"畫",非。觀象之變、爻之動,於是
窮天地之用,極數之原,參天兩地而倚數,以成變化而行鬼
神〔九五〕。八卦而小成,因而重之,以盡生生之理,而天地之蘊盡
矣〔九六〕。所謂先天易也〔九七〕。八卦小成,即八卦自重者,是造六畫矣。因而
重之,則六十四矣。揚雄以爲"文王六十四",非〔九八〕。有辨,別見。

　　原始反終,神明幽贊,于是神蓍著地,靈龜出洛〔九九〕。乃窮天
地之賾,極天下之動,以龜爲策,以蓍爲筮,獻南占之〔一〇〇〕。一十
八變而成卦,以斷天下之吉凶〔一〇一〕。説卦言"昔者聖人作易,幽贊於神明
而生蓍",故鄭魲記云"黃帝受河圖而定玉錄,伏羲得神蓍而垂皇策"〔一〇二〕。易乾鑿度
所謂"垂皇策者羲"也〔一〇三〕。古史攷云:"伏羲作卦,始有筮。其後,殷巫咸善占
筮〔一〇四〕。"則筮自伏羲始矣。聖人之智非不足以立事也,而人之於事,不容無心,以故
是非凶吉有時而繆,爰取信於無心之物爾〔一〇五〕。夫卦不六十四不可以筮,今先天圖始
乾而終夬,豈止小成而已矣〔一〇六〕!出言惟辭,制器惟象,動作惟變,卜筮
惟占〔一〇七〕,三墳書四事皆云伏羲。政治小大,亡非取於易者〔一〇八〕。如
罔罟取離,離有麗之象〔一〇九〕。又離中虛,罔亦中虛〔一一〇〕。然結繩以爲罔罟,以畋以

漁，所取乃重離也〔一一〕。離爲目，巽爲繩〔一二〕，以巽變離，結繩而爲罔罟之象。罟，罔目也，重目爲罔，☰〔一三〕。離爲雉，巽爲魚〔一四〕。自二至四有巽體，自三至五有兑體，巽爲風，兑爲澤，以畋以漁之象也〔一五〕。是六爻果自伏羲，重又可見矣。一十三卦皆取兩象，學者宜即此思之〔一六〕。

紗離象，法蜇狐，作爲罔罟，以畋以漁〔一七〕。世本：伏羲臣芒氏作羅。或作“句芒”。化蠶桑爲總帛〔一八〕，皇圖要覽〔一九〕。因罔罟以制都布〔一二〇〕，白氏帖云：“伏羲作布，是以神農有不織之令。”〔一二一〕黄帝内傳云：“黄帝斬蚩尤，蠶神獻絲，乃稱織維之功，因之廣織。”〔一二二〕廣之爾，而淮南子乃有黄帝指經縷挂之説，妄也〔一二三〕。王逸機賦云：“織機，功用大矣！上自太始，下迄羲皇，帝軒龍躍，庾業是創〔一二四〕。”語彼織女始制布帛，蓋始機織爾。給其衣服。古者衣皮，即服製也，特衣裳未辨〔一二五〕。羲炎以來，裳衣已分，至黄帝而衮章等衰大立，非謂始衣服也〔一二六〕。三禮義宗云〔一二七〕。

靈龍時瑞，因以龍紀官，百師服皆以龍名〔一二八〕；文耀鈎云〔一二九〕：“伏羲作易，名官。”命曆敍云：“九頭紀時有臣無官，但立尊卑之別。”故周禮疏序謂“政教君臣，起自人皇之世。伏羲因之。”〔一三〇〕郯子以爲龍紀〔一三一〕。而漢儒説左氏者，乃出春官青龍之類，杜君卿從之，蓋臆説〔一三二〕。作爲龍書，以立制號，而同文〔一三三〕。字源云“龍書”〔一三四〕，太平御覽作“景龍書”。稽夬象，肇書契，以代結繩之政〔一三五〕。百官以治，萬民以察，而文籍繇是興矣〔一三六〕。書契代繩，取之夬。百官以治，豈自後世？神農之法，一君、二臣、三佐、四使。言有虞氏官五十者，孤矣〔一三七〕。或謂太昊結繩而治，黄帝始有書契，尤非也。有説，别見。

於是盡地之制，分壤時穀以利國用〔一三八〕。功業德望皆在於此。能者有餘，拙者不足。董逌以爲伏羲之制〔一三九〕。必不自聖，庸委師於宛華〔一四〇〕。即鬱華子。爰興神鼎〔一四一〕，封禪書云：“昔泰帝興神鼎一，一統天地，萬物所繫終也。黄帝作寶鼎三，象天、地、人。禹鑄九鼎。嘗鬺饗上帝鬼神。”〔一四二〕漢志師古云：“泰帝，伏羲也。”〔一四三〕制郊禪；即命臣芒，庖犧登鼇，使鬼物以致羣祠，而升薦之〔一四四〕。見拾遺記〔一四五〕。尋夌古書，取犧充庖之説，不可解於後世。崔氏政論更謂太昊設九庖之官，甚妄〔一四六〕。學者所宜領會。正姓妐，通媒妁，以重萬民之麗〔一四七〕。麗皮薦之，以嚴其禮，示合姓之難拼,人情之不瀆〔一四八〕。麗,鹿皮也〔一四九〕。古史攷云:"伏羲制嫁娶,以儷皮爲禮;作琴瑟,以爲樂〔一五〇〕。"通典、唐志等皆作"儷"。白虎通義作"离",云:"雙皮也。"〔一五一〕婚聘薦皮,爲可裘服,不忘古也。禮外傳云:"伏羲以儷皮爲幣。"〔一五二〕豈若漢武之皮幣,以白鹿皮方尺,緣以藻繢,王侯朝以薦璧者〔一五三〕?何休云:"儷皮玄纁,取其順天地也。鹿皮,所以重古也。"〔一五四〕法乾坤,以正君臣、父子、夫婦之義〔一五五〕。聚天下之銅,仰視俯觀,以爲棘幣〔一五六〕。好員法天,肉方法地,以益輕重,以通有亡〔一五七〕。太昊幣謂之九棘。詳見發揮。昔寶鼎尉王鑄家有一布,長寸六分,肩廣八分,首廣五分,足間二分,重六銖;面文作"行昊",乃"帝昊"字;幕文作"引",李彥美所謂"了旁斜畫"者,蓋"羲"字也〔一五八〕。錢書目爲異布〔一五九〕。又董令昇家有一種,長寸八分,額廣六分,肩廣寸一分,足間五分,重十二銖;面文作"疌旻",幕文作"奭",皆"太昊"字也〔一六〇〕。攷之盉鍾,"帝"直作"二",則此立之爲"刂",信爲"帝"字。又封禪文"昊"作"旻"可見。按:三五古幣,皆員内而方外,爲睥睨之形〔一六一〕;垂則象天之"示";置則象地之勢;北會而南分,而坦之則"人"也〔一六二〕:蓋本三才之義。取象如此,豈若後世之苟簡哉〔一六三〕!察六氣,審陰陽,以賚之身,而四時水火陞降得以有象,百病之理得以有類〔一六四〕。於是嘗草治砭,以制民疾,而人滋信〔一六五〕。世謂神農嘗百草,而孔叢子、世紀皆以爲伏羲〔一六六〕。蓋不有其始,曷善其終?伯禹治水,猶資鯀九載之功;黄帝制宮,亦藉古茅簷之制〔一六七〕。羲炎二聖既盡其性,而後世猶有攷嘗之患,——咀虫蛆,齧草木,而宮嬪多致死者,——況不爲之度邪〔一六八〕?世紀云:"太昊制九針以拯夭枉〔一六九〕。"而傳亦謂黄帝命岐伯爲之〔一七〇〕。按靈樞〔一七一〕,岐伯對黄帝以九針,則亦古有之。古者以砭,後代以針〔一七二〕。高氏之山多砭,此也〔一七三〕。

乃因甲録,真源賦云:"廣成子以靈飛六甲籙、八卦鎮方籙及卜法授伏羲。"〔一七四〕故或竊謂,河圖亦人所授。合五緯,建五氣,消息禍福,以爲之元〔一七五〕,爲合其行以爲法。春秋内事以謂:"自開闢後,五緯各居其方。至伏羲,乃消息禍福以制吉凶,始合之以爲元。"〔一七六〕斯失類矣〔一七七〕。命潛龍氏莁之〔一七八〕。乃迎日推策相剛,建造甲子以命歲時;配天爲幹,配地爲枝,枝幹配類,以綱維乎四象〔一七九〕。故情僞相感,而星辰以順則〔一八〇〕。漢曆志伏羲有甲子元曆,是太昊已有甲子〔一八一〕。故陳鳴曆書序云〔一八二〕:"伏羲推策作甲子。"而世本等皆謂黄帝令大撓作甲子,非也〔一八三〕。撓特配甲子作納音爾〔一八四〕。歲、月、日、時亡易〔一八五〕。于作旋蓋〔一八六〕，隨志云：“蓋天者，周髀是也。本包羲氏立周天度，其傳則周公受之於商，周人志之，謂之周髀。言天如蓋笠，地似覆盤，皆中高而四下。”〔一八七〕商者，周大夫商高也。按周髀筭經商高答周公云“古者包羲立周天歷度”，趙君卿云：“立周天歷度，建章蔀之法。”〔一八八〕後揚雄、洛下閎、張衡之流俱衍渾天之說，而蓋遂廢，世亦不知其爲太昊之法與渾天之非也〔一八九〕。有排渾，別見。著躔舍〔一九〇〕，天本無度，聖人以日行天三百六十五度有畸而一周〔一九一〕，故分天周以爲之數，以記日之所行。既分天度，乃假物以誌之。二十八宿列布四方，故於是以爲當度之星。有箋周天度說，別見〔一九二〕。立九部，而民易理〔一九三〕。易卦坤靈圖〔一九四〕。蓋九州之始也。寶櫝記云：“伏羲審地勢，定山川。”是矣。

　　於是紀陽氣之初，以爲律法〔一九五〕，續志云：“慮羲作易，紀陽氣之初，以爲律法。建日冬至之聲，以黃鍾爲宮，太簇爲商，姑洗爲角，林鍾爲徵，南呂爲羽，應鍾爲變宮，蕤賓爲變徵。此聲氣之元，五音之正也〔一九六〕。”世言黃帝始作律吕者，繆矣〔一九七〕。以諗其符〔一九八〕；班志云：“太簇爲人統，律長八寸，象八卦，伏羲氏所以類萬物之情。”〔一九九〕樂建立基，律吕備矣。故太公龍韜云：“三皇之世，虛無之情以制剛強。五行之道，天地自然。六甲之分，微妙之神。以天清静，夜半遣輕騎去敵九百步，持律當耳大呼之，有聲應管，隨其音應之。此五行之符，佐勝之術〔二〇〇〕。”矢正爻以配氣〔二〇一〕，春秋內事云：“伏羲推列三光，建分八節，以爻應氣，凡二十四〔二〇二〕。”置重爻以抵日，以作甲歷〔二〇三〕。伏羲八卦，卦本三畫，以三乘八，得二十四。并其偶畫，爲三十六〔二〇四〕。以二十四并三十六，得六十。因而六之，爲三百六十。三八二十四，四六亦二十四，是爲坤一爻之策〔二〇五〕。六六三十六，四九亦三十六，是爲乾一爻之策〔二〇六〕。數可合，故爲者三八，重之得四十八，加一而成衍四九〔二〇七〕。乘之得七十二，以應五日之候〔二〇八〕。因而五之，亦三百六十，以應當期之日，非爲六十四卦之爻〔二〇九〕。歲建寅，甲日寅辰〔二一〇〕。三墳云：“伏羲三十易草木而立。立三十二易草木而河圖出。又二十二易草木而造天書。後一易草木作甲歷，歲起甲寅〔二一一〕。”是伏羲以庚寅歲生，庚申即位，與國家啓運之年合，斯萬載之一遇也〔二一二〕。是書人或疑之，是説宜有自來。木盛於卯，以卯之辰陞敷教之臺，聽八風，民授始〔二一三〕。伏羲有敷教之臺，見山墳〔二一四〕。拾遺記云：“伏羲方壇之上聽八風之氣，以作八卦。”“方壇”蓋謂天地，猶佛者之言“須彌”〔二一五〕。今晉之<u>趙城</u>南十五里有<u>伏牛臺</u>，<u>世紀</u>謂<u>伏羲</u>常居，然云居此臺伏牛乘馬而名，其言不類^{〔二六〕}。

謂君資於民，民安子安，民危子危^{〔二七〕}，<u>三墳</u>。乃紃神明，開肺意，舉六佐以自策^{〔二八〕}。見<u>陶潛</u><u>二八目</u>^{〔二九〕}。命<u>金提</u>緐俗，指苦蓋，謹窖臧，視之未居者，借力成之，以靖敷民^{〔二二〇〕}。<u>金</u>，國；<u>提</u>，名^{〔二二一〕}。<u>藝祖皇帝</u>定<u>太昊廟</u>，以<u>金提</u>、<u>句芒</u>配^{〔二二二〕}。命<u>烏明</u>建方，泭竆木，絕港道，以濟不通；奠八方，旌九位，而分九土^{〔二二三〕}。<u>真源賦</u>："伏羲別九宫，因此置九州。"<u>法語</u>云^{〔二二四〕}："始定四海之廣，作八卦，分九州。"據"共工氏霸九州"，則州之九分不自帝嚳若黃帝矣，亦自然之勢也^{〔二二五〕}。視地之壙，物之夥，其爭日大，勢不可以偏制而獨任，於是經國謀賢，以極治寄而閔法制，故不慮不圖而人正^{〔二二六〕}。世謂黃帝始分土建國，非也。按神農已伐補遂、攻夙沙，伏羲時已有紀侯、陽侯^{〔二二七〕}，而傳亦記神農有遠國、近國之制矣，非始於黃帝也。<u>論語摘輔象</u>曰，<u>燧人</u>之佐"成博受古諸"。<u>宋衷</u>以爲"受諸侯之事"^{〔二二八〕}。蓋土地壙絕，非賢共理，則雖聖人有所不徧，從古然也。命<u>視冒</u>爲賥，志災惡，察虛實，居百賟，以平民^{〔二二九〕}。<u>摘輔象</u>曰："烏明主建福，視墨主災惡^{〔二三〇〕}。"命<u>紀侗</u>中職，定于中邦^{〔二三一〕}；<u>二八目</u>作<u>紀通</u>。<u>宋均</u>云："爲田主，主內職。"<u>仲起</u>司陸；<u>均</u>云："主平地。"一作"司陽"。<u>陽侯</u>司海。<u>宋衷</u>云："陽侯，伏羲之臣，蓋大江之神者^{〔二三二〕}。"<u>許叔重</u>云："陽侯，陵陽國侯也。國近江，以溺死。"^{〔二三三〕}<u>應劭</u>謂以罪自沈^{〔二三四〕}。二説不同。<u>宣和博古圖</u>有<u>陽侯</u>彝，字作"陽"^{〔二三五〕}。六佐職而天地位，陰陽得^{〔二三六〕}。

乃體春穮，明刑政，脩兵仗，以威懷^{〔二三七〕}。<u>太白陰經</u>云：伏羲以木爲兵，神農以石爲兵，蚩尤以金^{〔二三八〕}。今藤州俗以金石爲刀劍^{〔二三九〕}。騫脩爲士，以之御敗而下情至^{〔二四〇〕}。<u>楚辭</u>所謂"命騫脩以爲理"者，<u>王逸</u>、<u>五臣</u>、<u>洪慶善</u>等皆云伏羲臣，謂爲媒理，云時理官主婚姻^{〔二四一〕}。蓋理，士也；士主萬民之判^{〔二四二〕}。或以<u>騷經</u>復有"謇吾法夫前修"、"何博謇而好修"之語，非必人也^{〔二四三〕}。<u>慶善</u>以爲宓妃，<u>伏羲</u>之女，故使臣以爲理。"修""脩"字異，蓋異事^{〔二四四〕}。<u>五臣</u>作"謇"^{〔二四五〕}。

於是鯀率萬民，平水土，道泉原，因水居方而置城邑^{〔二四六〕}。見<u>三墳書</u>。或以<u>世本</u>諸書皆言<u>縣</u>置城郭，非也。國土既分，城池斯立^{〔二四七〕}。故<u>史記</u>言黃帝爲五城,軒轅本紀言黃帝築城邑,而氾勝之書記:"神農之教,雖有石城湯池、帶甲百萬,然而無粟,則不能守也",是炎黃已城池矣〔二四八〕。石城之制,既自神農;則土城之作,有不自伏羲乎? 往古之事,固有可得言者。黃得襄城小童,不自後世〔二四九〕。世本蓋因吕春秋言縣以尾爲城而誤之〔二五〇〕。吕氏之説,特狀縣之兇惡爾〔二五一〕。

百令具舉,乃命萯龍氏職圖文,因尊事以爲禮儀,而天下治〔二五二〕。三墳書。

長離徠翔〔二五三〕,三墳云:"因鳳來而作樂。"長離者,鳳也。爰作荒樂〔二五四〕,歌扶徠,詠網罟,辨樂論云:"昔伏羲氏因時興利,教民畋漁,天下歸之,時則有罔罟之歌。神農繼之,教民食穀,時則有豐年之詠。"〔二五五〕按:扶來歌,即鳳來之頌,乃神農之扶犂也。扶、鳳、來、犂,音相同爾。是知神農因太昊之樂。以鎮天下之人,兔園策注引傳云:"伏羲之人静,故作樂以鎮之。黃帝之人動,故宣正聲以檢之。"〔二五六〕命曰立其〔二五七〕。以立基爲立本,大淵爲大泉,皆唐人避國諱〔二五八〕。

斲桐爲七尺二寸之琴,繩絲以爲絃〔二五九〕,絃二十有七,命之曰離。琴操云:"伏羲作琴以御邪辟,防心淫。"〔二六〇〕舊琴譜,伏羲之琴曰龍吟。故盧仝云:"五音六律十三徽,龍吟鶴響思庖羲。"〔二六一〕爾雅云:"大琴謂之離。"事源及太平御覽云〔二六二〕:傳此琴伏羲所制。樂録云:"大琴,二十七絃。"中華古今注乃以爲伏羲造二十五絃之琴,而琴式謂琴二十絃,郭璞又云十絃,皆失之〔二六三〕。切攷伏羲以木王者,三與八者,木之數也,故三其九爲之絃,八其九以爲其長,非苟然也〔二六四〕。廣雅云:伏羲琴七尺二寸,——或云三尺六寸六分,——五絃〔二六五〕。蔡氏琴操亦云〔二六六〕:伏羲作琴,五絃。非也。徽天音,操駕辨,以通神明之況,以合天人之龢〔二六七〕。楚辭云"伏羲駕辨",吴都賦所謂"超延露而駕辨"者,劉淵林云:伏羲作琴,制此曲〔二六八〕。組桑爲三十六絃之瑟,以脩身理性,反其天真〔二六九〕。灼土爲塤,而禮樂於是興焉〔二七〇〕。文子、世紀,伏羲作瑟三十六絃。蓋瑟屬陰,故用十六之數〔二七一〕。世本云:"包羲瑟五十絃。後黃帝使素女鼓之,哀不自勝,破爲二十五絃。具二均聲〔二七二〕。"故小司馬三皇紀及小史皆云伏羲所作之瑟二十五絃〔二七三〕。按揚雄玄爲論云:"夫心與治游乎太和,惟唐虞能充其任;神與化蕩乎無境,惟伏羲能承其統。故二十五絃之具,非牙曠不能以爲神;弓矢質的之具,非羿逢不能以爲妙。"〔二七四〕隨志又云二十七絃,乃爾雅之所謂灑,非此〔二七五〕。

負方州,抱員天,體泰乙,統乾元〔二七六〕。紹天體寂,明一垂

策〔二七七〕。枕方而寢繩，蕩乎亡竟，以因應而覺悟乎天地之

間〔二七八〕。不是賢而非愚，不沾巧而尚行，去羨去慕，惟以道

化〔二七九〕。上亡求欲于下，下亡干進于上，是以百姓足而宇宙洪

寧，官亡共備之民而死不用郭，鳥嘼虫蛇懷于爪毒〔二八〇〕。陰陽之

所雕沈不通者，竅理之；逆氣之戾物傷民積者，絶止之〔二八一〕。是

以事簡民純，亡言而化；天下之人，浮游罔養，而莫知所如往；臣子

以順，君親以尊〔二八二〕。故星宿溫閏，而鬼神受職；功揆上下，洞八

方，而後世不可及也〔二八三〕。

乃封泰山，禪云云，以昭姓玫瑞而曾報〔二八四〕。玫瑞者，輯羣玉，如
虞舜之輯瑞、黃帝之合符爾〔二八五〕。非云符，瑞字從玉可見。

在治百六十有四載，落〔二八六〕，真源賦。而女弟炰媧立。字與
“包”同。年百九十有四。葬山陽。世紀云葬南郡，在襄陽；按帝冢，今在山陽
高平西北：高平、襄陽之境〔二八七〕。然九域志兗、單皆有伏羲陵，又河中府有庖王陵、廟，
引戴氏西征記云：“潼關直北隔河望，層阜巋然獨秀，謂之風陵。伏羲氏，風姓
也。”〔二八八〕此當是女媧墓。然古帝王墓冢皆非一所，宜必有說。

都於宛丘，故陳爲大昊之虛〔二八九〕。世紀，天皇庖羲都陳留。遁甲注
云：“伏羲徙治陳倉〔二九〇〕。”地非陳國，則不必宛丘矣。然歷代以宛丘爲大昊之
虛〔二九一〕，今宛丘北一里有伏羲廟、八卦壇。寰宇記云，伏羲於蔡水得龜，因畫八卦之
壇〔二九二〕。有長史張齊賢文、李邕易之〔二九三〕。然九域志陳、蔡俱有八卦壇，此後人之附
會。按姚睦亦云黃帝都陳者，則羲黃俱在西方矣，豈其先後徙邪〔二九四〕？

始其父没，黃囊經云：“伏羲父葬震山下，作丙放巽或代王。”〔二九五〕世言伏羲
無父，其母感迹而生者，妄也。華胥死之，葬覆車之原〔二九六〕。即藍田山也。
長安志云：冢在藍田縣西三十里〔二九七〕。寰宇同。

厥妃殞洛，是爲洛神，代所謂伏妃者〔二九八〕。即虙妃。漢書音
義〔二九九〕。如淳以爲伏羲之女溺洛而死，爲洛水之神，非也〔三〇〇〕。明曰虙妃，豈女哉？

伏羲生咸鳥。咸鳥生乘釐，是司水土。生后炤〔三〇一〕。后炤
生顧相。夅處于巴，是生巴人〔三〇二〕。郭氏云：巴之始祖〔三〇三〕。後武王封
宗姬支庶于巴〔三〇四〕，曰：“子循古之故！”古者，遠國雖大，爵不過子，巴王乃其後僭

號〔三〇五〕。秦惠虜之，有其地〔三〇六〕。寰宇作后昭，因唐人〔三〇七〕。巴威，華陽志：順王五年，張儀、司馬錯伐蜀，因取巴地分爲三十一縣〔三〇八〕。巴子五季流于黔而君之，生黑穴四姓〔三〇九〕。辰、酉、巫、武、沅，是爲五溪〔三一〇〕。赤狄巴氏服四姓，爲廩君〔三一一〕。有巴氏、務相氏。世本云：巴郡南郡蠻本有五姓，皆出武落鍾離山〔三一二〕。巴氏生赤穴〔三一三〕。黑穴樊、瞫、相、鄭四姓之子俱事鬼神〔三一四〕。後巴氏臣四姓，居夷城，爲廩君，世尚秦女〔三一五〕。事詳蜀紀、後漢書〔三一六〕。

黃帝應代〔三一七〕，有風后爲之相，環濟要略云〔三一八〕："侍中，古官。風后爲黃帝侍中，周曰常伯。"晉志亦云秦以古名，漢因之〔三一九〕。或疑其非。然既爲相，則侍于中矣。故張果云堯時爲侍中〔三二〇〕。因八卦，設九宮，以安營壘，次定萬民之竈〔三二一〕。出陰陽正訣〔三二二〕。黃帝威蚩尤，徽狝多本於后〔三二三〕。尤北復，以其輕勦其餘于輞谷〔三二四〕。人賴其利，遂世祀之，是爲金山之神。山、谷及祠，今皆在長安藍田。諏封其後於任，錫之己姓〔三二五〕。黃帝之孫，任己寔歸〔三二六〕。是生帝魁。其在唐虞，俱有封土，書缺不見。周之任，即其後。夏后氏之初，封之庖，爲姒姓。杜預世族譜亦有庖國，云夏同姓。或作包，一也。詳國名記。遝周之興，武王復其後于宿〔三二七〕。後有任、宿、須句、顓臾〔三二八〕。邑于洮上，寔典太昊之祀，以爲東蒙主〔三二九〕。須句乃須朐，即鄆也，在今須城〔三三〇〕。京相璠云："須朐，一國，二城兩名〔三三一〕。"餘詳國名記。是以季氏將伐顓臾，而孔子傷之〔三三二〕。說見國名記。須句後爲邾所併〔三三三〕，魯復取之，僖公伐邾，取須句〔三三四〕。須句蓋滅于邾久矣，至是魯取之〔三三五〕。後復于邾；迨文公七年，魯復伐邾而取之〔三三六〕。春秋特譏無故勞民，取而不守云。須句者，遂爲邑，猶冒昔名爾〔三三七〕，云"威須句"，"須句子來奔"，且云"反其君"，俱妄。預云："雖列國而削弱，爲魯私屬"，尤非〔三三八〕。詳國名記一〔三三九〕。而宿之後則遷于宋，俱不復見〔三四〇〕。莊公十年也。鄆自昭公元年取之爲邑，猶以鄆名，故三年季武子伐邾取鄆〔三四一〕。

後有風氏、偑氏、甩氏、並篆文〔三四二〕。又有凧氏。皆古文之變。羲氏、希氏、戲氏、包氏、庖氏、炰氏、鮑氏、永本包姓〔三四三〕。臾氏、顓臾氏、東氏、世又以東方氏爲出女媧，謂其主東方。而風俗通更以東方氏爲伏羲後。俱妄。詳黃帝紀〔三四四〕。東蒙氏、胊氏、須胊氏、任氏、姒氏、宿氏、罔氏、伏氏、虙氏、宓氏、密氏、服氏。服本服不氏後〔三四五〕，而密本作宓。按：黃帝後自有密。而密不齊本作“虙”，故密子賤碑止作用“虙”，以爲伏羲後〔三四六〕。顔之推常辨之〔三四七〕。然伏虙，傳亦用“服”，繆矣〔三四八〕。“宓”乃“密”字。又後魏賜劉子文及宿六斤氏並爲宿〔三四九〕。

帝之弟郝骨氏爲帝立制，其裔孫子期，帝乙封之太原之郝〔三五○〕。蓋商因郝骨氏國之。後有郝氏、郝骨氏。元和姓纂作郭骨氏。唐書系表又作郝省氏，云“太昊之佐”，戚佐也〔三五一〕。

贊〔三五二〕：泰始云遠，聖人成能〔三五三〕。出包應世，書契代繩。肇脩文教，以立治紀。經域奠部，畋漁棘幣〔三五四〕。原始反終，分躔畫卦〔三五五〕。消息甲乙，以成變化〔三五六〕。陞降禮樂，教而不殊〔三五七〕。道凝體寂，雲自蒼梧〔三五八〕。負方抱員，明一垂策〔三五九〕。不慮不圖，鬼神受職〔三六○〕。爰興神鼎，封岱禪云〔三六一〕。萬世允賴，若稽三墳。

天下有大本三，上處其二，下亦處其二：仁者，上之命；義者，下之命；而財者，上下之所共者也〔三六二〕。三者之於人，猶魚之有水，不可頃刻少也。仁義，立人之道，聖人之所以配天地者也。未有上好仁，而下不好義也〔三六三〕。惟仁者以財發身，不仁者以身發財，是故君子見得思義，非後財也〔三六四〕。

予既紀伏羲，因玩其畫與孔氏之所贊〔三六五〕，然后知財之不可以不議也。遲雞聲操什器麏市朝而趨隴澤者，無非從事於財也〔三六六〕。今而曰利非孔孟所言，而財者士之不道，不幾乎又欲禍天下於財乎〔三六七〕？嗟乎！喙則鉗矣，出而用之，則斂之也，刻之也；剝膚鎚髓，百孔竝作，而長不足也〔三六八〕。何則？人心則異，而其情不大相遠也。伊聖人之治天下，豈它術哉〔三六九〕？亦原人情而已。

財者，聚人之大本，天地之所生，人情之所不能免者也。故雖羲炎之爲世，不能舍是以爲治，不過所欲與之聚之，所惡勿施爾也。

蓋天地之生財也，莫非養人而生也。是故天地生財以養人，聖人爲天地主財以爲君〔三七〇〕。是非外生之也，因其理以爲之理爾，又非以其所養者害人也〔三七一〕。上漏下溢，割鼻飴口，豈聖人之爲也哉〔三七二〕？

請毋議其它！六十有四卦，莫非財也。而孔子贊之曰：“天地之大德曰生，聖人之大寶曰位。何以守位？曰仁。何以聚人？曰財。理財正辭，禁民爲非，曰義〔三七三〕。”而乃繼之以十三卦之象，是理財之説也〔三七四〕。畋漁之離，耒耨之益，與交易之噬嗑，必先於垂衣裳之乾、坤者，是主財爲君之説也〔三七五〕。畋漁、耒耨，食貨之本也〔三七六〕。交易、爲市，通財之術也。市道興而無道以處焉，則强陵弱、衆暴寡，爭鬭攘奪乎食貨之場，而不可以一朝居矣〔三七七〕。於是變而通之，以除其敝，故能長有其天位，而獲大有上九之吉〔三七八〕。垂衣無爲，此惟乾、坤之所以能用九六也〔三七九〕。用則變，變則通而不窮矣。舟牛致遠，是亦以通之也〔三八〇〕。致之而猶有患也，故又爲之擊柝弧矢以守之，然後有財者始獲其安，而宮室棺椁可作矣〔三八一〕。宮室棺椁，是使民養生送死無憾者也，是王道之本也。苟爲不安，奚暇治禮義哉？此大過之棺椁、大壯之棟宇所以特後於擊柝之豫、弧矢之睽與舟牛之隨渙也。雖然，張官置吏莫非爲財也，不有以決之，不可也；此書契之夬，治百官、察萬民之所以不可後也〔三八二〕。是羲、炎、黄帝、堯、舜氏之所以爲天下者也。

善乎！漢文帝之推言之曰：“吾爲天下守財爾！”〔三八三〕爲天下守財者，亦致其順而已矣。是故因其情而爲之治，則爲力易而得其功。以石投水，夫又烏有不受者邪？卻壺漿〔三八四〕，辭牛酒，利之小也，而民悦之，王業以成。是則所以使之悦者，初不在與之之多也。悦不在多，則其所以使之怨者，奚間於取之之少乎〔三八五〕？湯以七十里、文王以百里爲政於天下，而齊宣以千里畏人，繇此故也〔三八六〕。今而曰“我能爲君闢土地，充府庫”，君之所謂良臣，古之所謂民賊也。依勢作威，倚法以削，聖人之所甚疾〔三八七〕。是故與其有聚斂之臣，寧有盜臣〔三八八〕。盜者不過於欲利，而聚斂者離吾之赤子者也〔三八九〕。

制其田産，教之樹畜；道其妻子，使養其老；施仁政，省刑罰；正經界，薄税斂；深耕易耨，不違其時；壯者以暇日脩其孝悌忠信，——斯民親其上，死其長矣〔三九〇〕。食之以時，用之以禮，則財不可勝用矣〔三九一〕。信能行此，則四海之民仰之如父母。如此，則無敵於天下矣。無敵於天下者，天吏也〔三九二〕。斯不亦爲天地主財者乎〔三九三〕？

今也，操譎詭，飾纖詐〔三九四〕，一日百戰，苟可以得之者，萬方俱試，而口不好焉，曰“士所不道”。吾不信也。夫言者未必爲，而爲者常不言。王衍之清談，吾知其不若魯褒之能廉也〔三九五〕。取之有道，得之有義，烏在其不言哉？刮之盡錙銖，用之如泥沙，豈人也哉〔三九六〕？京師之朽貫，太倉之塵腐，適足重不肖子之過爾〔三九七〕。鹿臺、鉅橋，非無財也，以多而害于厥躬也〔三九八〕。而昧者往往藏舟夜半之壑，獨不聞“白公之愛夫財乎，是梟之愛其子”之説也〔三九九〕？兹非不議之過歟？是又烏足語易之道也！

紀傳設論，非作史之法也。左氏傳春秋，每事之要，時有所謂“仲尼曰”、“孔子曰”、“君子曰”者，蓋將以發其緒，啓其斷也〔四〇〇〕。後世史者乃特立之贊，既非體矣，而末更爲評、爲論，又有所謂“史臣曰”、“臣某曰”、“臣曰”、“制曰”之類，則失之矣〔四〇一〕。

洛書蓋取龜象，故其戴九履一，左三右七，二四為肩，六八為足。蔡元定曰：圖書之象，自漢孔安國、劉歆、魏關朗皆無，宋康節先生邵雍子明有，謂如此；至劉牧始兩易其名，而諸家因之。故今段之，悉從其偽。

繫辭傳曰：河出圖，洛出書，聖人則之。又曰：天一地二，天三地四，天五地六，天七地八，天九地十。天數五，地數五，五位相得而各有合。天數二十有五，地數三十，凡天地之數五十有五，此所以成變化而行鬼神也。此河圖之數也。

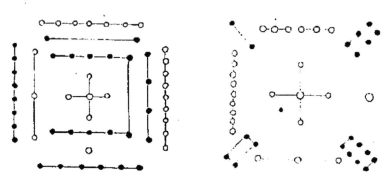

注：上二圖，見於吳本及四庫本路史，喬本、洪本及備要本皆無之。

予起路史，惟中三皇不可得而稱紀〔四〇二〕；若三皇與五帝，全德具美，勉爲之贊；其諸紀敍，不敢有所論贊。昔者子貢方人，夫子以爲我所不暇〔四〇三〕；其作春秋，特亦不過直書其事，無評品也。今之論辨，蓋以事出緜古，隱脱難白，有所不獲已者〔四〇四〕，始別爲錄。私竊自謂，以爲士子所玩在是，若別之，則茲史復爲斷煉邸報，乃準“歷代史例所無，附之逐篇之末”〔四〇五〕。姑遂聽之，宜其用字時有本書不同。君子其必察焉。其辨證非詳攷者，存之卷外〔四〇六〕。

【校注】

〔一〕太昊伏戲氏：四庫本“戲”作“羲”。

〔二〕又作“覗”、“奭”：覗，吳本作“奭”，四庫本、備要本則作“覗”，而與其下一字相同。

〔三〕方牙:謂牙齒呈四方形。

〔四〕伏羲方牙蒼精:各本均脱“蒼”字。今據太平御覽卷七八引易通卦驗訂補。　書:謂文字。

〔五〕見論衡正説。

〔六〕人皇初起:孔穎達禮記正義卷首引此,疏曰:“人皇,即遂皇也。”遂皇,即燧人氏。初起,初創。

〔七〕鄭康成注:指鄭氏對上引易通卦驗文所作之注。據太平御覽卷七八,鄭注原文爲:“宓犧時質樸,作易以爲政令,而不書,但以畫其事之形象而已。”

〔八〕蒼牙:見前紀五遂人氏注〔六一〕。

〔九〕見前紀五遂人氏注〔五九〕、〔六一〕。

〔一〇〕雷吏:雷公(雷神)之吏。

〔一一〕孔演明道經云:“燧皇在伏羲前,風姓,始王天下”:彦按:此所謂孔演明道經,羅氏誤讀易緯通卦驗及鄭玄注而無中生有者也。易緯通卦驗云:“遂皇始出,握機矩,表計寅。其刻(白)〔曰〕:‘蒼牙通靈,昌之成;孔演命,明道經。’”鄭玄注:“遂皇謂燧人,在宓犧前。始王天下……。”“孔演命,明道經”者,謂孔子推演天命,闡明易經也。孔穎達周易正義卷首論卦辭爻辭誰作引此通卦驗文而疏曰:“準此諸文,伏犧制卦,文王繫辭,孔子作十翼。易歷三聖,只謂此也。”是其明證。羅氏乃誤以“孔演”爲人名,“明道經”爲書名,又誤將鄭注視爲所謂之明道經文,謬之甚矣。

〔一二〕見宋鄧名世古今姓氏書辯證卷一東韻風。原文作:“太皞,東方之帝。木生風,故伏羲以風爲姓,實象其德。”彦按:東方於五行屬木,故此將“木”與“東方之帝”相聯繫。

〔一三〕風國之后:后,君。

〔一四〕玄女經:古佚書,時代及作者均不詳。

〔一五〕叶于木德:叶,同“協”,合,相合。

〔一六〕包羲:即伏羲。包,讀與“伏”同。

〔一七〕庖犧:吳本“犧”作“犠”,四庫本作“攕”。　轉失:吳本、四庫本“失”譌“矣”。

〔一八〕蒼精之君:猶蒼靈,青帝,古稱位於東方的司春之神。禮記月令孟春之月:“其帝大皥,其神句芒。”鄭玄注:“此蒼精之君,木官之臣,自古以來著德立功者也。”

〔一九〕武梁祠像碑:即武梁祠堂畫像碑。各本“武梁”均誤倒作“梁武”,今訂正。　始造工業,畫卦結繩以理:造,建立。工業,功績。工,通“功”。理,治。

〔二〇〕渚:水邊。

〔二一〕閬中俞水:閬中,在今四川閬中市。俞水,即今嘉陵江。

〔二二〕誣:虚妄。

〔二三〕嘗暨叔媱,翔于渚之汾,巨迹出焉:暨,與,和。媱,親昵,狎昵。翔,遨游。汾,通“墳”,堤岸,水邊高地。巨迹,巨人的脚印。

〔二四〕靁澤:古澤名。在今山東菏澤市東北。

〔二五〕靈威仰:古代讖緯家所謂五天帝之一,東方青帝之名。

〔二六〕世紀謂迹出於遂人之時:遂人,吳本、四庫本作“燧人”,同。下“遂人没”之“遂人”同。時,喬本、洪本、備要本譌“詩”,今據吳本、四庫本改。

〔二七〕高辛紀稷:見後紀九帝嚳高辛氏。

〔二八〕華胥決屨以跧之,意有所動,虹且遶之:決屨,破鞋子。四庫本“屨”作“履”,義同。跧,踩。遶,同“繞”,環繞。

〔二九〕十有二,歲以十月四日降神:歲,指伏羲。降神,神靈降臨,此謂歲誕生。彦按:據下句“得亥之應,故謂曰歲”,知羅氏此“歲”字不屬上讀。羅氏此段文字當有所本,然作如此句讀恐非。蓋羅氏不信華胥懷胎十有二歲方生伏羲,而但以十有二月視之。

〔三〇〕人定時:即十二時辰中之亥時,相當于二十一時至二十三時。

〔三一〕孝經河圖:漢代緯書,孝經緯之一種。　得人定之應:彦按:此“人定”爲雙關語,既爲亥時之别稱,又隱含“人民安定”之意。

〔三二〕大衍文符曆序:洪本、吳本“大”譌“又”。　謹以十六年八月端五赤光照室之夜,皇雄成紀之辰:端五,謂初五。端,始,開頭。成紀,地名。在今甘肅静寧縣西南。後漢書郡國志五涼州漢陽郡“成紀”劉昭注引帝王世記曰:“庖犧氏生於成紀。”辰,指時,日。

〔三三〕得亥之應,故謂曰歲:<u>彦</u>按:<u>伏羲</u>生于十月四日人定之時,十月屬亥月,人定屬亥時。<u>淮南子天文訓</u>曰:"木生於亥。"又<u>説文</u>步部:"歲,木星也。"故名歲正與生辰在亥相應也。

〔三四〕伏羲即木帝:<u>洪</u>本"即"謁"郎"。

〔三五〕木生于亥:<u>洪</u>本、<u>吴</u>本"于"謁"丁"。

〔三六〕<u>寶檀記</u>:<u>喬</u>本、<u>洪</u>本"檀"謁"擅",今據餘諸本訂正。 感虵而孕:四庫本"虵"謁"地"。 長頭修目:修,長。 白髦委地:白,<u>洪</u>本謁"后"。委,垂。

〔三七〕古之神聖人母,必感天而生子,故曰天子:見<u>説文</u>女部姓篆説解,原文無"必"字。

〔三八〕仇池:山名。在今<u>甘肅西和縣洛峪鎮</u>。

〔三九〕彭池:地名。在今<u>甘肅寧縣</u>北。

〔四〇〕秦:<u>秦州</u>。

〔四一〕故<u>輿地廣記</u>以成紀爲<u>伏羲</u>生處:<u>吴</u>本、四庫本無"故"字。

〔四二〕有紀有堂:見<u>詩秦風終南</u>。

〔四三〕龍身牛首:<u>洪</u>本"身"謁"首"。

〔四四〕<u>玄中記</u>:<u>晉郭璞</u>撰。

〔四五〕<u>靈光賦</u>乃云"麟身":<u>靈光賦</u>,指<u>漢王延壽魯靈光殿賦</u>。麟,今<u>文選李善</u>注本、六臣注本<u>魯靈光殿賦</u>並作"鱗"。

〔四六〕虵:<u>洪</u>本謁"地"。

〔四七〕故<u>周燮傳</u>注云"麟身牛首":燮,四庫本、備要本作"爕",同。同樣情況,下不煩一一指出。<u>彦</u>按:<u>後漢書周燮傳</u>"吾聞聖賢多有異貌"<u>李賢</u>注:"<u>伏羲</u>牛首,<u>女媧</u>蛇軀,<u>皋繇</u>鳥喙,<u>孔子</u>牛唇,是聖賢異貌也。"則此"麟身"二字實爲衍文。

〔四八〕補<u>史記</u>、<u>世紀</u>、<u>帝繫</u>皆云"虵身牛首":<u>帝繫</u>,蓋指<u>帝系譜</u>。<u>彦</u>按:<u>唐司馬貞</u>補<u>史記三皇本紀</u>曰:"母曰<u>華胥</u>,履大人迹於<u>雷澤</u>而生<u>庖犧</u>於<u>成紀</u>。蛇身人首。"<u>藝文類聚</u>卷一一引<u>帝王世紀</u>曰:"<u>太昊帝庖犧氏</u>,風姓也,虵身人首。"<u>初學記</u>卷九、<u>淵鑑類函</u>卷四〇及卷四八引<u>帝王世紀</u>,亦皆作"蛇身人首"。又<u>藝文類聚</u>卷一七引<u>帝系譜</u>曰:"<u>伏羲</u>人頭虵身。"<u>太平御覽</u>卷七八、卷三六四兩引帝系譜,亦作“人頭虵身”。此作“牛首”非。

　〔四九〕女媧紀:即本書後紀二女皇氏。

　〔五〇〕渠肩達掖:渠肩,謂兩肩聳起。渠,通“巨”。達掖,謂腋部有孔通於體内。達,穿通。

　〔五一〕“亦”同,臂也:說文亦部:“亦,人之臂亦也。从大,象兩亦之形。”高鴻縉中國字例:“(亦)即古腋字。从大(大即人),而以八指明其部位,……名詞。後世叚借爲副詞,有重覆之意,久而爲借意所專,乃另造腋字。”

　〔五二〕今作“腋”:喬本、備要本“腋”誤“蔽”。今據餘諸本訂正。

　〔五三〕山準日角:山準,謂巨鼻。準,鼻子。日角,額骨中央部分隆起,形狀如日。　嬳目珠衡:嬳目,大眼睛。嬳(huò),説文大部:“空大也。”王筠句讀:“空音孔,謂孔竅大也。”珠衡,謂人眉間骨隆起如連珠。衡,指眉棱骨部位。喬本、洪本、吳本、四庫本皆作“衕”,蓋“衡”之俗誤字,今從備要本作“衡”。下注文“連珠衡”、“珠衡”之“衡”同。　駿毫翁鬣:駿毫,蓋謂長髮飄逸,有如馬鬃。翁鬣,蓋謂鬚鬢粗硬,有如獸頸上毛。説文羽部:“翁,頸毛也。”又囟部:“鬣,毛鬣也。”

　　〔五四〕木精之人:木精,木帝之精,即歲星。後漢書襄楷傳:“歲(星)爲木精”。參見上注〔三三〕。彦按:太平御覽卷五引漢武故事曰:“西王母使者至,東方朔死。上問使者。對曰:‘朔是木帝精,爲歲星下遊人中,以觀天下,非陛下臣也。’”與此相類,皆出讖緯家言,可以合參。　額有骨,表取象:表取象,謂取象于表(額骨之骨相)。　日所出,房所立,有星也:謂如日所出處、房星所在處,該部位之骨相見星(日)之狀。房,星宿名。二十八宿之一。星,日、月、星辰之總名。　衡中有骨,表如連珠,象玉衡星:玉衡星,此指北斗星之斗柄(由衡、開泰、搖光三星相連)。

　〔五五〕望之廣,視之專:蓋謂遠謀則視野開闊,處事則一心一意。

　〔五六〕春秋合誠圖:漢代緯書,春秋緯之一種。

　〔五七〕繼天出震:繼天,謂秉承天意。出震,謂出于東方。震,卦名,于八卦方位象徵東方。　恖明睿智:聰明機智。恖,通“聰”。洪本、吳本誤“息”。

　〔五八〕蓋承歲而王:承,稟受。歲,指歲星。潛夫論卜列:“太皥木精,承歲而王。”唐瞿曇悉達開元占經卷一九五星相犯一引春秋運斗樞曰:“歲星帥五精聚于東方七宿,蒼帝以仁良温讓起。" 以立治紀:治紀,管理制度。

〔五九〕肇修文教,爲百王典:文教,指禮樂儀制及其教化。典,準則。

〔六〇〕以其載德自木,木寔麗東:載德,承受德運(王朝的氣運,即帝祚)。寔,吳本、四庫本作"實"。麗,附著,依附。 道不可尚,同乎元氣:道,理。尚,通"上",超過,謂居其前。元氣,指天地未分前的混沌之氣。 是偁太昊:偁,"稱"之古字。

〔六一〕皞皞:猶"昊昊",盛大貌。

〔六二〕少昊紀:指本書後紀七小昊青陽氏。

〔六三〕得乎中央:中央,指中庸之道。本書前紀三冉相氏曰:"中之爲道,帝王之心,即治天下之正道,而聖人所以示世入德之大方也。自成世以來,未有不本是,以爲政而能馴致於大治者。……自伏羲氏以之傳炎,炎帝氏以之傳黃,無異付也。" 別而能全:謂雖做法有不同,而能保全其道。 宿而有成:宿,積久。小爾雅廣詁:"宿,久也。"

〔六四〕羲、戲:洪本、吳本"羲"譌"義"。

〔六五〕史傳或謂服牛乘馬,因號伏犧:或,洪本、備要本譌"成"。服,通"犕",駕馭,乘。易繫辭下:"服牛乘馬,引重致遠,以利天下。"唐李筌太白陰經卷七禡馬文篇云:"古者庖犧氏作,服牛乘馬,引重致遠,以代人勞。" 取犧牲以充庖,因號庖犧:犧牲,指供盟誓、宴饗用的牲畜。庖,廚房。禮記月令孟春之月"其帝大皞"孔穎達正義引帝王世紀云:"取犧牲以供庖廚食天下,故號曰庖犧氏。"又宋司馬光稽古録伏羲氏云:"上古之民,處於草野,未知農桑,但逐捕禽獸,食其肉,衣其皮。禽獸飛走,非人所及,制之甚難,無以禦飢寒。故太昊教之爲罟網,以羅禽獸,漉水物;又教民豢養六畜,馬、牛、羊、豕、犬、雞。無逐捕之勞,可以充庖,且以爲犧牲,享神祇,故號伏羲氏,亦號庖犧氏。"

〔六六〕無作"犧"者:洪本、吳本"犧"譌"義"。

〔六七〕後世音繆:四庫本"繆"作"謬",字異詞同。 或作處犧:洪本、吳本"犧"譌"儀"。

〔六八〕風俗通義皇霸三皇引含文嘉作:"伏者,別也,變也;戲者,獻也,法也。伏羲始別八卦,以變化天下,天下法則,咸伏貢獻,故曰伏羲也。"

〔六九〕謂北斗之魁標:魁標,指北斗七星之斗及斗柄。漢書王莽傳下"立斗獻"顔師古注:"獻音犧。謂斗魁及杓末,如勺之形也。"

〔七〇〕集韻亦同桸勺:各本"桸"皆譌"稀",今訂正。集韻支韻:"桸,勺也。或作'獻'。"

〔七一〕禮器之義尊:義尊,今本禮記禮器字作"犧尊"。犧尊爲古代用于祭祀之酒器。作犧牛或其它獸形,背上開孔以盛酒。　叔獻之爲叔戲:叔獻,高辛氏(帝嚳)八才子之一。見左傳文公十八年。

〔七二〕"義"有"純"之義:彦按:故訓未見有釋"義"爲"純"者,字蓋當作"犧"。"犧"指純色牲,爲其常用義。　"獻"有"成"之意:吴本、四庫本"意"作"義"。

〔七三〕集韻定用"處戲":戲,洪本譌"虧"。彦按:集韻原文作"犧",見屋韻:"處,説文'虎兒'。古有處犧氏。亦姓。"

〔七四〕書疏謂伏義"以聖德伏物":伏,各本均譌"代",今訂正。孔氏尚書序"古者伏犧氏之王天下也"孔穎達疏:"古者以聖德伏物,教人取犧牲,故曰'伏犧'。"

〔七五〕應世:謂順應世運。

〔七六〕故潛夫論太昊之後有庖國:今本潛夫論無此。志氏姓篇云:"伏義姓風,其後封任、宿、須朐、顓臾四國。"疑所謂之庖國,即此須朐之誤。

〔七七〕今庖水在山陽平樂:庖水,即泡水。説文水部:"泡,水。出山陽平樂,東北入泗。"山陽,漢郡名。平樂,漢侯國名,治所在今山東單縣東。

〔七八〕班志更以爲"炮":漢書律曆志下,伏義皆書作"炮犧"。

〔七九〕嘼:同"獸"。備要本作"獸",洪本、吴本譌"萬"。

〔八〇〕豢育犧牲:犧牲,此指牲畜。　草鞮皮蒙:草鞮,草鞋。鞮(dī),皮鞋,泛稱鞋子。皮蒙,皮墊子,蓋爲馬鞍之前身。鹽鐵論散不足曰:"古者,庶人賤騎繩控,革鞮皮薦而已。"初學記卷二二、太平御覽卷三五九及卷四七二引鹽鐵論,"革鞮"均作"草鞮"。羅氏此處當是化用鹽鐵論文。　而下服度:服度,遵從法度。

〔八一〕世所有㖼,因存之:㖼,"言"字篆書楷化之俗寫。喬本、洪本、備要本作"㖼",吴本作"害",俱誤。此從四庫本。之,吴本脱。

〔八二〕天出文章,河出馬圖:文章,此指日月星辰運行等天空景象,天文。

馬圖，即河圖。禮記禮運“河出馬圖”鄭玄注：“馬圖，龍馬負圖而出也。”　兆三畫，著八卦：由三畫（指八卦之一卦三爻）發端，建立八卦。兆，起始，發端。著，建立。　以逆陰陽之微：逆，預測。　成神明之德，類萬物之情：成，成就，成全。類，遵循，順應。　而君民事則陰陽：則，權衡，衡量。易繫辭下：“古者包犧氏之王天下也，仰則觀象于天，俯則觀法于地，觀鳥獸之文，與地之宜，近取諸身，遠取諸物，于是始作八卦，以通神明之德，以類萬物之情。”

〔八三〕伏羲德洽上下：洽，周遍。　乃則象而作易：則象，效法。

〔八四〕壺子：名林，戰國鄭人，列子之老師。　伏羲法八極作八卦，黃帝體九竅以定九宮：八極，八方極遠之地。此指八方（四方四隅）。九竅，指耳、目、口、鼻及尿道、肛門九個孔道。體，取法。九宮，術數家所指的九個方位。即離、艮、兌、乾、坤、坎、震、巽八卦之宮，加上中央宮。　作枝幹，衍爲甲子：枝幹，“幹枝”（即“干支”）倒文。洪本、吳本“幹”作“榦”，四庫本作“榦”，通。衍，推演。

〔八五〕淳于俊：各本“俊”均譌“後”，今訂正。　高貴鄉公：即三國魏帝曹髦，公元 254—260 年在位。三國志魏志高貴鄉公紀甘露元年：“（四月）丙辰，帝幸太學，問諸儒曰：‘聖人幽贊神明，仰觀俯察，始作八卦，後聖重之爲六十四，立爻以極數，凡斯大義，罔有不備，而夏有連山，殷有歸藏，周曰周易，易之書，其故何也？’易博士淳于俊對曰：‘包犧因燧皇之圖而制八卦，神農演之爲六十四，黃帝、堯、舜通其變，三代隨時，質文各繇其事。故易者，變易也。名曰連山，似山出内［雲］氣，連天地也。歸藏者，萬事莫不歸藏於其中也。’帝又曰：‘若使包犧因燧皇而作易，孔子何以不云“燧人氏没，包犧氏作乎”？’俊不能答。”

〔八六〕易草木：謂草木榮枯變化，猶言春秋，年。　龍馬負圖：龍馬，傳説中龍頭馬身的神獸。書顧命“河圖”孔氏傳：“伏犧氏王天下，龍馬出河。遂則其文以畫八卦，謂之河圖。”

〔八七〕雨水：我國古代曆法二十四節氣之一，在公曆二月十九日前後。然伏羲時蓋尚未有廿四節氣。

〔八八〕微顯闡幽，章往察徠：闡，闡明，揭示。徠，吳本、四庫本作“來”，字異而詞同。易繫辭下：“夫易彰往而察來，而微顯闡幽。”　於是申六畫作十言:申,伸展,推衍。六畫,指易卦之六爻。十言,見下羅苹注。　于以洗心,退藏於密:洗心,洗滌心胸,净化心靈。退藏於密,退隱于静密處,謂不顯其能。易繫辭上:"聖人以此洗心,退藏于密。"

〔八九〕伏羲造六畫以迎陰陽:六畫,今本管子輕重戊作"六莝"。聞一多云:"路史注引,本不作'畫',今本乃後人妄改。知之者,原注云:'畫,舊云古"畫"字,蓋"法"字爾。古文爲"畫",亦爲"法"。'既曰'舊云古"畫"字',是字本不作'畫'明甚。疑羅氏所引仍作'莝',後人以爲古'畫'字,遂擅改之如此。"莊述祖、洪頤煊並以爲"莝"當作"金"(見郭沫若管子集校)。"金"即"法"字古文(見説文)。黎翔鳳云:"'六法'之義,與周髀合觀乃明。……古代用土圭測日,立八尺之表,每日午測其影之長短,以定二十四氣。其在天象,則觀其斗柄之旋轉。春分秋分,太陽出震入兑,秋分以後偏北,出艮入乾。春分以後偏南,出巽入坤。八卦之位,震兑不移,餘六位有變動,觀測其變動之位,是爲六法。"(見管子校注)　作九九之數而天下化之:九九,指"九九乘法",古代算術乘法名。以一至九每二數順序相乘。由九九自上而下,至于一一。

〔九〇〕伏羲作十言之教,以厚君民之别:言,同"言",喬本、洪本、吴本、備要本譌"言",此從四庫本。别,備要本譌"則"。

〔九一〕言不立文字:言,各本皆作"言",誤。今訂作"言"。

〔九二〕畫,舊云古"畫"字:前一"畫"字,疑原作"金"。見上注〔八九〕。

〔九三〕古之爲"畫",亦爲"法":彦按:此"畫"字疑亦當作"金"。説文廌部:"灋,刑也。……法,今文省。金,古文。"

〔九四〕故有"用九"、"用六":用九,易乾卦特有之爻題。謂六爻皆九。易乾"用九"高亨周易大傳今注:"漢帛書周易作'迵九'。按用當讀爲迵。迵,通也。……依古筮法,筮遇乾卦,六爻皆七,則以卦辭斷事;六爻皆九,則以用九爻辭斷事。用九猶通九,謂六爻皆九也。"用六,易坤卦特有之爻題,謂六爻皆六。易坤"用六"高亨周易大傳今注:"漢帛書周易作'迵六'。……依古筮法,筮遇坤卦,六爻皆八,則以卦辭斷事;六爻皆六,則以用六爻辭斷事。用六猶通六,謂六爻皆六也。"

〔九五〕觀象之變、爻之動:象之變、爻之動,謂爻象之變動。　於是窮天地之用,極數之原:窮,謂徹底推求,深入研究。極,與"窮"爲同義對文。數,指筮卦。左傳僖公十五年：“筮，數也。”　參天兩地而倚數：見前紀五遂人氏注〔八四〕。　以成變化而行鬼神：成，實現。行，驅使。易繫辭上：“天數二十有五，地數三十，凡天地之數五十有五。此所以成變化而行鬼神也。”

　　〔九六〕八卦而小成：小成，謂略有成就。易繫辭上：“十有八變而成卦，八卦而小成。”　因而重之：重之，謂重疊八卦而成六十四卦。洪本“重”作“褈”，蓋“褈”字之譌，褈通“重”。吳本又誤作“種”。易繫辭下：“八卦成列，象在其中矣。因而重之，爻在其中矣。”　以盡生生之理，而天地之蘊盡矣：生生，謂孳生不絶，繁衍不已。易繫辭上：“生生之謂易。”蘊，謂深奧的涵義。

　　〔九七〕先天易：昔人稱伏羲所作之易爲“先天易”。明楊慎丹鉛續録卷二三易：“周禮太卜‘掌三易之法’干令升注云：‘……伏羲之易小成，爲先天；神農之易中成，爲中天；黄帝之易大成，爲後天。’”

　　〔九八〕揚雄：喬本、洪本、吳本“揚”作“楊”，此從四庫本、備要本。揚雄法言問神：“易始八卦，而文王六十四，其益可知也。”

　　〔九九〕原始反終：探究事物發展的始末。原，推究，研究。易繫辭上：“原始反終，故知死生之説。”　神明幽贊：幽贊，暗中幫助。易説卦：“昔者聖人之作易也，幽贊於神明而生蓍。”

　　〔一〇〇〕乃窮天地之賾，極天下之動：賾，幽深奧妙。動，變化發展。　以龜爲策，以蓍爲筮：謂以龜甲、蓍草爲占卜之工具。

　　〔一〇一〕一十八變而成卦：易繫辭上：“是故四營而成易，十有八變而成卦。”高亨周易大傳今注：“筮時，三變成一爻，一卦六爻，故十八變成一卦。變謂蓍草之策數變也。”

　　〔一〇二〕鄭魴記：指鄭魴所撰禹穴碑序所記。鄭魴，唐名士。　黄帝受河圖而定玉籙，伏羲得神蓍而垂皇策：玉籙，道教典籍和符籙之美稱。垂，留下，流傳。喬本、洪本、四庫本、備要本作“乘”，吳本作“秉”。彦按：鄭氏原文作“垂”。碑文“垂”或作“乘”（見隋鄧州舍利塔下銘），因形近而譌爲“乘”或“秉”。今訂正。皇策，指周易中的八卦。策，卜筮用的蓍草。

　　〔一〇三〕垂皇策者羲：垂，各本皆譌“乘”，今訂正。孔穎達周易正義序引乾鑿度作：“垂皇策者犠”。

　　〔一〇四〕殷巫咸：相傳爲殷中宗之賢臣。

〔一〇五〕人之於事，不容無心：心，指主觀思想。　以故是非凶吉有時而繆，爰取信於無心之物爾：凶吉，吴本、四庫本作“吉凶”。繆，背戾乖違。四庫本作“謬”，字異詞同。無心之物，此指卜筮用的蓍草。

〔一〇六〕先天圖：又稱伏羲八卦圖，北宋邵雍撰。　豈止小成而已矣：吴本、四庫本無“矣”字。

〔一〇七〕出言惟辭，制器惟象，動作惟變，卜筮惟占：見僞書古三墳人皇神農氏政典。惟，爲。

〔一〇八〕亡非取於易者：吴本、四庫本“亡”作“無”。

〔一〇九〕如罔罟取離，離有麗之象：麗，附著，依附。易繫辭下：“古者包犧氏之王天下也，……作結繩而爲罔罟，以佃以漁，蓋取諸離。”王弼注：“離，麗也。”

〔一一〇〕離中虛：唐李鼎祚周易集解卷一〇引鄭玄曰：“離，外堅中虛，瓶也。”

〔一一一〕重離：指重卦離，即䷝。重卦離由兩單卦離上下重疊而成，故稱“重離”。

〔一一二〕離爲目，巽爲繩：並見易説卦。

〔一一三〕☲：喬本譌☴，洪本、吴本譌☳，今據四庫本、備要本訂正。

〔一一四〕離爲雉：見易説卦。　巽爲魚：李鼎祚周易集解卷五引虞翻曰：“巽爲魚。”

〔一一五〕自二至四有巽體，自三至五有兑體：離卦䷝自二至四爻爲☴，即單卦巽；自三至五爻爲☱，即單卦兑。　巽爲風，兑爲澤：並見易説卦。巽爲風，洪本作“兑爲□”，吴本作“兑爲羊”，俱誤。澤，吴本作“淖”，蓋亦譌字。

〔一一六〕一十三卦皆取兩象：易繫辭下解釋卦名取象，涉及離、益、噬嗑、乾、坤、涣、隨、豫、小過、睽、大壯、大過、夬凡一十三卦。所謂“皆取兩象”者，謂每卦取象均及兩事，如離卦“作結繩而爲罔罟，以佃以漁，蓋取諸離”，象畋獵與捕魚兩事；益卦“斲木爲耜，揉木爲耒，耒耨之利，以教天下，蓋取諸益”，象爲耜、爲耒兩事；等等。　學者宜即此思之：四庫本“思之”作“思之爾”。

〔一一七〕紾離象：結繩爲離卦之象。紾（zhěn），纏絞繩子，纏結繩子。廣韻獮韻：“紾，轉繩。”　法蝥狐：法，取法，仿效。蝥狐，蜘蛛網。蝥（wú），鼁蝥,蜘蛛别名。狐,通"弧",借代弧張(羅網)。周禮秋官冥氏"掌設弧張"鄭玄注:"弧張,置罘之屬,所以扃絹禽獸。" 以畋以漁:洪本、吳本、四庫本"漁"作"魚"。

〔一一八〕緫:音 suì,細而稀疏的麻布。

〔一一九〕皇圖要覽:佚書,作者不詳。

〔一二〇〕都布:亦稱苔布。一種質地粗厚的布。吳本、四庫本"布"譌作"市"。

〔一二一〕白氏帖云:白氏帖,即白氏六帖,唐白居易撰。洪本、吳本"云"譌"氏"。

〔一二二〕黃帝内傳:宋陳振孫直齋書録解題卷七著録此書一卷,云:"序云:籛鏗遊衡山得之石室。劉向校中祕書,傳於世。誕妄不經,方士輩所託也。" 乃稱織維之功:稱,興起,興辦。織維,紡織。功,事情,事業。

〔一二三〕而淮南子乃有黃帝指經縷挂之説:指經縷挂,淮南子原文作"手經指挂"。手經,謂用手拉經綫(織物的縱綫)。指挂,謂用指爲綫編結。挂,通"絓",結,打結。淮南子氾論:"伯余之初作衣也,緂麻索縷,手經指挂,其成猶網羅。後世爲之機杼勝複以便其用,而民得以撚形御寒。"高誘注:"伯余,黃帝臣也。……一曰:伯余,黃帝。"

〔一二四〕織機,功用大矣:織機,各本皆作"機織",太平御覽卷八二五引王逸機賦,作"織機"。彥按:賦名機賦,自當以作"織機"爲是。今訂正。 帝軒龍躍:帝軒,指黃帝軒轅氏。龍躍,喻稱帝王興起。語本易乾:"見龍在田,……或躍在淵。" 庚業是創:彥按:"庚業"不詞,當誤。藝文類聚卷六五、文淵閣四庫全書本太平御覽卷八二五引王逸機賦,並作"庶業是昌",蓋爲王賦原貌。然考中華書局 1960 年據上海涵芬樓影印宋本複製重印之太平御覽,則亦作"庚業是創",可知其誤已久矣。

〔一二五〕古者衣皮:四庫本"皮"作"被",誤。 特衣裳未辨:古時衣服,上衣稱"衣",下裙稱"裳"。

〔一二六〕羲炎:謂伏羲與炎帝。 至黃帝而袞章等衰大立:袞章,袞衣(古代帝王及上公穿的繪有卷龍的禮服)上的紋樣。等衰,猶等差。

〔一二七〕三禮義宗:書名。南朝梁崔靈恩撰。

〔一二八〕罷龍時瑞:龍爲當時祥瑞。罷(líng),同"靇",説文龍部:"靇,龍也。" 百師服皆以龍名:百師,百官。服,職務,職位。

〔一二九〕文耀鉤:耀,喬本、洪本、吳本作"濯",四庫本作"躍",皆誤。今據備要本訂正。

〔一三〇〕周禮疏序:即周禮正義序,唐賈公彦等撰。

〔一三一〕郯子以爲龍紀:郯子,春秋郯國國君。説文邑部:"郯,東海縣,帝少昊之後所封。"左傳昭公十七年:"秋,郯子來朝,公與之宴。昭子問焉,曰:'少皞氏鳥名官,何故也?'郯子曰:'吾祖也,我知之。昔者黃帝氏以雲紀,故爲雲師而雲名;炎帝氏以火紀,故爲火師而火名;共工氏以水紀,故爲水師而水名;大皞氏以龍紀,故爲龍師而龍名。'"

〔一三二〕杜君卿:即唐杜佑(字君卿)。爲政書巨著通典作者。通典卷一九職官一:"伏羲氏以龍紀,故爲龍師名官。"注:"師,長也。龍紀其官長,故爲龍師。春官爲青龍,夏官爲赤龍,秋官爲白龍,冬官爲黑龍,中官爲黃龍。"

〔一三三〕作爲龍書,以立制號,而同文:龍書,書體名。制號,制度號令。同文,統一文字。

〔一三四〕字源:唐書法家韋續撰。

〔一三五〕稽夬象,肇書契:稽,考,研究。肇,開始。書契,書寫契刻,謂使用文字。

〔一三六〕百官以治,萬民以察,而文籍繇是興矣:以治,謂據之進行治理。以察,謂據之審察事理。繇,通"由"。四庫本作"由"。易繫辭下:"上古結繩而治,後世聖人易之以書契,百官以治,萬民以察。蓋取諸夬。"

〔一三七〕言有虞氏官五十者,孤矣:"有虞氏官五十",禮記明堂位文。孤,遠。吳本、四庫本作"誣",疑非羅氏原文。

〔一三八〕於是盡地之制,分壤時穀以利國用:制,限度。分壤,區分土壤。時,通"蒔",種植。利,喬本、洪本、備要本作"制",吳本、四庫本作"利"。後者義長,今從之。作"制"疑涉上文"制"字而誤。

〔一三九〕董逌:南宋藏書家、鑒賞家。

〔一四〇〕庸委師於宛華:庸,因此。委師,委心師事。

〔一四一〕爰興神鼎:興,造。

〔一四二〕此所引史記封禪書,文字上與原文略有出入。　一統天地,萬物所繫終也:史記原文作:"一者壹統,天地萬物所繫終也。"　嘗鬺饗上帝鬼神:嘗,曾經。鬺(shāng),烹煮。饗,通"享",祭祀。彦按:今本史記文作:"皆嘗亨鬺上帝鬼神。"疑"亨鬺"二字爲"鬺亨"倒文。"亨"宜讀"享",裴駰集解引徐廣曰"亨,煮也",亦非其義。

〔一四三〕漢志師古云:"泰帝,伏羲也":漢志,指漢書郊祀志上。顏注原文作:"泰帝者,即泰昊伏羲氏也。"

〔一四四〕制郊禪:謂制訂郊禪之禮儀。郊,古帝王祭祀天地。禪,古代帝王祭祀土地山川。　庖犧登鼉:庖,通"炰",把帶毛的肉用泥裹住放在火上燒烤。犧,祭祀用的牲畜。登,獻。　使鬼物以致羣祠,而升薦之:鬼物,晉王嘉拾遺記作"鬼神"(見下注)。彦按:改"鬼神"爲"鬼物",誠非其義。致,至。祠,祠堂,廟宇。升薦,進獻。

〔一四五〕拾遺記春皇庖犧:"使鬼神以致羣祠,審地勢以定川岳,始嫁娶以修人道。庖者,包也,言包含萬象;以犧牲登薦於百神,民服其聖,故曰庖犧。"

〔一四六〕崔氏政論:崔氏,指東漢政論家崔寔。政論,各本均譌"正論",今訂正。　甚妄:洪本"甚"譌"其"。

〔一四七〕正姓姺,通媒妁,以重萬民之麗:姺,通"氏",吳本、四庫本譌"姺"。媒妁(shuò),説合婚姻的人,媒人。麗,匹,謂婚配。

〔一四八〕示合姓之難拼,人情之不瀆:合姓,謂合二姓爲婚姻。指婚娶。難,謂不輕易。拼,拼合,合在一起。瀆,通"嬻",褻瀆,輕慢。

〔一四九〕説文鹿部麗:"禮'麗皮納聘',蓋鹿皮也。"

〔一五〇〕以儷皮爲禮:儷皮,成對的鹿皮。儀禮士冠禮"儷皮"鄭玄注:"儷皮,兩鹿皮也。"

〔一五一〕白虎通義作"离",云:"雙皮也":此所引白虎通義見嫁娶篇,原文作:"離皮者,兩皮也。"

〔一五二〕禮外傳:即禮記外傳,唐成伯璵撰。　伏羲以儷皮爲幣:幣,指聘問所獻之禮物。

〔一五三〕漢武之皮幣:漢武帝元狩四年(前119)發行的用白鹿皮製成的

貨幣。　緣以藻繢,王侯朝以薦璧者:緣,鑲邊,緄邊。藻繢,彩色圖案的繡紋。繢(huì),指彩色的花紋圖案。薦,墊。璧,洪本、吳本譌"壁"。　史記平準書:"乃以白鹿皮方尺,緣以藻繢,爲皮幣,直四十萬。王侯宗室朝覲聘享,必以皮幣薦璧,然後得行。"

〔一五四〕見公羊傳莊公二十二年"冬,公如齊納幣"何休注。　玄纁:黑色和淺紅色的布帛。

〔一五五〕義:名分。

〔一五六〕仰視俯觀:謂從天地取法。仰,洪本作"卬",吳本遂譌""。棘幣:伏羲時銅幣名。

〔一五七〕好員法天,肉方法地,以益輕重,以通有亡:好(hǎo),玉璧或錢幣中間之孔。員,"圓"之古字。肉,當中有孔的玉璧或錢幣之邊體。益,通"權",稱量,衡量。洪本、吳本、四庫本譌"盍"。亡,通"無"。

〔一五八〕昔寶鼎尉王鎛家有一布:寶鼎,縣名,治所在今山西萬榮縣榮河鎮寶井村。王鎛,備要本作王鑄,明胡我琨錢通卷七、清倪濤六藝之一錄卷二〇歷代刀布、清乾隆敕撰錢錄卷一均作王鑄,未知孰是。布,古代銅鑄貨幣,狀若鏟形。　首廣五分:洪本、吳本"分"譌"爲"。　面文作"行昊":彥按:此所謂"行昊",明胡我琨錢通卷七所摹,作。　幕文作"引":幕(màn),金屬幣的背面。彥按:此所謂"引",錢通卷七所摹,作。　李彥美:其人不詳,待考。

〔一五九〕錢書目爲異布:目,視。異布,奇幣。異,謂罕見,不平常。

〔一六〇〕董令昇:即董棻(字令昇)。宋吏部員外郎,董逌子。

〔一六一〕三五:指三王五帝。　睥睨:音 pì nì,城牆上呈凹凸形的短牆,又稱女牆。

〔一六二〕而坦之則"人"也:此言布幣平鋪之,其形有如"人"字。坦,謂平鋪。

〔一六三〕豈若後世之苟簡哉:苟簡,隨便簡率。哉,吳本、四庫本作"也哉"。

〔一六四〕察六氣,審陰陽,以賚之身:六氣,指寒、熱、燥、濕、風、火六種自然氣候變化現象。古人認爲六氣爲引起疾病之外因。賚之身,謂使身體受益。賚(lài),賞賜,賜予。　而四時水火隮降得以有象,百病之理得以有類:象,徵兆,迹象。理,治,治療。類,方法,法則。方言卷一三:“類,法也。”

〔一六五〕於是嘗草治砭,以制民疾:嘗草,口嘗藥草。治砭,用石鍼治病。砭(biān),古代治病用的石鍼。制,控制。

〔一六六〕孔叢子:舊題漢孔鮒撰。

〔一六七〕伯禹治水,猶資鯀九載之功:伯禹,即夏禹。備要本“禹”譌“禹”。資,借助。鯀(gǔn),禹父;奉堯命治水,用築堤堵水之法,九年未成,被舜流放于羽山。洪本、吳本、四庫本作“鮌”,同。　黃帝制宮,亦藉古茅簷之制:制宮,建造房舍。藉,憑藉。洪本作“籍”。茅簷,茅屋。

〔一六八〕羲炎二聖既盡其性,而後世猶有攻嘗之患:盡其性,謂盡知藥草之性。攻嘗,謂辨察品嘗(藥草)。患,禍害。　咀虫蛆,齧草木,而宮嬪多致死者:此謂宮嬪多有先爲帝王嘗藥而中毒死者。傳統中醫,虫蛆、草木,多可入藥。　況不爲之度邪:度,考慮,謀劃。

〔一六九〕太昊制九針以拯夭枉:夭枉,短命早死的人。吳本、四庫本、備要本皆譌“天枉”。

〔一七〇〕岐伯:黃帝時名醫。

〔一七一〕靈樞:見前紀六中皇氏注〔七〕。

〔一七二〕後代以針:針,指金針(金屬針)。

〔一七三〕高氏之山多砭:山海經東山經:“又南四百里,曰高氏之山,其上多玉,其下多箴石。”

〔一七四〕真源賦:各本“源”均作“原”。彥按:路史羅苹注文共十一次引此書,除此處外,餘十處皆作“真源賦”。今據以訂正。　廣成子以靈飛六甲籙、八卦鎮方籙及卜法授伏羲:廣成子,古代傳説中的仙人。及,各本皆作“乃”,不辭。明董斯張廣博物志卷九引真源賦,作“及”,今據以訂正。

〔一七五〕合五緯,建五氣:合,核驗,對照。五緯,指金、木、水、火、土五星。建,提出。五氣,指五行之氣。　消息禍福,以爲之元:消息,斟酌。爲之元,爲之建元。古代術數家認爲,物質世界按五行遞次更代,周而復始,一個周期之始謂之“元”。

〔一七六〕春秋内事:漢代緯書,春秋緯之一種。

〔一七七〕斯失類矣:類,事理。

〔一七八〕莁："筮"字俗體。四庫本、備要本作"筮"。

〔一七九〕乃迎日推策相剛：推策，以蓍草或竹籌推算曆數。相，觀察。剛，星名。即天罡，北斗七星之柄。　建造甲子以命歲時：命，命名，稱呼。歲時，歲月，時間。　配天爲幹，配地爲枝：幹，即天干。枝，即地支。　枝幹配類，以綱維乎四象：綱維，繫連，聯結。四象，指春、夏、秋、冬四時。

〔一八〇〕故情僞相感，而星辰以順則：情僞，謂名實。歲時乃客觀存在，爲"情"（真實）；甲子乃人爲建造，爲"僞"。相感，猶言"互動"。順則，順從法則。

〔一八一〕漢曆志伏羲有甲子元曆：彦按：今本漢書律曆志無此，它書亦不見伏羲有甲子元曆之説。羅氏所言，不知何據。

〔一八二〕陳鳴：其人不詳，待考。

〔一八三〕大撓：黃帝史官。洪本、吴本、四庫本"撓"作"橈"。下句"撓"字同。

〔一八四〕納音：古以五音（宫、商、角、徵、羽）十二律（黄鐘、太簇、姑洗、蕤賓、夷則、無射、大吕、夾鐘、仲吕、林鐘、南吕、應鐘）相配爲六十音，與六十甲子相應，按金、火、木、水、土五行之序旋相爲宫，稱爲納音。

〔一八五〕歲、月、日、時亡易：亡易，不變，皆同。四庫本"月日"作"日月"，非。

〔一八六〕于作旋蓋：于是創立周天曆度。旋，周旋，圓轉。蓋，借代天。因天像蓋笠，故稱。

〔一八七〕隨志：指隋書天文志上。下文所引，與隋書原來文字略有異同。吴本、四庫本"隨"作"隋"。　周髀：又稱周髀算經，我國最古老的天文學和數學著作。　本包羲氏立周天度：吴本、四庫本"包羲"作"庖犧"。隋書此句作"其本庖犧氏立周天曆度"。　其傳則周公受之於商：周髀算經卷上："昔者，周公問於商高曰"。漢趙爽注："商高，周時賢大夫，善筭者也。"今本隋書此句作"其所傳則周公受於殷商"，當衍一"殷"字，蓋誤以爲朝代名矣。　周人志之，謂之周髀：各本"志"均譌"制"，今據隋書訂正。　皆中高而四下：喬本"皆"譌"背"，今據餘諸本改。隋書此句作"天地各中高外下"。

〔一八八〕周髀筭經：筭，吴本作"筮"，四庫本作"算"，同。　古者包羲立周天歷度：吴本"歷"作"曆"。下"歷度"之"歷"同。　趙君卿：東漢數學家，曾注周髀算經。　　建章蔀之法：章蔀，古曆法計算單位。古代治曆，十九年置七閏月，爲一章，四章（七十六年）爲一蔀，二十蔀（千五百二十年）爲一紀，三紀（四千五百六十年）爲一元。後漢書律曆志下云："月分成閏，閏七而盡，其歲十九，名之曰章。章首分盡，四之俱終，名之曰蔀。"

〔一八九〕後揚雄、洛下閎、張衡之流俱衍渾天之説，而蓋遂廢：揚雄，喬本、洪本、吳本"揚"作"楊"，此從四庫本及備要本。洛下閎，也作落下閎，西漢天文學家。張衡，東漢天文學家。衍，推演，傳播。渾天，我國古代關於天體的一種學説。認爲天地的形狀渾圓如鳥卵，天包地外，就像殼裏卵黃一般。天半在地上，半在地下，其南北兩極固定在天的兩端，日月星辰每天繞南北兩極的極軸旋轉。蓋，指蓋天説。

〔一九〇〕著躔舍：著，顯示。躔舍，猶躔次。指日月星辰在運行軌道上的軌迹、位置。

〔一九一〕畸：音ㄐㄧ，餘數，零頭。

〔一九二〕筭周天度説：筭，吳本、四庫本作"算"，備要本作"筭"，同。

〔一九三〕九部：猶九州。部，行政區劃名。

〔一九四〕易卦坤靈圖：彦按："卦"當作"緯"。漢代緯書，易緯之一種。

〔一九五〕律法：律吕的法則。洪本作"瀘律"，吳本作"法律"，俱誤。

〔一九六〕續志：指晉司馬彪續漢書律曆志上。　　宓義：吳本、四庫本作"宓義"。　　太簇爲商：四庫本"太"作"大"，亦宜讀"太"。　　林鍾爲徵：洪本、吳本"徵"作"祉"，非是。下"變徵"之"徵"同。　　此聲氣之元：元，起源，根本。

〔一九七〕世言黃帝始作律吕者，繆矣：黃帝，喬本、洪本、備要本作"黃"，無"帝"字。此從吳本及四庫本。繆，四庫本作"謬"。

〔一九八〕以譣其符：譣，驗證。四庫本作"驗"，字異詞同。

〔一九九〕班志：指漢書律曆志上。　　太簇爲人統：洪本、吳本、四庫本"太"作"大"。

〔二〇〇〕太公龍韜：太公，指姜太公。龍韜，舊傳太公所撰兵法六韜之一。　　六甲之分：六甲，猶干支、甲子。分，稟性，本質。　　此五行之符，佐勝之術：符，謂效驗。吳本、四庫本"術"下有"也"字。

〔二〇一〕矢正爻以配氣：矢，施，使用。正爻，指八單卦之爻。每卦三爻，凡二十四爻。氣，指節氣。

〔二〇二〕伏羲推列三光，建分八節：推列，推算排列。三光，指日、月、星。建分，分建。八節，指立春、立夏、立秋、立冬、春分、夏至、秋分、冬至八個節令。

〔二〇三〕置重爻以抵日：重爻，重卦之爻，重卦每卦六爻。洪本、吳本“重”作“襌”，蓋“襌”字之譌。抵，對應。宋朱元昇三易備遺卷六諸家卦氣直日本末：“又有南康戴師愈者僞麻衣易，謂一歲三百六十而爻數三百八十四，是二十四爻爲餘也。蓋八卦互相合體以立諸卦，則諸卦者，八卦在其中矣；而又有八純卦，則其合體八卦爲重復，而二十四數爲疊也。故三百六十爲正爻，與每歲之數合，而三百八十四與閏歲之數合。”　以作甲歷：甲歷，即甲曆，用甲子記載歲時的日曆。

〔二〇四〕并其偶畫，爲三十六：偶畫，指陰爻。陰爻由兩短橫畫構成，故稱偶畫。八卦二十四爻中，陰爻、陽爻各占十二。而十二陰爻皆爲偶畫，凡得二十四畫；加上十二陽爻，則爲三十六矣。

〔二〇五〕四六亦二十四，是爲坤一爻之策：策，卜筮用的蓍草。宋邵雍皇極經世書觀物外篇上曰：“天之變六，六其六得三十六，爲乾一爻之策。……地之體四，六其四得二十四，爲坤一爻之策。”

〔二〇六〕六六三十六，四九亦三十六，是爲乾一爻之策：“六六三十六”者，詳見上注。“四九亦三十六”者，四代表四象（指春、夏、秋、冬四時），九爲老陽之數。宋鮑雲龍天原發微數原云：“蓋易有因法：乾用老陽九；坤用老陰六；大衍用四，四象之數。四因九得三十六，是爲乾一爻之策數。……四因六得二十四，是爲坤一爻之策數。”因，古代數學用語，猶今言“乘”。大衍，指周易之算卦推演。

〔二〇七〕數可合，故爲者三八，重之得四十八：此謂卦爻之數可以相加。故單卦每卦三爻，八卦凡二十四爻，若重卦則得四十八爻。　加一而成衍四九：衍四九，指大衍所用之數。易繫辭上：“大衍之數五十，其用四十有九。”

〔二〇八〕乘之得七十二：乘，加。此謂八單卦之總爻數二十四加上八重卦之總爻數四十八，則得七十二之數。　以應五日之候：候，古代計時單位。五日爲一候。清阮葵生茶餘客話卷十三：“五日一候，積六候而成月，歲則有七十二候。”

〔二〇九〕以應當期之日:應當,對應。期(jī),一周年。　非爲六十四卦之爻:每卦六爻,“六十四卦之爻”指三百八十四之數。

〔二一〇〕甲日寅辰:謂干支在甲寅。日、辰分別指天干、地支。論衡詰術云:“日十而辰十二,日辰相配,故甲與子連。”

〔二一一〕立三十二易草木而河圖出:三十二,吳本作“二十二”。　又二十二易草木而造天書:二十二,四庫本作“三十二”。天書,蓋謂八卦圖。

〔二一二〕是伏羲以庚寅歲生,庚申即位,與國家啓運之年合:喬本、備要本于“國家”前空二字之位。洪本則該處爲墨丁。又四庫本“國家”譌作“周家”。啓運,開啓世運,謂(國家)創建。彥按:宋太祖趙匡胤代後周稱帝建立宋王朝之年在公元960年,是年干支恰逢庚申。

〔二一三〕木盛於卯:古陰陽家將十二地支與五行相配,以爲寅、卯屬木,木生于寅而盛于卯。　以卯之辰陞敷教之臺,聽八風,民授始:敷教,布施教化。八風,八方之風氣。民授始,謂嚮百姓頒告歲首。

〔二一四〕伏羲:洪本“羲”譌“義”。　山墳:三墳三目之一。吳本、四庫本作“三墳”。

〔二一五〕須彌:梵語 sumeru 的譯音。原爲古印度神話中的山名,即須彌山。後爲佛教所采用,指一個小世界的中心。山頂爲帝釋天所居,山腰爲四天王所居。四周有七山八海、四大部洲。

〔二一六〕晉之趙城:晉,州名。趙城,在今山西洪洞縣趙城鎮東北。　然云居此臺伏牛乘馬而名,其言不類:伏,通“犕”,駕馭。不類,不合事理。太平寰宇記卷四三晉州趙城縣:“伏牛臺,在縣南十五里。按帝王世紀曰:‘伏羲,風姓,蛇身人首,常居此臺,伏牛乘馬,故曰伏牛臺。’”

〔二一七〕謂君資於民,民安子安,民危子危:資,藉助,依靠。子,第二人稱代詞,相當于“您”。此指“君”。

〔二一八〕乃絀神明,開肺意,舉六佐以自策:絀,通“黜”,貶退,此謂摒除。神明,謂心智。黃帝内經素問靈蘭祕典論:“心者,君主之官也,神明出焉。”肺意,肺腑,心扉。意,通“臆”。六佐,即下文所稱之金提、鳥明、視冒、紀侗、仲起、陽侯六人。策,鞭策,督促。

〔二一九〕二八目：當作四八目，即集聖賢羣輔録之別稱。

〔二二〇〕繇俗：安撫民衆。繇，“綏”字俗體。　指苫蓋，謹窖臧：登上茅草屋頂，塗塞地窖隙縫。二句互文，表示修葺茅屋、地窖之意。指，通“詣”，至。謹，通“墐”，用泥土塗塞。臧，“藏”之古字。　以靖敷民：靖，安定。敷，給予。

〔二二一〕提，名：吳本、四庫本“名”作“民”，蓋由音譌。

〔二二二〕藝祖皇帝：指宋太祖趙匡胤。藝祖，典出書舜典“格于藝祖”，孔氏傳：“藝，文也。”顧炎武日知録卷二四以爲：“（藝祖）是歷代太祖之通稱也。”喬本、備要本于“藝祖”前空二字之位。洪本則該處爲墨丁。

〔二二三〕命鳥明建方：方，竹木編成的筏。　泭窾木，絶港道：用挖空的木頭作木筏，橫渡小河道。泭（fú），竹筏，木筏。絶，橫渡，越過。　以濟不通：濟，救助，解決（困難或問題）。　奠八方，旌九位，而分九土：奠，確定。旌，識別，辨明。九位，猶九宫。見上注〔八四〕。九土，猶九州。

〔二二四〕法語：書名。南唐劉鶚撰。

〔二二五〕共工氏霸九州：語見漢書郊祀志上。　帝嚳若黄帝：若，與。黄帝，洪本、吳本“黄”譌“廣”。

〔二二六〕視地之壙，物之夥，其爭日大，勢不可以偏制而獨任：壙，廣大，遼闊。夥，多。偏制，指獨自控制。晉陸機五等論：“夫先王知帝業至重，天下至曠，曠不可以偏制，重不可以獨任，任重必於借力，制曠終乎因人。故設官分職，所以輕其任也；並建五長，所以弘其制也。”　於是經國謀賢，以極治寄而閎法制，故不慮不圖而人正：經國，治國。謀賢，求賢。四庫本“謀”作“求”。治寄，指在國家治理上對官員之依賴。寄，委託，依賴。人正，謂百姓走正道。人，民。

〔二二七〕按神農已伐補遂、攻夙沙：已，四庫本作“以”，非。補遂，古國名。戰國策秦策一：“昔者神農伐補遂。”高誘注：“補遂，國名也。”夙沙，古部落名。在今山東膠東地區。吕氏春秋用民：“夙沙之民，自攻其君而歸神農。”高誘注：“夙沙，大庭氏之末世也。”　伏羲時已有紀侯、陽侯：吳本、四庫本無“已”字。伏羲時已有紀侯，其事不詳。已有陽侯，則見戰國策韓策二“塞漏舟而輕陽侯之波”宋鮑彪注：“説陽侯多矣，今按四八目，伏羲六佐，一曰陽侯，爲江海。蓋因此爲波神歟？”

〔二二八〕宋衷：四庫本“宋”譌“家”。

〔二二九〕命視冒爲賵，志災惡，察虛實，居百賵，以平民：爲賵，理財。賵（shèng），財富。志，記録。災惡，災害。居，儲積。百賵，各種貨物。玉篇貝部賵：“亦古‘貨’字。”平，安定。

〔二三〇〕視墨：即視冒。

〔二三一〕命紀侗中職，定于中邦：中職，謂任内職，即供職禁中之朝廷重臣。定，謂安撫。中邦，國之中，蓋指京師地區。

〔二三二〕大江：即長江。

〔二三三〕許叔重：即東漢文字學家許慎（字叔重）。此所引許氏語見淮南子覽冥篇“陽侯之波”注，原文作：“陽侯，陵陽國侯也。其國近水，伏水而死。”此注之撰者或以爲高誘，或以爲許慎，已不可考。

〔二三四〕應劭謂以罪自沈：見漢書揚雄傳上“陵陽侯之素波兮”顔師古注引應劭曰，原文作：“陽侯，古之諸侯也，有罪自投江，其神爲大波。”

〔二三五〕宣和博古圖有陽侯彝：宣和博古圖，書名。宋王黼撰。洪本“博”譌“傅”。彝，古代青銅祭器之通稱。

〔二三六〕六佐職而天地位，陰陽得：職，謂履職。天地，泛稱天下萬物。位，謂居其本位。得，融洽，投合。

〔二三七〕體春穢：體，取法，效法。春穢，泛指四時。各本“穢”均作“穛”。彦按：“春穢”不辭。“穛”當作“穢”。“穢”爲“秋”字或體，形近因譌“穛”。今訂正。　威懷：威服與懷柔。謂恩威並施。

〔二三八〕太白陰經：唐李筌撰。　伏羲以木爲兵，神農以石爲兵，蚩尤以金：四庫本“以金”作“以金爲兵”。此引自太白陰經器械篇。原文作：“包犧氏之時剡木爲兵，神農氏之時以石爲兵，……蚩尤之時鑠金爲兵。”

〔二三九〕藤州：治所在今廣西藤縣東北。

〔二四〇〕蹇脩爲士，以之御敗而下情至：士，掌管刑獄訴訟之官。御敗，對付壞人壞事。御，通“禦”，抵禦，對付。敗，壞，不好。

〔二四一〕命蹇脩以爲理：見楚辭離騷，原文“命”作“令”。　五臣：指注釋文選的唐吕延濟、劉良、張銑、吕向、李周翰五人。　洪慶善：即楚辭補注作者宋洪興祖（字慶善）。　謂爲媒理：媒理，媒人。

〔二四二〕士主萬民之判:吴本“主”譌“生”。

〔二四三〕謇吾法夫前修:謇,助詞,無實義,各本均作“簡”;夫,各本均作“乎”:並誤。今據離騷原文訂正。修,喬本、備要本作“脩”。然據下文“‘修’‘脩’字異,蓋異事”語,知此處當與褰脩之“脩”字有別,宜作“修”,今從洪本、吴本、四庫本作“修”。　何博謇而好修:謇,文選五臣注本其字如此。李善注本及楚辭王逸章句本、洪興祖補注本皆作“謇”。游國恩纂義引馬其昶曰:“博謇,謂謇諤之甚。”謇諤,正直敢言。修,喬本、洪本、備要本作“脩”,此從吴本及四庫本(原因同上)。

〔二四四〕“修”“脩”字異:吴本、四庫本“修脩”作“修修”,非是。

〔二四五〕五臣作“謇”:彦按“謇”當作“褰”。今考文選離騷經“汝何博謇而好脩兮”六臣注本出注云:“五臣作‘褰’。”

〔二四六〕於是龢率萬民:龢率,團結並率領。　因水居方而置城邑:因,依,傍靠。方,旁邊,一側。

〔二四七〕城池斯立:四庫本“斯”作“既”,非。

〔二四八〕故史記言黄帝爲五城:史記孝武本紀:“方士有言‘黄帝時爲五城十二樓,以候神人於執期,命曰迎年’。”　而氾勝之書記:“神農之教,雖有石城湯池、帶甲百萬,然而無粟,則不能守也”:氾勝之書,西漢農學家氾勝之撰。各本均脱“之”字,今補。粟,喬本、洪本、吴本、備要本皆譌作“梁”,今據四庫本訂正。藝文類聚卷八五百穀部粟引氾勝之書曰,作:“神農之教,雖有石城湯池、帶甲百萬,而無粟者,弗能守也。”　是炎黄已城池矣:“已”下疑脱“有”字。

〔二四九〕黄得襄城小童:太平御覽卷六七九引金簡玉字經曰:“黄帝受襄城小童步六紀之法。”水經注卷二一汝水:“汝水又東南逕襄城縣故城南。王隱晉書地道記曰:楚靈王築。……後乃縣之。吕后元年,立孝惠後宫子義爲侯國,王莽更名相成也。黄帝嘗遇牧童于其野,故嵇叔夜讚曰‘奇矣難測,襄城小童。倦遊六合,來憩兹邦’也。”水經注此處所言之襄城,在今河南襄城縣。

〔二五〇〕世本蓋因吕春秋言縣以尾爲城而誤之:彦按:“尾”當作“角”。吕氏春秋行論:“堯以天下讓舜。鯀爲諸侯,怒於堯曰:‘得天之道者爲帝,得地之道者爲三公。今我得地之道,而不以我爲三公!’以堯爲失論。欲得三公。

怒甚猛獸，欲以爲亂。比獸之角，能以爲城；舉其尾，能以爲旌。召之不來，仿
佯於野以患帝。”

〔二五一〕特狀縣之兇惡爾：四庫本“兇”作“凶”。又吳本、四庫本“爾”前
有“焉”字。

〔二五二〕百令具舉，乃命董龍氏職圖文，因尊事以爲禮儀：舉，施行。職，
掌管。圖文，各本“文”皆作“父”。彦按：“圖父”不辭。“父”當“文”字形近而
誤，今訂正。尊事，尊敬地對待。以爲禮儀，使他製訂禮儀。

〔二五三〕徠翔：飛來。

〔二五四〕荒樂：猶廣樂，大樂，謂盛大之樂。荒，大。

〔二五五〕辨樂論：書名。三國魏夏侯玄撰。　時則有罔罟之歌：吳本、四
庫本“罔”作“網”，同。

〔二五六〕兔園策：古蒙書。又稱兔園册府。唐杜嗣先撰。　故作樂以鎮
之：鎮，安撫。　故宣正聲以檢之：宣，散發，發出。正聲，純正的樂聲。檢，約
束，限制。

〔二五七〕立其：即立基。

〔二五八〕以立基爲立本：此避唐玄宗李隆基諱。　大淵爲大泉：此避唐
高祖李淵諱。

〔二五九〕繩絲：繩，糾合。

〔二六〇〕琴操：操，吳本作“捼”，四庫本作“捺”，同。下“蔡氏琴操”、“操
駕辨”之“操”同。　邪辟：品行不端之人。辟，“僻”之古字。　心淫：淫，邪。
吕氏春秋音初“世濁則禮煩而樂淫”高誘注：“淫，邪。”

〔二六一〕盧仝：唐詩人。　五音六律十三徽：十三，各本均謁“十二”，今
據全唐詩、萬首唐人絶句訂正。徽，古琴面板上方從岳山（琴首）到龍齦（琴
尾）的一排用螺鈿或金玉等鑲嵌的圓星點，共十三個，其作用是標記音位，即指
示按絃位置。　龍吟鶴響思庖羲：洪本、吳本、四庫本“鶴”作“崔”，吳本、四庫
本“羲”作“犧”。

〔二六二〕事源：即事原，唐劉孝孫撰。

〔二六三〕中華古今注：五代馬縞撰。　琴式：佚書。撰者不詳。　郭璞
又云十絃：彦按：羅氏此説不知何據。今考爾雅釋樂“大琴謂之離”郭璞注則

曰:“或曰琴大者二十七絃,未詳長短。廣雅曰:‘琴長三尺六寸六分,五絃。’”

〔二六四〕切竊伏羲以木王者:切,通“竊”,私下。用作謙詞。　　三與八者,木之數也:參見前紀六柏皇氏注〔五六〕。

〔二六五〕見廣雅釋樂。文淵閣四庫全書本廣雅文作:“伏羲氏琴長七尺二寸,上有五弦。”

〔二六六〕蔡氏琴操:蔡氏,指東漢蔡邕。

〔二六七〕徽天音,操駕辨:徽,通“揮”,彈奏。天音,喻稱美妙之音樂。操,彈奏。　　以通神明之況:神明,指人的精神,心靈。況,通“皇”,美。

〔二六八〕伏羲駕辨:辨,通“辯”。楚辭大招:“伏戲駕辯、楚勞商只。”王逸注:“駕辯、勞商,皆曲名也。”　　吳都賦:西晉左思撰。四庫本“都”譌“通”。劉淵林云:伏羲作琴,制此曲:見文選左太沖吳都賦李善注引。劉淵林,即晉侍中劉逵(字淵林)。

〔二六九〕緪桑爲三十六絃之瑟:緪桑,猶“繩絲”。緪,同“緪”,音 gēng,繃急。桑,借代蠶絲。參見上注〔二五九〕。

〔二七〇〕灼土爲塤:灼土,燒土。塤,即壎,一種陶製吹奏樂器。

〔二七一〕蓋瑟屬陰,故用十六之數:彦按:“十六之數”與“三十六絃”不相應。“十六”當作“六六”。六六得三十六;且六爲陰數,見於周易,亦與“瑟屬陰”相合。宋陸佃埤雅卷一釋魚曰:“龍八十一鱗,具九九之數;九,陽也。鯉三十六鱗,具六六之數;六,陰也。”正可爲佐證。

〔二七二〕包義:四庫本“包”作“庖”。　　具二均聲:謂具備兩個十二律的音階。均,見前紀八祝誦氏注〔一五五〕。

〔二七三〕小司馬三皇紀:指唐司馬貞補史記三皇本紀。　　小史:指唐高峻高氏小史。

〔二七四〕揚雄玄爲論:揚雄,喬本、洪本、吳本“揚”作“楊”,此從四庫本、備要本。玄爲論,各本“玄”均譌“主”,吳本“論”又譌“諭”,今據梁陶弘景真誥卷一七握真輔引訂正。　　心與治游乎太和:理想與政治處於高度和諧之狀態。　　神與化蕩乎無境:精神與教化作用于無意識中。　　非牙曠不能以爲神:牙曠,伯牙和師曠。二人皆春秋時精通音樂之人。伯牙善鼓琴,師曠善辨音。

弓矢質的之具,非羿逢不能以爲妙:質的,箭靶。羿逢,羿和逢蒙。二人皆古之善射者。逢,音 páng。孟子離婁下:“逢蒙學射於羿,盡羿之道,思天下惟羿爲愈己,於是殺羿。”

〔二七五〕隨志又云二十七絃:隨志,指隋書音樂志下。隨,通“隋”。四庫本作“隋”。 乃爾雅之所謂灑:爾雅釋樂:“大瑟謂之灑。”郭璞注:“長八尺一寸,廣一尺八寸,二十七絃。”

〔二七六〕負方州,抱員天:謂胸懷天地。方州,指大地。員,同“圓”。文子精誠篇:“虙犧氏之王天下也,……負方州,抱員天。” 體泰乙,統乾元:體現大道,包含至善。易乾象辭:“大哉乾元!”高亨周易大傳今注:“謂大哉天德之善。”

〔二七七〕紹天體寂:秉承天意,奉行無爲。體,履行。漢書翟方進傳:“乃紹天明意。”顏師古注:“紹,承也。”莊子大宗師:“其心忘,其容寂。”王先謙集解引宣穎曰:“寂,無爲。” 明一垂策:明白至道,傳下著策。

〔二七八〕枕方而寢繩:枕方石而睡繩牀。各本均作“寢方而枕繩”,“寢”“枕”二字誤易其位,今訂正。文子精誠篇:“虙犧氏之王天下也,枕方寢繩。”
蕩乎亡竟:遊蕩于虛無之境。 以因應而覺悟乎天地之間:因應,順應。

〔二七九〕不沽巧而尚行:沽巧,賣弄乖巧。巧,乖巧,機靈,小聰明。尚行,崇尚實幹。 惟以道化:化,教化,教育。

〔二八〇〕干進:要求官職。吳本“干”譌“于”。 洪寧:大安,謂長治久安。 官亡共備之民而死不用郭:共備,供給使喚。共,讀爲“供”。備,通“服”,用,使用。郭,通“槨”,外棺。 鳥嘼虫蛇懷于爪毒:嘼,備要本作“獸”,同;洪本、吳本作“萬”,誤。虫,吳本作“虫”,俗譌;四庫本作“蟲”,同。懷,隱藏。爪,喬本、洪本、四庫本作“爪”,乃俗體;吳本作“厷”,備要本作“瓜”,誤。文子精誠篇:“當此之時,禽獸蟲蛇無不懷其爪牙,藏其螫毒。”

〔二八一〕陰陽之所雝沈不通者,竅理之:雝沈,猶壅滯;謂阻隔,堵塞。雝,通“壅”。竅理,疏導。 逆氣戾物傷民積者,絕止之:戾,虐害。積,泛指積蓄的錢物。洪本作“積”,吳本作“禠”,並誤。文子精誠篇:“虙犧氏之王天下也,……陰陽所擁,沉滯不通者,竅理之;逆氣戾物,傷民厚積者,絕止之。”

〔二八二〕浮游罔養,而莫知所如往:浮游,漫游。罔養,猶“罔兩”;心神恍惚,無所依據貌。如往,同義複詞,往。爾雅釋詁上:“如,往也。”文子精誠篇:

"虙犧氏之王天下也,……其民童蒙,不知西東,……浮游汎然不知所(本) [求],罔養不知所如往。"俞樾謂今本文子"汎然"、"如"爲衍文(見王利器文子疏義)。

〔二八三〕故星宿温閏,而鬼神受職:温潤,温和柔潤,此狀星宿之光。閏,通"潤"。吴本、四庫本作"潤"。彦按:唐韓愈上尊號表云:"析木、天街,星宿清潤。北嶽、醫閭,鬼神受職。"此當有所摹襲。 功揆上下,洞八方:揆,比擬。上下,指天地。洞,通達。文子精誠篇:"功揆天地。"

〔二八四〕曾報:曾,猶重,厚。報,古稱爲答謝神恩而舉行的祭祀。

〔二八五〕攷瑞者,輯羣玉:輯,收斂。彦按:羅氏此説恐誤。封泰山,禪云云,豈爲輯羣玉乎? 參見前紀九無懷氏注〔一一〕。 虞舜之輯瑞:瑞,古代用作符信之玉。書舜典:"輯五瑞,既月乃日,覲四岳羣牧,班瑞于羣后。" 黄帝之合符:符,合驗符信。古代以竹木或金石爲符,上書文字,剖而爲二,各執其一,合之以爲證。史記五帝本紀:"(黄帝)北逐葷粥,合符釜山。"

〔二八六〕落:殂,死。

〔二八七〕世紀云葬南郡,在襄陽:南郡,古郡名。襄陽,縣名,治所在今湖北襄陽市襄城區中心一帶。 按帝冢,今在山陽高平西北:冢,備要本譌"家"。山陽,古郡名。高平,縣名,治所在今山東鄒城市西南。吴本、備要本譌作"高乎"。下"高平"同。

〔二八八〕兗、單:兗,州名。宋代治所在今山東濟寧市兗州區。單(shàn),州名。宋代治所在今山東單縣南。 河中府有庖王陵、廟:吴本、四庫本無"陵"字。 戴氏:指東晉戴延之。

〔二八九〕宛丘:地名。在今河南淮陽縣。春秋陳國都此。洪本、吴本作"苑丘"。 大昊之虚:四庫本、備要本"大"作"太",同。

〔二九〇〕伏羲徙治陳倉:洪本"徙"譌"徒"。

〔二九一〕大昊之虚:吴本、四庫本、備要本"大"作"太"。

〔二九二〕寰宇記:洪本"宇"譌"字"。 蔡水:河名。即今河南淮陽縣城北的蔡河。

〔二九三〕有長史張齊賢文,李邕易之:文,備要本譌"又"。李邕,洪本、吴本、四庫本譌"李邑"。太平寰宇記卷一〇陳州宛丘縣:"舊有長史張齊賢文,後刺史李邕除舊文撰新文刊之。”

〔二九四〕按姚睦亦云黄帝都陳者:姚睦,其人不詳,待考。水經注卷一七渭水上:“(陳倉)縣有陳倉山,……姚睦曰:黄帝都陳,言在此。”清趙一清水經注釋云:“上云南安姚瞻,此云姚睦,未知即一人也,抑誤字也。”而清徐文靖竹書統箋卷一“(黄帝軒轅氏)居有熊”箋引水經注此文,即直接作姚瞻。　則羲黄俱在西方矣:羲黄,喬本、洪本、吴本、備要本皆譌“羲皇”,今據四庫本改。

〔二九五〕黄囊經:唐楊筠松撰。喬本、備要本“囊”譌“襄”,今據餘諸本訂正。　伏羲父葬震山下,作丙放巽或代王:震山,八卦方位居於震位(東方)之山。作丙放巽,蓋謂伏羲父墓之朝向,位于正南方而朝向東南方。作,廣雅釋詁一:“始也。”丙,天干第三位,代表南方。説文丙部:“丙,位南方。”放,朱駿聲説文通訓定聲壯部弟十八放:“叚借爲望,爲向。”巽,八卦之一,象徵東南方。易説卦:“巽,東南也。”或代王,謂有人世代爲王。備要本“或”譌“哉”。

〔二九六〕覆車之原:四庫本“原”作“源”,非。

〔二九七〕冢在藍田縣西三十里:見長安志卷一六藍田縣,文曰:“古華胥氏陵在縣西三十里。”

〔二九八〕代所謂伏妃者:代,世,世上。

〔二九九〕漢書音義:史記司馬相如傳子虚賦“若夫青琴宓妃之徒”裴駰集解引漢書音義曰:“皆古神女名。”彦按:漢之服虔、應劭,三國之韋昭,西晉之晉灼、臣瓚等人均曾撰有漢書音義,今人徐建委以爲裴駰史記集解所引漢書音義,撰者爲東晉蔡謨。

〔三〇〇〕如淳:三國魏陳郡丞,撰有漢書注。史記司馬相如傳子虚賦“若夫青琴宓妃之徒”司馬貞索隱引如淳曰:“宓妃,伏羲女,溺死洛水,遂爲洛水之神。”

〔三〇一〕后炤:山海經海内經作後照。

〔三〇二〕夆處于巴:夆處,下居。夆,“降”字省文。巴,其地大致以今重慶市爲中心,西至四川東部,東至湖北西部,北達陝南,南及黔中、湘西地區。

〔三〇三〕郭氏:指晉郭璞。山海經海内經:“西南有巴國。大皞生咸鳥,咸鳥生乘釐,乘釐生後照,後照是始爲巴人。”郭璞注:“爲之始祖。”

〔三〇四〕宗姬:指周王室。因姓姬,故稱。

〔三〇五〕巴王乃其後僭號:巴王,四庫本“王”作“主”,非。僭號,喬本、洪本、吳本作“潛號”,誤。今從四庫本、備要本改。

〔三〇六〕秦惠:指戰國秦國君惠文王嬴駟。

〔三〇七〕寰宇作后昭:見太平寰宇記卷一三六渝州,今本作“後昭”。因襲唐人:謂襲唐人避則天后武曌諱之舊。“曌”同“照”。

〔三〇八〕順王:周慎靚王。慎靚王名定,一名順。　因取巴地分爲三十一縣:三十一,吳本作“五十一”。華陽國志卷一巴志:“周慎王五年,蜀王伐苴,苴侯奔巴。巴爲求救於秦。秦惠文王遣張儀、司馬錯救苴、巴。遂伐蜀,滅之。儀貪巴、苴之富,因取巴,執王以歸。置巴、蜀及漢中郡。分其地爲四十一縣。”任乃強校注:“查漢書高帝紀‘王巴、蜀、漢中四十一縣’。……漢書作‘四十一縣’者,秦滅巴、蜀、苴,以其地置三十二縣。漢中爲秦舊郡,時存九縣。高帝爲漢王,王巴、蜀與漢中三郡,固應是四十一縣。若僅言分巴、蜀地置縣,乃當是三十二縣。此文既係統蜀、巴、漢中三郡言之,則當以四十一縣爲正。”

〔三〇九〕巴子五季流于黔而君之:五季,五個弟弟。黔,州名,治所在今重慶市彭水縣郁山鎮。太平寰宇記卷一二〇黔州彭水縣五溪:“謂酉、辰、巫、武、沅等五溪。古老相傳云:楚子滅巴,巴子兄弟五人流入五溪,各爲一溪之長。”

〔三一〇〕辰、酉、巫、武、元,是爲五溪:酉,洪本、吳本譌“西”。元,當作“沅”,太平寰宇記作沅。五溪地在今重慶市彭水縣境。

〔三一一〕服四姓:使四姓臣服。

〔三一二〕巴郡南郡蠻:吳本、四庫本但作“巴郡蠻”。巴郡,治所在今重慶市。南郡,治所在今湖北荆州市荆州區。　武落鍾離山:又稱偎山,在今湖北長陽土家族自治縣境。

〔三一三〕巴氏生赤穴:各本“赤穴”二字原脱,今據後漢書南蠻傳補。

〔三一四〕瞫:音 shěn。

〔三一五〕夷城:城名。在今湖北恩施市北。　世尚秦女:尚,指娶公主爲妻。

〔三一六〕後漢書南蠻傳載其事曰:“巴郡南郡蠻,本有五姓:巴氏,樊氏,瞫氏,相氏,鄭氏。皆出於武落鍾離山。其山有赤黑二穴,巴氏之子生於赤穴,四姓之子皆生黑穴。未有君長，俱事鬼神，乃共擲劍於石穴，約能中者，奉以爲君。巴氏子<u>務相</u>乃獨中之，衆皆歎。又令各乘土船，約能浮者，當以爲君。餘姓悉沈，唯<u>務相</u>獨浮。因共立之，是爲<u>廩君</u>。……<u>廩君</u>於是君乎<u>夷城</u>，四姓皆臣之。”

〔三一七〕應代：承世，繼承先世。

〔三一八〕環濟：<u>西晉</u>太學博士。　要略：全稱爲帝王要略。

〔三一九〕晉書職官志：“侍中，案<u>黃帝</u>時<u>風后</u>爲侍中，於<u>周</u>爲常伯之任，<u>秦</u>取古名置侍中，<u>漢</u>因之。”

〔三二〇〕張果：<u>唐</u>方士。<u>資治通鑑</u>卷二一四<u>唐玄宗</u>開元二十二年：“方士<u>張果</u>自言有神仙術，誑人云<u>堯</u>時爲侍中，於今數千歲。”

〔三二一〕設九宮：設，<u>洪</u>本、<u>吳</u>本譌“説”。九宮，見前紀八祝誦氏注〔八九〕。　次定萬民之竁：竁（cuì），洞穴，上古人之居處。<u>喬</u>本、<u>備要</u>本作“窀”，乃“竁”字俗譌，今從餘本。

〔三二二〕陰陽正訣：佚書，作者不詳。

〔三二三〕徽猷：善謀，妙計。

〔三二四〕以其輕勦其餘于輞谷：輕，指輕兵。勦，消滅。輞，<u>吳</u>本、<u>四庫</u>本作“輈”，同；<u>洪</u>本作“輞”，誤。

〔三二五〕謖封其後於任：謖，起始。<u>任</u>，在今<u>山東</u>微山縣魯橋鎮仲淺村。

〔三二六〕黃帝之孫，任己寔歸：謂<u>任己</u>嫁給<u>黃帝</u>之孫。寔，通“實”。<u>吳</u>本、<u>四庫</u>本、<u>備要</u>本作“實”。歸，嫁。

〔三二七〕遝周之興，武王復其後于宿：遝，及。<u>宿</u>，在今<u>山東</u><u>東平縣</u><u>東平</u>街道宿城村。

〔三二八〕後有任、宿、須句、顓臾：<u>任</u>，各本均作“密”。<u>彦</u>按：“密”當作“任”。<u>左傳</u>僖公二十一年：“<u>任</u>、<u>宿</u>、<u>須句</u>、<u>顓臾</u>，風姓也，實司<u>大皞</u>與<u>有濟</u>之祀。”當即<u>羅</u>氏所本。又本書國名紀一太昊後風姓國引傳曰，亦作“任、宿、須句、顓臾”。今訂正。

〔三二九〕邑于沭上，寔典太昊之祀，以爲東蒙主：沭，古水名，也作“濟”。本發源於<u>河南</u><u>濟源市</u>西<u>王屋山</u>，東流至<u>山東</u>東北部入海。歷代多次變遷，今已不可詳考。寔，<u>備要</u>本作“實”。典，<u>洪</u>本、<u>吳</u>本譌“奥”。<u>東蒙</u>，山名。即今<u>山</u>

東蒙山。因在魯東,故稱。主,主事者,此指主祭人。

〔三三〇〕須句乃須朐,即郮也,在今須城:朐,音 qú。郮,指郮州。須城,縣名,治所在今山東東平縣州城街道。

〔三三一〕京相璠:晉地理學家。　須朐,一國,二城兩名:見水經注卷八濟水引京相璠曰,原文爲:“須朐,一國,二城兩名。蓋遷都須昌,朐是其本。”楊守敬疏云:“漢志,須昌,故須句國,壽良有朐城。所云須句國,指遷都之城也;所云朐城,是指其本城也。分別言之,是京説之確證。”彦按:是一國者,須朐(須句)也;二城兩名者,須昌(在今山東東平縣西北)與朐城(在今山東東平縣西南)也。

〔三三二〕季氏將伐顓臾:季氏,春秋魯國正卿季孫肥(史稱季康子)。顓臾,魏何晏論語集解引孔安國曰:“顓臾,伏羲之後風姓之國,本魯之附庸。”論語季氏:“季氏將伐顓臾。冉有、季路見於孔子,曰:‘季氏將有事於顓臾。’孔子曰:‘求!無乃爾是過與? 夫顓臾,昔者先王以爲東蒙主,且在邦域之中矣,是社稷之臣也。何以伐爲?’”

〔三三三〕邾:周封國名,在今山東鄒城市境。喬本、洪本、吳本、備要本皆作“侏”。今從四庫本作“邾”,以與下羅苹注文一致。

〔三三四〕春秋僖公二十二年:“春,公伐邾,取須句。”

〔三三五〕須句蓋滅于邾久矣:彦按:須句滅於邾,在魯僖公二十一年冬。左傳僖公二十一年:“冬,……邾人滅須句。須句子來奔。”與“(僖公)伐邾,取須句”時間緊接,羅氏乃疑其“久矣”,失考之過。

〔三三六〕後復于邾:復,歸還。洪本、吳本作“擾”,非。　迨文公七年,魯復伐邾而取之:吳本“迨”譌“䢔”,“七”譌“士”,“取”作“耴”。春秋文公七年:“春,公伐邾。三月甲戌,取須句。”杜預注:“須句,魯之封内屬國也。僖公反其君之後,邾復滅之。”

〔三三七〕冒:吳本譌“胃”。

〔三三八〕雖列國而削弱,爲魯私屬:見春秋僖公二十二年“公伐邾,取須句”杜預注,今本文作:“須句雖別國而削弱,不能自通,爲魯私屬,若顓臾之比。”日人山井鼎云:“‘別國’,諸本皆然,唯宋板改作‘列國’,不知據何本也。”(見七經孟子考文補遺卷六七春秋左傳註疏第十五)此羅苹注所引,正與宋板相合。削弱，弱小。

〔三三九〕詳國名記一：吳本、四庫本無“一”字，蓋脱。

〔三四〇〕而宿之後則遷于宋：遷于宋，謂爲宋人所遷。喬本、洪本、吳本、備要本“遷”皆作“興”，今從四庫本改。春秋莊公十年：“三月，宋人遷宿。”杜預注：“宋强遷之，而取其地。”　俱不復見：吳本“俱不”二字缺文。

〔三四一〕鄆自昭公元年取之爲邑，猶以鄆名：元年，喬本、洪本、吳本、備要本皆作“十年”。彦按：此當從四庫本作“元年”。作“十年”者，蓋因上文“莊公十年”而譌。今訂正。左傳昭公元年：“季武子伐莒，取鄆。”　故三年季武子伐邾取鄆：彦按：春秋、左傳昭公三年不載季武子伐邾取鄆事。季武子取鄆在昭公元年三月。春秋昭公元年：“三月，取鄆。”也不是伐邾，而是伐莒。此蓋羅氏誤記，遂將昭公元年春秋、左傳記載之同一件事當成二事，以至引爲“鄆自昭公元年取之爲邑，猶以鄆名”之證據也。

〔三四二〕纂文：書名。南朝宋何承天撰。

〔三四三〕永本包姓：永，鮑永，東漢初官員，歷任諫議大夫、司隸校尉等職。後漢書卷二九有傳。喬本、四庫本、備要本譌“宋”，今從洪本、吳本訂正。唐顧況華陽集卷下陰陽不測之謂神論有“鮑永本姓包”語。

〔三四四〕詳黄帝紀：吳本、四庫本“詳”作“詳見”。

〔三四五〕服不氏：周禮職官名。周禮夏官服不氏曰：“服不氏掌養猛獸而教擾之。”

〔三四六〕而密不齊本作“虙”：密不齊，字子賤，春秋魯人，孔子學生。虙，各本皆作“宓”。彦按：據下文稱“顔之推常辨之”，而之推所辨，“虙”與“伏”通而與“宓”不同，此處當作“虙”字。又，此處唯當作“虙”，方能與下句“故密子賤碑止作用‘虙’”相呼應。今訂正。

〔三四七〕顔之推常辨之：顔之推，北齊黄門侍郎，著有顔氏家訓等書。常，通“嘗”，曾經。四庫本作“嘗”。顔氏家訓書證：“張揖云：‘虙，今伏羲氏也。’孟康漢書古文注亦云：‘虙，今伏。’而皇甫謐云：‘伏羲或謂之宓羲。’按諸經史緯候，遂無宓羲之號。虙字從虍，宓字從宀，下俱爲必，末世傳寫，遂誤以虙爲宓，而帝王世紀因更立名耳。何以驗之？孔子弟子虙子賤爲單父宰，即虙羲之後，俗字亦爲‘宓’，或復加‘山’。今兗州永昌郡城，舊單父地也，東門有子賤

碑,漢世所立,乃曰:'濟南伏生,即子賤之後。'是知'虙'之與'伏',古來通字,
誤以爲'宓',較可知矣。"

〔三四八〕伏虔:東漢經學家。書傳多作服虔。　　繆矣:繆,洪本、吳本作
"繆也",四庫本作"謬也"。

〔三四九〕又後魏賜劉子文及宿六斤氏並爲宿:彦按:劉子文當作劉文陳。
資治通鑑卷一一一晉安帝隆安三年載:"劉衛辰子文陳降魏。魏主珪妻以宗
女,拜上將軍,賜姓宿氏。"元胡三省注:"魏内入諸姓有宿六斤氏,改爲宿氏;
蓋使文陳與之合族屬。"

〔三五〇〕帝之弟郝骨氏爲帝立制,其裔孫子期,帝乙封之太原之郝:帝乙,
商朝國君,商末代暴君紂王之父。郝,鄉名。彦按:郝骨氏,新唐書宰相世系表
三下作"郝省氏",云:"郝氏出自郝省氏,太昊之佐也。商帝乙之世,裔孫期封
於太原之郝鄉,因以爲氏。"今本元和姓纂亦作"郝省氏",其卷一〇鐸韻云:
"郝,出於郝省氏,太昊氏之佐也。帝乙時,子期封太原郝鄉,因氏焉。"岑仲勉
校云:"'郝省'訛(宋本辯證同),據通志,乃赫胥也。備要一五及類稿五一引
作'赫胥',‘胥’即'胥'字之訛,應作'㬅'。"岑説可從。"郝""赫"音近通用,
"骨"疑亦"胥"之譌。

〔三五一〕唐書系表:指新唐書宰相世系表。　　戚佐:輔佐之親屬。

〔三五二〕贊:吳本、四庫本作"贊曰"。

〔三五三〕泰始云遠,聖人成能:云,如此。成,通"誠",真正,確實。

〔三五四〕經域奠部:治理國家,安定部落。域,邦國,封邑。　　畋漁棘幣:
打獵捕魚,鑄造棘幣。

〔三五五〕分躔畫卦:分辨躔次(日月星辰運行軌迹及所在位置),描畫
八卦。

〔三五六〕消息甲乙:消息,斟酌,擺布。甲乙,借代干支。

〔三五七〕陞降禮樂,教而不殊:提升禮樂之地位,有教化而無殺戮。陞降,
偏義複詞,謂提升。洪本"降"作"夅"。殊,誅殺。

〔三五八〕道凝體寂:道德堅定,形體閒静。廣雅釋詁四:"凝,定也。"　　雲
自蒼梧:太平御覽卷八七二引歸藏曰:"大昊之盛,有白雲出自蒼梧,入于
大梁。"

〔三五九〕負方抱員：即上文“負方州，抱員天”意。見上注〔二七六〕。明一垂策：各本“垂”均作“坐”。彥按：“坐”當作“垂”（“明一垂策”亦見上文）。“垂”字說文作𡍮，與“坐”形近，因譌。今訂正。

〔三六〇〕鬼神受職：四庫本如此，餘諸本“受”皆作“授”。彥按：此句與上文“故星宿溫閏，而鬼神受職”相呼應，彼作“受”，於義爲長，此亦宜從之，今據四庫本改。

〔三六一〕封岱禪云：云，云云山。

〔三六二〕大本：根本，指事物的基礎。　仁者，上之命；義者，下之命：命，生命，賴以立身之大本。

〔三六三〕未有上好仁，而下不好義也：吳本、四庫本“義”下有“者”字。

〔三六四〕惟仁者以財發身，不仁者以身發財：發身，謂起家，成名。禮記大學：“仁者以財發身，不仁者以身發財。”鄭玄注：“發，起也。言仁人有財，則務於施與，以起身成其令名。不仁之人有身，貪於聚斂，以起財務成富。”　是故君子見得思義：論語季氏：“孔子曰：‘君子有九思：視思明，聽思聰，色思溫，貌思恭，言思忠，事思敬，疑思問，忿思難，見得思義。’”

〔三六五〕因玩其畫與孔氏之所贊：玩，研討，反復體味。畫，指卦爻。孔氏，指孔子。贊，評述，評論。孔氏之所贊，指易傳，舊傳易傳爲孔子所作。

〔三六六〕遲雞聲操什器蹙市朝而趨隴澤者：遲(zhì)，等待。操，持，拿著。吳本、四庫本作“捼”，同。什器，泛指各種生產用具或生活器物。蹙，與下“趨”字義同，謂疾行，急趨。市朝，集市，市場。而，與。隴澤，丘隴與川澤。

〔三六七〕禍天下於財：禍，謂嫁禍。

〔三六八〕喙則鉗矣，出而用之，則斂之也，刻之也：喙，嘴巴，口。刻，侵剝。這裏大概是說：人的嘴巴，除非將它鉗住，否則就要吃飯，就會有聚斂與侵剝。　剝膚鎚髓，百孔竝作：剝膚鎚髓，形容侵剝之甚。百孔竝作，比喻虧缺嚴重。作，出現。

〔三六九〕豈它術哉：四庫本“它”作“他”。

〔三七〇〕聖人爲天地主財以爲君：主，掌管。吳本、四庫本作“生”，蓋形譌。君，吳本、四庫本作“治”，亦非。下文曰“是主財爲君之説也”，即承此言，故知此處不當作“生”、作“治”。

〔三七一〕因其理以爲之理爾：前“理”，事理。後“理”，管理。　又非以其所養者害人也：所養者，此指財。

〔三七二〕上漏下溢：漏，流失，欠缺。溢，滿溢，過剩。　割鼻飴口：飴口，作口之美味。飴，美味。

〔三七三〕見易繫辭下。　理財正辭：高亨大傳今注：“辭指制度法令之條文。”

〔三七四〕十三卦：見上注〔一一六〕。此下一大段文字，皆路史敷衍易繫辭下之文。

〔三七五〕畋漁之離：易繫辭下：“古者包犧氏之王天下也，……作結繩而爲罔罟，以佃以漁，蓋取諸離。”　耒耨之益：耒耨，泛指農具。耒，犁。耨（nòu），鋤。易繫辭下：“包犧氏没，神農氏作，斲木爲耜，揉木爲耒，耒耨之利，以教天下，蓋取諸益。”　交易之噬嗑：易繫辭下：“日中爲市，致天下之民，聚天下之貨，交易而退，各得其所，蓋取諸噬嗑。”　垂衣裳之乾、坤：垂衣裳，謂定衣服之制，示天下以禮。後用以稱頌帝王無爲而治。易繫辭下：“黄帝、堯、舜垂衣裳而天下治，蓋取諸乾、坤。”唐李鼎祚集解引九家易曰：“黄帝以上，羽皮革木以禦寒暑，至乎黄帝，始制衣裳，垂示天下。”漢王充論衡自然云：“垂衣裳者，垂拱無爲也。”

〔三七六〕食貨：糧食與財物，借代國家財政經濟。

〔三七七〕市道興而無道以處焉：市道，指市場買賣。處，止息，與“興”相對。　強陵弱、衆暴寡：喬本、備要本“弱”字下空一字之位。洪本“弱”作“弱弱”。彦按：洪本當衍一“弱”字。喬本之空位蓋發覺其爲衍文而鏟去者。備要本以喬本爲底本，則因不知就裏而作闕文處置。　而不可以一朝居矣：居，安定。玉篇尸部：“居，安也。”

〔三七八〕於是變而通之，以除其敝，故能長有其天位，而獲大有上九之吉：天位，天子之位，帝位。易大有上九：“自天祐之，吉无不利。”王弼注：“大有，豐富之世也。……居豐有之世，而不以物累其心，高尚其志，尚賢者也。”又繫辭下云：“神農氏没，黄帝、堯、舜氏作，通其變，使民不倦；神而化之，使民宜之。易窮則變，變則通，通則久。是以自天祐之，吉无不利。”

〔三七九〕此惟乾、坤之所以能用九六也：用九六，謂適應陰陽。參見上注

〔九四〕。

〔三八〇〕舟牛致遠,是亦以通之也:此言渙、隨二卦。易繫辭下:“刳木爲舟,剡木爲楫。舟楫之利,以濟不通,致遠以利天下,蓋取諸渙。服牛乘馬,引重致遠,以利天下,蓋取諸隨。”

〔三八一〕故又爲之擊柝弧矢以守之:此言豫、睽二卦。易繫辭下:“重門擊柝,以待暴客,蓋取諸豫。”又:“弦木爲弧,剡木爲矢,弧矢之利,以威天下,蓋取諸睽。”　然後有財者始獲其安,而宮室棺椁可作矣:此言大壯、大過二卦。易繫辭下:“上古穴居而野處,後世聖人易之以宮室,上棟下宇,以待風雨,蓋取諸大壯。”又:“古之葬者,厚衣之以薪,葬之中野,不封不樹,喪期无數,後世聖人易之以棺椁,蓋取諸大過。”

〔三八二〕張官置吏:張,設置。　此書契之夬,治百官、察萬民之所以不可後也:易繫辭下:“上古結繩而治,後世聖人易之以書契,百官以治,萬民以察,蓋取諸夬。”

〔三八三〕後漢書翟酺傳:“夫儉德之恭,政存約節。故文帝愛百金於露臺,飾帷帳於皂囊。或有譏其儉者,上曰:‘朕爲天下守財耳,豈得妄用之哉!’”

〔三八四〕卻:拒絕,推辭。　壺漿:茶水、酒漿。

〔三八五〕間:阻隔,妨礙。

〔三八六〕湯以七十里、文王以百里爲政於天下,而齊宣以千里畏人:孟子公孫丑上,孟子曰:“以德行仁者王,王不待大。湯以七十里,文王以百里。”又梁惠王下:“齊人伐燕,取之。諸侯將謀救燕,宣王曰:‘諸侯多謀伐寡人者,何以待之?’孟子對曰:‘臣聞七十里爲政於天下者,湯是也。未聞以千里畏人者也。……今燕虐其民,王往而征之,民以爲將拯己於水火之中也,簞食壺漿以迎王師。若殺其父兄,係累其子弟,毀其宗廟,遷其重器,如之何其可也?天下固畏齊之彊也,今又倍地而不行仁政,是動天下之兵也。王速出令,反其旄倪,止其重器,謀於燕衆,置君而後去之,則猶可及止也。’”　繇此故也:四庫本“繇”作“由”。

〔三八七〕倚法以削:削,侵奪,剝削。

〔三八八〕與其有聚斂之臣,寧有盜臣:盜臣,盜竊府庫財物的官吏。禮記大學:“百乘之家,不畜聚斂之臣。與其有聚斂之臣,寧有盜臣。”鄭玄注:“國家利義不利財。盜臣損財耳,聚斂之臣乃損義。”新唐書食貨志一:“盜臣誠可惡,然一人之害爾。聚斂之臣用,則經常之法壞,而下不勝其弊焉。”

〔三八九〕而聚斂者離吾之赤子者也:離,離間。赤子,喻指百姓,人民。

〔三九〇〕制其田産,教之樹畜;道其妻子,使養其老:樹畜,種植畜牧。洪本、吳本“樹”作“時”。彦按:“時”通“蒔”,義與“樹”同,疑爲路史原文。道,教導,引導。孟子盡心上:“所謂西伯善養老者,制其田里,教之樹畜,導其妻子,使養其老。”　施仁政,省刑罰;正經界,薄稅斂;深耕易耨,不違其時;壯者以暇日脩其孝悌忠信,——斯民親其上,死其長矣:經界,土地、疆域的分界。易耨,謂勤除雜草。易,疾。脩,通“修”,修習,修養。孝悌,吳本、四庫本“悌”作“弟”。孟子滕文公上:“夫仁政,必自經界始。經界不正,井地不鈞,穀禄不平。是故暴君汙吏必慢其經界。經界既正,分田制禄,可坐而定也。”又梁惠王上:“地方百里而可以王。王如施仁政於民,省刑罰,薄稅斂,深耕易耨,壯者以暇日修其孝悌忠信,入以事其父兄,出以事其長上,可使制梃以撻秦、楚之堅甲利兵矣。”

〔三九一〕食之以時:洪本脱“以”字。孟子盡心上,孟子曰:“食之以時,用之以禮,財不可勝用也。”

〔三九二〕天吏:奉天命治民的人。孟子公孫丑上:“孟子曰:‘尊賢使能,俊傑在位,則天下之士皆悦而願立於其朝矣。市廛而不征,法而不廛,則天下之商皆悦而願藏於其市矣。關譏而不征,則天下之旅皆悦而願出於其路矣。耕者助而不税,則天下之農皆悦而願耕於其野矣。廛無夫里之布,則天下之民皆悦而願爲之氓矣。信能行此五者,則鄰國之民,仰之若父母矣。率其子弟,攻其父母,自生民以來,未有能濟者也。如此,則無敵於天下。無敵於天下者,天吏也。’”

〔三九三〕斯不亦爲天地主財者乎:吳本、四庫本“主”譌“生”。

〔三九四〕操譎詭,飾纖詐:操,操弄。吳本作“捺”,四庫本作“捺”,同。譎詭,陰謀詭計。飾,僞裝,掩飾。纖詐,猶巧詐,機巧詐僞。

〔三九五〕王衍:字夷甫,西晉大臣,歷官中書令、司徒、太尉等職。爲著名清談家。晉書本傳稱其“妙善玄言,唯談老莊爲事”。又謂“衍妻郭氏,……衍疾郭之貪鄙,故口未嘗言錢。郭欲試之,令婢以錢繞牀,使不得行。衍晨起見錢,謂婢曰:'舉阿堵物却!'其措意如此。……衍儁秀有令望,希心玄遠,未嘗語利。" 魯褒:字元道,西晉南陽(今河南南陽市)人。晉書本傳稱其"好學多聞,以貧素自立。元康之後,綱紀大壞,褒傷時之貪鄙,乃隱姓名,而著錢神論以刺之。"

〔三九六〕刮之盡錙銖,用之如泥沙:錙銖,古重量單位。錙爲四分之一兩,銖爲二十四分之一兩。比喻重量的輕微。唐杜牧阿房宮賦:"秦愛紛奢,人亦念其家。奈何取之盡錙銖,用之如泥沙?"

〔三九七〕京師之朽貫,太倉之塵腐:朽貫,腐朽的穿錢繩,形容錢多而積存過久。貫,同"貫"。太倉,古稱京師的大糧倉。塵腐,此指久積腐爛的穀物。

〔三九八〕鹿臺、鉅橋,非無財也:鹿臺,古臺名。殷紂王貯藏珠玉錢帛之所。故址在今河南淇縣朝歌街道。鉅橋,殷紂王糧倉名。倉址在今河北曲周縣東北。史記殷本紀:"帝紂……厚賦稅以實鹿臺之錢,而盈鉅橋之粟。"

〔三九九〕而昧者往往藏舟夜半之壑:洪本、吴本"舟"譌"丹"。莊子大宗師:"夫藏舟於壑,藏山於澤,謂之固矣。然而夜半有力者負之而走,昧者不知也。"成玄英疏:"有力者,造化也。夫藏舟船於海壑,正合其宜;隱山岳於澤中,謂之得所。然而造化之力,擔負而趨;變故日新,驟如逝水。凡惑之徒,心靈愚昧,真謂山舟牢固,不動巋然。豈知冥中貿遷,無時暫息。"彥按:此借"藏舟夜半之壑"以喻藏錢財於幽隱處。 白公之愛夫財乎,是梟之愛其子:白公,名勝,春秋楚平王嫡孫。因封白地(今河南息縣東),號白公。後作亂敗逃,自縊而死。呂氏春秋分職:"白公勝得荆國,不能以其府庫分人。七日,石乞曰:'患至矣。不能分人則焚之,毋令人以害我。'白公又不能。九日,葉公入,乃發太府之貨予衆,出高庫之兵以賦民,因攻之。十有九日而白公死。國非其有也而欲有之,可謂至貪矣;不能爲人,又不能自爲,可謂至愚矣。譬白公之嗇,若梟之愛其子也。"高誘注:"梟愛養其子,子長而食其母也。白公愛荆國之財而殺其身也。"

〔四〇〇〕左氏傳春秋:左氏,指左丘明,春秋魯國太史。傳春秋,爲春秋作傳。其傳即春秋左氏傳。 蓋將以發其緒,啓其斷也:緒,指意緒。斷,判斷,謂觀點、看法。

〔四〇一〕制曰:彦按:帝王之命令稱“制”。而晉書陸機、陸雲兄弟之傳及王羲傳,卷末贊語乃以“制曰”引出,清修四庫全書提要以爲“蓋出于(唐)太宗御撰”,當是。

〔四〇二〕予起路史,惟中三皇不可得而稱紀:洪本、吳本“予”譌“乎”。不可得而稱紀,意謂“不可得稱紀而稱紀”。蓋因史料欠闕,所記太少,故有此言。

〔四〇三〕昔者子貢方人,夫子以爲我所不暇:方人,品評人。不暇,没有閒工夫。論語憲問:“子貢方人。子曰:‘賜也賢乎哉? 夫我則不暇。’”

〔四〇四〕蓋以事出緜古,隱脱難白,有所不獲已者:緜古,遠古。隱脱,隱晦闕失。白,謂説清楚。不獲已,猶不得已。

〔四〇五〕士子所玩:玩,欣賞,愛好。　斷煉邸報:煉,通“爛”。四庫本、備要本作“爛”。邸報,古代地方長官在京師設邸,傳抄詔令、奏章及朝廷公告等以轉報,稱爲邸抄或邸報。　歷代史例所無,附之逐篇之末:“所無附”三字,喬本爲墨丁,洪本頁面破損字迹泯滅,此從吳本、四庫本、備要本訂補。

〔四〇六〕其辨證非詳攷者,存之卷外:喬本、洪本“攷”字譌“如”,今據餘諸本訂正。吳本、四庫本無“之”字。

路史卷十一

後紀二

禪通紀第六

太昊紀下

女皇氏

女皇氏炮媧^{〔一〕}，"媧"一作"去"^{〔二〕}，"炮"與"庖"同。出唐文集。雲姓，按洞神部，伏羲姓風；女媧姓雲，號女皇，名媧。蓋古聖人有不相襲，以知書傳所言女媧風姓，止本伏羲言之，不知其嘗更也。一曰女希。世紀云："蛇身，人首。一曰女希，是爲女皇。"而姓書，希氏出於伏羲。風俗通亦云："女媧，伏希之妹。"知"羲"、"希"古通用^{〔三〕}。蛇身，牛首，宣髮^{〔四〕}。玄中記云："伏羲，龍身；女媧，蛇軀。"列子以爲皆蛇身，牛首，虎鼻^{〔五〕}。故曹植贊女媧云："二皇牛首蛇形^{〔六〕}。"蓋人之形，自有同乎物者。今相家者流，取象禽獸之形體者，是矣。非真首牛而身蛇也。韓愈、柳宗元且不之達，至今繪畫羲炎者猶真爲太牢委蛇之狀^{〔七〕}。夫宛然戠然作於堂上，而何以君人哉^{〔八〕}？王充云世圖女媧爲婦人形，斯得之矣^{〔九〕}。至陶弘景遂疑佛氏地獄中有所謂牛頭阿旁者爲是三皇五帝，尤可恇笑^{〔一〇〕}。太昊氏之女弟。盧仝云："女媧本是伏羲婦"，非也^{〔一一〕}。蓋以女媧一曰"女婦"，妄之。出於承匡^{〔一二〕}，山名。在任城縣東南七十里^{〔一三〕}。寰宇記云："女媧生處。今山下有女媧廟。"生而神靈，亡景亡韻^{〔一四〕}。少佐太昊，禱于神祈，而爲女婦^{〔一五〕}。正姓氏，職昏因，通行媒,以重萬民之判,是曰神媒〔一六〕。風俗通云:"女媧禱祠神祈而爲女媒,因置昏姻〔一七〕。"行媒始此,明矣。夫昏以昏時,而昏緜此;因以因婭,而因乎人〔一八〕。姻者,烟之始;媒者,烟之聚〔一九〕。所謂"昏因"、"姻"、"媒"如此。

太昊氏衰,共工惟始作亂,振滔洪水以禍天下〔二〇〕。隳天綱,絶地紀,覆中冀,人不堪命〔二一〕。於是女皇氏役其神力以與共工氏較,滅共工氏而遷之,然後四極正,冀州寧,地平,天成,萬民復生〔二二〕。炮媧氏乃立,號曰女皇氏〔二三〕,冀州即中冀,如蚩尤,亦滅于此,蓋屢亂矣。或曰,中國摠謂之冀州〔二四〕。詳今福地記〔二五〕。治于中皇山之原,所謂女媧山也〔二六〕。山在金之平利〔二七〕,上有女媧廟,與伏羲山接。伏羲山在西城,女媧山在平利〔二八〕。寰宇引十道要録云:"抛、錢二山焚香,合于此山。"〔二九〕亦見九域志并守令圖〔三〇〕。

繼興于麗,長安志云:"驪山有女媧治處。"又云:"藍田谷次北有女媧氏谷,三皇舊居之所。"即驪山也。爰絶瑞,席蘿圖〔三一〕;許氏云:"殊絶之瑞。"〔三二〕承庖制度,襲木勝,主於東方〔三三〕;喬潭女媧陵記云:"予謂媧皇,受命在火。火以示水,谷不爲陵。"〔三四〕蓋謂太昊以木生火尒。非也。年代歷云:"女媧、共工、大庭皆不承五運。"理或可信。而古史攷以爲女媧水德,神農木德,妄矣。論語疏云:女媧尚白,神農赤,黃帝黑,少昊白,高陽赤,高辛黑,唐白,虞赤〔三五〕。此以三正言之也〔三六〕。造天立極,惟虛亡醇一,而不嘰喋於苟事〔三七〕;許云:"嘰喋,猶深筭也〔三八〕。"上際九天,下契黃壚,合元履中,開陰布綱,而下服度〔三九〕。春秋運斗樞云"虙羲、女媧、神農爲三皇。皇者,中也。合元履中,開陰布綱;上合皇極,其施光明;指天畫地,神化潛通"者也〔四〇〕。

乃命臣隨作制笙簧,以通殊風,以才民用〔四一〕;禮記明堂位云:"女媧之笙簧。"世本以爲隨作,裏注以爲女媧氏之臣〔四二〕。笙簧,二器。詩云:"吹笙鼓簧",吹笙並鼓簧〔四三〕。鼓而不吹,則非笙也。許說文云:"隨作笙","女媧作簧"。明爲二物。仙傳,王遥有五舌竹簧〔四四〕。漢武内傳:"鼓振靈之簧〔四五〕。"説者皆以爲笙中之簧,非也,蓋箏筑之類〔四六〕。命娥陵氏制都良之筦,以一天下之音;命聖氏制頒筦,以合日月星辰;以易兆之晨作充樂〔四七〕,帝系譜:"以都良管、班管,名曰充樂。樂成,天下幽微無不得其理也〔四八〕。"用五絃之瑟於澤丘。動陰聲，極其數，而爲五十絃，以交天侑神〔四九〕。聽之，悲不能克，乃破爲二十五絃以抑其情，具二均聲〔五〇〕。樂成，而天下幽微亡不得其理。傳言帝女鼓瑟，而云泰帝，謂伏羲、女媧也。故何妥謂伏羲減瑟，而補史記言伏羲之瑟二十五絃也〔五一〕。五絃乃朱襄氏之瑟，女媧用之，非伏羲也。世本云："庖羲五十絃，黃帝使素女鼓之，哀不自勝，乃破爲二十五絃。具兩均聲。"而拾遺記亦謂黃帝使素女鼓庖羲氏之瑟，滿席悲不已，後破爲二十五絃，長七尺二寸。則以爲黃帝減之，故宋世本注"女媧笙簧"爲"黃帝臣"〔五二〕。繆矣〔五三〕。

　　總紒而笄加之，鬌帶而頭飾用〔五四〕。鬌帶，絡頭繻也〔五五〕。二儀實録云："燧人時爲髻，但以髮相乘而無繫。女媧之女以羊毛爲繩，向後繫之，後世名之頭帢〔五六〕。"又云："以荆、梭及竹爲笄以貫髮。至堯以銅爲之，橫貫焉〔五七〕。"於是乘雷車，輜六蜚，以御天〔五八〕。山海經云："女媧乘雷車，服駕應龍。"〔五九〕淮南覽冥云："女媧功烈，上際九天，下契黃壚。乘靁車，服應龍，驂青虯；援絶瑞，席蘿圖，絡黃雲；前白螭，後奔蛇；浮游消搖，道鬼神，登九天；朝帝於靈門，宓穆休乎太祖之下〔六〇〕。"以此。申祠祝而枚占之，曰吉〔六一〕。詞曰："昭昭九州，日月代極。平均土地，合和萬國〔六二〕。"乃設雲幄而致神明；道標萬物，神化七十〔六三〕。淮南子等以摶土爲人之類爲七十化，且有鍊五石以補蒼天、斷鼇足以立四極、積蘆灰以止淫水等事〔六四〕，世遂有鍊石成霞、地勢北高南下之説。按易内篇云："福萬民，壽九州，莫大乎真氣；鍊五石，立四極，莫大乎神用〔六五〕。"而麻姑仙人紫壇歌云："女媧鍊得五方氣，變化成形補天地。三十六變世應知，七十二化處其位。"〔六六〕王逸楚辭注亦謂"一日七十化其體"，則特軀中之事爾〔六七〕。故安期生尚鍊五石〔六八〕。踐脩者宜知之〔六九〕。有補天别説，見發揮〔七〇〕。罜車出，澤馬來；川嶽效靈，散緯應理〔七一〕。是故馨烈彌栿〔七二〕，不設法度而以至德遺後世。鴻烈解。

　　治百有三十載而落。見真源賦。元季中元甲子〔七三〕。其腸爰化而神，居于栗廣之野，橫道而處〔七四〕。坵玉裕於黃龍古塞、洪河之流，是爲風陵堆也〔七五〕。墓今在潼關口河潬上，屹然分河〔七六〕。有木數株，雖瀑漲不漂没〔七七〕。今屬陝之閿鄉縣〔七八〕。按元和郡縣志，風陵堆山在河東縣南五十，與潼關對〔七九〕。寰宇記：風陵城在其下〔八〇〕。閿鄉津去縣三里，即風陵故關也。女媧之墓，秦漢以來俱係祀典〔八一〕。然九域、寰宇濟之任城東南三十九里又有女媧陵〔八二〕。城冢記云："女娃墓有五。其一在趙簡子城東。今在晉之趙城東南五里，高三丈。"〔八三〕

九域志晉州有帝女媧廟,寰宇記在趙城,故皇朝列祀亦在趙城。

唐文武皇帝江都之役,夜徑其處,風雨中有女人鱗身,驪倡而前,餫生魚一匡〔八四〕。帝後果靖中華〔八五〕。段成式以爲德宗於靈武遇之,宜後再見〔八六〕。一云,至德之際,神嘗降之〔八七〕。晉破苻堅,八公草木皆爲人馬;唐得王君㚜助討賊,張永通得周公助平李密,開元之天王助兵,至德之女媧神降,此皆佑順,可得信之〔八八〕。後乾元中虢之刺史奏:"閿鄉墳,天寶十三載天雨晦冥,俄失所在。至是,河房風雷夜聲,黎明視之,其墳涌出,復夾之兩柳。"〔八九〕肅宗命祝史祠焉〔九〇〕。唐曆云:十三載五月失之,乾元元年六月一日復出〔九一〕。刺史乃王晉光。一作奇光。以其載媒,是以後世有國是祀,爲皋禖之神〔九二〕,古高禖祀女娃,後世不攷〔九三〕。有説,別見。因典祠焉〔九四〕。董仲舒法,攻社不霽,則祀女媧〔九五〕。王充云:"仲舒造以女媧,婦人帝王者也。男陽而女陰,故祭之。"〔九六〕又曰皇母。水經注云,顯親峽北山石宕水源有女媧祠〔九七〕。按太行一曰皇母山,亦曰女媧山。崔伯易云"一曰皇母",云女媧於此鍊石補天〔九八〕。按今濟源縣之女媧山〔九九〕,上有祠廟,一曰母山,古老言爲皇母山。山近復有陵山,皆云遺迹。寰宇記云:孤絶似陵,皇母山起邑界,其祠歲禱〔一〇〇〕。又今蛾眉亦有女媧洞,常璩華陽志等謂伏戲、女媧之所常游〔一〇一〕。此類猶多。乾德四年,詔置守陵五户,春醮少牢〔一〇二〕。應先代陵寢,每下詔申樵採禁,至再三;置守陵户,委逐處長吏常切檢校,罷任上曆〔一〇三〕。太昊:宛丘,在陳;炎帝:長沙,在潭;黄帝:橋山,在上郡,今坊州界;高陽:臨河縣故城東;高辛:頓丘城南臺陰城;堯:城陽穀林,今郵界;舜:九疑,今永州界;禹:今越州會稽縣;女媧:華州界〔一〇四〕。各五户,春秋太牢〔一〇五〕。諸處舊有祠廟者,別祭享。陵户並近陵小户,除二税外,免雜徭〔一〇六〕。隆平集云少牢〔一〇七〕。

或云,三皇之一也。見洞神部。鄭玄注中候敕省圖,以伏羲、女媧、神農爲三皇,云女媧脩伏羲之道,無所改作〔一〇八〕。故孔穎達謂大易興占之條,不見有女媧,難以輒信也〔一〇九〕。

贊〔一一〇〕:制度承庖,颭彼女希〔一一一〕。迪主東方,前虵後螭〔一一二〕。宓穆靈門〔一一三〕,爰瑞席圖。上際九天,下契黄壚。川嶽效奇,馨烈宏集。道標萬物,神化七十。斷鼇立極,地平天成。笙簧汔今,載祀風陵〔一一四〕。

【校注】

〔一〕炮媧:音 páo wā。

〔二〕"媧"一作"去":彦按:"去"字疑誤。史記司馬相如傳大人賦:"使靈媧鼓瑟而舞馮夷。"裴駰集解:"徐廣曰:媧,一作'貽'。駰案:漢書音義曰'靈媧,女媧也。'"疑"去"爲"台"字之譌,"台"則"貽"字省文。

〔三〕女媧,伏希之妹:吴本、四庫本"希"作"義"。彦按:此稱"亦云",又謂"知'義'、'希'古通用",則當以作"希"爲是。

〔四〕宣髮:頭髮黑白相雜。焦氏易林節之井"宣髮龍叔"注:"宣髮,黑白雜也。"

〔五〕見列子黄帝。

〔六〕二皇牛首虵形:二皇,指伏羲、女媧。彦按:"牛首"當作"人首"。漢魏六朝百三家集卷二六載曹植女媧贊:"或云二皇,人首蛇形。神化七十,何德之靈!"藝文類聚卷一一、太平御覽卷七八引女媧贊,亦並作"人首"。

〔七〕太牢委虵之狀:謂牛首蛇身之狀。太牢,本指作爲祭牲之牛。大戴禮記曾子天圓:"諸侯之祭牲,牛,曰太牢。"委虵,本爲傳説中的一種蛇。莊子達生:"委蛇,其大如轂,其長如轅,紫衣而朱冠。其爲物也惡,聞雷車之聲則捧其首而立。見之者殆乎霸。"

〔八〕夫宛然戬然作於堂上:夫,洪本譌"大"。宛然,真切貌。戬然,彦按:"戬"疑"戠"字之譌。"戠"通"熾",戠然,明白貌。作,出現。

〔九〕王充云世圖女媧爲婦人形:見論衡順鼓。

〔一〇〕牛頭阿旁:佛教謂地獄中的鬼卒。　尤可怾笑:四庫本"怾"作"怪",同。

〔一一〕盧仝與馬異結交詩云:"女媧本是伏羲婦,恐天怒搗鍊五色石。"(見全唐詩卷三八八)

〔一二〕承匡:山名。在今山東微山縣兩城鎮。

〔一三〕在任城縣東南七十里:任城縣,治所在今山東濟寧市任城區境。七十里,太平寰宇記卷一四濟州任城縣作"七十五里"。本書國名紀三高陽氏後匡羅苹注,則作“在任城東七十五”。蓋此脱“五”字,彼脱“南”字。

〔一四〕生而神靈,亡景亡韻:神靈,神異。亡,通“無”。景,讀爲“影”。韻,同“響”。

〔一五〕禱于神祇:祇,通“祇”。四庫本作“祇”,用同“祇”。　而爲女媚:彦按:“女媚”疑當作“女媒”。下羅苹注引風俗通云“女媧禱祠神祇而爲女媒”,是也。

〔一六〕正姓氏,職昏因,通行媒:辨別姓氏,主管婚姻,締結姻緣。氏,洪本作“妣”,通。昏因,“婚姻”二字之省文。通,連通。行媒,往來男女雙方之間撮合姻緣。此但作名詞用,指姻緣。　以重萬民之判:重,重視。判,謂判合,指婚配。周禮地官媒氏:“掌萬民之判。”鄭玄注:“判,半也。得耦爲合,主合其半,成夫婦也。喪服傳曰:‘夫妻判合。’鄭司農云:‘主萬民之判合。’”

〔一七〕禱祠:祭祀並祈禱。　置昏姻:謂設立婚姻之禮儀制度。

〔一八〕夫昏以昏時,而昏繇此:“夫昏”、“而昏”之“昏”,今字作“婚”。“昏時”之“昏”,謂黃昏。繇,四庫本作“由”。　因以因婭,而因乎人:“因以”、“因婭”之“因”,今字作“姻”。姻婭,有婚姻關係的親戚。“而因”之“因”,謂依靠,憑藉。

〔一九〕姻者,烟之始:姻,洪本譌“烟”。烟,謂烟煴(亦作絪緼、氤氲),陰陽二氣和合貌。集韻諄韻:“絪,絪緼,天地合氣也。或作烟、氤。”　媒者,烟之聚:烟,洪本、吳本、四庫本作“煙”。彦按:字當作“姻”,謂姻緣。

〔二〇〕共工惟始作亂,振滔洪水以禍天下:共工,伏羲時諸侯。見本卷下文共工氏傳。惟,四庫本作“爲”。振滔,振盪。備要本“振”譌“栀”。彦按:淮南子本經云:“舜之時,共工振滔洪水,以薄空桑。”則以共工振滔洪水在舜之時,蓋傳聞異辭也,古昔傳説例多類此。

〔二一〕隳天綱,絕地紀:謂破壞天下秩序。古代神話傳説,天地均有大繩維繫,分別稱天綱、地紀。　覆中冀:覆,顛覆。中冀,指冀州涿鹿(今河北涿州市一帶)地區。

〔二二〕與共工氏較,滅共工氏而遷之:較,通“角”,角力,決鬥。遷之,蓋謂遷共工氏之民。　然後四極正,冀州寧,地平,天成,萬民復生:四極,古代神話傳説中四方的擎天柱。平,平安,太平。成,太平,安定。玉篇戈部:“成,平也。"國語吳語:"吳、晉爭長未成。"韋昭注:"成,定也。"淮南子覽冥:"往古之時,四極廢,九州裂,天不兼覆,地不周載,火爁炎而不滅,水浩洋而不息,猛獸食顓民,鷙鳥攫老弱。於是女媧鍊五色石以補蒼天,斷鼇足以立四極,殺黑龍以濟冀州,積蘆灰以止淫水。蒼天補,四極正,淫水涸,冀州平,狡蟲死,顓民生。"

〔二三〕庖媧氏乃立:喬本、洪本"氏"字闕文。今從餘諸本補。

〔二四〕中國摠謂之冀州:摠,同"總",總體。

〔二五〕福地記:唐杜光庭撰有洞天福地記,而本書餘論九無支祁有"詳予福地記"語,則羅泌亦曾撰有福地記,蓋已佚。此所引或即其書。

〔二六〕中皇山之原:原,即後世之"塬"字,指山地平原。

〔二七〕金:州名。　平利:縣名,今屬陝西省。

〔二八〕伏羲山在西城:各本"伏羲山"上有"廟起"二字。彥按:二字於此扞格,疑爲衍文。清劉於義、沈青崖等修纂陝西通志卷四八引路史此文,無"廟起"二字,今據以删去。西城,縣名,治所在今陝西安康市漢濱區。四庫本"城"譌"域"。

〔二九〕十道要録:佚書,作者不詳。　抛、錢二山焚香,合于此山:見太平寰宇記卷一四一金州西城縣伏羲山,今本"錢"作"鉸",文爲:"按十道要録曰:'抛、鉸二山焚香氣,必合于此山。'"

〔三〇〕并守令圖:并,及。洪本譌"守"。守令圖:北宋沈括撰。

〔三一〕爰絕瑞,席蘿圖:見淮南子覽冥。今本淮南子"爰"作"援",同,"執,持"之義。絕瑞,稀奇的瑞玉。席,以爲墊蓆。羅圖,于省吾以爲即籙圖,云:"蘿應讀籙,二字同聲,並來母字。……此謂援致絕瑞,席藉籙圖也。"(見雙劍誃淮南子新證卷二)

〔三二〕許氏云:"殊絕之瑞":許氏,指東漢許慎。此所引許氏語,見其淮南子注。或歸之高誘注。

〔三三〕承庖制度,襲木勝:庖,即伏羲。木,吳本作"未",四庫本作"水"。彥按:作"未"固謬,作"水"亦誤。前卷伏羲氏紀既稱"其載德自木",而此之下又言"主於東方",則自當作"木"。

〔三四〕喬潭:唐文士,陸渾尉。　火以示水,谷不爲陵:示,通"寘",放置,安置。“火以示水”者,謂女媧雖“受命在火”,而其陵墓則處水中。“谷不爲陵”者,謂女媧陵之處黃河洪流中,歷世久遠而至今不變。詩經小雅十月之交有“高岸爲谷,深谷爲陵”之語,以喻世事之變遷,此則反其意而用之。彥按:要弄清此二句之涵義,須與女媧陵記首句“登黃龍古塞,望洪河中流,巋然獨存、大浸不溺者,媧皇陵也”相參。

〔三五〕見論語爲政“殷因於夏禮,所損益,可知也”何晏注引馬曰“所損益,謂文質三統”宋邢昺疏。原文爲:“鄭注尚書‘三帛’,‘高陽氏之後用赤繒,高辛氏之後用黑繒,其餘諸侯用白繒’。如鄭此意,郤而推之,舜以十一月爲正,尚赤;堯以十二月爲正,尚白,故曰‘其餘諸侯用白繒’。高辛氏以十三月爲正,尚黑,故云‘高辛氏之後用黑繒’。高陽氏以十一月爲正,尚赤,故云‘高陽氏之後用赤繒’。有少皥以十二月爲正,尚白;黃帝以十三月爲正,尚黑;神農以十一月爲正,尚赤;女媧以十二月爲正,尚白;伏羲以上,未有聞焉。”

〔三六〕三正:指夏、商、周三代的正朔。夏正建寅,商正建丑,周正建子。

〔三七〕造天立極,惟虛亡醇一,而不嘬喋於苟事:造天立極,謂登上君位。造,至。語出唐陳子昂爲資州鄭使君讓官表:“伏惟陛下革命開基,造天立極,方且弘宣帝典,大啓皇猷。”醇一,猶純一,單純。嘬喋(zá dié),水鳥或魚類爭食貌。比喻貪取或深求。苟事,小事,瑣事。淮南子覽冥:“夫鉗且、大丙不施轡銜而以善御聞於天下,伏戲、女媧不設法度而以至德遺於後世,何則? 至虛無純一,而不嘬喋苟事也。”

〔三八〕猶深籌也:四庫本“籌”作“算”。

〔三九〕上際九天,下契黃壚:契,合,交接。黃,洪本譌“童”。淮南子覽冥:“考其功烈,上際九天,下契黃壚。”高誘注:“上與九天交接,下契至黃壚,黃泉下壚土也。”壚土,黑色堅硬而質粗不黏的土壤,此但泛指土。 合元履中,開陰布綱:遵循天意,躬行中庸;宣通陰氣,敷布陽氣。元,謂天。廣雅釋言:“元,天也。”彥按:綱,字當作“剛”,借指陰陽之陽。文淵閣四庫全書本風俗通義卷一皇霸三皇:“含弘履中,開陰布剛。”即作“剛”字。

〔四〇〕上合皇極,其施光明:皇極,帝王統治天下的準則,即所謂大中至正之道。施,教育,教化。禮記學記“不陵節而施之謂孫”鄭玄注:“施,猶教也。”光明,盛美貌。四庫本“光”譌“元”。 指天畫地,神化潛通:上占三光(日、月、星），下知分野，與神靈之變化暗合。風俗通義皇霸三皇："指天畫地，神化潛通。"王利器校注："後漢書侯霸傳：'韓歆指天畫地，言甚剛切。'史記魏其武安侯列傳：'不仰視天而俯畫地。'集解：'張晏曰："視天，占三光也；畫地，知分野所在也。"'指天與視天義同。"

〔四一〕以通殊風，以才民用：殊風，指不同地方的風俗、教化。才，通"在"，審察，考察。

〔四二〕衷注以爲女媧氏之臣：衷，宋衷，或作宋忠，東漢訓詁學家，有周易注、世本注、太玄經注、法言注等著作。

〔四三〕詩云："吹笙鼓簧"：見詩小雅鹿鳴。　吹笙並鼓簧：洪本僅作"並鼓簧"，吳本、四庫本則作"並坐鼓簧"。彦按："並坐鼓簧"爲詩秦風車鄰中句，未知孰是。

〔四四〕仙傳：指晉葛洪神仙傳。　王遥有五舌竹簧：見神仙傳卷八王遥。

〔四五〕振靈：振作精神。

〔四六〕説者皆以爲笙中之簧：以爲，吳本、四庫本但作"爲"，則宜讀"謂"。筑：古絃樂器名。其形似箏，頸細而肩圓，絃下設柱。演奏時，左手按絃的一端，右手執竹尺擊絃發音。

〔四七〕都良之筦：都良，香木名。即都梁香。筦，同"管"，古管樂器名。狀如併兩笛。　命聖氏制頒筦，以合日月星辰：頒筦，古管樂器名。疑用斑竹制成。太平御覽卷五六六引帝系譜，作"班管"。合，應。　以易兆之晨作充樂：兆，預示。

〔四八〕天下幽微無不得其理也：理，治。太平御覽卷五六六引帝系譜曰，作："女媧命娥陵氏制都良管以一天下之音，又命聖氏爲班管合日月星辰，名曰充樂。樂既成，天下幽微无不得理。"

〔四九〕動陰聲：古代以清濁高下將聲音分成陰陽二類，聲音濁而低者稱陰聲，清而高者稱陽聲。周禮春官大師："陰聲：大吕，應鍾，南吕，函鍾，小吕，夾鍾。"　交天侑神：報答天，酬謝神。小爾雅廣言："交，報也。"爾雅釋詁下："侑，報也。"郭璞注："此通謂相報答，不主于飲酒。"

〔五〇〕悲不能克：克，勝，承受得了，禁得起。　乃破爲二十五絃以抑其情：四庫本"抑"譌"仰"。

〔五一〕何妥謂伏羲減瑟:見隋書何妥傳。何妥,隋國子博士。　補史記言伏羲之瑟二十五絃:見司馬貞補史記三皇本紀太皞庖犧氏,文曰:"作二十五絃之瑟。"

〔五二〕故宋世本注"女媧笙簧"爲"黄帝臣":宋,當指宋衷。本書發揮一辨史皇氏即有"(宋)衷之世本注"語,可證。黄帝,洪本"黄"字闕文。

〔五三〕繆:四庫本作"謬",通。

〔五四〕總紒而笄加之:總紒,束髮。紒,同"髻"。笄(jī),簪,古時用以貫髮或固定弁、冕。洪本譌"井"。　髿:音cǎi。

〔五五〕絡頭繻:束頭髮的彩色絲巾。繻(rú),彩色的絲織品。

〔五六〕二儀實録:書名。隋劉孝孫撰。四庫本"實"作"寔",誤。　但以髮相乘而無繫:乘,覆壓。説文桀部:"乘,覆也。"　頭㡓:束髮帶。㡓,音xū。

〔五七〕荆、梭:二木名。荆爲落葉灌木,有牡荆、黄荆、紫荆等多個種類。梭(xùn),即楊柳。　横貫焉:洪本"焉"譌"馬"。

〔五八〕於是乘雷車,輴六蜚,以御天:雷車,傳説中雷神所乘之車。此借指仙車。輴,通"犕",駕御。四庫本作"轉",譌。備要本作"輴",同。六蜚,即六騑,亦作"六飛"。古帝王車駕所用六馬,以其疾行如飛,故稱。御天,駕御於天,比喻統治天下。語出易乾:"時乘六龍以御天。"

〔五九〕今本山海經不見此文,蓋佚。　服駕應龍:服駕,駕馭。應龍,古代傳説中一種有翼的龍。

〔六〇〕淮南覽冥:覽冥,各本皆誤倒作"冥覽",今訂正。　功烈:功業。服應龍,驂青虯:服,指服馬,即駕車時當中夾轅的兩匹馬。此謂以(應龍)爲服馬。驂,駕車時位於兩邊的馬。虯,傳説中一種無角的龍。各本皆作"虬"。彦按:"虬"乃"虯"字形譌。今本淮南子作"虹",即"虯"之異體字。今訂正。絡黄雲:各本均作"雲黄珞"。彦按:"雲黄珞"費解。今本淮南子作"黄雲絡"。俞樾云:"此當作'絡黄雲',方與上下文句法一律。高注曰'黄雲之氣絡其車',正説'絡黄雲'之義。猶下注曰'白螭導在於前'是説正文'前白螭'之義,'奔蛇,騰蛇也,從在於後'是説正文'後奔蛇'之義,非正文作'白螭前,奔蛇後'也。後人因注文'絡'字在'黄雲'之下,輒改正文作'黄雲絡'以合之,謬矣。"(見諸子平議淮南内篇二)俞氏説甚辯。羅氏此注引作"雲黄珞",譌誤尤甚矣。今訂正。　　前白螭,後奔蚺:白螭,神話傳説中的一種白色龍類動物。奔蚺,傳説中一種能飛的蛇。　　浮游消摇,道鬼神,登九天:浮游,漫游。消摇,同“逍遥”,悠閒自得貌。道,引導,帶領。九天,謂天空最高處。　　朝帝於靈門,宓穆休乎太祖之下:靈門,上帝的宫門。宓穆,安詳静穆。休,休息。各本原脱“休”字,今據傳本淮南子補。太祖,謂天地初開闢之原始狀態。

〔六一〕申祠祝而枚占之:申,開展,進行。祠祝,祭祀并禱告。枚占,一一占卜。

〔六二〕昭昭九州,日月代極:昭昭,光明貌。代極,謂交替升至天空最高之處。代,交替,更迭。　　平均土地,合和萬國:平均,齊一。土地,指領土,疆域。合和萬國,太平御覽卷七八引歸藏曰,作“和合四國”。

〔六三〕乃設雲幄而致神明:雲幄,輕柔飄灑似雲霧的帷幄。　　道標萬物,神化七十:以道方標舉萬物,用神力使七十事象發生變化。

〔六四〕搏土:捏泥巴。　　五石:女媧煉的補天石。其石有五色,故又稱五色石。

〔六五〕神用:神明之作用。吳本、四庫本作“神明”。

〔六六〕麻姑仙人:傳説中仙女名。晋葛洪神仙傳有其傳而不載此歌。

〔六七〕王逸楚辭注亦謂“一日七十化其體”:見楚辭天問“女媧有體,孰制匠之”注。原文作:“傳言女媧人頭蛇身,一日七十化,其體如此,誰所制匠而圖之乎?”

〔六八〕安期生:相傳爲秦、漢間人,學道而登仙。

〔六九〕踐脩者宜知之:踐脩,踐行修煉。宜,洪本譌“冝”。

〔七○〕補天別説:即本書發揮一之女媧補天説。

〔七一〕罳車出,澤馬來:罳車,謂器與車。罳即“器”字,吳本、四庫本作“罟”,同。器,指銀甕丹甀之類;車,指山車垂鉤之類。古代認爲是盛世出現的祥瑞之物。白虎通封禪:“德至山陵,則……山出器車。”禮記禮運“山出器車”鄭玄注:“器謂若銀甕丹甀也。”孔穎達疏:“按禮緯斗威儀云:‘其政太平,山車垂鉤。’注云:‘山車,自然之車。垂鉤,不揉治而自圓曲。’”澤馬,出自川澤之神馬。宋書符瑞志中:“澤馬者,王者勞來百姓則至。”　　川嶽效靈,散緯應理:效靈,顯靈。散緯,神妙的緯書。散,妙,字後作“微”。

〔七二〕馨烈:流芳久遠的功業。　　楙:同"茂",美盛,興旺。各本均作"楸"。彥按:説文木部云:"楸,冬桃。"於此文,義未洽。"楸"當"楙"字形譌,今訂正。

〔七三〕元秊中元甲子:中元,農曆七月十五日的別稱。

〔七四〕山海經大荒西經:"有神十人,名曰女媧之腸化爲神,處栗廣之野,横道而處。"郭璞注:"女媧,古神女而帝者,人面蛇身,一日中七十變,其腹化爲此神。栗廣,野名。"

〔七五〕坫王裕於黄龍古塞、洪河之流,是爲風陵堆也:坫(diàn),纍土堆。朱駿聲説文通訓定聲謙部坫曰:"凡坫皆絫土爲之。"王裕,彥按:二字費解,當爲"皇陵"之誤。黄龍古塞,喬本、洪本、吴本"黄"字作"堇",四庫本、備要本作"董"。彥按:"堇"、"董"皆"黄"字譌,今訂正。唐喬潭女媧陵記:"登黄龍古塞,望洪河中流,巋然獨存,大浸不溺者,媧皇陵也。"蓋即路史所本。新唐書五行志二:"天寶十一載六月,虢州閿鄉黄河中女媧墓因大雨晦冥,失其所在,至乾元二年六月乙未夜,瀕河人聞有風雷聲,曉見其墓踊出,下有巨石,上有雙柳,各長丈餘,時號風陵堆。"

〔七六〕墓今在潼關口河灘上,圪然分河:灘,同"灘"。四庫本譌"潭",備要本譌"薄"。圪然,土丘高起貌。洪本"圪"譌"圪"。

〔七七〕瀑溓:瀑,急雨,暴雨。説文水部:"瀑,疾雨也。"洪本作"暴"。

〔七八〕陝:州名。　　閿鄉縣:治所在今河南靈寶市西北。閿,音wén。

〔七九〕風陵堆山在河東縣南五十:喬本、洪本、備要本無"在"字,吴本、四庫本無"山"字,蓋各脱一文,今據元和郡縣圖志卷一二訂補。河東縣,治所在今山西永濟市蒲州鎮。五十,中華書局1983年版元和郡縣圖志作"五十五里"。彥按:中華書局2007年版太平寰宇記卷四六亦作"五十里"。

〔八〇〕風陵城在其下:中華書局2007年版太平寰宇記卷四六"下"作"上"。王文楚等校:"'上',底本作'下',據萬本、庫本、嘉慶重修一統志蒲州府引本書改。"

〔八一〕秦漢以來俱係祀典:以來,吴本、四庫本作"以下"。係,謂記入。祀典,記載祭祀儀禮的典籍。

〔八二〕濟:州名。　　任城:縣名,治所在今山東濟寧市任城區境。

〔八三〕城冢記：佚書，作者不詳。宋史藝文志三著録此書，注云：“按序，魏文帝三年劉裕得此記。”各本“城”均譌“成”，今訂正。　女娃墓：洪本“墓”作“皐”，當爲譌字。　晉之趙城：晉，州名。趙城，縣名，治所在今山西洪洞縣趙城鎮。　高三丈：三丈，洪本、吳本作“二丈”。

〔八四〕唐文武皇帝江都之役，夜徑其處：唐文武皇帝，即唐太宗李世民，謚號文武大聖大廣孝皇帝。江都之役，其事不詳，其地在今江蘇揚州市。徑，通“經”，經過。　驥倡而前，餫生魚一匪：驥，侍從的騎士。倡，叫呼。餫（yùn），饋贈。廣雅釋言：“餫，饋也。”匪，“篚”之古字，竹筐子。

〔八五〕靖：平定。

〔八六〕段成式以爲德宗於靈武遇之：段成式，晚唐志怪小説家，撰有酉陽雜組。洪本、吳本“段”譌“叚”。德宗，唐德宗李适。靈武，郡名，治所在今寧夏吳忠市利通區北。遇，吳本譌“過”。彥按：德宗當作肅宗。段成式酉陽雜組前集卷一忠志：“肅宗將至靈武一驛，黃昏，有婦人長大，攜雙鯉咤於營門曰：‘皇帝何在？’衆謂風狂。遽白上，潛視舉止。婦人言已，止大樹下。軍人有逼視，見其臂上有鱗。俄天黑，失所在。及上即位，歸京闕，虢州刺史王奇光奏女媧墳云：天寶十三載，大雨晦冥忽沉。今月一日夜，河上有人覺風雷聲，曉見其墳湧出，上生雙柳樹，高丈餘，下有巨石。兼畫圖進。上初克復，使祝史就其所祭之。至是而見，衆疑向婦人其神也。”

〔八七〕至德：唐肅宗李亨年號。

〔八八〕晉破苻堅，八公草木皆爲人馬：苻堅，十六國時期前秦世祖。洪本、吳本、備要本“苻”作“符”非。八公，山名。在今安徽淮南市西。東晉太元八年（383）淝水之戰，謝玄大敗前秦苻堅兵，堅登壽春城，望八公山上，草木皆類人形，皆以爲晉兵，憮然有懼色。見晉書苻堅載記下、資治通鑑卷一〇五晉孝武帝太元八年。　唐得王君㚟助討賊：彥按：王君㚟，史籍未見其人。“㚟”疑“奐”字之誤。王君奐，唐涼州都督，新舊唐書皆有傳。然此所稱“助討賊”事不詳，姑存疑待考。　張永通得周公助平李密：張永通，隋末德陽門衛。李密，隋末瓦崗起義軍首領，先被隋越王楊侗招撫，後投降李唐，復叛唐自立，兵敗爲唐將盛彥師所殺。彥按：據新唐書王世充傳所載，王世充欲擊李密，“恐士心未一，乃謀以鬼動衆，令德陽門衛張永通言夢人謂己曰：‘我，周公，能以兵助討密。’世充白伺,立祠洛旁,使巫宣言:‘周公令急擊密,有大功;不然,兵且疫。’世充下皆楚人,信妖,遂請戰”,乃大敗李密軍。羅苹注文,與史實出入頗大。　開元之天王助兵:開元,寺名。天王,佛教稱護法神。宋贊寧宋高僧傳卷二七唐雅州開元寺智廣傳:“咸通中,南蠻王及坦綽來圍成都,府幾陷。時天王現沙門形,高五丈許,眼射流光,蠻兵即退。故蜀人於城北寶曆寺立五丈僧相。”

〔八九〕後乾元中虢之刺史奏:虢,虢州。治所在今河南靈寶市。洪本作“號”,餘諸本皆作“失”。彥按:此字當作“虢”,形近而譌“號”,作“失”蓋不知何以作“號”而臆改。今訂正。參見上注〔八六〕。　閿鄉:即閿鄉。“閿”同“閿”。　河房:黃河邊。“房”讀爲“旁”。　黎明視之,其墳涌出:黎明,洪本、吳本“黎”作“邌”,通。涌出,冒出。各本均無“出”字。彥按:無“出”字不辭。酉陽雜俎作“湧出”;新唐書五行志二、舊唐書五行志載其事,皆作“踊出”,于義爲長。今據以補“出”字。

〔九〇〕肅宗命祝史祠焉:祝史,主管祭祀之官。祠,用同“祀”,祭祀。

〔九一〕唐曆:唐柳芳撰。　十三載:指天寶十三載。

〔九二〕以其載媒:載,從事,致力於。小爾雅廣詁:“載,事也。”　皋禖之神:即媒神。也作“高禖”、“郊禖”。

〔九三〕高禖:四庫本“禖”作“媒”,非。　後世:洪本“世”譌“达”。

〔九四〕因典祠焉:典,謂禮制。

〔九五〕攻社不霽:攻社,古謂擊鼓懲戒土地神。霽,雨止天晴。春秋繁露精華:“大旱雩祭而請雨,大水鳴鼓而攻社。”

〔九六〕見論衡順鼓,原文作:“[世]俗圖畫女媧之象,爲婦人之形,又其號曰‘女’。仲舒之意,殆謂女媧古婦人帝王者也。男陽而女陰,陰氣爲害,故祭女媧求福祐也。”

〔九七〕水經注云,顯親峽北山石宕水源有女媧祠:見水經注卷一七渭水上,原文爲:“瓦亭水又西南出顯親峽,石宕水注之,水出北山,山上有女媧祠。”顯親峽,喬本、備要本“顯”譌“顥”,洪本、吳本、四庫本該字左偏旁均不甚清晰;“峽”,各本均譌“縣”。石宕,各本均脫“石”字。今並訂正。

〔九八〕崔伯易:即崔公度(字伯易)。北宋詩人,官至直龍圖閣。曾撰感山賦,其序曰:"客有爲予言太行之富,其山一名皇母,一名女媧,或於此煉石補天,今其上有女媧祠。因感其説爲之賦。"

〔九九〕濟源縣:治所在今河南濟源市。

〔一〇〇〕見太平寰宇記卷五二孟州濟源縣,原文爲:"太行山,相傳謂皇母山也,或名女媧山。其上有祠,民祈福而歲禱焉。其山起于邑界。陵山,爾雅云'大阜爲陵',俗以孤絶似陵,因謂之陵山。"

〔一〇一〕常璩華陽志等謂伏戲、女媧之所常游:"璩"字喬本作"壉",洪本作"璩",吳本作"璩",備要本作"據",皆誤。今據四庫本訂正。華陽志,即華陽國志。吳本"華"作"皐",誤。伏戲,四庫本、備要本作"伏羲"。

〔一〇二〕乾德:宋太祖趙匡胤年號。　春醮少牢:醮,祭神。各本均譌"醮",今據清劉於義、沈青崖等修纂陝西通志卷七一陵墓二華州潼關縣上古女媧氏風陵引路史改。

〔一〇三〕應先代陵寢,每下詔申樵採禁:應,一應,所有。樵採,砍伐林木。委逐處長吏常切檢校,罷任上曆:處,吳本譌"戚"。長吏,四庫本作"長史"。切,嚴格。檢校,查核察看。曆,曆子,宋代記述官員政迹功過以備考課升降用的本子。彥按:此段文字及下面一段文字内容,亦見宋王明清揮麈前録卷二。

〔一〇四〕在陳:陳,陳州,治所在今河南淮陽縣。　在潭:潭,潭州,治所在今湖南長沙市。　在上郡,今坊州界:上郡,郡名,治所在今陝西富縣。坊州,州名,治所在今陝西黄陵縣南。　臨河縣故城:在今河南濬縣東北。　頓丘城南臺陰城:頓丘城,在今河南濬縣屯子鎮。水經注卷九淇水引皇覽曰:"帝嚳冢在東郡濮陽頓丘城南,臺陰野中者也。"　城陽穀林,今鄆界:城陽,古縣名。穀林,地名,在今山東菏澤市牡丹區東北。鄆,鄆州。　九疑,今永州界:九疑,山名,即今湖南寧遠縣境内的九嶷山。　禹:今越州會稽縣:禹,備要本譌"禺"。今越州會稽縣,喬本、洪本、吳本、備要本作"會稽令,越縣",四庫本作"會稽,今越縣"。彥按:古興地書無越縣,此文當有譌脱誤倒。揮麈前録卷二作:"禹葬會稽山,今越州會稽縣。"今據以訂改。越州會稽縣,在今浙江紹興市。　華州:治所在今陝西渭南市華州區。

〔一〇五〕太牢:吳本、四庫本"太"作"大"。

〔一〇六〕二税:古稱按規定在夏秋兩季交的賦税。

〔一○七〕隆平集：書名。舊題宋曾鞏撰，而四庫提要以爲“要爲宋人之舊笈”，“其出於依托，殆無疑義”。

〔一○八〕鄭玄注中候敕省圖：喬本、備要本“候”作“侯”誤，今據餘諸本改。　云女媧脩伏羲之道：吳本“女媧”譌“一媧”。

〔一○九〕大易興占之條：大易，即周易。興占，進行占卜。占，通“占”。難以輒信也：吳本、四庫本作“難信”，蓋由脱文。

〔一一○〕贊：吳本、四庫本作“贊曰”。

〔一一一〕踠彼女希：踠，通“倔”，倔强。

〔一一二〕迪主東方：迪，足音助詞。　前蚳後螾：即前引淮南子覽冥“前白螾，後奔蚳”之意而略作變化。

〔一一三〕宓穆：洪本、吳本、四庫本“宓”譌“崧”。

〔一一四〕笙簧汔今，載祀風陵：汔，到，至。載，歲，謂每年。

女皇氏題〔一〕

甚矣，天下之不可一日無王也！

太史公作史記，世家侯室而紀皇王〔二〕。然而吕后、項籍俱列本紀。人皆疑之，且以爲太史公壞編年之法以立紀傳。予有以見太史公爲得聖人之意也〔三〕。夫春秋編年，以王次春，示天下不可一日無王也〔四〕。太史公不敢儗聖人而作經，於是法外傳之體，以爲紀、表、世家焉〔五〕。是編年之法也。

惠帝死，孝文未立，吕后爲政者八年。今不紀，則將屹然中絶其統邪〔六〕？知此，則知太史公紀吕后之意矣。班固作書，吾不知其知是否也，然亦紀吕后而不敢紬〔七〕。唐之舊史因之，列武后于本紀〔八〕。歐陽子不知出此，乃以爲春秋之法，所以著其大惡而不隱〔九〕。此歐陽子之失言也。聖人之作經，隨事舉實，非以意而遇事〔一○〕。是故，五剛在御而一陰得位則哲以大有，天地之義，事則逆爾〔一一〕。統在惠則紀惠，統在吕則紀吕〔一二〕，豈固曰婦人不得爲君，吾不紀邪？惠帝立七年而史不紀,政實出于后也;固乃立惠紀于呂后之前[一三]。唐高宗崩,中宗即位,武后廢之;及其反正[一四],史遂紀之武后之下。范祖禹以爲春秋不王吳楚以存周室,唐有天下,武后烏得間之[一五]?遂復中宗之年,紬武氏之號[一六]。此尤倍理,不知周既革號而易祚矣[一七]。范曄、革嶠之徒,乃以謂后者配天作合,前史錄外戚于末編,非其義,乃盡取諸后紀之[一八]。斯無識矣,不知何所見而紀邪[一九]?

夷王崩,厲王立,無道,三十有七年,王流于彘[二〇]。宣王未立,有共伯和者,釋位以間王政,蓋十有四年矣[二一]。宣王有志,而後效官,共伯歸國[二二]。故當時史氏以是十四年者繫之,號共和焉。知此,則知予紀女皇氏之意矣。有共和辨,見發揮[二三]。

嗟乎!君子之制,行至其窮,則皆道之廢也。妃后之賢,不過備佐君子求賢審官,以贊其外而已[二四]。成王幼不能踐祚,周公相葆之以踐祚,三母之賢,不敢干也[二五]。自宣太后臨朝稱制而牝晨時播,妁媮嬵婉違夫子者,莫不以荐其口[二六]。故宜都內人云:"古有女媧者,亦不正是天子也,特佐伏羲以定九州而已爾。後世孃媼越出房闥斷天下事者,皆不得其正,非備昏主,則抱持小兒以求肆,豈知天地之義,女卑於男也邪?"[二七]而學士之論[二八],不知出此,亦難乎爲頌矣。武后時宮人。李義山紀其事[二九]。

或曰:項籍與高帝同時而王,胡爲而著之紀?曰:是又所以爲編年也。方秦之亡也,籍既自立,割漢中以王高祖,而又挾義帝以令諸侯[三〇]。漢中之地非惟偏也,而高祖之王又出於籍,籍方分王諸侯而高祖固出其下,是天下之勢在於籍也,烏乎而不紀之?故必待天下之一,而後紀還于漢,是編年之法也。揚雄云:"秦十五載而楚,楚五載而漢,五十載之際而天下三擅。"[三一]又曰:"秦楚爲天典命[三二]。"馬遷作史,以楚繼秦,列項于本紀,是以有天下待之矣。班固降之于傳,蓋以其書主漢作爾。而歐陽子論正統,遂以其說爲非,謂列羽爲紀,此豈可法[三三]?且以爲:"厲王後無君,周公、邵公爲政十四年而宣王立,是周統嘗絶十四年而續,故周史紀年謂之共和。漢中衰,莽篡立,十五年而敗,是漢統嘗絶十五年而續,故漢史以其事作傳。則統之絶何害[三四]?"誤矣。夫統者,謂天下不可一日無主也。秦失其鹿,勢已歸楚,沛公以降悉聽命[三五]。沛公雖先入關,而不能有[三六]。未幾,羽屠咸陽,煞子嬰[三七]。是楚當紹秦矣[三八]。固之傳羽,固非史記之例。若張衡、劉知幾謂後漢書宜爲更始立紀,不知此總史之例,二漢書却不然也[三九]。雖然,項籍實起羣盜,其自爲稱,曰西楚霸王而已,列之本紀,則誠過矣。義帝從牧羊爲羽所立,遣將救趙滅秦,首尾三年。太史公宜爲之紀以繼秦,而不紀者,以羽實爲之,而義帝之後無繼爾。劉歆、葛洪謂遷發憤著書,列項羽于本紀,以見居高位者非關有德,則非矣[四〇]。昌邑王在位二十七日,以過惡廢,固無可言者,然已爲君踐帝位,而乃紲之,與宗室同傳,豈非以是爲貶[四一]?而不知列之紀,乃所以暴其過也。厥後魏齊王芳廢歸藩中,東晉廢帝奕,宋前廢帝子業、後廢帝昱,齊帝鬱林王、海陵恭王、東昏侯,陳廢帝伯宗,元魏廢帝即西魏廢帝欽,北齊廢帝殷,後唐廢帝從珂,並以過惡廢,皆列之紀[四二]。蓋以其常踐位,豈以久近論哉[四三]?

予既紀太昊與女媧,見共工氏之爲,以水紀事,則既改正朔、革制度矣,固不可没也,因更傳共工,以贅于太昊紀之末[四四]。

【校注】

〔一〕題:猶"記"。此記意在説明爲女皇氏立紀之因由。

〔二〕世家侯室而紀皇王:謂爲諸侯王撰世家,爲帝王撰本紀。

〔三〕予有以見太史公爲得聖人之意也:有,通"又"。聖人,指孔子。

〔四〕夫春秋編年,以王次春:其例如:春秋隱公元年:"春,王正月。"杜預注:"隱公之始年,周王之正月也。凡人君即位,欲其體元以居正,故不言一年一月也。"

〔五〕太史公不敢儗聖人而作經,於是法外傳之體:儗,通"擬",比擬,仿效。吳本、四庫本作"擬"。外傳,古代經學家稱專主解釋經義的書爲"内傳",而廣引事例、推演經義的書爲"外傳"。如左傳爲春秋内傳,國語爲春秋外傳。

〔六〕則將屹然中絶其統邪:屹然,斷然。統,系統,指事物之間一脉相承的連續關係。

〔七〕班固作書：書，指漢書。　然亦紀吕后而不敢紬：紬，通“黜”，廢除。

〔八〕唐之舊史：指後晉劉昫等撰之舊唐書。

〔九〕歐陽子：指宋歐陽修。　乃以爲春秋之法，所以著其大惡而不隱：修與宋祁等撰新唐書，其則天皇后中宗紀贊曰：“昔者孔子作春秋而亂臣賊子懼，其於弑君篡國之主，皆不黜絶之，豈以其盜而有之者，莫大之罪也，不没其實，所以著其大惡而不隱歟？自司馬遷、班固皆作高后紀，吕氏雖非篡漢，而盜執其國政，遂不敢没其實，豈其得聖人之意歟？抑亦偶合於春秋之法也？唐之舊史因之，列武后于本紀，蓋其所從來遠矣。”

〔一〇〕隨事舉實：實，四庫本作“寔”，通“實”。　以意而遇事：遇，迎受。

〔一一〕五剛在御而一陰得位則哲以大有：五陽爻在侍從地位而一陰爻居主位，就可裁定爲大有之卦。御，侍御，侍從。哲，通“折”，決斷，裁定。吴本、四庫本作“折”。彦按：大有卦象爲☲，第五爻爲陰爻，餘皆陽爻，而易傳以第五爻爲君位，故有是説。　天地之義，事則逆爾：此謂客觀意義如此，至其事理，則有悖於常。

〔一二〕統在惠則紀惠，統在吕則紀吕：統，指帝統。惠，指漢惠帝。吕，指吕后。

〔一三〕惠帝立七年而史不紀，政實出于后也：史，指史記。史記未爲惠帝撰本紀。實，四庫本作“寔”。

〔一四〕反正：指帝王復位。

〔一五〕范祖禹：字淳甫，一字夢得，北宋史學家，著有唐鑑十二卷等。　武后烏得間之：間，夾雜，介入。唐鑑卷七中宗神龍元年二月下，有臣祖禹曰：“春秋吴楚之君不稱王，所以存周室也。天下者，唐之天下也，武氏豈得而間之？故臣復係嗣聖之年，黜武氏之號，以爲母后禍亂之戒。竊取春秋之義，雖獲罪于君子而不辭也。”

〔一六〕中宗之年：指中宗初即位所用之年號，即嗣聖。　武氏之號：指武則天臨朝稱制期間所改年號及建立武周王朝之後使用之年號。

〔一七〕此尤倍理，不知周既革號而易祚矣：倍，通“背”，違背。周，唐武后稱帝所改國號，公元690—705年。祚，君位，國統。

〔一八〕范曄、華嶠之徒,乃以謂后者配天作合,前史録外戚于末編,非其義,乃盡取諸后紀之:范曄,南朝宋史學家。四庫本"曄"作"曅",同。華嶠,西晋史學家。吳本"嶠"譌"嶠"。范曄撰後漢書、華嶠撰漢後書,皆有皇后紀。配天作合,謂與帝王結成夫婦。天,指皇帝。作合,指男女結成夫婦。前史,指漢書。漢書皇后入外戚傳,置于全書偏末之位。外戚,洪本"外"譌"于"。晋書華嶠傳云:"初,嶠以漢紀煩穢,慨然有改作之意。會爲臺郎,典官制事,由是得徧觀祕籍,遂就其緒。……嶠以皇后配天作合,前史作外戚傳以繼末編,非其義也,故易爲皇后紀,以次帝紀。"

〔一九〕邪:吳本、四庫本作"耶"。

〔二〇〕夷王崩,厲王立,無道,三十有七年,王流于彘:夷王,周夷王姬燮。厲王,周厲王姬胡。彘,地名,在今山西霍州市。

〔二一〕宣王未立,有共伯和者,釋位以間王政:宣王,周宣王,周厲王子姬静。共伯和,西周諸侯。封於共(今河南輝縣市),名和,爲伯爵,故稱。釋位,離開本身職位。間,參與,干預。左傳昭公二十六年:"諸侯釋位,以間王政。"杜預注:"間,猶與也。去其位,與治王之政事。"

〔二二〕宣王有志,而後效官:見左傳昭公二十六年。而後效官,謂然後共伯交還官政。

〔二三〕共和辨:本書發揮二,作共和辯。

〔二四〕妃后之賢,不過備佐君子求賢審官,以贊其外而已:妃后,四庫本作"后妃"。過,備要本譌"通"。備佐,輔助,幫助。備(fǔ),猶輔。贊,輔助,幫助。

〔二五〕成王幼不能踐祚,周公相葆之以踐祚:踐祚,即天子位,登基。祚,通"阼"。洪本、吳本、四庫本作"阼"。相葆,輔佐護持。葆,通"保"。 三母之賢,不敢干也:三母,指周室三位賢母,即后稷母姜嫄,文王母大任,武王母大姒。漢劉向列女傳周室三母云:"三母者,太姜、太任、太姒。"干,干預,干涉。

〔二六〕自宣太后臨朝稱制而牝晨時播:宣太后,戰國秦昭襄王母芈八子。秦武王死,弟昭襄王即位,宣太后臨朝稱制,前後長達四十一年。牝晨,"牝雞司晨"之省稱。母雞報曉,比喻女性掌權。播,傳播。 姁嫗嬺婉違夫子者,莫不以荐其口:那些巴結討好、違背孔子教義的人,沒有不因此獻上贊美之辭的。

姁婾(xū yú),和悅貌。嬿婉,美好貌。夫子,尊稱孔子。荐,同"薦",進獻。

〔二七〕宜都内人:武則天之宮女。蓋宜都(今湖北宜都市)人,故稱。
特佐伏羲以定九州而已爾:洪本"定"譌"天"。　後世孃媪越出房闥斷天下事
者:孃媪,老婦。房闥,宮闈。　則抱持小兒以求肆:肆,縱情任意。彦按:此引
宜都内人語,本唐李商隱宜都内人,原文爲:"武后篡既久,頗放縱,耽内習,不
敬宗廟,四方日有叛逆,防豫不暇。時宜都内人以唾壺進,思有以諫者。后坐
帷下,倚檀几與語,問四方事。宜都内人曰:'大家知古女卑於男耶?'后曰:
'知。'内人曰:'古有女媧,亦不正是天子,佐伏羲理九州耳。後世孃姥,有越
出房閣斷天下事者,皆不得其正,多是輔昏主,不然抱小兒。獨大家革天姓,改
去釵釧,襲服冠冕,符瑞日至,大臣不敢動,真天子也。'"

〔二八〕學士:猶學者。

〔二九〕李義山:即李商隱(字義山)。

〔三〇〕籍既自立:洪本"籍"作"藉"。　義帝:戰國楚懷王熊槐孫熊心。
楚亡後,隱匿民間爲人牧羊。秦末項梁反秦,擁立爲楚懷王。後項籍又佯尊之
爲義帝,而使徙長沙郴縣,陰令英布殺之,遂死於郴。

〔三一〕揚雄:四庫本如此,今從之。餘諸本"揚"作"楊"。　而天下三禪:
禪,更迭。吳本作"檀"誤;四庫本作"禪",同。此所引揚雄語見法言重黎。

〔三二〕典命:主持號令。

〔三三〕歐陽修原正統論:"司馬子長列序帝王,而項羽亦爲本紀,此豈可
法邪?"

〔三四〕故周史紀年謂之共和:洪本、吳本"紀"作"記"。　漢中衰:洪本
"衰"譌"襄"。歐陽修明正統論:"昔周厲王之亂,天下無君,周公、召公共行其
政,十四年而後宣王立,是周之統嘗絕十四年而復續,然爲周史者記周召之年
謂之共和,而太史公亦列之於年表。漢之中衰,王莽篡位十有五年而敗,是漢
之統嘗絕十五年而復續,然爲漢史者載其行事,作王莽傳。是則統之絕,何害
於記事乎?"

〔三五〕秦失其鹿:鹿,音諧"禄",喻帝位、政權。史記淮陰侯列傳:"秦失
其鹿,天下共逐之。"　沛公以降悉聽命:沛公,即漢高祖劉邦。初起兵於沛
(今江蘇沛縣),以應陳涉,衆立爲沛公。以降(jiàng),以下。

〔三六〕沛公雖先入關:關,指函谷關(位今河南靈寶市函谷關鎮)。時反秦諸侯有約,先入關者王之。

〔三七〕煞子嬰:煞,通"殺"。四庫本作"殺"。子嬰,秦王朝最後的統治者,秦二世胡亥子。胡亥被殺,子嬰繼位,初稱皇帝,後改秦王。劉邦進入關中,子嬰投降。不久,項羽入咸陽城,遂殺子嬰。

〔三八〕紹:繼承,接續。

〔三九〕若張衡、劉知幾謂後漢書宜爲更始立紀:更始,即西漢皇族後裔劉玄。新朝滅亡,劉玄被綠林軍擁立爲皇帝,入主長安,年號更始,史稱更始帝。在位不足三年,即爲赤眉軍所殺,政權滅亡。後漢書張衡傳云:"及爲侍中,上疏請得專事東觀,收撿遺文,畢力補綴。又條上司馬遷、班固所敍與典籍不合者十餘事。又以爲……更始居位,人無異望,光武初爲其將,然後即真,宜以更始之號建於光武之初。"劉知幾史通自敍云:"始在總角,讀班、謝兩漢,便怪前書不應有古今人表,後書宜爲更始立紀。當時聞者,共責以童子何知,而敢輕議前哲。於是赧然自失,無辭以對。其後見張衡、范曄集,果以二史爲非。"此總史之例:總,持。史,史記。

〔四〇〕劉歆、葛洪謂遷發憤著書,列項羽于本紀,以見居高位者非關有德:劉歆撰、葛洪輯之西京雜記卷四云:"司馬遷發憤作史記百三十篇,先達稱爲良史之才。其以伯夷居列傳之首,以爲善而無報也;爲項羽本紀,以踞高位者,非關有德也。"

〔四一〕昌邑王:即漢武帝孫劉賀。父爲昌邑哀王劉髆。漢昭帝死,無子,霍光等大臣迎立昌邑王劉賀爲帝。劉賀即位後,淫亂無度,立二十七日,因霍光白皇太后黜廢。

〔四二〕魏齊王芳:三國魏明帝曹叡養子曹芳。初封齊王。明帝死,無子,由八歲的曹芳繼位,大權實由司馬氏所掌握。在位十五年,爲司馬師所廢,仍貶爲齊王。 東晉廢帝奕:東晉第七位皇帝司馬奕。晉哀帝司馬丕同母弟,哀帝死後嗣位。在位六年,爲桓溫所廢。喬本、洪本、四庫本、備要本"東晉"譌"東昏",今據吳本訂正。 宋前廢帝子業、後廢帝昱:南朝宋前廢帝劉子業,爲孝武帝長子,即位後荒淫無道,衆叛親離,在位不足二年,爲臣下所殺。後廢帝劉昱,明帝長子,即位後窮凶極暴,以殺人爲樂,在位不足六年,爲臣下所

殺。　　齊帝鬱林王、海陵恭王、東昏侯:南朝齊鬱林王蕭昭業,初封鬱林王,齊
武帝死,以皇太孫繼位。即位後沉湎游樂,親近小人,朝政概由西昌侯蕭鸞處
理。在位剛過一年,謀誅蕭鸞未果,反爲所殺。海陵恭王蕭昭文,鬱林王弟。
鬱林王死後,被蕭鸞擁立爲帝。在位僅四月,即被蕭鸞廢黜爲海陵王,不久又
爲所殺害。東昏侯蕭寶卷,齊明帝蕭鸞次子。嗣位後奢侈腐靡,濫殺無辜。梁
王蕭衍起兵討伐,遂於動亂中爲侍衛所殺,死後追貶爲東昏侯。　　陳廢帝伯
宗:南朝陳文帝舊太子。性格仁厚懦弱,嗣位二年,爲叔父安成王頊所廢。
元魏廢帝即西魏廢帝欽:西魏文帝元寶炬長子。在位三年,謀誅岳父、太師宇
文泰,謀泄被廢殺。　　北齊廢帝殷:北齊文宣帝高洋長子。性聰慧寬仁,雅有
令名。在位不足一年,爲叔父大丞相、常山王高演廢殺。喬本、洪本、四庫本、
備要本"殷"均作"因",蓋由音譌。今據吳本訂改。　　後唐廢帝從珂:後唐明
宗李嗣源義子,閔帝時爲鳳翔節度使,封潞王。閔帝意欲削藩,從珂反,入洛
陽,即帝位。在位三年,河東節度使石敬瑭叛,聯合契丹大軍進逼京師,乃自焚
死。死後既無諡號,也無廟號,史家稱之爲末帝或廢帝。　　並以過惡廢:彥按:
此説未免偏頗。北齊高殷之廢,不以過惡。

〔四三〕常踐位:常,通"嘗",曾經。　　久近:指時間之長短。

〔四四〕見共工氏之爲:共工氏,喬本、備要本作"共氏",今據餘諸本補
"工"字。　　以贅于太昊紀之末:贅,連綴,附著。

共工氏傳

共工氏,羲氏之代侯者也〔一〕,世紀云:"女媧末,有諸侯共工氏,任智刑
以强,霸而不王〔二〕。"非也,于時已有侯國〔三〕。是曰康回。屈原云:康回憑怒,地東
南傾〔四〕。王逸曰:康回,共工氏之名〔五〕。蓋康,其國姓;回,其名爾。髦身朱
髮〔六〕,歸藏啓筮云:"共工人面,虵身,朱髮。"姒狠明德,任智自神〔七〕。太
昊氏没,俶亂天常,竊保冀方〔八〕,按淮南子覽冥言伏戲之道,但言"往古之
時,四極廢,九州裂,天不兼覆,地不周載"云云,"於是女媧鍊五色石以補蒼天,斷鼇足
以立四極,殺黑龍以濟冀州,積蘆灰以止淫水。蒼天補,四極正,淫水涸,冀州平。"〔九〕
唐表言共工氏有地在弘農之間,是矣;然以爲炎帝後,則非也〔一〇〕。据古列子、尹子,皆
先敍共工而及女媧,至淮南本經,乃以爲舜時共工振滔洪水,以薄空桑,繆矣〔一一〕。攷

共工有三,詳發揮補天辨〔一二〕。搶攘爲傑〔一三〕。於是左概介丘,右礱終隆,振滔洪水,以薄空桑〔一四〕。空桑,莘、陝之間,於女媧之都爲近,故共工決水灌之,欲以止之。猶後世智伯、梁武所爲者〔一五〕。智伯曰:"吾乃今知水可以亡人之國。"〔一六〕不知共工氏之所爲也。敵劇于諸侯,虐弱以逞〔一七〕。爰以浮游爲卿。瑣語云:"晉平公夢朱熊窺其屏,惡之,而疾。問於子産,對曰:'昔共工之卿曰浮游。敗于顓頊,自沉于淮。其色赤,其言善笑,其行善顧,其狀如熊。爲天王崇。見之堂上,則正天下者死;見之堂下,則邦人駭;見之門,則近臣憂;見之庭,則無傷。今窺君之屏,病而無傷。其祭顓頊、共工乎!'從其言而病間。"〔一八〕自謂水德,故爲水紀,官師制度皆以水名〔一九〕。蓋乘時誰起,而失其紀,是以後世不得議其世也〔二〇〕。荀悅漢紀引劉子政父子之言,謂五行之運,以子承母,伏羲氏木德,共工氏承之以水,居于木火之間,伯而不王〔二一〕。公孫弘、賈誼、兒寬、馬遷皆以秦在水德,漢據土以克之,非也〔二二〕。

方其君國也,專以財利,貿興有亡〔二三〕。其取之也,水處十七而陸處十三,乘天勢以隘制天下,而用不匱〔二四〕。見管子。澤課倍差於陸産〔二五〕。迨其跋户,更復虐取,任刑以逞,人不堪命〔二六〕。於是立兵仗,聚亡義,以奸天憲〔二七〕;韓子云:"共工之戰,鉄銛矩者及乎敵,鎧不堅者傷乎體。"〔二八〕兵仗鎧戟已大備矣。專任浮游,自聖其智,以爲亡可臣者,故官壙而國日亂〔二九〕,民亡所附,賢亡所從。見汲冢書及六韜。尚虞湛樂,淫失其身;猶欲馮怒,傃其悍塞;雍防百川,隳高闉卑,率方興而潮陷之〔三〇〕。天地成而聚于高,歸物于下。子晉曰:"古之長民者,不隳山,不崇藪,不防川,不竇澤。共工氏棄此道也"云云,見周語〔三一〕。行違皇乾,諸福弗畀,疾薦作而萬屢臻〔三二〕。女媧氏戮之,共工氏以亡。共工氏無霸名。有辨,見發揮。祭法曰:"共工氏之霸九州也"〔三三〕,陸農師云:"皇而霸者也。謂之霸,入於罶故也〔三四〕。"所謂共工氏者如此。若伏羲氏襲氣母,則全粹矣〔三五〕。凡四十有五載,落〔三六〕。

有子不才,終死爲厲〔三七〕。禮傳、歲時記等:共工氏有不才子,以冬至日死,爲厲,畏赤豆,故作赤豆粥以禳之〔三八〕。

紀爲君，傳爲臣。路史之書，豈故爲是潰媵哉〔三九〕？紀皇王，所以尊天子也；傳僭僞，所以懲霸据也〔四〇〕。尊天子，所以壹天下之統；懲伯据，所以著叛竊之罪〔四一〕。統既壹，罪既著，則亂常犯上、盜國賊民者不能一日遁形於地上矣。

齊桓、晉文〔四二〕，衆所共德也，孔子作春秋，蓋甚貶之。勤王而請隧，則併没其功〔四三〕。爭入而無親，書“齊小白”，曾何間於州吁與無知乎〔四四〕？狄泉盟王人，河陽朝襄王，會宰周公、王世子，豈徒載之空言哉〔四五〕？亦竊取其義，以爲人道之大經而已矣〔四六〕。百歲之後，有孟軻氏者蓋知其統矣，故曰：“孔子作春秋，而亂臣賊子懼”，又曰：“仲尼之徒，無道桓文之事”〔四七〕。予之路史，宜有合於此者，不可以弗察也。

元經何爲哉〔四八〕？彼將以進退南北也，而自拂其統也〔四九〕。乃自比於春秋，曰春秋、元經於王道，是輕重之權衡。夫春秋所書，彼善於此，則有之矣，而正統常在周也。帝魏於太和之元，則不知所以爲始；絶宋於元徽之五，則不得所以爲終〔五〇〕。是則宋魏之間，正未嘗分也。正未嘗分，則統未嘗壹也。乃自比於春秋邪？吳楚僭王，春秋屢抑。以夷狄而有中國，雖有大功，必如桓文之予而實不予可也，何至抗而帝之邪〔五一〕？是故未覩先王之大道也〔五二〕。未覩先王之大道，而猶猥經百世區區於麟止，獨何歟〔五三〕？

嗟乎！法春秋而不知春秋，豈惟王通哉？使後世嘵嘵於正統之論而不得其正者，皆通之咎也〔五四〕。

【校注】

〔一〕羲氏之代侯者也：羲氏，伏羲氏。代，世。

〔二〕任智刑以强：洪本“任”譌“仕”。　霸而不王：管子霸言：“夫豐國之謂霸，兼正之國之謂王。”尹知章注：“但自豐其國者，霸也。兼能正他國者，王。”

〔三〕非也,于時已有侯國:彥按:此必羅氏誤讀帝王世紀文作"女媧未有諸侯……",方有此言。

〔四〕康回憑怒,地東南傾:憑怒,盛怒,大怒。此屈原云見楚辭天問,原文作:"康回馮怒,墜何故以東南傾?"

〔五〕王逸章句原文作:"康回,共工名也。"

〔六〕髦身:髦,通"毛"。

〔七〕妖狼明德:仇恨美德。妖狼,面色青而凶惡。妖(yàng),廣韻漾韻:"青面。" 任智自神:憑藉智謀,故弄玄虛。

〔八〕俶亂天常,竊保冀方:俶(chù),開始。天常,天之常道。竊保,竊取占有。冀方,古泛指中原地區。

〔九〕伏戲之道:四庫本、備要本"戲"作"羲"。 但言:喬本、洪本、吳本"但"譌"伹"。 往古之時:洪本"古"譌"右"。 天不兼覆,地不周載:兼覆,普徧覆蓋。周載,全面承載。 蒼天補,四極正:四,洪本、吳本譌"典"。

〔一〇〕唐表言共工氏有地在弘農之間:唐表,指新唐書宰相世系表五上。弘農,郡名,治所在今河南靈寶市。唐表原文爲:"呂氏出自姜姓。炎帝裔孫爲諸侯,號共工氏,有地在弘農之間,從孫伯夷,佐堯掌禮,使徧掌四岳,爲諸侯伯,號太岳。又佐禹治水,有功,賜氏曰呂,封爲呂侯。"

〔一一〕据:四庫本作"據"。尹子:即關尹子,舊題周尹喜撰。 乃以爲舜時共工振滔洪水,以薄空桑:洪本、吳本、四庫本無"以"字。參見前紀三空桑氏注〔一二〕。 繆矣:四庫本"繆"作"謬"。

〔一二〕攻共工有三:洪本"攻"譌"放"。 發揮補天辨:即卷三二發揮一女媧補天説。

〔一三〕搶攘:搶奪。

〔一四〕於是左概介丘,右彎終隆:左,指東邊。概,繫念。介丘,即介山。在今山西介休市東南。右,指西邊。彎(mǎn),注視。終隆,即終南山。秦嶺主峯之一,在今陝西西安市南。彥按:此二句蓋套用後漢書馬融傳"右彎三塗,左概嵩嶽"語。

〔一五〕猶後世智伯、梁武所爲者:智伯,春秋晉卿大夫知瑤(或作智瑤,又稱荀瑤)。梁武,指南朝梁武帝蕭衍。史記趙世家:"(趙)襄子立四年,……知伯益驕。請地韓、魏，韓、魏與之。請地趙，趙不與，以其圍鄭之辱。知伯怒，遂率韓、魏攻趙。趙襄子懼，乃奔保晉陽。……三國攻晉陽，歲餘，引汾水灌其城，城不浸者三版。”梁書武帝紀上：“（中興元年）七月，高祖命王茂帥軍主曹仲宗、康絢、武會超等潛師襲加湖，將逼子陽。水涸不通艦，其夜暴長，衆軍乘流齊進，鼓噪攻之，賊俄而大潰，子陽等竄走，衆盡溺于江。王茂虜其餘而旋。”

〔一六〕資治通鑑卷一周威烈王二十三年載其事，作：“智伯曰：‘吾乃今知水可以亡人國也。’”

〔一七〕敓劇于諸侯，虐弱以逞：敓劇，侵害。敓，同“寇”。虐，殘害。逞，滿足心願。

〔一八〕瑣語：出汲冢書，作者不詳。　晉平公夢朱熊窺其屏：晉平公，春秋晉君，名彪，公元前 557—前 532 年在位。屏，照壁。　子産：春秋鄭國卿大夫。　爲天王祟：天王，猶大王。此爲對晉平公之敬稱。　見之堂上，則正天下者死：堂上，喬本、洪本、備要本無“上”字。彥按：“堂上”與下“堂下”相對，“上”字當有，今據吳本、四庫本補。正，君長。廣韻勁韻：“正，君也。”　從其言而病間：間（jiàn），病愈。方言卷三：“差、閒、知，愈也。南楚病愈者謂之差，或謂之閒，或謂之知。”此所引之瑣語，亦見太平御覽卷九〇八，文字稍有出入。

〔一九〕故爲水紀，官師制度皆以水名：爲水紀，謂以水紀事。官師，泛指百官。左傳昭公十七年：“共工氏以水紀，故爲水師而水名。”

〔二〇〕乘時誰起：謂隨機緣而崛起。典出莊子：“鵲上高城之垝，而巢於高榆之顛，城壞巢折，凌風而起。故君子之居世也，得時則義行，失時則鵲起。”（藝文類聚卷八八木部上榆引）　而失其紀：紀，通“記”，記載。

〔二一〕荀悅：東漢史學家。著作有漢紀、申鑒等。　劉子政父子：西漢學者劉向（字子政）與其子劉歆。荀悅漢紀高祖皇帝紀一：“及至劉向父子，乃推五行之運，以子承母，始自伏羲，以迄于漢，宜爲火德。其序之也，以爲易稱‘帝出乎震’，故太皥始出于震，爲木德，號曰伏羲氏。共工氏因之爲水德，居木火之間，霸而不王。”

〔二二〕公孫弘、賈誼、兒寬、馬遷皆以秦在水德，漢據土以克之：公孫弘，漢武帝時丞相。兒寬，漢武帝時御史大夫。馬遷，即司馬遷。漢據土以克之，各本“土”皆作“火”。彥按：“火”當作“土”。唯土克水；而火不能克水，反爲水所克。今訂正。又，<u>公孫弘</u>疑當作<u>公孫臣</u>。<u>史記孝文本紀</u>十四年："<u>魯人公孫臣</u>上書陳終始傳五德事，言方今土德時，土德應，黄龍見，當改正朔服色制度。"又<u>漢書郊祀志</u>下贊曰："<u>漢興</u>之初，庶事草創，唯一<u>叔孫生</u>略定朝廷之儀。若乃正朔、服色、郊望之事，數世猶未章焉。至於<u>孝文</u>，始以夏郊，而<u>張倉</u>據水德，<u>公孫臣</u>、<u>賈誼</u>更以爲土德，卒不能明。<u>孝武</u>之世，文章爲盛，<u>太初</u>改制，而<u>兒寬</u>、<u>司馬遷</u>等猶從<u>臣</u>、<u>誼</u>之言，服色數度，遂順黄德。彼以五德之傳從所不勝，<u>秦在水德</u>，故謂<u>漢</u>據土而克之。"然<u>荀悦漢紀高祖皇帝紀</u>一亦稱"其後<u>張蒼</u>謂<u>漢</u>爲水德，而<u>賈誼</u>、<u>公孫弘</u>以爲土德"，則此作<u>公孫弘</u>者，有自來矣。

〔二三〕貿興有亡：謀取徵發或富或窮之家。貿，通"牟"，謀取。興，徵發。<u>周禮地官旅師</u>"平頒其興積"<u>鄭玄注</u>："縣官徵聚物曰興，今云軍興是也。"

〔二四〕水處十七而陸處十三：十七，十分之七。十三，十分之三。　乘天勢以隘制天下：憑藉至高無上的權勢控制天下。隘，通"阨"。<u>管子揆度</u>："<u>共工</u>之王，水處什之七，陸處什之三，乘天勢以隘制天下。"

〔二五〕澤課倍差於陸産：湖澤産品徵税是陸地産品徵税的兩倍多。課，徵收賦税。<u>書吕刑</u>："墨辟疑赦，其罰百鍰，閲實其罪。劓辟疑赦，其罰惟倍，閲實其罪。剕辟疑赦，其罰倍差，閲實其罪。"<u>孔氏傳</u>："倍差，謂倍之又半，爲五百鍰。"

〔二六〕迨其跋扈：迨，及，當其……之時。跋扈，即"跋扈"，謂驕横放肆。

〔二七〕於是立兵仗，聚亡義，以奸天憲：兵仗，兵器。亡義，指不義之徒。奸(gān)，干擾，擾亂。天憲，天子的法令。

〔二八〕見<u>韓非子五蠹</u>。　鈇銛矩者：鈇銛，鐵鍤一類的武器。<u>吴本</u>、<u>四庫本</u>"鈇"作"鐵"。矩，當爲"短"字之譌。<u>清王先慎</u>集解本<u>韓非子五蠹</u>據<u>顧廣圻</u>説，訂"矩"作"短"，甚是。　鎧：今本<u>韓非子</u>作"鎧甲"。

〔二九〕官壙：官職空闕。壙，通"曠"，空。

〔三〇〕尚虞湛樂，淫失其身：尚虞湛樂，愛好玩樂。尚，愛好。虞，通"娱"。湛樂，過度作樂。湛，音 dān。淫失，恣縱放蕩。失，通"佚"。　猶欲馮怒，傃其悍塞：馮，"憑"之古字，<u>四庫本</u>作"憑"。傃，通"素"，一向，素常。其，甚。悍塞，强悍而頑固。　雍防百川，隳高闉卑，率方興而潮陷之：雍防，堵塞。隳高，毀壞山陵。闉卑，填塞池澤。率，使。方興，大地。<u>洪本</u>"方"譌"万"。陷，謂

淹没。國語周語下:“昔共工棄此道也,虞于湛樂,淫失其身,欲壅防百川,堕高
堙庳,以害天下。”

〔三一〕子晉:周靈王太子。　不隳山:洪本“不”譌“个”。　不防川,不竇
澤:防,堵截。竇,穿通。　見周語:在國語周語下。

〔三二〕行違皇乾,諸福弗畀,疾薦作而菑屢臻:皇乾,皇天,上天。畀,賜
與,給予。薦,頻仍,接連。菑,通“災”,災害。臻,至。

〔三三〕祭法:禮記篇名。

〔三四〕陸農師:即宋陸佃(字農師)。　皇而霸者也:彦按:“皇”疑當作
“王”。謂實爲侯王而號稱霸。　謂之霸,入於罷故也:罷,同“器”,洪本、四庫
本、備要本作“器”。“器”是一個與“道”相對的概念,“道”指精神,“器”指外
形。入於器,謂共工已具有“霸”的形象。

〔三五〕若伏羲氏襲氣母,則全粹矣:襲氣母,和合元氣。參見前紀五狶韋
氏注〔三〕。全粹,謂完美無缺。

〔三六〕落:喬本、洪本此字爲闕文,今據餘諸本補。

〔三七〕厲:惡鬼。

〔三八〕禮傳:漢荀爽撰,書已佚。　歲時記:指南朝梁宗懍撰荆楚歲時
記。　禳:音 ráng,除邪消災。

〔三九〕潰滕:即“沸騰”,喧鬧。潰,同“沸”。

〔四〇〕傳僭僞,所以懲霸据也:僭僞,指割據一方的非正統政權。霸据,指
稱霸割據者。

〔四一〕懲伯据,所以著叛竊之罪:伯據,吳本、四庫本作“霸据(據)”,同。
叛竊,反叛竊國。

〔四二〕晉文:指春秋五霸之一晉文公重耳。

〔四三〕勤王而請隧:此言晉文公事。請隧,請求隧葬(挖掘墓道通路以運
棺至葬所,天子葬禮如此;諸侯依禮祇可縋棺下葬)。國語周語中:“初,惠后
欲立王子帶,故以其黨啓狄人。狄人遂入,周王乃出居于鄭,晉文公納之。晉
文公既定襄王于郏,王勞之以地,辭,請隧焉。王不許。”左傳僖公二十五年亦
載其事:“晉侯……右師圍溫,左師逆王。夏,四月丁巳,王入于王城。……戊
午,晉侯朝王。王饗醴,命之宥。請隧,弗許。”　則併没其功:春秋不載晉文公

勤王及請隧事。

〔四四〕争入而無親,書"齊小白",曾何間於州吁與無知乎:齊小白,即齊桓公(名小白)。齊襄公無道,二弟公子小白、公子糾一逃莒國,一逃魯國。後公孫無知殺齊襄公以自立,無知旋又爲雍林人所殺,二人均趕回國争君位。公子糾師傅管仲帶兵堵截小白,一箭射中小白帶鉤,小白倒地裝死,而暗中乘輼車(臥車。古亦用以載喪)日夜兼程趕回齊國,即位爲君,是爲桓公。遂要挾魯國殺公子糾。間,差別。州吁,春秋衛桓公同父異母弟。弑兄篡位,在位不足一年即被誅。無知,齊襄公堂兄弟,伙同大夫連稱、管至父弑襄公而自立,不久,因宿怨爲雍林人所殺。春秋載上三事,一曰:"(王二月)戊申,衛州吁弑其君完。"(魯隱公四年)一曰:"冬,十有一月癸未,齊無知弑其君諸兒。"(魯莊公八年)一曰:"夏,……齊小白入于齊。……九月,齊人取子糾,殺之。"(魯莊公九年)

〔四五〕狄泉盟王人:狄泉,也作翟泉,地名。在今河南孟津縣平樂鎮。王人,指周王室之微官。春秋僖公二十九年:"夏,六月,會王人、晉人、宋人、齊人、陳人、蔡人、秦人,盟于翟泉。"杜預注:"魯侯諱盟天子大夫,諸侯大夫又違禮盟公侯,王子虎違禮下盟,故不言公會,又皆稱'人'。" 河陽朝襄王:河陽,地名。在今河南孟州市西。襄王,周襄王姬鄭。春秋僖公二十八年:"天王狩于河陽。"左傳曰:"是會也,晉侯召王,以諸侯見,且使王狩。仲尼曰:'以臣召君,不可以訓。'故書曰:'天王狩于河陽。'言非其地也。" 會宰周公、王世子:春秋僖公九年:"夏,公會宰周公、齊侯、宋子、衛侯、鄭伯、許男、曹伯于葵丘。"杜預注:"周公宰孔也。宰,官;周,采地。天子三公不字。"春秋僖公五年:"公及齊侯、宋公、陳侯、衛侯、鄭伯、許男、曹伯會王世子于首止。"杜預注:"惠王大子鄭也。不名而殊會,尊之也。"

〔四六〕以爲人道之大經而已矣:人道,爲人之道。大經,常規,根本法則。

〔四七〕孔子作春秋,而亂臣賊子懼:見孟子滕文公下,"作"作"成"。 仲尼之徒,無道桓文之事:見孟子梁惠王上。原文爲:"齊宣王問曰:'齊桓、晉文之事,可得聞乎?'孟子對曰:'仲尼之徒,無道桓、文之事者,是以後世無傳焉,臣未之聞也。'"桓文,即春秋五霸中之兩位霸主齊桓公與晉文公。

〔四八〕元經:編年體史書名,隋王通撰。

〔四九〕彼將以進退南北也,而自拂其統也:進退,褒貶。南北,指南北朝時期之南朝政權與北朝政權。拂,違背。統,綱紀,準則。

〔五〇〕帝魏於太和之元,則不知所以爲始:太和,北魏孝文帝元宏所用第三個年號,公元477—499年。彥按:北魏宜自道武帝拓跋珪登國元年改國號魏算起。此後歷經明元帝拓跋嗣、太武帝拓跋燾、南安王拓跋余、文成帝拓跋濬、獻文帝拓跋弘方至孝文帝元宏。而孝文帝于太和之前尚用過嗣興、承明兩個年號。帝魏於太和之元,蓋以孝文帝于太和後遷都洛陽,改胡姓拓跋爲漢姓元之故。　絕宋於元徽之五,則不得所以爲終:元徽,南朝宋後廢帝劉昱年號,公元473—477年。彥按:宋後廢帝劉昱之後尚有順帝劉準,年號爲昇明(公元477—479年)。

〔五一〕以夷狄而有中國:洪本"狄"譌"秋"。　必如桓文之予而實不予可也,何至抗而帝之邪:予,贊許,稱譽。抗,上舉。

〔五二〕覿:音dí,見。

〔五三〕而猶猥經百世區區於麟止:此句謂:卻還錯誤地在百世之後拘泥於春秋於何時絕筆。吳本、四庫本"猶"作"獨",疑涉下文"獨何歟"之"獨"而譌。猥,謬,錯誤地。區區,局限,拘泥。麟止,孔子作春秋,至魯哀公十四年(前481)西狩獲麟而止筆,至漢司馬遷作史記,亦止筆於漢武帝元狩元年(前122)幸雍而獲白麟,後世因以"麟止"表示絕筆。元經卷九:"開皇九年,春,正月,白虹夾日,晉、宋、齊、梁、陳亡。"舊題唐薛收傳云:"文中子曰:春秋以天道終乎,故止獲麟。元經以人事終乎,故止陳亡。"

〔五四〕黖黖:音xì xì,暗昧不明貌。

路史卷十二

後紀三

禪通紀第七

炎帝紀上

炎帝神農氏

炎帝神農氏,農從晨,囱聲〔一〕。幣文作凶,古作畕〔二〕。故吕春秋、管法法皆云堯使稷爲田,畕之訛也〔三〕。農,厚也;籀作辳〔四〕。洞靈經"畾""鹽"皆滋于此〔五〕。姓伊耆〔六〕,一作"祈"。世以爲堯姓,非也。熊安云:伊耆氏即神農〔七〕。詳詩、禮正義。集韻作"帆"〔八〕,云:"古天子號。"蓋誤。當作"阢"〔九〕。名軌,見春秋鉤命訣注。一曰石年。見春秋命曆序。或作"耳",訛。是爲後帝皇君,見洞神部。禮記正義云:"神農下爲地皇,作耒耜,播百穀。"〔一〇〕炎精之君也〔一一〕。乘火德〔一二〕。母安登感神於常羊〔一三〕,春秋元命苞云:"少典妃安登游於華陽,有神竜首,感之於常羊,生神子,人面龍顔,好耕,是爲神農〔一四〕。"詩含神霧云:"龍首,顔似龍也〔一五〕。"此亦後世劉媼、潘夫人之事爾〔一六〕。常羊,華陽之常陽也。安登,傳多作女登。生神農於列山之石室。即烈山,厲山也〔一七〕。見荆州記。水經:賴山,今江夏,隨縣北界厲鄉村南重山也〔一八〕。生而九井出焉。荆記云:井在山北,重塹周之,廣一頃二十畝〔一九〕。内有地云神農宅,神農所生〔二〇〕。神農既育,九井自穿。舊言,汲一井則八井震動。寰宇記云:縣北百里,人不敢觸〔二一〕。按:今一穴大木,木傍蔭人,即其井處,爲神農社,年常祠之〔二二〕。荆州圖言:永陽縣西北二百三十屬鄉山東有石穴,高三十丈,長二百尺,謂之神農穴,神農生此,老子亦生于此〔二三〕。故崔玄山瀨鄉記以爲老子教堂之故處〔二四〕。

初,少典氏取于有僑氏,是曰安登〔二五〕。有僑國也。世紀云:“神農母任姒,有僑氏女,曰女登。”非也。孰有一姓而任、僑兩國者?蓋任姒乃帝魁之母,世多以帝魁爲神農,因合之爾〔二六〕。生子二人:一爲黃帝之先,襲少典氏;一爲神農,是爲炎帝。詳譜圖〔二七〕。

炎帝長於姜水,成爲姜姓〔二八〕。姜姓之祖也,扶風美陽〔二九〕。鄭駁異義云〔三〇〕:“炎帝,姜姓,太昊所賜。黃帝,姬姓,炎帝所賜。”其初國伊,繼國耆,故氏伊耆〔三一〕。伊即伊尹之邦,耆即文王之所伐者,猶陶唐然〔三二〕。詳國名記。

長八尺有七寸,弘身而牛顖〔三三〕,顖,顄,首〔三四〕。今炎陵廟像正爲王者衣裒戴冕〔三五〕。按:太祖皇帝詔脩先代帝王祠廟至百二十間以上,令禮院立定配享功臣,檢討儀相,宜其有所據矣〔三六〕。龍顔而大脣。懷成鈐,戴玉理〔三七〕。命歷序云:“有神人,名石耳,蒼色,大眉,戴玉理〔三八〕。”注云:“日月清,有次序,故神應和氣以生之。”大脣,一作“大眉”。玉理,一作“玉英”,猶玉勝也〔三九〕。

生三辰而能言;五日而能行;七朝而齒具;三歲而知稼穡,般戲之事必以黍稷,日於淇山之陽求其利民宜久食之穀而蓻之〔四〇〕。天感嘉,生菽粟誕苓〔四一〕。爰勤收拾剛壤地而時焉〔四二〕。已則厘牟五子偕至〔四三〕。周書曰:“神農之時,天雨粟,神農取種之。”夫五穀未有不自天來者。或曰:天道遠,神農、后稷之事未必皆然。詩言“有相之道”,第以其翼翼油油,若有相之者爾〔四四〕。此不通之論。天人之交,何遠之有?詳發揮雨粟説〔四五〕。神農灼其可以養民也,於是因天之時,分地之利,墾土睦穧,燒櫌垎野,以教天下播種〔四六〕。嗣瓜菰之實而省殺生之敝,始諸飲食,烝民乃粒〔四七〕。武梁祠像碑云〔四八〕:“神農氏因宜教田,闢土種穀,以振萬民。”而管子謂:“神農教耕生穀,以致民利。”〔四九〕陶弘景本草序:“神農嘗草,以省殺生之弊。”惟生亡德,咸若古政〔五〇〕。形墳文〔五一〕。

於是師於悉諸、九靈,學于老龍吉,祖其高矩,以致于理〔五二〕。悉諸,新序作悉老,鄧姓辯作悉清,非〔五三〕。九靈,或云:大成也〔五四〕。莊子云:“妸何甘與神農同學于老龍吉〔五五〕。"或者以爲寓言非實〔五六〕。夫寓言者,謂寓其理於言,借事以寄吾之理爾,非鑿空造端之説也〔五七〕。**受火之瑞,上承熒惑,故以火紀時焉**〔五八〕。神農之有天下,伐邪,禪邪〔五九〕?不可得而詳矣。董仲舒繁露云:"神農氏之有天下,與天地俱起乎?其有所伐乎?神農有所伐則可,湯武有所伐則不可,何也?"〔六〇〕是以神農氏爲伐非邪?

於是脩火之利〔六一〕;管子云:"神農作,種五穀於淇山之陽,九州之人乃知穀食。黄帝作,鑽燧生火以熟腥臊,民食之無腥臑之疾,而天下化。"〔六二〕此正言炎燧改火事,字誤爲"黄",故下乃言"黄帝之王,童山竭澤"云云,可見〔六三〕。**范金排貨,以濟國用**〔六四〕;班志云"食貨興於神農之世",而易明言神農氏"聚天下之貨"〔六五〕。貨幣之來,久矣〔六六〕。故杜佑謂"神農列鄽於國,以聚貨幣;日中爲市,以變有無"〔六七〕。竊攷前譜,異布中有一種:長二寸六分,首廣寸六分,有肉好,無輪郭,足間正圓,面文六字,背一字;又一種:長二寸四分,上廣寸五分,下寸七分,首廣六分,足間八寸,重八銖,有郭,面七字縱横——神農幣也〔六八〕。又不知年代品,有一大錢,圓徑寸五分,重七銖,好圓,無輪郭,狀如半兩,銅色純赤,左有"叮"字鉤畫,甚精神字也〔六九〕。而董譜文有"幔由一金"〔七〇〕。佑所推,知貨自神農以來有之,不知已二三分金貨矣〔七一〕。**因時變煉,以抑時疾;以炮以燔,以爲醴洛**〔七二〕。醴酪也〔七三〕。醴味似澧,酪味似洛〔七四〕。禮運言"汙尊抔飲",謂神農時〔七五〕。楊仲昌加邊議云:"神農時雖有黍稷,猶未有酒醴。後聖作爲醴酪,猶存玄酒,示不忘古。"〔七六〕儀禮正義亦云:"神農以上水爲玄酒。"〔七七〕此不知何所見。古史攷云:"始有燔炙,裹肉燒之,曰炮。"此燧人之世。

謂木罍液,金罍腥,聖人飲於土而食於土,於是大埏埴以爲罍而人壽〔七八〕。陶冶之事,始于遂人,蓋有人事則有之〔七九〕。若古聖人,每創一事,必盡其變而後已。是故,卦立則有貞悔占稽之事,室立則有宫隅門牆之制;穀藝而烹蒸杵銍之用興,藥嘗而炮炙佐使之法起;槌輪爲大輅之始,兜冒爲軒冕之源;燔豕爲柴望之濫觴,土鼓乃雲門之拳石〔八〇〕。理勢之來,事有必至,此遂人出火,而陶冶燔炮之事有不待於後世也。黄帝内傳言黄帝始作陶,蚩尤作冶,吕春秋言昆吾始陶冶,蓋廣之爾〔八一〕。此類尤多,宜攷。

官長師事〔八二〕,**悉以火紀,故稱炎焉**。世紀云:"以火承木,位在南方,主夏,故謂炎帝。"關尹告列子云"神農有炎之德"者,通典云:"有火星之瑞也。"〔八三〕肇迹列山，故又以列山、厲山爲氏〔八四〕。或作烈山、麗山，同〔八五〕。按：列、厲與烈，音本通。"垂帶如厲"，裂也，故音爲裂〔八六〕。趙都賦與"越"叶，蜀賦亦與"結"叶，詩"栗烈"叶"卒歲"，而校獵賦"隆烈"亦與"内"叶，知古同也〔八七〕。且厲山即賴山，故登真隱訣音薌〔八八〕，字爲咸厲切，蓋音如賴。注者不知，謂音小異，誤矣。開山圖云："列山氏産山谷〔八九〕，分布元氣。"蓋即厲山氏。蔡墨曰："厲山氏，炎帝也，起於厲山者。"〔九〇〕禮七祀，太厲，傷神也，禮記正義謂帝王之無後者〔九一〕。至漢七祀，無厲而有山神，説者遂以爲厲山氏，妄矣〔九二〕。杜預又以烈山謂炎帝時諸侯，劉炫已非之〔九三〕。

豫若天命，正氣節，審寒暑，以平早晚之期〔九四〕。

謂人之生，太倉爲主；而太倉，穀爲主；天下萬物亡以易於穀〔九五〕。於是斸木爲耜，揉木爲耒，跳窮髮，跋芄野，制晦清畖，分龍斷而戒之耕，然後六穀朥，以供粢盛而給軍國〔九六〕。漢書云："神農之教：帶甲百萬，而無粟，則不能守也。"〔九七〕兵書謂神農以石爲兵，而帝亦嘗伐補遂，則軍旅已備矣〔九八〕。漢代猶有神農兵法一篇〔九九〕，則兵武之事，有不出於有巢、太昊之時乎？茀年載遼邈，有不得而詳乎爾〔一〇〇〕。

爰申國禁〔一〇一〕：春夏所生，不傷不害。謹脩地利，以成萬物〔一〇二〕。亡斁人所務，而農得以順其時〔一〇三〕。教之麻桑，以爲布帛〔一〇四〕。相土停居，令人知所趨避〔一〇五〕。

乃命赤冀，創抹鈌，爲杵臼，作粗耨、錢鎛、梮蕏、井竈，以濟萬民〔一〇六〕。煻盃刜鐪，以蒸以卷，民始播食而不胜〔一〇七〕。赤冀，即赤糞，赤糞若也。一作赤制。炎帝之臣，與攝提、諸稽、元囂皆十二支神〔一〇八〕。作"糞"者誤。按易傳九事，非必盡黄帝、堯、舜時〔一〇九〕。吕春秋云："赤糞作杵臼〔一一〇〕。"而新論以杵臼爲伏羲作，黄帝内傳以爲黄帝作〔一一一〕。鉏鎒鐪畾之類，事始等始各不同〔一一二〕。有説，别見。

故爲政曰："惟天生民，惟君奉天，惟食、喪、祭、衣服、教化一歸于政。林林生人，亡亂政典〔一一三〕。"此三墳書神農政典之言〔一一四〕。又設教曰："民爲邦本，食爲民天。農不正，食不充；民不正，用不衷。士丁壯而不耕，則受其饑；女當年而不織，則當其寒。不貴難得之貨，不器亡用之物。是故耕不疆者亡以養其生，織不力者莫以蓋其形，有餘不足，各歸其身〔一五〕。"是故亡十倍之賈、倍稱之民，土力耕而女力績，力歸于上而功被于下〔一六〕。

歲守十三，三年與少半成歲，三十一而國有十一歲之儲，有以利下而不足以傷民〔一七〕。乃制爲之數："一穀不登，損一穀，穀之法十倍；二穀不登，損二穀，穀之法倍十莅。夷疏滿之，亡食者與之塵，亡種者貸之新。"〔一八〕農夫敬事力作，故天毀地凶，旱洪並作，而亡有入於溝壑、乞請者，時其時以待天權也〔一九〕。是以年穀順成，衣食足，而禮義興，姦邪不作，亡制令而人從。淮南子云："神農無制令而人從，唐虞有制令而無刑罰。"〔一二〇〕非無制令，設而不用也。故六韜云："神農以爲賞在於成民之生，然賞不施於人而天下化〔一二一〕。"則非無制令矣。

衆金貨，通有亡。按：神農貨曰"一金"，則其爲幣，已衆矣。故董氏譜謂杜佑推貨自神農以來，不知已二三分金貨也〔一二二〕。列塵於國〔一二三〕，日中爲市，致天下之民，聚天下之貨，交易而退，各得其所，而有亡於是俱興。耒耜之益，臼杵之小過，交易之噬嗑，皆世之急務，固不在連山易之後〔一二四〕。神而化之，使民宜之，故天下號曰皇神農〔一二五〕。南方火，爲神明。命曆序注云："其教如神，使民粒食，故天下號皇神農〔一二六〕。"禮含文嘉云："神者，信也；農者，濃也。德信濃厚若神，故名神農。"

謂亂時不殖，亂氣作沴，乃紀上元，調氣朔，以端啓閟；拂焄蒿，辟尸隔，以逃民害〔一二七〕。神農書云："冬至，陰陽合精，天地交遯，天爲尸濕，地爲不涷，君爲不朝，百官爲不親事；不可出游，必有憂悔。"〔一二八〕此復之"商旅不行，后不省方"之事也〔一二九〕。隨志云，神農分八節〔一三〇〕。蓋定之也。三朝具於攝提，七曜起於天關，所謂太初曆也〔一三一〕。神農之曆，自曰太初，非漢之太初也〔一三二〕。楊泉云："疇昔神農始治農功，正節氣，審寒温，以爲早晚之期，故立曆名〔一三三〕。"太史公曰："神農以前尚矣。"〔一三四〕漢使校曆，淳于陵渠覆太初曆晦朔弦望，最密，日月如合璧，五星如連珠〔一三五〕。應劭云：太初上元甲子夜半朔朝冬至，日月五星俱起牽牛〔一三六〕。雖非漢太初〔一三七〕，然其法亦不大相遠。

乃命司怪主卜，巫咸、巫陽主筮〔一三八〕。見世紀、外紀〔一三九〕。非商巫咸。經有巫咸,而郭氏巫咸山賦乃以爲帝堯之醫,豈其職名哉〔一四○〕？於是通其變以成天地之文,極其數以定天下之象,八八成卦,以酬酢而祐神,以通天下之志,以定天下之業;謂"始萬物終萬物者莫盛乎艮",艮,東北之卦也,故襢艮以爲始:所謂連山易也〔一四一〕。艮,前寅而後丑〔一四二〕。丑,歲之終;寅,歲之始也:萬物之終始也〔一四三〕。夫伏羲六十有四卦,其名未著〔一四四〕。而神農之卦名,又與今代爲異,代弗之知。陽豫、游徙之類,連山卦也。演孔圖云:"孔子脩春秋,九月而成。卜之〔一四五〕,得陽豫之卦。"而史記:始皇得璧,言明年祖竜死,不樂,卜之,卦得游徙〔一四六〕。是矣。世紀云:"夏人因炎帝曰連山。"〔一四七〕禮言夏謂之連連山,夏人用之也。陸佃云:"長安人家有之,其卦皆縱〔一四八〕。"然北齊劉光伯常撰爲連山、魯史記以應遺書之詔,後亦敗矣〔一四九〕。世有連山三十卷者,乃梁元帝之所撰〔一五○〕。故亦曰連山氏。艮,山也。字音轉注,列山者,亦連山之轉邪？然則,連山以帝而名,容可知也〔一五一〕。

　　謹時祀,盡敬而不蘄喜〔一五二〕。把春涺,焚封豨,塊枅土鼓,以致敬於鬼神,而上下達矣〔一五三〕。見莊子、晉志〔一五四〕。杜子春云:"以瓦爲匡。"鄭注不從〔一五五〕。孔穎達云:"始諸飲食敬鬼神,祭祀吉禮起於神農〔一五六〕。"土鼓因於中古,神農之器云〔一五七〕。

　　悼澆泊,閔愚愍,爰問於太乙小子曰:"上古之人,壽過百歲;後世不究天年,而有殂落之咎,獨何氣使然邪?"〔一五八〕小子曰:"天有九門,中道最良〔一五九〕。"乃稽太始,説玉册〔一六○〕。素問大論:岐伯言"臣覽太始天元玉册——天之文册——氣經于牛、女戊、己分"云云,戊、己分者,奎、壁、角、軫,天地之門户也〔一六一〕。唐馬總意林云:"神農稽首再拜,問於太一小子曰:'鑿井出泉,五味煎煮。口別生熟,後乃食咀。男女異利,子識其父。曾聞上古之時,人壽過百,無殂落之咎,獨何氣之使耶?'太一小子曰:'天有九門,中道最良,日月行之,名曰國皇,字曰老人,出見南方。長生不死,衆曜同光。神農從其嘗藥,以救人命。'"〔一六二〕王冰云:鬼臾區十世祖,當神農之世,説太始天元玉册〔一六三〕。今按:文有十二篇。磨蜃鞭荄,察色腥,嘗草木,而正名之〔一六四〕。小司馬史記云:"神農磨蜃,百草是嘗。"〔一六五〕又云:"帝以赭鞭鞭草木。"〔一六六〕按:事載搜神記,云:"神農赭鞭鞭百草,盡知其平毒寒温之性、臭味所主。以播百穀,故號神農皇帝。"〔一六七〕楊烱藥園序所謂"神農旋赤鞭而嘅毒"者,夫草木之類,雖則散殊,然察其形色,嗅其臭味,自可別善惡;堪作某藥,可治某病,固不待嘗而後知;然聖人必逐一嘗啖、制神鞭者,蓋以重其事爾[一六八]。任述異云:太原有神釜岡,有神農嘗藥鼎[一六九]。又:咸陽山中有神農鞭藥處,一曰神農原,亦名藥草山[一七〇]。中有紫陽觀,云帝于此辨藥[一七一]。審其平毒,旌其燥寒,察其畏惡,辨其臣使,厘而三之,以養其性命而治病[一七二]。上藥養命,中藥養性,下藥治病[一七三]。一日之間而七十毒,極含氣也[一七四]。傳記説同。孔季彦獨以爲伏羲嘗草木之可食者,一日而七十毒[一七五]。世紀從之,此亦陶氏序本草謂神農畫八卦等爾[一七六]。病正四百,藥正三百六十有五,著其本草,過數乃亂[一七七]。見三墳書[一七八]。本草中,今本中白字者[一七九],是神農本經者,用者大驗。世紀云:"神農著本草四卷[一八〇]。"按漢紀雖及本草,而志無録,梁七録始有之,止三卷,是故或謂古無其書,非也[一八一]。昔樓護少誦醫經、本草,則漢世嘗有之,特未廣爾[一八二]。

乃立方書,小史云:"神農方書",靈樞云:"黄帝曰:'予私覽諸方'",則方書古有之[一八三]。故岐伯曰:"此上帝所祕,先師傳之。"[一八四]命僦貸季理色脉,對察和齊,摩踵訰告,以利天下,而人得以繕其生[一八五]。僦貸季,岐伯祖之師。理色脉者,移精變氣論云[一八六]:"上古使僦貸季理色脉而通神明。"八素經云:"天師對黄帝云:'我於僦貸季理色脉,已二世矣。'"[一八七]

粵又制請雨之法,蓋南置水,掩骼埋胔,以待天澤之至[一八八]。見神農求雨書。其説別出。尸子云:"神農之理天下,欲雨則雨,五日爲行雨,旬日谷雨,旬五日爲時雨。萬物咸利,故曰神雨[一八九]。"赤松子者,諸侯也,移老襄城[一九〇]。於是下之,致爲雨師[一九一]。神仙傳云:"赤松子服水玉,神農時爲雨師,教神農入火。至昆山上王母石室,隨風雨上下。炎帝少女追之,俱仙去。及高辛時,復爲雨師。"[一九二]列仙傳云:"赤將子輿者,黄帝時啖百草花,不食穀,至堯時爲木工[一九三]。"舊傳謂黄帝師赤松;或云帝嚳之;一云堯時爲官師,猶火師、龍師然[一九四]。今道家有黄帝問赤松經,而張良欲從赤松遊,故代以爲仙[一九五]。赤松子迹在襄陽平陽[一九六]。或云石室,非也[一九七]。有説,別見[一九八]。

剗剗民食,形盡悴而不顧[一九九]。通玄經[二〇〇]。每歲陽月,盍百種,率萬民,蜡戲于國中,以報其歲之成[二〇一]。建亥之月,火伏而蟄畢,農事終而始蜡祭也[二〇二]。或云後世之文,攷之郊特牲,乃以周正[二〇三]。非也。周蜡

以十二月,蓋夏十月,商之十一月。晉以周十二月襲虞,故宮之奇曰:"虞不臘
矣!"〔二○四〕月令以孟冬祈來年,祠公社、門閭,臘先祖、五祀〔二○五〕。蜡、臘共月,三代同
之。皇氏以為三代皆以十二月,亦非也〔二○六〕。故祭司嗇、山林川澤神示在
位,而主先嗇〔二○七〕。蜡者,合聚百物而索享之,山川神示皆豫,非止八神;而所
重八,以尤有功於田也〔二○八〕。先嗇、司嗇〔二○九〕,所謂田畯神、苗稼神者。説者以神
農為先嗇,后稷為司嗇,蓋自後世〔二一○〕。故禮傳謂:"豈有神農始蜡,而自祭其身
哉?"〔二一一〕皇氏云:"神農伊耆,一代總號。其子孫有天下者,始為蜡,祭其先祖造田
者〔二一二〕。"故籥師注以神農為田主,為始造田,謂之"田祖"〔二一三〕。先為稼事,謂之"先
穡";神其農業,故曰"神農";漢晉以來,東耕悉祠先農如社儀,北齊以上辛後亥祠先農
神農氏,則又為"先農"矣〔二一四〕。故禮記以先農即為先嗇〔二一五〕。傳以先嗇為田祖、司
嗇為田畯,據籥章"樂田祖,樂田畯"也〔二一六〕。享農及郵表畷、禽獸、貓、虎、
水、防、昆蟲〔二一七〕,通典曰:"蜡之義,自伊耆之代有之〔二一八〕。"而祝之曰:
"土反其宅,水歸其壑,昆蟲亡作,草木歸其澤。"〔二一九〕傳以是神農蜡
辭,宜有傳〔二二○〕。宅、澤皆音鐸。葦籥土鼓,榛杖喪殺,既蜡而收,民
息已〔二二一〕。

　　年不順成之方,其蜡不通,以謹民財也〔二二二〕。蜡者,歲終勞農休
息之際也〔二二三〕。蜡與臘異。有説,別見。惟不順成,則厭禮而婚,條風至
則合其亡夫家者,以蕃其民〔二二四〕。是故淳鹵作,而人民毓;教化
興行,應如桴鼓;耕桑得利,而究年受福〔二二五〕。孝經援神契云〔二二六〕:
"神農耕桑得利,究年受福。"究,窮也〔二二七〕。

　　乃命邪夭作扶犁之樂,制豐年之詠以薦釐來,是曰下
謀〔二二八〕;扶犁,一作扶來,即伏羲之鳳來,來、犁古同音爾〔二二九〕。帝繫譜云:"伏羲
曰扶來,神農曰扶持〔二三○〕。"蓋未達。詳太昊紀。制雅琴,度瑤瑟,以保合太
龢而閑民欲,通其德於神明,同其龢于上下〔二三一〕。曰瑤,貴之也。揚
雄琴清英云:"神農造琴以定神,禁淫僻。"〔二三二〕淮南子云:"神農之初作琴,以歸神杜
淫,反其天心〔二三三〕。"新論云:"神農為琴七絃,以通萬物而攷治亂〔二三四〕。"而洽聞記乃
云二十五絃,説文、世紀、隨志、小史、通曆又皆以為五絃,非也〔二三五〕。按廣雅,神農之
琴長三尺六寸有六分,然亦以為五絃〔二三六〕。有説,在發揮。

　　於是神澧瀵,嘉穀茁[二三七]。乃命屏封作穗書,以同文攷令[二三八]。禮含文嘉云:"神農脩德作耒耜,地應之以醴泉。"書斷云:"上黨羊頭山嘉禾八穟,炎帝乃作穟書,用攷時令[二三九]。"亦見墨藪及韋氏字源[二四〇]。澤之高平北三十五里羊頭山也[二四一]。寰宇引山海經:"神農嘗五穀之所。"[二四二]上有炎帝廟。蓋郡國志也:山今在上黨,有神農城,下有神農泉,南帶太行,右有散蓋[二四三]。今長子西南五十里有神農井,出羊頭小谷中[二四四]。九域志上黨有神農廟、井,又云:隰州有穀城,神農嘗五穀于此[二四五]。而上黨記:"廟西五十步,石泉二所,一清一白,甘美,呼爲神農井[二四六]。"風土記:"神農城,在羊頭山上。下有神農泉,爲神農得嘉禾處[二四七]。"地形志亦云得嘉穀之所[二四八]。太平御覽屏封一作丙封[二四九]。命白皇度地紀,脉水道,窬木方竹,杭潢洋而有亡達[二五〇];春秋元命苞云:"炎帝之臣曰怪義。生白皇,是圖地形。"御覽以怪義爲白皇母名;皇爲神農通水脉,使不壅塞[二五一]。遂甄四海,紀地形,遠近山川林藪,所至而正其制[二五二]。蓋正九州之制。錦帶書云:"神農甄四海。"故文選詩云:"神農更王,軒轅承紀。畫野分疆,爰封衆子[二五三]。"命曆序云:"有神人,駕六龍,出地輔,號皇神農。始立地形,甄度四海,遠近山川林藪所至,東西九十萬里,南北八十一萬里[二五四]。"世紀云:"自天地設闢,未有經界之制[二五五]。三皇尚矣。諸子言神農王天下,地東西九十萬里,南北八十五萬里。"蓋所制里於今有所不同者。

　　於是辨方正位,經土分域,處賢以便勢,于以相用而寄其慽[二五六]。近國地廣而遠彌小。負海之邦,率三在地[二五七],呂春秋云:神農分國,近國地廣,遠國地愈小,海上有十里之國與二十里也[二五八]。此特一聚落,附庸采地爾,以今觀之,中華户密,緣海人稀,而何以爲國哉? 三墳書氣墳云:"山氣止,聖人以安萬國[二五九]。"夷攷其制[二六〇],蓋制應有萬,且不應見於炎帝之後。世言黄帝始創萬國,繆矣[二六一]。説詳國名記[二六二]。國土相望,彘狗之聲相聞。以大用小,縣中下外,猶運指建瓴,而王者以家焉[二六三]。

　　乃課工定地[二六四],爲之城池以守之。詳太昊紀注。

　　后歲省方,觀民設教;月省時攷,終歲獻功;以時嘗穀,祀于明堂[二六五]。見淮南子及隨書宇文愷傳[二六六]。明堂之制,有蓋而無四方,風雨不能襲,燥濕不能傷[二六七]。遷延而入之,以享上帝,祀鬼神[二六八]。如此而已。晏子所言"下之燥濕不能及,上之寒暑不能入,土事不文,木事不鏤,以示人之節"者[二六九]。故王禹偁有巢氏碑云:"猶賴伊耆,儉于一時。椽不用斲,階無剪茨〔二七○〕。"則知自神農矣。或謂黄帝制屋廬,始作明堂,妄。説移在賦禄書〔二七一〕。

補遂不供〔二七二〕,乃伐補遂,而萬國定。庾肩吾云:"炎農本卷領,唐勛載允恭。方傳來世盛,尚且欲從戎。"〔二七三〕是兵伐矣〔二七四〕。補遂二國,見吕春秋〔二七五〕。蘇秦云"神農伐補遂,黄帝伐涿鹿而禽蚩尤,堯伐驩兜,舜伐三苗",不絶三光之明,不傷百姓之心,有王術焉〔二七六〕。通典作輔遂,非。

爰崇郊祀,封岱禪云,以大報而天下治〔二七七〕。封禪之典,郊丘之制也〔二七八〕,其興亦已久矣。故曰:羲農之郊曰禪,後代之所守也。或以爲起於黄帝,失之。

襲九竅,種九埶,提挈形氣,而摶捖乎剛脃,以竅領天下,是故萬物百族皆有經紀、條理〔二七九〕。許叔重云:"竅,法也。埶,形也。"〔二八○〕謂九天、九地之形法。摶捖,猶和調也〔二八一〕。

不以物之壞自成也,不以人之卑自高也,不以遭時自利也,一上一下,而浮游乎萬物之祖〔二八二〕。故其民璞重端愨,有善而亡惡〔二八三〕;文子云:"智者無所施其巧,勇者無所措其威〔二八四〕。"虚素以公,希聲若退;樂與政爲政,樂與治爲治〔二八五〕。是故威厲而不試〔二八六〕。謂賞在於成民之生,賞誠設矣,然不施於人而天下化〔二八七〕;謂政亡有棄法而成治,法誠立矣,然刑罰不施於人而俗善。見别本六韜。淮南子云:"刑措而不用,法省而不煩。當此之時,法寬刑緩,囹圄空虚,而天下一俗,莫懷姦心。"〔二八八〕則既有囹圄矣。囹圄,柴柵〔二八九〕,獄之始也。不忿争而財足,不勞形而成功,因天地之資而與之䰞同,任賢使能,故官利則而賢者歸,是以天下共尊、共富之〔二九○〕。越絶書云:"神農不貪天下,而天下共富之;不以自智而貴於人,而天下共尊之〔二九一〕。"懷其仁成之心,神不越於匈中,智不出於四域,知其白,守其黑,是故求死而不得〔二九二〕,還金丹訣云〔二九三〕:按黄帝内經:"神農知白守黑,求死而不得。"注云:"知白守黑,即是合二性也〔二九四〕。"後其身而先,外其身而存,其神不國,其鬼不神,亡隅亡適,而天下正〔二九五〕。

南交、北幽、三危、暘谷,倀倀之人,靡不戾止〔二九六〕。天不牟其道，地不愛其寶，故黃龍川泳，丹渠先産，風不鳴條，雨不破塊[二九七]。亡扎瘥沈焫之怒，䖏人猶劮，窫尊臼飮，竦身戴聽，以陶乎至化[二九八]。惟亡共胥之怒，而不聞王役之揺，故人皆惡其死而尚其生[二九九]。是以唐堯敷言：“朕之比神農，猶昏之於臿旦也。”[三〇〇]而嵬説者猶以爲“夫負妻戴以有天下，是相率而爲僞者也”，惡足以言人道邪[三〇一]？尸子語。按：文子與淮南齊俗云：“神農之法曰：‘丈夫丁壯不耕，則天下有受其飢者；婦人當年不織，則天下有受其寒者。’[三〇二]故身親耕，妻親織，以爲天下先。”不過親耕躬耡而已[三〇三]。故曰：“神農、黃帝竄領天下，紀綱四時，和調陰陽。萬民莫不竦身而思，戴聽而視，故治而不和。”[三〇四]言使萬物莫不注其耳目[三〇五]。而六韜兩疑云：“三勸皆親，六懷有常。天下安樂，和乃立王。神農並耕，天下太平。”[三〇六]繆矣[三〇七]。

都于陳[三〇八]。今宛丘有陳城，故陳國，傳云太昊之虚，或云神農亦居此[三〇九]。酈元云今故城北有所謂羲神實者，其處也[三一〇]。實者，對虚之名。天文，旗中四星爲天市，其中星多則實，虚則耗[三一一]。神農所在，人民常實，非若虚耗，朝實而暮虚也[三一二]。予以是知神農之去太昊爲不遠矣。傳無炎帝之虚，而記載皆以爲都魯，此繆認大庭爲神農故爾[三一三]。世紀云：太昊都陳，豫州之域；西望外方，東及明諸。胡公之封，神農氏亦都之[三一四]。是羲炎果同處。然攷羲炎之都，似在陳倉。太昊紀已詳之。而世紀云：“又營曲阜。”故晉志云：神農都陳，又別營曲阜[三一五]。郡國志云：“自陳徙都于此，昔大庭阪[三一六]。”譙周云：“炎帝居大庭。”寰宇記[三一七]：曲阜，炎帝之虚。皆相承之訛也。蓋宇于沙，是爲長沙[三一八]。攷神農之都，宜在南方。故顓帝之都在北，益以知太昊之在東、少昊之在西爲信。第世遠紀略，傳者亂，不得其定、其詳。見後及國名記中。崩，葬長沙茶鄉之尾[三一九]，是曰茶陵，所謂天子墓者。郡國志云：“炎帝神農氏葬長沙。長沙之尾，東至江夏，謂之沙羨[三二〇]。”今郡有萬里沙祠，故曰長沙[三二一]。世紀云：“神農葬茶陵。”衡圖經云：“茶陵者，所謂山谷生茶茗也。”[三二二]地有陵名者，皆以古帝王之墓，竟陵、零陵、江陵之類是矣[三二三]。炎陵今在麻陂[三二四]。林木茂密，數里不可入。石麟石上，兩杉蒼然，逾四十圍[三二五]。兩杉而上，陵也，前正對紫金嶺[三二六]。丁未春，予至焉[三二七]。寓人云：“年常有氣出之，今數載无矣。”[三二八]所葬代云衣冠[三二九]。赤眉時，人慮發掘，夷之[三三〇]。陵下龍潭，傳石上古有銅碑，陷入焉。五行書云：神農丁亥日死，丁未日葬。有唐嘗奉祠焉〔三三一〕。有唐代舊記。

太祖撫運,夢感見帝〔三三二〕。於是馳節敻求,得諸南方〔三三三〕。爰即貌祀,時序隆三獻〔三三四〕。廟在康樂鄉鹿原陂上〔三三五〕,乾德五年建。太平興國中,將事官覆舟憚險,奏徙縣南隅〔三三六〕。廟有胡真官殿,云帝之從臣。帝病,告以當葬南方,視旗所盡,遇嶠即止〔三三七〕。因葬于茲,今中途嶠梁嶺也〔三三八〕。梁坑有轍迹〔三三九〕。淳熙十三年,予請守臣劉清之奏於陵近復置廟,乞以陵前唐興敝寺爲之〔三四〇〕。謂佛殿其中,而炎帝殿乎其旁,不惟不正,而三五之時,初未嘗有西方之教〔三四一〕。君從之,即命軍使成其事〔三四二〕。未竟而去。惡戲! 盛德百世,祀至神農,亡以尚矣! 我宋火紀,上協神農〔三四三〕,豈其苗裔邪? 何誰昔之夜,神交萬載,而乃丕揚於今日歟〔三四四〕? 事具孫冠大字碑〔三四五〕。

在治百四十有五祀,世紀、外紀並百二十。或云,百四十。年百六十有八。元年甲戌。亦謂赤帝。仲舒繁露云:堯以神農爲赤帝〔三四六〕。河圖言:“赤帝有女,讕鐵飛之異〔三四七〕。”而經亦有赤帝女女娃,姜姓,爲精衛,在上黨發鳩山〔三四八〕。知爲炎帝云。其崩也,天下之人爲之不將者七日〔三四九〕。丹壺記。納承桑氏之子〔三五〇〕。漢書作桑水氏〔三五一〕,書傳多作奔水氏,字轉失也。吳起云:“承桑之君,脩德忘武,以喪其國。”〔三五二〕神宗皇帝神武祕略言有唐滅之〔三五三〕。唐太宗金鏡述惟作桑氏,即承桑也。子十有三人。

贊〔三五四〕:火德開統,連山感神〔三五五〕。謹脩地利,粒我烝民〔三五六〕。鞭芰嘗草,形神盡悴。避隰調元,以逃人害〔三五七〕。列廛聚貨,吉蠲粢盛〔三五八〕。夷疏損穀,禮義以興〔三五九〕。善俗化下,均封便勢。虛素以公,威屬不試。弗傷弗害,受福耕桑。日省月攷,獻功明堂。天不愛道,其鬼不神。盛德不孤,萬世同仁〔三六〇〕。

濟世有道,其可與貪而躁者謀哉〔三六一〕? 天下無常勢,而時勢有通塞。世故有利害,而利害有淺深〔三六二〕。近而淺,貪而躁者能知之;利害之長而深,非聖智有所不能悉也。

封建郡縣,其事櫲可見矣〔三六三〕。借以巨室倪音顯,又賢遍切。

譬也。之，偃豬音宴。沃壤也。有十囿音芸。之籍，其月舉亦博矣，其課辨亦劇矣，必委能囿率之將卒之，儻來十鉗奴之爲利乎，抑何如推囿之愿民而甲之邪[三六四]？其忠主仁民，經略久近，固不同也[三六五]。知此，則封建郡縣，可得而議矣。

予嘗言之：彊幹弱流，天之道也[三六六]。封建之行也，豈利一宗哉？其於民俗，尤所急焉者也。是以先王世雖極治，猶且灌然莫敢或後，況亂世邪[三六七]？聖人之憂患，莫非爲亂世計也。苟上有明辟[三六八]，則封建而治，郡縣而治。上失其道，則封建者亂，郡縣者亡。封建，而民猶能存；郡縣，而四海累氣[三六九]。事之深淺有間矣[三七〇]。

而昧者乃謂：封建，聖人之所不得已。或又謂：郡縣，則主祚促而利于民[三七一]。談何易邪！請毋多言而簡喻之。王者，奉天地，法至公者也。封建者，天下之公也。郡縣者，一人之私也。惟公也[三七二]，故人皆得遂其私。惟私也，是故公私俱廢；士民兵政，一切取苟且之術，豈直越肥之視秦瘠邪，又將剥之以自厚也[三七三]。郡縣若此，而上之人猶欲冀俗之歸厚，是何異於秉梲音拙，欂上撐拄[三七四]。而招狗[三七五]。而柳鄉猶以爲“公天下之端自秦始”，何不思之甚歟[三七六]？聖人之所慮，固不在於彼也。

昔者，晁子請削七國而七國反；逮夫主偃策行，而列侯之坐酎除者百有六，可謂罰非其罪矣，而汔亡叛，其勢異也[三七七]。惡戲！自封建法廢，而後世不見成康之俗，君無世臣，民無常主，無惑乎道之卑也[三七八]！

國家承平，百年之間，民物阜毓，波夷夏海，實超軼乎三代；惟世變風移之事，視之有愧，則封建不行之所致也[三七九]。兹豈陋儒俗吏之所知哉！日者，漢唐雖稍封建，然而因陋就簡，事不稽古，紀綱法制一無或備，是顧得言封建邪？兹其所以歷世紛

紛,偟偟救弊之不暇者,豈封建之咎哉〔三八〇〕? 制之失其
道爾〔三八一〕。

　　予觀神農之治天下:甄四海,建諸侯。處賢以便勢,胥用而
平民〔三八二〕。近者國地廣而遠彌小,負海有十里之侯若二十里
者〔三八三〕。以大制小,猶幹役指;緜中下外,如水建瓴〔三八四〕。是
故上下得以相安,而人皆惡死。然後知賈顏之謨蓋亦善而未
盡〔三八五〕。聖人之經國立法,其慮世防患,可謂至矣。三代之所
以長久,此其效焉。故曰:三代之末,尚有仁義;六代之季,盡
矣〔三八六〕。不然,揚子雲豈識下於柳宗元,而王仲淹豈見卑於李
百藥乎〔三八七〕? 彼宋祁興遞救之言,尤爲可切厥哂不出齒
笑。也〔三八八〕。

【校注】

　　〔一〕農從晨,囪聲:見説文晨部農篆説解。“農”即“農”字楷化。晨,洪本
作“曰”,吳本作“白”,俱誤;囪,喬本、四庫本、備要本均譌“肉”,洪本、吳本譌
“向”。今並訂正。

　　〔二〕幣文作凶,古作畠:幣,洪本、吳本、四庫本譌“弊”。凶,洪本、四庫本
作“由”,吳本作“緜”。畠,吳本作“曲”。

　　〔三〕故吕春秋、管法法皆云堯使稷爲田:彦按:堯當作舜。今本吕氏春秋
未見“使稷爲田”記載,而管子法法則曰:“舜之有天下也,禹爲司空,契爲司
徒,皋陶爲李,后稷爲田。” 畠之訛也:畠,吳本譌“曲”。

　　〔四〕農,厚也:見集韻冬韻農。 籀作辳:辳,各本均譌“辳”,今據説文
訂正。

　　〔五〕洞靈經“䢉”“䵮”皆滋于此:“䢉”“䵮”二字,喬本上一字似“䵮”而上
部筆劃不甚清晰,下一字爲空格;洪本、四庫本、吳本二字皆作“䵮”;備要本則
作“䢉䵮”。彦按:所謂洞靈經即亢倉子(亦作亢桑子)。唐天寶元年詔號亢桑
子爲洞靈真經,即其書(説見宋晁公武郡齋讀書志卷三上)。今觀其書,農道
篇有“古先聖王之所以理人者,先務䢉人”,“䢉人非徒爲墜利也”,“人䢉則
朴”,“人䢉則童”,“力博深䢉,則丌産複”云云,“農”字皆作“䢉”,是二字中當

有一字作"鹽"。另一字據諸本,下部似從"皿",疑實從"血",蓋作"衊",即"膿"字或體(見説文血部衊)。今姑訂定如此。

〔六〕伊耆:"耆"同"耆"。

〔七〕熊安:即熊安生。北朝經學家。周書有傳。

〔八〕集韻作"帆":見集韻脂韻。帆,喬本、洪本、吳本作"帆",四庫本、備要本作"帆",並誤。今訂正。

〔九〕當作"阢":阢,洪本作"阢",吳本、四庫本、備要本皆作"阢",並誤。彦按:羅氏疑"伊耆"字集韻作"帆"誤,當作"阢",恐非。類篇阜部阢曰:"伊帆,古天子號。或作'阢'。"蓋二文爲一字異體也。

〔一○〕禮記月令孟夏之月"其帝炎帝"孔穎達正義引春秋説云:"炎帝號大庭氏,下爲地皇,作耒耜,播百穀,曰神農也。"

〔一一〕炎精:猶言火德。

〔一二〕乘:繼承,秉承。

〔一三〕母安登感神於常羊:安登,也作女登。常羊,也作尚羊、常陽,山名。在今陝西洋縣茅坪鎮東北。初學記卷九引帝王世紀曰:"神農氏,姜姓也。母曰姙姒,有蟜氏之女,名女登。遊於華陽,有神龍首,感女登於尚羊,生炎帝。"

〔一四〕少典妃安登游於華陽,有神竜首:少典,上古帝王。國語晉語以爲炎、黄二帝之父。路史則以其爲炎帝之父,又爲黄帝之祖先。華陽,蓋即今陝西洋縣華陽鎮地。竜,同"龍",見集韻鍾韻。吳本、四庫本作"童",誤。　是爲神農:四庫本"爲"作"謂"。

〔一五〕顔:額頭。小爾雅廣服:"顔,額也。"

〔一六〕劉媪:漢高祖劉邦母。史記高祖本紀:"高祖,沛豐邑中陽里人,姓劉氏,字季。父曰太公,母曰劉媪。其先劉媪嘗息大澤之陂,夢與神遇。是時雷電晦冥,太公往視,則見蛟龍於其上。已而有身,遂產高祖。"　潘夫人:三國吳主孫權皇后。三國志吳志妃嬪傳:"吳主權潘夫人,會稽句章人也。父爲吏,坐法死。夫人與姊俱輸織室,權見而異之,召充後宮。得幸有娠,夢有以龍頭授己者,己以蔽膝受之,遂生亮。"

〔一七〕即烈山,厲山也:吳本、四庫本如此。喬本、洪本"烈山"下空一字之位,備要本該處作"與"字。今姑從吳本及四庫本。厲山,山名。在今湖北隨縣屬山鎮。

〔一八〕水經:賴山,今江夏,隋縣北界厲鄉村南重山也:江夏,郡名,治所在今湖北武漢市境。隋縣,即隨縣,治所在今湖北隨縣屬山鎮。隋,同"隨",四庫本、備要本作"隋",通。彥按:此引水經,見水經注卷三二溳水,而與原文出入頗大。其文云:"(賜)水源東出大紫山,分爲二水,一水西逕厲鄉南,水南有重山,即烈山也。山下有一穴,父老相傳,云是神農所生處也,故禮謂之烈山氏。……亦云賴鄉,故賴國也,有神農社。……一水出義鄉西,南入隨,又注溳。溳水又南逕隨縣,注安陸也。"並未見"賴山"二字,或當作"烈山"也。又,隋縣似亦未嘗屬江夏郡。

〔一九〕荆記:即荆州記。　　塹:壕溝。

〔二〇〕神農所生:洪本、吳本"所生"作"生生",誤。

〔二一〕太平寰宇記卷一四四隨州隨縣引荆州記:"厲鄉西有重兩重,重內有地,俗謂之神農宅。中有九井,汲一井則八井震動,民多不敢觸。在縣北一百里。"

〔二二〕即其井處,爲神農社:洪本"井"字爲闕文。吳本、四庫本亦無"井"字。神農社,祭祀神農之社壇。

〔二三〕荆州圖:佚書,作者不詳。　　永陽縣:治所在今湖北廣水市北。長二百尺:四庫本"尺"作"丈",誤。

〔二四〕崔玄山:北朝魏人,餘不詳。　　教堂:講學之堂。

〔二五〕有僑氏:四庫本"僑"作"蟜"。下注文"有僑國"、"有僑氏女"、"任、僑兩國"之"僑"同。

〔二六〕帝魁:黃帝玄孫。參閱後紀六帝魁。　　世多以帝魁爲神農:四庫本如此,是,今從之。餘諸本"帝魁"作"世魁",誤。

〔二七〕譜圖:記述氏族或宗族世系之圖表。

〔二八〕姜水:水名。在今陝西寶雞市境。

〔二九〕扶風美陽:扶風,郡名。美陽,縣名,治所在今陝西扶風縣法門鎮。吳本、四庫本"美"字譌"姜"。

〔三〇〕鄭駁異義:鄭,指漢鄭玄。駁異義,全稱駁五經異義。鄭玄此書,特爲駁許慎五經異義而作。駁,四庫本如此,是,今從之。餘諸本皆譌"馭"。

〔三一〕其初國伊，繼國耆：伊，在今河南欒川縣。耆，在今山西長治市西北。

〔三二〕耆即文王之所伐者：耆，即書西伯戡黎之黎。

〔三三〕弘身而牛顤：顤，説文頁部：“大頭也。”四庫本作“顛”。明孫瑴古微書卷二八引孝經援神契、明董斯張廣博物志卷二五引援神契，並作“頭”。

〔三四〕顤，頷，首：頷，同“額”。四庫本“顤”作“頙”，“頷”作“顛”，非。

〔三五〕今炎陵廟像正爲王者衣袞戴冕：洪本、吳本“正”譌“止”。

〔三六〕太祖皇帝：指宋太祖趙匡胤。喬本、洪本、備要本“皇帝”譌作“黃帝”，今據吳本、四庫本訂正。　　禮院：官署名。掌議論禮儀。

〔三七〕懷成鈐，戴玉理：謂胸前有骨表如鉤鈐星，頭上戴著玉製的髮飾。鈐（qián），鉤鈐，星座名，共兩星。洪本譌“釸”，吳本、備要本譌“銓”。

〔三八〕大眉，戴玉理：大眉，喬本、洪本、備要本作“六肩”，吳本、四庫本作“大肩”。彥按：“六”爲“大”字形譌，“肩”爲“眉”字形譌。太平御覽卷七八引春秋命曆序作“大眉”，當是，今據以訂正。玉理，吳本“玉”譌“王”。

〔三九〕玉勝：玉製的髮飾。

〔四〇〕生三辰而能言：辰，日（一晝夜的時間）。　　般戲之事必以黍稷：般戲，游戲。般（pán），爾雅釋詁上：“樂也。”以，吳本、四庫本作“於”。　　日於淇山之陽求其利民宜久食之穀而蓻之：淇山，山名。在今河南輝縣市西北。蓻，同“藝”，種植。喬本、洪本、吳本譌“蓻”，今據四庫本、備要本訂正。

〔四一〕天感嘉：謂上天爲其美好的心願所感動。　　生菽粟誕苓：菽，豆。粟，穀子。誕，生出。苓，藥草名，即茯苓。

〔四二〕爰勤收拾剛壤地而時焉：剛，堅硬。壤地，田地。時，通“蒔”，種植。

〔四三〕已則厘牟五子偕至：已，隨後。厘牟五子，泛指五穀。厘，通“來”，小麥。四庫本作“麳”，同。牟，通“麰”，大麥。詩周頌思文“貽我來牟”朱熹集傳：“來，小麥。牟，大麥也。”

〔四四〕詩言“有相之道”：見詩大雅生民：“誕后稷之穡，有相之道。”毛亨傳：“相，助也。”鄭玄箋：“大矣，后稷之掌稼穡，有見助之道。謂若神助之力也。”　　第以其翼翼油油，若有相之者爾：翼翼，茂盛貌。詩小雅楚茨“我黍翼翼"鄭玄箋:"蕃廡貌。"油油,形容莊稼或草類濃密而潤澤。

〔四五〕詳發揮雨槀説:槀,同"稾",備要本作"稾"。餘諸本均作"槀",當是"稾"字形譌。今訂作"稾"。

〔四六〕神農灼其可以養民也,於是因天之時,分地之利,垡土嵯穢,燒權埒野:灼,明白。分,辨别。垡土,犁地翻土。垡,音fá。嵯穢,謂清除(田中)雜草。嵯(cuó),清除。燒權,焚燒野草。權(méi),通"穈"。方言卷一三:"穈,蕪也。"小爾雅廣言:"蕪,草也。"埒野,整治田野。説文土部:"埒,治也。"

〔四七〕嗣瓜蓏之實而省殺生之敝:嗣,代,接替。瓜蓏,泛稱瓜類植物。敝,通"弊",弊病,害處。 烝民乃粒:烝民,民衆,百姓。粒,謂以穀米爲食。書益稷:"烝民乃粒,萬邦作乂。"孔氏傳:"米食曰粒。"

〔四八〕武梁祠像碑:各本"武梁"均誤倒而作"梁武",今訂正。

〔四九〕見管子形勢解。

〔五〇〕惟生亡德:衹知救活人民,不求感恩戴德。德,感恩,感激。

〔五一〕形墳:古書三墳之一。彥按:據通志卷六三藝文略一:"三皇太古書,亦謂之三墳:一曰山墳,二曰氣墳,三曰形墳。天皇伏犧氏本山墳而作易,曰連山。人皇神農氏本氣墳而作易,曰歸藏。地皇黄帝氏本形墳而作易,曰坤乾。"此形墳疑當作氣墳。又,明董斯張廣博物志卷九、明梅鼎祚皇霸文紀卷一亦引此文,均稱出自人皇神農氏政典。

〔五二〕祖其高矩:祖,效法,承襲。高矩,崇高的規範、準則。 以致于理:猶言以至於治。

〔五三〕新序作悉老:新序雜事:"吕子曰:'神農學悉老。'" 鄧姓辯作悉清:鄧姓辯指宋鄧名世古今姓氏書辯證。辯,喬本、洪本、備要本譌"辦",吳本、四庫本作"辨",今訂作"辯"。

〔五四〕大成也:洪本、吳本誤倒作"大也成"。

〔五五〕婀何甘與神農同學于老龍吉:見莊子知北遊,"婀何甘"作"婀荷甘"。 學:洪本作"孝",同。書中同樣情況頻見,下不一一指出。

〔五六〕或者以爲寓言非實:洪本、吳本"者"譌"考"。四庫本"實"作"寔"。

〔五七〕鑿空造端:憑空捏造。造端,制造事端。

〔五八〕受火之瑞,上承熒惑:"受"字洪本爲闕文,吴本則脱。上,喬本、洪本、吴本、備要本皆作"王",誤。今從四庫本改。承,應。熒惑,即火星。

〔五九〕伐邪,禪邪:伐,吴本、備要本作"代"。禪,同"禪",禪讓。

〔六〇〕見春秋繁露堯舜不擅移湯武不專殺第二十五。此所引,文字略有異同。　其有所伐乎? 神農有所伐則可,湯武有所伐則不可,何也:諸"伐"字,備要本皆作"代"。下"以神農氏爲伐"之"伐"同。彦按:今本春秋繁露亦作"伐"字。盧文弨疑當作"代"。蘇輿曰:"作'代'是。史記儒林傳:'代立踐南面,非弑而何?' 又云:'高帝代秦。' 即此義。"

〔六一〕脩火之利:研究火之利用。脩,通"修"。廣雅釋詁三:"修,治也。"此謂研究。

〔六二〕見管子輕重戊。　鑽燧生火以熟腥臊:洪本、吴本"燧"作"鐩",蓋即"燧"字省文;"腥"作"蒙",疑爲"葷"字之誤,今本管子即作"葷"。　民食之無腥臊之疾:腥臊,洪本、吴本、四庫本作"茲腸"。彦按:"臊"同"胃",見集韻未韻。"腸"當"胃"字之誤。今本管子文作"茲胃",而北堂書鈔卷一四二引作"腹胃",太平御覽卷七九引作"腸胃"。"茲"字費解,似非本文,然管子原文何字,已不可考。

〔六三〕此正言炎燧改火事:正,祇是,僅僅。炎,指炎帝神農氏。燧,謂鑽燧。改火,見前紀五遂人氏注〔一五〕。　童山竭澤:砍(燒)光山林,放乾水澤。釋名釋長幼:"牛羊之無角者曰童,山無草木亦曰童。"

〔六四〕范金排貨,以濟國用:范金,謂鑄造錢幣。范,通"範",用模子澆鑄。排貨,謂疏通商品。濟,補助,增加。

〔六五〕班志云"食貨興於神農之世":漢書食貨志上:"洪範八政,一曰食,二曰貨。食謂農殖嘉穀,可食之物;貨謂布帛可衣,及金刀龜貝,所以分財布利,通有無者也。二者,生民之本,興自神農之世。"　而易明言神農氏"聚天下之貨":見易繫辭下。

〔六六〕貨幣:洪本、吴本"幣"譌"弊"。

〔六七〕神農列廛於國,以聚貨幣:廛(chán),市中店鋪。國,國都。貨幣,錢財。今本通典卷八食貨八錢幣上作"貨帛"。　日中爲市,以變有無:通典"變"作"交"。

〔六八〕竊攷前譜：彦按：“前譜”費解。“前”疑當作“錢”，因音近而譌。本書羅苹注文言及古幣，每引錢譜，如後紀五黄帝有熊氏“故名曰軒”注，引錢譜；後紀七小昊青陽氏“于是興郊禪，崇五祀”注，引董氏錢譜；“作布貨，以制國用”注，引李錢譜。　首廣寸六分，有肉好，無輪郭，足間正圓：首，指鏟形布幣的頭部。肉好，（布幣頂部）圓形的孔及邊。肉，邊；好，中間的孔。輪郭，即“輪廓”，指内方外圓之形象。錢，外圓爲輪，内方爲郭（見資治通鑑卷一二八宋孝武帝孝建三年“及上即位，又鑄孝建四銖，形式薄小，輪郭不成”胡三省音註）。正圓，喬本“圓”譌“圖”，今據餘諸本改。　上廣寸五分，下寸七分：上，指鏟形布幣的肩部。下，指鏟形布幣的足部。　神農幣也：洪本、吴本“幣”譌“弊”。

〔六九〕左有“叮”字鈎畫：叮，備要本作“旴”。

〔七〇〕而董譜文有“幔由一金”：董譜，指宋董逌錢譜（宛委山堂本説郛弓九七收有該書）。文，喬本、洪本、備要本譌“又”，今據吴本、四庫本訂正。幔，備要本作“鰻”。金，洪本作“全”。

〔七一〕知貨自神農以來有之，不知已二三分金貨矣：貨，指錢幣。金貨，金屬鑄的錢幣。

〔七二〕變燬：猶改火。燬(huǐ)，方言卷一〇：“火也。楚轉語也。”　以炮以燖：炮，將動物的肉連毛置於火中煨熟。燖(xún)，用水煮肉。

〔七三〕醴酪：酒漿。醴，甜酒。酪，牛羊馬等的乳漿。

〔七四〕醴味似澧，酪味似洛：澧、洛，二水名。説文水部云：“澧，水。出南陽雉衡山，東入汝。”即今河南南陽市境的澧河。又云：“洛，水。出左馮翊歸德北夷界中，東南入渭。”即今陝西北部的北洛河。

〔七五〕禮運言“汙尊抔飲”：禮記禮運原文爲：“夫禮之初，始諸飲食，其燔黍捭豚，汙尊而抔飲，蕢桴而土鼓，猶若可以致其敬於鬼神。”鄭玄注：“汙尊，鑿地爲尊也。抔飲，手掬之也。”吴本“汙”譌“汗”。喬本、洪本、吴本、備要本“抔”譌“杯”，此從四庫本。

〔七六〕楊仲昌加籩議：楊仲昌，唐禮部員外郎。加籩，謂祭祀時增加籩豆之數。　玄酒：古代祭禮中當酒用的清水。舊唐書禮儀志五：“開元二十二年正月，制以籩、豆之薦，或未能備物，宜令禮官學士詳議具奏。……禮部員外郎楊仲昌議曰：'……鄭玄云：人生尚褻食，鬼神則不然。神農時雖有黍稷，猶未有酒醴。及後聖作爲醴酪，猶存玄酒，示不忘古。'"

〔七七〕儀禮正義：洪本、喬本、四庫本"禮"譌"酒"。今據吳本、備要本訂正。　神農以上水爲玄酒：上水，蓋指露水。以降自天，故稱。是猶明水。周禮秋官司烜氏："以鑑取明水於月。"孫詒讓正義："竊意取明水，止是用鑑承露。"又逸周書克殷："毛叔鄭奉明水。"朱右曾校釋："明水，元酒，取陰陽之潔氣也。"玄酒，洪本、吳本、四庫本作"元酒"。彥按：四庫本作"元酒"蓋避康熙帝諱；洪本、吳本則不知何因，待考。

〔七八〕謂木罍液，金罍腥，聖人飮於土而食於土，於是大埏埴以爲罍而人壽：腥，謂有腥味。埏埴，和泥製作陶器。埏，音 shān。老子"埏埴以爲器"河上公注："埏，和也；埴，土也。謂和土以爲器也。"參見前紀五遂人氏注〔三一〕。

〔七九〕陶冶之事，始于遂人：洪本"冶"譌"治"。四庫本"遂"作"燧"。下"遂人出火"之"遂"同。

〔八〇〕卦立則有貞悔占稽之事，室立則有宫隅門牆之制：貞悔：易卦之下三爻，即内卦，稱貞；上三爻，即外卦，稱悔。占稽，占卜。宫隅，謂建於宫牆四角的高大圍屏。門牆，連接大門處的院牆。　穀藝而烹蒸杵銍之用興，藥嘗而炮炙佐使之法起：穀，喬本、洪本作"谷"，此從餘諸本改。藝，種植。杵，用于舂搗之棒槌。銍（zhì），鐮刀。興，產生。炮炙，中藥材的兩種製法。將藥物放在高溫鐵鍋裏急炒，使其焦黃爆裂，稱炮；將藥材與酒、蜜等液汁輔料同炒，使輔料滲入藥材之内，稱炙。佐使，中醫處方配藥，有所謂君臣佐使之法：針對病因或主症的主要藥物稱君，輔助主藥發揮作用的藥物稱臣，治療兼症或消除主藥副作用的藥物稱佐，引藥直達病所或起調和諸藥作用的藥物稱使。　槌輪爲大輅之始，兜冒爲軒冕之源：槌輪，即棧車，是一種用竹木製成的載人或運貨的車子。大輅（lù），古代帝王所乘之車，以玉爲飾，故又稱玉輅。兜冒，形如兜鍪（古代戰士戴的頭盔）的帽子。冒，"帽"之古字。四庫本作"帽"。軒冕，古代大夫以上官員的車乘和冕服。此偏指冕，即帝王、諸侯及卿大夫戴之禮帽。燔豕爲柴望之濫觴，土鼓乃雲門之拳石：燔豕，燒烤豬。柴望，古代兩種祭禮。柴，謂燒柴祭天；望，謂遙望以祭日月、星辰、山川。土鼓，上古一種陶框革面的鼓。雲門，古樂舞名，相傳爲黃帝時作。喬本、洪本、備要本"雲"作"云"，今從吳本及四庫本。拳石,小石塊。此處與“濫觴”對文,亦取濫觴之義。備要本“拳”譌“奉”。

〔八一〕蚩尤作冶:洪本“冶”譌“治”。 吕春秋言昆吾始陶冶:吕氏春秋君守:“昆吾作陶。”高誘注:“昆吾,顓頊之後,吳回之孫,陸終之子,己姓也,爲夏伯。制作陶冶,埏埴爲器。”

〔八二〕官長師事:泛指百官之事。

〔八三〕關尹告列子云“神農有炎之德”:見列子説符。關尹,周代函谷關關令尹喜。告列子云,喬本作“告列□子”,洪本、吳本、備要本作“告列之子”,並誤。此從四庫本改。 通典云:“有火星之瑞也”:通典卷一九職官一“神農氏以火紀,故爲火師火名”注:“神農有火星之瑞,因以名師與官也。”

〔八四〕爲氏:洪本“氏”譌“民”。

〔八五〕麗山:四庫本作“厲山”,非。

〔八六〕“垂帶如厲”,裂也:裂,繒帛裁剪而多出的部分。説文衣部:“裂,繒餘也。”徐鍇繫傳:“裁剪之餘也。”詩小雅都人士:“彼都人士,垂帶而厲。”鄭玄箋:“而,亦‘如’也。而厲,如鞶厲也。鞶必垂厲以爲飾。厲字當作‘裂’。”鞶厲,束腰之革帶及其下垂之部分。左傳桓公二年“鞶、厲、游、纓,昭其數也”杜預注:“鞶,紳帶也;一名大帶。厲,大帶之垂者。”

〔八七〕趙都賦與“越”叶:藝文類聚卷六一引三國魏劉邵趙都賦,有句:“清漳發源,濁滏汩越。湯泉涫沸,洪波漂厲。” 蜀賦亦與“結”叶:彦按:蜀賦,當作蜀都賦。晉左思蜀都賦:“若乃大火流,涼風厲;白露凝,微霜結。”詩“栗烈”叶“卒歲”:詩豳風七月:“一之日觱發,二之日栗烈,無衣無褐,何以卒歲?” 而校獵賦“隆烈”亦與“内”叶:校獵賦,即漢揚雄羽獵賦。其文有:“於是玄冬季月,天地隆烈。萬物權輿於内,徂落於外。”

〔八八〕登真隱訣:書名。南朝梁陶弘景撰。各本“訣”皆作“决”,今據隋書經籍志四、舊唐書經籍志下、新唐書藝文志三訂正。

〔八九〕列山氏:洪本、吳本作“厉(厲)山氏”,誤。

〔九○〕蔡墨:春秋晉國史官。 厲山氏:四庫本作“列山氏”。

〔九一〕禮七祀,太厲,傷神也:太厲,即泰厲,古代帝王七祀之一,所祀之主爲帝王無後之鬼。喬本、備要本作“本厲”誤,此從餘諸本改。傷神,傷害之

神。　禮記正義謂帝王之無後者：禮記正義，各本"禮記"均譌"儀禮"，今訂
正。又吳本"正"譌"且"。帝王，備要本"王"譌"至"。禮記祭法："王爲羣姓
立七祀，曰司命，曰中霤，曰國門，曰國行，曰泰厲，曰户，曰竈。"孔穎達正義：
"'曰泰厲'者，謂古帝王無後者也。此鬼無所依歸，好爲民作禍，故祀之也。"

〔九二〕至漢七祀，無厲而有山神，説者遂以爲厲山氏：禮記祭法"王爲羣
姓立七祀，……庶士庶人立一祀，或立户，或立竈"鄭玄注："今時民家，或春秋
祠司命、行神、山神，門、户、竈在旁，是必春祠司命，秋祠厲也。或者合而祠之。
山即厲也，民惡言厲，巫祝以厲山爲之，謬乎！"孔穎達疏："云'山即厲也'者，
以漢時祭司命、行神、山神、門、户、竈等，此經亦有司命、門、行、户、竈等，漢時
有山而無厲，此有厲而無山，故云'山即厲也'。云'民惡言厲，巫祝以厲山爲
之'者，鄭解厲稱山之意。漢時人民嫌惡厲，漢時巫祝之人，意以厲神是厲山氏
之鬼爲之，故云'厲山'。"

〔九三〕杜預又以烈山謂炎帝時諸侯，劉炫已非之：劉炫，隋經學家。各本
"炫"均作"玄"，誤，今訂正。彦按：左傳昭公二十九年："有烈山氏之子曰柱爲
稷。"杜預注："烈山氏，神農世諸侯。"孔穎達正義云："魯語及祭法皆云：'烈山
氏之有天下也，其子能殖百穀，故祀以爲稷。'言有天下，則是天子矣，杜注不得
爲諸侯也。賈逵、鄭玄皆云：烈山，炎帝之號。杜言神農世諸侯者，案帝王世
紀，神農本起烈山。然則初封烈山爲諸侯，後爲天子，猶帝堯初爲唐侯然
也。……劉炫以爲烈山氏即神農，非諸侯，而規杜。非也。"是孔穎達看法與羅
苹不同。

〔九四〕豫若天命，正氣節，審寒暑，以平早晚之期：豫若，猶安順。吳本、四
庫本"豫"作"預"，音、義同。氣節，猶節氣、節令。平，謂調節。早晚，指時間
之先後、遲早。

〔九五〕太倉爲主：太倉，胃的别名。靈樞經脹論："胃者，太倉也。"吳本
"太"作"大"。下"太倉"之"太"同。　天下萬物亡以易於谷：亡以，不能。
亡，音 wú。易，代替。谷，通"穀"。吳本、四庫本、備要本作"穀"。

〔九六〕於是斲木爲耜，揉木爲耒：洪本、吳本"斲"作"擣"，誤；"耜"作
"相"，同。揉，使木彎曲或伸直。洪本、吳本作"撓"，詞異而義同。易繫辭下：
"斲木爲耜，揉木爲耒，耒耨之利以教天下。"　跰窮髮，跋芄野：此謂走遍荒遠

之地。跰(fèi),急行貌。窮髮,極北不毛之地。跛,跛涉。芁野,荒遠之地。芁,音qiú。 制畮清甽:造農田,治溝渠。畮,同"畝",農田,田地。甽,同"畎",田間小水溝。 分龍斷而戒之耕:龍斷,田埂。龍,通"壟"。戒,告訴,曉喻。 然後六穀纕,以供粢盛而給軍國:六穀,即秫(稻)、黍、稷、粱、麥、苽(菰米),多泛指穀物。纕(rǎng),豐盛。給,供給,供應。軍國,軍隊與國家。

〔九七〕見漢書食貨志上。原文爲:"神農之教曰:'有石城十仞,湯池百步,帶甲百萬,而亡粟,弗能守也。'"

〔九八〕兵書謂神農以石爲兵:石,喬本作"右",洪本作"右",俱誤。今據餘諸本訂正。越絶書外傳記寶劍:"軒轅、神農、赫胥之時,以石爲兵。"又唐李筌太白陰經卷四器械篇:"上古包犧氏之時,剡木爲兵;神農氏之時,以石爲兵。" 而帝亦嘗伐補遂:參見後紀一太昊伏戲氏注〔二二七〕。

〔九九〕神農兵法一篇:見漢書藝文志。

〔一〇〇〕弟年載遼邈,有不得而詳乎爾:弟,同"第",但。四庫本、備要本作"第"。洪本、吳本作"弟",通。乎爾,喬本、洪本、吳本、備要本皆作"爾乎",當屬誤倒,今據四庫本改。

〔一〇一〕爰申國禁:申,洪本作"巾",固誤;吳本、四庫本作"布",恐亦非是。

〔一〇二〕謹脩地利:認真搞好土地之耕作收成。

〔一〇三〕亡敚人所務:不要占用百姓從事勞作的時間。敚,"奪"之古字。

〔一〇四〕麻桑:種麻、績麻與種柔、養蠶。四庫本作"桑麻"。

〔一〇五〕相土停居,令人知所趨避:選擇土地居住,讓百姓懂得如何趨利避害。趨,洪本、吳本、四庫本作"趍",同。

〔一〇六〕捄鈇:長柄斧。捄(qiú),集韻尤韻:"長皃。"鈇,通"斧"。吳本、四庫本作"鐵"。彥按:作"鐵"者非。蓋誤"鈇"爲"鉄",因又改作"鐵"(俗書"鐵"作"鉄",見字彙金部)。 粗耨:鋤頭。粗,同"鉏"。耨,除草小手鋤。錢鎛:古代兩種農具名。錢(jiǎn),舌屬,似今之鐵鏟。鎛(bó),鋤類農具。一説短柄鋤,一説闊口鋤。 桾鬵:桾(xuān),碗類器皿。鬵(qín),即甑,蒸食炊器。

〔一〇七〕煣盋剢鬵,以蒸以炱:燒製陶盆,挖造甑子,(後者)用它蒸炊,

（前者）用它淘米。爟（hú），燒。盫（yòu），小盆。刳，挖，挖空。甑，俗“甌”字。艱（míng），淘米。　民始播食而不胜：播食，處置食物。播，擺布，處置。説文手部：“播，……一曰布也。”

〔一〇八〕十二支神：古代相傳與十二支相應的十二個神。

〔一〇九〕易傳九事：見易繫辭下，即：“黄帝、堯、舜垂衣裳而天下治”；“刳木爲舟，剡木爲楫，舟楫之利，以濟不通，致遠以利天下”；“服牛乘馬，引重致遠，以利天下”；“重門擊柝，以待暴客”；“斷木爲杵，掘地爲臼，臼杵之利，萬民以濟”；“弦木爲弧，剡木爲矢，弧矢之利，以威天下”；“上古穴居而野處，後世聖人易之以宫室，上棟下宇，以待風雨”；“古之葬者，厚衣之以薪，葬之中野，不封不樹，喪期无數，後世聖人易之以棺椁”；“上古結繩而治，後世聖人易之以書契，百官以治，萬民以察”。孔穎達正義稱此九事“皆黄帝、堯、舜取易卦以制象”。

〔一一〇〕赤糞作杵臼：見吕氏春秋勿躬。今本文作：“赤冀作臼。”

〔一一一〕新論以杵臼爲伏羲作：新論，漢桓譚撰。新論離事：“宓犧之制杵臼，萬民以濟。”　黄帝内傳以爲黄帝作：宋高承事物紀原卷九農業陶漁部四十五杵臼引黄帝内傳曰：“帝既斬蚩尤，因創杵臼。”

〔一一二〕鉏鎛鑄鬴之類，事始等始各不同：鎛，同“耨”，四庫本作“耨”。鬴，同“釜”，鍋。事始，唐劉孝孫等撰。

〔一一三〕惟天生民：吴本、四庫本“惟”作“唯”。下“惟食”之“惟”同。林林生人：猶言芸芸眾生。林林，眾多貌。生人，生民，人民。

〔一一四〕此三墳書神農政典之言：四庫本“典”字譌“興”。

〔一一五〕用不衷：謂用度失當。廣韻東韻：“衷，適也。”　士丁壯：士，男人。丁壯，在壯年時。丁，當。　不器亡用之物：器，器重，重視。亡，通“無”，吴本、四庫本作“無”。　是故耕不疆者亡以養其生，織不力者莫以蓋其形：疆，通“彊”，吴本、四庫本作“彊”。生，四庫本作“身”。蓋，覆蓋，遮蔽。　有餘不足，各歸其身：歸，回報，反饋。

〔一一六〕是故亡十倍之賈、倍稱之民：因此没有出現贏利十倍的商人、加倍收息的高利貸者。賈（gǔ），商人。倍稱，謂加倍償還，借一還二。管子揆度：“故無什倍之賈，無倍稱之民。”

〔一一七〕歲守十三,三年與少半成歲:謂每年收藏糧食十分之三,三年多就有了一年糧食收成的儲備。守,收藏,保存。　三十一而國有十一歲之儲:謂歷三十一年,國家就有十倍於一年(即十年)糧食收成的儲備。　有以利下而不足以傷民:管子山權數:"故王者歲守十分之參,三年與少半成歲。三十一年而藏十一年與少半。藏參之一不足以傷民,而農夫敬事力作,故天毀埊凶,旱、水泆,民無入於溝壑,乞請者也。此守時以待天權之道也。"

〔一一八〕乃制為之數:數,權術,策略。　一穀不登,損一穀,穀之法十倍:登,成熟,收成。穀之法,趙守正管子注譯以為"法"乃"沽"字"形似而誤",甚是。穀之沽,指穀之售價。沽,賣。　二穀不登,損二穀,穀之法倍十蓰:倍十蓰,謂五倍、十倍。蓰,五倍。　夷疏滿之:夷疏,謂平糶疏通。管子揆度"夷疏滿之"郭沫若等集校:"'夷疏'乃平糶之意,夷謂平其價,疏謂通其有無。"滿,補充,補足。　亡食者與之塵,亡種者貸之新:塵,通"陳",此指陳糧。新,此指新穀。管子揆度:"管子曰:'神農之數曰:一穀不登,減一穀,穀之(法)[沽]什倍;二穀不登,減二穀,穀之(法)[沽]再什倍。夷疏滿之,無食者予之陳,無種者貸之新。'"

〔一一九〕旱泆並作:泆,洪水汜濫奔突。　而亡有入於溝壑、乞請者,時其時以待天權也:入於溝壑,謂餓死於溝壑。乞請,乞討。時其時,謂掌握天時。天權,指天的反常變化。說文木部:"權,……一曰反常。"此文亦出管子山權數,見上注〔一一七〕。

〔一二〇〕神農無制令而人從,唐虞有制令而無刑罰:見淮南子氾論。原文"人"作"民"。

〔一二一〕然賞不施於人而天下化:四庫本"人"作"民"。

〔一二二〕故董氏譜謂杜佑推貨自神農以來,不知已二三分金貨也:推,判斷。四庫本如此,是,今從之。餘諸本皆譌"椎"。金貨,洪本、吳本"金"譌"全"。

〔一二三〕塵:同"廛"。見上注〔六七〕。

〔一二四〕耒耜之益,臼杵之小過,交易之噬嗑:易繫辭下:"包犧氏没,神農氏作,斲木為耜,揉木為耒,耒耨之利,以教天下,蓋取諸益。日中為市,致天下之民,聚天下之貨,交易而退,各得其所,蓋取諸噬嗑。"又,"黃帝、堯、舜垂衣裳而天下治，蓋取諸乾、坤。……斷木爲杵，掘地爲臼，臼杵之利，萬民以濟，蓋取諸小過。”

〔一二五〕神而化之，使民宜之，故天下號曰皇神農：神而化之，謂神妙地潛移默化。彥按：易繫辭下云：“神農氏没，黄帝、堯、舜氏作，通其變，使民不倦；神而化之，使民宜之。”則“神而化之，使民宜之”原爲易傳形容黄帝、堯、舜氏語。

〔一二六〕太平御覽卷七八引春秋命曆序注文，作：“其教如神，農殖樹木，使民粒食，故天下號曰皇神農也。”　粒食：以穀物爲食。

〔一二七〕謂亂時不殖，亂氣作沴：時，指時令，季節。不殖，謂不能耕種。亂氣，指天地間陰陽之氣錯亂。作沴，爲害。　　乃紀上元，調氣朔，以端啓閟：上元，古曆法名。史記天官書：“其紀上元。”司馬貞索隱：“上元是古曆之名。”氣朔，節氣與月朔。端，訂正。啓閟，即啓閉。古稱立春、立夏爲啓，立秋、立冬爲閉。　　拂焄蒿，辟尸隰，以逃民害：遠離山嵐瘴氣，避開低平濕地，從而使百姓免遭禍害。拂，離去，避開。廣雅釋詁二：“拂，去也。”焄蒿，同“熏蒿”，亦作“薰蒿”。氣蒸騰貌。此借指山嵐瘴氣。尸隰，猶平隰，低平的濕地。尸，通“夷”，平也（見説文）。

〔一二八〕神農書：佚書。託名神農所撰，真實作者不詳。　　冬至，陰陽合精，天地交遜：合精，精氣交會。交遜，互相退讓。太平御覽卷二八、宋吳淑事類賦卷五、明陳耀文天中記卷五、明董斯張廣博物志卷四、清張英等淵鑑類函卷一六引神農書曰，皆作“交讓”。彥按：冬至，陰氣至極而一陽始生，其後即呈陰消陽長之勢，陰陽漸趨於平衡，此即所謂“交遜”或“交讓”也。　　天爲尸濕，地爲不凍：尸濕，布施濕潤，蓋謂降雨露。尸，施。濕，各本均作“隰”。彥按：“隰”當“濕”字之誤。太平御覽卷二八、事類賦卷五、天中記卷五、廣博物志卷四、淵鑑類函卷一六引神農書曰，皆作“尸濕”，是也。今據以訂正。凍，通“凍”，洪本、吳本、四庫本作“凍”。　　不可出游，必有憂悔：謂不可出游，若出游則必有憂愁懊悔。

〔一二九〕參見前紀九有巢氏注〔八二〕。

〔一三〇〕隨志云，神農分八節：隨志，指隋書律曆志中。其文曰：“洎乎炎帝分八節，軒轅建五部，少昊以鳳鳥司曆，顓頊以南正司天，陶唐則分命和、仲，夏后乃備陳鴻範,湯、武革命,咸率舊章。""隨"通"隋",四庫本作"隋"。

〔一三一〕三朝具於攝提:謂元年元月元日俱在寅位,即時值寅年寅月寅日。三朝,指歲、月、日之初,即元年元月元日。具,洪本、吳本譌"其"。攝提,攝提格的省稱,指地支之"寅"。　七曜起於天關:謂日月五星從天關星起依次排列。七曜,指日、月和金、木、水、火、土五星。天關,星名。在黃道附近,相當於現代天文學的金牛星座ζ星(HD37202)。參見趙永恒炎帝神農氏"七曜起於天關"的年代(重慶文理學院學報2011年第1期)。

〔一三二〕漢之太初:太初,漢曆法名。漢武帝太初元年鄧平、落下閎等人所造。

〔一三三〕故立曆名:藝文類聚卷五、太平御覽卷一六引楊泉物理論,"曆名"作"曆日"。

〔一三四〕見史記曆書。

〔一三五〕淳于陵渠覆太初曆晦朔弦望,最密,日月如合璧,五星如連珠:見漢書律曆志上。淳于陵渠,漢武帝時宦者。覆,覆核,校驗。晦朔弦望,農曆每月末一日稱晦,初一日稱朔;月亮半圓稱弦(農曆初七、初八,月亮缺上半,稱上弦;二十二、二十三,月亮缺下半,稱下弦),全圓稱望(通常在農曆每月之十五日,有時在十六日或十七日)。密,精細。合璧,兩個半璧合成一圓形,稱之爲合璧。顏師古漢書注引孟康曰:"謂太初上元甲子夜半朔旦冬至時,七曜皆會聚斗、牽牛分度,夜盡如合璧連珠也。"

〔一三六〕應劭云:太初上元甲子夜半朔朝冬至,日月五星俱起牽牛:上元,曆法紀元之時間起點。日月五星,洪本、吳本作"七日曜曜",誤。初學記卷四冬至第十二"珠星,璧月"注引應劭漢書注作"七曜"。牽牛,星宿名。

〔一三七〕漢太初:洪本"太"作"大"。

〔一三八〕主筮:洪本"主"譌"王"。

〔一三九〕世紀:四庫本如此,是,今從之。餘諸本"世"皆譌"在"。

〔一四〇〕經有巫咸:尚書伊陟、君奭俱見巫咸。　而郭氏巫咸山賦乃以爲帝堯之醫:藝文類聚卷七引晉郭璞巫咸山賦曰:"蓋巫咸者,實以鴻術,爲帝堯醫。生爲上公,死爲貴神。豈封斯山,而因以名之乎?"

〔一四一〕於是通其變以成天地之文,極其數以定天下之象:文,形象。天下,吳本譌"王下"。易繫辭上:"參伍以變,錯綜其數,通其變,遂成天地之文;極其數,遂定天下之象。"高亨周易大傳今注:"成猶定也。事物必有變,易經以卦爻之變反映事物之變,故通易經卦爻之變,則能定天下事物之文。"又云:"極,盡也。事物必有關係,易經以卦爻之數反映事物之關係,故盡易經卦爻之數,則能定天下事物之象。"　八八成卦:單卦有八,逐一組合而重之,則八八而成六十四卦。初學記卷二一引帝王世紀曰:"庖犧氏作八卦,神農重之爲六十四卦。"　以酬酢而祐神:用它來應酬人間庶務,輔助上天神明。酬酢,應酬交往。祐,輔助。洪本、吳本作"侑",四庫本作"佑"。易繫辭上:"是故四營而成易,十有八變而成卦,八卦而小成。引而伸之,觸類而長之,天下之能事畢矣。顯道、神、德、行,是故可與酬酢,可與祐神矣。"　以通天下之志,以定天下之業:用它來溝通天下人的思想,用它來成就天下事業。之志,洪本譌"志志"。定,成。洪本、吳本作"斷",非。易繫辭上:"子曰:'夫易何爲者也? 夫易開物成務,冒天下之道,如斯而已者也。'是故聖人以通天下之志,以定天下之業,以斷天下之疑。"　謂"始萬物終萬物者莫盛乎艮":易説卦:"終萬物始萬物者,莫盛乎艮。"楊維增、何潔冰周易基礎譯文:"能使萬物終而復始的没有比艮更有成就了。"　艮,東北之卦也,故褈艮以爲始:所謂連山易也:褈,喬本作"褈",洪本、吳本作"裡",四庫本、備要本作"種",朱彝尊經義考卷二引羅泌曰作"重"。彦按:字當作"褈",重也。今訂正。易説卦:"艮,東北之卦也,萬物之所成終而所成始也,故曰:'成言乎艮。'"宋楊簡楊氏易傳卷一云:"夏后氏之易曰連山;連山者,以重艮爲首。商人之易曰歸藏;歸藏者,以重坤爲首。周人之易曰[易],以重乾爲首。"

　　〔一四二〕艮,前寅而後丑:此就方位而言。就八卦方位言,艮居正東北方。就地支方位言,寅居東方而略偏北,丑居北方而略偏東。艮正處於丑、寅二者之間,前寅而後丑。

　　〔一四三〕丑,歲之終;寅,歲之始也:彦按:以建寅之月爲歲首之曆法如此,如夏曆,否則非是。

　　〔一四四〕夫伏羲六十有四卦:夫,喬本作"天",蓋"夫"字形譌;洪本、吳本、備要本作"矣",則宜屬上讀;四庫本作"夫",於義爲長,今從之。

　　〔一四五〕卜之:洪本"卜"譌"十",吳本"卜"譌"下"。

〔一四六〕始皇得璧,言明年祖竜死,不樂,卜之,卦得游徙:璧,吳本、四庫本作“壁”,非。竜,吳本、四庫本作“龍”,同。史記秦始皇本紀始皇三十六年:“秋,使者從關東夜過華陰平舒道,有人持璧遮使者曰:‘爲吾遺滈池君。’因言曰:‘今年祖龍死。’使者問其故,因忽不見,置其璧去。使者奉璧具以聞。始皇默然良久,曰:‘山鬼固不過知一歲事也。’退言曰:‘祖龍者,人之先也。’使御府視璧,乃二十八年行渡江所沈璧也。於是始皇卜之,卦得游徙吉。”裴駰集解引蘇林曰:“祖,始也。龍,人君象。謂始皇也。”彥按:“卦得游徙吉”者,言卦所示,得游徙則吉也,故下文云“遷北河榆中三萬家”,意欲應之。“游徙”非卦名。且前後文字所載,皆始皇不祥之兆,何以此獨突兀言得吉卦? 羅氏説蓋誤。

〔一四七〕世紀:指帝王世紀。四庫本如此,是,今從之。餘諸本“紀”作“記”非。　夏人因炎帝曰連山:因,沿襲。

〔一四八〕其卦皆縱:謂其卦爻呈豎劃狀。

〔一四九〕然北齊劉光伯常撰爲連山、魯史記以應遺書之詔,後亦敗矣:北齊,洪本、吳本、備要本“齊”譌“濟”。劉光伯,即劉炫(字光伯)。其僞造連山、魯史記等,在隋開皇中。常,通“嘗”,曾經。爲,通“僞”。隋書劉炫傳:“時生弘奏請購求天下遺逸之書,炫遂僞造書百餘卷,題爲連山易、魯史記等,録上送官,取賞而去。後有人訟之,經赦免死,坐除名,歸于家,以教授爲務。”

〔一五〇〕隋書經籍志三、舊唐書經籍志下、新唐書藝文志三所載,均有梁元帝撰連山三十卷。

〔一五一〕容可知也:容,容或,大概。

〔一五二〕謹時祀,盡敬而不蘄喜:時祀,指四時的祭祀。蘄,通“祈”,祈求。喜,通“禧”,福。莊子讓王:“昔者神農之有天下也,時祀盡敬而不祈喜。”呂氏春秋誠廉作“昔者神農氏之有天下也,時祀盡敬而不祈福也。”

〔一五三〕挹春澗,焚封豨:挹,酌,以瓢舀取。澗,各本均作“間”。彥按:“挹春間”不可解,“間”當“澗”字之誤。晉書正作“澗”,今據以訂正。焚,燒烤。封豨,猶封豕,大豬。晉書禮志上:“若迺太一初分,燧人鑽火,志有暢於恭儉,情不由乎玉帛,而酌玄流於春澗之右,焚封豕於秋林之外,亦無得而闚焉。”塊枰土鼓,以致敬於鬼神:塊枰,土製的鼓槌。喬本、洪本、備要本“塊”作“鬼”

誤,今從吳本及四庫本改。鬼神,洪本"鬼"譌"塊"。禮記禮運:"夫禮之初,始諸飲食,其燔黍捭豚,汙尊而抔飲,蕢桴而土鼓,猶若可以致其敬於鬼神。"蕢,通"塊"。

〔一五四〕見莊子:彥按:今考莊子書中無此,而禮記禮運有之(見上注)。頗疑羅氏誤記禮運爲天運,而歸之莊子矣。

〔一五五〕周禮春官籥章"掌土鼓豳籥"鄭玄注:"杜子春云:'土鼓,以瓦爲匡,以革爲兩面,可擊也。'……明堂位曰:'土鼓蒯桴葦籥,伊耆氏之樂。'"賈公彥疏:"釋曰:子春云'土鼓以瓦爲匡,以革爲兩面,可擊也',後鄭不從者,土鼓因於中古,神農之器,黄帝以前未有瓦器,故不從也。"

〔一五六〕始諸飲食敬鬼神,祭祀吉禮起於神農:始,喬本、洪本爲墨丁,吳本譌"治",今據四庫本、備要本訂。孔穎達禮記正義於卷首"禮記"下正義曰:"案禮運云:'夫禮之初,始諸飲食,燔黍捭豚,蕢桴而土鼓。'……既云始諸飲食,致敬鬼神,則祭祀吉禮起於神農也。"

〔一五七〕土鼓因於中古,神農之器云:彥按:古人關於"中古"之概念,看法各不相同。易繫辭下"易之興也,其於中古乎"唐李鼎祚集解引虞翻曰:"興易者,謂庖犧也。……庖犧爲中古,則庖犧以前爲上古。"此之"土鼓因於中古,神農之器云"當屬同一類看法。參見上注〔一五五〕。

〔一五八〕悼澆泊,閔愚愁:悼,傷感,哀傷。喬本、備要本譌"淖",今據餘諸本改。澆泊,指社會風氣浮薄。泊,通"薄"。愚愁,愚昧。爰問於太乙小子曰:爰,吳本作"是"。太,洪本、吳本作"春",四庫本作"泰"。彥按:"太"、"泰"通用,"春"則"泰"字之譌。後世不究天年,而有殂落之咎:究,盡,終。殂落,死亡。咎,災禍,不幸之事。

〔一五九〕太平御覽卷七八引神農本草曰:"神農稽首再拜,問於太一小子曰:'曾聞古之時,壽過百歲。而殂落之咎,獨何氣使然耶?'太一小子曰:'天有九門,中道最良。'神農乃從其嘗藥,以拯救人命。"

〔一六〇〕乃稽太始,説玉册:稽,考覈,查考。太始,指天地初開闢時。説,解説,討論。玉册,以玉簡爲載體的珍祕典籍,如仙道醫書等。此指太始天元玉册。

〔一六一〕素問大論:指黄帝内經素問五運行大論。岐伯言"臣覽太始天元玉册——天之文册——氣經于牛、女戊、己分"云云：太始天元玉册，吳本、洪本、四庫本"太始"作"大始"，同。吳本"玉册"作"王册"，誤。黃帝内經素問天元紀大論"臣積考太始天元册文曰"唐王冰注："天元册，所以記天真元氣運行之紀也。自神農之世，鬼臾區十世祖始誦而行之。此太古占候靈文。洎乎伏羲之時，已鑴諸玉版，命曰册文。太古靈文，故命曰太始天元册也。"文册，文書簿籍。牛、女，二十八宿中之二宿，分別爲北方玄武七宿之第二、第三宿。戊、己，十天干之第五及第六位。其與方位之關係，則戊在西北，己在東南。洪本、吳本脱"己"字。備要本"戊"譌"戌"，下"戊、己分"之"戊"同。分，指地域，方位。　戊、己分者，奎、壁、角、軫，天地之門户也：奎、壁、角、軫，二十八宿中之四宿。奎、壁位西北方，角、軫位東南方。喬本、洪本、備要本"壁"譌"璧"，今據吳本、四庫本訂正。素問原文作："歧伯曰：'……臣覽太始天元册文，丹天之氣經于牛、女戊分，黅天之氣經于心、尾己分，……所謂戊、己分者，奎、壁、角、軫，則天地之門户也。'"唐王冰注："戊土屬乾，己土屬巽。遁甲經曰：'六戊爲天門，六己爲地户。'晨暮占雨，以西北、東南，義取此。"明張介賓類經圖翼卷一奎壁角軫天地之門户説："夫奎、壁臨乾，當戊土之位；角、軫臨巽，當己土之位。……奎、壁、角、軫爲對待之宿，而奎、壁爲西北之交，角、軫爲東南之交，故經云：'奎、壁、角、軫，天地之門户也。'是以伏羲六十四卦方圖以乾居西北，坤居東南，正合天門、地户之義。"

　　〔一六二〕五味煎煮：五味，酸、苦、甘、辛、鹹，泛指各種味道。　後乃食咀：食咀，嚼食，喫。　男女異利，子識其父：男女，兒女。利，喜愛。荀子正名"不利傳辟者之辭"楊倞注："利，謂悦愛之也。"識，記住。玉篇言部："識，記也。"其，吳本譌"甚"。　曾聞上古之時，人壽過百，無殂落之咎，獨何氣之使耶：聞，洪本、吳本、四庫本作"問"，非是。耶，吳本、四庫本作"邪"，通。　名曰國皇，字曰老人：洪本"名曰"脱"曰"字。吳本兩"曰"字並脱。　出見南方：南方，喬本、四庫本作"西方"，洪本、吳本、備要本作"出方"。彦按：天中記卷一一、廣博物志卷四一、繹史卷四引神農本草經均作"南方"，是。今謂老人即南極老人星，又稱壽星，係南部天空一顆光度較亮的二等星。今訂正。　長生不死：洪本、吳本作"長生長生死"，誤。　以救人命：洪本、吳本"救"作"致"，大誤。

　　〔一六三〕王冰：唐代名醫，官太僕令。曾用十二年之工夫爲黃帝内經素問作注。洪本、吴本、四庫本作“玉冰”，備要本作“玉水”，並誤。　　鬼臾區：黄帝臣。參見上注〔一六一〕。

〔一六四〕磨蜃鞭茇：蜃，大蛤。四庫本譌作“脣”。下羅苹注文“神農磨蜃”之“蜃”同。淮南子氾論：“古者剡耜而耕，摩蜃而耨。”高誘注：“蜃，大蛤，摩令利，用之耨。耨，除苗穢也。”茇（bá），草木根。説文艸部：“茇，艸根也。”鞭茇，猶鞭草。晋干寶搜神記卷一：“神農以赭鞭鞭百草，盡知其平毒寒温之性、臭味所主。”　　察色齈：齈，字書未見，疑爲“腥”字俗體，取“氣味”義。

〔一六五〕小司馬史記：指唐司馬貞補史記。　　神農磨蜃，百草是嘗：洪本、吴本脱“磨”字。彦按：今考小司馬補史記三皇本紀，不見此文，疑或羅氏誤記。

〔一六六〕又云：洪本、吴本作“又云云”，當衍一“云”字。　　赭鞭：相傳爲神農用以檢驗百草性味的赤色鞭子。

〔一六七〕事載搜神記：洪本“載”作“再”，當由音譌。下引搜神記文，與原書略有出入。參見上注〔一六四〕。

〔一六八〕楊烱藥園序所謂“神農旋赤鞭而敺毒”者：楊烱，初唐詩文四傑之一，官盈川令。藥園序，即晦日藥園詩序，見盈川集卷三、文苑英華卷七一五。各本“園”均譌“圖”，今訂正。敺，同“驅”。楊氏原文作“驅”。　　雖則散殊：散殊，各不相類，互有區別。洪本“殊”譌“珠”。　　嗅其臭味，自可别善惡：臭味，氣味。臭，音 xiù。善，洪本作“意”，吴本作“熹”，並誤。　　堪作某藥，可治某病，固不待嘗而後知：堪，吴本譌“甚”。某病，洪本、吴本譌“其病”。不待嘗，洪本作“不待嘗嘗”，衍一“嘗”字。

〔一六九〕任述異：指南朝梁任昉述異記。各本“異”均作“意”，當由音譌。今訂正。　　神釜岡：備要本“釜”譌“筆”。

〔一七○〕咸陽山中有神農鞭藥處：咸陽，各本均作“成陽”。彦按：成陽當“咸陽”之誤。文淵閣四庫全書本、中華書局叢書集成本述異記卷下俱作“咸陽”，今據以訂正。鞭藥，四庫全書本、叢書集成本述異記作“辨藥”。　　一曰神農原：洪本、吴本、四庫本脱“原”字。

〔一七一〕云帝于此辨藥：辨，喬本、洪本、備要本作“辦”，吴本作“辯”，今從四庫本作“辨”。今本述異記文作：“山上紫陽觀，世傳神農於此辨百藥。”

〔一七二〕審其平毒,旌其燥寒,察其畏惡,辨其臣使:平毒,指藥性之平和或暴烈。旌,識別。燥寒,指藥性之燥熱或寒涼。畏惡,指因功用相反或合用有害的原因而避免一同使用的藥物。辨,洪本作“辦”,吳本作“辯”,皆非本字。臣使,見上注〔八〇〕。　　釐而三之:釐,分,謂分類。

〔一七三〕上藥養命,中藥養性:洪本“命”譌“禽”,“中”譌“巾”。

〔一七四〕一日之間而七十毒:淮南子脩務:“(神農)嘗百草之滋味,……當此之時,一日而遇七十毒。”　　極含氣:人之極限,謂超出了人的承受能力。含氣,指含有氣息者,此借代人。

〔一七五〕孔季彦:東漢儒生,爲孔子二十代孫。

〔一七六〕陶氏:指南朝梁陶弘景。陶氏撰有神農本草經集注。

〔一七七〕病正四百,藥正三百六十有五:正,正好,謂不多不少。　　著其本草:著,洪本作“着”,非。本草,即神農本草經。

〔一七八〕三墳書:吳本“三”譌“二”。

〔一七九〕白字:即白文,指有注解的書的正文。

〔一八〇〕神農著本草四卷:洪本“著”作“着”。

〔一八一〕按漢紀雖及本草,而志無録:志,指漢書藝文志。彦按:漢書平帝紀元始五年載:“徵天下通知逸經、古記、天文、曆算、鍾律、小學、史篇、方術、本草及以五經、論語、孝經、爾雅教授者,在所爲駕一封軺傳,遣詣京師。”此所謂漢紀及本草也。　　梁七録:南朝梁阮孝緒撰圖書目録分類專著。

〔一八二〕昔樓護少誦醫經、本草:樓護,西漢齊人,歷官諫大夫及天水、廣漢、前輝光太守職。醫經,喬本、洪本、備要本作“乙經”,吳本、四庫本作“一經”。彦按:“乙”、“一”皆“醫”字音譌,今訂正。漢書樓護傳:“護誦醫經、本草、方術數十萬言,長者咸愛重之。”

〔一八三〕靈樞云:“黄帝曰:‘予私覽諸方’”:見靈樞經病傳。原文爲:“黄帝曰:余受九針于夫子,而私覽于諸方。”

〔一八四〕故岐伯曰:“此上帝所祕,先師傳之”:故,洪本、吳本譌“古”。岐伯,四庫本如此,是,今從之。餘諸本“伯”皆譌“白”。上帝,洪本“上”譌“土”。彦按:岐伯此語見黄帝内經素問六節藏象論。原文爲:“帝曰:‘……夫子言積氣盈閏,願聞何謂氣? 請夫子發蒙解惑焉!’岐伯曰:‘此上帝所祕,先師傳之也。’”是原非答方書之問，羅氏移此，難逃張冠李戴之譏。

〔一八五〕命俁貸季理色脉：理，治，謂研究。色脉，臉色與脉象。　對察和齊：比照考察，調和而使正常。齊，正，正常。　摩踵諄告：摩踵，“摩頂放踵”之省，謂從頭頂到脚跟都磨傷。形容不辭辛苦，舍己爲人。諄告，諄諄曉喻。諄，通“諄”。　而人得以繕其生：繕，保養。

〔一八六〕移精變氣論：黄帝内經素問篇名。

〔一八七〕八素經：道教書名。已佚，作者不詳。喬本、備要本“八”作“○”。今據餘諸本訂正。　天師對黄帝云：天師，古代對有道術者之尊稱。此指岐伯。黄帝，各本皆譌“皇帝”，今訂正。　我於俁貸季理色脉，已二世矣：二世，黄帝内經素問六節藏象論“此上帝所祕，先師傳之也”王冰注引八素經序云：“天師對黄帝曰：‘我於俁貸季理色脉，已三世矣。’”作“三世”。

〔一八八〕粤又制請雨之法，蓋南置水，掩骼埋胔，以待天澤之至：粤，于是。請雨，求雨。骼，同“骼”，枯骨，屍骨。埋，洪本、吳本譌“理”。胔（zì），肉還没有爛盡的屍體。禮記月令孟春之月：“掩骼埋胔。”鄭玄注：“骨枯曰骼，肉腐曰胔。”天澤，指雨。藝文類聚卷一○○引神農求雨書曰：“如此不雨，潛處，闔南門，置水其外；開北門，取人骨埋之。”

〔一八九〕旬日谷雨：旬日，十天。谷，通“穀”。四庫本作“穀”。　故曰神雨：彦按：“雨”字疑爲衍文。藝文類聚卷二引尸子曰，作：“神農氏治天下，欲雨則雨，五日爲行雨，旬爲穀雨，旬五日爲時雨。正四時之制，萬物咸利，故謂之神。”

〔一九○〕移老襄城：移老，遷居以養老。襄城，地名，在今河南襄城縣。洪本作“壤城”，吳本作“穰城”，皆非。

〔一九一〕於是下之，致爲雨師：下，謂降低身分。致，招引。

〔一九二〕神仙傳云：彦按：今考晉葛洪神仙傳，不見有此文，當爲漢劉向列仙傳之誤記。藝文類聚卷七八、太平御覽卷三八引此文，皆作列仙傳，是也。　赤松子服水玉：水玉，水晶之古稱。　教神農入火：洪本、吳本“教”作“師教”，“師”字衍。　至昆山上王母石室：昆山，昆侖山之省稱。在今甘肅肅南裕固族自治縣西北。　炎帝少女追之，俱仙去：炎帝，洪本、吳本作“炎”，脱“帝”字。仙，洪本作“仚”，同。下“列仙傳”之“仙”字同。今本列仙傳赤松子原文爲:"赤松子者,神農時雨師也。服水玉,以教神農,能入火自燒。往往至崑崙山上,常止西王母石室中,隨風雨上下。炎帝少女追之,亦得仙俱去。高辛時,復爲雨師。"

〔一九三〕赤將子輿:各本皆作"赤松子輿",非是,今訂正。　不食穀:洪本作"不谷谷"誤。今本列仙傳赤將子輿文爲:"赤將子輿者,黄帝時人。不食五穀,而噉百草花。至堯帝時爲木工,能隨風雨上下。時時於市中賣繳,亦謂之繳父云。"

〔一九四〕舊傳謂黄帝師赤松:舊,洪本作"做",吳本作"故",並誤。　堯時爲官師:官師,官吏之長。洪本、吳本作"堯師者官師",誤。　猶火師、龍師然:火師,相傳神農氏以火紀事,乃以火名其百官師長,稱"火師"。龍師,相傳伏羲氏以龍紀事,乃以龍名其百官師長,稱"龍師"。洪本"龍"作"竜",同。四庫本無"然"字。

〔一九五〕今道家有黄帝問赤松經:洪本、吳本脱"家"字。　張良欲從赤松遊:張良,字子房,漢高祖劉邦重要謀臣,因功封留侯。史記留侯世家:"留侯乃稱曰:'……願弃人閒事,欲從赤松子游耳。'"

〔一九六〕赤松子迹在襄陽平陽:赤松子,洪本、吳本"赤"誤"者"。襄陽平陽,其地不詳,疑有誤。本書餘論二赤松石室稱:"炎世赤松迹在襄陽,……按習鑿齒襄陽傳,蔡陽界有赤松子亭,下有神陂,即南都賦所謂松子神陂者也。"蔡陽,則地在今湖北襄陽市。

〔一九七〕石室:山名。在今浙江衢州市柯城區境。

〔一九八〕見餘論二赤松石室。

〔一九九〕剸剸民食,形盡悴而不顧:剸剸(zhuān zhuān),專心一意貌。形,此從四庫本,餘諸本皆作"刑"。

〔二〇〇〕通玄經:晉王長文撰,四卷,已佚。

〔二〇一〕每歲陽月,盍百種,率萬民,蜡戲于國中:陽月,農曆十月的別稱。盍,合,聚集。百種,泛指各種穀物。率,洪本、吳本誤"卒"。蜡戲,古代舉行蜡祭時的歡慶娛樂活動。蜡(zhà),古代年終大祭。

〔二〇二〕建亥之月:即夏曆十月。是月北斗星斗柄所指在亥之位。　火伏而蟄畢:大火星隱没,昆蟲也蟄伏完畢。火,星名,又稱大火,即心宿二。左

傳哀公十二年："仲尼曰:'丘聞之,火伏而後蟄者畢。'"　始蜡祭也:洪本作
"始奈也",誤。吳本作"始祭也",蓋亦脱文。

〔二〇三〕放之郊特牲,乃以周正:郊特牲,禮記篇名。周正,周代之曆法,
即以建子之月(農曆十一月)爲正月。禮記郊特牲:"伊耆氏始爲蜡。蜡也者,
索也,歲十二月合聚萬物而索饗之也。"鄭玄注:"歲十二月,周之正數,謂建亥
之月也。"

〔二〇四〕見左傳僖公五年:"晉侯復假道於虞以伐虢,宮之奇諫,……弗
聽,許晉使。宮之奇以其族行,曰:'虞不臘矣! 在此行也,晉不更舉矣。'……
冬十二月丙子朔,晉滅虢。"　宮之奇:春秋虞國大夫。　臘:祭名。古初稱祭
百神爲"蜡",祭祖先爲"臘";秦漢以後統稱"臘"。

〔二〇五〕月令以孟冬祈來年:洪本、吳本"以孟冬"譌"小孟子"。　祠公
社、門閭,臘先祖、五祀:公社,官家祭祀土地神之所。洪本、吳本"社"譌"杜"。
門閭,指家門口、里巷内處。五祀,見前紀九無懷氏注〔六〇〕。禮記月令孟冬
之月:"天子乃祈來年于天宗,大割祠于公社及門閭,臘先祖、五祀。"

〔二〇六〕皇氏:指南朝梁皇侃。侃有禮記義疏五十卷。禮記郊特牲"歲
十二月,合聚萬物而索饗之也"孔穎達疏:"此經文據周,故爲十二月。皇氏以
爲三代各以十二月爲蜡,其義非也。"

〔二〇七〕故祭司嗇、山林川澤神示在位,而主先嗇:司嗇,主管農業之神。
嗇,"穡"之古字。先嗇,發明農業之神。禮記郊特牲:"蜡之祭也,主先嗇而祭
司嗇也。"

〔二〇八〕合聚百物而索享之:索享,謂求索其神而盡祭之。參見上注
〔二〇三〕。　山川神示皆豫,非止八神:豫,通"與",涉及。八神,禮記郊特牲
"天子大蜡八"陸德明音義:"蜡祭有八神:先嗇一,司嗇二,農三,郵表畷四,貓
虎五,坊六,水庸七,昆蟲八。"

〔二〇九〕先嗇:吳本作"先物",誤。

〔二一〇〕説者以神農爲先嗇,后稷爲司嗇:禮記郊特牲"蜡之祭也,主先
嗇而祭司嗇也"鄭玄注:"先嗇,若神農者。司嗇,后稷是也。"

〔二一一〕禮記郊特牲"伊耆氏始爲蜡"孔穎達疏:"伊耆氏,神農也。以其
初爲田事,故爲蜡祭以報天也。下云'主先嗇',神農即爲始蜡,豈自祭其身以

爲先嗇乎?”

　〔二一二〕見禮記郊特牲“伊耆氏始爲蜡”鄭玄注“伊耆氏,古天子號也”孔穎達疏,文字略有異同。

　〔二一三〕故籥師注以神農爲田主:彥按:“籥師”當作“籥章”,蓋羅氏誤記。注,喬本、備要本譌“法”,今據餘諸本訂正。田主,吳本“田”譌“以”。周禮春官籥章“凡國祈年于田祖”鄭玄注:“田祖,始耕田者,謂神農也。”

　〔二一四〕東耕悉祠先農如社儀:東耕,古稱天子耕於籍田。祠,喬本、洪本作“囇”,吳本、備要本作“噲”,皆不可解。今從四庫本訂改。社儀,指祭社之禮。　北齊以上辛後亥祠先農神農氏:北齊,備要本“北”譌“比”。上辛,謂上旬辛日。吳本“辛”譌“帝”。後亥祠先農神農氏,各本均作“丁亥祠先神農氏”。彥按:此文宜有譌脱。“丁”當作“後”,“先”後當脱“農”字。隋書禮儀志二云:“北齊藉於帝城東南千畝内,……每歲正月上辛後吉亥,使公卿以一太牢祠先農神農氏於壇上,無配饗。”蓋即羅氏所本,今據以訂補。

　〔二一五〕故禮記以先農即爲先嗇:禮記,洪本、吳本“記”作“非”,非。彥按:徧檢禮記,文不及此。羅氏之説無據。

　〔二一六〕傳以先嗇爲田祖、司嗇爲田畯:洪本、吳本“傳”作“佃”誤。詩小雅甫田“琴瑟擊鼓,以御田祖”毛氏傳:“田祖,先嗇也。”同詩“田畯至喜”鄭玄箋:“田畯,司嗇,今之嗇夫也。”　據籥章“樂田祖,樂田畯”也:吳本“畯”譌“晙”。彥按:考周禮春官籥章,文有:“凡國祈年于田祖,龡豳雅,擊土鼓,以樂田畯。”但言“樂田畯”,言“祈年于田祖”,並未言“樂田祖”。

　〔二一七〕享農及郵表畷:農,指農官,即田畯。郵表畷,上古農官(田畯)爲督耕而建於井田間的居舍。元陳澔集説:“標表田畔相連畷處,造爲郵舍,田畯居之以督耕者,故謂之郵表畷。”此指郵表畷之神,餘類推。　禽獸:孔穎達禮記正義:“言禽獸者,貓、虎之外,但有助田除害者,皆悉包之。”　貓、虎、水、防:洪本、吳本“貓”譌“貌”。水,指水庸,即水溝。防,堤壩,字亦作“坊”。禮記郊特牲:“蜡之祭也,主先嗇而祭司嗇也。祭百種,以報嗇也。饗農及郵表畷、禽獸,仁之至,義之盡也。古之君子,使之必報之。迎貓,爲其食田鼠也。迎虎,爲其食田豕也。迎而祭之也。祭坊與水庸,事也。曰:‘土反其宅,水歸其壑,昆蟲毋作,草木歸其澤。’”

〔二一八〕蜡之義,自伊耆之代有之:見通典卷四四禮四大蜡。原文作:"蜡之義,自伊耆之代而有其禮。"蜡,洪本、吳本作"蜡",同。義,"儀"之古字,禮儀,儀制。自,吳本重出,作"自自",衍一字。伊耆,洪本、四庫本作"尹耆",吳本作"君耆",皆非。

〔二一九〕而祝之曰:吳本"曰"譌"田"。　土反其宅:宅,指田地。　草木歸其澤:草木,泛稱雜草灌木。澤,沼澤。洪本譌"宅"。

〔二二〇〕傳以是神農蜡辭,宜有傳:四庫本"以是"作"以爲"。彥按:"傳以是"之"傳",音 chuán;"宜有傳"之"傳",音 zhuàn。

〔二二一〕葦籥土鼓:此謂蜡祭所用之樂器。葦籥,古代用蘆葦做成的管樂器。禮記明堂位:"土鼓、蕢桴、葦籥,伊耆氏之樂也。"　榛杖喪殺:謂蜡祭時天子手執榛木杖,這是比喪服輕微的禮節。殺(shài),減省。禮記郊特牲:"皮弁素服而祭。素服,以送終也。葛帶、榛杖,喪殺也。蜡之祭,仁之至,義之盡也。"　既蜡而收,民息已:禮記郊特牲:"既蜡而收,民息已,故既蜡君子不興功。"鄭玄注:"收,謂收斂積聚也。"

〔二二二〕順成:謂風調雨順,五穀有好收成。禮記郊特牲:"四方年不順成,八蜡不通,以謹民財也。"

〔二二三〕歲終勞農休息之際也:勞,慰勞。際,猶時。謂蜡祭之舉行正在此時。四庫本作"祭"非。

〔二二四〕惟不順成,則厭禮而婚:厭禮,降低禮節。厭,"壓"之古字。條風至則合其亡夫家者,以蕃其民:條風,立春至春分間吹的東北風。毛詩衛風有狐序:"古者國有凶荒,則殺禮而多昏,會男女之無夫家者,所以育人民也。"

〔二二五〕是故淳鹵作:四庫本如此,是,今從之。餘諸本"故"皆作"固",蓋由音譌。淳鹵,瘠薄的鹽鹼地。作,謂耕作。　應如桴鼓:桴鼓,鼓槌擊鼓。比喻相應迅速。　耕桑得利,而究年受福:耕桑,耕作與養蠶。泛指從事農業。究年,終年。

〔二二六〕孝經援神契:洪本"孝"譌"教"。

〔二二七〕窮也:窮,盡,終。

〔二二八〕乃命邢夭作扶犁之樂:扶犁,吳本、四庫本"犁"譌"梨"。　制豐年之詠以薦鼚來:鼚來,麥子。洪本、吳本"來"譌"采"。　是曰下謀:太平御覽卷五六六引樂書曰:"神農樂曰下謀。言神農播種百穀,濟育羣生,造五弦之琴,演六十四卦,承基立化,設降神謀,故樂曰下謀,以明功也。"

〔二二九〕一作扶來:洪本"來"譌"采"。　來、犁古同音爾:吳本"犁"作"梨"。

〔二三〇〕伏羲曰扶來,神農曰扶持:扶持,喬本、備要本作"扶犁",四庫本作"扶梨",此從洪本及吳本。宋劉恕資治通鑑外紀卷一包犧以來紀引帝系譜云:"伏犧樂曰扶來,神農曰扶持。"通典卷一四一樂一歷代沿革上曰:"伏羲樂名扶來,亦曰立本。神農樂名扶持,亦曰下謀。"並作"扶持"。

〔二三一〕制雅琴,度瑤瑟:雅琴,琴之美稱。度,彈奏。瑤瑟,用玉裝飾的瑟,亦爲瑟之美稱。　以保合太龢而閑民欲:保合,保持成全。太龢,指天地間沖和之氣。洪本、吳本、四庫本"太"作"大"。閑,防止,限制。

〔二三二〕揚雄琴清英:揚,此從四庫本,餘本皆作"楊"。英,四庫本作"音",誤。　定神:安定心神,平和心志。

〔二三三〕神農之初作琴,以歸神杜淫,反其天心:見淮南子泰族。歸神,神歸心舍,謂静心養性。杜淫,各本均作"反望"。今本淮南子泰族作"及其淫也",王念孫以爲乃"杜淫"之誤(見讀書雜志淮南内篇第廿),甚是。文子上禮亦曰:"聖人初作樂也,以歸神杜淫,反其天心。"今據以訂正。天心,本性,本心。

〔二三四〕攷治亂:攷,考察,考覈。

〔二三五〕洽聞記:宋晁公武郡齋讀書志卷三下小説類:"洽聞記三卷,右唐鄭常撰,記古今神異詭譎事凡百五十六條。或題曰鄭遂。"　隨志:指隋書音樂志。四庫本"隨"作"隋"。　通曆:郡齋讀書志卷二上史部編年類:"通曆十卷,右唐馬總撰,總纂太古十七氏、中古五帝三王,及删取秦、漢、三國、晉、十六國、宋、齊、梁、陳、元魏、北齊、後周、隋世紀興滅,粗述其君賢否;取虞世南略論分繫於末,以見義焉。"

〔二三六〕按廣雅,神農之琴長三尺六寸有六分:三尺,各本皆作"六尺"。彥按:"六"當作"三",蓋因下"六寸"、"六分"之"六"而譌。今據廣雅釋樂訂正。

〔二三七〕神澧濆:神澧,靈異的甘甜泉水。澧,通"醴"。濆(fèn),水自地下深處噴湧而出。

〔二三八〕乃命屏封作穗書,以同文敂令:穗書,又稱八穗書,書體名。同文,統一文字。

〔二三九〕嘉禾八穟:穟,通"穗"。　用敂時令:時令,古時按季節制定的有關農事的政令。

〔二四〇〕墨藪:唐韋續撰。　韋氏字源:其書已佚,作者不詳。洪本、吳本"韋"作"葦"誤。

〔二四一〕澤之高平:澤,州名。高平,縣名。即今山西高平市。

〔二四二〕見太平寰宇記卷四四澤州高平縣。五谷,吳本、四庫本"谷"作"穀"。

〔二四三〕蓋郡國志也:此句文字疑有譌脱。　南帶太行,右有散蓋:太行、散蓋,二山名。太平寰宇記卷四五潞州上黨縣羊頭山引郡國志云:"有神農城,山下有神農泉。南帶太行,又有散蓋,即神農嘗穀之所也。"

〔二四四〕長子西南五十里:長子,縣名,即今山西長子縣。洪本、吳本、四庫本無"里"字。

〔二四五〕又云:隰州有穀城,神農嘗五穀于此:云,洪本、吳本譌"人"。穀城,在今山西隰縣東。喬本、洪本、吳本、備要本"穀"作"谷";四庫本作"穀",與九域志同,今從之。五穀,喬本、洪本、備要本"穀"作"谷";吳本、四庫本作"穀",與九域志同,今從之。

〔二四六〕上黨記:後趙程機撰。太平寰宇記卷四五潞州長子縣引上黨記,文字與此略有出入。

〔二四七〕太平寰宇記卷四五潞州長子縣引後魏風土記,文字與此略有出入。

〔二四八〕地形志:指魏書地形志。其并州上黨郡長子縣云:"羊頭山下神農泉,北有穀關,即神農得嘉穀處。"

〔二四九〕太平御覽:備要本如此,是,今從之。餘諸本"平"譌"原"。

〔二五〇〕命白阜度地紀,脉水道,斸木方竹,杭潢洋而有亡達:度,估量,考量。地紀,地理。脉,審視。斸,挖空。方,并列。斸木而爲舟,方竹以成筏。

杭,渡,渡過。潢洋,指面積廣闊的水。潢,音 huàng。有,通"域",此作使動詞用,謂"使……成爲疆域"。亡達,没有到過的地方。

〔二五一〕見太平御覽卷三六。

〔二五二〕甄四海:甄,考察。四海,古以中國四境有東、南、西、北四海環繞,因以泛稱天下、全國各地。 遠近山川林藪,所至而正其制:遠近,各本原無"近"字,文義不周,今據古微書卷一三引文補出。制,指體制、規格。

〔二五三〕神農更王,軒轅承紀。畫野分疆,爰封衆子:見文選潘安仁(岳)爲賈謐作贈陸機詩。紀,統緒,指帝繫。分疆,文選原文作"離壇"。

〔二五四〕出地輔:謂從天上來到人間幫助民衆。出,至,來到。 始立地形,甄度四海:立,通"莅",臨視。甄度,考察衡量,考察測量。四庫本"度"作"序",誤。 南北八十一萬里:吴本、四庫本"八十一"作"八十二"。彦按:作"八十二"蓋誤。太平御覽卷七八、古微書卷一三引春秋命曆序,說郛弓五引尚書旋璣鈐並作"八十一",當是。

〔二五五〕自天地設闢,未有經界之制:設闢,開創。經界,土地、疆域分界。

〔二五六〕經土分域:經,度量,劃界。 處賢以便勢,于以相用而寄其憾:安置賢人以有利於統治;給予任用,並將自己憂心的事務託付他們。憾,憂愁,此指犯愁之事。

〔二五七〕負海之邦,率三在地:海濱國家的領土,大約爲内陸國家的三分之一。負海,背靠大海。

〔二五八〕此所引吕春秋,當指吕氏春秋慎勢篇,原文爲:"故觀於上世,其封建衆者,其福長,其名彰。神農十七世有天下,與天下同之也。王者之封建也,彌近彌大,彌遠彌小,海上有十里之諸侯。"

〔二五九〕山氣止,聖人以安萬國:止,静止,穩定。各本均作"上"。彦按:"上"當"止"字之誤。宋李過西谿易説序、元胡一桂周易啓蒙翼傳下篇、明徐元太喻林卷一○六、清朱彝尊經義考卷三引三墳氣墳,皆作"止",今據以訂正。

〔二六○〕夷攷:考察。

〔二六一〕世言黄帝始創萬國,繆矣:黄帝,洪本"黄"字泯滅,吴本作"皇",誤。繆,四庫本作"謬"。

〔二六二〕國名記:<u>洪</u>本、<u>吴</u>本誤倒作"國記名"。

〔二六三〕以大用小,繇中下外:用,使用,支使。繇,通"由",<u>四庫</u>本作"由"。下,臣下,此用爲使動詞,猶言"統治"。<u>洪</u>本"下外"二字闌入注文。猶運指建瓴:運指,轉動手指,比喻容易。建瓴,傾倒瓶中之水,比喻勢難阻擋。建,通"搴",傾倒。瓴,盛水瓶。　　而王者以家焉:家,定居。<u>彦</u>按:<u>吕氏春秋</u>慎勢曰:"以大使小,以重使輕,以衆使寡,此王者之所以家以完也。"此倣其文而未用其意。

〔二六四〕課工:督工。課,督促。

〔二六五〕后歲省方,觀民設教:天子每年一次巡視四方,觀察民情,設立政教。　　月省時攷,終歲獻功:每月有檢查,每季有考覈,年終則上報功績。　　以時嘗穀,祀于明堂:在嘗食新穀之時,祭祀神靈於明堂。<u>洪</u>本"祀于"二字闌入注文。

〔二六六〕見淮南子及隨書宇文愷傳:<u>淮南子</u>,見<u>主術</u>。<u>隨書</u>,即<u>隋書</u>。<u>四庫</u>本"隨"作"隋"。

〔二六七〕風雨不能襲,燥濕不能傷:風雨,各本均作"風土"。<u>彦</u>按:<u>淮南子主術</u>"風土"作"風雨","燥濕"作"寒暑"。"風土"當爲"風雨"之誤,今訂正。

〔二六八〕遷延而入之:遷延,倘佯,自由自在、毫無拘束的樣子。

〔二六九〕晏子所言:見<u>晏子春秋内篇諫下</u>。　　土事不文,木事不鏤:土事,指泥工之事。文,文飾。木事,指木工之事。鏤,雕刻。　　以示人之節:<u>四庫</u>本"節"作"制"。<u>彦</u>按:<u>晏子春秋</u>原文作"示民知節也",疑此"之"爲"知"字音譌。

〔二七〇〕王禹偁:<u>北宋</u>官員、文學家。　　椽不用斵:斵,<u>喬</u>本、<u>洪</u>本、<u>備要</u>本作"斷",與原碑文不合,此從<u>吴</u>本、<u>四庫</u>本。　　階無剪茨:階,"土階"之省,借指陋屋。剪,修剪。<u>吴</u>本、<u>四庫</u>本作"翦",通。茨,茅屋頂蓋的茅草。

〔二七一〕賦禄書:其書未詳。

〔二七二〕補遂不供:供,各本均作"恭"。<u>彦</u>按:<u>説文</u>心部:"恭,戰栗也。"戰栗之義,於文不合。當"供"字之譌,謂進貢,今訂正。

〔二七三〕庾肩吾:<u>南朝梁</u>文學家。　　炎農本卷領,唐勛載允恭。方傳來

世盛,尚且欲從戎：見<u>庾肩吾奉使北徐州參丞御詩</u>。炎農,四庫本作"炎帝",
非。本,<u>庾</u>詩原作"穪"。卷領,衣領外翻。古人認爲是較原始的服式。唐勛,
即<u>堯</u>。<u>堯</u>名<u>放勳</u>,初封於陶,後徙於唐,故穪。載,猶"則"。允恭,誠實而敬職。
<u>書堯典</u>："允恭克讓,光被四表,格于上下。"末二句,<u>文苑英華卷二九六</u>、<u>古詩</u>
<u>紀卷九〇</u>、<u>漢魏六朝百三家集卷九九</u>並作"猶將表世盛,尚且號民從"。

〔二七四〕是兵伐矣：<u>洪</u>本、<u>吳</u>本"是"譌"足"。

〔二七五〕補遂二國,見呂春秋：<u>彥</u>按：今本<u>呂氏春秋</u>未見"補遂",疑<u>羅氏</u>
誤記。又,<u>戰國策秦策一</u>"昔者<u>神農</u>伐<u>補遂</u>"<u>高誘</u>注："<u>補遂</u>,國名也。"<u>羅氏</u>以
爲二國,不知何據。

〔二七六〕<u>蘇秦</u>云"<u>神農</u>伐<u>補遂</u>,<u>黄帝</u>伐<u>涿鹿</u>而禽<u>蚩尤</u>,<u>堯</u>伐<u>驩兜</u>,<u>舜</u>伐<u>三</u>
<u>苗</u>"：見<u>戰國策秦策一</u>。<u>蘇秦</u>,<u>戰國</u>縱横家,力主合縱,游説六國諸侯聯合以拒
<u>秦</u>。<u>驩兜</u>,相傳爲<u>堯舜</u>時的部落首領,時號四凶之一。<u>三苗</u>,古族名。居地在
<u>洞庭湖</u>與<u>鄱陽湖</u>之間。　不絶三光之明,不傷百姓之心,有王術焉：<u>漢枚乘上</u>
<u>書諫吴王</u>："臣聞得全者昌,失全者亡。<u>舜</u>無立錐之地,以有天下；<u>禹</u>無十户之
聚,以王諸侯。<u>湯武</u>之土不過百里,上不絶三光之明,下不傷百姓之心者,有王
術也。"

〔二七七〕爰崇郊祀：崇,隆重。郊祀,古代天子於郊外祭祀天地。　以大
報而天下治：大報,謂徧祭天神。

〔二七八〕郊丘之制也：郊丘,古天子郊祭天地於圓丘(古代祭天的圓形高
壇)。也指祭天。

〔二七九〕襲九竅,褈九塾：依循九天之法則,沿襲九地之形制。竅,法。
褈,<u>喬</u>本、<u>洪</u>本作"褈",<u>吳</u>本、四庫本、備要本皆作"種"。<u>彥</u>按："褈"、"種"並
當"褈"字形譌,今訂正。褈,義同"襲"。塾,"塾"字之誤(見<u>王念孫讀書雜志</u>
<u>淮南内篇第二九塾</u>)。塾,同"垠",形狀。　提挈形氣,而摶挽乎剛胸：統領形
體與精神,調和陽剛與陰柔。摶挽(tuán wàn),調和。<u>喬</u>本、備要本"挽"譌
"捖",今據餘諸本改。剛胸(nù),猶"剛柔"。　以竅領天下：竅領,疏通治
理。　是故萬物百族皆有經紀、條理：<u>洪</u>本"萬物"二字闌入注文。經紀,法度。
<u>淮南子俶真</u>："乃至<u>神農</u>、<u>黄帝</u>,剖判大宗,竅領天地,襲九竅,重九塾,提挈陰
陽,摶挽剛柔,枝解葉貫,萬物百族使各有經紀條貫。"

〔二八〇〕許叔重：四庫本"重"字譌"仲"。　竊，法也：喬本如此，是。餘諸本"竊"皆譌"竅"。

〔二八一〕嫥挽，猶和調也：洪本"挽"譌"娩"。四庫本"和調"作"調和"。

〔二八二〕不以物之壞自成也，不以人之卑自高也，不以遭時自利也：物，指他人。壞，敗，失敗。遭時，遇上時機。莊子讓王："昔者神農之有天下也，……不以人之壞自成也，不以人之卑自高也，不以遭時自利也。"　一上一下，而浮游乎萬物之祖：一上一下，猶言一進一退。浮游，游蕩，漫游。萬物之祖，指萬物萌生之前的混沌虛無境界。莊子山木："若夫乘道德而浮游則不然。……一上一下，以和爲量，浮游乎萬物之祖；物物而不物於物，則胡可得而累邪！此神農、黃帝之法則也。"

〔二八三〕故其民樸重端愨：樸重，淳樸敦厚。端愨，正直誠謹。淮南子主術："昔者神農之治天下也，……其民樸重端愨，不忿争而財足，不勞形而功成。"

〔二八四〕智者無所施其巧，勇者無所措其威：見文子上義，"巧"作"策"，"措"作"錯"。措、錯通，施用。

〔二八五〕虛素以公，希聲若退：虛素，虛静淡泊。希聲，默不作聲。退，退縮。　樂與政爲政，樂與治爲治：喜歡參政的讓他參政，喜歡管理的讓他管理。與，參與。莊子讓王："昔者神農之有天下也，時祀盡敬而不祈喜。其于人也，忠信盡治而無求焉。樂與政爲政，樂與治爲治。"

〔二八六〕威厲而不試：威刑嚴厲卻用不著。淮南子主術："昔者神農之治天下也，……因天地之資而與之和同，是故威厲而不殺，刑錯而不用，法省而不煩。"

〔二八七〕賞誠設矣，然不施於人而天下化：洪本、吳本、四庫本無"不"字，非是。

〔二八八〕見淮南子主術篇。　囹圄：音 líng yǔ，監獄。　莫懷姦心：懷，洪本如此，是，今從之。餘諸本均譌"壞"。又，各本"姦心"上均有"於"字，既非淮南子原文所有，亦不合文法，疑衍，今删去。

〔二八九〕柴柵：柵欄。柴，音 zhài。

〔二九〇〕不忿争而財足，不勞形而成功，因天地之資而與之龢同：見淮南子主術，“成功”作“功成”。　官利則而賢者歸：則，彥按：“則”有“比較衡量”義，如三國志蜀志張嶷傳“取古則今”是，此處似可釋爲“銓別”。

〔二九一〕神農不貪天下，而天下共富之；不以自智而貴於人，而天下共尊之：見越絶書外傳枕中，原文作：“昔者神農之治天下，務利之而已矣，不望其報。不貪天下之財，而天下共富之；（所）〔不〕以其智能自貴於人，而天下共尊之。”

〔二九二〕懷其仁成之心，神不越於匈中，智不出於四域：仁成，仁愛真誠。成，通“誠”。越，洪本、喬本、備要本譌“趙”，今據吳本、四庫本訂正。匈，“胸”之古字。吳本、四庫本作“胸”。四域，四周界限。此與“匈中”對文同義。淮南子主術：“昔者神農之治天下也，神不馳於胷中，智不出於四域，懷其仁誠之心，甘雨時降，五穀蕃植。”高誘注：“神不馳於胷中，言釋神安静，不躁動也。”

知其白，守其黑，是故求死而不得：老子二十八章：“知其白，守其黑，爲天下式。”河上公注：“白以喻昭昭，黑以喻默默。人雖自知昭昭明白，當復守之以默默如闇昧無所見，如是則可爲天下法式，則德常在。”

〔二九三〕還金丹訣：通志卷六七藝文略五道家四載有“還金丹訣三卷，陶植撰，朱辭注”，蓋即此書。喬本、洪本、吳本、備要本“訣”作“决”，此從四庫本。

〔二九四〕即是合二性也：合，融合，調和。二性，蓋指陰陽。

〔二九五〕後其身而先，外其身而存：洪本、吳本“存”譌“民”。老子七章：“是以聖人後其身而身先，外其身而身存。”河上公注：“先人而後己者也，天下敬之，先以爲長。薄己而厚人也，百姓愛之如父母，神明祐之若赤子，故身常存。”　其神不國，其鬼不神：彥按：上句費解。“國”疑“惑”字之誤。二句蓋謂神農之時，人之心智不亂，而鬼亦不能作祟。不神，謂不作怪。神，靈異。老子六十章：“以道莅天下，其鬼不神。”　亡隅亡適，而天下正：亡隅亡適，謂其道無所不至。隅，角落，僻遠之處。適，至，到。

〔二九六〕南交、北幽、三危、暘谷：借指南、北、西、東四方邊遠之地。南交，南方交趾之地，古稱五嶺以南地區。北幽，北方幽州之地，古稱今北京、河北北部及遼寧一帶地區。三危，山名，在今甘肅敦煌市東南。暘谷，古稱日出之處。　偎僾：幽隱，僻遠。偎，通“隈”。　戾止：來到，前來。宋劉恕資治通鑑外紀卷一神農氏："諸侯夙沙氏叛不用命，箕文諫，而殺之。神農退而修德，夙沙之民自攻其君而來歸。其地南至交阯，北至幽都，東至暘谷，西至三危，莫不聽從。"

〔二九七〕天不牟其道：牟，吝惜。方言卷一："牟，愛也。……宋、魯之間曰牟。"愛，吝惜。　故黃龍川泳：藝文類聚卷九八引瑞應圖曰："黃龍者，四龍之長，四方之正色，神靈之精也。能巨細，能幽明，能短能長，乍存乍亡。王者不漉池而漁，則應和氣而遊於池沼。"　丹渠先產：丹渠，紅荷。渠，通"蕖"，芙蕖，荷花。宋朱勝非紺珠集卷八引王嘉拾遺記："神農時，陸地生丹渠，駢生如車蓋。"　風不鳴條，雨不破蒯：鳴條，使樹枝發出聲響。破蒯，弄碎土塊。蒯，通"塊"，土塊。吳本、四庫本譌"蒯"。古文苑卷一一引董仲舒雨雹對："太平之世，則風不鳴條，開甲散萌而已；雨不破塊，潤葉津莖而已。"

〔二九八〕亡扎瘥沈炕之怒：扎瘥，因疫癘、疾病而死。扎，通"札"。左傳昭公十九年"札瘥夭昏"杜預注："大死曰札，小疫曰瘥。"沈炕，嚴重。沈，同"沉"。炕，通"酷"，吳本、四庫本譌"焙"。怒(nì)，憂。　氓人猶劮：氓人，人民，百姓。氓，"氓"字俗體。劮，同"逸"，安樂。　窪尊曰飲：義同"汙尊抔飲"。謂掘地爲坑當酒樽，以手捧酒而飲。曰，同"匊"。玉篇曰部曰："兩手捧物曰曰。"吳本、四庫本、備要本皆譌"曰"。　竦身戴聽：直起身子，聆聽教誨。戴，通"載"，猶事，謂致力於(某種事情)。　以陶乎至化：陶，陶冶，化育。至化，極美好的教化。

〔二九九〕惟亡共胥之怒，而不聞王役之搖，故人皆惡其死而尚其生：惟，吳本、四庫本作"唯"。共胥，共同。搖，通"徭"，勞役，力役。尚，重視。

〔三〇〇〕敷言：宣言，發表言論。　朕之比神農，猶昏之於黿旦也：昏，各本均作"民"。彥按：作"民"不可解。字當本作"昬"，即"昏"字異體，蓋失落下部之"日"而誤。今訂正。黿旦，早晨。黿，通"朝"。太平御覽卷七八引尸子曰："神農氏夫負妻戴以治天下，堯曰：'朕之比神農，猶旦之與昏也。'"

〔三〇一〕而嵬説者猶以爲"夫負妻戴以有天下，是相率而爲僞者也"：嵬説，怪誕之説。嵬，通"傀"，怪異。相率，一個接一個地跟著。　惡足以言人道邪：人道，爲人之道。指一定社會中要求人們遵循的道德規範。

〔三〇二〕丈夫丁壯不耕：丈夫，男子。丁壯，壯年之時。丁，當。　婦人當年不織:當年,義猶"丁壯"。

〔三〇三〕親耕躬鼃:洪本"耕"作"耤"。

〔三〇四〕見文子上禮。 紀綱:掌控,管理。 萬民莫不竦身而思,戴聽而視:文子"萬民"上有"於是"二字。視,吳本作"親",四庫本作"觀",並誤。彥按:"竦身而思,戴聽而視"二句費解,疑有誤。淮南子俶真篇作"竦身而載聽視",意甚顯豁,可相比照。參見上注〔二九八〕。 故治而不和:淮南子俶真篇作"是故治而不能和下",謂因此天下雖治理得好,卻不能使下民感到舒適。

〔三〇五〕言使萬物莫不注其耳目:萬物,猶"萬民"。注,集中。

〔三〇六〕六韜兩疑:參見前紀一初三皇紀注〔二八〕。洪本"六"譌"大"。三勸皆親,六懷有常:三勸、六懷,具體內容不得其詳,待考。 神農並耕,天下太平:並耕,謂君民一起耕作。藝文類聚卷六五引尸子曰:"神農並耕而王,所以勸耕也。"

〔三〇七〕繆:四庫本作"謬"。

〔三〇八〕陣:通"陳"。吳本、四庫本、備要本作"陳"。

〔三〇九〕太昊之虛:洪本"太"作"大"。 神農亦居此:洪本"神"譌"伸"。

〔三一〇〕酈元云今故城北有所謂羲神實者:實,四庫本作"寔",非。彥按:此所謂酈元云,見水經注卷二二渠沙水,原文作:"(沙水)又東南逕陳城北,故陳國也。伏羲、神農並都之。城東北三十許里,猶有羲城實中。"羲城,舊本作"羲神",謝兆申云當作"城",戴震改作"城",楊守敬、熊會貞水經注疏、陳橋驛水經注校證皆從之。今謂水經注中"實中"凡九見,吳郁芬以爲:"實中即古代城市中廟祠所在的宮城,亦可指宮城中的宗教建築羣。"(見"實中"考,載文博1989年第5期)當是。羅氏割裂"實中",視"羲神實"爲地名,誤。

〔三一一〕旗中四星爲天市:旗、天市,皆星名。史記天官書:"東宮蒼龍,房、心。……東北曲十二星曰旗。旗中四星曰天市。" 其中星多則實,虛則耗:實,謂充實,富足。耗,謂貧,不足。漢書天文志:"天市中星眾者實,其中虛則耗。"

〔三一二〕虛呰:墟集,墟市。呰,音zhài,洪本譌"呰"。 朝實而暮虛:洪本“朝”譌“朋”。

〔三一三〕而記載皆以爲都魯：四庫本“記”作“紀”。　此繆認大庭爲神農故爾：四庫本“繆”作“謬”。

〔三一四〕豫州之域：豫州，古九州之一。書禹貢：“荆、河惟豫州。”孔氏傳：“西南至荆山，北距河水。”彥按：荆山，在今湖北南漳縣西。　西望外方，東及明諸：外方，各本皆作“方外”。彥按：“方外”當“外方”倒文。外方，山名，即今河南登封市西北的嵩山。今據太平御覽卷一五五引帝王世紀訂正。明諸，即孟諸。古澤藪名。在今河南商丘市梁園區東北、虞城縣西北。　胡公之封，神農氏亦都之：胡公，舜三十三世孫嬀滿。漢書地理志下：“陳國，今淮陽之地。陳本太昊之虛，周武王封舜後嬀滿於陳，是爲胡公。”太平御覽卷一五五引帝王世紀，作：“宓羲爲天子，都陳，在禹貢豫州之域，西望外方，東及明緒。於周，陳胡公所封。……於漢，屬淮陽，今陳國是也。神農氏亦都陳，又營曲阜。”

〔三一五〕見晉書地理志上。原文作：“神農氏都陳，而別營于曲阜。”

〔三一六〕自陳徙都于此，昔大庭阪：大庭阪，即大庭坡，在今山東曲阜市市區東。吳本“大”譌“一”。太平寰宇記卷二一兗州曲阜縣引郡國志云，作：“神農氏自陳徙都于此，昔大庭坡，故有大庭之庫存焉。”

〔三一七〕寰宇記：四庫本作“寰宇”，餘諸本皆作“寰記”，今訂作“寰宇記”。

〔三一八〕蓋宇于沙：宇，居住。沙，水邊之地。易需九二“需于沙”孔穎達疏：“沙是水傍之地。”

〔三一九〕茶鄉：在今湖南炎陵縣鹿原鎮。茶，同“茶”，四庫本、備要本作“茶”。下“茶陵”、“茶茗”之“茶”同。　尾：邊緣，邊界。

〔三二〇〕東至江夏，謂之沙羨：江夏，地名，在今湖北武漢市江夏區。沙羨（yí），在今武漢市江夏區金口街道。

〔三二一〕通典卷一八三州郡十三潭州“古三苗國之地。……秦爲長沙郡”注：“有萬里沙祠，故曰長沙。”

〔三二二〕衡圖經：佚書，作者不詳。“衡”字洪本作“徫”，吳本作“猶”，並誤。　茶茗：指茶樹。吳本、四庫本“茗”作“名”，誤。

〔三二三〕竟陵：在今湖北潛江市西北。　零陵：在今湖南寧遠縣東南。

舜葬於此。　江陵:在今湖北荆州市荆州區。彦按:羅氏稱"地有陵名者,皆以古帝王之墓",恐未必。零陵爲舜葬處,是矣。竟陵、江陵則未聞有古帝王之墓。

〔三二四〕麻陂:地當在今湖南炎陵縣鹿原鎮。

〔三二五〕石麟石上:石麟,古代帝王陵前石雕的麒麟。上,各本皆作"土"。彦按:"土"當"上"字之譌,否則費解。清徐乾學讀禮通考卷八八引路史注,正作"上",今據以訂正。　逾四十圍:圍,量詞。古今韻會舉要微韻:"一圍五寸。又云,一圍三寸。"

〔三二六〕前正對紫金嶺:對,喬本、四庫本、備要本作"兩",洪本、吳本作"丙"。彦按:清徐乾學讀禮通考卷八八引路史注,作"對",當爲原文。作"兩"者,蓋因上文"兩杉"之"兩"而誤。作"丙"則又"兩"之譌文。今訂正。

〔三二七〕丁未:指宋孝宗淳熙十四年,即公元1187年。

〔三二八〕寓人:旅舍中人。　今數載无矣:洪本、吳本作"今大載元矣",誤。

〔三二九〕所葬代云衣冠:代,世,世人。衣冠,謂衣冠冢,即祇埋葬死者衣冠之墳墓。

〔三三〇〕赤眉:指漢末以樊崇等爲首的農民起義軍。因以赤色塗眉爲標誌,故稱。　夷:平,謂鏟平。

〔三三一〕奉祠:祭祀。

〔三三二〕太祖撫運:太祖,指宋太祖趙匡胤。撫運,順應時運,謂登帝位。

〔三三三〕馳節復求:馳節,謂急派使節。復求,營求,尋訪。復,音xuàn。

〔三三四〕爰即貌祀,時序隆三獻:貌祀,即廟祀,謂立廟奉祀。說文广部:"廟,尊先祖皃也。"段玉裁注:"古者廟以祀先祖,凡神不爲廟也。爲神立廟者,始三代以後。"時序,時節。三獻,古代祭祀時獻酒三次(稱初獻爵、亞獻爵、終獻爵)之禮。

〔三三五〕康樂鄉鹿原陂:在今湖南炎陵縣鹿原鎮。

〔三三六〕將事官覆舟憚險:將事官,負責其事的官員。覆舟,原謂翻過船來檢查有無破損,引申泛指檢查罅漏。典出禮記月令季春之月:"命舟牧覆舟,五覆五反,乃告舟備具于天子焉。"

〔三三七〕視旗所蠱,遇嶠即止:旗所蠱,指旗星所在方位。嶠,高山或山嶺。

〔三三八〕今中途嶠梁嶺也:彦按:嶠梁嶺疑當作橋梁嶺,或以涉上文“遇嶠即止”之“嶠”而誤。讀禮通考卷八八載其事,曰:“炎帝陵在酃縣常樂鄉。舊傳宋太祖嘗夢一大人執火頂笠,既覺,問之羣臣,曰:‘此炎帝也。’遣使往南問之,至橋梁嶺,遇一老人指示陵所,遂勅有司立廟祀焉。”作橋梁嶺。

〔三三九〕梁坑:山脊。坑,音 gāng。

〔三四〇〕宋史禮志八:“(淳熙)十四年,衡州守臣劉清之奏:‘史載炎帝陵在長沙茶陵,祖宗時給近陵七户守視,禁其樵牧,宜復建廟,給户如故事。’”

〔三四一〕初未嘗有西方之教:西方之教,指佛教。

〔三四二〕軍使:宋代爲地方區劃軍一級的長官,也稱知軍事。

〔三四三〕協:符合,相同。

〔三四四〕何誰昔之夜,神交萬載:此言宋太祖夢感見炎帝事。誰昔,疇昔,從前。　丕揚:大加發揚。

〔三四五〕孫冠:其人不詳,待考。

〔三四六〕堯以神農爲赤帝:彦按:羅氏引文有誤。春秋繁露三代改制質文原文爲:“故湯受命而王,應天變夏作殷號,時正白統。親夏故虞,絀唐謂之帝堯,以神農爲赤帝。”是“以神農爲赤帝”者乃湯,非堯。

〔三四七〕譌鐵飛之異:譌,妄言,胡説。説文言部:“譌,譌言也。”

〔三四八〕而經亦有赤帝女女娃,姜姓,爲精衛,在上黨發鳩山:精衛,古代神話中鳥名。山海經北山經:“(發鳩之山)其上多柘木。有鳥焉,其狀如烏,文首、白喙、赤足,名曰精衛,其鳴自詨。是炎帝之少女,名曰女娃。女娃游于東海,溺而不返,故爲精衛,常銜西山之木石,以堙于東海。”

〔三四九〕不將:謂居喪盡哀而傷身。將,養息。廣雅釋詁一:“將,養也。”

〔三五〇〕納承桑氏之子:納,娶。子,指女兒。

〔三五一〕漢書作桑水氏:彦按:今本漢書未見有桑水氏,容或羅氏誤記。

〔三五二〕吳起:戰國著名軍事家。一生歷仕魯、魏、楚三國,無論内政還是軍事,都有極高的成就。　承桑之君,脩德忘武,以喪其國:見吳子吳起初見文侯,原文作:“昔承桑氏之君,脩德廢武,以滅其國家。”

〔三五三〕神宗皇帝神武祕略言有唐滅之：神宗皇帝，喬本、洪本、四庫本、備要本皆作“神宗黄帝”，吳本又作“神農黄帝”。彥按：神宗當作仁宗。郡齋讀書後志卷二云：“神武祕略十卷：右皇朝仁宗御撰。纂古今兵書戰策及舊史成敗之迹，類權謀、形勢、陰陽、技巧凡四門，三十篇。”又宋李心傳建炎以來繫年要録卷一八〇載禮部侍郎孫道夫奏：“仁宗景祐初采古兵法及舊史成敗爲神武祕略以賜邊臣，訓迪有方，故一時爪牙有古良將風。”是也。唯神宗熙寧五年“十二月，知通遠軍王韶請降合行條約，詔賜御製攻守圖、行軍環珠、武經總要、神武祕略、風角集占、四路戰守約束各一部”（見宋史兵志九），或據此而誤以神武祕略爲宋神宗御製，非也，神宗但賜仁宗御製書耳。後紀五黄帝有熊氏亦有“神宗神武秘略”語，可知其誤出自羅氏，與刻工無關。“黄帝”則當由“皇帝”音譌而誤刻，今訂正。有唐，即唐，又稱陶唐，堯所建朝代名。

〔三五四〕贊：吳本、四庫本作“贊曰”。

〔三五五〕火德開統，連山感神：開統，開創帝業。統，指皇統。連山，謂連山氏，即神農。

〔三五六〕謹脩地利，粒我烝民：參見上注〔四七〕。

〔三五七〕以逃人害：逃，洪本作“迯”，吳本作“逃”，同。

〔三五八〕吉蠲粢盛：吉蠲，謂祭祀前選擇吉日，齋戒沐浴。吉，謂擇吉。蠲（juān），清潔。粢盛，此作動詞用，謂獻祭粢盛。

〔三五九〕夷疏損穀：損穀，謂降低穀價。

〔三六〇〕盛德不孤：洪本“德不”二字闌入注文。論語里仁：“德不孤，必有鄰。”

〔三六一〕其可與貪而躁者謀哉：四庫本“其”作“豈”。

〔三六二〕世故有利害：世故，世事。吳本、四庫本“故”作“固”，蓋由音譌。

〔三六三〕其事槩可見矣：槩，同“概”，大概，大略。

〔三六四〕借以巨室倪之：借用世家大族來打比方。巨室，世家大族。　偃豬有十圓之籍：有水田一百二十頃的人家。左傳襄公二十五年“規偃豬”杜預注：“偃豬，下濕之地。”圓，古代田地計量單位，田十二頃。籍，户籍。　其月舉亦博矣，其課辨亦劇矣：月舉，每月做的事。舉，行事。博，同“博”，廣泛，多。四庫本、備要本作“博”。同樣情況，以下不煩一一指出。課辨，謂督促辦理事務。辨,通"辦"。劇,繁忙。　　必委能囷率之將卒之:囷率,委曲順從。説文口部:"囷,回也。"率,遵從,順服。將,指有管理能力的人。卒,完成。　　儻來十鉗奴之爲利乎,抑何如推囷之愿民而甲之邪:假如招來十個爲利而至的刑徒,倒不如把田地讓與樸實善良的百姓而親近他們呢! 鉗奴,戴枷鎖的奴隸,刑徒。推,推讓,讓與。囷,由田地計量單位引申而指田地。之,於。愿民,樸實善良之民。甲,通"狎",親近。

〔三六五〕經略久近:經營治理之時間長短。

〔三六六〕彊幹弱流,天之道也:加彊本幹,削弱分枝,這是自然之法則。幹,同"榦",吴本、四庫本作"榦"。也,吴本作"邪",非。又洪本此"也"字連同下句句首"封"字一並闌入注文。

〔三六七〕是以先王世雖極治,猶且濯然莫敢或後:洪本"雖"作"虽",又"虽極"二字闌入注文。濯然,猶深然,深深地,表示重視程度很高。説文水部:"濯,深也。"

〔三六八〕明辟:賢明的君主。

〔三六九〕累氣:屏息,形容恐懼。

〔三七〇〕有間:有距離,有區别。

〔三七一〕主祚促:謂國君在位時間短促。

〔三七二〕惟公也:吴本、四庫本"惟"作"唯"。

〔三七三〕一切取苟且之術:苟且,洪本、吴本"且"謁"切"。"之術"二字,喬本爲墨丁,洪本爲闕文。此據餘諸本訂補。　　豈直越肥之視秦瘠邪:越肥之視秦瘠,越國之胖子看待秦國之瘦人,比喻事不關己。語本唐韓愈争臣論"視政之得失,若越人之視秦人之肥瘠,忽焉不加喜戚於其心",而有所化裁。吴本、四庫本"邪"作"耶"。

〔三七四〕楗上撑拄:即頂門杠。楗,關門的木栓。拄,通"柱"。

〔三七五〕秉柮而招狗:秉柮,手持棍棒。柮,今音 tuō,説文木部:"柮,木杖也。"淮南子説山:"執彈而招鳥,揮柮而呼狗,欲致之,顧反走。"

〔三七六〕而柳鄉猶以爲"公天下之端自秦始":柳,指唐柳宗元。鄉,從前,原先。公天下之端自秦始,語見柳氏封建論。　　何不思之甚歟:吴本"甚"謁"其"。

〔三七七〕晁子請削七國而七國反：晁子，漢景帝時御史大夫鼂錯。錯上書力主削藩，公元前154年，吳、楚、趙、膠西、濟南、菑川、膠東七國以“討鼂錯以清君側”爲名發動叛亂，因被錯殺。事見史記卷一〇一、漢書卷四九本傳。晁，喬本、洪本作“晁”，誤；吳本、四庫本作“鼂”，通。今從備要本作“晁”。　逮夫主偃策行，而列侯之坐酎除者百有六：逮，洪本、吳本作“見”，非。主偃，漢武帝時中大夫主父偃。偃倡令諸侯得推恩分封子弟爲侯之“推恩法”，以削弱諸侯王勢力。後出任齊王相，因揭發齊王礄行迫使齊王自殺，得罪族誅。事見史記卷一一二、漢書卷六四本傳。酎(zhòu)，指酎金，漢代諸侯獻給朝廷供祭祀用之貢金。漢書武帝本紀元鼎五年：“九月，列侯坐獻黃金酎祭宗廟不如法奪爵者百六人，丞相趙周下獄死。”顏師古注引如淳曰：“漢儀注：諸侯王歲以戶口酎黃金於漢廟，皇帝臨受獻金。金少不如斤兩，色惡，王削縣，侯免國。”又同書食貨志：“南粤反，西羌侵邊。……齊相卜式上書，願父子死南粤。天子下詔襃揚，……布告天下，天下莫應。列侯以百數，皆莫求從軍。至飲酎，少府省金，而列侯坐酎金失侯者百餘人。”亦見史記平準書。　而汔亡叛：汔，終竟，一直。亡，通“無”，沒有。

〔三七八〕而後世不見成康之俗：成康，周成王、周康王的并稱。史稱其時天下安寧，刑措不用，故借以指至治之世。　君無世臣，民無常主，無惑乎道之卑也：世臣，累世修德之舊臣。惑，疑怪，想不通。

〔三七九〕國家承平：承平，治平相承，長年太平。　民物阜毓：人民繁衍，物産富足。　波夷夏海：大海風平浪静，比喻天下太平。夷，平。夏海，大海。　惟世變風移之事：吳本、四庫本“惟”作“唯”。

〔三八〇〕兹其所以歷世紛紛，偉偟救弊之不暇者：紛紛，混亂貌。偉偟(zhāng huáng)，驚慌失措貌。

〔三八一〕制之失其道爾：四庫本“爾”作“也”。

〔三八二〕胥用而平民：任用他們(指賢者)來管理百姓。胥，相。平，治理。

〔三八三〕負海有十里之侯若二十里者：若，與。

〔三八四〕以大制小，猶幹役指：小，吳本、四庫本作“上”，誤。幹，軀幹。吳本、四庫本作“榦”，通。　縣中下外：四庫本“縣”作“由”。

〔三八五〕然後知賈顏之謨蓋亦善而未盡：賈，指漢初政論家、文學家賈誼。

漢書賈誼傳載誼上疏陳政事曰：“欲天下之治安，莫若衆建諸侯而少其力。力少則易使以義，國小則亡邪心。令海內之勢如身之使臂，臂之使指，莫不制從，諸侯之君不敢有異心，輻湊並進而歸命天子。”顔，指唐太宗時祕書少監、儒家學者顔師古。新唐書卷七八宗室傳贊：“始，唐興，疏屬畢王，至太宗，稍稍降封。時天下已定，帝與名臣蕭瑀等喟然講封建事，欲與三代比隆，而魏徵、李百藥皆謂不然。徵意以唐承大亂，民人彫喪，始復生業，遽起而瓜分之，故有五不可之説。百藥稱帝王自有命，曆祚之短長不緣封建。又舉春秋二百四十二年之禍，嘔於哀、平、桓、靈，而詆曹元首、陸士衡之言以爲繆悠。而顔師古獨議建諸侯，當少其力，與州縣雜治，以相維持。”

〔三八六〕六代：指三國吳、東晉和南朝之宋、齊、梁、陳。

〔三八七〕揚子雲豈識下於柳宗元：揚子雲，喬本、洪本、備要本作“楊子云”，今從吳本及四庫本。柳宗元撰有封建論，文曰：“封建，非聖人意也，勢也。……夫天下之道，理安斯得人者也。使賢者居上，不肖者居下，而後可以理安。今夫封建者，繼世而理。繼世而理者，上果賢乎？下果不肖乎？則生人之理亂未可知也。將欲利其社稷，以一其人之視聽，則又有世大夫世食祿邑，以盡其封略，聖賢生于其時，亦無以立於天下。封建者爲之也，豈聖人之制使至於是乎？”　而王仲淹豈見卑於李百藥乎：王仲淹，即隋大儒王通（字仲淹）。卑，喬本作“昇”，乃俗體，此從餘本。同樣情況，以下不煩一一指出。李百藥，唐禮部侍郎、史學家。唐太宗貞觀二年，朝廷議將封建諸侯，百藥上封建論曰：“著述之家，多守常轍，莫不情亡今古，理蔽澆淳，欲以百王之季，行三代之法：天下五服之內，盡封諸侯；王畿千乘之間，俱爲采地。是以結繩之化行虞、夏之朝，用象刑之典治劉、曹之末，紀綱既紊，斷可知焉。……且數世之後，王室浸微，始自藩屏，化爲仇敵。家殊俗，國異政，强凌弱，衆暴寡，疆場彼此，干戈日尋。”見舊唐書卷七二本傳。

〔三八八〕彼宋祁興遞救之言，尤爲可切厥哂也：宋祁，北宋文史學家，與歐陽修等合修新唐書。遞救，遞相補救。新唐書卷七八宗室傳贊：“然建侯置守，如質文遞救，亦不可一槩責也。救土崩之難，莫如建諸侯；削尾大之勢，莫如置守宰。唐有鎮帥，古諸侯比也。故王者視所救爲之，勿及於敝則善矣。”尤，吳本譌“殘”。切，深，此謂加深，增加。哂，各本皆誤入注文，今訂正。